제4판 재정학

재정학

4판

Public Finance

이만우 · 주병기

율곡출판사

제4판 들어가는 글

Public Finance
fourth edition Preface

제3판(개정증보판)이 2004년 출간되고 벌써 10년이란 시간이 지났다. 그동안 한국 경제는 1997년 말에 시작된 외환위기를 모범적으로 극복하였고, 2008년 세계금융위기 속에서도 상대적으로 큰 흔들림 없이 양적 성장을 지속하였다. 그동안 세 차례 행정부 수반이 바뀌었고 정부지출 규모도 꾸준히 증가하여 GDP 대비 정부지출 비율이 30%를 넘어서게 되었다. 이러한 양적 성장에도 불구하고 재벌 및 대기업 중심 체제의 강화, 소득분배의 악화와 양극화, 불평등과 빈곤, 그리고 사회갈등의 심화라는 심각한 문제점들이 드러나고 있다. 한국 경제의 질적 도약을 통하여 명실공(名實共)히 복지선진국으로 거듭나기 위해서는 정부의 역할이 어느 때보다도 중요한 시점에 이르렀다.

이러한 지난 10여 년간의 역사와 그에 따른 국가재정의 변화를 반영하고, 현재 우리 경제가 직면하고 있는 여러 문제점들과 국가재정의 운용 방향에 대하여 규범적 가치 판단의 기초가 될 수 있는 내용들을 보완할 필요성을 느껴 개정을 준비하기 시작하였고, 마침내 개정판을 출간하게 되었다.

안타깝게도 두 저자가 개정에 몰두하는 데 시간적 제약이 있었다. 이 때문에 애초에 계획하였던 만큼 개정이 폭넓게 이루어지지 못하였다. 그러나 독자들의 비평과 조언에 귀 기울여 가며 앞으로도 계속 부족한 내용은 보완하고 불완전한 부분은 개선하는 노력을 기울여야겠다고 생각하였고, 제4판 개정을 이 시점에서 마무리하는 것으로 결정하였다.

개정판은 네 개의 장이 새로 추가되었고, 최근 자료를 반영하여 기존 장들을 수정 · 보완하였다. 무엇보다 가장 큰 변화가 있었던 부분은 제I편과 제II편이다. 제I편에서는 재정학이 다루어야 하는 기본적인 문제들을 역사적 · 철학적 관점에서 보다 심도 있게 고찰할 수 있도록 하였다. 제II편에서는 재정학과 후생경제학의 기초이론들을 다루었다.

개정작업에 많은 도움을 주었던 제자들, 오성재, 이승기, 장재기, 정혜원, 홍

현우에게 감사의 뜻을 전한다. 특히 통계 자료를 추가하고 수정하는 데 오성재 군과 장재기 군의 도움이 매우 컸다. 이 책의 전체 내용을 교정하는 데 무수히 많은 조언과 제안을 해준 방조일 편집주간께 깊은 감사를 드린다. 그리고 수차례 연기되어 왔던 개정 과정 동안 항상 처음처럼 아낌없는 격려와 성원을 보내주신 율곡출판사의 박기남 사장님께도 깊은 감사를 드린다.

2015년 2월

저자를 대표하여

주 병 기

개정증보판 들어가는 글

Public Finance

third edition Preface

기본서가 출간된 지 17년여의 세월이 흐르는 동안 두 차례에 걸친 개정작업이 있었다. 두 번째 증보판이 발간된 지 7년여의 시간이 지나는 동안 많은 분들이 본서에 대한 애정어린 관심과 건설적인 제안 및 따끔한 비판 또한 기탄없이 제시해 주셨다. 이러한 관심과 비판을 바탕으로 이제야 개정증보판을 출간하게 되어 송구스러움이 앞선다.

이번 증보판은 다음과 같은 네 가지 특징을 가진다.

첫째, 세입 · 세출 측면의 새로운 제도를 폭넓게 수용하였으며, 특히 최신 통계치에 의해 그 현황과 문제점을 지적하는 데 주력하였다.

둘째, 환경문제가 국제적 관심사로 대두되면서 그 접근방법 또한 다양화되고 있다. 이러한 추세를 반영하여 오염배출권 거래제도를 비롯하여 보다 폭넓은 치유방안을 소개하고 있다.

셋째, 외환위기를 경험하면서 빈부의 격차가 심화되고 이에 따라 다양한 복지제도가 도입되었다. 이러한 환경변화에 부응하여 기초생활보호법을 비롯한 복지제도의 현황과 그 이론적 배경을 소개하고 있다.

넷째, 수험생들을 위해 연습문제를 대폭적으로 늘려 행정고시를 비롯한 각종 국가고시에 효율적으로 대비할 수 있도록 세심한 배려를 하였다고 감히 자부하고 싶다.

조만간에 해답집을 발간하여 본서의 이해를 손쉽게 할 예정이며 각종 수험 준비에도 실질적인 보탬이 되도록 할 예정이다.

본 개정증보판이 나오는 데에 여러 제자들의 도움이 컸다. 창원대학교의 전형준 교수, 행정고시에 합격하여 공무원 생활을 시작한 강영진 사무관, 국회예산처에 근무하는 도건우 박사, 김시광, 한영민 조교 등은 원고의 정리와 교정에 이르기까지 헌신적으로 도움을 주었다. 다시 한 번 제자들의 노고에 감사드린다.

본서의 내용에 관하여 조언과 지적으로 저자를 깨우쳐 준 여러분들께 충심으로 감사의 뜻을 표하며 앞으로도 지도와 편달이 계속되기를 바라마지 않는다. 본서의 미비점을 계속 보완하여 공공경제학의 교육방향을 제시하는 데 일조할 수 있게끔 배전의 노력을 경주할 것을 다짐한다.

2004. 6.

저 자 識

개정판 들어가는 글

Public Finance
second edition **Preface**

1997년 2월에 본서가 출간된 후 약 1년 반의 시간이 지나는 동안 우리나라의 경제환경은 큰 변화를 겪었다. 1997년 말에 촉발된 외환위기를 신호탄으로 하여 총체적 위기상황에 빠져든 우리 경제는 무기력한 마이너스 성장률을 기록하면서 유례없는 대량실업의 어두운 터널을 지나고 있다. 또한 대규모의 금융개혁과 함께 산업 및 공공부문의 구조조정이 강도 높게 진행되고 있다.

이와 같은 경제환경의 급변으로 인한 공공부문의 제도변화를 적절하게 반영하고 초판에서 설명이 미흡했던 부분을 이론적으로 보완하려는 목적에서 이번에 개정판을 내게 되었다. 개정판에서 달라지는 부분은 대략 다음과 같다.

첫째, 공공부문의 제도변화에 대한 설명을 추가하였다. 제9장(예산제도)에서는 통합재정의 건전성과 관련한 사회적 평가의 변화와 영기준 예산제도에 대한 '국민의 정부'의 의욕에 대한 내용이 첨가되었다. 제14장(소득세제도)에서는 소득세의 세액 결정 및 금융소득의 종합과세와 관련한 제도변화를 설명하고 이에 대한 학계의 평가를 객관적으로 소개하려고 노력하였다. 제19장(사회보장)에서는 대량실업사태로 인한 고용보험의 위상 및 규정의 변화를 분석함과 동시에 국민연금의 재원조달방식과 관련한 최근의 논의에 대해서도 설명하고 있다.

둘째, 그동안 초판에서 설명이 미흡했던 부분을 이론적으로 보완하도록 노력하였다. 제12장(조세의 귀착)에 있어서는 부분균형분석의 내용을 더 간결하게 표현하고 일반균형분석 부분에서는 설명을 보강하였다. 제16장(부가가치세제도)에서는 세액결정방법에 대한 설명을 대폭 간소화하였다. 제17장(조세의 경제적 효과)에 있어서는 조세가 저축 및 투자에 미치는 효과에 대한 설명을 보강하였다. 그리고 제20장(국공채)에서는 국공채 부담의 귀착에 대하여 더 명확한 설명을 제공할 수 있도록 노력하였다.

더욱 깊은 분석을 원하는 독자들과 수험생 독자들을 위한 논술문제의 해답집은 지난 3월 중에 이미 별책으로 출간한 바 있으니 관심있는 독자 여러분은 참조해 주기 바란다.

어려운 여건 가운데에서도 도표 작성 및 편집의 과정에서 수고를 아끼지 않으신 새빛문화사의 김성만 실장께 먼저 감사드리고자 한다. 지난 세 학기 동안 공공경제학 및 재정학 과목을 수강한 안암 및 서창의 대학원생과 학부생 여러분은 본 개정판의 출간을 위해 가장 큰 도움을 제공하였으며, 특히 교정의 과정에서 헌신적으로 노력해 준 고려대의 유정해 조교, 양순윤 양, 오범균 군과 김이영 군에게 감사드린다.

그간 본서의 내용에 대해 여러 가지로 지적해 주시고 도움의 말씀을 주신 선배 · 동료 여러분께 다시 한 번 감사드리며 앞으로도 변함없는 관심으로 지도해 주실 것을 바라는 마음 간절하다.

미흡하나마 본 개정판이 공공경제학을 연구하는 학생 여러분에게 충실한 지침서가 될 수 있기를 바라마지 않으며, 미비점을 보완하고 새로운 내용을 보충함으로써 독자 여러분에게 좀더 친근하고 유용한 교과서로 인정받을 수 있도록 최선의 노력을 경주할 것을 다짐해 본다.

1998. 8. 30.

저 자 識

초판 들어가는 글

Public Finance
first edition Preface

졸저 『공공경제학』이 1987년에 출간된 지 근 10년, 그 증보판이 나온 지 4년이 지나는 동안 우리나라 경제의 규모와 국내외 환경이 크게 변화하였으며 공공부문의 규모 및 역할에 있어서도 많은 변화가 있었다. 이를 두루 반영하여 교과서의 내용으로 체화(體化)시키는 데에는 단순한 개정 · 증보만으로 미흡할 것으로 판단되어 기존서의 체제를 새로이 하여 이번에 『신 공공경제학』이라는 이름으로 공저하게 되었다.

본서는 공공경제학의 이론들을 일관성 있는 하나의 체계 내에서 조직적으로 설명하는 데에 중점을 두었다. 또한 경제의 제도적 측면에 대한 기술을 보강하고 광범위하게 통계수치를 인용함으로써 이론에만 그치지 않고 현실에 바로 응용될 수 있는 공공경제학의 지식을 습득할 수 있게 만들려고 노력하였다.

본서를 구성하는 20개 장의 제1～8장 및 제10장은 대체로 기존서의 내용과 큰 차이가 없으며 다만 각 장의 통계는 가능한 대로 최신의 통계로 대체 · 수정하였다. 그리고 제3장에서는 범세계적인 정보화의 물결로 최근 관심이 증가하고 있는 정보경제학에 대한 내용을 요약하여 부록으로 첨부함으로써 불완전한 정보로 인한 시장실패와 이의 치유수단에 대한 설명을 보강하였다.

제9장의 제4절에서는 우리나라 예산제도의 개관 및 그 개선방안에 대한 내용을 새로이 집필하였으며, 제11장에서는 최적물품세에 관한 내용을 보강하였다.

제12～20장은 새로 집필된 내용으로 완전히 교체하였다. 단, 제18장의 제3절과 제20장의 제1～3절에서는 일부 내용이 기존서와 중복된다.

본서는 공공경제학의 본질에 관한 제1편, 세출에 관한 제2편, 조세에 관한 제3편, 그리고 지방재정 · 사회보장 · 국공채에 관한 제4편으로 구성된다. 제1편은 제1장에서 제7장에 이르는 7개 장, 제2편은 제8장 및 제9장, 제3편은 제10장에서 제17장에 이르는 8개 장, 그리고 제4편은 제18장에서 제20장에 이르는 3개 장으로 이루어져 있다.

제1장에서는 학문분야로서 공공경제학의 개념을 정의한다. 시장실패의 치유수단으로서 정부가 갖는 기능과 역할을 설명함과 동시에 재정학 및 후생경제학과의 연관 속에서 공공경제학이 차지하는 위치와 그 연구대상에 대해 개관한다. 제2장에서는 공평의 개념과 함께 사회후생의 판단기준으로서 경제분석의 중심개념이 되고 있는 효율, 즉 파레토 효율의 개념을 다루고 있다. 제3장에서는 외부성의 문제를 다루고 있으며, 그 발생원인을 설명함과 동시에 효율의 회복을 위한 다양한 접근방법에 대해 폭넓게 분석하고 있다. 제5장에서는 공공재의 문제를 다루고 있으며, 공공재 생산규모의 최적화 조건을 도출함과 동시에 선호공개의 유인 및 비순수공공재 등의 논제에 대해서도 체계적인 분석을 시도하였다. 제6장은 시장실패의 치유과정에서 요구되는 사회 전체의 경제적 의사결정을 도출해내는 정치적 메커니즘으로 정의되는 공공선택의 이론을 주 내용으로 한다. 제7장은 시장실패를 치유하려는 정부개입이 오히려 사회후생을 감소시킬 수 있다는 점에서, 특히 경제선진화를 위한 정부경쟁력이 활발히 논의되고 있는 현시점에서 새로이 관심을 끌고 있는 정부실패의 개념을 주 내용으로 하고 있다.

제8장은 공공재의 공급과 사회간접자본의 건설 등 다양한 지출수요 간 우선순위의 설정을 위해 활용되는 이론적 기법인 비용 · 편익분석을 다루고 있다. 제9장은 예산의 일반 이론 및 다양한 형태의 새로운 예산개념에 대한 설명과 함께 우리나라 예산제도를 개관하며 그 문제점 및 개선방안에 대해 논의한다.

제10장은 시장실패의 치유를 위한 효율 및 공평의 회복에 기여하는 조세의 기능 및 역할에 대해 논하고 있다. 제11장에서는 최적과세의 이론이 다루어지며, 조세로 인한 초과부담의 개념에서 출발하여 물품세 및 소득세의 최적과세에 대한 이론을 다양하게 소개하고 있다. 제12장에서는 완전경쟁 및 독점의 시장에서 조세부담이 누구에게 귀착(歸着) · 전가(轉嫁)되는지에 대해 부분균형과 일반균형의 체계 내에서 각각 깊이 있게 분석하고 있다. 또한 더 철저한 분석을 위하

여 수식을 이용하고자 하는 독자를 위해 부록을 첨부하였다. 제13장에서는 우리나라 조세의 제도적 측면에 초점을 맞추어 최근의 추이를 개관하고 다양한 기준에 따라 이를 분류하는 한편 조세법의 관점에서 조세제도를 조명해 보고 있다. 제14장 및 제15장에서는 소득과세의 대표격으로 소득세 및 법인세를 다루고 있다. 금융소득의 종합과세와 배당소득의 중복과세 등 관심사에 대한 분석과 함께 소득세와 법인세를 상호 비교하면서 그 세액결정 과정을 상세히 설명하고 있다. 제16장은 소비과세의 대표격으로 부가가치세를 다루고 있다. 부가가치세의 본질과 거시경제적 함의(含意)를 설명하고, 면세, 영세율, 간이과세, 특례과세 등을 포함하는 다양한 과세방식 하의 세액결정 과정과 그 경제적 영향을 비교 · 분석한다. 제17장은 다양한 형태의 근로소득세 및 부(負)의 소득세가 노동공급에 미치는 효과, 금융소득세가 저축 및 자산 선택에 미치는 효과, 그리고 법인세 및 자본소득세가 투자선택에 미치는 효과에 대해 설명하고 각각의 경우에 발생하는 초과부담의 본질과 특성을 비교 · 분석하고 있다.

제18장은 1995년부터 본격적인 지방자치 시대가 개막됨에 따라 새로운 각도에서 조명되고 있는 지방재정의 문제를 다루고 있다. 지방정부의 역할 및 기능을 이론적으로 규명하고, 지역 간 균형발전을 위해 중앙정부로부터 지방정부로 이전되는 지원금에 대해서도 설명한다. 아울러 우리나라 지방재정의 현황분석과 함께 그 평가와 개선방안에 대해서도 논의한다. 제19장은 성장과실의 재분배와 삶의 질의 향상을 위한 국민의 욕구가 날로 증가함에 따라 최근 크게 관심이 고조되고 있는 사회보장제도를 다루고 있다. 부(負)의 소득세, 공적부조, 사회복지서비스, 그리고 고용보험, 의료보험, 국민연금 등 사회보장의 이론적 특성과 경제적 효과에 대해 설명하고 그 문제점 및 개선방안에 대해 논의하였다. 끝으로 제20장은 특히 최근의 OECD 가입으로 채권시장의 개방이 눈앞에 다가옴에 따라 그 중요성이 더욱 높아지고 있는 국공채의 발행시장 및 유통시장에 대

한 이론적 접근과 더불어 그간의 시장추이와 제도개선 방안에 대해 깊이 있게 다루고 있다.

더욱 깊은 분석을 원하는 독자들을 위해서는 각주에서 상세한 참고문헌을 예시하였으며, 제2～5장과 제11～12장에서는 부록을 수록하고 있다. 각 장의 말미에는 각종 고시에 출제되었던 기출문제들과 현장감 있는 논술문제들을 수록하여 수험생 독자들의 편의를 도모하였다. 이에 대한 해답집은 별책부록으로 만들어 제공할 예정이다.

수강을 통해 집필의 동기를 제공해 주었으며 부단한 질문과 지적을 통해 학문적인 피드백을 가능케 해주었던 학부와 대학원의 여러 학생들에게 감사의 말씀을 전하려 한다. 본서의 편집 및 교정의 과정에 헌신적으로 참여하여 노고를 아끼지 않은 고려대 대학원의 서무연 조교와 오병기 군에게 깊이 감사하며 아울러 시간에 맞추어 책이 발간될 수 있도록 희생적인 조력을 마다 않으신 오성인쇄소의 홍석훈 실장께도 감사의 말씀을 드리고자 한다. 그간 본서의 내용에 대하여 여러 가지로 지적해 주시고 도움의 말씀을 아끼지 않으신 선배 · 동료 여러분께 진심으로 감사의 인사를 드리며, 앞으로도 변함없는 관심으로 계속 지도해 주실 것을 바라는 마음 간절하다.

미비점의 보완과 새로운 내용의 보충을 통하여 본서가 공공경제학을 연구하는 우리 학생들의 충실한 길잡이로서 미력이나마 도움이 될 수 있도록 최선을 다할 것임을 다짐한다.

1997. 2. 15.

저 자 識

차 례

Public Finance
fourth edition Contents

I편 재정학의 역사적 · 철학적 배경

Public Finance part one

제1장 재정학 : 공공부문의 경제학

제2장 정부의 실제와 이론

제5장 시장실패

제6장 분배적 정의와 경제학

Ⅱ편 재정학의 경제학적 기초

Public Finance part two

제7장 외부성

제8장 공공재

제9장 사회선택이론

제10장 사회후생함수와 소득분배

제11장 공공선택이론

III편 세출

Public Finance
part three

제12장 비용 · 편익 분석

제13장 예산제도

제14장 정부실패

IV편 조세이론과 실제

Public Finance part four

제15장 조세의 기능과 역할

제16장 최적과세론

제17장 조세의 전가와 귀착

제18장 조세의 경제적 효과

제19장 한국의 조세제도

V편 지방재정 · 사회보장 · 국공채

Public Finance
part five

제20장 지방재정

제21장 사회보장

제22장 국공채

재정학의 역사적 · 철학적 배경

I

Public Finance
part one

1. 경제, 정부, 정치와 이념

2. 공공부문이란?

3. 정부, 공공부문의 근원(根源)

3.1 양생(養生), 삶의 개선

3.2 공유된 이념과 가치의 실현 : 분배와 공정성

재정학 : 공공부문의 경제학

Public Finance
ch. one

1

1. 경제, 정부, 정치와 이념

생산성 증대와 인구 팽창, 자원과 에너지 소비의 증가, 전쟁과 침략에 의한 인명살상 규모 등의 관점에서 지난 200여 년간의 세계사는 전 인류역사에서 가히 기록적이라 할 만큼 역동적이었다. 이는 시장경제의 성장, 자본주의와 국가주의의 결합인 제국주의의 팽창과 충돌, 공산주의 이념과 사회주의의 확장 및 자본주의와의 갈등, 민주주의적인 정치체제의 확산이라는 요소들로 축약된다. 이러한 세계사의 핵심적인 갈등요인들 속에서 한반도의 근현대사는 비정(非情)하고 비정(秕政)하게 얼룩졌다. 그 역사의 그늘은 지금도 대한민국 사회 곳곳에 드리워져 있다. 일제(日帝) 식민통치와 한국전쟁의 상처는 아직도 치유되지 않았고, 남북 분단과 정전(停戰)체제 하에서 군사적 긴장이 지속되고 있고, 반공(反共)과 레드 콤플렉스(색깔론)가 정치판을 도색하고 있다. "자본주의 대(對) 사회주의"라는 시각은 적어도 20년 이상 뒤쳐진 사고방식인데도 선동하는 정치인과 선동되는 투표자들은 여전히 존재한다. 마치 일본 정치에서 군국주의(軍國主義)의 환영(幻影)이 아직도 정치세력과 투표자들을 "감동(感動)" 시키는 것과 같다.

자본주의(資本主義)와 사회주의(社會主義)는 생산활동이 사(私)기업의 이윤동기에 따라 통제되는가 아니면 국가에 의하여 관리되는가의 기준으로 구분할 수 있다. 이에 따라 슘페터(Joseph Schumpeter)는 **사회주의**를 생산활동이 국가에 의하여 관리되고 통제되는 경제체제로, **자본주의**를 민간이 소유하는 기업에 따라 생산활동이 통제되는 경제체제로 정의하였다. 이는 자본주의의 특성으로 생산수단의 사유화를 강조했던 마르크스(Karl Marx)의 시각과도 일맥상통한다. 슘페터는 그의 저서 『자본주의, 사회주의, 민주주의』에서 자본주의가 쇠퇴하고 사회주의가 확장될 것이라고 예상하였다. 그는 이러한 변화가 당시에 일어나고 있었고 그 징후로 미국을 비롯한 자본주의 국가들에서 관찰되는 경기변동에 대응한 안정화정책의 중요성, 정부의 소득재분배 기능의 확장, 반독점 등의 자본주의 폐해에 대한 다양한 정부규제의 정책화 및 법제화, 공기업과 같이 공공부문에 의하여 통제되는 생산활동의 증대, 노동시장과 화폐시장에서의 정부의 통제 확대 등을 들었다.[1] 그러나 그의 예상과 정반대로 보이는 일들이 일어났다. 자본주의가 아닌 사회주의 국가들이 1990년대에 체제 붕괴를 경험하지 않았는가?

슘페터의 예상이 어긋난 것인가? 자본주의 혹은 반(反)사회주의 진영 국가들에 대한 슘페터의 예상은 과장된 면이 있었을 수 있지만 틀렸다고만은 얘기할 수 없다. 그의 주장에서 잘못된 부분은 자본주의가 쇠퇴할 것이라는 예측보다는 사회주의 국가들의 정치체제에 대한 순진한 이해일 것이다. 즉, 사회주의 정치체제가 공공부문에 의하여 통제되는 생산활동의 부패와 관료주의를 효과적으로 극복할 수 있다는 낙관적 시각을 가졌던 점일 것이다. 슘페터가 예상한 바와 같이 순수한 자본주의 경제체제 혹은 그와 비슷한 체제는 사라져가고 있다. 서유럽과 북미의 경제개발 선진국(先進國)의 정부예산 규모는 국내총생산의 절반에 가까워지거나 이미 넘어섰다. 우리나라의 정부예산 규모도 국내총생산의 30%에 달하고, 이는 계속 증가하고 있는 추세이다. 이런 나라들을 자본주의와 사회주의로 구분하는 것은 더 이상 무의미하게 되었다. 그리고 향후 이러한 추세가 보편화될 것이라는 시각이 일반적이다.

서유럽과 북미의 개발선진국들에서 시장경제와 함께 동시에 발달한 민주주의적 정치체제는 자본주의에 대한 끊임없는 정치적 도전을 허용하였다. 이러한 도전에 대응하여 경제체제는 지속적으로 변화하였고 지금의 복지국가(福祉國家, welfare state)라는 소위 **혼합경제** 체제로 진화(進化)하게 된 것이다. 민주주의적인 정치체제가 자본주의의 몰락이 아닌 혼합경제 체제로의 유연한 안착(安着)을 유도한 것이다. 동아시아의 대표적인 후발 경제개발국인 한국, 대만, 일본은 이러한 정치경제적 변화의 긴 과정을 비교적 짧은 기간 동안 경험하였다. 특히 한국은 지난 20여 년간 이러한 경험을 하였고, 앞으로도 복지국가로의 발전이라는 지속되어야 할 과제를 안고 있다.

한편 동유럽, 소비에트연합, 중국, 북한 등 사회주의권 국가들에서는 각 나라별로 독특한 사회주의 정치체제들이 형성되었다. 이들은 공통적으로 개인의 자유를 제한할 수밖에 없었고 민주주의에 반하거나 때로는 북한과 같이 전체주의적인 양상을 띠기도 하였다. 동유럽 사회주의권의 몰락은 경제체제의 진화를 유도하지 못한 정치체제의 경직성과 부패에 기인한 것으로 볼 수 있다. 중국의

1. 슘페터, 『자본주의, 사회주의, 민주주의』, p.424. Joseph Schumpeter, "The march into socialism," *American Economic Review*, in the proceedings of AEA, 1950.

경우 개혁 · 개방과 관련된 정치집단의 선제적인 방향설정으로 경제체제의 점진적인 진화를 이룰 수 있었다. 그러나 향후 이러한 변화가 지속 가능한 경제체제의 형성으로 자리잡기 위해서는 부패와 관료주의의 문제를 극복하는 정치체제의 선진화가 중요한 선결과제라고 인식되고 있다.

이러한 현대사의 정치경제적 경험들 속에서 우리는 정부가 경제에서 차지하는 역할의 중요성과 정치체제와 경제가 밀접하게 얽혀 있다는 사실을 깨닫게 된다. 바로 이런 역사적 교훈을 통하여 발전해 온 학문 분야가 재정학이다. 재정학은 자본주의, 사회주의, 그리고 혼합경제를 구분하는 데 중요한 기준이 되는 정부와 공공부문의 경제적 역할과 기능을 연구하고, 정부정책과 제도에 대한 실증적 · 규범적 분석을 수행하며, 경제활동과 정치적 의사결정 과정의 관계를 이해하고 정치체제가 경제적 자원배분에 미치는 영향, 그리고 정치체제와 경제체제 간의 상호관계에 대한 경제학적 이해를 높이는 데 기여한다.

2. 공공부문이란?

경세제민(經世濟民), 세상을 다스리고 민(民)을 구제한다. 이는 2천 년이 넘는 세월에 걸쳐 동아시아에서 진화해 온 유학(儒學)의 이념, 수기치인(修己治人)에서 치인(治人)의 방면에 해당한다. 유학은 경세제민의 실현을 위하여 정치에서는 왕도(王道)의 제창을, 경제에서는 양민(養民)과 절용(節用)의 표방을, 그리고 사회에서는 개인의 도덕적 자각을 통한 기강의 확립을 강조한다. 백성의 "양(養)" 은 현대적인 관점에서 볼 때 개인의 "복지" 에 대한 협소하지만 핵심적인 요소로 이해될 수 있다.[2] 이러한 유학적 사고 틀은 재정학의 연구 대상과 영역을 잘 나타내주고 있다. 경제는 개인의 복지와 이와 관련된 세상과 그 이치(理致)를 포괄적으로 의미하는 것으로 이해될 수 있다. 민생(民生)의 안정은 치인(治人)의 기

2. 양(養)은 백성들이 삶을 영위하도록 하기 위한 의식주의 기본적인 충족으로 이해될 수 있고, 복지보다는 소극적인 의미를 갖는다. 당시의 생산성으로 볼 때 이러한 기본적 소비의 충족은 복지의 매우 중요한 요소였을 것이다. 성리학의 이념을 현대적으로 조명한다면 이를 현대적인 복지로 확장하는 것이 매우 자연스럽다고 생각한다.

본적인 조건이고, 이를 도모하는 통치자(統治者)의 역할은 과거 수많은 유학자들에 의하여 강조되었다.[3] 여기서 통치(統治)란 다수 사회구성원들의 경제활동과 그 결과를 관할하는 각종 제도와 정책에 대한 의사결정 혹은 그와 관련된 행위들을 지칭한다. 이러한 통치의 행위주체 및 기구, 그리고 통치가 이루어지는 환경 혹은 통치의 수단으로 활용되는 제도들을 통틀어 공공부문이라고 부른다.

자연(自然)은 그 자체로 사람들의 행위를 구속하고 행위의 결과에 대하여 자연법칙의 제약을 가한다. 따라서 자연 그 자체의 통치를 거부할 수 없다. 무정부 상태는 이러한 자연의 통치만이 존재하는 상태로 볼 수 있다. 하지만 자연을 공공부문에 포함시키기에는 무리가 있으므로 무정부 상태는 말 그대로 공공부문이 부재한 상태로 보는 것이 좋을 것이다. 입법, 사법, 행정으로 분리되어 체계적인 정부조직을 갖추고 있는 현대 민주주의 국가, 그 자체는 공공부문의 대표적인 예이다. 국민들은 자신을 대표하여 입법활동을 할 의원을 선출하고, 이렇게 선출된 의원들은 각종 입법활동을 통하여 국민들의 경제적 행위에 영향을 미치는 제도의 고안이나 정책결정을 하게 된다. 입법부에서 결정되는 각종 법안들과 정치적 의사결정 과정 등은 공공부문의 경제학에서 다루는 주요 연구대상이다. 사법부는 경제적 행위의 기본적인 출발점이자 규칙이 되는 법적 권리와 의무가 준수되도록 강제하는 역할을 한다. 사법부의 역할과 법 제도 또한 공공부문에 포함된다. 행정부는 부여된 권한에 따라 정책을 결정하고 집행하거나 입법부의 결정을 집행하는 역할을 한다. 행정부의 권한과 관료 조직체계는 공공부문의 대표적인 예이다. 그 밖에도 이상에서 열거한 공공부문의 지배를 받는 공기업, 공공단체와 기관 또한 공공부문의 범주에 포함된다.

재정학은 이렇게 다양한 공공부문들이 개인의 경제적 의사결정과 그 결과에 어떤 영향을 미치고, 궁극적으로 경제적 자원배분이 결정되는 데 어떤 역할을 하는가에 대하여 실증적 · 규범적인 연구를 수행하는 경제학 분야이다.

3. 주자의 사창(社倉)제. 우리나라에서도 율곡 이이와 조광조 등 많은 유학자들이 비슷한 제도를 제안하였다.

3. 정부, 공공부문의 근원(根源)

정부는 왜, 그리고 어떻게 생겨나게 된 것인가? 역사적으로 국가와 정부의 탄생은 주로 지배집단의 이해와 관련되어 있다는 주장이 있다. 지배집단이 획득한 부와 권력을 안정적으로 유지하고 보호하는 수단으로 국가를 세우고 지배질서를 확립한다는 생각이다. 그러나 아무리 강한 군사력으로 피지배자들에게 위협을 가한다고 하더라도 피지배자들을 합리적으로 설득하지 못한다면 지배질서는 지속되기 어렵다는 것이 역사적 교훈이다. 조선왕조가 500년을 지속한 것은 성리학적 정치철학에 기초하여 민심을 중시하는 도덕적 통치이념이 있었기 때문일 것이다. 그럼에도 불구하고 조선후기의 민란과 동학운동은 피지배자들에 대한 합리적 설득이 이루어지지 않을 때 지배질서가 심각하게 불안정해지고 때로는 무너지게 된다는 것을 알려준다. 비록 정부의 탄생이 지배집단의 이해에 따라 이루어졌다고 할지라도 피지배자들이 지배자들이 세운 질서에 복종함에 암묵적으로 동의하지 않는다면 지배질서가 유지될 수 없다. 따라서 국가와 정부의 존속은 그 발생의 방식과 사유와 무관하게 사회구성원들 간의 암묵적 합의를 전제하는 것이라고 볼 수 있다.

물론 암묵적 합의가 아닌 사회구성원들 간의 실제적 합의를 통하여 국가와 정부가 형성된 사례들도 다수 있다. 제2차 세계대전 이후 식민지배에서 독립한 많은 나라들의 국가 형성이 한 예이다. 우리나라도 해방 후 제헌의회가 구성되었고, 헌법과 국가의 기틀에 합의하는 절차를 거쳐서 대한민국 정부를 구성한 바 있다. 사회계약론에 따르면, 국가의 기원을 이와 같이 구성원들 간의 합리적 계약으로 설명할 수 있다. "만인의 만인에 대한 투쟁"으로 묘사되는 자연의 상태에서 벗어남으로써 모든 사람들이 더 행복한 삶을 영위할 수 있도록 정부에 권한을 양도하고 국가를 세우는 것에 합의한다는 것이 계약론적인 설명이다.

홉스(Thomas Hobbes)의 사회계약론은 계약의 결과에 대한 도덕적 타당성의 문제를 진지하게 고민하는 것 같지는 않다. 계약의 결과에 대하여 도덕적 타당성을 부여하기 위해서는 계약이 이루어지는 상황에 대한 윤리적인 고찰이 전제되어야 할 것이다. 부당한 계약의 상황에서 얻어진 결과가 아무리 당사자들 간의 합리적 판단에 의하여 얻어진 것이라 할지라도 도덕적으로 타당하다고 볼 수는 없다. 불치병 환자를 상대로 터무니없이 고가의 의료서비스를 제공한다고 하더라도 환자가 기꺼이 치료를 받으려 할지 모른다. 그러나 이런 합의에 대하여 충분히 도덕적 문제가 제기될 수 있는 것이다. 도덕적 타당성을 확보하기 위하여 정부는 어떤 기능을 갖고 있어야 하는가? 롤즈(John Rawls)의 정의론과 공리주의로 대표되는 현대 사회계약론에 따르면 공정함의 도덕적 타당성을 갖는 계약은 정부의 재분배적 기능을 필요로 한다. 다만 그 정도에 있어서 롤즈와 공리주의를 양 끝으로 그 사이에 다양한 관점들이 있다.

요컨대 정부가 존재하도록 하는 근본적인 원인은 국민들의 삶을 개선하고 공정한 분배를 달성하는 정부의 기능이라 할 수 있다.

3.1 양생(養生), 삶의 개선

인간과 같은 지능을 가진 생명체가 자연적 욕구 충족을 극대화하려는 노력의 일환으로 다른 개체와 거래한다는 것은 그리 놀라운 사실은 아닐 것이다. 인간만이 아니라 다른 생물들에서도 거래는 존재한다. 가령 짝짓기하는 암수 간의 거래는 폭넓고 다양한 형태로 관찰된다. 침팬지 같은 고등동물의 경우에는 성적 욕구 충족과 관련되어 암수 간의 체계적인 거래가 보고되기도 하였다.[4] 하등 생명체들에서도 관찰되는 공생관계도 넓은 의미에서의 종 간 거래라고 볼 수 있지 않겠는가? 인간들 사이의 거래는 이런 다른 생물들에서 관찰되는 거래보다 훨씬 더 체계적이고 제도화되었다는 것이 차이점일 것이다.

인간이 거래를 통하여 삶을 개선한 역사적 기록 또한 매우 오래되었고, 이러한 거래의 역사는 문자적인 기록이 남아 있지 않은 선사시대 이전까지 거슬러 올라간다. 이는 시장의 역사를 얘기하는 것이다. **시장**은 원시사회에서 현대에 이르기까지 오랫동안 광범위하게 있었다. 거래되는 것과 그 주체, 그리고 규모는 경제활동이 이루어지는 물리적 · 기술적 · 제도적 환경에 따라 매우 다양하게 존재하였다. 따라서 시장이 반드시 자본주의를 특징짓는 기구라고 보기는 힘들다. 사회주의의 한 형태인 **시장사회주의**(market socialism)는 생산활동을 개별 기업들에

4. Gomes CM, Boesch C(2009) Wild Chimpanzees Exchange Meat for Sex on a Long-Term Basis. PLoS ONE 4(4) : e5116. doi : 10.1371/journal.pone.0005116

의하여 이루어지도록 함으로써 생산요소와 자본 시장에 이르기까지 광범위하게 시장기구를 활용할 것을 제안한다. 정부에 의한 중앙통제가 효율적 생산을 달성하는 데 한계가 있으므로 시장경제의 가격기구와 분권화된 의사결정을 활용하자는 생각이다. 자본주의와의 차이점은 기업의 소유권을 사회가 갖는다는 점이다.[5]

그 경제체제가 어떤 것이든 현대경제에서 시장기구가 생산과 소비 활동에서 지배적인 역할을 하고 있다는 것은 자명한 사실이다. 우리가 소비하고 생산하는 대부분의 재화와 서비스가 시장을 통하여 획득되거나 공급되는 것이 아닌가? 가족들과 나누는 대화, 친구들과의 만남의 유희, 집에서 만드는 요리, 어머니가 싸주시는 도시락, 내 방을 청소하는 노동 등을 제외하고서 말이다. 안타깝게도 최근에는 방송과 통신의 발달로 이런 비시장의 영역마저도 갈수록 축소되고 있다.

분업과 산업혁명을 통하여 시장이 경제활동에서 차지하는 비중은 폭발적으로 증가하였고, 이제 개인, 기업, 정부, 모든 경제주체들은 역사상 그 어느 때보다 시장에 의존하여 익명의 무수한 타인과의 관계망 속에서 살아가고 있다. 우리가 소비하는 것들은 익명의 무수히 많은 타인의 손을 거쳐 만들어졌다. 우리 일터에서 만들어지는 것들이 최종적으로 누구에 의하여 소비되는지 알지 못한다. 우리가 직접 대면하는 이웃들은 내가 살아가는 데 필요한 무엇인가를 만들어 주거나 해주는 그런 사람들도 아니고, 내가 만든 것을 소비하는 사람도 아니다. 그들은 가까움 이외의 다른 관계 없이 이웃하고 있는 것이다. 시장경제는 개인의 소비의 풍요를 가져왔고, 다른 한편으로는 개인을 사회에 더 속박된 존재로 만들었다. 이제 시장은 국가의 경계를 뛰어넘어 지구화되었다. 한국의 소비자, 기업, 정부는 이제 아프리카 오지의 사람들과도 중요한 관계를 형성하고 있다. 저개발국의 값싼 노동과 헐값에 고갈되는 지구자원은 개발국 소비자들의 풍요를 지탱하게 되었고, 저개발국 노동자들의 끼니를 조금이나마 해결해 주게 되었다.

시장거래가 체계화되고 제도화되는 데 무엇보다도 중요한 것은 재산권이다. 재산권이 어떻게 행사되고 강제되는가에 따라 시장의 규모와 범위에 큰 차이가 발생하고, 따라서 개인들이 시장을 통한 거래로부터 성취할 수 있는 만족의 범위

---

5. *Comparing Economic Systems in the Twenty-First Century*, 2003, by Gregory and Stuart. ISBN 0-618-26181-8.(p.142) : "It is an economic system that combines social ownership of capital with market allocation of capital …… The state owns the means of production, and returns accrue to society at large."

가 결정된다. 바로 여기서 재산권의 규정과 강제라는 정부의 중요한 기능을 찾을 수 있다. 집을 사고팔 때 집주인이 누구인지를 등기를 통하여 확인할 수 없다면 마음 편하게 집을 살 수 없을 것이다. 마찬가지로, 내가 산 집에 대한 소유권이 나에게 귀속된다는 보장이 없다면 집을 사더라도 불안할 수밖에 없다. 토지에 대한 소유권을 법적으로 보장하지 않는 중국에서 토지의 매매는 없다. 사람을 노예로 소유하는 권리는 위헌이다. 노예시장은 존재하지 않는다. 소유권이 법적으로 보장되더라도 치안(治安)이 허술하여 강제되기 어렵다면 사람들은 즉시 소비되는 것 이외에 불필요한 재산을 보유하려 하지 않을 것이다. 시장은 축소되고 그 불편으로 소비는 위축되고 또한 돈을 벌 기회도 줄어들 것이다.

재산권과 관련된 정부의 이러한 기능을 보다 명료하게 이해하기 위하여 무정부 상태의 두 사람 간의 거래관계를 생각해 보도록 하자. 쌀을 경작하는 고씨와 닭을 키우는 노씨가 있다. 두 사람은 각각 자신의 이익만을 추구하고 상대방의 이익에는 무관심하다. 각각 상대방이 생산한 것을 약탈하거나 그 재산권을 존중하거나를 선택하는 상황에 놓여 있다. 두 사람이 상호 재산권을 존중하는 선택을 하게 된다면 고씨의 쌀과 노씨의 닭을 교환하여 각각 10의 이익을 얻을 수 있다. 만약 노씨가 고씨의 재산권을 존중하는데 고씨가 노씨의 닭을 약탈한다면, 고씨는 10보다 큰 12의 이익을 얻게 되고 노씨는 0의 이익을 얻게 된다. 반대로 고씨는 상대의 재산권을 존중하나 노씨가 쌀을 약탈한다면, 노씨는 12의 이익을 얻고 고씨는 0의 이익을 얻게 된다. 만약 두 사람 모두 약탈하려 한다면 각각 2의 이익을 얻는다. 이러한 상황을 아래와 같이 표로 나타낼 수 있다.

		노씨	
		약탈	존중
고씨	약탈	2, 2	12, 0
	존중	0, 12	10, 10

고씨의 입장에서 어떤 선택이 가장 합리적일 것인가 생각해 보자. 우선 합리적이라는 것을 자신의 이익을 극대화하는 것이라고 이해하자. 고씨가 '약탈'을 선택한다면 어떤 결과가 발생하는가? 이는 노씨의 선택에 따라 다르다. 노씨가 '약탈'을 선택하면 고씨에게 2의 이익이 발생할 것이고, 노씨가 '존중'을 선택

하면 12라는 큰 이익이 발생한다. 고씨는 노씨가 어떤 선택을 할지 모르는 상태에서 선택해야 하므로 이 두 이익 중 무엇이 실제로 일어날지 모를 것이다. 이런 불확실한 상황에서 사람들은 어떻게 선택하는가에 대한 여러 가설들이 있다. 그 중 가장 대표적인 것이 기대이익(기대효용) 극대화의 가설이다. 노씨가 약탈을 선택할 가능성이 p라고 고씨가 믿는다면 자신이 '약탈'을 선택할 때의 이익의 기대값이 $2 \times p + 12 \times (1 - p)$라고 생각할 것이다. 마찬가지로 자신이 '존중'을 선택할 때 이익의 기대값이 $0 \times p + 10 \times (1 - p)$라고 생각할 것이다. 이 두 기대값을 비교하면, 상대방이 어떤 선택을 할 것인가에 대한 예상 p의 크기와 무관하게 '약탈'이라는 선택에서 얻는 기대이익이 더 크다는 것을 쉽게 확인할 수 있다. 따라서 고씨의 입장에서 합리적인 선택은 '약탈'이다. 노씨의 입장에서도 동일한 분석이 적용되어 '약탈'이 가장 합리적인 선택임을 확인할 수 있다. 따라서 두 사람이 합리적이라면 모두 '약탈'을 선택하고 각자 2의 이익을 얻게 되는 결과가 발생한다. 두 사람이 모두 '존중'을 선택한다면 각자 훨씬 더 높은 10의 이익을 얻을 수 있음에도 불구하고 자기 이익을 극대화하려는 노력이 2의 이익만을 얻는 데 그치게 한 것이다. 이는 매우 불합리한 결과처럼 보인다. 개인의 합리적 선택이 모두에게 나쁜 결과를 초래한 것이다.

왜 이 결과가 불합리해 보이는 것일까? 그것은 모두에게 나쁜 결과이기 때문이고, 모두가 더 높은 이익을 얻을 수 있음에도 그런 결과가 발생하였기 때문이다. 여기서 우리가 어떤 "무엇"이 불합리한가 아닌가를 말할 때 그 "무엇"은 어느 한 사람의 이익이 아니라 모든 사람들의 이익들의 총괄적 기술인 사회적 결과이다. 즉, (2, 2)를 말한다. 이는 개인의 합리적인 선택을 말할 때 대상이었던 개인의 이익 2를 말하는 것이 아니다. 어떤 "사회적" 결과가 합리적이고 비합리적이라는 것을 다음과 같이 정의할 수 있을 것이다. 만일 모두에게 더 큰 이익을 주는 사회적 결과가 있음에도 이를 실현하지 못한다면 사회적으로 비합리적 혹은 비효율적인 것이다. 반면에 어떤 사회적 결과보다 모두에게 더 큰 이익을 주는 가능한 다른 실현 가능한 결과를 찾을 수 없다면 그 결과는 사회적으로 합리적 혹은 효율적인 것이라고 할 수 있다. 위 예에서 두 사람 모두 '약탈'을 선택한 결과 (2, 2)는 사회적으로 비합리적이고, 두 사람 모두 '존중'을 선택한 결과 (10, 10)은 사회적으로 합리적인 것이다. 합리적이라는 표현을 사회에 적용하는 것이 부적절해 보일 수 있다. 사회에 이성(理性)이 실재하는 것은 아닌 것 같다. 마치 그 안에 이성이 실재하는 '것처럼' 사회가 작동할 수는 있겠지만. 사회적 합리성보다는 **파레토**(Pareto) **효율성**(效率性)이라는 용어가 더 많이 쓰인다.

위 예에서 보듯이 무정부(無政府) 상태에서는 파레토 효율적인 결과가 발생하지 않는다. 합리적인 개인들이 자발적으로 상대방의 재산권을 무시하고 약탈을 일삼아 모두에게 불리한 결과가 발생할 수밖에 없고 시장과 거래는 사라진다. 정부의 역할은 재산권을 규정하고 강제하여 이러한 비효율적인 결과로부터 벗어나게 하는 것이다.

인간의 경제활동은 지구 환경에 중대한 영향을 미치는 요인이 될 정도로 대규모화되었다. 우리는 이미 염화불화탄소(CFC, 일명 프레온가스) 사용이 야기한 오존층 파괴 문제, 이산화탄소 배출에 의한 지구온난화의 문제, 구(舊)소련의 체르노빌과 일본의 후쿠시마 원전사고 등과 같이 경제활동으로 인한 환경재앙의 위험을 수차례 경험하였다. 앞으로도 지구적 규모의 문제에 대한 관리기구가 없는 한 이러한 위험은 반복될 것이다. 전 지구적 무정부 상태와 관리의 부재가 바로 이런 위험을 방치하도록 하여 심각한 환경재앙을 야기할 수 있는 것이다.

냉장고의 냉매로, 그리고 그 밖에도 발포제, 분사제, 세정제 등의 폭넓은 용도로 사용되어 온 염화불화탄소가 오존층을 파괴하는 심각한 문제점를 야기한다는 사실이 1970년대에 과학자들에 의하여 밝혀졌다. 실제로 남극의 오존층에 구멍이 생겼고 그 크기가 점차 커져서 오존층이 사라질 수 있는 위기에 봉착하였다. 오존층은 자외선을 차단하는 역할을 하고 이것이 파괴될 때 인류는 심각한 위험에 노출된다. 국제사회는 그 심각성을 인식하고 1985년 몬트리올 의정서를 통하여 중장기적으로 염화불화탄소 사용을 억제하기 위한 해결안에 합의하였다. 이 문제는 국제사회의 협력으로 비교적 쉽게 해결될 수 있었다. 염화불화탄소를 대체하는 기술적 비용이 크지 않았던 것이 이런 협력을 용이하게 한 주 요인이었다. 어쨌든 과거 경제개발 과정에서 염화불화탄소를 제한 없이 사용할 수 있는 이득을 누려 왔고 그래서 환경재앙을 가져오는 데 기여했던 선발 경제개발국들은 상대적으로 높은 희생을 받아들였고, 경제개발이 진행 중인 개발도상국들도 장기적으로 염화불화탄소 비사용에 합의하게 된 것은 매우 다행스런 일이다.

이렇게 합의된 지구적 관리가 없다면 어떤 일이 발생할까? 각국은 자국의 이익만을 고려할 것이다. 따라서 자국이 배출하는 오염물질이 전 지구적으로 일으키는 피해보다는 자국이 입는 피해만을 기준으로 배출량을 결정할 것이다. 결과적으로 전(全) 지구적 과다배출이 발생하고 환경재앙의 위험은 더 커질 것이다.

지구온난화는 그것이 초래할 재앙의 규모와 파괴력의 차원에서 상상을 초월하는 심각한 문제이다. 유엔을 중심으로 국제사회는 수년간의 협상 끝에 1997년 온실가스 감축 목표에 관한 교토의정서를 채택하였다. 그러나 이후 온실가스 최대 배출국이자 최대 감축대상국인 미국의 불참으로 현재 난관에 봉착해 있다. 온실가스 방출은 염화불화탄소처럼 일부 산업에 국한되어 일어나는 것이 아니고 화석연료를 사용하는 모든 산업과 관련되어 있고 감축 이외에 다른 대안이 없는 것이어서 지구적 관리의 경제적 충격이 매우 크다. 따라서 누가 얼마나 감축에 책임을 져야 하는가와 관련하여 국가 간의 이견이 첨예하게 대립하고 있다. 당장 온실가스 배출이 줄어들지 않는다고 하여 선발 경제개발국들에 환경재앙으로 인한 경제적 손실이 있을 것 같지도 않은 것은 이 문제의 해결을 더 어렵게 한다. 오히려 온실가스 배출은 개발국들이 하고 그로 인한 재앙은 전 세계 인구의 대부분을 차지하는 저개발국의 국민들을 위협하고 있는 것이다. 이는 해수면 상승이 방글라데시와 이집트의 강 하구 델타 지역 농민들을 위협하고 있고, 남태평양의 키리바티(Kiribati)와 같은 나라를 수몰 위기에 몰아넣은 사례를 보면 쉽게 이해할 수 있다. 어떻게 감축의 책임을 나눠갖느냐의 문제는 현실적으로는 정치적인 타협의 문제이고 근본적으로는 도덕적 문제이다.

온실가스는 지금까지 누구에게나 허락된 공유자산이었다. 누구도 온실가스를 배출하는 것에 대하여 경제적 책임을 지지 않았고 원하는 만큼 배출하도록 허용되었다. 이러한 공유자산의 과도한 남용의 문제는 경제학에서 공유지의 비극으로 불리고, 생태학자 가렛 하딘(Garrett Hardin)의 유명한 논문으로 널리 알려지게 되었다.[6] 자기 이익을 추구하는 합리적 개인들의 의사결정이 비효율적인 결과를 초래한다는 내용으로 우리가 앞서 재산권과 관련하여 논의하였던 상황과 유사하다. 고씨와 노씨가 호수에서 물고기를 잡는 일과 집안에서 하는 일 사이에

---

6. Garrett Hardin, "The Tragedy of the Commons," *Science* 162 (3859), 1968, pp.1243～1248. doi : 10.1126/science.162.3859.1243. PMID 5699198. edit. 흥미롭게도 하딘은 복지국가가 자녀 양육에 소요되는 공유자원을 만들어내어 공유자원의 남용과 인구폭발의 문제를 부추긴다고 주장하였다. 그러나 그의 예상과 정반대로 복지국가의 발전과 함께 출산율은 오히려 낮아졌고, 이제 경제개발국들은 인구 감소에 돌입했거나 가까운 미래에 인구 감소가 전망되고 있다. 전 세계적 인구도 2050년 이후 감소세로 돌입할 것이라는 예상도 있다(라이너 클링홀츠, 베를린 인구개발연구소장, Reiner Klingholz, *Die Zeit*, 2014년 7호).

하나를 선택한다고 하자. 집안 일은 항상 2의 이익을 준다. 호수에서 한 사람만 물고기를 잡으면 10의 이익을 얻고 두 사람이 물고기를 잡으면 1인당 5의 이익밖에 얻지 못한다고 하자.

		노씨	
		호수	집
고씨	호수	5, 5	10, 2
	집	2, 10	2, 2

이 경우에도 앞에서와 같이 고씨는 노씨가 어떤 선택을 하더라도 호수에서 고기잡이를 선택하는 것이 최대의 이익을 주는 선택이 된다. 이는 노씨도 마찬가지이다. 따라서 두 사람은 모두 호수에서 고기잡이를 선택하여 각자 5의 이익을 얻는다. 그런데 만일 한 사람만 고기잡이를 하고 그 수익의 일부인 4를 집에서 일한 사람에게 준다면, 각자 6이라는 더 큰 수익을 얻을 수 있다는 것을 알 수 있다. 사회적으로 가장 효율적인 결과는 한 사람이 호수에서 고기잡이를 하는 것임에도 불구하고 사적 이익을 추구하기 때문에 이러한 효율적인 결과가 이루어질 수 없는 것이다. 이를 공유지의 비극이라고 부른다.

공유자원의 비효율적인 남용을 막기 위해서 공유자원의 사용에 대한 관리의 필요성이 제기된다. 이러한 관리를 위하여 반드시 국가나 정부와 같은 거대 관료조직이 필요한 것은 아니다. 위 예에서와 같이 소규모 공동체에서는 구성원들 간의 자발적 합의에 기초한 관리가 자연스럽게 이루어질 수 있다. 가령 두 사람이 공동의 어업조합 같은 것을 만들어서 공동의 이익극대화를 꾀하는 데 합의한다면 호수를 효율적으로 활용할 수 있을 것이다. 자발적인 자기 관리의 사례들에 대한 방대한 연구는 엘리너 오스트롬(Elinor Ostrom)의 『공유의 비극을 넘어』에 잘 소개되어 있다.[7] 어떻게 자기관리기제가 작동하는가에 대해서는 앞으로 연구할 과제가 많은 영역 중 하나이다. 그러나 공동체의 규모가 커질수록 협상과 합의의 도출, 그리고 관리에서 발생하는 거래비용이 커진다. 따라서 자연발생적인 자기 관리 기제를 기대하기 어렵고, 정부 혹은 공공기관과 같은 강제력을 행사할

7. 안도경 · 윤홍근 역, 랜덤하우스, 2010. Elinor Ostrom, 1990. *Governing the Commons : The Evolution of Institutions for Collective Action*, Ostrom, Elinor, Cambridge University Press. Description and preview links. (ISBN 9780521405997).

수 있는 조직과 체계적인 제도의 역할이 커진다. 이와 같이 공유자원에 대한 비효율적인 남용을 해결하는 기능 또한 정부의 중요한 역할이다.

앞서 언급했듯이 관리는 결국 고통의 분담을 필요로 하고, 여기에는 정치적 문제와 도덕적 문제가 혼합되어 있다. 소규모 공동체에서는 구성원들 간의 공유된 윤리적 규범이 있고 인격적 관계가 형성되어 있다. 이와 같은 도덕적 자산은, 가령 오염자 부담의 원칙 같은 기초적 원칙에 구성원들이 원활하게 합의하도록 돕는다. 그리고 이런 합의된 원칙에 따라 책임 분담이 이루어질 때 결과에 대한 불만도 적고 합의는 그 효력을 발휘할 수 있게 된다. 불행히도 지구사회는 공유된 윤리적 규범이 부재한, 도덕적 자산이 없는 사회라는 것을 인정하지 않을 수 없다. 국가 간의 관계는 국익을 최우선으로 하는 약육강식의 원초적 질서를 크게 벗어나지 못하였다. 이것이 온실가스 배출의 문제가 해결점을 찾기 힘든 이유 중 하나이다. 세계 최대 오염국 미국의 전대통령 조지 부시(George W. Bush)는 개발도상국에 분담의무를 부과하지 않는 교토의정서는 불공평하다고 반대하였다. 그가 얘기하는 공평성은 과거를 묻지 말자는 의미인 것으로 보인다. 현재 상황을 기준으로 어느 나라도 손해를 보지 않는 평등한 감축의무의 분담을 공평하다고 보는 시각이다. 실제로 그는 2000년 대선과정에서 지구온난화와 관련하여 미국인의 이익에 반하는 어떤 조치에도 동의하지 않을 것임을 밝힌 바 있다. 포스너(Eric A. Posner)와 와이스바흐(David Weisbach)는 이러한 미국의 입장을 대변하여 "피해자 부담 원칙"이라 불릴 만한 비정상적인 제안을 하기도 하였다.[8] 로버트 노직(Robert Nozick)은 분배적 정의가 현재의 결과가 아니라 이러한 결과에 도달한 역사적 경로의 정당성에 근거해야 한다고 하였다. 미국의 입장은 분배적 정의에 대한 이러한 역사적 접근과도 상반되는 것이다.

교토의정서가 분배적 정의에 입각하여 고안되었다고 볼 수는 없다. 미국 정부의 입장과 정반대의 이유에서 불공평성의 문제를 많은 비평가들이 제기하였다. 교토의정서의 감축안이 협상 당시 이미 과도한 온실가스 배출수준으로 개발국들의 배출 상한을 고정하도록 함으로써 개발국들의 감축의무를 과소하게 지우고, 향후 개발도상국들에게 과도한 의무를 부여할 수밖에 없도록 했다는 것이다. 이들은 분배적 정의와 평등의 기본적인 요건을 갖추도록 감축안의 수정이 이루

8. Eric A. Posner and David Weisbach, *Climate Change Justice*, Princeton university Press, 2010.

어져야 한다고 주장한다.[9] 대표적인 대안으로 제시되는 공평성의 원칙이 **1인당 균등배분**(equal per capita allocation)의 원칙이다. 이는 모든 개인에게 국적을 불문하고 온실가스 배출에 대한 동등한 권리를 부여한다는 평범한 취지를 반영한 것이다.[10]

이렇게 온실가스 배출을 둘러싼 국가들 간의 갈등은 지구사회의 정부가 없음으로 인하여 벌어지는 심각한 문제를 잘 보여주는 사례이다. 이와 유사한 지구적 문제들은 앞으로도 계속 발생할 것으로 보인다. 지구적 문제들을 관리할 정부의 필요성은 절실하다. 관리가 지연될 때의 최대 수혜자는 헐값에 지구자원을 소진하는 선발 개발국의 현세대 생산자와 소비자들일 것이다. 개발도상국의 현세대도 수혜자의 대열에 있을 것이나 그 수혜의 크기가 공정한 몫인가에 대해서는 의문의 여지가 크다. 최대의 피해자는 미래 세대다. 피해의 크기는 상상을 초월하는 재앙의 규모가 될 수도 있다.

이상의 사례들을 통하여 정부가 개개인의 삶을 개선하는 역할을 할 수 있다는 것을 알아보았다. 이러한 정부의 **효율성 향상 기능**은 이 밖에도 다양하게 존재한다. 공원, 교각, 도서관, 국방, 치안 등과 같은 공공재가 효율적으로 제공될 수 있도록 하고, 소비자들이 재화의 품질 정보를 몰라서 입게 되는 피해로부터 발생하는 비효율성을 시정하는 기능 등이 그 대표적인 사례이다. 이러한 정부의 효율성 향상 기능에 대해서는 제5장과 제7~8장에서 보다 자세히 살펴볼 것이다.

3.2 공유된 이념과 가치의 실현 : 분배와 공정성

어느 시대의 어떤 국가에도 정부가 추구하는 기본적인 가치와 이념이 있었고, 그것이 경제에 실현될 수 있도록 하는 것이 정부의 중요한 기능이었다. 조선(朝鮮)시대 국가의 이념과 경제체제적 특성에 대하여 이헌창(2010)은 아래와 같

9. Rachel Ward Saltzman, "Distributing emissions rights in the global order : The case for equal per capita allocation," *Yale Human Rights and Development Journal*, 13(1), 2010, pp.281~306 ; R. T. Pierrehumbert, "Cumulative carbon and just allocation of the global carbon commons," *Chicago Journal of International Law*, 13, 2013, pp.527~548.

10. Paul Bare, *Equity, Greenhouse Gas Emissions, and Global Common Resources*, 2002 ; In Schneider, S, Rosencranz, A and Niles, J (eds) *Climate Change Policy : A Survey*, pp.393~408, Washington D. C. : Island Press.

이 서술하고 있다.

'조선국가가 재분배로 경제를 통합하려는 목적은 이권재상(利權在上)을 통해 국가 권력을 유지하는 것, 환곡과 진휼 등을 통해 민생 안정을 보장하는 것, 그리고 이익을 넓게 분배하여 소득의 균등화를 도모하는 것이었다. 둘째와 셋째의 목적은 도덕경제론의 발로이지만, 장기적으로 국가 권력의 안정에 기여한다. 조선국가는 안민(安民)의 유교 이념에 충실하여 국가재분배를 통해 경제안정, 나아가 권력안정을 도모하려는 노력을 적극 기울였다.' (『조선후기 재정과 시장–경제체제론의 접근』, 이헌창 편, 서울대학교출판문화원, 2010. 제1장 총론, p.23)

성리학은 조선이 국가의 기틀을 형성하는 과정에서 사회의 지배적 이념으로 자리 잡았고 조선 경제체제의 특질을 형성하는 데 중요한 역할을 하였다. 양민(養民)과 절용(節用)이라는 성리학적 경제 이념에 따라 조선 정부는 낮은 정부예산을 추구하면서도 국가재분배를 위한 재정은 충분히 확보하였다. 견고한 국가재분배기능은 한편으로 경제에서 차지하는 시장의 비중이 낮게 유지되도록 하였는데, 이는 18세기 조선 정부 세입에서 간접세인 상업세의 비중이 2%에도 못 미쳤고 토지세의 비중이 90%에 이를 정도였다는 데서 잘 드러난다.(『조선후기 재정과 시장–경제체제론의 접근』, 이헌창 편, 제14장). 조선의 복지지출의 규모는 15세기에 GDP의 1%에 달하여 당대 최고의 복지국가라 할 수 있었고, 18세기와 19세기에도 0.5%였다. 이는 1800년경에 전 세계의 평균 복지지출 규모가 0%에 가까웠던 것(Lindert, 2004, pp.7~8)과 비교할 때 매우 높은 수준이었다.[11] 비슷한 시기 청나라의 복지지출도 높은 편이었는데, 18세기 말에 조선 정부의 기근(饑饉)에 대비한 1인당 곡물비축량은 청나라 1인당 비축량 최대치의 5배에 달할 정도였다.[12]

대한민국의 헌법 전문은 우리가 추구하는 자유민주주의적 이념에 대하여 상

11. Lindert, Peter H., *Growing Public : Social Spending and Economic Growth Since the Eighteenth Century*, 2 Volumes, Cambridge University Press, 2004.

12. Hun-Chang Lee, "Welfare policy of Chosun Korea(1392~1910) under the Malthusian constraint," Working paper, Naksungdae Institute of Economic Research, 2013.

세히 기술하고 있고, 그 실현을 위한 국가의 의무와 역할은 헌법 전반에 걸쳐 잘 나타나 있다.

> '유구한 역사와 전통에 빛나는 우리 대한국민은 3 · 1운동으로 건립된 대한민국 임시정부의 법통과 불의에 항거한 4 · 19 민주 이념을 계승하고, 조국의 민주개혁과 평화적 통일의 사명에 입각하여 정의 · 인도와 동포애로써 민족의 단결을 공고히 하고, 모든 사회적 폐습과 불의를 타파하며, 자율과 조화를 바탕으로 자유민주적 기본 질서를 더욱 확고히 하여 정치 · 경제 · 사회 · 문화의 모든 영역에 있어서 각인의 기회를 균등히 하고, 능력을 최고도로 발휘하게 하며, 자유와 권리에 따르는 책임과 의무를 완수하게 하여, 안으로는 국민생활의 균등한 향상을 기하고 밖으로는 항구적인 세계평화와 인류공영에 이바지함으로써 우리들과 우리들의 자손의 안전과 자유와 행복을 영원히 확보할 것을 다짐하면서 1948년 7월 12일에 제정되고 8차에 걸쳐 개정된 헌법을 이제 국회의 의결을 거쳐 국민투표에 의하여 개정한다.'

여기서 "각인의 기회를 균등히" 한다는 **기회균등**의 이념과 "국민생활의 균등한 향상"이라는 **평등주의**적인 정신은 경제체제에서 정부의 적극적인 재분배 기능을 요구하는 요소이다. 전문에 제시된 이념과 가치에 입각하여 헌법은 국민의 기본권과 기본권이 보장되게 할 국가의 의무를 규정하고 있다. 특히 제34조는 정부의 **재분배적 기능**과 관련하여 중요한 기준이 되는 "인간다운 생활의 권리"를 명시하고, 이를 보장하기 위하여 국가가 사회보장 · 사회복지에 노력하고 사회적 약자, 여성, 노인, 청소년, 그밖에 생활능력이 없는 국민들을 보호해야 한다고 규정하고 있다. 우리나라 정부의 재분배적 기능과 관련된 예산은 지난 10여 년간 가장 빠르게 증가하였다. 복지예산은 예산 분야에서 가장 큰 비중을 차지하고, 2014년 100조원을 넘어 정부예산의 31.8%에 달하였다. 그러나 GDP 대비 복지예산 비중은 7.6%로 OECD 평균인 20%에는 크게 못 미쳐 복지국가로 성숙하기 위해서 이런 추세는 향후 지속될 전망이다.

공정한 분배라는 어떤 보편적으로 수용될 수 있는 도덕원칙에 순응하는 기능을 정부가 할 수 있다는 것은 매우 중요한 정부의 존재이유이다. 이런 정부의 기능은 국가가 안정적으로 지속되는 데 중요한 기여를 한다. 역사적으로 국가의 몰락과 전복은 경제적 불평등과 빈곤이 심각해지고 그에 따라 민심이 국가를 불신할 때에 주로 발생했다. 국가의 전복과 혁명은 엄청난 사회적 비용을 수반하는 과정이다. 현대 민주주의적 정치제도는 이런 큰 비용을 치르지 않고서도 정당 간의 자유로운 경쟁을 통하여 국민들이 원하지 않는 정치권력은 언제든지 국민 스스로 선거를 통하여 박탈할 수 있도록 하였다. 국민들이 현명하다면 민주주의 정치체제의 권력은 언제나 민심에 귀를 기울이지 않을 수 없다.

공정한 분배를 지향하는 정부의 기능이 반드시 어떤 이상적인 도덕적 요청에서 비롯되었다고 보는 것은 사회과학도로서 만족스럽지 못한 것 같다. 보다 현실적 인간의 합리성에 기초한 설명을 제시할 수는 없을까?

확률적평등주의(probabilistic egalitarianism)는 개개인이 자신의 사회적 지위에 대한 정보를 갖고 있지 않은 불확실한 상황에서는 그 위험을 줄이기 위하여 자발적으로 정부의 재분배적 기능에 의존하려 할 것이라고 설명한다. 정부의 재분배적 기능이 개개인이 낮은 사회적 지위에 놓일 위험을 줄여주는 역할을 하여 궁극적으로 모든 사람들에게 이로운 결과를 가져온다는 설명이다.[13]

사람들이 이타적인 경우 정부의 재분배적 기능은 모든 사람들에게 긍정적인 효과를 가져오는 공공재와 같은 역할을 할 것이다. 이 경우 정부가 없다면, 개개인은 자기 스스로 (가령, 가난한 사람에게 기부하여) 이러한 공공재를 공급하는 것보다는 타인이 대신 제공해주기를 바랄 것이고 궁극적으로 아무도 공급하지 않게 되어 비효율적인 결과가 발생하는 문제가 있다. 이를 경제학에서는 **무임승차의 문제**라고 부른다. 이러한 무임승차의 문제를 해소하기 위하여 정부에게 재분배 권한을 부여하는 데 모두 동의할 것이라는 설명이다.[14]

정부의 재분배적 기능에 대한 보다 자세한 설명은 4장, 6장, 9장에서 이루어질 것이다. 제6장에서는 합리적 의사결정에 기초한 분배적 정의론의 관점에서 정부의 재분배적 기능을 정당화하도록 할 것이다. 또한 제9장에서는 정치경제 모형을 통하여 정부의 재분배적 기능이 강화되는 이유에 대한 이론적 설명을 제

---

13. Abba P. Lerner, *Economics of Control*, New York : Macmillan, 1944, pp.23 ~ 40 ; Amartya K. Sen, "On ignorance and equal distribution," *American Economic Review*, 63, 1973, pp.1022 ~ 1024.

14. von Furstenberg, George M. and Dennis C. Mueller, "The Pareto optimal approach to income redistribution : A fiscal application," *American Economic Review*, 61, 1972, pp.628 ~ 637.

시할 예정이다.

연습문제 ch. one Exercise

01 재정학의 연구대상에 대하여 논하시오.

02 자본주의, 사회주의, 복지국가의 공통점과 차이점에 대하여 논하시오.

03 자본주의 경제체제가 혼합경제 체제로 이행하는 이유에 대하여 논하시오.

04 정부의 효율성 향상 기능에 대하여 논하시오.

05 공유지의 비극에 대하여 사례를 들어 설명하고 정부의 역할에 대하여 논하시오.

06 정부의 공정한 배분 기능에 대하여 논하시오.

07 공유지의 비극을 보여주는 p.17의 고씨와 노씨의 사례에서 두 사람이 하나의 협동조합을 설립한다고 하자. 각자 어떤 일을 할지는 협동조합이 결정하고 일로부터 얻은 이익은 협동조합에 귀속된다. 협동조합의 목표는 두 사람이 얻는 수익의 총합을 극대화하는 것이고 이렇게 극대화된 총수입은 두 사람에게 균등하게 배분된다고 하자. 협동조합은 어떤 선택을 할 것인가 설명하고 그 결과를 공유지의 비극의 결과와 비교하시오.

1. 공공부문의 최근 통계 : 우리나라와 개발선진국들을 중심으로

2. 정부지출의 구성

3. 정부수입과 재정수지

4. 정부 성장의 이론

5. 정부 규모의 적정 수준

정부의 실제와 이론

Public Finance
ch. two

2

현대 민주주의 정부가 추구하는 목표는 국민의 안녕과 복지라고 볼 수 있다. 그 내용에 있어서 상당한 차이가 있겠지만, 과거의 군주제나 다른 정치체제에서도 비슷한 목표가 있었을 것이다. 현대 민주주의 정치체제는 이러한 목표가 정부의 운영과 정책의 실천원칙으로 작동할 수밖에 없도록 제도화되었다는 점에서 과거의 정치체제와 구별된다. 과거에는 폭군을 몰아내기 위해서 상당한 사회적 비용이 수반되는 반란이나 혁명과 같은 국가 혹은 지배집단의 몰락과 재수립의 과정을 겪어야 했지만, 민주주의 정치체제에서 권력교체는 국민의 기본권 행사를 통하여 적은 비용으로 언제든 이루어질 수 있다. 선거를 통한 국민의 지지에 기초하여 국가 권력과 정부 구성이 이루어지므로 큰 사회적 비용을 지불하지 않으면서도 정부가 국민을 대표하는 의사결정을 할 수 있도록 유도하는 시스템이 갖추어진 것이다.

국민의 안녕과 복지를 경제학자들은 대개 효율성과 공정성으로 이해한다. 따라서 경제학의 관점에서 정부의 목표는 효율성과 공정성이라고 볼 수 있다. 정부의 기능도 이렇게 효율성과 공정성이라는 목표를 기준으로 구분할 수 있을 것이다.

효율성은 모든 사회구성원 개개인이 최소한의 비용으로 최대한의 만족을 얻을 수 있도록 경제활동이 이루어져야 한다는 원칙이다. 이는 국민소득 수준의 향상, 경제성장, 기술 발전 등과 관련된다. 효율성에 대한 보다 명확한 정의는 제3장에서 자세히 다룰 것이다. 공정성에 대해서는 다양한 입장들이 공존한다. 기본적인 의미의 공정성, 가령 법 앞의 평등, 기본적인 인권의 존중과 같은 최소한의 공정성에 대해서는 합의된 기준이 있으나 보다 포괄적인 의미의 공정한 거래, 공정한 소득분배, 공정한 보상 등에 대해서는 상이한 다양한 입장들을 볼 수 있다.

공정성은 크게 절차적 공정성과 결과적 공정성으로 구분할 수 있다. 절차적 공정성의 대표적인 예로는 기회균등의 원칙, (성(性) 간 · 인종 간 · 연령층 간) 비차별의 원칙 등이 있다. 교육의 기회균등이란 학생들의 교육기회가 학생들의 선택이나 노력과 무관하게 주어지는 환경요인에 따라 달라져서는 안 된다는 원칙이다. 절차적 공정성을 강조하는 철학자 로버트 노직(Robert Nozick)은 공정한 절차에 따라 획득된 재산에 대해서는 그 결과가 어떤 패턴을 갖더라도 공정성에 의문을 제기할 수 없다고 주장한다. 소득분배라는 결과의 패턴만으로 공정성을 판단하는 것은 잘못된 것이고 어떤 절차를 거쳐서 그러한 결과에 도달하였는지를 알아야만 공정성을 판단할 수 있다는 것이다. 이런 노직의 정의론은 자유방임주의와 최소정부론 같은 극단적인 보수주의의 철학적 기초로 이용되기도 하지만, 절차적 공정성에 대한 기본적인 취지는 보수와 진보를 떠나 넓게 인정되고 있다.

경제학에서는 절차적 공정성보다는 결과적 공정성이 규범적 기준으로 더 중요한 위치를 차지한다. 한 나라의 소득분배 불평등도를 지수(指數)로 나타내고 이를 기준으로 공정성의 관점에서 평가하는 것을 쉽게 볼 수 있고, 경제 정책이나 제도에 대한 규범적 평가도 결과의 공정성의 관점에서 이루어지는 것을 흔히 관찰할 수 있다. 결과적 공정성에 대해서는 경제학자들 사이에 다양한 입장들이 존재해 어떤 하나의 일관된 합의에 이르기는 어려워 보인다. 다른 조건이 동일하다면 불평등도를 낮추는 것이 바람직하다는 데 모두 동의하겠지만 이는 아주 특수한 이례적인 경우에 불과하고, 일반적으로는 불평등도를 낮추기 위해서 효율성을 포기해야 하는 경우들이 많다. 이렇게 불평등도와 효율성이 상충관계를 가질 때 효율성 상실을 감수하면서 불평등도를 낮추는 정책 혹은 불평등을 심화시키지만 효율성을 높이는 정책에 대하여 어떤 평가를 내리는가는 결과적 공정성에 대한 평가자의 입장에 따라 달라질 수 있다. 어떤 결과적 공정성이 현실 정책에 반영되는가는 정치제도를 통하여 결정된다. 결국 민주주의 정치체제에서는 다수의 투표자들이 지지하는 결과적 공정성이 현실에 구현되는 것이다.

효율성을 개선하기 위한 정부의 기능을 **자원배분 기능**, 공정성을 개선하기 위한 정부의 기능을 **소득재분배 기능**이라 한다. 시장기구가 역사상 인류가 개발한 자원배분 기구들 중에서 가장 효과적이라는 데 큰 이견은 없는 것 같다. 특히 중앙 통제에 의한 사회주의 경제 실험이 실패로 돌아간 지난 20년간의 경험들을 통해 경제학자들의 이러한 신념은 더욱 강화되었다. 따라서 시장이 적절하게 작동한다면 정부의 자원배분 기능은 불필요할 것이다. 시장이 적절하게 작동하지 않는 경우, 즉 "비효율적"인 결과를 초래하는 경우에라야 정부의 자원배분 기능이 정당화될 수 있을 것이다. 그 대표적인 사례로는 환경오염과 같은 생산과 소비의 "외부효과"가 있는 경우, "공공재(公共財)"가 있는 경우, 재화나 서비스에 대한 정보가 불완전한 경우, 독과점(獨寡占)의 폐해가 발생하는 경우 등이 있다.

이에 반하여 정부의 재분배적 기능은 시장이 완전하게 작동할 경우에도 필요한 기능이다. 다양한 재분배적 기능들이 있고 이들은 매우 다양한 사회경제적 · 역사적 · 철학적 배경 속에서 형성되었다.

시장경제의 자원배분은 개개인이 시장에 참여하기 전에 결정된 특성들에 의

존할 수밖에 없다. 가령 한 개인이 어떤 신체적 특성이 있고, 어떤 지역에 거주하고, 어떤 가정환경에 처해 있는가에 따라 그가 시장을 통하여 생산하고 소비하는 결과가 달라질 수 있는 것이다. 이러한 특성들의 분포가 개인의 의지와 선택과 무관하게 결정된다면 그로부터 발생하는 결과에 대하여 개인에게 도덕적 책임을 부여할 수 없을 것이다. 이렇게 "도덕적으로 임의(任意)의(morally arbitrary)" 특성들로 야기된 이익과 손해의 분포는 공정성의 문제를 야기하게 된다.

시장에서의 거래가 자발적으로 이루어지더라도 그 거래조건, 가격과 계약 등이 공정한가에 대한 문제를 제기할 수 있다. 사회경제적 지위에 따라 거래 상대에게 위협을 줄 수 있는 상황에 있을 수도 있고, 그 반대로 어떤 나쁜 거래조건도 수락할 수밖에 없는 열악한 상황에 있을 수도 있다. 따라서 지나치게 낮은 임금이 책정되기도 하고 열악한 근로환경에서 일해야 하는 결과가 발생할 수도 있다. 고용주와 노동자 간의 노동계약, 대기업과 중소기업 간의 하도급 계약, 독점기업과 소비자의 거래 등 이런 불공정 거래의 문제는 시장경제에서 매우 일상적으로 발생하기 때문에 이에 대한 정부의 역할이 그만큼 중요하다.

최근 금융부문 CEO들의 과도한 임금의 적정성에 대하여 심각한 의문이 제기되고 있다. 이는 시장에서 결정되는 임금 보상의 격차가 공정한 격차라고 볼 수 있는가?라는 보다 근본적인 문제제기로 확대될 수 있다. 없어도 그만인 고가의 명품을 판매하여 엄청난 수익을 얻는 사람도 있지만, 생활에 필수적인 먹거리를 생산하지만 늘 빚에 허덕이는 농민들도 많이 있다. 회사 내에서 아니면 동종업계에서 비슷한 능력을 가진 사람들 사이에 상당한 임금격차가 발생하는 것도 쉽게 볼 수 있다. 과거 상당수의 경제학자들은 시장경제가 안고 있는 근본적인 문제점으로 불평등의 심화를 제기한 바 있고, 많은 경험적인 연구들에서 사실로 밝혀지고 있다.[1] 시장에서 결정되는 가격들의 절대적 수준과 여러 가격 간의 격차들이 공정한가의 문제는 경제학의 매우 근본적인 연구과제라고 볼 수 있으나 이에 대한 학계의 관심은 그 중요성만큼 크지는 않아 보인다. 하지만 이 문제의 심각성은 이미 오래 전부터 정치과정 속에서 다수의 공감을 얻어왔었고, 그것이 오늘날 정부의 적극적인 소득재분배 정책을 낳았다고 볼 수 있다.

---

1. 토마스 피켓티의 최근 저작은 이런 경험적 연구들을 잘 정리하고 있다. Thomas Piketty, *Capital in the Twenty-First Century*, The Belknap Press of Harvard University Press, 2014.

1. 공공부문의 최근 통계 : 우리나라와 개발선진국들을 중심으로

Public Finance, ch. two

개발선진국들의 정부지출 규모는 20세기 초반 GDP 대비 10% 내외의 낮은 수준에서 2013년에는 OECD 평균 40%를 상회하는 수준으로까지 급속하게 증가하였다. 개발선진국들은 큰 정부와 포괄적인 사회복지의 특성을 가진 독일, 프랑스, 영국 등의 유형과 작은 정부와 시장기구의 자원배분 기능을 중시하는 미국, 일본 등의 유형으로 구분할 수 있다. 전자의 정부지출 규모는 GDP의 50% 내외로 성장하였고, 후자의 정부지출 규모도 GDP의 40% 내외에 이른다. [그림 2-1]은 주요 개발선진국들과 우리나라의 정부지출 규모가 1970년 이후부터 2013년까지 어떻게 변화하였는가를 그래프로 나타낸 것이다.

이러한 정부의 성장은 1990년 이전까지 빠르게 이루어졌으나 1990년대 이후로는 그 성장속도가 둔화되었다. 정부지출의 이들 국가 간 격차도 점차 줄어드

그림 2-1

정부지출의 규모. 국가별 GDP 대비 정부지출 비율의 장기적 추이

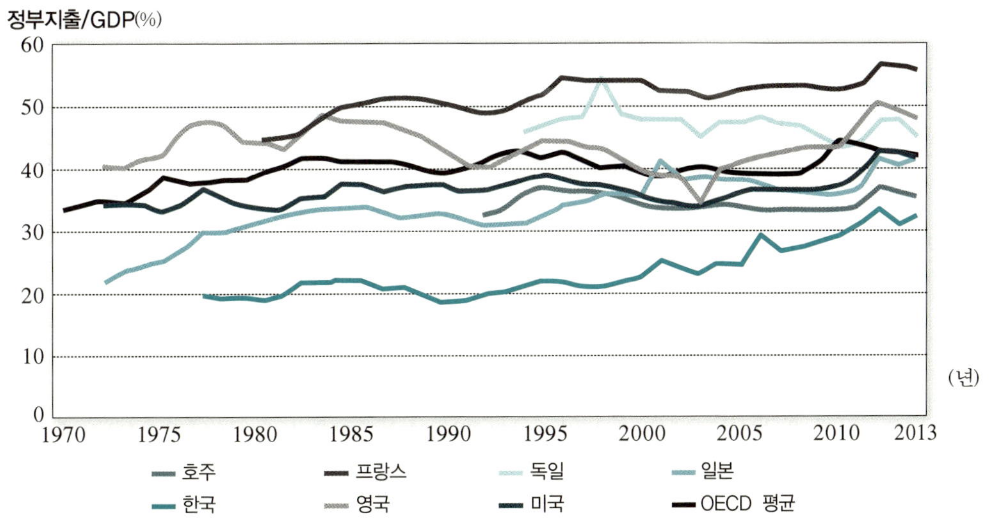

자료 : Economic Outlook No. 95, OECD.

는 양상을 보이고 있다.

한국의 정부지출 규모는 경제개발 초기인 1970년대에 대략 GDP의 20% 수준에서 2013년 30%를 약간 상회하는 수준으로 성장하였다. 그러나 아직 OECD 평균과 비교하여 10% 포인트 정도의 큰 차이를 보이고 있다. 향후 이러한 차이는 줄어들 것이고 우리나라의 정부지출 규모도 OECD 평균과 같은 수준으로 성장할 것으로 전망되고 있다.

이러한 정부지출의 증가에서 가장 눈에 띄는 부문은 보건, 교육, 사회복지 부문이다. 제2차 세계대전 이후부터 1990년대 이전까지 이 부문에서의 정부지출은 급속히 성장하였다. 이는 무엇보다 전 세계적으로 사회주의 이념이 노동자들과 기층 민중들에 확산되고, 이에 대항하여 보수주의 또한 자기 개혁을 거듭한 결과이다. "복지국가(welfare states)"라는 정치적 이념은 사회주의권이 아닌 시장경제가 발달한 서유럽 국가들에서 확산되었다. 이는 자본주의와 사회주의라는 두 이념이 경쟁을 거듭하고, 양자가 민주주의적 의사결정 속에서 절충된 결과라고 볼 수 있다. 사유재산권의 보호와 시장경제체제를 기본적인 경제질서로 채택하면서도 경제적 불평등, 노동 착취, 경제적 약자의 기본권 침해 등 시장경제의 문제점들이 원천적으로 차단되도록 국가 제도가 정비되면서 복지국가라는 형태의 혼합체제가 발전한 것이다. 정당 간의 경쟁과 투표와 선거를 통하여 권력이 창출되는 민주주의적 정치체제가 자본주의도 사회주의도 아닌 혼합경제체제에로의 점진적인 체제변화를 가져온 것이다.

아이러니컬하게도 복지국가의 시초는 19세기 유럽 보수주의 정치세력과 파시스트들의 개혁에서 비롯되었다. 19세기 말 마르크스주의자들과 사회주의 운동세력은 자본주의의 근본적인 문제점들이 경제체제의 변환이라는 극단적인 방식으로만 해결될 수 있다는 시각을 갖고 있었다. 당시 자본주의의 폐해의 중심에 있었던 노동자들과 기층 민중들에게 이러한 정치이념의 영향력은 매우 클 수밖에 없었다. 이러한 영향으로부터 대중의 시선을 돌리기 위해서는 자본주의가 갖는 문제점들로부터 가난한 대중들을 보호할 수 있는 국가제도의 도입이 필요했던 것이다. 독일의 재상 비스마르크는 보수개혁을 통하여, 한편으로는 언론을 통제하고 사회주의 운동과 조합 운동을 금지하였고, 다른 한편으로는 노령연금, 재난보험, 의료복지 등의 복지정책들을 도입하였다. 그리고 이러한 독일의 보수개혁은 급속히 서유럽 주변국들로 전파되었다.

그림 2-2

국 방

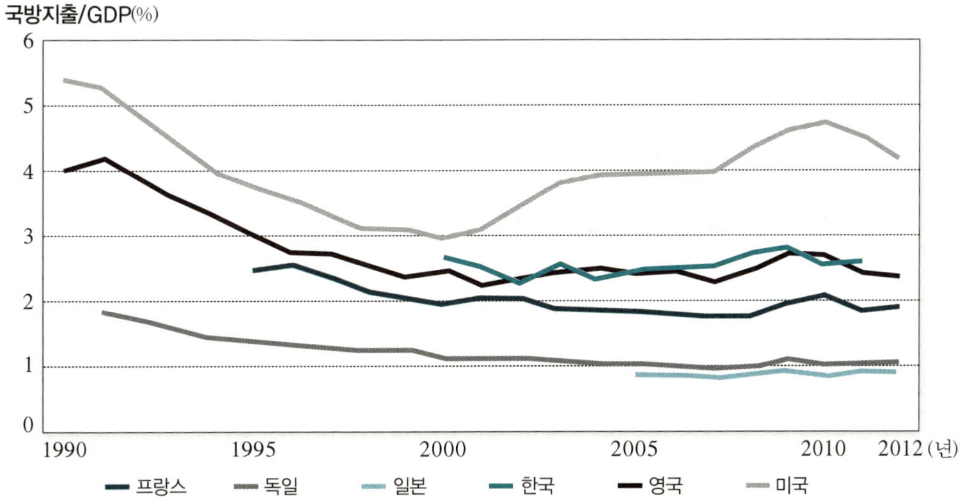

자료 : OECD.

마르크스주의가 풍미했던 20세기 초반까지 진보적 정치세력에게 복지정책들을 통한 이러한 점진적인 개선은 비판의 대상이었다. 이런 복지정책들은 자본주의의 근본적인 문제를 해결하기보다는 오히려 노동자들의 단결과 투쟁의지를 희석시킬 뿐이라는 것이다. 시장경제를 보완하는 점진적인 개혁이 아니라 시장경제체제의 부정과 혁명을 통한 새로운 사회주의 국가 건설이 당시 진보세력의 궁극적인 목적이었고, 이러한 목적을 달성하는 데 복지국가에로의 개혁은 걸림돌이 된다고 본 것이다. 그러나 제2차 세계대전이 끝나고 서유럽의 사회주의 정당들과 진보세력은 혁명이 아닌 민주주의적인 정치질서 내에서의 복지국가 실현을 정치적 목표로 재설정하게 된다. 서유럽 진보세력의 이러한 변화와 함께 복지국가의 발전은 이후 매우 급속히 이루어졌고, 바로 이것이 정부지출의 급속한 증가와 공공부문의 성장이 이루어진 정치사적 배경이다.

1990년대 이후로 개발선진국들에서의 이러한 정부지출 성장세는 다소 둔화되기 시작하였다. 한편 우리나라와 같은 신흥경제개발국은 1990년대 이후에 정부지출의 급속한 성장이 이루어졌고 이런 추세는 당분간 지속될 것으로 예상된다. 특히 보건과 사회복지 부문에서 우리나라는 다른 개발선진국들과 비교하여

그림 2-3

보 건

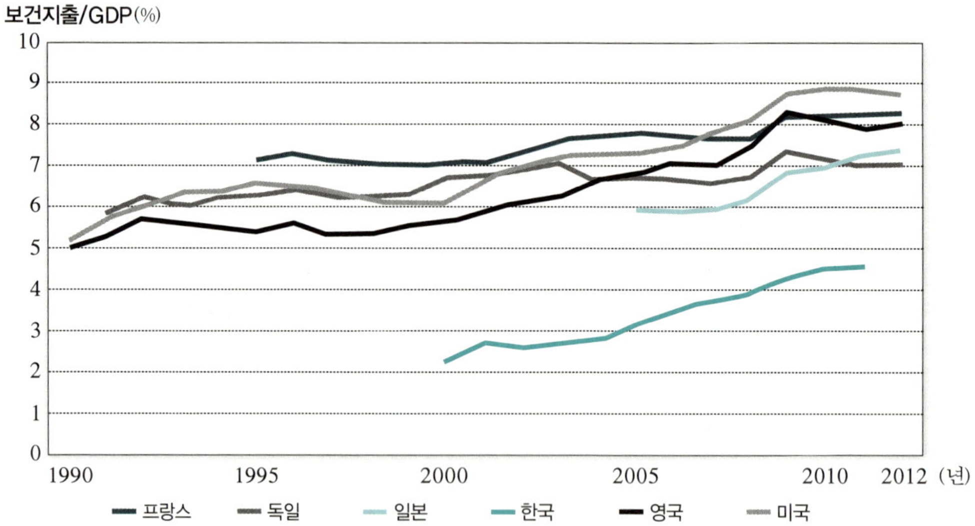

자료 : OECD.

매우 낮은 수준의 정부지출 규모를 갖고 있어서 이 부문에서 정부지출의 빠른 성장이 예상되고 있다.

지출분야별로 살펴보면, 우선 국방의 경우 [그림 2-2]에 나타난 바와 같이 사회주의권의 체제 붕괴와 냉전체제의 종결로 1990년대 이후 감소추세를 보였다. 그러나 우리나라의 경우 남북분단이라는 특수한 상황으로 인하여 국방지출이 비교적 높은 수준에서 큰 변화가 없었다. 정부 주도의 국방지출이 경제와 외교에서 큰 역할을 하는 미국과 영국은 전통적으로 국방지출의 규모가 다른 개발 선진국들에 비하여 높았고, 이런 국가 간의 차이는 전반적인 국방지출 감소에도 불구하고 1990년대 이후 큰 변화가 없었다. 우리나라의 경우 국방지출의 GDP 대비 규모가 영국과 비슷한 높은 수준을 유지하고 있다. 그러나 이는 미국이나 영국과 같이 국방지출이 경제적 · 외교적으로 국익 신장에 중요한 역할을 해서가 아니라 남북 정전체제의 군사적 긴장이 지속되기 때문이라는 점에서 큰 차이가 있다. 남북 간 군사적 긴장의 완화와 평화체제는 이런 과도한 국방지출을 보다 생산적이고 건설적인 정부지출로 전환하는 계기가 될 수 있다는 점에서 큰 경제적 효과를 가져올 수 있다.

그림 2-4

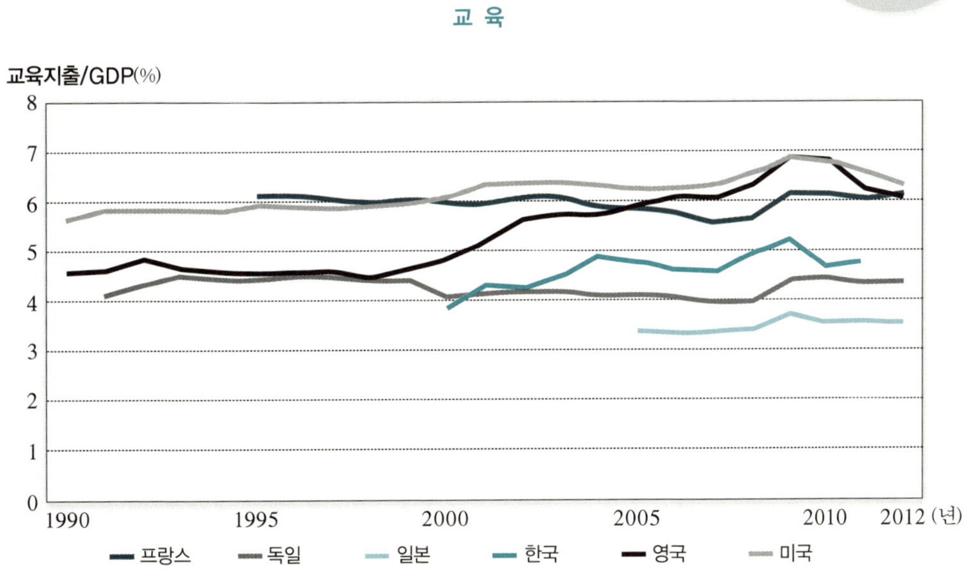

자료 : OECD.

보건지출은 [그림 2-3]에서 보듯이 1990년대 이후에도 모든 개발선진국들에서 지속적으로 증가하였으나, 2000년대 후반 금융위기 이후에 그 증가세가 다소 누그러졌다. 우리나라의 경우 2000년대 이후 비교적 빠른 속도로 증가하고 있음을 확인할 수 있다. 이는 보건분야의 정부지출이 다른 개발선진국들에 비하여 매우 낮은 수준이었기 때문이고, 그 격차는 줄어들고는 있으나 아직도 큰 것을 알 수 있다.

교육분야의 정부지출은 [그림 2-4]에서 보듯이 국가별로 차이는 있으나 1990년대 이후 약간의 증가세를 보이는 것으로 나타난다. 특히 미국과 영국의 경우 이러한 증가세가 두드러졌다. 우리나라의 교육분야 정부지출은 다른 개발선진국들과 비교하여 낮다고 볼 수는 없다. 2000년대 이후 현재까지 독일과 일본보다는 높고, 미국, 영국, 프랑스보다는 낮은 수준을 유지하고 있다. 경제개발 과정에서 교육의 전통적인 중요성과 국민들의 높은 교육열에 따라 교육투자가 크게 이루어진 것이 그 이유였을 것이다.

연금도 보건과 같이 우리나라의 정부지출이 다른 선진국들과 비교하여 크게 낮은 부문이다. 보건과 마찬가지로 이 부문의 정부지출은 1990년대 이후 지속

그림 2-5

연 금

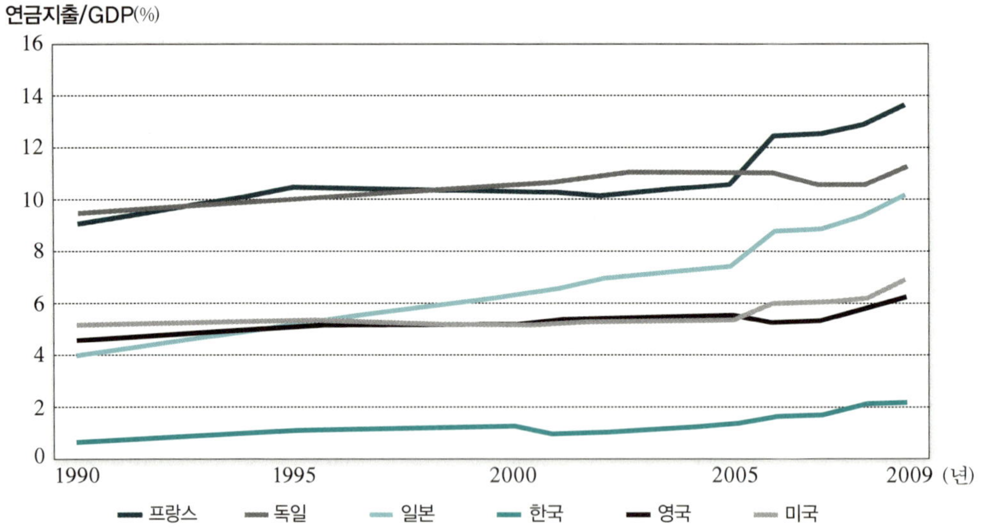

자료 : OECD.

적으로 증가하고는 있으나 선진국과의 격차는 좀처럼 줄지 않고 있다. 이는 선진국 역시 연금 지출을 늘렸기 때문이다. 제2차 세계대전 이후 베이비붐 세대의 은퇴로 정부의 연금지출이 대부분의 선진국들에서 최근 가파르게 증가하였는데 이러한 추세는 당분간 지속될 것이다.

2. 정부지출의 구성

Public Finance, ch. two

[그림 2-6]은 정부지출의 구성을 한국, 독일, 영국, 일본 이렇게 네 국가별로 나타낸 것이다. 독일, 영국, 일본 세 국가는 서유럽 개발선진국(독일, 영국)과 비유럽 개발선진국(일본)의 대표적인 사례라고 볼 수 있다. 이들 사이에 정부지출의 구성이 매우 유사하다는 것을 이 그림을 통하여 관찰할 수 있다. 대표적인 공통점으로 (i) 사회안전망(social protection) 지출이 다른 지출항목과 비교하여 압도적으로 큰 비중을 차지하는 점, (ii) 그 다음으로 중요한 지출항목이 보건(health), 일반

그림 2-6

주요국 정부지출의 구성

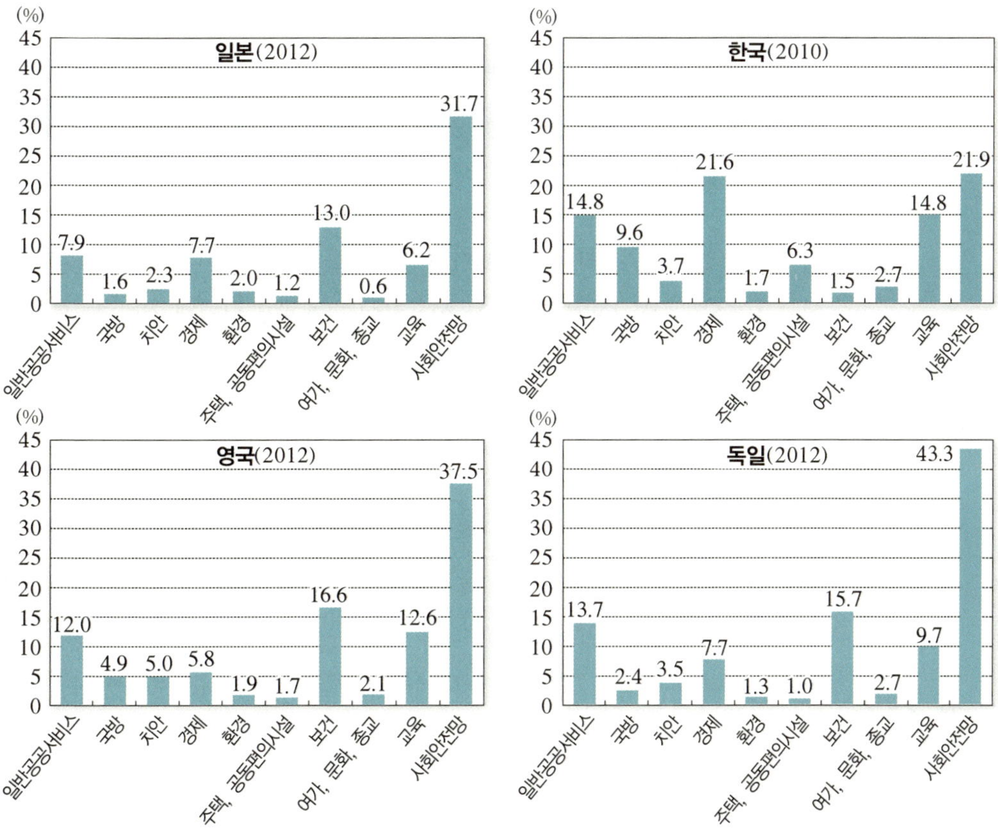

자료 : Government Finance and Statistics Yearbook, IMF.

공공서비스(general public services), 그리고 교육(education)이라는 점, (iii) 이 네 지출항목 각각이 나머지 지출항목 각각의 두 배 이상이라는 점을 들 수 있다.

우리나라의 정부지출 구성은 이 세 나라와 상당한 차이를 보인다. 위 세 특징 중 어느 하나도 갖고 있지 않을 뿐만 아니라 교육과 일반공공서비스를 제외하고 사회안전망, 보건, 국방, 경제 등이 차지하는 지출 구성은 위 세 나라와 확연한 차이가 있다. 세 나라에서 모두 13% 이상의 비중을 차지하는 보건지출이 우리나라에서는 1.5%에 그치고 있고, 사회안전망의 비중도 21.9%에 머물러 31.7% 이상인 세 나라와 큰 차이를 보인다. 반면에 국방과 경제부문의 지출비중은 다른 나라들의 두 배 이상을 차지하는 특징을 보이고 있다. 국방의 비중이 높은 것은 정전체제와 군사적 긴장의 지속 때문이다. 경제부문의 비중이 높은 것은 아직도 한국경제에서 정부개입의 규모가 크다는 것을 의미한다.

3. 정부수입과 재정수지

Public Finance, ch. two

[그림 2-7]은 우리나라를 포함한 주요국들의 GDP 대비 조세수입 비율의 변화를 1965년 이후 OECD 자료를 이용하여 그래프로 나타낸 것이다. 모든 국가들의 조세수입 비율이 지난 50여 년간 증가해 왔다는 것을 알 수 있다. 조세수입 비율이 가장 빠르게 증가한 나라는 우리나라와 터키와 같이 경제개발이 늦게 이루어진 나라들이다. 1970년대 초반에 GDP의 15%에도 못 미치던 조세수입이 2012년에 25%대에 이르렀고, 다른 서방 선진국들과의 차이도 크게 줄어들었다.

조세수입의 세목별 구성을 국가별로 비교하여 나타낸 [그림 2-8]을 보면,

그림 2-7

주요국의 조세수입의 연도별 변화

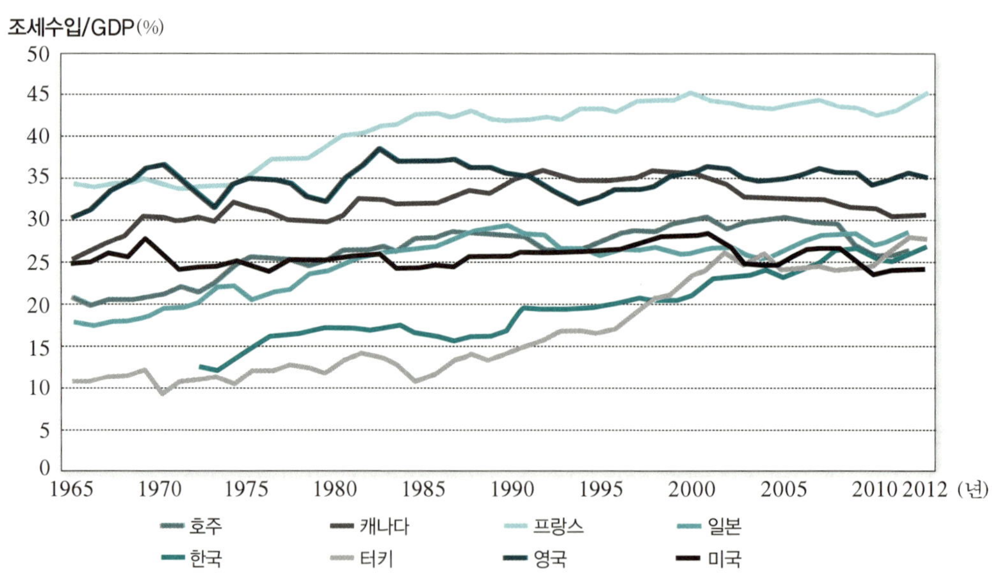

자료 : OECD Revenue Statistics.

그림 2-8

주요국 조세수입의 세목별 구성(2012년)

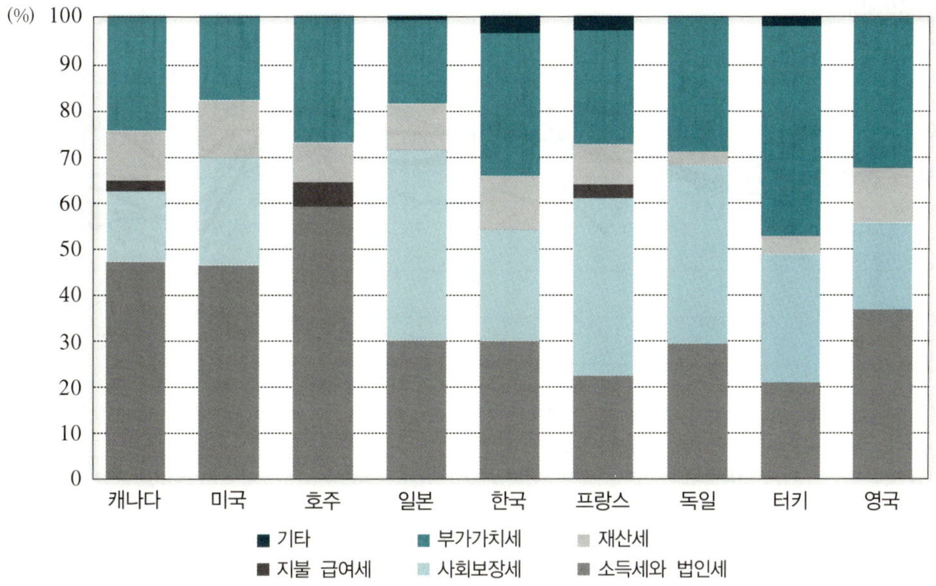

자료 : OECD Revenue Statistics.

우리나라와 터키의 조세수입에서 부가가치세(goods and services)의 비중이 다른 나라보다 크다는 것을 알 수 있다. 또한 직접세인 소득세와 법인세의 비중도 우리나라와 터키가 다른 나라들에 비하여 낮은 것으로 나타났다. 독일, 프랑스, 일본의 경우 소득세와 법인세의 비중은 우리나라와 큰 차이가 없으나 사회보장세의 비중이 높아서 소득세와 법인세에 의존할 필요가 없다는 것이 중요한 차이이다. 이렇게 사회보장세의 비중은 점진적으로 높아지고 법인세의 비중은 낮아지는 것이 지난 20여 년간 선진국들을 중심으로 이루어진 조세개혁의 특징이다.

부가가치세는 납세자에게 부과되는 것이 아니라 상품 구매라는 경제적 행위에 부과되는 간접세이다. 이러한 부가가치세는 단일세율구조이고 소비재만을 대상으로 하고 있어서 일반적으로 소득이 높을수록 더 낮은 비율의 세금을 내게 되어 역진성을 갖게 된다. 반면에 납세자에게 직접 부과하는 소득세나 법인세는 납세자의 조세부담 능력에 따라 세율을 조정할 수 있어서 용이하게 조세부담의 형

그림 2-9

정부의 재정수지의 변화

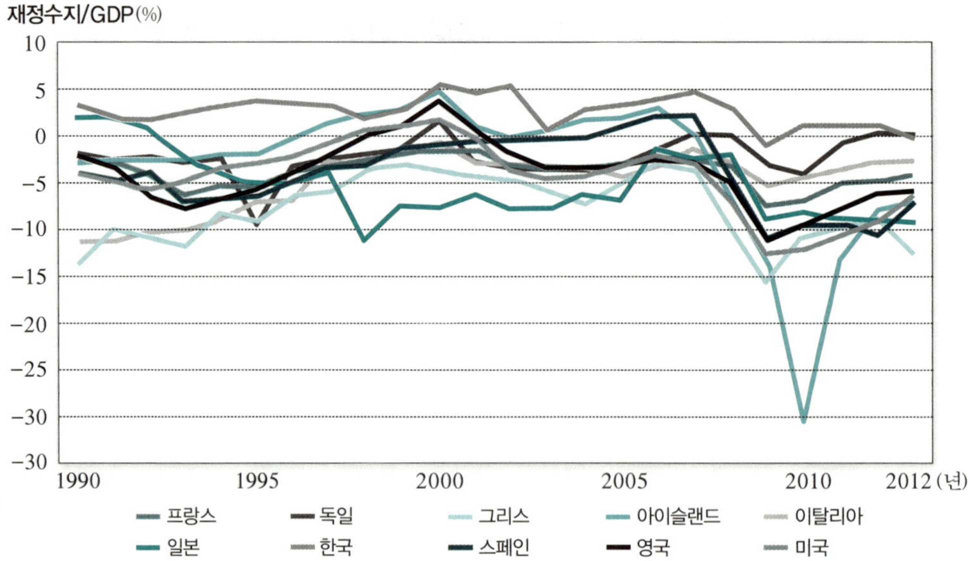

자료 : OECD Economic Outlook no. 95, OECD Factbook 2009.

평성을 기할 수 있다. 우리나라와 같이 간접세의 비중이 크고 직접세의 비중이 작을 경우 공정한 조세분담을 이루는 데 어려움이 있게 된다. 세입에서도 정부의 재분배적 기능이 효과적으로 이루어지려면 간접세의 비중을 점차 낮추고 직접세와 사회보장세의 비중을 점차 높이는 변화가 필요할 것이다.

정부지출이 정부수입보다 클 때 재정수지 적자가 발생한다. 이런 적자는 정부가 빚을 내어 메꿀 수 있는데, 정부의 빚은 미래의 정부지출을 현재의 지출로 대체하고 미래세대의 조세부담을 높이는 결과를 낳는다. 최근 재정적자로 인하여 심각한 경제적 어려움을 겪고 있는 국가들이 늘어나면서 정부 재정적자에 대한 관심이 높아졌다. 다행히 우리나라는 지난 20여 년간 비교적 안정적인 정부 재정수지를 유지해 왔다. [그림 2-9]는 우리나라와 주요 선진국들의 재정수지 변화를 나타낸 것이다. 현재 경제위기를 겪고 있는 그리스를 비롯한 많은 유럽 선진국들은 지속적으로 재정적자를 경험해 왔다. 같은 기간 동안 일본과 미국도 지속적인 재정적자를 기록하였다. 이에 반하여 우리나라는 2008년 외환위기 이후를 제외하고 균형재정에 가까운 재정흑자를 지속하였고, [그림 2-9]의 다른 나라들보다 높은 수준의 재정수지를 지속적으로 유지해 온 것으로 나타나고 있다.

4. 정부 성장의 이론

Public Finance, ch. two

정부와 공공부문의 지난 50여 년간의 급격한 성장이 어떤 정치경제적 과정으로 이루어졌는가에 대해서는 이미 제1절에서 서술하였다. 본 절에서는 이러한 정부의 성장에 대한 몇 가지 이론적인 설명들을 소개한다.

첫째, 민주주의 확장이 공공부문의 성장을 가져온 원인이라는 정치경제론적 설명이다. 이 주장의 이론적 근거는 "중위투표자 정리"라고 널리 알려진 이론적 결과이다.

정부가 균일한 세율의 소득세를 부과하여 그 세수로 공공재를 공급하는 모형을 고려할 때 소득이 많을수록 공공재 공급에 필요한 조세부담을 상대적으로 더 많이 분담하게 된다. 따라서 고소득자일수록 낮은 수준의 공공재를 수요하고 저소득자일수록 높은 수준의 공공재를 수요하게 된다. 그런데 민주주의 정치체제에서 집권세력은 다수의 지지를 확보해야만 하고 이러한 다수의 지지를 확보하기 위한 경쟁의 결과 "중위투표자"의 수요에 따른 정치적 결정이 이루어질 수밖에 없는데, 이것이 바로 **중위투표자 정리**이다.[2] 소득의 역순으로 공공재 수요의 크기가 결정되므로, 이 모형에서 중위투표자는 바로 중위소득계층을 말한다. 따라서 중위소득계층의 투표자가 수요하는 수준의 공공재가 제공되면 바로 이 공공재의 공급규모가 정부의 규모를 나타내는 것이다.

그렇다면 왜 정부의 규모가 늘어나는 것인가? 이를 설명하기 위해서는 두 가지 사실이 필요하다. 우선 중위투표자가 원하는 공공재의 규모는 중위투표자의 소득, 즉 중위소득과 평균소득의 비율에 의하여 결정되고 중위소득의 평균소득 대비 비율이 낮아질수록 중위투표자는 더 많은 공공재를 원하게 된다는 이론적 사실이다.[3] 그리고 다른 하나는 시장경제가 발달할수록 소득 불평등도가 심화되어 중위소득의 평균소득 대비 비율이 낮아진다는 경험적 사실이다. 이 두 사실로

2. 이에 대한 자세한 논의는 제9장에서 다루어질 것이다.
3. 이에 대한 보다 엄밀한 논의는 제9장에서 소개될 것이다.

부터 중위투표자가 원하는 공공재의 규모는 시장이 발달할수록 커진다는 결론을 얻게 되는데, 바로 이것이 정부의 규모가 늘어나는 이유이다.

둘째, '공공부문 확장의 법칙(the law of increasing state activity)'이라는 독일 경제학자 아돌프 바그너(Adolph Wagner)가 주장한 법칙이다. 이 법칙은 장기적으로 정부 예산규모와 경제성장 간에 양의 상관관계가 있다는 의미로 해석되기도 하나, 이보다 더 엄격하게는 장기적으로 정부지출의 GDP에 대한 탄력성이 1보다 크다는 의미로 해석된다. 경제가 성장함에 따라 정부의 행정 및 보호기능의 필요성이 증가하고, 공공부문이 공급하는 교육, 여가, 보건, 보안 등의 공공재와 사회적 서비스에 대한 수요가 증가하며, 자연독점에 대한 관리와 시장경제의 작동을 원활하게 하기 위한 정부개입의 필요성이 증가한다는 것 등이 이 법칙을 뒷받침하는 근거로 제시되었다.[4]

셋째, 노벨 경제학상 수상자 윌리엄 보몰(William Baumol)의 비용질병론(cost disease)이다. 이에 따르면 경제는 생산성의 진보가 쉽게 이루어지지 않는 정체된 부문과 생산성 증대가 활발히 이루어지는 진보적인 부문이 있다. 보건, 교육, 사회서비스, 예술 등과 같이 공공부문이 담당하는 영역은 대부분 정체된 부문에 속하고, 민간과 시장이 담당하는 영역은 생산적 부문에 속한다. 따라서 경제성장과 더불어 생산적 부문에서 이루어진 생산성 증대가 임금을 상승시키고 이러한 임금상승이 정체된 부문에까지 번져서 이 부문에서의 비용상승을 야기한다. 바로 이것이 공공부문의 예산규모가 커질 수밖에 없는 이유라는 것이 비용질병론의 요지이다.

넷째, 머스그레이브(Musgrave)와 로스토우(Rostow)의 경제개발단계론이다. 이 이론의 요지는 경제개발 및 성장 단계별 특성 때문에 정부지출이 지속적으로 증가할 수밖에 없다는 것이다. 경제발전 단계는 시작기, 중기, 완숙기의 3단계로 나눌 수 있다. 시작기에는 사회간접자본(infrastructure) 확충이 필요하나 민간부문의 투자나 저축을 통하여 이루어질 수 없으므로 정부의 예산지출을 통하여 이루어질 수밖에 없다. 경제발전이 진행되는 중기에는 사회간접자본에 대한 지출보다는 도시화와 산업화의 부작용인 공해와 같은 외부효과, 범죄예방과 안전, 그밖에도 다양한 시장의 실패에 대한 정부의 관리와 대응이 요구된다. 경제개발의

4. 이에 대한 보다 자세한 설명은 다음 논문을 참조하기 바란다. R. M. Bird, "Wagner's law of expanding state activity," *Public Finance* 26, 1971, pp.1~26.

완숙기에는 사회간접자본이나 시장의 실패를 관리하는 정부의 역할보다는 사회보장, 보건, 교육 등과 같은 정부의 재분배적 기능에 대한 수요가 커진다. 이와 같이 경제개발 및 단계별 특징이 정부지출의 증대를 초래한다는 것이다.

5. 정부 규모의 적정 수준

경제학은 인간의 행위에 의하여 나타나는 사회현상을 연구하는 사회과학의 한 분야로, 이론의 형성 배경은 시대적 사회상황과 불가분의 관계를 맺고 있다. 따라서 경제학에서 논의되는 정부의 기능과 역할 역시 역사적 배경을 그대로 반영하고 있다.

원래 적정 수준의 정부 역할에 관한 규범적 법규(normative rule)가 있는 것은 아니지만 역사적으로 볼 때 그 시대에 처한 경제적 · 사회적 상황에 따라서 정부의 기능이 규정되어 온 것이 상례이다. 경제학의 원조라 일컬어지고 있는 아담 스미스는 1776년에 출간된 그의 저서 『국부론(*An Inquiry into the Nature and Causes of the Wealth of Nations*)』에서 정부의 역할은 치안, 법률, 국방 등의 최소한의 수준에 머물러야 한다는 작은 정부의 원리를 주장하였다. 그가 『국부론』을 쓸 당시 초기자본주의의 단순한 시장구조 하에서는 "보이지 않는 손"인 가격이 효율적 자원배분을 가능하게 하였기 때문에 정부나 국가의 기능은 야경국가(夜警國家) 이상일 필요가 없었다.

그러나 19세기 중엽에 이르러 자본주의가 성숙 · 발전함에 따라 시장구조가 복잡 · 비대화되어 시장에서의 독과점수요 증대 및 경기침체, 그리고 빈부격차의 심화 등 가격의 교통신호 역할에의 문제점이 하나 둘 노정(露呈)되어 시장실패 현상이 나타나기 시작하였다. 따라서 19세기 중엽 영국의 경제사상을 대표하는 밀(John Stuart Mill)이나 그 이후의 에지워스(Francis Y. Edgeworth), 피구(Arthur C. Pigou) 등의 경제학자들은 이러한 시장실패의 조정자로서 정부의 역할을 강조하게 되었던 것이다. 정부의 조정자로서의 역할은 시장실패의 대표격인 1920년대 후반과 1930년대 초반에 걸쳐서 야기된 세계대공황을 경험하면서 확대되기 시작하였다. 이러한 시대적 배경을 토대로 하여 1936년에 출간된 『일반이론

(*The General Theory of Employment, Interest and Money*)』에서 케인즈는 대공황과 같은 시장실패는 정부의 적극적 개입에 의하여 치유되어야 한다는 그야말로 "큰 정부(big government)"를 주창하였으며, 이러한 주장은 최근까지 주류경제학의 근간을 이루고 있다.

제2차 세계대전 이후 여러 선진국에서는 복지국가를 향한 각종 사회보장제도의 실시 등 종래의 시장실패 치유 이상의 정부의 기능과 역할로 [그림 2-1]에 나타난 바와 같이 국민총생산액 중에서 공공부문의 비중을 급격히 증가시켰다. 우리나라에서도 1960년대 초반의 제1차 경제개발5개년계획을 시발점으로 하여 본격적인 정부주도 하의 경제성장의 결과 정부지출 크기를 반영하는 재정규모와 이를 뒷받침하기 위한 국민의 조세부담이 증가해 온 것이 사실이다.

이상과 같은 큰 정부의 추세에 제동을 걸기 시작한 계기가 바로 1970년대의 고물가(高物價) 하의 경기침체라는 경제적 어려움이었다. 일부 경제학자들은 1970년대의 스태그플레이션(stagflation)이 정부의 지나친 시장개입과 그로 인해 비대해진 공공부문에 의한 시장경제의 비효율에 의거하였다고 주장한다.[5] 이러한 1970년대의 경험을 통하여 긴축예산, 예산동결 등 큰 정부의 낭비와 비효율을 제거하고 내실화를 추구하는 움직임이 전 세계적으로 확산되었다.

따라서 적정 수준의 정부 역할은 시장실패를 이상적으로 치유하여 시장경제를 활성화함으로써 국민후생을 극대화시킬 수 있는 시장개입을 의미한다.[6] 정부의 과다한 개입은 민간경제를 위축시켜 성장잠재력의 약화를 초래할 수 있으며, 소극적 정부 역할은 원활한 시장경제의 운용을 저하시킬 수 있는 것이다. 환언하

---

5. 1970년대의 스태그플레이션은 정부의 지나친 시장개입과 그로 인해 비대해진 공공부문에서 연유한다고 일부 통화론자(monetarists), 합리적 기대론자(rational expectationists), 공급주의경제학자(supply-side economists)들에 의해서 종종 거론되고 있으며, 그들은 이러한 시장에의 과다개입을 정부의 조정역할 실패란 관점에서 정부실패(government failure)라 부르기도 한다. 작은 정부를 주장하는 대표적 학자로는 노벨경제학상을 수상한 프리드먼(Friedman), 하이예크(Hayek)를 들 수 있으며, 노직(Nozick)과 같은 철학자는 고전학파 경제학자들처럼 최소한의 정부를 주장함으로써 더욱 보수적인 입장을 취하고 있다. 이와 정반대의 입장을 취하고 있는 대표적 학자로는 갤브레이스 교수를 들 수 있는데, 이에 대한 보다 깊은 논의는 다음의 문헌을 참고 바람.
   Friedman, M., *Capitalism and Freedom*, University of Chicago Press, 1962.
   Nozick, R., *Free to choose*, New York : Harcourt Brace Jovanovich, 1980.
   Nozick, R., *Anarchy, State and Utopia*, Basic Books, 1974.
   Galbraith, J. K., *The New Industrial State*, Boston : Houghton-Mifflin, 1971.
6. 시장실패의 개별적 치유방안에 대한 구체적 논의는 제5장에서 다루게 될 것이다.

여 한 경제의 가용자원을 주어진 하나의 빵에 비유하면, 민간부문과 공공부문이 이 빵을 적절한 크기로 나누어서 경제활동을 영위할 때 사회 전체의 후생은 극대화되며 장기적으로 빵의 크기는 더욱 확대될 것이다. 즉, 적정 수준의 정부개입(혹은 적정 수준의 공공부문의 크기)은 사회후생을 극대화화는 수준을 의미하며, 이는 그 사회의 규범적 가치기준을 반영하는 사회후생의 척도에 크게 좌우된다.[7] 정부가 지나치게 커진다는 것은 민간부문이 차지하고 있는 빵(가능자원)의 일부를 조세라는 경제적 수단을 통하여 공공부문으로 지나치게 많이 이전함을 의미하며, 이는 시장경제의 위축과 비효율적 자원배분을 초래하여 애초의 빵 크기를 축소시킬 수 있음을 시사한다. 또한 정부가 지나치게 작아진다는 것은 정부의 역할이 지나치게 위축되어 시장의 실패와 불평등의 심화로 이 역시 빵의 크기를 축소시킬 수 있음을 시사한다.

연습문제 ch. two Exercise

01 정부의 자원배분 기능과 소득재분배 기능에 대하여 설명하고, 시장경제에서 정부의 역할에 대하여 논하시오.

02 우리나라 정부지출 구성의 특징을 서유럽 개발선진국들과 비교하여 설명하시오.

03 우리나라 조세수입의 세목별 구성의 특징과 장 · 단점에 대하여 설명하시오.

04 주요 선진국들의 평균 GDP 대비 정부지출은 20세기 초에는 10% 이내였으나 20세기 후반에는 40% 가까이로 급증하였다. 정부지출 증가는 경제 · 정치 · 사회 등 여러 요인들의 영향을 받는다고 알려져 있다. 정부지출의 팽창요인들에 대해 다음 물음에 답하시오. (2013년 행정고시 기출문제)

(1) 이익집단과 정부관료의 측면에서 구체적으로 설명하시오.

(2) 재정착각(Fiscal Illusion)의 측면에서 대표적 이론과 사례들을 이용하여 설명하시오.

(3) 조세구조 효율성의 측면에서 설명하시오. (단, 정부지출과 조세수입은 같다고 가정한다.)

7. 사회후생에 대해서는 제9～11장에서 상세하게 고찰하게 될 것이다.

05 정부 성장에 대한 이론을 소개하고 평가하시오.

06 현대 국가의 재정의 기능을 논하시오. (행 14)

07 자본주의 경제체제가 혼합경제체제로 이행하는 이유를 논하시오. (외 26)

08 분배와 형평의 관점에서 본 한국 재정의 문제점들은 무엇이고 개선방안은 무엇인지에 대하여 논하시오.

개인의 복지와 사회적 효율성

Public Finance
ch. three

3

1. 복지, 쾌락, 행복

Public Finance, ch. three

경제학이 궁극적으로 추구하는 바는 무엇일까? 개인과 집단의 경제적 특성과 경제와 각종 관련 제도의 원리를 과학적으로 이해하고 이를 바탕으로 경제적으로 가장 이상적인 사회를 규명하고 실현하는 것이라 할 수 있다. 무엇이 경제적으로 가장 이상적인가의 기준은 과학적 탐구만으로 알 수 있는 것은 아니다. 이는 도덕철학과 경제학이 교차하는 영역의 문제이다.

고대 아테네의 소피스트(Sophist) 철학자들은 인간에게 선(善)한 것은 그가 가장 원하는 것이라고 주장하였다. 이들은 개개인에게 자신이 품고 있는 욕망을 스스로 만족시킬 권리가 있다고 보았고, 그중에는 정의(正義)를 강자의 이익으로 규정하는 극단적인 입장을 취하는 이들도 있었다. 이들에게 이상적인 경제는 이러한 선이 제한 없이 추구될 수 있는 사회에서 이루어질 수 있다.

이와 달리 플라톤(Platon)은 인간의 욕망이 선을 향할 수도 있고 그렇지 않을 수도 있다고 보았다. 그에게 선은 훌륭한 삶, 즉 덕을 실현하는 것이고, 덕이란 인간이 타고난 잠재적 능력들을 조화롭게 성숙되도록 하는 것이다. 이러한 선의 실현에 합치되는 욕망만이 추구할 가치가 있는 것이다. 최고 선의 실현을 촉진하기 위하여 플라톤은 욕정과 의지를 억제하고 지도할 이성의 힘이 필요하다고 주장한다. 플라톤의 이상국가는 절제, 용기, 지혜, 그리고 정의라는 네 가지 덕이 최고로 실현되는 질서 잡힌 국가를 의미한다. 이러한 국가는 무절제한 욕망 추구를 야기하는 사유재산이 제한되고 금욕주의적인 규범이 지배하는 사회에 가깝다.

플라톤의 이상국가는 군주를 최상위로 하여 생산자, 전사, 지배자의 세 계급으로 이루어진다. 군주는 정의를 실현할 수 있는 지혜를 갖도록 선발되고, 평생 교육되어야 하며, 혼인하지 말아야 한다. 플라톤에게 이상적인 경제는 개개인들의 훌륭한 삶을 실현할 수 있도록 이성이 지배하는, 그리고 그에 따라 욕망이 절제되는 그런 경제이다. 생산자, 전사와 지배자들이 정의로 조화를 이루면서 타고난 능력을 최고로 성숙시킬 수 있도록 절제된 욕망을 추구하는 경제이다.

근본적으로 선(善)과 덕(德)에 대하여 규명하는 과제는 도덕철학의 영역이다. 하지만 선에 대한 어떤 입장을 취하고 그에 입각하여 이상적인 경제가 무엇인가에 대한 방향을 정하는 것은 경제학의 영역이라고 볼 수 있다. 도덕철학은 경제학의 기초를 세우고 연구 패러다임을 정하는 데 매우 중요한 역할을 한다. 경제학을 도덕철학과는 관계 없는 독립된 학문 분야로 이해하는 것은 심각하게 잘못된 일이다.

경제학의 규범적 가치판단의 가장 핵심적인 기준은 개개인들이 경제활동을 통하여 얻는 만족, 복지, 혹은 행복이라고 표현되는 특성들이다. 주류경제학은 이런 복지의 내용에 대하여, 복지 주체가 느끼는 주관적 가치를 연구대상으로 삼아 탐구하기보다는, 행동 관찰에서 들어나는 특성만으로 복지를 가늠하는 행동주의(行動主義)적인 입장을 취하는 전통을 갖고 있었다. 행동에서 들어나는 복지만이 규범적 가치판단의 기준으로 사용되어야 하고 행동에 들어나지 않는 복지의 주관적인 내용과 그에 대한 가치판단은 허용될 수 없다는 입장이다. 이런 주류경제학의 복지에 대한 접근방식은 근대 경제학의 철학적 원조라고 볼 수 있는 공리주의와 아담 스미스(Adam Smith)의 기본 정신으로부터도 벗어나 있는 것이다. 주류경제학은 공리주의와 아담 스미스처럼 본능적 쾌락(pleasure) 추구의 중요성을 강조하지만 쾌락을 추구하는 정도와 방식, 쾌락의 내용, 쾌락 이외의 다른 가치의 측면에서 이들로 부터 매우 크게 벗어나 있다.

제레미 벤담(Jeremy Bentham)과 존 스튜어트 밀(John Stuart Mill)로 잘 알려진 근대 공리주의자들에게 가장 우선적인 윤리적 원칙은 최선의 쾌락 추구이다. 그러나 이들이 무절제한 쾌락 추구를 주장했던 것은 아니다. 벤담의 "최대 다수의 최대 행복"은 "최선"의 쾌락 추구에서 오는 것이다. 최선의 쾌락 추구는 절제된 만족을 의미하는 것이고, 과도한 쾌락은 덕이라고 보지 않았다. 이는 에피쿠로스(Epikouros)의 쾌락주의와 유사하다. 에피쿠로스에게 도덕적으로 선한 쾌락은 육체적인 결핍과 고통에서 해방되는 만족일 뿐 그 이상의 탐닉을 의미하지 않는다. 그에게 덕은 "쾌락을 추구함에 있어서의 현려(prudence in the pursuit of pleasure)"를 의미한다.[1]

아담 스미스는, 인간의 본성에 대하여, 인간이 이성에 따라 행동한다기보다는 타고난 감정적인 본능에 따라 행동한다고 보았다. 그에 따르면 이러한 감정적인 행위와 경험들이 사회적 상호작용을 통하여 도덕감성을 형성하게 된다. 그리

1. Cyril Bailey, *The Greek Atomists and Epicurus*, Oxford, 1928, p.249 ; Bertrand Russell, *The History of Western Philosophy*, Simon and Schuster, 1972, p.244.

고 이와 같은 도덕감성이 이상적인 도덕으로 발전하기 위해서는 현려, 정의, 인애라는 세 가지 덕이 필요하다. 현려(賢慮)는 생명의 보존과 건강을 추구하는 본성이다. 그는 『도덕감성론』(VI. i, p.192)에서 현려를 "자신의 건강, 행운, 사회적 지위와 평판을 비롯하여 개인의 평안과 행복에 필요한 것들에 대한 심려(心慮, care)" 라고 설명한다. 정의는 타인에게 피해를 주는 행위에 대한 거부감을 일으키도록 하고 인애는 타인의 행복을 추구하도록 한다. 아담 스미스는 정의를 이처럼 소극적인 의미로 사용하고 있고, 인간의 본성상 현려를 추구하는 것과 정의가 상충되지 않는다고 보았다.

아담 스미스 도덕철학의 가장 중요한 특징은 현려를 덕으로 삼았다는 점과 다른 덕보다도 현려의 중요성을 강조했다는 점이다. 인애의 대상은 친밀한 관계를 갖는 소수에 국한될 수밖에 없고, 이러한 인애가 없더라도 인간 사회의 존속이 반드시 위태로워지는 것은 아니지만 현려는 사회의 존속과 번영에 반드시 필요한 덕이라는 것이 아담 스미스의 시각이다. 그 이유는 어느 누구보다도 자기 자신이 스스로에게 무엇이 이로운가를 가장 잘 판단할 수 있기 때문이다. 그의 『국부론』은 시장경제에서 현려에 따라 이루어지는 분업과 교환의 복잡한 관계가 궁극적으로 모두에게 풍요를 가져올 수 있다는 것을 보여준다. 즉, 시장경제를 통하여 현려, 인애, 정의가 조화를 이루는 자연도덕의 이상적인 질서에 가까워질 수 있다는 것이다.

아담 스미스의 경제인(經濟人)은 현려라는 덕을 가지고 자신의 평안과 행복을 추구하지만 타인을 부당하게 위해(危害)하면서까지 자기 이익을 추구하는 그런 이기적인 인간과는 거리가 멀다.

주류경제학에서 개인의 복지는 배분과 소비에서 얻는 개인의 쾌락이라 볼 수 있다. 경제학의 효율성이라는 기준은 자원과 기술적 제약 속에서 이러한 개개인의 쾌락을 최대한 충족해야 한다는 규범적 원칙이다. 효율성에는 쾌락의 과도한 충족이나 절제된 만족과 같은 의미는 없다.[2] 전통적 공리주의나 아담 스미스의 절

2. 개인의 욕구 자체가 절제와 도덕적 선을 내포하는 것은 가능하다. 그럴 경우 효율성은 탐욕을 배제하고 절제된 욕구의 충족이나 도덕적 선을 지향하는 것과 합치될 수 있다. 그러나 경제학에서 다루어지는 대부분의 논의에서는 개인이 절제하고 도덕적 선을 지향한다고 가정하지 않는다. 최근 10여 년간 급속하게 쏟아지고 있는 실험경제학 연구들은 이런 전통경제학의 가정에 반대되는 현상들을 통제된 실험을 통하여 확인하고 있다. 그러나 이런 연구성과들이 전통적인 이론을 대체하고 응용되는 단계에까지 이르러 경제학의 주류로 자리 잡은 것은 아니다.

제와 현려는 효율성이 아니라 공정성과 평등 같은 다른 차원의 규범적 기준을 통하여 반영될 수 있다. 그러나 한 걸음 더 나아가 개인의 쾌락 그 자체가 절제와 현려 등을 포괄할 수 있도록 확장될 필요도 있다.

경제학의 궁극적 목적은 경제적 자원배분과 제도가 "최선(最善)"에 근접하도록 하는 것이다. 선(善)의 평가에 있어서 가장 중요한 요소는 개개인의 쾌락과 행복이다. 경제적 자원배분에 있어서 무엇이 최선인가? 개인의 쾌락과 행복은 선(善)을 정하는 데 어떤 역할을 하는가? 이와 같은 문제를 연구하는 규범경제학 분야가 제9장에서 소개되는 사회선택이론과 후생경제학이다. 이제 경제학에서 개개인의 쾌락, 즉 배분과 소비에서 얻는 만족을 어떻게 기술하는가에 대하여 보다 자세히 살펴보고, 그로부터 규범경제학의 문제를 논하기로 하자.

2. 선호, 효용, 합리성

Public Finance, ch. three

경제학에서 개개인의 쾌락은 배분과 소비에서 얻는 만족을 의미한다. 이러한 쾌락의 경제학적 접근법을 소개하기 위하여 매우 추상적인 사회모형을 생각해 볼 수 있다.

사회적으로 가능한 결과들의 집합 X가 있다. 가령, 경제적 자원배분의 문제에서 X는 가능한 배분들의 집합이고, 정치적 의사결정의 문제에서 X는 선택할 수 있는 가능한 정치적 대안들의 집합이며, 선거에서 X는 후보들의 집합이다. 사회적으로 가능한 결과들로부터 개인이 얻는 만족은 결과들에 대한 개인적 우선순위 혹은 주관적 선호 비교로 나타낼 수 있다. 이를 **선호관계**라 한다. 즉, 갑이라는 사람의 선호관계는 X에 있는 임의의 두 대안 x, y 중에서 갑이 더 큰 만족을 얻는 것이 무엇인가를 알려주는 "이항관계(binary relation)"로 정의된다. 대안 x가 y보다 더 큰 만족을 줄 때, x가 y보다 선호된다고 말하고 $xP_{갑}y$ 혹은 $x \succsim_{갑} y$라고 쓴다. 두 대안이 동일한 만족을 줄 때, x와 y가 무차별하다고 말하고 $xI_{갑}y$ 혹은 $x \sim_{갑} y$라고 쓴다. 이 두 관계를 합하여 x가 y보다 약(弱)선호된다고 말하고 $xR_{갑}y$혹은 $x \geqq_{갑} y$라고 쓴다. 즉, $xR_{갑}y$는 $xP_{갑}y$ 혹은 $xI_{갑}y$임을 의미한다. 이러한 선호관계는 다음과 같은 기본적인 성질이 있다고 가정된다.

① **완비성**(完備性, completeness) : 임의의 두 대안 $x, y \in X$에 대하여, x가 y보다 약선호되거나 y가 x보다 약선호된다.

② **이행성**(移行性, transitivity) : 임의의 대안 $x, y, z \in X$에 대하여, x가 y보다 약선호되고 y가 z보다 약선호되면 x가 z보다 약선호된다.

이 두 가지 성질을 결합하여 선호관계의 **합리성**(合理性)이라 부르기도 한다. 이는 이러한 선호관계를 가지고 있을 때만이 개인의 만족이 극대화되는 선택이 존재할 수 있고, 따라서 사람들의 합리적 행동을 예측할 수 있기 때문이다. 소비자들의 선호관계가 이 두 조건을 만족하면 각 대안에 대한 만족의 크기, 즉 효용을 하나의 수치로 나타낼 수 있는데 이를 효용함수라 부른다.[3]

예를 들어 a, b, c 세 후보가 있고 a가 당선되는 결과를 a로, b가 당선되는 결과를 b로, 그리고 c가 당선되는 결과를 c로 나타내자. 갑의 선호가 위 두 가지 조건을 충족하여 $aP_{갑}b$, $bP_{갑}c$, $aP_{갑}c$라고 하자. 이때 갑에게 가장 큰 만족을 주는 결과는 a라는 것이 자명하다. 왜냐하면 a가 다른 모든 결과보다 갑에게 선호되기 때문이다.

갑의 선호가 이행성을 위반하여 $aP_{갑}b$, $bP_{갑}c$, $cP_{갑}a$의 관계로 이루어졌다고 가정하자. 이러한 갑에게는 세 가지 결과 중에서 가장 선호되는 것을 찾을 수 없다. 왜냐하면 어떤 결과든 그것보다 더 선호되는 다른 결과가 존재하기 때문이다.

합리적인 선호관계를 갖는 갑에게 X의 부분집합인 Y에서 하나를 선택할 수 있는 기회가 주어진다고 하자. 이러한 Y를 기회집합이라고 부르자. 갑의 선호만족을 극대화하는 선택은 Y의 원소 중에서 다른 어떤 것과 비교하여도 열등하지 않아야 한다. 즉, $a \in Y$이고 임의의 $b \in Y$에 대하여 b가 a보다 선호되지 않는다면 a는 선호만족을 극대화하는 선택이다. 달리 표현하면 Y의 한 원소 a가 선호만족을 극대화한다는 것은 모든 $b \in Y$에 대하여 a가 b보다 약선호된다는 것을 뜻한다. 선호관계가 합리적이고 Y가 유한할 때 이와 같이 선호만족을 극대화하는 선택은 항상 존재할 수밖에 없다. 따라서 합리적인 선호관계를 가정하면 그 선호관계를 갖는 사람의 선택을 예측할 수 있다. 이러한 선택행위는 수학적인 함수로 나타낼 수 있고 이를 **선택함수**라고 부른다. 즉, 선택함수 C는 임의의 유한

3. 보다 정확하게는 선호관계가 정의되는 집합 X가 유한하다는 가정을 추가해야 한다.

한 기회집합 $Y \subseteq X$에 대하여 선호만족을 극대화하는 선택들의 집합 $C(Y)$를 결정한다. 즉, $C(Y)$는 Y의 원소들 중에서 선호만족을 극대화하는 것들을 모아놓은 집합이다. 미시경제학에서 이러한 선택함수의 대표적인 예가 소비자들의 수요함수이다.

선호관계의 합리성의 결과 선택함수는 어떤 일관성을 갖게 되는데, 가령 기회집합 Y에서 갑이 a를 선택하였을 경우 기회집합이 $Z \subset Y$로 축소되더라도 a가 여전히 선택 가능하다면($a \in Z$) 변함없이 a를 선택한다는 성질을 들 수 있다. 일관성을 나타내는 다른 성질로, 기회집합 Y에서 b가 선택 가능할 때 a를 선택하였다면 기회집합이 $Y \supset Z$로 확장될 때 b가 선택된다면 반드시 a 역시 선택되어야 한다는 성질이 있다. 아마르티아 센(Amartya Sen) 식의 표현을 빌면 두 성질은 차례대로 다음과 같다.

"한국이 야구 세계챔피언이라면, 한국은 아시아챔피언이어야 한다."
"한국이 야구 아시아챔피언이라면, 일본이 세계챔피언인 경우 한국 역시 세계챔피언이어야 한다."

이 두 성질을 통합한 현시선호의 공리가 미시경제학에서 소비자 선택의 합리성 조건으로 사용된다.

현시선호의 공리
임의의 두 대안 a, b를 모두 포함하는 기회집합 Y에서 a가 선택되었을 경우 a, b 모두를 포함하는 또 다른 기회집합 Z에서 b가 선택된다면 반드시 a도 선택되어야만 한다.

선호관계가 합리성을 만족할 경우 그로부터 도출되는 선택함수도 현시선호의 공리를 만족할 수밖에 없다. 이에 대한 증명은 비교적 단순하여 생략한다. 한편 그 역으로 선택함수가 현시선호의 공리를 만족하면 그 선택함수에 따라 만족이 극대화되는 선호관계를 유추할 수 있고, 그렇게 유추된 선호관계는 반드시 합리성(완비성과 이행성)을 충족하게 된다. 이는 선호관계의 합리성과 선택함수의 현시선호 공리가 서로 필요충분조건이라는 것을 말해준다. 이렇게 현시선호의 공리와 같은 선택행동에 대한 조건들을 통하여 선호관계를 기초로 한 소비자선택이론과 동일한 이론체계를 소비자의 행동에 대한 관측만으로 수립하는 분야가 현시선호이론이다.

현시선호이론은 행동 관찰과 그로부터 유추된 선호의 만족을 복지의 핵심으로 간주하는 경제학적 접근방식의 이론적 토대를 이룬다. 시장에서 소비자의 선택행위를 관찰하여 소비자의 선호를 파악하고 그런 선호를 기초로 후생분석(welfare analysis)과 규범적 평가가 이루어진다. 행동에서 들어나는 가격과 소비량 정보만이 활용될 뿐이고 그 밖의 어떤 것도 중요하지 않다. 선호만족의 내용과 소비되는 재화나 소비주체 간의 어떤 구분도 불필요하다. 굶주린 사람이 밥 한 그릇에서 얻는 선호만족은 사치스런 향락이 주는 선호만족과 동등하게 비교된다. 많은 경제분석에서 가격이 후생의 크기를 대표하고, 따라서 비싼 가격을 기꺼이 치를 수 있는 사람들의 선호만족이 절대빈곤의 값싼 선호만족보다 사회적으로도 더 높은 가치를 갖는 것으로 판단하기 쉬운 것이다. 애석하게도 탐욕은 더 이상 부끄러운 것이 아니고 절제는 더 이상 미덕이 아니다.

경제적 배분과 소비에 대한 선호관계

경제적 배분은 각 소비자들의 소비묶음들과 생산자들의 요소투입과 생산을 나타내는 생산계획들로 구성된다. 경제학에서 가장 중요한 규범적 평가요소인 소비자 만족은 바로 이러한 경제적 배분에 대한 소비자들의 선호관계로 표현된다. 시장경제 모형에서 흔히 가정되는 선호관계의 특성으로는 소비자의 선호만족이 생산자의 생산활동 및 다른 소비자들의 소비활동과 독립적이라는 것을 들 수 있다. 개별 소비자의 후생은 자신의 소비묶음에만 의존하고 경제적 배분의 다른 어떤 요소(다른 사람의 소비묶음, 생산계획 등)에도 영향을 받지 않는다는 가정이다. 이와 같이 가정함으로써 개별 소비자의 선호관계를 경제적 배분이 아니라 보다 단순한 소비묶음에 대한 선호관계로 단순화할 수 있다.

소비자들이 소비하는 재화가 2개 있는 경제에서 소비자들의 소비묶음은 2차원 좌표계의 한 점으로 표시할 수 있다. 소비자의 선호관계는 바로 이 소비공간의 소비묶음들 간의 선호관계로 생각할 수 있다. 이러한 소비자 선호관계를 도시하기 위하여 미시경제학에서 널리 사용되는 개념이 무차별곡선이다. 주어진 선호관계 하에서 소비묶음 a를 지나는 무차별곡선은 소비자가 a와 무차별하다고

그림 3-1

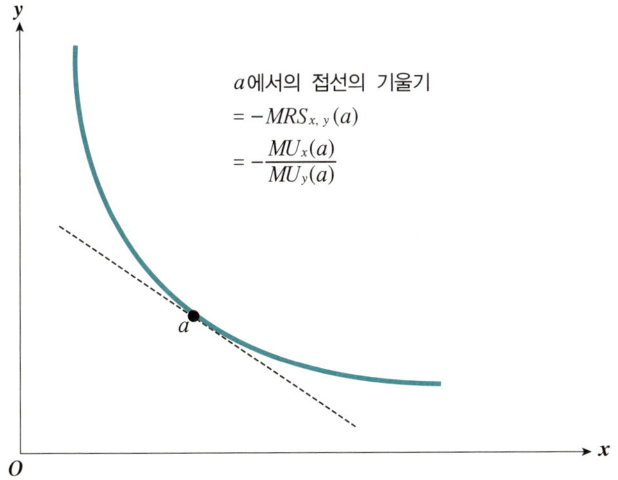

소비자 선호관계의 무차별곡선과 한계대체율

느끼는 모든 소비묶음들의 궤적(집합)을 의미한다. 소비공간에 존재하는 무수한 무차별곡선들의 모임을 무차별지도라 부른다.

경제적 자원배분 모형에서는 선호관계가 갖는 일반적인 성질로 완비성과 이행성 이외에도 연속성, 단조성, 볼록성을 가정한다. 연속성은 소비묶음이 연속적으로 변화할 때 선호관계가 불연속적으로 도약하지 않는다는 성질이다. 단조성은 더 많은 소비가 더 높은 선호만족을 가져온다는 성질이다. 즉, 많이 소비할수록 선호만족은 높아진다는 것이다. 단조성에 따라 무차별곡선은 [그림 3-1]의 a를 지나는 곡선과 같이 우하향하는 선의 형태를 갖는다. 볼록성은 "한계대체율 체감의 법칙"으로 잘 알려져 있다. 즉, x재의 소비를 한 단위 줄일 때 선호만족을 이전과 같은 수준으로 유지하기 위해서 필요한 y재의 소비 증가분(한계대체율)이 x재가 풍부할수록 작아진다는 성질이다. 이는 선호만족에 있어서 x재의 상대적 중요성이 그 소비량이 증가할수록 작아진다는 것으로 해석할 수 있다. x재의 y재로의 한계대체율은 무차별곡선의 접선의 기울기의 절대값을 나타내며, 한계대체율 체감에 따라 무차별곡선 상에서 x재 소비가 늘어나는 방향으로 이동할 때 접선의 기울기는 줄어든다. 이는 [그림 3-1]의 곡선처럼 무차별곡선이 원점을 향하여 볼록한 모양을 갖는다는 것을 의미한다.

소비자들의 선호가 이상의 세 가지 성질을 만족하면 효용함수로 표시할 수 있다. 즉, 소비공간을 X라고 쓸 때 어떤 함수 $U : X \rightarrow R$가 존재하여 임의의 두 소비묶음 $a, b \in X$에 대하여 a가 b보다 약선호되면 $U(a) \geq U(b)$이고, 그 역도 성립하게 된다. 이러한 함수 $U(\bullet)$를 주어진 선호관계를 대표하는 **효용함수**라고 부른다. 선호관계의 단조성에 따라 효용함수는 각 변수에 대하여 단조증가함수이다. 연속성에 따라 연속적인 효용함수가 존재하며, 볼록성도 효용함수의 "준오목성"이라는 수리적 특성과 관련되어 있다.

미시경제학에서 자주 사용되는 개념인 **한계효용**은 한 재화의 소비량이 증가하거나 감소할 때 효용의 크기가 변화하는 비율을 의미한다. 즉, 소비묶음 a에서 x재의 한계효용 $MU_x(a)$는 다른 재화의 소비량을 고정하고 x재의 소비만 한 단위 늘렸을 때의 효용의 변화량을 의미한다. 마찬가지 방법으로 y재의 한계효용 $MU_y(a)$도 정의할 수 있다. **한계대체율**은 이러한 한계효용의 비율과 동일하여

$$MRS_{x,y}(a) = \frac{MU_x(a)}{MU_y(a)} \qquad (3-1)$$

의 관계를 갖는다.

3. 파레토 개선과 효율성

Public Finance, ch. three

선호만족을 추구하는 사회에서 모든 사람들의 선호만족을 현재보다 높일 수 있는 대안이 있다면 이러한 변화를 수용하는 것이 바람직할 것이다. 개개인들이 사회적 의사결정에 참여한다면 이러한 변화는 만장일치로 수용될 것이다. 모든 사람의 선호만족이 높아지지 않더라도 일부의 선호만족이 높아지고 다른 사람의 선호만족에는 변화가 없다면 이러한 변화 역시 반대하는 사람은 없을 것이다. 이처럼 모든 사람들의 선호만족을 높이거나 어느 누구의 선호만족도 낮추지 않으면서 적어도 일부의 선호만족을 높이는 변화를 **파레토 개선**(Pareto improvement)이라고 부른다. 즉, 두 가지 사회적 대안 a, b가 있고 모든 사람이 b를 a보다 약선호하고 적어도 한 사람이 b를 a보다 선호한다면 a에서 b로의 변화는 파레토 개

선이다. 이 경우 b가 a보다 파레토 우월하다고 하고, a는 b보다 파레토 열등하다고 한다.

예를 들어 갑, 을, 병 세 사람으로 이루어진 사회에서 a, b, c 세 가지 선택지에 대한 세 사람의 선호가 아래와 같이 차례로 주어져 있다고 하자.

$$\text{갑} : aP_{\text{갑}}bP_{\text{갑}}c, \quad \text{을} : bP_{\text{을}}cP_{\text{을}}a, \quad \text{병} : bP_{\text{병}}cI_{\text{병}}a.$$

이 경우 c에서 b로의 변화는 파레토 개선이다. 그러나 이 밖에 파레토 개선의 관계를 찾을 수 없다. 즉, c를 제외하고 a와 b 모두에서 더 이상 파레토 개선의 여지는 없다. 병의 선호가

$$\text{병} : cP'_{\text{병}}aP'_{\text{병}}b$$

와 같이 바뀐다면, 파레토 개선의 관계는 존재하지 않고 a, b, c 모두에서 파레토 개선의 가능성이 없다.

가능한 파레토 개선을 모두 이루고 더 이상 개선의 여지가 없을 때, 그 결과를 파레토 효율적이라고 정의한다. 즉, 어떤 결과 a가 **파레토 효율적**이라는 것은 모든 사람들이 a보다 약선호하고 적어도 한 사람은 a보다 선호하는 다른 대안 b가 존재하지 않는다는 것을 의미한다. 위 첫 번째 사례에서는 a와 b가 파레토 효율적이고, 두 번째 사례에서는 a, b, c 모두 파레토 효율적이다.

교환경제 : 2인-2재화

두 사람의 소비자 A와 B로 이루어진 교환경제는 두 소비자가 초기에 소유하고 있는 재화들로 이루어진 부존(賦存)점, $\omega_A = (\omega_{Ax}, \omega_{Ay})$, $\omega_B = (\omega_{Bx}, \omega_{By})$, 그리고 두 소비자의 선호관계 R_A, R_B로 구성된 경제모형이다. 이 경제의 총 부존자원을 $\Omega = \omega_A + \omega_B$라고 쓰면, A의 소비묶음 (x_A, y_A)와 B의 소비묶음 (x_B, y_B)가 실현 가능한 배분이 되기 위해서는 다음과 같은 자원제약조건을 충족하여야 한다.

$$x_A + x_B \leq \Omega_x = \omega_{Ax} + \omega_{Bx} \;;$$
$$y_A + y_B \leq \Omega_y = \omega_{Ay} + \omega_{By}.$$

그림 3-2

에지워스 상자에 나타낸 2인-2재화 교환경제

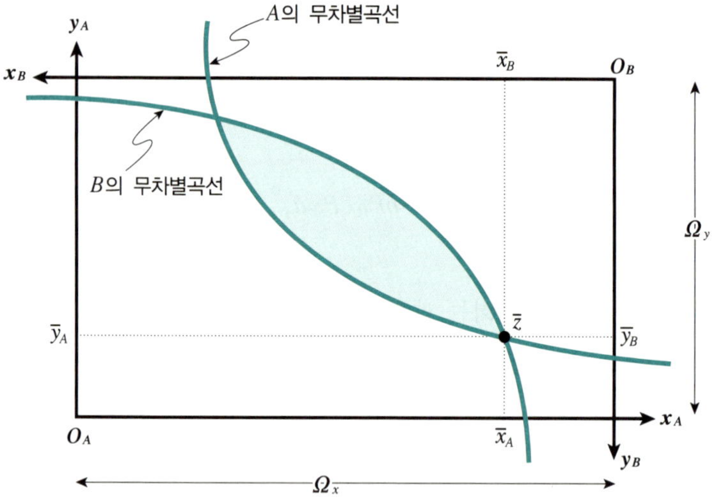

이러한 제약조건이 등식으로 성립하는 배분들을 [그림 3-2]와 같은 상자의 한 점으로 표시할 수 있다.

이 상자의 폭과 높이는 각각 x재와 y재의 총 부존량으로 정해지며, 좌하방과 우상방의 두 꼭지점은 각각 A의 소비공간의 원점과 B의 소비공간의 원점으로 사용된다. 따라서 상자의 각 점은 어떤 원점을 기준으로 보느냐에 따라 두 소비자의 소비묶음을 동시에 나타내게 된다. 그리고 그 두 소비묶음은 실현가능성 조건을 등식으로 충족하게 된다. 이 상자를 에지워스 상자(Edgeworth box)라 부른다. 가령 [그림 3-2]의 한 점 $\bar{z}$는 O_A를 원점으로 하는 소비공간의 좌표계에서 결정된 A의 소비묶음 $(\bar{x}_A, \bar{y}_A)$와 O_B를 원점으로 하는 소비공간의 좌표계에서 결정된 B의 소비묶음 $(\bar{x}_B, \bar{y}_B)$로 이루어진 배분을 나타낸다. 이 배분을 지나는 두 사람의 무차별곡선이 [그림 3-2]에 도시되어 있다. 배분 $\bar{z}$에서보다 A에게 더 높은 선호만족이 이루어지려면 A의 무차별곡선을 기준으로 우상방에 위치한 배분이 선택되어야 한다. 배분 $\bar{z}$에서보다 B에게 더 높은 선호만족이 이루어지려면 B의 무차별곡선을 기준으로 좌하방에 위치한 배분이 선택되어야 한다. 따라서 [그림 3-2]의 청색 음영 영역에 위치한 배분은 $\bar{z}$에서보다 두 사람 모두에게 더 높은 선호만족이 이루어지도록 한다는 것을 알 수 있다. 따라서 청색 음영 영역의 어떤

그림 3-3

파레토 개선과 효율성

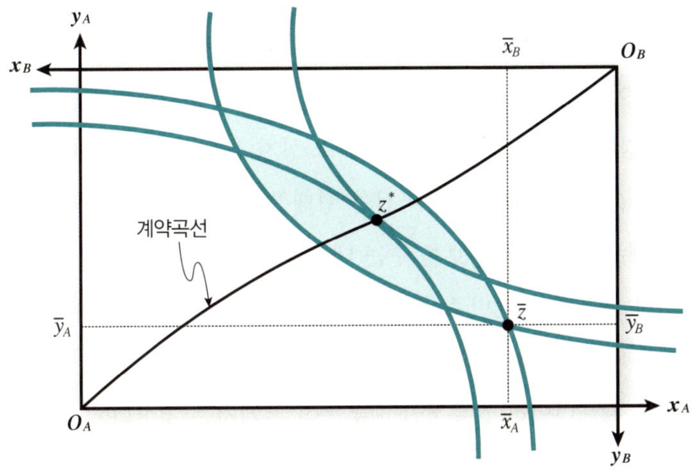

배분으로 이동하더라도 파레토 개선이 이루어진다.

효율적인 배분은 이와 같은 파레토 개선이 더 이상 불가능한 배분을 의미한다. 즉, 한 사람의 선호만족을 높이기 위해서 반드시 다른 사람의 선호만족을 낮추어야만 하는 그런 상태가 배분이 효율적으로 이루어진 상태인 것이다. [그림 3-3]에서 배분 z^*는 배분 $\bar{z}$로부터 파레토 개선을 달성한 상태이고 더 이상의 파레토 개선이 불가한 상태이다. 이는 z^*를 지나는 두 소비자의 무차별곡선이 접하고 있어 더 이상 $\bar{z}$에서 얻어지는 청색 음영 영역과 같은 영역을 형성하지 않음에서 자명하게 들어난다. 따라서 z^*에서 파레토 효율적인 배분이 이루어짐을 알 수 있다. 이런 효율적인 배분은 다수의 소비자들이 있는 경제에서 일반적으로 무수히 많이 존재한다. 에지워스 상자에서 효율적 배분들은 [그림 3-3]의 O_A, $\bar{z}$, 그리고 O_B를 지나는 곡선과 같은 궤적을 이루는 것이 일반적이고, 이러한 궤적을 계약곡선이라 부른다.

배분 z^*가 [그림 3-3]에서와 같이 에지워스 상자의 내부에 위치하여 모든 소비자가 모든 재화를 조금씩은 소비하는 경우, 효율성의 수리적 조건은 두 소비자의 무차별곡선의 기울기가 일치한다는 것이다. 즉, z^*에서 두 소비자의 x재의 y재로의 한계대체율이 동일함, 즉

$$MRS^{A}_{x,y}(z^{*}) = MRS^{B}_{x,y}(z^{*}) \tag{3-2}$$

의 조건이 필요하다. 따라서 z^*는 에지워스 상자에서 두 소비자의 무차별곡선이 접하는 점이어야 한다.

2인 교환경제에서 계약곡선은 에지워스 상자에서 각 소비자의 원점인 O_A와 O_B 두 점을 연결하는 우상향하는 곡선의 형태를 띤다. 이런 계약곡선은 선호만족의 공평한 배분에 필요한 정보를 주는 데는 도움이 되지 않는다. 계약곡선에는 한 사람에게만 최대의 선호만족이 이루어지고 동시에 다른 사람에게 최악의 선호만족이 이루어지는 배분에서 그 반대의 경우에 이르기까지, 완전 불평등한 배분들까지 포괄하는 다양한 효율적인 배분들이 존재하는 것이다.

어떻게 나누는 것이 올바른가? 파레토 개선과 효율성은 소비자의 선호만족을 중요시하는 경제학의 핵심적인 원칙임에는 틀림없다. 그러나 다수의 선호만족을 추구해야 하는 사회적 선택의 문제에서 뚜렷한 해답을 구하기에는 파레토 효율성이 너무 불완전한 원칙이라는 것도 분명하다.

로빈슨 크루소 경제 : 1인 생산경제

단순한 생산경제의 이론모형으로 널리 사용되는 것이 1인 생산경제이다. 무인도에서 혼자 생산과 소비의 의사결정을 해야 하는 로빈슨 크루소(Robinson Crusoe)의 상황을 빗대어 **로빈슨 크루소 경제**라고 부른다. 노동이라는 하나의 생산요소가 있고 이를 두 가지 생산활동, 농사와 고기잡이에 투입하여 쌀과 고기를 생산할 수 있다. [그림 3-4]는 크루소가 사용할 수 있는 총 노동시간을 농사와 고기잡이, 두 가지 생산활동으로 배분하여 얻을 수 있는 생산물 조합을 도시한 것이다. 주어진 노동시간으로 얻을 수 있는 최대의 쌀-고기 조합의 궤적을 **생산가능곡선**이라 부르고, 이 곡선의 아래에 위치한 영역을 **생산가능집합**이라 부른다.

이 경제의 효율적인 배분을 찾기 위해서는 크루소의 선호관계가 필요하다. 크루소의 선호만족은 오로지 쌀과 고기의 소비량에만 의존하고 노동시간에 영향을 받지 않는다고 하자. 크루소의 소비공간은 생산가능집합과 같은 좌표계에서 나타낼 수 있을 것이다. 크루소만이 유일한 소비자이므로 생산물을 소비자들 사이에서 나누는 문제를 고려할 필요가 없고, 전체 생산물을 크루소 혼자 소비하면 그만이다. 이때 효율성이란 크루소 1인의 선호만족을 극대화하는 것을 의미하며,

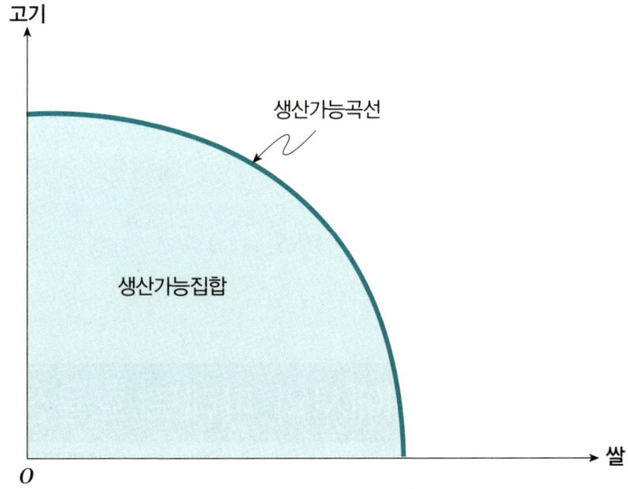

그림 3-4

생산가능집합과 생산가능곡선

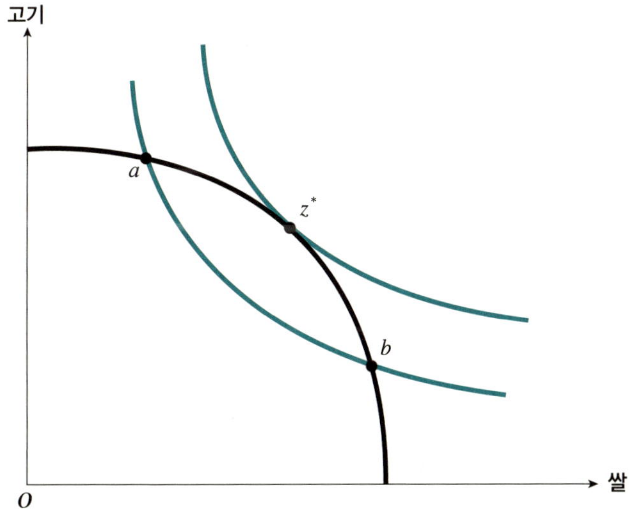

그림 3-5

로빈슨 크루소 경제의 효율적 자원배분

이는 [그림 3-5]의 무차별곡선으로 이루어진 선호관계의 경우 z^*와 같은 배분이 될 것이다. 이와 같이 1인 경제의 경우 일반적으로 효율적인 배분은 유일하다.[4]

배분 z^*가 [그림 3-5]에서와 같이 소비공간의 내부에 있는 경우, 효율성의 조건은 소비자의 무차별곡선 기울기가 생산가능경계의 기울기와 동일해야 한다는 것이다. 생산가능경계의 기울기를 x재의 y재로의 **한계변환율**(marginal rate of transformation)이라 부르고 $MRT_{x,y}$라고 쓴다. 이를 이용하여 1인 생산경제의 효율성을 위한 조건을 쓰면 다음과 같다.

$$MRT_{x,y}(z^*) = MRS_{x,y}(z^*) \tag{3-3}$$

4. 일반적인 생산경제에서의 파레토 효율성

Public Finance, ch. three

앞 절에서 우리는 파레토 효율성의 개념을 간단한 경제모형들을 통하여 논의하였다. 본 절에서는 보다 일반적인 생산경제 모형에서 파레토 효율성을 충족하기 위한 제 조건들에 대하여 살펴본다.

일반적인 생산경제에서는 생산요소의 배분, 생산량의 결정과 생산된 재화들의 배분 및 소비 등의 다면적인 문제들을 해결해야만 하나의 배분에 도달할 수 있다. 따라서 그 배분이 파레토 효율적인가에 대한 판단도 배분을 구성하는 개별 요소들에 대한 효율성 평가로 세분하여 내릴 수 있다. 이 절에서는 파레토 효율성의 조건을 소비의 효율성, 생산의 효율성, 그리고 효율적인 생산조합의 조건으로 구분할 것이다.

4.1 소비의 효율성

소비의 효율성은 이미 생산된 최종 소비재들이 소비자들에게 효율적으로 배분되었는가에 대한 조건이다. 생산이 주어졌을 때, 최종 소비재들을 소비자들 사이에 재배분하여 파레토 우월한 다른 배분을 찾는 것이 불가능할 경우 **소비의 효율성**이 달성되었다고 정의한다. 이는 앞에서 살펴본 교환경제에서의 효율성과

---

4. 다수 있는 경우라 할지라도 모든 효율적인 배분들이 무차별하여 소비자의 선호만족의 기준으로 보면 유일하다.

그림 3-6

소비의 효율

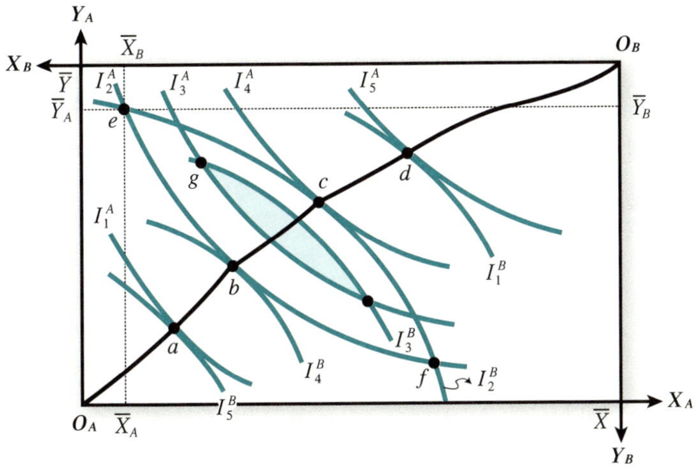

동일한 개념이다. 2인-2소비재의 경우를 이용하여 소비의 효율성을 구체적으로 설명해 보기로 하자.

[그림 3-6]의 에지워스 상자는 X, Y 두 재화와 A, B 두 소비자 사이의 가능한 모든 배분을 나타내며, 상자의 넓이와 높이는 생산된 X, Y의 총량을 표시한다. 이 상자는 이미 생산된 최종재들을 두 소비자에게 배분할 수 있는 모든 실현 가능한 배분들을 나타낸다. 예를 들어 e점은 A의 원점 O_A에서 $\overline{X}_A$와 $\overline{Y}_A$만큼의 X재와 Y재가 A에게 분배된 상태를 표시한다. 마찬가지로 $\overline{X}_B$와 $\overline{Y}_B$만큼이 B에게 분배되어 있다. e점에서는 A의 무차별곡선 I_2^A와 B의 무차별곡선 I_2^B가 서로 "교차"한다. 따라서 두 곡선의 기울기가 나타내는 한계대체율이 상호 일치하지 않고 있기 때문에 소비의 효율성을 달성할 수 없는데, 이는 e보다 파레토 우위에 있는 또 다른 점들이 $ebfc$의 렌즈형 영역에 있기 때문이다. 이 영역 내의 모든 점은 A, B 모두에게 각각 I_2^A, I_2^B 수준보다 높은 선호만족을 나타내므로 렌즈형 내의 점들은 e보다 파레토 우위에 있다고 할 수 있다. 이 영역에 있는 다른 배분 g는 e보다 파레토 우위에 있으나 두 무차별곡선 I_3^A, I_3^B가 교차함으로써 또 다른 g보다 파레토 우위에 있는 배분이 있을 것이다. 따라서 g점에서도 소비의 효율성이 달성되지 않는다는 것을 알 수 있다. 이렇게 파레토 우월한 배분을 찾아 연속적인 재배분 과정을 거치면 더 이상 A, B 상호 간의 효용증대를 이룰 수 없는(즉, 파레토 우위

에 있는 배분이 존재하지 않는) 효율적 배분에 도달하는데, 이런 배분은 a 및 d와 같이 두 무차별곡선이 접하는 배분이다. 즉, 두 소비자의 무차별곡선의 기울기가 서로 일치하여 식 (3-2)의 등식이 성립한다.

이 조건은 일반적으로 n인(人) m소비재를 갖는 경제에서도 동일하게 성립하는데, 어떤 배분 a가 소비의 효율성을 만족한다면 임의의 두 소비자 $i, j = 1, 2, \cdots, n$, 두 재화 $k, l = 1, 2, \cdots, m$에 대하여

$$MRS^i_{k,l}(a) = MRS^j_{k,l}(a) \tag{3-4}$$

가 성립하여야 한다.

[그림 3-6]에서 A와 B의 무차별곡선이 서로 접하는 궤적인 계약곡선(contract curve) 상의 모든 점들이 소비의 효율성을 만족하므로, 생산된 두 재화를 효율적으로 배분하는 방식도 수없이 많이 존재하는 것이다.

[효용가능곡선]

앞의 항에서 우리는 에지워스 상자로 표시되는 교환경제에서 효율성을 만족하는 점들의 집합을 계약곡선이라 하였다. 계약곡선 상의 점들은 각기 A, B 두 소비자의 상이한 효용수준을 말해 주므로 이를 A, B의 효용을 직접적으로 나타내는 효용공간으로 옮겨서 [그림 3-7]과 같이 표시할 수 있으며, 이를 **효용가능곡선**(utility possibility curve)이라 한다.

보다 구체적으로, [그림 3-6]의 계약곡선 상의 A, B 두 소비자의 선호체계를 나타내는 효용함수 두 개를 찾아서 이들의 무차별곡선들에 효용의 크기를 정할 수 있을 것이다. 그러면 계약곡선을 따라 매겨진 A, B의 효용수치의 결합을 효용공간에 나타내어 [그림 3-7]의 곡선을 얻을 수 있고 이를 효용가능곡선이라 부른다. 즉, 효용가능곡선은 상품공간에서의 효율적인 배분들을 효용공간에다 옮겨놓은 것이다. [그림 3-6]과 [그림 3-7]의 a, b, c, d, e, f 및 g는 서로 대응한다. [그림 3-7]에서 표시했듯이 효용가능곡선의 기울기는 우하향하며, 그 모양은 A, B 두 소비자의 상이한 효용수준 I^A_1, I^B_1 등의 무차별곡선에 어떠한 방법으로 수치(효용의 크기)를 매기느냐에 달려 있다. [그림 3-6]과 [그림 3-7]에서 b, c나 혹은 b, c 사이에 위치함 점들과 g점은 e, f보다 파레토 우위에 있다. 즉,

그림 3-7

효용가능곡선

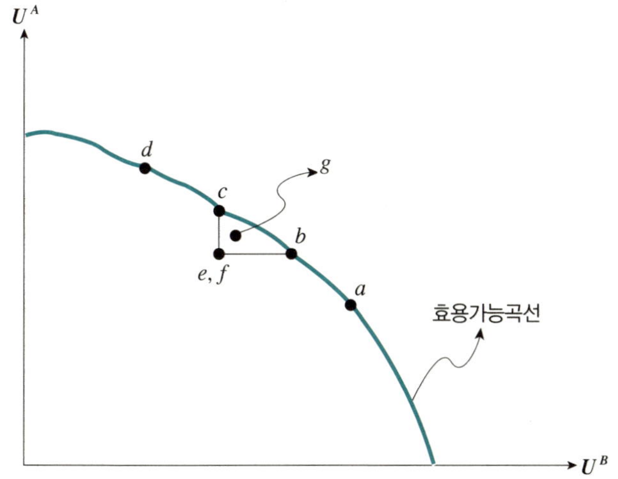

e, f에서 이들 점으로 이동한다는 것은 적어도 A 혹은 B 중 한 사람의 효용증대를 타인의 효용감소 없이도 달성할 수 있기 때문이다. 그러나 a는 e보다 파레토 우위에 있다고 할 수 없다. 왜냐하면 e에서 a로의 이동은 B의 효용증대와 A의 효용감소를 초래하기 때문이다.

4.2 생산의 효율성

소비의 효율성을 논의할 때 우리는 최종재(最終財)가 일정하게 주어졌거나 이미 생산되어 있는 것으로 가정하였다. 이제 이 가정을 풀어서 효율적인 생산의 조건을 설명해 보자. 한 경제에서 노동과 자본이라는 생산요소의 부존상태와 각종 재화의 생산기술에 관한 정보가 주어졌을 경우, 이들 생산요소를 재배분해서 다른 상품의 생산량을 감소시키지 않고는 어느 상품의 생산증대를 기할 수 없을 때 **생산의 효율성**이 달성되었다고 한다.

생산의 효율성에 관한 보다 기술적인 논의를 위하여 X재 생산함수 $f(L_x, K_x)$를 요소조합(L_x, K_x)의 공간에서 무차별지도와 같은 방식으로 도시할 수 있다. 요소조합 a를 지나는 등량곡선은 a와 같은 양을 생산하는 요소조합들의 궤적이다. 요소조합 a에서 측정되는 노동의 자본으로의 **한계기술대체율**(marginal rate of technical substitution) $MRTS_{L,K}(a)$는 노동 1단위를 줄일 때 생산량을 이전과 같이 유지하기 위하여 필요한 자본의 증가분을 의미한다. 이는 생산함수로부터 얻어지는 노동과 자본의 한계생산성, $MP_L(a)$와 $MP_K(a)$의 비율로 나타낼 수 있다. 즉,

$$MRTS_{L,K}(a) = \frac{MP_L(a)}{MP_K(a)}$$

등량곡선의 a에서의 접선의 기울기의 절대값은 바로 한계기술대체율을 나타낸다.

생산기술 혹은 생산함수에 대한 일반적인 가정으로 단조성과 볼록성이 있다. **단조성**은 생산함수가 각 요소에 대하여 단조증가함수라는 가정이다. 즉, 더 많은 요소를 투입하면 생산은 증가한다는 것이다. **볼록성**은 선호체계의 볼록성과 유사한 가정으로 노동의 자본으로의 한계기술대체율이 등량곡선 상에서 노동이 늘어나는 방향으로 이동할 때 점차 감소한다는 가정이다. 이를 **한계기술대체율 체감의 법칙**이라고 부르기도 한다. 단조성에 따라 등량곡선은 우하향하는 선의 형태를 띠고 볼록성에 따라 원점에 대하여 볼록한 형태를 띤다.

생산의 효율성 조건은 소비의 효율성 조건과 같이 생산에 투입되는 노동과 자본이 각 생산함수의 한계기술대체율이 일치하도록 배분될 것을 필요로 하며, 이 조건은 다음과 같이 기술할 수 있다. 투입되는 요소가 m개 있고 생산되는 재화가 n개 있는 경우, 어떤 배분 a가 생산의 효율성을 만족하기 위해서는 임의의 두 요소 $k, l = 1, 2, \cdots, m$과 임의의 두 생산물 $i, j = 1, 2, \cdots, n$에 대하여

$$MRTS^i_{k,l}(a) = MRTS^j_{k,l}(a) \qquad (3-5)$$

의 조건이 충족되어야 한다.

이는 소비의 효율성에 대한 설명에서와 같이 에지워스 상자를 활용하여 설명하면 편리하다. 우선 노동과 자본의 부존량이 $\bar{L}$, $\bar{K}$로 주어지고 이를 투입하여 X, Y 두 상품을 생산하는 경제를 고려하자. 효율적 생산은 X와 Y의 생산에 노동과 자본을 어떠한 비율로 얼마만큼 투입하는가에 달려 있다. 이 경제에서 [그림 3-8]의 에지워스 상자는 실현 가능한 모든 요소배분들을 나타낸다. 이 상자의

그림 3-8

생산의 효율

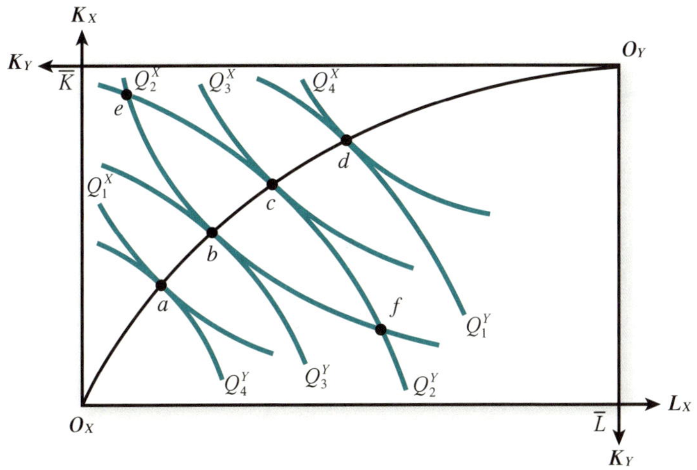

넓이와 높이는 노동과 자본의 총 사용량 $\overline{L}$, $\overline{K}$로 결정된다. X재의 생산기술은 O_X를 원점으로 하는 좌표계에서 그려진 일련의 등량곡선들 Q_1^X, ⋯, Q_4^X로 나타내고, Y재의 생산기술도 O_Y를 원점으로 하는 좌표계와 일련의 등량곡선들 Q_1^Y, ⋯, Q_4^Y로 나타낸다. 식 (3-5)를 만족하지 않는 [그림 3-8]의 e점에서는 두 생산물에 대한 등량곡선이 접하지 않고 교차하고 있는 것을 알 수 있다. 보다 자세히 말하면, X재 생산에서의 노동과 자본의 한계기술대체율이 Y재 생산에서의 한계기술대체율보다 커서 $MRTS_{LK}^X(e) > MRTS_{LK}^Y(e)$이다. 이는 X재 생산에서 노동의 상대적 기여도가 Y재 생산에서보다 높고 자본의 경우 그 반대라는 것을 의미하므로, X재 생산에 투입되는 자본과 Y재 생산에 투입되는 노동을 교환하여 두 재화의 생산을 모두 높일 수 있는 기회가 있다는 것을 말해준다. 즉, X재 생산에 사용되는 자본의 일부를 Y재 생산으로 전환하고 동시에 Y재 생산에 사용되는 노동의 일부를 X재 생산으로 전환하면 b와 c 사이의 한 점으로 이동하여 두 재화의 생산을 동시에 높일 수 있다. 따라서 e와 같은 배분은 생산의 효율성을 만족할 수 없다.

식 (3-5)의 조건을 만족하는 점에서는 이러한 요소들의 재분배를 통하여 생산을 늘리는 것이 불가능하다. a, b, c 및 d는 생산의 효율성을 만족하는 배분들이고, 이들의 궤적 $O_X O_Y$를 (생산)계약곡선이라 한다. 계약곡선 상의 효율적 생산

그림 3-9

생산가능곡선

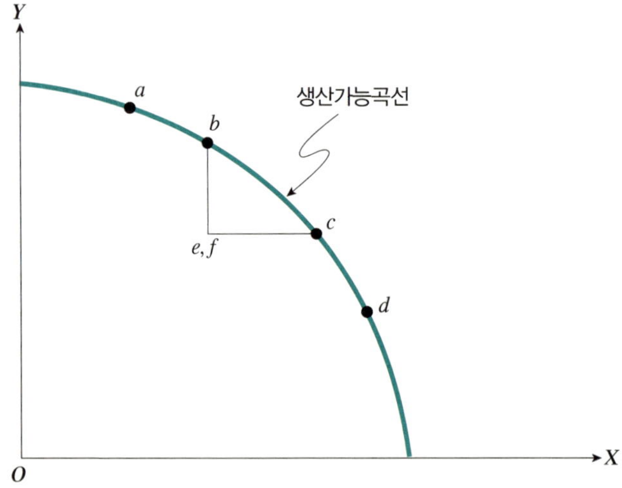

의 결과를 두 재화의 생산량으로 표시하여 상품공간에서 [그림 3-9]와 같이 표시할 수 있다. 이와 같이 얻어진 곡선이 **생산가능곡선**(production possibility curve 혹은 transformation curve)이다. 이 생산가능곡선의 좌하방의 점들도 에지워스 상자의 요소배분에 의하여 가능하나 이러한 배분은 생산의 효율성을 만족하지 않을 것이다. 이와 같이 생산가능곡선과 그 좌하방에 비효율적인 요소배분으로 달성할 수 있는 점들의 집합을 **생산가능집합**이라 한다. 이는 한 경제의 실현 가능한 생산계획들을 요소공간([그림 3-9]의 에지워스상자)에서 상품공간으로 옮겨서 표시한 것에 불과하다. 예를 들어 [그림 3-8]의 a, b, c, d, e 및 f점들을 상품공간에 옮겨 표시한 것들이 각각 [그림 3-9]의 a, b, c, d, e 및 f점들인 것이다.

생산가능곡선 상의 한 점 a에서 생산가능곡선의 기울기에 절대값을 취한 값을 X에서 Y로의 **한계변환율**(marginal rate of transformation of X into Y; $MRT_{X,Y}$)이라 하며, 이는 주어진 가용자원으로 X재 한 단위의 생산을 줄일 때 얼마만큼의 Y재를 더 생산할 수 있는가를 나타낸다. 이는 노동의(혹은 자본의) X재 한계생산성과 Y재 한계생산성의 비율로 다음 식과 같이 표시된다.

$$MRT_{X,Y}(a) = -\left.\frac{\Delta Y}{\Delta X}\right|_a = \frac{MP_L^Y(a)}{MP_L^X(a)} = \frac{MP_K^Y(a)}{MP_K^X(a)} \tag{3-6}$$

이 식에서 노동에 대한 X재와 Y재의 한계생산성의 비율과 자본에 대한 두 재화 한계생산성의 비율이 동일한 것은 a라는 배분이 생산의 효율성을 충족하는 생산가능곡선 상의 한 점이기 때문이다. 이를 자세히 설명하면, 생산의 효율성 조건에 따라 a에서 두 재화의 한계생산율이 일치하여

$$MRTS^{X}_{L,K}(a) = MRTS^{Y}_{L,K}(a)$$

이므로, 이를 노동과 자본의 한계생산성으로 표시하여

$$\frac{MP^{X}_{L}(a)}{MP^{X}_{K}(a)} = \frac{MP^{Y}_{L}(a)}{MP^{Y}_{K}(a)}$$

의 관계가 성립한다. 이 관계를 바꿔 쓰면 식 (3-6)의 마지막 등식을 얻게 되는 것이다.

4.3 경제 전체의 효율성 : 효율적 생산조합

소비의 효율성과 생산의 효율성이 모두 충족되더라도 파레토 효율성이 충족되는 것은 아니다. 아무리 생산을 효율적으로 하고 생산된 재화들을 효율적으로 소비자들에게 배분하더라도 무엇을 얼마만큼 생산할 것인가를 소비자들의 선호에 따라 결정하지 않는다면 파레토 효율성이 보장될 수 없는 것이다. 이를 쉽게 알 수 있는 것이 로빈슨 크루소 경제이다.

이 경제의 소비자는 한 사람이므로 생산물들은 모두 한 사람이 소비할 수밖에 없다. 따라서 소비의 효율성은 자명하게 충족된다. 생산의 효율성은 생산가능곡선 상에서 생산이 이루어진다는 것을 말한다. 따라서 [그림 3-4]의 생산가능곡선 상의 어떤 배분이 선택되더라도 소비의 효율성과 생산의 효율성은 충족된다. 경제 전체적인 효율성, 즉 파레토 효율성을 충족하려면 생산가능곡선 상의 생산조합이 소비자의 선호에 따라 최적으로 결정되어야 하는데, 로빈슨 크루소 경제에서 최적의 결정이란 크루소의 선호만족을 극대화하는 [그림 3-5]의 z^*와 같은 배분을 말한다. 이 배분과 같이 선호만족을 최적화하기 위한 조건은

$$MRT_{X,Y}(z^*) = MRS_{X,Y}^{크루소}(z^*) \tag{3-7}$$

이고, 이를 일반화한 것을 **효율적 생산조합의 조건**이라 한다. 즉, 효율적 생산조합을 얻으려면 X재의 Y재로의 한계변환율이 소비자의 한계대체율과 일치해야 한다는 조건이다.

이를 직관적으로 이해하기 위해 한계변환율이 크루소의 한계대체율보다 더 큰 경우를 생각해 보자. 이는 크루소의 선호만족에 대한 X재의 (Y재와 비교한) 상대적 기여도가 Y재가 X재로 기술적으로 대체되는 비율보다도 더 낮다는 것을 의미한다. 따라서 이 경우 X재 생산을 줄이고 Y재 생산을 늘림으로써 크루소의 선호만족을 증가시킬 수 있다. 이와 같은 상황이 바로 [그림 3-5]의 b와 같은 배분이다. 이 경우 가령

$$MRT_{X,Y}(b) = 2 > MRS_{X,Y}^{크루소}(b) = 1$$

이라고 하면, X재 생산을 1단위 줄여 Y재 생산을 2단위 증대시킬 수 있는 반면 소비자는 X재 1단위와 Y재 1단위가 무차별하므로 X재 1단위 생산에 소요되는 요소를 Y재 생산에 투입하여 Y재 2단위를 생산함으로써 소비자의 선호만족을 높일 수 있다. 효율적인 배분([그림 3-5]의 z^*)에서는 이와 같이 생산의 전환을 통하여 소비자의 선호만족을 높일 수 없어야 하므로 식 (3-7)이 성립할 수밖에 없다.

동일한 논리를 적용하여 소비자가 다수인 경제에서도 동일한 조건이 필요함을 설명할 수 있고, 그 조건을 아래와 같이 쓸 수 있다. 소비자가 n명 있고 l개의 소비재가 있는 경제에서 어떤 배분 a가 효율적 생산조합을 이루기 위해서는 임의의 소비자 $i = 1, 2, \cdots, n$과 임의의 두 소비재 $j, k = 1, 2, \cdots, l$에 대하여

$$MRT_{j,k}(a) = MRS_{j,k}^{i}(a) \tag{3-8}$$

의 조건이 성립하여야 한다.

경제 전체적 효율성, 즉 파레토 효율성은 소비의 효율성, 생산의 효율성, 그리고 효율적 생산조합의 조건이 모두 성립할 때 충족된다. 2인-2소비재 경제에

그림 3-10

경제 전체의 효율조건

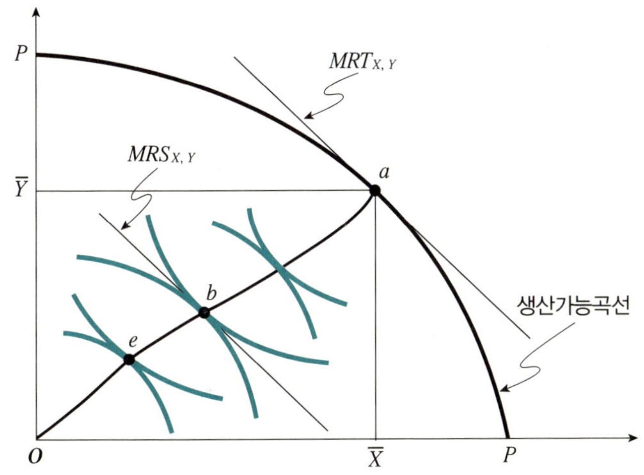

서 이 세 가지 효율성 조건을 충족하는 배분을 도시한 것이 [그림 3-10]이다. 이 그림의 *PP*곡선은 생산가능곡선으로, 주어진 요소자원과 생산기술로 가능한 효율적 생산이 이루어졌을 때 얻어지는 생산조합들의 궤적이다. [그림 3-10]에서 생산조합 *a*와 이를 두 소비자에게 *b*와 같이 나누는 배분은 소비의 효율성과 생산의 효율성, 그리고 효율적 생산조합 조건을 모두 만족하고 있다. 그러나 생산조합 *a*와 소비재 배분 *e*로 구성된 배분의 경우 소비의 효율성과 생산의 효율성을 충족하나 효율적 생산조합 조건을 위배하고 있다. 이 경우

$$MRT_{X,Y}(a, e) > MRS_{X,Y}(a, e)$$

이므로, 소비자의 *X*의 *Y*로의 한계대체율이 생산의 한계변환율보다 낮아서 *X*재를 줄이고 *Y*재로 더 생산할 때 소비자가 무차별하게 느끼는 대체율보다 더 높은 비율로 대체할 수 있어서 모든 소비자의 선호만족을 높일 수 있다.

그림 3-11

효용가능집합

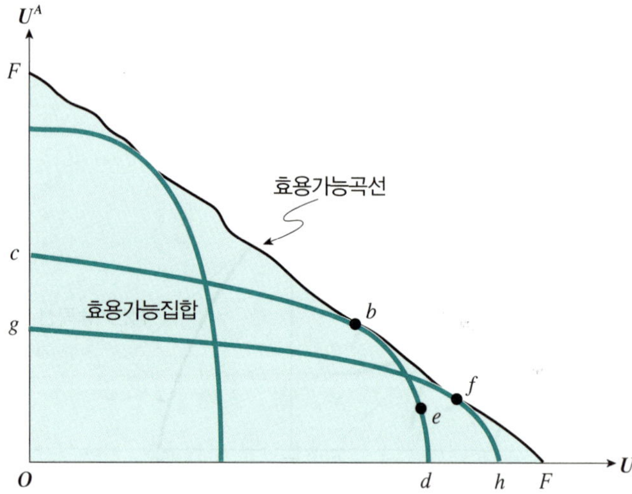

4.4 효용가능집합

우리는 [그림 3-10]에서 a점에서 생산이 결정된 $O\overline{X}a\overline{Y}$의 에지워스 상자를 상정하였으며, 계약곡선 $Oeba$를 도출하였다. 이 계약곡선을 효용공간에 옮겨서 [그림 3-11]의 cd곡선이 얻어졌다. 이 곡선 상의 모든 효용조합은 a의 생산조합을 소비의 효율성을 충족하도록 배분하여 달성할 수 있는 것들이고, 이 곡선 아래의 효용조합들은 달성 가능하나 비효율적 배분의 결과들이다.

이렇게 생산가능곡선 상의 어떤 특정한 생산조합 a로부터 소비의 효율성을 충족하도록 소비의 배분이 이루어져서 얻어진 효용조합들이 이루는 곡선 cd를 "생산조합 a에서 도출된" **효용가능곡선**이라 부르자. 생산가능곡선 상의 모든 생산조합에 대해서 동일한 방식으로 효용가능곡선을 도출할 수 있고, 이렇게 도출된 모든 효용가능곡선들을 통하여 한 경제에서 도달 가능한 모든 효용조합들을 찾을 수 있다. 이를 **효용가능집합**이라 부른다.

효용가능집합에서 두 사람의 효용을 더 이상 증가시킬 수 없는 경계에 위치한 점들이 이루는 곡선을 효용가능곡선이라 한다. 이 효용가능곡선은 [그림 3-11]에 그려진 것처럼 특정 생산조합에서 도출된 효용가능곡선들을 둘러싸고 있는 곡선(포락선)이다. 이 곡선 상의 효용조합들은 파레토 효율성을 충족하는 배분들로부터 얻어진 것들이다.

[그림 3-10]에서 a의 생산조합을 효율적으로 나누어 얻어진 [그림 3-11]의 곡선 cd 상에 있는 b와 e점은 각각 [그림 3-10]의 b와 e에 대응하는 효용수준을 나타낸다. 앞에서 설명하였듯이 e점은 효율적 생산조합 조건 식 (3-7)을 만족하지 않고($MRT_{X,Y} > MRS_{X,Y}$), X의 생산을 줄이고 Y의 생산을 늘림으로써 두 소비자의 효용을 e보다 높일 수 있다. 이러한 생산의 변화는 [그림 3-10]의 생산가능곡선 상의 a점 좌상(左上)으로의 이동을 뜻한다. 따라서 우리는 또 다른 에지워스 상자와 계약곡선을 갖게 되는 것이고, 이를 효용공간에 옮겨 gh와 같은 효용가능곡선을 얻게 된다. gh 상의 f점은 두 소비자에게 비효율적인 배분 e보다 더 높은 효용을 주고 있음을 확인할 수 있다. 한편 b와 같이 파레토 효율성을 충족하는 배분은 [그림 3-11]에서와 같이 효용가능곡선 상에 놓이게 된다.

효용가능곡선 상의 모든 점들은 주어진 부존자원, 생산기술 조건, 그리고 개인들의 선호 등으로 묘사되는 한 경제의 파레토 효율성을 만족하는 배분의 결과들이다. 일반적으로 다수의 소비자들로 구성된 경제에서 파레토 효율적인 배분은 무수히 많이 존재한다. 이들 무수한 점들 중에서 어떠한 점을 택하느냐 하는 문제는 파레토 효율성만을 갖고서는 결정할 수가 없으며, 개개인의 선호를 사회관습이나 양식, 가치관이 반영되도록 적절히 집계하여 얻어지는 어떤 사회적 가치척도를 통해서 결정될 수 있다. 이에 대한 자세한 논의는 제4장과 제9~10장에서 다룰 것이다.

5. 효율성과 보상의 기준

파레토 효율성은 절대적인 기준으로서 주어진 경제상태가 효율적인가를 가늠할 수는 있지만, 파레토 비효율적인 상태에서 다른 상태로 옮겨가는 것이 바람직한가를 판단하는 데는 유용하지 않다. 본 절에서는 개인의 선호관계만을 이용하여 서로 다른 배분들을 비교할 수 있도록 하는 몇 가지 기준들에 대하여 살펴본다.

그림 3-12

파레토 기준

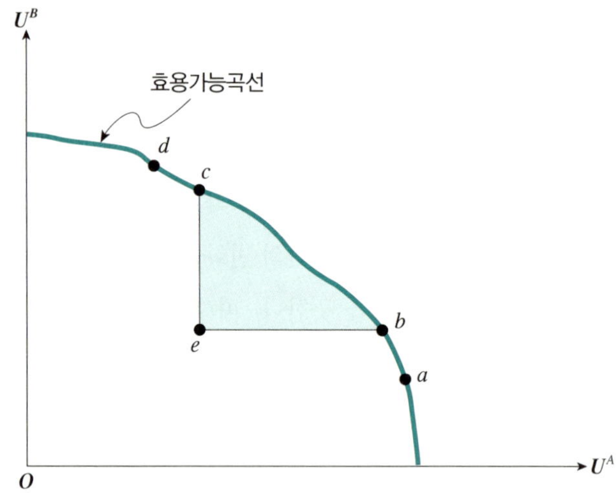

5.1 파레토 기준

앞에서 정의한 파레토 개선 관계는 가장 자명한 비교의 기준으로 이용될 수 있다. 이를 **파레토 기준**이라 한다. 즉, 임의의 두 배분 a, b가 있을 때, 모든 사람들이 배분 a를 배분 b보다 약선호하고 적어도 한 사람은 a를 b보다 선호할 경우 a가 b보다 파레토 우월하다고 정의한다.

[그림 3-2]의 배분 z에서 얻어지는 볼록렌즈형의 청색 음영 영역에 있는 모든 배분들은 z보다 파레토 우월한 것을 알 수 있다. 그러나 계약곡선 상에서 이 영역 밖에 위치한 다른 어떤 효율적인 배분도 z보다 파레토 우월하다고 말할 수 없다. 이는 적어도 한 사람은 z에서보다 더 낮은 수준의 선호만족이 이루어지기 때문이다. 실제로 파레토 기준으로 z와 비교할 수 있는 배분들은 [그림 3-3]의 청색 음영 영역 안에 위치한 배분들과 그 밖의 배분들 중에서 z를 지나는 두 사람의 무차별곡선 사이에 위치한 배분들뿐이다. 전자의 배분들은 모두 z보다 파레토 우월하고, 후자의 배분들보다는 z가 파레토 우월하다.

[그림 3-12]의 효용가능곡선 내부에 있는 e점을 생각해 보자. e점이 나타내는 경제상태는 비효율적이다. 왜냐하면 e점에 대하여 c점과 b점을 포함하는 청

색 음영 부분 안에 있는 모든 점들은 파레토 우월하기 때문이다. 다시 말하면, *e*점에서 청색 음영 부분 안의 한 점으로의 이동은 다른 사람의 희생 없이 적어도 한 사람의 효용을 증가시킬 수 있다. 이제 효용가능곡선 상의 한 점을 생각해 보자. 만약 *c*점에서 효용가능곡선 상의 다른 점이나 효용가능곡선 안의 한 점으로의 이동이 이루어진다면 적어도 한 사람이 손해를 보게 되므로 *c*점보다 파레토 우월한 점은 효용가능집합 안에서 찾을 수 없다.

그러면 이제 *e*점에서 *a*점이나 *d*점으로의 이동을 생각해 보자. 만약 *e*점에서 효용가능곡선 상의 *a*점으로 이동이 이루어진다면 소비자 *A*의 효용은 증가하나 소비자 *B*의 효용은 감소한다. 한편, *e*점에서 *d*점으로의 이동에서는 반대로 소비자 *B*의 효용은 증가하고 소비자 *A*의 효용은 감소한다. 이와 같이 두 소비자의 이해(利害)가 대립되는 결과를 낳는 변화는 개인 간의 효용 비교 없이 파레토 기준만으로는 개선인지 아닌지 알 수 없다. 다시 말하면, *a*점과 *d*점은 효용가능곡선 상에 있으므로 파레토 효율적이고 *e*점은 효용가능곡선 안에 있으므로 비효율적인데도 *e*점에서 *a*점이나 *d*점으로의 이동이 사회적으로 바람직한지에 대한 판단을 하는 데 파레토 기준이 도움을 주지 못하는 것이다.

5.2 칼도어 기준

칼도어(Nicholas Kaldor)는 파레토 기준의 불완전성을 보완하기 위해서 소비자들 사이의 "잠재적 보상"이라는 개념을 도입함으로써 훨씬 더 다양한 배분들 사이의 비교를 가능하게 하였다.[5]

[그림 3-12]에서는 파레토 기준을 통하여 *e*에서 *d*로의 이동이 사회적으로 바람직한가를 판단할 수 없었다. 만일 *e*와 *d*가 서로 동일한 생산조합으로부터 얻어지는 결과라면, 소비자들 사이의 보상을 통하여 이 생산조합에서 도출된 효용가능곡선의 범위 내에 있는 무수히 많은 효용조합들에 도달할 수 있다. *e*가 효용가능곡선 내부에 있다는 것은 *e*가 소비의 효율성을 충족하지 못한 결과라는 것을 말해준다. 따라서 [그림 3-12]에 표시된 바와 같이 *e*보다 우상방에 있는 색

5. Kaldor, N., "Welfare propositions and interpersonal comparison of utility," *Economic Journal*, Vol. XLIX, 1939, pp.549～552.

그림 3-13

칼도어-힉스 기준과 시토프스키 기준

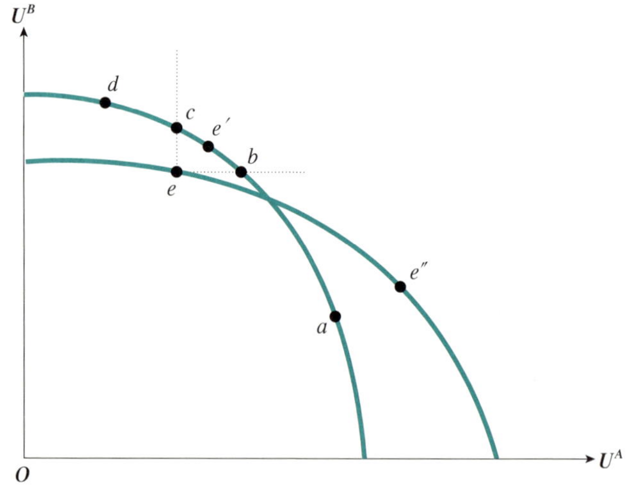

칠된 영역의 한 점으로 이동하도록 잠재적 보상이 이루어진다면 e보다 파레토 우월한 결과를 얻을 수 있다. 이와 같이 파레토 우월한 잠재적 보상이 존재한다면 e에서 d로의 변화는 사회적으로 바람직하다는 것이 칼도어 기준이다.

칼도어의 기준은 [그림 3-13]에서와 같이 e와 d가 서로 다른 생산조합에서 얻어져서 두 점이 속한 효용가능곡선이 상이한 경우에도 적용될 수 있다. 소비자들 사이의 보상을 통하여 [그림 3-13]의 d를 포함하는 효용가능곡선 상의 어떤 점으로도 이동이 가능하고, 이 중에는 e보다 파레토 우월한 e'과 같은 효용조합이 존재한다. 이처럼 파레토 우월한 잠재적 보상이 존재하므로 e에서 d로의 변화는 칼도어 기준에 따라 사회적으로 바람직하다. 환언하면 e에서 e'으로의 잠재적 파레토 개선이 가능하므로 d가 e보다 사회적으로 더 바람직하다는 것이다.

칼도어 기준에서 고려되는 잠재적 보상은 실제 보상의 여부와 관계가 없다. 따라서 이익을 본 소비자가 피해를 본 소비자에게 실제로 보상을 했는지에 관한 사실에 그 이론적 기초를 두고 있지 않다는 문제점을 갖고 있다. 이와 같은 기준에 의하여 사회적 선택이 이루어진다면 자원배분의 효율성을 지나치게 중요시하여 소득분배의 형평성을 간과하게 될 위험이 있다. 실제로 칼도어의 기준과 같은 보상원리가 현실적으로 각종 경제제도나 후생정책의 변화를 평가하는 기준으로 사용되는 경우가 종종 있다. 예를 들어 댐 건설로 인한 편익의 가치가 손실을 보상하고도 남는다면 댐을 건설할 수도 있다. 기타 공공투자정책의 의사결정도 이러한 보상원리를 참고로 할 수 있다.

칼도어 기준의 또 다른 중요한 문제점으로 제기된 것은 부정합성 문제이다.[6] [그림 3-13]의 두 가지 효용조합 e와 a의 비교에서 부정합성 문제가 쉽게 확인된다. e에서 a로의 변화는 a로부터 잠재적 보상을 통하여 e보다 파레토 우월한 e'같은 결과를 얻을 수 있으므로 보상원리에 따라 바람직하다. 즉, 칼도어의 보상원리에 따라 a는 e보다 우월한 결과이다. 그런데 동일한 논리를 적용하여 그 역의 관계도 성립하여 e가 a보다 우월함을 확인할 수 있다.

5.3 시토프스키 기준

칼도어 기준의 부정합성을 해결하기 위하여 시토프스키(Tibor Scitovsky)는 두 경제상태 x, y의 비교를 칼도어 기준에 따른 비교에서 부정합성이 발생하지 않을 경우에 국한할 것을 제안하였다. 즉, **시토프스키 기준**에 따르면, x가 y보다 칼도어 기준에 따라 우월하나 y는 x보다 우월하지 않은 경우에 x가 y보다 사회적으로 우월한 것이 된다.

시토프스키 기준은 칼도어 기준의 부정합성 문제를 벗어날 수는 있으나, 다수의 연관된 비교를 거듭할 경우 순환을 야기하는 또 다른 문제를 안고 있다. 이를 설명하기 위하여 [그림 3-14]에 도시된 경제를 고려하자. 이 경제에서 e^1에서 e^2로의 경제상태의 변화는 e^2가 위치해 있는 효용가능곡선이 e^1의 그것보다 위에 위치해 있으므로 시토프스키 기준을 만족하며, e^2에서 e^1으로의 이동은 이 기준에 부합하지 않는다. 다음으로 e^2에서 e^3로의 이동은 칼도어 기준을 충족하나 그 역의 이동은 충족하지 않으므로 e^2에서 e^3로의 이동은 시토프스키 기준을 만족한다. 마찬가지로 e^3에서 e^4의 이동도 시토프스키 기준을 만족하고, 마지막으로 e^4에서 e^1으로의 이동도 시토프스키 기준을 만족한다는 것을 확인할 수 있다. 요컨대, [그림 3-14]에서 e^1에서 e^2, e^2에서 e^3, e^3에서 e^4, 그리고 e^4에서 e^1으로의 이동은 시토프스키 기준을 모두 만족하는 하나의 순환을 형성하고 있는 것이다.

---

6. Scitovsky, Tibor, "A note on welfare propositions in economics," *Review of Economic Studies*, Nov., 1941, pp.77~88 ; Reprinted in Arrow & Scitovsky, *Readings in Welfare Economics*, London : Allen & Unwin, 1969.

그림 3-14

시토프스키 기준의 순환성

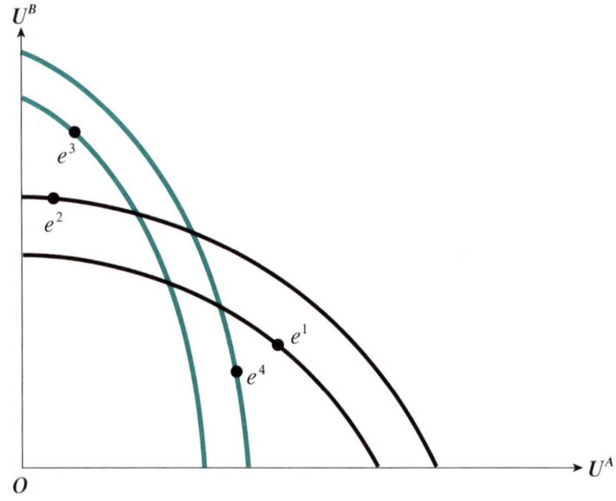

이상에서 논의된 사회적 비교의 기준들은 파레토 효율성과 개인의 선호관계에만 의존하고 기수적인 효용과 개인 간의 효용 비교에 의존하지 않는 장점이 있다. 그러나 이 기준들을 이용한 비교가 갖는 불완전성과 부정합성 혹은 순환성의 문제점들 또한 있음을 확인하였다. 이에 대한 대안으로 기수적 효용과 개인 간의 효용 비교를 허용하여 사회적 후생의 척도를 비교의 기준으로 활용하는 방법에 대해서는 제4장과 제9~10장에서 검토할 것이다.

연습문제

ch. three Exercise

01 사회선택 문제의 해결에 있어서의 파레토 효율이라는 규범적 가치기준의 중요성을 설명하시오.

02 파레토 효율의 장 · 단점을 논하시오.

03 잠재적 파레토 개선(보상원리)의 장 · 단점을 설명하고 이 기준들에 대해 논하시오.

04 완전경쟁에서의 시장균형과 파레토 효율과의 상호관계를 설명하시오.

05 시장에서 민간경제활동의 결과로 나타나는 자원배분은 항상 효율을 달성하는가? 그렇지 않다면 어떤 조건 하에서 효율을 달성하는가?

06 다음 설명이 맞는지 밝히고 그 이유를 설명하시오.

(1) 두 명(A와 B), 두 재화(음식과 옷감, 음식을 F, 옷감을 C라 하자)가 존재하는 교환경제에서 만약 $MRS^A_{C,F}=3$이고 $MRS^B_{C,F}=\frac{1}{2}$이라면, B가 1야드의 옷감을 A에게 주고 A가 1파운드의 음식을 B에게 주는 경우 후생이 증대한다.

(2) 효용한계곡선 상의 모든 점은 파레토 효율적이지만 각 점들이 분배에 대해 함축하고 있는 의미는 각기 다르다. 그런데 사회무차별곡선과 효용한계곡선이 접하는 점에서는 효율과 공평이 동시에 고려되고 사회후생이 극대화된다.

(3) 후생경제학의 제2기본정리는 분배와 효율의 문제가 서로 분리될 수 있음을 암시한다.

07 편의상 두 개인만 있는 경우를 가정하자. 현재 사과는 40개가 있고 배는 30개가 있다고 하자. 이 중에서 A는 사과가 하나도 없고 배만 20개 갖고 있다. B는 사과를 40개 모두 갖고 있으며 배는 10개 갖고 있다. 한편 이러한 상태에서 A의 한계대체율은 1이고 B의 한계대체율은 2라고 한다. 이러한 상태가 파레토 효율적이라고 할 수 있는가?

08 정부정책이 사회 전체에 미치는 영향을 평가하기 위해서는 판단의 기준이 필요하다. '파레토 기준'은 중요한 판단의 기준 중 하나이다. 그러나 '파레토 기준'은 정부정책의 판단 기준으로 장점뿐만 아니라 단점도 갖고 있다. '파레토 기준'을 보완하는 방안으로 '보상의 원칙(compensation principle)'이 제안되기도 한다. 어떤 사회가 소득수준이 다르고 선호도가 다른 여러 사람들로 구성되어 있다는 가정 하에서 다음의 질문에 답하시오. (외 37)

(1) '파레토 기준'이 사회 전체의 후생을 평가하는 기준으로 많이 선호되는 이유를 설명하시오.

(2) '파레토 기준'으로 정부의 정책들을 판단할 때 한계를 갖게 되는데 어떤 경우에 어떤 문제들을 갖게 되는지를 설명하시오.

(3) '보상의 원칙'은 '파레토 기준'을 어떻게 보완하고 있으며, 한계점은 무엇인지 설명하시오.

1. 시장경제의 기본 모형 : 완전경쟁시장과 균형

1.1 가격기구

1.2 시장과 소비자의 선택

1.3 시장과 생산자의 선택

1.4 완전경쟁균형과 파레토 효율성

2. 공정성과 효율성

2.1 역지(易地) 원칙

2.2 평등주의대등(平等主義對等) 원칙

2.3 사회적 선호관계

시장경제의 효율성과 공정성

Public Finance
ch. four

4

본 장에서는 경제학의 대표적인 시장경제 모형을 소개하고 시장의 자원배분의 후생적 특성에 대하여 살펴본다. 시장경제 모형의 소개와 분석은 미시경제학에서 보다 자세히 다루는 내용으로, 이 책에서는 그 주요 골자만을 요약해 설명한다.

1. 시장경제의 기본 모형 : 완전경쟁시장과 균형

Public Finance, ch. four

1.1 가격기구

경제학의 시장경제 기본 모형은 완전경쟁시장 모형이다. 경제는 다수의 의사결정단위들로 구성된다. 경제의 의사결정단위, 혹은 경제주체는 소비자, 생산자, 정부로 나뉜다. 완전경쟁시장 모형에서 정부는 사유재산권과 계약을 통한 사유재산의 교환을 강제하고 유지하는 역할, 그리고 정액세(lump-sum tax)를 통한 소득재분배의 역할만을 수행할 뿐이다. 이러한 정부의 역할은 아무런 사회적 비용을 야기하지 않는 것으로 가정한다. 따라서 완전경쟁시장 모형에서 중요한 주체는 소비자와 생산자이다.

완전경쟁시장에서 상품은 단위가격을 기준으로 거래된다. 각 재화에 단위가격이 매겨지면 그 재화를 구매할 때 지불하는 가격은 단위가격에 구매량을 곱하여 구한다. 마찬가지로 어떤 재화의 판매에서 얻는 수익은 단위가격에 판매량을 곱하여 구한다. 단위가격은 구매량과 무관하게 일정하게 주어진다. 또한 단위가격은 구매자의 정체와 무관하게 모든 사람들에게 동일하게 주어진다.

완전경쟁이란 최대한의 경쟁이 유지되는 상황을 의미하고, 이러한 상황에서 개별 소비자 혹은 개별 생산자의 의사결정이 전체 시장에 미치는 영향은 무시할 수 있다고 가정된다. 완전경쟁 하에서는 개별 경제주체가 어떤 결정을 하건 간에 가격은 고정된다고 가정된다. 따라서 개별 경제주체는 가격을 주어진 것으로 수용하고 자신에게 가장 큰 만족 혹은 이익을 가져오는 선택을 하게 된다. 그래서 완전경쟁을 흔히 가격수용자의 가정으로 설명하기도 한다.

본 장에서는 논의의 단순화를 위하여 I명의 소비자와 M개의 소비재를 가정하고 각 재화 m에 대하여 하나의 생산자만 있다고 가정한다. 그리고 소비재 m의 생산자는 노동 L_m과 자본 K_m을 투여하여 $q_m = f^m(L_m, K_m)$의 생산함수에 따라 생산한다고 가정한다.

1.2 시장과 소비자의 선택

개별 소비자는 자신의 예산제약 하에서 선호만족을 극대화하는 선택을 하는 것으로 가정하자. 이러한 선택을 나타내는 것이 수요함수와 수요곡선이다. 소비자의 예산제약은 초기 재산의 시장가치로 결정된다. 어떤 소비자 i가 재화묶음 $\omega_i = (\omega_{i1}, \cdots, \omega_{iM})$을 초기에 소유하고 있고, 각 기업 $m = 1, \cdots, M$에 대하여 일정한 소유권을 소유하고 있다고 가정하자. 소비자 i의 기업 m에 대한 소유권을 지분율 $\theta_{im} \in [0, 1]$로 나타내면 각 기업의 소비자 지분의 총합은 1이 되어야 하므로, 모든 $m = 1, \cdots, M$에 대하여

$$\sum_{i=1}^{I} \theta_{im} = 1$$

이 성립한다. 이러한 초기 소유권을 가진 소비자 i는 시장가격이 $p = (p_1, \cdots, p_M)$으로 주어질 경우 아래의 예산제약을 만족하는 소비 $z_i = (z_{i1}, \cdots, z_{iM})$을 선택할 수 있다.

$$p_1 z_{i1} + \cdots + p_M z_{iM} \leq p_1 \omega_{i1} + \cdots + p_M \omega_{iM} + \theta_{i1} \pi_1(p) + \cdots + \theta_{iM} \pi_M(p)$$

여기서 각 $m = 1, \cdots, M$에 대하여 $\pi_m(p)$는 기업 m의 이윤을 나타낸다. 예산제약의 등식을 예산선이라고 부른다.

이러한 예산제약 하에서 소비자는 자신의 선호만족의 극대화를 이루는 선택을 하게 되는데, 이렇게 선택된 소비묶음이 소비자의 개별 수요를 나타낸다. 이를 교환경제에 도시하면 [그림 4-1]과 같다. 이 그림에서 소비자 A의 예산선은 초기 소유를 나타내는 ω_A를 지나고 기울기가 두 재화의 가격비율로 결정되는 직선이다. [그림 4-1]은 재화 1의 상대가격($\frac{p_1}{p_2}$)이 높은 순으로 p^a, p^b, p^c의 세 가격에 대한 소비자 A의 세 예산선을 도시한 것이다. p^a-예산선에서 최적 소비묶

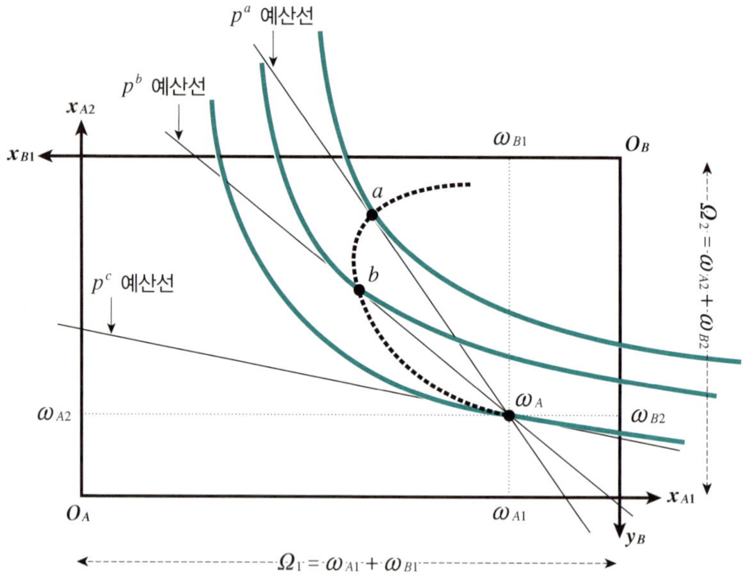

그림 4-1 교환경제에서의 소비자의 예산제약과 오퍼곡선

음은 a이고, p^b–예산선에서 최적 소비묶음은 b, 그리고 p^c–예산선에서 최적 소비묶음은 초기 소유인 ω_A이다. 이렇게 모든 가격들에 대한 최적 소비묶음을 지나는 궤적을 소비자 A의 **오퍼곡선**이라고 부른다.

오퍼곡선 상의 최적 소비묶음들에서 무차별곡선과 예산선이 접하는 것을 확인할 수 있다. 즉, 소비자 i에게 어떤 소비묶음 z_i가 p의 가격에서 최적 소비묶음이 되기 위한 필요조건은 이 소비자의 두 재화 1과 2 사이의 한계대체율이 두 재화의 가격비율과 동일하다는 조건이다. 이러한 최적소비의 조건은 보다 일반적인 경제모형에서 동일하게 적용된다. 재화가 M개 존재하는 일반적인 생산경제 모형에서도 소비묶음 z_i가 p가격으로 주어지는 예산집합 상에서 소비자 i의 선호만족을 극대화하는, 즉 최적 소비묶음이 되려면 반드시 임의의 두 재화 m, $n = 1, \cdots, M$에 대하여

$$MRS^i_{m,n}(z_i) = \frac{p_m}{p_n} \qquad (4-1)$$

이 성립하여야 한다.[1]

1.3 시장과 생산자의 선택

완전경쟁시장에서 생산자는 주어진 가격 하에서 이윤을 극대화한다고 가정된다. 생산자는 가격을 결정하는 것이 아니라 가격을 주어진 것으로 받아들이고 생산량과 생산요소의 조합을 결정하여 이윤을 극대화한다는 것이다. 가령 재화 m을 생산하는 기업 m은 재화 m의 가격이 p_m, 그리고 노동과 자본의 가격이 w, r로 주어질 경우 노동투여량 L_m과 자본투여량 K_m을 결정하여 기업의 이윤

$$p_m f^m(L_m, K_m) - (wL_m + rK_m)$$

을 극대화하려 한다. 이윤극대화의 필요조건으로

$$p_m MP_L^m = w \qquad (4-2)$$

$$p_m MP_K^m = r \qquad (4-3)$$

의 두 식이 성립하여야 한다. 만약 $p_m MP_L^m > w$라면 노동을 한 단위 더 추가하여 발생하는 수입의 증가분($p_m MP_L^m$)이 노동 비용의 증가분(w)을 초과하여 이윤이 늘어나고, 그 반대의 경우에는 노동을 한 단위 줄일 때마다 이윤이 늘어나게 된다. 따라서 이윤이 늘어날 수 없는 상황에서는 반드시 식 (4-2)가 성립하여야 한다. 마찬가지 방법으로 식 (4-3)도 설명할 수 있다. 이 두 식을 이용하면 기업 m의 요소조합 (L_m, K_m)이 이윤극대화를 이루기 위해서는

$$MRTS_{L,K}^m(L_m, K_m) = \frac{w}{r} \qquad (4-4)$$

의 조건이 성립하여야 한다는 것을 알 수 있다.

기업의 생산기술을 위에서와 같이 생산함수를 이용하여 나타낼 수 있지만, 비용함수를 이용하여 나타낼 수도 있다. 재화 m을 생산하는 기업의 비용함수 $c^m(q_m, w, r)$이란 임의의 생산량 q_m을 주어진 요소가격 w, r 하에서 생산할 수 있

---

1. 단, 여기서 z_i는 모든 성분이 양수인 내부 소비묶음을 나타낸다.

는 최소의 비용을 나타내는 함수이다. 기업 m의 이윤을 비용함수로 나타내면

$$p_m \times q_m - c^m(q_m, w, r)$$

과 같이 쓸 수 있고, 이 기업의 극대화 문제를 비용함수로 나타내면 생산량 q_m을 위 기업이윤을 극대화하도록 결정하는 문제로 나타낼 수 있다.

미시경제학에서 기업 m의 한계비용 $MC^m(q_m, w, r)$은 이 기업이 생산량을 q_m에서 한 단위 늘릴 때 요구되는 비용의 증가분을 의미하고, 이는 비용함수의 생산량에 대한 변화율(기울기)을 나타낸다. 만일 $p_m > MC^m$이라면 생산량이 늘어날 때 비용이 증가하는 속도가 수입이 증가하는 속도보다 느리므로, 생산량을 늘려서 기업이윤을 높일 수 있다. 반대로 $p_m < MC^m$이라면 반대로 생산량을 줄여서 기업이윤을 높일 수 있다. 따라서 기업이윤이 극대화되었다면 반드시 등식

$$p_m = MC^m(q_m, w, r) \tag{4-5}$$

이 성립하도록 생산량이 결정되어야 함을 알 수 있다. 이것이 비용함수로 나타낸 이윤극대화의 필요조건이다. 기업의 이윤극대화를 이루는 가격과 생산량의 조합으로 이루어진 기업의 공급곡선은 위 식 (4-5)를 충족하는 가격 p_m과 생산량 q_m의 조합으로부터 얻어지는 것이다.

요컨대 완전경쟁시장에서 이윤극대화를 추구하는 기업의 선택은 식 (4-2) ~ 식 (4-5)를 모두 충족하게 된다.

1.4 완전경쟁균형과 파레토 효율성

이상으로 완전경쟁시장에서의 소비자들과 생산자들의 문제와 이들의 합리적 의사결정에 대하여 알아보았다. 어떤 가격 p 하에서 소비자들과 생산자들의 합리적 의사결정의 결과로 얻어지는 각 재화의 시장수요량과 시장공급량이 일치하게 될 때 **완전경쟁균형**이 이루어진다고 말하고, 이때 가격 p를 **균형가격**이라고 부른다. 따라서 완전경쟁균형에서는 소비자의 선호만족 극대화의 조건 식 (4-1)과 생산자의 이윤극대화의 조건 식 (4-2) ~ 식 (4-5)가 모두 성립하게 된다.

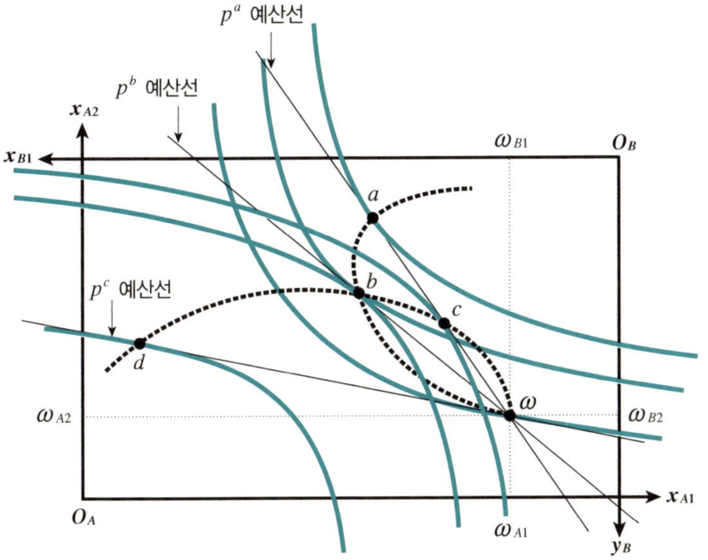

그림 4-2 교환경제의 완전경쟁균형

2인-2재화 교환경제

[그림 4-2]는 2인-2재화 교환경제에서의 완전경쟁균형을 도시한 것이다. 교환경제에서 두 재화의 공급량은 초기 부존자원으로 고정되어 있다. 즉, 가격과 무관하게 재화 1은 에지워스 상자의 폭만큼 일정하게 공급되고, 재화 2도 에지워스 상자의 높이만큼 일정하게 공급된다. 소비자의 수요는 [그림 4-2]의 오퍼곡선으로 나타낼 수 있다. 즉, 초기 배분 ω와 a, b를 지나는 소비자 A의 오퍼곡선과 ω, c, b, d 네 점을 지나는 소비자 B의 오퍼곡선은 두 소비자가 각 가격에서 두 재화를 얼마나 수요하는지 알려준다. 가령 p^a의 가격이 주어지면 소비자 A는 a를 수요하고 소비자 B는 c를 수요하여 재화 1의 경우 초과공급이, 재화 2의 경우 초과수요가 발생하게 된다. 가격이 p^b로 주어지면 두 소비자 모두 b를 수요하여 두 재화의 수요량과 공급량이 일치하게 됨을 알 수 있다. 따라서 [그림 4-2]에서 가격 p^b가 완전경쟁균형가격임을 확인할 수 있다. 이와 같이 2인-2재화 교환경제의 완전경쟁균형은 에지워스 상자에서 두 소비자의 오퍼곡선이 교차하는 점에서 얻어진다.

그림 4-3

로빈슨 크루소 경제의 이윤극대화

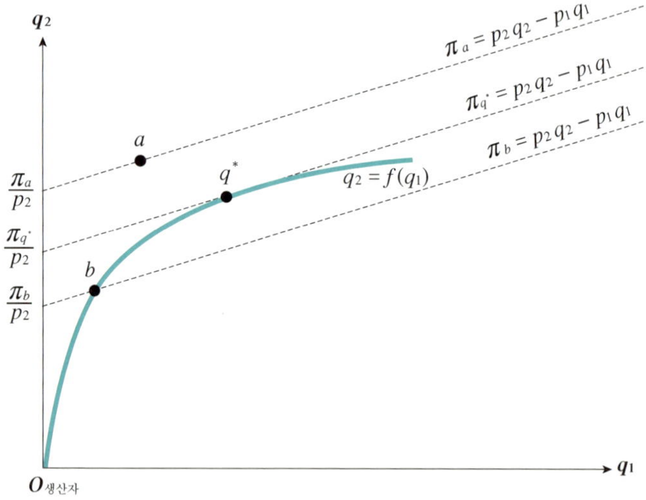

로빈슨 크루소 경제

소비자와 기업이 각각 하나씩 존재하고 기업을 소비자가 소유하는 로빈슨 크루소 경제를 고려하자. 재화 1과 2가 있고, 재화 1을 생산요소로 사용하여 재화 2를 생산함수 $q_2 = f(q_1)$에 따라 생산한다고 하자. 이 경제에서 생산요소인 재화 1의 부존량은 ω_1이고, 이는 소비자가 소유한다. 소비자는 생산요소로 공급하고 남은 재화 1을 소비한다.

이 경제에서 기업의 이윤극대화를 [그림 4-3]을 이용하여 설명해 보자. 두 재화의 가격이 $p = (p_1, p_2)$로 주어질 경우, 기업은 생산함수가 허용하는 범위 안에서만 [그림 4-3]의 좌표계의 투입-산출 조합 (q_1, q_2)를 선택할 수 있다. 가령 a와 같은 조합은 생산함수가 허용하는 범위를 초과하는 산출을 나타내어 실현 불가능하고, 생산곡선 상의 b나 q^*와 같은 선택은 실현 가능하다. 어떤 재화든 아무 비용도 치르지 않고 자유롭게 처분할 수 있다고 가정한다면 생산곡선보다 아래에 있는 투입-산출 조합들도 모두 실현 가능할 것이다. [그림 4-3]의 a, b, q^* 세 점을 지나는 점선은 각 점에서 얻어지는 이윤과 동일한 이윤을 얻도록 하는 투입-산출 조합들을 이어놓은 **등이윤선**이다. 가령 a에서의 이윤을 π_a라고 쓰면, $\pi_a = p_2 q_2 - p_1 q_1$의 관계를 갖는 모든 (q_1, q_2)들은 a와 동일한 이윤을 달성하는 점들인 것이다. 따라서 등이윤선은 기울기가 $\frac{p_1}{p_2}$인 직선으로 [그림 4-3]에서와 같이 나타낼 수 있다. 이 직선의 수직축 절편은 $\frac{\pi_a}{p_2}$로 이윤의 크기를 알려준다.

기업이 어떤 투입-산출 조합 $q^* = (q_1^*, q_2^*)$에서 이윤극대화를 달성하려면 [그림 4-3]에 도시한 바와 같이 q^*는 생산곡선 상에 위치해야 하고, 이 점을 지나는 등이윤선이 생산곡선보다 위에 놓여 있어야 한다. 그래야만 생산곡선 상의 다른 어떤 점도 q^*보다 더 큰 이윤을 달성할 수 없기 때문이다. 따라서 [그림 4-3]에 도시한 바와 같이 이윤극대화를 달성하는 q^*에서 등이윤선이 생산곡선과 접하고 있어야 한다. 이는 생산곡선의 기울기, 즉 요소의 한계생산성이 $\frac{p_1}{p_2}$과 같아서 식 (4-2)의 관계

$$p_2 MP_1 = p_1$$

이 성립한다는 것이다.

이제 소비자의 문제를 알아보기 위하여 우선 소비자가 재화 1과 재화 2의 소비묶음 (x_1, x_2)를 선택할 경우를 고려하자. 이때 소비자는 재화 1을 $\omega_1 - x_1$단위 요소시장에 공급하여 이로부터 $p_1(\omega_1 - x_1)$의 소득을 얻는다. 또한 소비자는 기업을 소유하고 있으므로 기업이윤 π를 소득으로 갖고 있다. 따라서 이 소비자의 예산선은 $p_2 x_2 = p_1(\omega_1 - x_1) + \pi$, 즉

$$p_1 x_1 + p_2 x_2 = p_1 \omega_1 + \pi$$

와 같이 주어진다.

가령 생산자가 [그림 4-3]의 q^*의 생산을 선택한다면 소비자의 예산선은

$$p_1 x_1 + p_2 x_2 = p_1 \omega_1 + \pi_{q^*}$$

로 주어질 것이다. 그런데 $(\omega_1 - x_1)$이 요소투입이라는 것을 이용하면 이 예산선은 생산자의 등이윤선과 대칭을 이룬다는 것을 알 수 있다. 즉, [그림 4-3]의 좌표계를 수직축을 기준으로 대칭이동한 후 오른쪽으로 요소의 부존량 ω_1만큼 수평이동하면 등이윤선은 소비자의 예산선을 나타내는 것이다. [그림 4-4]는 [그

그림 4-4

로빈슨 크루소 경제의 생산과 소비

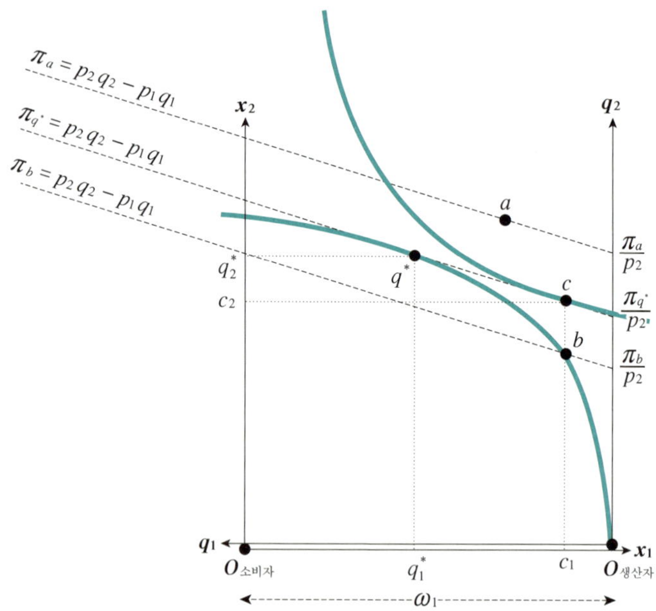

림 4-3]의 생산자 좌표계와 생산함수, 등이윤선들을 위와 같이 변환하여 나타낸 것이다. 이를 이용하여 소비자의 소비묶음과 생산자의 생산에 대한 결정을 동시에 나타낼 수 있다. 소비자의 원점 $O_{소비자}$를 기준으로 두 좌표는 각 재화의 소비량 (x_1, x_2)를 나타낸다. 이를 소비공간이라 부르자. 생산자의 원점 $O_{생산자}$를 기준으로 두 좌표는 생산자의 투입-산출 조합 (q_1, q_2)를 나타낸다. 이를 생산공간이라 부르자. 생산공간의 등이윤선들은 소비공간에서는 각 이윤의 크기별로 서로 다른 소비자의 예산선을 나타낸다. 생산자가 q^*를 선택하여 π_{q^*}의 이윤을 얻는 경우인 q^*를 지나는 점선은 소비공간에서는 이윤 π_{q^*}로 주어지는 소비자의 예산선을 나타내는 것이다. 가령 소비자가 재화 1의 부존량을 모두 소비할 경우 소득은 이윤 π_{q^*}만으로 이루어지고, 따라서 이를 재화 2의 소비에 사용할 때 $\frac{\pi_{q^*}}{p_2}$단위를 소비하여 예산선은 [그림 4-4]에서와 같이 $(\omega_1, \frac{\pi_{q^*}}{p_2})$를 지나게 되는 것이다.

[그림 4-4]와 같이 주어진 소비자의 무차별곡선은 이윤 π_{q^*}의 예산선과 소비묶음 c에서 접하고, 소비자의 선호만족 극대화를 이루는 수요점은 c이다. 따라서 가격이 p로 주어질 때 이윤극대화를 추구하는 기업은 [그림 4-4]의 $q^* = (q_1^*, q_2^*)$를 선택하고, 선호만족 극대화를 추구하는 소비자는 $c = (c_1, c_2)$를 선택한다. 그런

그림 4-5

로빈슨 크루소 경제의 완전경쟁모형

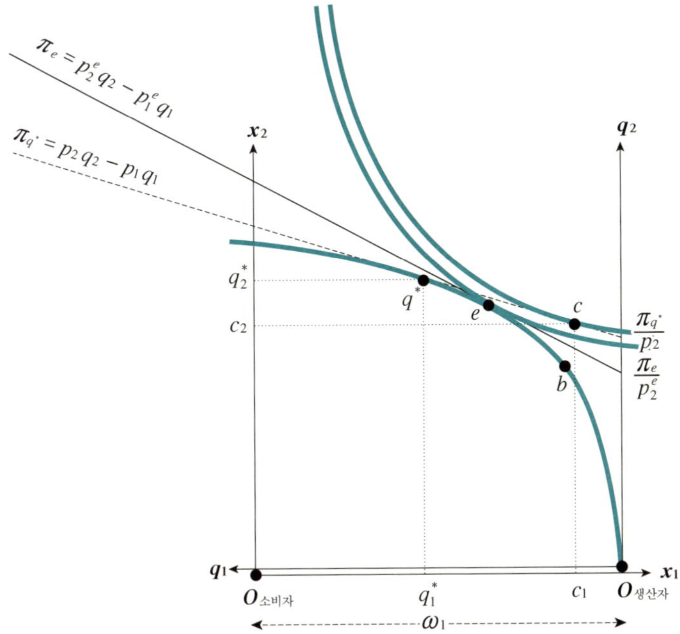

데 $c_1 + q_1^* > \omega_1$이고 $q_2 > c_2$가 되어 재화 1 시장에서는 초과수요가, 재화 2 시장에서는 초과공급이 발생하게 된다.

이제 재화 1의 상대가격이 가격 p에서보다 더 상승하는 경우를 고려하자. 가격 $p^e = (p_1^e, p_2^e)$가 $\frac{p_1^e}{p_2^e} > \frac{p_1}{p_2}$이고, 이 가격 하 [그림 4-5]의 경제에서 생산자와 소비자는 모두 e를 선택하게 된다. 즉, e에서 생산자의 선택을 $q^e = (q_1^e, q_2^e)$로 나타내고 소비자의 선택을 $x^e = (x_1^e, x_2^e)$로 나타낼 경우,

$$x_1^e + q_1^e = \omega_1$$
$$x_2^e = q_2^e$$

가 모두 성립하여 두 재화의 시장에서 수요량과 공급량이 일치하는 균형상태에 이르게 된다.

후생경제학의 제1기본정리

아무런 계획, 조정, 그리고 통제가 없이 무질서한 것처럼 보이는 시장경제가 사람들을 풍요롭고 부유하게 한다는 것은 사뭇 놀라운 사실이다. 우리나라의 기나긴 왕정의 역사에서 많은 왕과 관료들이 민생의 안정과 풍요를 계획하고 실행해 왔지만, 시장경제만큼 성공적이지는 못했다. 어떻게 사적 이익만을 추구하는 개인들이 시장을 통하여 이런 풍요와 안정을 얻을 수 있는 것인가? 아담 스미스에게 이 질문은 매우 중요한 "도덕철학"의 문제였다. 그가 생각하는 자연도덕의 이상에 현실이 가까워지려면 자연적 본성에 따라 현려를 추구하는 개개인들의 행동이 인애, 그리고 정의와 조화를 이루어야 하는데, 과연 어떤 사회에서 그런 조화가 가능한가를 설명해야 하는 것이다. 아담 스미스는 시장경제에서 그런 조화가 가능하다고 생각하였고, 이를 『국부론』에서 체계적으로 설명하려 하였다. 시장경제의 이런 놀라운 효과에 대해 그는 이렇게 말한다.

> 각 개인은 공익 증진에 기여하지 않을 뿐만 아니라 얼마나 자신이 공익에 기여하는지 알지도 못한다. 그가 의도하는 것은 단지 자신의 안전일 뿐이다. 일하여 얻은 결과가 최고의 가치를 갖도록 성실히 노력해서 그가 얻고자 하는 바는 오직 자기 자신의 이익이다. 그는 [시장에서] 보이지 않는 손에 이끌려 자신이 의도하지 않은 어떤 [공익의] 목적을 달성하게 되는 것이다. (*The Wealth Of Nations*, Book IV, Chapter II, p.456, para. 9)
>
> 우리가 저녁식사를 기대할 수 있는 것은 푸줏간 주인, 빵장수, 양조장 주인의 자애로운 보살핌 때문이 아니라 이들이 사적 이익 추구에 충실하기 때문이다. [시장에서] 우리는 이들에게 인류애를 요구하는 것이 아니라 자기 사랑만을 요구할 뿐이다. 그들에게 우리의 이로움을 말하기보다는 그들의 이득에 대해서 말할 뿐이다. (*The Wealth Of Nations*, Book I, Chapter II, pp.26～27, para 12.)

고전경제학의 중요한 성과 중 하나는 이런 아담 스미스의 주장을 실증과학의 언어로 엄밀히 논증하는 데 성공한 것이다. 실증경제학의 견지에서 현실의 시장경제가 어떻게 효율적인 자원배분을 이룰 수 있는가의 문제를 규명하기 시작한 것은 1950년대 케네스 애로우(Kenneth Arrow)의 학문적 업적에서 연유한다.[2]

이제 앞 절에서 논의한 세 가지 파레토 효율의 조건이 완전경쟁시장의 균형에서 어떻게 성립하는가를 검토해 보기로 하자.

[그림 4-2]의 2인-2재화 교환경제 모형에서, 에지워스 상자에서 완전경쟁균형 배분 b를 지나는 두 소비자의 무차별곡선은 b에서 접하게 됨을 알았다. 이는 b가 동일한 기울기(가격비율)를 갖는 두 소비자의 예산선 상에서 두 소비자 모두의 선호만족을 극대화하기 때문이다. 이렇게 에지워스 상자에서 두 무차별곡선이 접하게 될 경우 어느 한 소비자의 선호만족을 높이기 위해서는 반드시 다른 한 소비자를 희생해야 한다. 따라서 이러한 교환경제에서 완전경쟁균형배분은 파레토 효율성을 충족하게 된다.

[그림 4-5]의 로빈슨 크루소 경제의 경우 완전경쟁균형 e에서 소비자의 무차별곡선이 생산곡선과 접하게 된다. 생산곡선은 소비공간에서 이 경제에서 생산할 수 있는 모든 소비묶음들의 집합인 생산가능집합의 경계인 생산가능곡선을 나타낸다. 생산가능곡선 안쪽의 점들은 실현 가능한 소비이고, 바깥쪽의 점들은 실현 불가능한 소비인 것이다. 따라서 완전경쟁균형 e에서 생산가능곡선과 무차별곡선이 접하여 더 이상 소비자의 선호만족을 높이는 것이 불가능하다는 것을 알 수 있다. 이는 완전경쟁균형이 파레토 효율적이라는 것을 의미한다.

이제 보다 일반적인 경제모형에서 완전경쟁균형의 조건들을 이용하여 완전경쟁균형이 제3장에서 도출한 효율성의 조건, 즉 소비와 생산의 효율성과 효율적인 생산조합의 조건을 충족한다는 것을 보이도록 하자. 균형가격 p와 균형배분 z^*로 이루어진 완전경쟁균형을 생각해 보자. 이 균형에서 식 (4-1) ~ 식 (4-5)의 모든 조건들이 성립한다. 식 (4-1)에 따라 임의의 두 재화 $m, n \in \{1, \cdots, M\}$에 대하여 모든 소비자 $i, j \in \{1, \cdots, I\}$의 재화 m의 재화 n으로의 한계대체율이

2. 완전경쟁균형과 파레토 효율 간의 상호관계를 설명하는 후생경제의 제1, 2기본정리는 애로우 교수에 의해서 처음으로 1951년에 발표된 논문에서 증명되었기 때문에 애로우의 제1, 2기본정리라 불리기도 한다. 그 이후 Arrow & Debreu(1954), Debreu(1959), Arrow & Hahn(1971) 등의 연구에서 더욱 구체화되고 일반화되었다. Arrow, Kenneth J., "An extension of the basic theorems of classical welfare economics," in Neyman, J. (ed.), *Proceedings of the second Berkeley Symposium on Mathematical Statistics and Probability*, Berkeley : Univ. of California Press, 1951 ; Arrow, Kenneth J. & Debreu, Gerard, "Existence of an equilibrium for a competitive economy," *Econometrica*, 22, July, 1954, pp.256~290 ; Debreu, Gerad, *Theory of Value*, *New Haven*, Yale University Press, 1959 ; Arrow, Kenneth J. & Hahn, F. H., *General Competitive Equilibrium*, San Francisco : Holden-Day Inc., 1971.

두 재화의 가격비율과 일치하여 결과적으로 두 소비자의 한계대체율이 상호 간에 일치할 수밖에 없음을 알 수 있다. 이는 [그림 4-2]의 교환경제의 완전경쟁균형 b에서 두 소비자의 무차별곡선이 접하는 것으로부터 확인할 수 있다. 따라서 완전경쟁균형에서 소비의 효율성 조건이 충족되는 것이다. 한편 식 (4-4)에 따라 모든 기업들에게 노동의 자본으로의 한계기술대체율은 노동과 자본의 가격비율과 일치하므로 모든 기업들의 노동의 자본으로의 한계기술대체율은 동일하다는 것을 알 수 있다. 따라서 생산의 효율성 조건도 충족된다는 것을 알 수 있다.

임의의 두 재화 $m, n \in \{1, \cdots, M\}$에 대하여 두 재화를 생산하는 두 기업이 완전경쟁균형에서 식 (4-2)를 충족할 것이므로,

$$p_m MP_L^m = w \,;\, p_n MP_L^n = w$$

를 얻는다. 두 등식의 양변을 나누면,

$$\frac{MP_L^n}{MP_L^m} = \frac{p_m}{p_n}$$

한편 식 (3-6)과 같이 재화 m의 재화 n으로의 한계변환율 $MRT_{m,n}$이 $\frac{MP_L^n}{MP_L^m}$과 동일하다는 사실과 소비자들의 재화 m의 재화 n으로의 한계대체율이 두 재화의 가격비율 $\frac{p_m}{p_n}$과 동일하다는 것을 이용하면, 결국 완전경쟁균형에서는 임의의 두 재화 m, n의 한계변환율은 각 소비자 i의 한계대체율과 일치할 수밖에 없다. 즉,

$$MRT_{m,n} = MRS_{m,n}^i$$

이 성립하게 됨을 알 수 있다.

이상으로 우리는 완전경쟁균형에서 파레토 효율성의 세 가지 조건이 모두 충족된다는 것을 확인하였다.

이상의 논의는 소비자의 선호체계에 대하여, 개별 소비자의 후생은 자신의 소비묶음에만 의존하고 경제적 배분의 다른 어떤 요소(다른 사람의 소비묶음, 생산계획 등)에도 영향을 받지 않는다는 비외부성(非外部性)의 가정을 하고 있다. 마찬가지로 생산자의 생산기술에 대해서도 자기의 투입요소와 기술에만 의존하고 소

그림 4-6

비단조적 선호관계와 균형의 비효율성

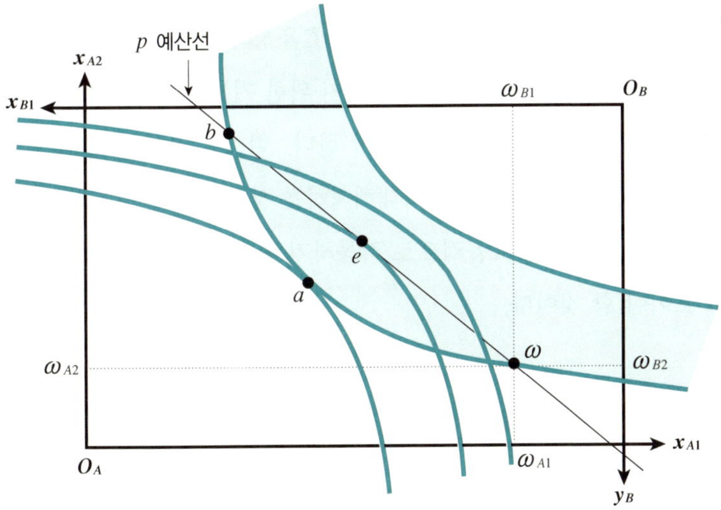

비와 다른 생산자들의 투입과 산출에 영향을 받지 않는다는 비외부성(非外部性)의 가정을 하고 있다. 이로써 다음과 같은 후생경제학의 제1기본정리를 얻게 된다.

후생경제학의 제1기본정리

비외부성과 선호관계의 단조성을 가정할 경우, 완전경쟁균형 배분은 언제나 파레토 효율적이다.

비외부성의 가정이 성립하지 않는 경우 완전경쟁균형의 효율성이 보장될 수 없는데, 이에 대해서는 제7장에서 다룰 것이다. [그림 4-6]은 선호관계의 단조성이 성립하지 않는 경우의 비효율적인 완전경쟁균형을 예시한 것이다. 이 그림에서 소비자 A의 선호체계가 비단조적이어서 a, e, ω를 지나는 무차별곡선이 청색 음영 영역과 같이 두꺼운 형태를 갖는 것을 알 수 있다. 이 경우 [그림 4-6]의 p가격으로 주어지는 예산선 상에서 두 소비자의 선호만족 극대화가 e점에서 이루어지므로,[3] 배분 e는 완전경쟁균형이 된다. 이와 같은 균형배분이 비효율적

3. 단, 소비자 A의 경우 선호만족 극대화가 예산선 상의 e점뿐만 아니라 b와 ω 사이의 모든 점들에서 이루어지고 있다.

인 것은 [그림 4-6]의 배분 a에서 소비자 A의 선호만족은 e와 동일하지만 소비자 B의 선호만족은 더 높기 때문이다.

후생경제학의 제1기본정리는 파레토 효율성의 측면에서 시장경제의 장점을 잘 설명하고 있다. 단, 이러한 장점을 갖기 위한 기본 조건으로 비외부성과 시장의 완전경쟁성이 있다는 것을 유의해야 한다. 현실 시장이 이러한 조건을 갖고 있지 않을 경우에까지 이 결과를 확대해석하는 것은 잘못된 것이다. 오히려 불완전한 현실의 시장경제가 효율적으로 작동하기 위하여 요구되는 조건들을 설명해 준다고 보아야 할 것이다.

후생경제학의 제2기본정리

후생경제학의 제1기본정리는 파레토 효율성의 관점에서 시장경제를 평가하는 하나의 기준이다. 그러나 공정성의 관점에서 시장경제를 어떻게 평가할 것인가에 대해서는 아무런 도움을 주지 못한다. 앞에서 설명한 바와 같이 효율적인 자원배분은 극단적으로 불공정한 배분에서 완전 평등한 배분에 이르기까지 다양하게 존재한다. 효율성은 공정성과 아무런 관련이 없는 규범적 기준인 것이다. 시장경제는 공정성이라는 규범적 기준의 관점에서도 바람직한가? 시장경제가 공정성의 관점에서도 잘 작동하기 위해서는 어떤 조건들이 필요한가?

이런 질문에 대하여 고전경제학이 내린 결론을 요약한 것이 후생경제학의 제2기본정리이다.

후생경제학의 제2기본정리

선호와 생산의 비외부성, 단조성, 그리고 볼록성의 가정 하에서 정액소득이전을 부과하면 어떤 파레토 효율적인 배분도 완전경쟁균형의 결과로 얻을 수 있다.

공정성의 관점에서 완전경쟁균형이 가질 수 있는 문제에 대하여 논의하기 위하여 교환경제의 경우를 고려하자. 교환경제의 각 소비자의 초기 부존자원이 개인의 노력에 대한 보상 혹은 자기 책임 하에 내린 판단의 결과로 얻어진 것이 아니라 순전히 운(運)에 따라 결정되었다고 하자. 정치철학자 로날드 드워킨(Ronald Dworkin)은 이런 운을 눈먼 운(brute luck)이라 하였다. 그에 따르면 공정한 사회에서는 개인의 복지가 이런 눈먼 운으로부터 보호받을 수 있어야 한

그림 4-7

후생경제학의 제2기본정리

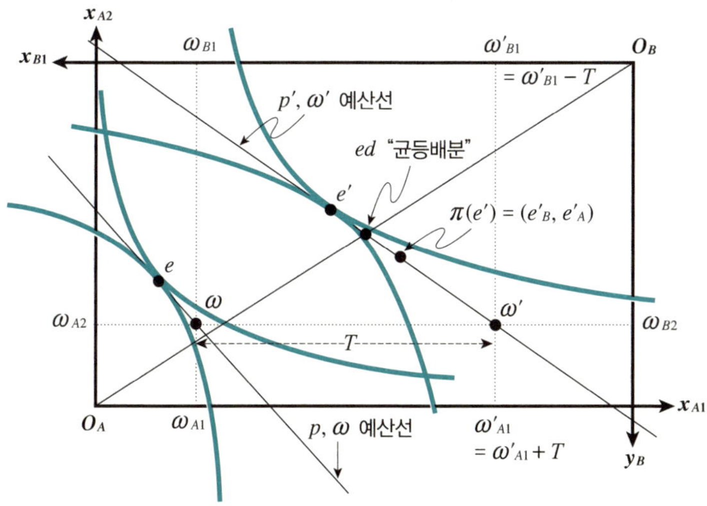

다.[4] 이러한 생각은 드워킨만이 아니라 다른 많은 도덕철학적 입장들에서도 수용될 수 있는 공정성의 기준이다.

그러나 완전경쟁시장에서 개인의 기회는 초기 부존자원에 의하여 결정될 수밖에 없다. 따라서 그렇게 얻어진 균형배분이란 초기 배분의 분배적 특성을 상당 부분 그대로 이어받을 수밖에 없다. 초기 배분의 불평등은 균형의 불평등으로 자연스럽게 전이된다. 가령 [그림 4-7]의 ω와 같이 소비자 B가 소비자 A보다 훨씬 많은 재산을 초기에 소유하는 경우를 살펴보자. 이 경우 도시된 가격 p 하에서 두 소비자의 최적선택 e가 완전경쟁균형이 된다. 초기 부존점 ω와 유사하게 균형배분 e에서 소비자 B는 A보다 훨씬 더 많은 소비를 하고 있음을 알 수 있다. 순전히 운에 따라 결정된 초기 소유권의 불평등이 시장경제의 균형에서의 불평등을 야기하고, 이러한 경제에서는 눈먼 운의 횡포로부터 개인의 복지를 보호할 수 없다는 것을 알 수 있다.

그렇다면 시장경제는 공정한 자원배분에 아무런 도움도 되지 못하는가? 그렇지 않다는 것이 후생경제학의 제2기본정리의 주장이다. 오히려 공정한 자원배분에 시장경제가 활용될 수 있다는 것인데, 이를 위해서는 정액소득이전을 통

4. Ronald Dworkin, *Sovereign Virtue*, Harvard University Press, 2002.

하여 초기 배분에 대한 적절한 교정이 필요하다는 것이다. [그림 4-7]에 도시된 바와 같이 재화 1 T단위를 소비자 B에서 A에게로 이전하면, 초기 부존점이 ω에서 ω'으로 바뀌고 새로운 초기 부존점 ω'에서 p'의 완전균형가격에서 균형배분 e'이 얻어진다. 이 새로운 균형배분에서는 e와 달리 한 소비자가 다른 한 소비자보다 모든 재화를 더 많이 소비하는 것과 같은 불평등이 없다.

적절할 공정성의 기준을 적용하여 공정하고 효율적인 배분의 목표([그림 4-7]의 e'과 같은 목표)를 설정하면, 후생경제학의 제2기본정리에 따라 그 목표를 완전경쟁균형으로 달성하기 위한 소득이전을 결정할 수 있는 것이다. 물론 무엇을 공정성의 기준으로 삼는가는 매우 주관적이고 정치적일 수 있다. 그러나 후생경제학의 제2기본정리는 그 기준이 구체적으로 무엇이건 간에 적용된다는 장점을 갖고 있다.

드워킨은 눈먼 운으로부터 자유로운 평등한 상태를 판단하는 기준으로 역지(易地) 원칙(no-envy)을 사용한다.[5] 소비자들 사이의 입장이 뒤바뀌는 상황들에 대한 비교를 토대로 배분의 공정성을 평가하는 원칙이다.

역지(易地) 원칙

어떤 소비자도 자신의 소비묶음과 다른 소비자의 소비묶음이 뒤바뀌는 것을 원하지 않아야 한다. 즉, 타인의 소비묶음을 선호하는 소비자가 있어서는 안 된다.

[그림 4-7]의 배분 $e' = (e'_A, e'_B)$에서 두 소비자 A와 B의 소비묶음 e'_A, e'_B을 뒤바꾸면 (e'_B, e'_A)의 배분이 얻어지고 이를 $\pi(e')$으로 표시하였다. 도시된 바와 같이 $\pi(e')$은 e'을 지나는 두 소비자의 무차별곡선보다 아래에 위치하고 있다. 즉, 두 소비자 모두 입장이 뒤바뀐 $\pi(e')$보다 e'을 더 선호한다. 따라서 배분 e'은 역지 원칙을 충족함을 확인할 수 있다. 한편, [그림 4-7]의 배분 $e = (e_A, e_B)$의 경우 e_B에서 두 재화의 소비량이 모두 e_A보다 크다. 따라서 두 소비자 모두 e_B를 e_A보다 선호할 것이고, 이는 소비자 A의 경우 소비자 B와 처지가 뒤바뀌는 것을 더 선호함을 알려준다. 그러므로 배분 e는 역지 원칙에 위배되는 배분이다. 역지 원칙

5. Ronald Dworkin, "What is equality? Part 2 : Equality of resources," *Philosophy and Public Affairs*, 10, 1981, pp.283~345.

그림 4-8

선호의 볼록성과 후생경제학의 제2 기본정리

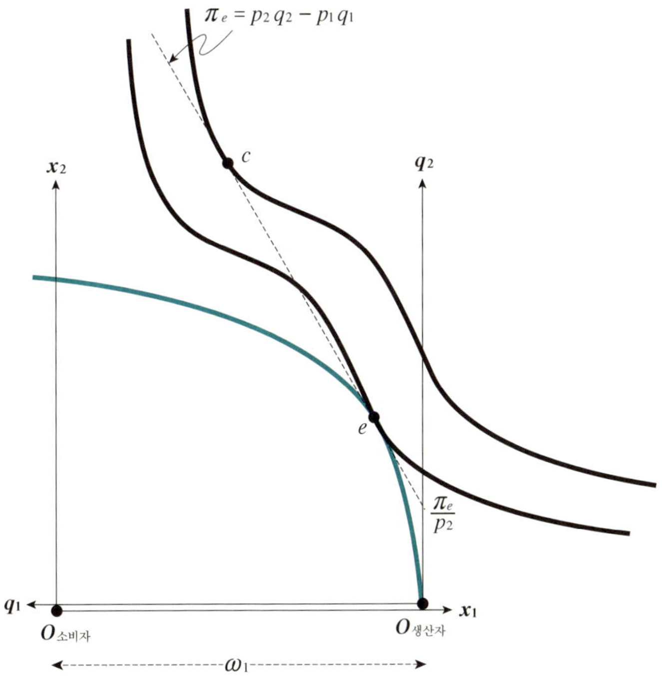

과 그밖의 공정성의 원칙에 대한 보다 자세한 논의는 다음 절과 제9장에서 다룰 것이다.

로빈슨 크루소 경제를 이용하여 후생경제학의 제2기본정리의 기본 가정인 선호와 생산의 볼록성과 선호의 단조성의 가정이 왜 필요한가를 살펴보기로 하자. [그림 4-8]은 선호관계가 볼록성의 가정을 위배하는 사례이다. 이 그림에서 효율적인 배분은 e 하나뿐이다. 과연 이러한 효율적인 배분을 완전경쟁균형으로 만드는 가격이 존재할 수 있는지 살펴보자. 가격 $p = (p_1, p_2)$ 하에서 e가 완전경쟁균형 배분이 되려면, 반드시 e가 나타내는 생산자의 투입-산출 조합에서 생산자의 이윤이 극대화되어야 한다. 따라서 이 생산자의 e를 지나는 등이윤선은 [그림 4-8]의 점선과 같이 e에서 생산가능곡선과 접해야만 한다. 그런데 이 경우 소비자의 예산선은 등이윤곡선과 동일하여 [그림 4-8]에 도시된 바와 같이 e는 선호만족을 극대화하는 최적 소비묶음이 될 수 없다. 가격 p 하에서 선호만족을 극대화하는 소비묶음은 c인 것이다. 따라서 재화 2의 수요량, 즉 c의 높이가 재화

그림 4-9

선호의 단조성과 후생경제학의 제2 기본정리

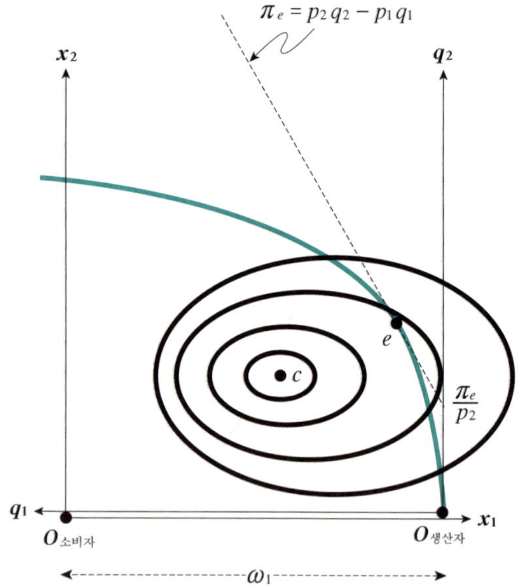

2의 공급량, 즉 e의 높이보다 크고, 이는 이 가격이 균형가격이라는 가정과 모순된다. 이상으로 우리는 선호관계의 볼록성이 위배될 경우 효율적인 배분을 완전경쟁균형의 결과로 얻을 수 없다는 것을 로빈슨 크루소 경제를 이용하여 설명하였다. 비슷한 방식의 설명이 생산의 볼록성(생산가능집합이 볼록집합) 가정이 위배되는 경우에도 적용될 수 있다.[6]

이제 선호관계의 볼록성은 충족하나 단조성을 충족하지 않는 경우를 고려하자. [그림 4-9]에 그려진 타원형의 무차별곡선을 갖는 소비자가 있다. 이 소비자의 선호만족은 무차별곡선이 c에 가까워질수록 증가한다. 즉, c라는 포만점이 존재하고 이 포만점 이상으로 소비가 증가할 때에는 선호만족이 감소한다. 이 경제의 효율적 배분에서는 반드시 소비가 c에서 이루어져야 한다. 어떤 가격 p가 주어지더라도 생산자의 이윤극대화는 생산가능곡선 상의 한 점에서 달성된다. [그림 4-9]에서의 e가 생산자의 이윤을 극대화하는 점이다. 이때 소비자의 예산선도 등이윤선과 일치하게 되고 포만점 c가 예산집합 안에 있게 된다. 따라서 소

6. 생산의 볼록성은 생산가능집합이 볼록집합임을 의미한다. 즉, 생산가능집합 내에서 임의의 두 점을 선택하면, 이 두 점을 잇는 선분이 생산가능집합에 속한다는 의미이다.

비자는 c를 선택하게 되어 수요와 공급이 일치하지 않게 된다. 따라서 효율적인 배분 c는 완전경쟁균형 배분이 될 수 없다.

2. 공정성과 효율성

Public Finance, ch. four

2.1 역지(易地) 원칙

역지사지(易地思之)라는 성리학의 고사성어가 있다. 다른 사람의 처지에서 생각한다는 뜻으로, 자기 중심적인 사고에서 탈피하여 보다 객관적인 관점에서 사리를 분별하기 위해 필요한 성리학적 실천윤리이다. 이와 관련되어 아담 스미스는 타인의 감성에 대하여 공감하는 인간의 능력을 도덕철학의 출발점으로 삼았다. 타인이 처한 상황을 상상하고 타인이 느끼는 감정을 마치 그의 몸속으로 들어가 있는 것처럼 느낄 수 있는 능력이야말로 도덕적 자아를 발전시키는 데 가장 중요한 인간의 본능이다. 이러한 본능을 통하여 "공정한 관찰자"의 관점을 개인의 양심으로 내재화하는 것이 아담 스미스가 말하는 도덕적 자아실현의 핵심이다.

역지사지의 실천적 기준을 경제적 자원배분의 공정성 기준으로 적용할 수 있을까? 사람들은 흔히 자신의 소비가 타인의 소비와 비교하여 열악하다고 여길 때, 그리고 그래야 할 정당한 이유를 찾을 수 없을 때 불공정한 기분 나쁜 감정에 사로잡힌다. 즉, 어떤 배분 $z=(z_1, z_2, \cdots, z_I)$에서 i라는 사람의 소비 z_i가 j라는 타인의 소비 z_j와 비교하여 i 스스로 열악하다고 여길 때, 즉

$$z_j \, P_i \, z_i \tag{4-6}$$

라고 여길 때 i에게 불공정한 감정이 일어나는 것이다. 역지사지의 도덕적 실천은 i로 하여금 개인적 관점을 초월하여 타인의 관점에서도 동일하게 느끼도록 한다. 타인의 소비에 대해서도 타인이 불공정한 사적 감정을 느낀다고 여길 때에 마치 자신에 대하여 느끼는 것과 같이 불공정한 감정을 느끼도록 한다. 따라서 i

에게 이와 같은 역지사지의 불공정한 감정이 일어나지 않도록 하기 위해서는 배분 $z=(z_1, z_2, \cdots, z_I)$에서 어떤 j에 대해서도 식 (4-6)의 관계가 성립하지 않도록 하여야 한다.[7]

역지(易地) 원칙
어떤 두 소비자 사이에도 타인의 소비묶음을 선호하지 않도록 배분이 결정되어야 한다. 즉, 식 (4-6)의 관계를 갖는 두 소비자 $i, j \in I$가 존재하지 않아야 한다.[8]

앞 절에서 정의했던 바와 같이 어떤 소비자도 자신의 소비묶음과 다른 사람의 소비묶음이 뒤바뀌는 것을 원하지 않도록 배분이 이루어져야 한다는 것이 역지 원칙이다. 개인의 초기 소유재산이 순전히 눈먼 운에 따라 결정되는 교환경제에서 이러한 역지 원칙은 공정성의 기준으로 사용되기에 적합하다. 개인의 소유재산이 초기에 존재하지 않고 오직 총 부존자원만 주어진 교환경제 역시 마찬가지이다. 그러나 초기 소유재산이 개개인의 노력이나 과거의 책임 있는 선택의 결과라면 역지 원칙을 공정성의 기준으로 사용하기 어렵다. 이는 식 (4-6)이 성립하여 i의 소비가 j의 소비보다 열악하다고 i가 느끼더라도 이것이 j가 열심히 노력한 결과 더 많은 초기 소유재산을 가졌기 때문에 발생한 정당한 결과라면 i에게 불공정한 감정이 일어나지 않을 것이기 때문이다. 이 경우에 적절한 공정성의 기준으로 변형된 형태의 역지 원칙을 정의할 수 있는데, 이에 대해서는 잠시 후 논의하기로 하고 역지 원칙과 파레토 효율성, 그리고 시장경제의 관계에 대하여 보다 자세히 살펴보자.

역지 원칙을 충족하는 파레토 효율적인 배분은 존재하는가? 존재한다면 시장경제를 통하여 이와 같은 배분을 시장 균형으로 얻을 수 있는가? 답은 모두 "그렇다"이다. 모든 소비자의 초기 소유점이 균등배분 $\frac{\Omega}{I}$으로 주어지는 경우를 생각해 보자. 이 경우의 시장경제의 완전경쟁균형을 균등배분 경쟁균형이라고 부른다. 균등배분 경쟁균형은 항상 역지 원칙을 충족할 수밖에 없다. 이는 모든 소

7. 이와 유사하게 "확장된 공감(extended sympathy)"을 이용한 설명을 Varian(1975)의 p.240에서 찾아볼 수 있다. Hal R. Varian, "Distributive justice, Welfare Economics, and the theory of fairness," *Philosophy and Public Affairs*, 4, 1975, pp.223~247.

8. 역지 원칙은 Foley(1967)에서 제시되었다. D. Foley, "Resource allocation and the public sector," *Yale Economic Essays*, 7, 1967.

비자들의 초기 소유점이 동일하므로 균형가격 p에서 소비자들의 예산집합도 동일할 수밖에 없기 때문이다. 보다 자세히 설명하면, 완전경쟁균형 배분 $z=(z_1, z_2, \cdots, z_I)$에서 z_i는 소비자 i의 예산집합에서 그의 선호만족을 극대화하는 선택이고, j의 선택 z_j는 i의 예산집합 안에 있으므로 $z_i R_i z_j$가 성립한다. 따라서 어느 소비자도 다른 소비자의 소비묶음을 자기의 소비묶음보다 더 선호할 이유가 없는 것이다.

소비자의 선호체계의 단조성, 볼록성, 연속성의 가정 하에서 완전경쟁균형이 존재한다는 일반균형이론의 결론을 적용하면, 균등배분 경쟁균형이 존재함을 보일 수 있다. 따라서 균등배분 경쟁균형을 이용하면 역지 원칙과 파레토 효율성을 동시에 충족하는 배분이 존재한다는 것을 설명할 수 있고, 동시에 이런 결과를 시장경제를 통하여 얻을 수 있다는 것도 설명할 수 있다.[9]

역지 원칙과 효율성을 동시에 충족하는 배분이 항상 존재하므로, 후생경제학의 제2기본정리에 따라 역지 원칙이라는 공정성을 효율성과 동시에 충족하기 위하여 시장경제가 활용될 수 있다. 이에 더하여 앞서의 논의는 훨씬 더 강력한 결론을 제시한다. 시장을 통하여 공정성과 효율성을 동시에 달성하기 위해서는 초기 소유권을 적절히 재분배하여야 하는데 그 적절한 재분배를 파악하기 위하여 경제의 총 부존자원 이외의 어떤 다른 정보도 불필요하다. 항상 균등배분으로 재분배하기만 하면 되는 것이다. 재분배의 방식이 소비자들의 선호관계와 무관하게 결정될 수 있다는 이러한 결론은 다른 공정성의 기준에서는 찾아보기 힘든 것이다.

이제 개인의 초기 소유재산이 눈먼 운으로 결정된 것이 아니라 개인의 노력이나 정당한 권리에 따라 얻어진 결과라고 하자. 앞에서 말했듯이 이 경우 역지 원칙을 공정성의 원칙으로 사용하는 데 한계가 있다. 이 경우 역지 원칙과 유사한 원칙을 소비묶음 z_i, z_j 간의 비교가 아니라 교환 $z_i-\omega_i$, $z_j-\omega_j$ 간의 비교를 이용하여 변형한 원칙을 생각해 볼 수 있다. 초기 배분 $\omega=(\omega_1, \cdots, \omega_I)$에서 배분 $z=(z_1, \cdots, z_I)$에 이르기 위해서 각 소비자 i는 $z_i-\omega_i$의 거래를 해야만 한다. 만일 소비자 i가 자신의 거래보다 다른 소비자 j의 거래를 더 선호한다면, 즉

9. 보다 자세한 논의와 수리적 증명은 다음 논문을 참조. Hal R. Varian, "Equity, envy, and efficiency," *Journal of Economic Theory*, 1974, pp.63~91.

$$\omega_i + (z_j - \omega_j) P_i z_i \tag{4-7}$$

라면, 이는 i에게 불공정함을 느끼게 할 것이다. 이를 막기 위해서는 역지 원칙과 같은 공정성의 원칙이 요구된다.

거래의 역지(易地) 원칙
식 (4-7)의 관계를 갖는 두 소비자 i, j가 존재하지 않아야 한다.[10]

거래의 역지 원칙은 완전경쟁균형 배분에서 항상 성립하게 되는데, 이는 완전경쟁시장에서 모든 소비자들이 동일한 가격을 기준으로 거래하기 때문이다. 보다 상세히 설명하면, 소비자 j의 거래 $z_j - \omega_j$는 소비자 i의 예산집합 내에서도 선택할 수 있는 거래라는 것은 소비자 i의 예산제약 $p \cdot (z_j - \omega_j) \leq 0$에 따라 $p \cdot (\omega_i + (z_j - \omega_j)) \leq p \cdot \omega_i$임을 통하여 알 수 있다. 따라서 z가 완전경쟁균형이라면 소비자 i의 선호만족을 극대화하는 거래가 바로 i의 거래 $z_i - \omega_i$이고, 소비자 j의 거래는 i가 자기 예산집합 내에서 선택할 수 있는 거래였으므로 i에게 자신의 거래가 j의 거래보다 더 좋은 선택이라는 것을 알 수 있다. 따라서 식 (4-7)의 관계가 성립할 수 없다.

2.2 평등주의대등(平等主義對等) 원칙

평등 배분은 모든 사람들이 동일한 소비를 하고 있는 배분이다. 사람들 사이에 권리의 차별 혹은 노력의 차이가 있다면 똑같은 소비를 하는 평등 배분이 불공정할 수 있다. 더 많은 권리를 갖거나 더 많은 노력을 한 사람을 다른 사람과 똑같이 대우하는 것은 불공정하다고 할 수 있다. 그러나 사람들 사이에 권리의 차별 혹은 노력의 차이가 존재하지 않는 경우에는 평등한 배분은 그 자체로 공정하다는 데 이견이 없을 것이다. 이렇게 동등한 권리를 갖는 사람들로 이루어진 경제에서는 자원배분의 공정성 기준으로 평등 배분을 활용할 수 있다. 그 대표적인 예가 초기 소유권이 눈먼 운으로 결정되는 교환경제이다. 평등 배분을 공

10. D. Schmeidler and K. Vind, "Fair net trades," *Econometrica*, 1974.

그림 4-10

평등주의대등 원칙과 효율성

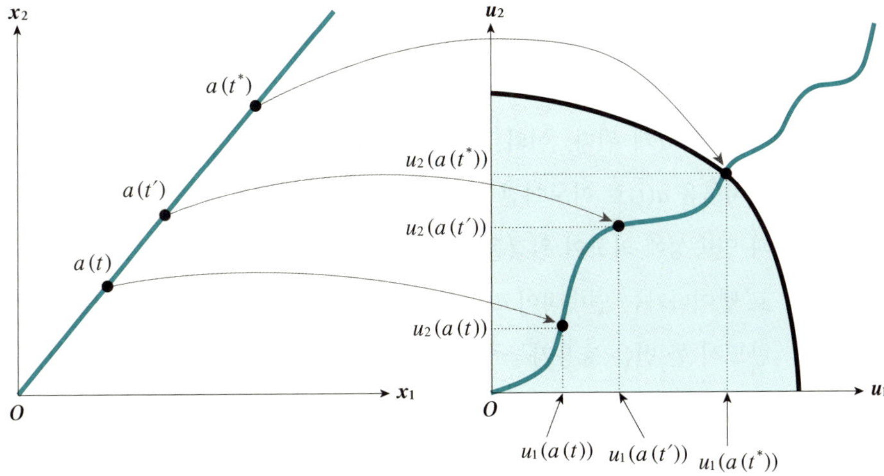

정성의 기준으로 삼는다면 교환경제에서 균등배분 $(\frac{\Omega}{I}, \cdots, \frac{\Omega}{I})$를 선택할 수밖에 없을 것이다. 이러한 기준은 지나치게 강하고 효율성과 상충할 수밖에 없다. 따라서 이를 완화하여 다음과 같은 기준을 생각해 볼 수 있다.

평등주의대등(平等主義對等, egalitarian equivalence) **원칙**
어떤 평등 배분 $(a, \cdots, a)$가 존재하여 모든 소비자들에게 배분 $z = (z_1, \cdots, z_I)$가 이 평등 배분과 무차별하여야 한다. 즉, 모든 i에 대하여 $z_i I_i a$가 성립한다.[11]

평등주의대등 원칙과 효율성을 충족하는 배분의 존재는 단조성을 비롯한 선호관계의 기본 성질들을 가정할 경우 성립하는데, 이에 대하여 간략히 설명해 보겠다. 효용가능곡선이 [그림 4-10]과 같이 우하향하는 "연속적인" 곡선의 형태를 띠는 교환경제를 고려하자. 편의상 소비를 하지 않는 0의 소비묶음의 효용을 0으로 가정하고 재화의 자유로운 처분가능성을 가정하면 효용가능곡선과 원점

11. Pazner, E. and D. Schmeidler, "Egalitarian equivalent allocations : A new concept of economic equity," *Quarterly Journal of Economics*, 92, 1978, pp.671~687.

사이의 모든 점들의 집합이 효용가능집합이 된다. 이제 소비공간의 45도선 상의 소비묶음 $a(t) = (t, \cdots, t)$를 평등하게 소비하는 평등 배분들을 고려하자. t값이 0에 충분히 가까울 때 평등 배분 $(a(t), \cdots, a(t))$에서 개개인의 효용들로 이루어진 효용조합은 효용공간에서 원점에 가까운 효용가능집합 내의 한 점이 된다. 반대로 t값이 커져서 가용자원 수준을 초과하면 평등 배분의 효용조합은 효용가능집합 밖에 있게 된다. 이와 같이 t값이 0에서 무한히 증가함에 따라 45도선 상의 소비묶음 $a(t)$로 이루어진 평등 배분에 대한 효용조합들의 궤적은 선호의 단조성과 연속성에 의하여 원점을 출발하여 효용가능집합 내부에서 효용가능집합 외부로 뻗어나가는 연속적이고 단조 증가하는 곡선을 이루게 된다. 따라서 이 곡선은 반드시 한 번은 효용가능곡선과 교차하게 되고, 바로 그 교차점이 평등주의대등 원칙을 충족하는 효율적인 배분의 효용조합인 것이다.

평등주의대등 원칙과 효율적인 배분의 존재를 이와 같이 보일 수 있고, 이러한 배분은 후생경제학의 제2기본정리에 따라 정액소득이전과 같은 초기 소유재산의 적절한 재분배를 통하여 완전경쟁시장의 균형으로 얻을 수 있다. 그런데 정액소득이전의 구체적인 내용은 소비자의 선호체계에 따라 달라질 수 있는데, 이는 정액소득이전을 구하는 데 매우 많은 정보가 필요하다는 것을 의미한다. 그러나 역지 원칙의 경우처럼 단순한 소득이전을 활용할 수 있는 방법은 없다는 단점이 있다.

2.3 사회적 선호관계

역지 원칙과 평등주의대등 원칙은 공정성에 대한 정성적인 기준들이다. 즉, 어떤 배분이 공정한지 아닌지를 판단할 뿐이고 공정성의 정도를 말해주는 것은 아니다. 공정성을 정량적으로 나타내기 위해서는 배분들에 대한 사회적 선호관계를 활용할 수 있다. 사회적 선호관계란 개인의 선호관계와 같은 이항관계로 임의의 두 배분 z, z' 간의 사회적 가치의 비교를 나타내는 것이다. 즉, z가 z'보다 사회적으로 선호된다는 것은 z가 z'보다 사회적으로 더 가치 있음을 의미한다. 사회적 선호관계는 개인의 선호관계들로부터 결정되는데, 그 기본적인 가정으로 후생주의와 파레토 원칙이 있다.

후생주의

임의의 두 배분 z, z'이 모든 소비자들에게 무차별하다면 사회적으로도 무차별하다.

파레토 원칙

모든 소비자들이 배분 z를 배분 z'보다 약선호하고 적어도 한 사람은 선호한다면 z가 z'보다 사회적으로 선호되어야 한다.

가령 개개인의 선호관계 R_i를 나타내는 효용함수 $U_i(\bullet)$ 하나를 정하고 이러한 효용함수들을 집계하여 사회적 선호관계를 정하는 방법을 생각해 볼 수 있다. 예를 들어 공리주의 선호관계는 개인 효용의 합의 크기에 따라 결정된다. 즉, 두 배분 z, z'에서

$$U_1(z) + \cdots + U_I(z) > U_1(z') + \cdots + U_I(z')$$

의 관계가 성립하면 z가 z'보다 사회적으로 선호되고, 그 역도 성립한다. 최소극대 선호관계는 사람들의 효용에서 최소값에 따라 결정된다. 즉,

$$min\{U_1(z), \cdots, U_I(z)\} > min\{U_1(z'), \cdots, U_I(z')\}$$

이면 z가 z'보다 사회적으로 선호되고, 그 역도 성립한다.

개인의 효용함수를 활용하여 위와 같이 사회적 선호관계를 결정하는 방식의 문제점은 개인 효용의 기수성과 개인 간 효용 비교에 의존한다는 점이다. 개인의 선호관계를 어떤 효용함수로 나타내는가에 따라 사회적 선호관계가 바뀔 수 있는 문제점을 갖고 있다. 공리주의 혹은 최소극대화에 따른 사회적 선호관계가 주어지면 효용가능집합을 활용하여 사회적 선호만족이 가장 높은 결과를 찾을 수 있다. 그러한 결과가 사회적 선호로 대표되는 공정성의 가치를 가장 최적으로 실현하는 것이라고 볼 수 있다. 파레토의 원칙에 따라 이러한 최적의 사회적 선택은 반드시 파레토 효율적이라는 것은 자명하다. 사회적 선호관계에 대한 논의는 제9장과 제10장에서 보다 자세히 다루어질 것이다.

연습문제

ch. four Exercise

01 완전경쟁시장에 대하여 설명하시오.

02 후생경제학의 제1 기본정리에 대하여 논하시오.

03 후생경제학의 제2 기본정리를 기술하고 그 의의에 대하여 논하시오.

04 2인-2재화 순수교환경제에서 모든 소비자들이 균등한 초기 부존자원을 소유하고 있을 때, 완전경쟁균형을 에지워스 상자를 이용하여 그림으로 예시하고 균형배분의 공정성에 대하여 논하시오.

05 선호의 볼록성이 충족되지 않는 경제에서 임의의 효율적인 배분을 완전경쟁균형이 되도록 하는 정액소득이전이 항상 존재하는가?

06 단조성, 볼록성, 연속성 등 선호체계의 기본 성질들이 충족되는 순수교환경제에서 역지 원칙을 충족하는 효율적인 배분이 항상 존재하는가?

07 완전경쟁균형이 역지 원칙을 충족하지 못하는 사례를 에지워스 상자를 이용하여 도시하시오.

08 서로 다른 경제상황이나 사회상태에서의 후생의 우열을 판별하는 사회선택 문제의 해결에 있어 파레토 효율은 중요한 판단기준 중의 하나로서 경제학에서 널리 사용하는 규범적 가치기준이다. (2007년 입법고시 기출문제)

(1) 파레토 효율이 사회후생을 평가하는 기준으로서의 장 · 단점을 논의하시오.
(2) 파레토 효율의 단점을 부분적으로 보완하는 보상원리를 설명하고 이의 장 · 단점을 논의하시오.
(3) 시장경제에서 파레토 효율의 달성을 외부성의 유무(有無)와 연관지어 설명하시오.
(4) 민주주의란 가치선(價値善)과 파레토 효율이란 규범적 가치기준과의 상호관계를 논의하시오.

09 일반경쟁균형과 파레토 효율성 간의 관계에 대해서 다음 물음에 답하시오. (2009년 입법고시 기출문제)

(1) 순수교환경제에서 후생경제학 제2정리(the second theorem of welfare economics)를 정의하고 그 정책적 시사점을 말하시오.

(2) 생산경제에서도 후생경제학 제2정리가 성립하기 위한 조건을 설명하고 그 조건을 기업의 규모수익(returns to scale)과 관련하여 서술하시오.

(3) 후생경제학 제2정리와 관련하여 시장가격체제에서 가격의 역할을 설명하시오.

시장실패

Public Finance
ch.five

5

1. 서언

제4장에서 우리는 (완전)경쟁적 가격구조가 어떠한 상황 하에서 파레토 효율적인 자원배분을 달성하는가를 살펴보았으며, 이를 후생경제학의 제1기본정리라 하였다. 그러나 또 다른 경제상태 하에서는 (완전)경쟁적 가격기구가 효율적인 자원배분을 달성할 수 없는데, 이를 시장실패(market failure)라 한다. 예를 들면 제7장과 제8장에서 논의되는 외부성이나 공공재가 존재하는 경제에서는 시장실패가 발생한다. 따라서 효율적인 자원배분을 성취하는 가격의 보이지 않는 위대한 힘은 무력하게 된다. 이때 시장실패를 치유하는 효율적 자원배분을 이룩하기 위해서는 정부의 개입이 필요하다.

시장실패는 정부개입의 필요조건이지 충분조건은 아니다. 왜냐하면 정부개입 그 자체는 경우에 따라서 자원배분의 왜곡을 수반함으로써 경제 전반의 비효율을 증대시키기 때문이다. 또한 시장실패가 유일하게 존재할 경우에는 정부개입이 대부분의 경우 보다 효율적인 자원배분을 유도하지만, 현실경제에서는 각종 시장실패 현상이 동시에 존재함으로써 부분적인 정부개입은 경제상황에 따라서는 오히려 효율적인 자원배분을 저해할 수도 있기 때문이다.[1]

본 장은 개별적인 시장실패의 이론적 고찰과 치유에 관한 논의를 주목적으로 하고 있다. 따라서 시장실패의 각종 유형을 크게 미시적 시장실패와 거시적 시장실패로 나누어서 분석하고 또 이들 실패를 처방하는 각종 정책수단에 관해서 논의해 보기로 한다.

1. 이에 관하여는 제14장에서 소개되는 차선의 이론을 참조 바람.

2. 미시적 시장실패

Public Finance, ch. five

2.1 서언

완전경쟁의 가격메카니즘에 의하여 시장경제가 형성되더라도 어떤 재화는 그 재화가 갖는 특성 때문에 효율적인 자원배분이 달성되지 못한다. 뿐만 아니라 완전경쟁(시장기구)을 저해하는 요인들 때문에 파레토 효율을 이루지 못하기도 한다. 이러한 경우들을 시장실패라고 한다. 전자의 경우로는 외부경제와 공공재를 그 대표적인 예로 간주할 수 있다. 이들에 관해서는 제7장과 제8장에서 각각 논의할 것이다. 후자의 경우로는 i) 독과점산업을 중심으로 한 불완전경쟁산업의 존재, ii) 평균비용체감산업의 존재, iii) 시장상태에 관한 불충분한 정보의 존재, 그리고 iv) 위험과 불확실성의 존재 등이 있는데, 이들은 현실의 시장경제에서 우리가 직면하고 있는 시장실패의 요인들이다. 이들에 관한 개별적인 특성과 이들을 제거해서 효율적인 자원배분을 달성하기 위한 정부의 개입에 관해 본 절에서 살펴보기로 하자.

2.2 불완전경쟁산업

불완전경쟁의 여러 형태 중에서 독점은 그 대표적인 예로서 그로 인한 후생손실과 이에 대한 정부의 대책을 본 항에서 고찰해 보기로 하자.

독점이란 한 상품의 공급자가 유일하며, 그 상품의 시장수요곡선이 독점기업이 직면하는 수요곡선으로서 가격결정에 있어 공급자가 커다란 영향력을 행사하는 시장형태이다. [그림 5-1]에서 표시하는 바와 같이 극대이윤을 추구하는 독점기업은 한계수입(MR)과 한계비용(MC)이 일치하는 수준 (p_m, q_m)까지 생산량을 증가시킬 것이다.[2] 이때의 이윤은 $(p_m - c_m) \cdot q_m$으로 나타난다. 이상의 독

2. 한 상품의 시장수요곡선을 $p(q)$라 하면 독점기업의 이윤함수(총수익 − 총비용)는 다음과 같이 표기된다.

$$\pi^M(q) = p(q) \cdot q - TC(q)$$

그림 5-1

불완전경쟁의 사회적 비용

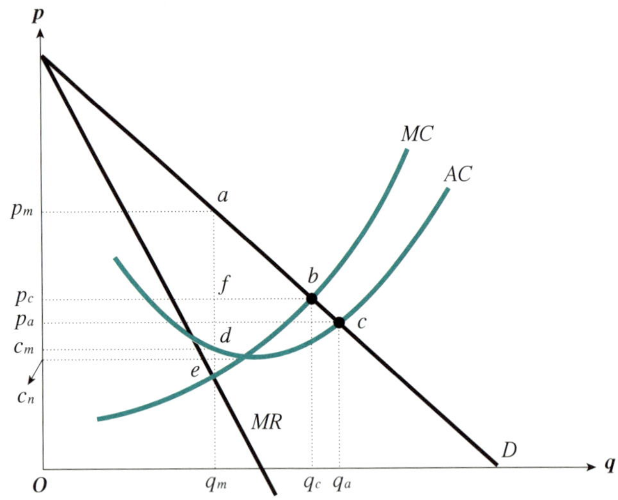

점균형은 가격과 한계비용이 일치하는 완전경쟁균형과는 달리 가격이 한계비용을 초과하여 소비자의 한계대체율이 생산자의 한계변환율보다 크게 나타남으로써 이들이 일치하는 파레토 효율과는 상이함을 알 수 있다.[3]

따라서 이윤극대화 1차 조건은

$$\frac{\partial \pi^M(q)}{\partial q} = p(q) + p'(q) \cdot q - \frac{\partial TC(q)}{\partial q} = MR - MC = 0$$

여기에서 가격은 한계수입보다 크게 나타난다. 따라서 이들이 일치하는 완전경쟁기업과는 구분된다. 완전경쟁기업이 직면하는 수요곡선은 수평으로 가격에 대해서 완전탄력적이기 때문이다. 즉, 완전경쟁상품의 시장가격은 시장의 수급균형에서 이미 결정되어서 개인 생산자에게는 일정하게 주어져 있다고 간주되기 때문이다.

3. [그림 5-1]에 의한 독점균형과 그의 사회적 비용의 분석은 다른 산업이나 시장은 일정하다는 가정 하에서 이루어지므로 부분균형분석(partial equilibrium analysis)이다. 이 가정을 일반화하여 한 경제를 독점산업 X와 나머지 산업들을 묶어서 완전경쟁산업 Y의 두 산업으로 구성되어 있다고 가정하면 일반균형분석(general equilibrium analysis)이 가능하다. 만약 X, Y 두 산업 모두가 완전경쟁이라면 그 경제의 균형은 다음 그림에서 표시한 바와 같이 생산가능곡선 상의 한 점 E에서 성립된다. E점에서는 각 소비자들의 X, Y 생산품에 대한 한계대체율($MRS_{XY} = \frac{MU_X}{MU_Y} = \frac{P_X}{P_Y}$)과 각 생산자들의 X, Y 생산품에 대한 한계변환율($MRT_{XY} = \frac{MC_X}{MC_Y}$)이 일치하는 파레토 효율을 이룬다. 그러나 X가 독점산업이고 Y가 완전경쟁산업인 경우에는 이윤극대화 생산은 X산업에서는 $MC_X = MR_X < P_X$ 조건 하에서 이루어지고 Y산업은 $MC_Y = P_Y$ 상태에서 생산이 이루어지므로 그 경제 전반은 다음의 상태를 이루게 된다.

$$MRT_{XY} = \frac{MC_X}{MC_Y} = \frac{MR_X}{P_Y} < \frac{P_X}{P_Y} = MRS_{XY}$$

몇몇 공급자가 존재하는 과점의 경우에는 총생산량이 독점의 경우보다 높은 q_m의 오른쪽에서, 그리고 가격과 이윤은 각각 독점수준보다 낮게 결정될 것이다.

[그림 5-1]에서 완전경쟁균형은 한계비용과 가격이 일치하는 점 b, 즉 (p_c, q_c)로서 효율적인 생산이 달성된다. 독점균형 a와 완전경쟁균형 b를 비교해 보면 독점이 소비자에게 주는 부담은 자원배분비용과 소득분배비용으로 나눌 수 있다. 전자는 독점기업이 이윤극대화를 위하여 q_m 수준에서 생산활동을 함으로써 소비자들이 희망하는 q_c 수준에 미달됨으로써 야기되는 부담을 말한다. 환언하면 독점산업의 생산을 위해 사회적으로 바람직한 양의 자원이 배분되지 않고 다른 부문이나 다른 상품 생산을 위해 초과공급됨으로써 유발되는 비효율적 자원배분에 상응하는 비용을 뜻한다.[4]

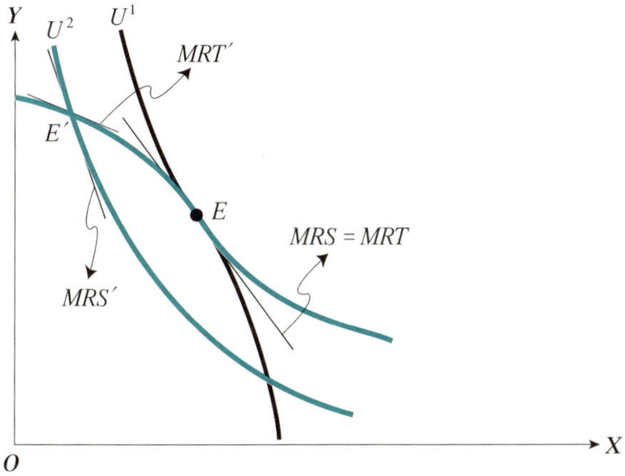

즉, 그림의 E'점에서 생산활동이 이루어지며, 여기에서는 한계대체율이 한계변환율보다 크게 나타난다. 이들이 일치하는 효율적 생산균형 E점에 비해서 X 생산품은 적게, Y 생산품은 많이 생산됨으로써 비효율적인 자원배분이 발생하게 된다. 환언하면 독점의 존재는 소비자들의 의사결정에 영향을 주는 상품가격의 상대비율과 생산자들의 의사결정과 관련되는 한계수입(의 상대비율)이 서로 괴리되게 함으로써 효율적인 자원배분을 유도하는 시장의 가격기능을 무력화한다.

4. 이 비용을 소비자잉여와 생산자잉여의 개념으로 표시하면 다음과 같다. 이를 위해서 효율적 생산 q_c로부터 독점생산 q_m으로 이동함에 따른 사회적 총잉여의 손실을 살펴보자. q_c에서 q_m으로 생산을 축소함에 따라 소비자들은 잉여의 손실을 초래하며, 생산자는 이들을 얻게 되므로 이들의 차(差)가 곧 사회적 손실에 해당한다. 소비자잉여의 손실은 가격이 p_c에서 p_m으로 상승함에 따른 잉여의 손실로서 $p_m abp_c$이다. 한편 생산자의 이득인 q_m은 생산에서의 이윤과 q_c 생산에서의 이윤의 차(差)로서 q_m 생산에서의 이윤은 $p_m adc_m$ 혹은 $p_m aq_m O - \int_o^{q_m} MC$이며, q_c에서의 이윤은 $p_c bq_c O - \int_o^{q_c} MC$이다. 왜냐하면 한계비용곡선($MC$)의 아래 면적은 총비용에 해당하기 때문이다. 따라서 이들 두 이윤의 차(差)는 [그림 5-1]의 $p_m afp_c - fbq_c q_m + ebq_c q_m$으로 나타난다. 그러므로 q_c에서 q_m으로의 생산감소로 인한 사회적 비용(효율적 자원배분의 왜곡으로 인한 비용)은 소비자잉여의 손실 $p_m abp_c (= p_m afp_c + abf)$와 생산자 순이득의 증가 $p_m afp_c - fbq_c q_m + ebq_c q_m$의 차(差)인 abe에 해당한다. 이는 비용 · 편익 분석(cost-benefit analysis)에서 사용하는 총비용, 총편익의 차와 일치

만약 가격이 p_c라고 하면 q_m의 생산량을 소비하는 소비자잉여는 $(p_m - p_c)q_m$ 만큼 증가한다. 즉, 자원배분이 효율적이었다면 똑같은 상품량(q_m)의 소비를 저렴한 가격으로 하게 함으로써 소비자의 실질소득이 증가된 효과를 낳게 한다. 그러므로 독점은 소득을 독점기업에 이전시키는 소득분배의 왜곡을 초래한다. 이를 소득분배비용이라 한다.

자원의 비효율적 배분과 소득분배의 왜곡에서 오는 비용은 정부의 개입을 필요로 하는 이론적 근거이다. 이것은 다음의 세 가지로 대별할 수 있다.

(1) 다른 기업들의 독점산업으로의 진입 촉진

장기적으로 여러 기업들이 독점산업으로 진입할 가능성이 있다면 정부의 개입이 필요하지 않다. 왜냐하면 새로운 기업의 진입은 독점기업이 직면하고 있는 시장수요곡선을 분할하여 [그림 5-1]의 시장수요곡선을 좌상향(左上向)으로 이동하게 하고 점차 탄력적으로 변화시켜 완전경쟁균형으로 접근하게 하기 때문이다. 그러나 현실적으로 시장기능에 맡길 경우 이러한 진입이 거의 불가능한 산업을 우리는 흔히 독점산업이라 규정하고 있기 때문에 대부분의 경우 정부의 적극적 개입에 의해서만 진입이 용이하게 이루어질 수 있다. 정부의 진입촉진 방안으로는 다음의 세 가지를 들 수 있다. 첫째, 독점기업으로 하여금 그 생산시설의 일부나 혹은 판매지역의 일부를 축소조정하게 유도하여 새로운 기업들로 하여금 이를 독립적으로 대체하게 함으로써 그 산업을 경쟁으로 유인하는 경우이다. 미국에서는 20세기 초에 이미 전국을 장악하고 있는 석유회사나 전신 · 전화회사들을 지역별로 독립시켜서 독점의 비효율을 정부가 적극적으로 제거하려고 노력하였으며, 反트러스트(anti-trust)법의 제정으로 이를 법적으로 뒷받침하게 하였다. 둘째, 정부가 독점산업의 생산시설을 직접 설립해서 자본이 부족한 기타 유사 기업들에게 제공함으로써 완전경쟁으로 유도할 수 있다. 제2차 세계대전 이후 미국의 알루미늄 산업이 이의 대표적인 예이다. 셋째, 설립 허가, 자본비율, 특허규정, 기술수준 등 이미 정부의 각종 규제대상에 들어 있는 독점산업의 경우 이들 규제를 완화함으로써 새로운 기업의 진입을 촉진할 수 있다. 또한 자본이

한다. q_c에서 q_m으로의 이동으로 인한 총비용은 소비자의 소비감소($q_c - q_m$)에서 오는 가치로서 $q_c q_m$ 구간의 수요곡선 아래 면적으로 $abq_c q_m$이며, 총편익은 생산감소에 따른 자원절약의 가치인 동일 구간의 한계비용곡선의 아래 면적인 $ebq_c q_m$으로서 이들의 차(差)는 곧 abe에 해당된다.

부족한 중소기업들에게 융자를 알선하고 자본과 기술을 축적하게 해서 진입장벽을 완화시켜 주는 경우는 선·후진국을 막론하여 가장 흔한 예이다.

(2) 가격과 수량규제정책

이상에서 논의한 진입 촉진을 위한 정부의 각종 정책수단은 독점산업의 특성에 따라서는 규모의 경제를 상실하게 할 수도 있다. 뿐만 아니라 이들 정책을 실시하더라도 새로운 기업들로 하여금 풍부한 자본과 기술 축적을 유도하기 위해서는 엄청난 비용과 많은 시간을 요하기도 한다. 설령 이러한 정부의 노력이 배가(倍加)되어도 새로운 기업들이 얼마나 효율적인 생산활동을 해서 경쟁력을 제고하느냐에는 상당한 불확실성이 따르기 마련이다. 한편으로 어떤 산업의 경우에는 그 상품을 생산하는 데 소요되는 요소 그 자체가 아주 희소하기 때문에 오직 단일기업에 의해서 공급해야만 하는 경우도 있다. 이러한 상황 하에서는 정부가 독점산업을 존속시키면서 가격이나 생산량을 완전경쟁균형의 수준으로 통제하는 편이 더욱 효과적이며, 진입 촉진의 경우에 비해서 단시일 내에 그 정책효과를 기대할 수 있다는 이점이 있다.

[그림 5-1]에서 만약 정부가 완전경쟁적 가격인 p_c 수준으로 가격을 통제한다면 극대이윤을 추구하는 독점기업가는 사회적으로 볼 때 효율적인 생산활동을 하게 된다. 즉, 통제가격 p_c 하에서는 한계수입곡선은 완전탄력적인 수평이다. 따라서 평균수입과 수요곡선이 일치하게 됨으로써 극대이윤의 생산량은 한계비용과 한계수입(가격)이 일치하는 q_c에서 결정된다. 이는 완전경쟁균형과 일치하며, 타산업도 효율적인 재원배분을 이룰 수 있게 된다. 가격통제로 인한 b점에서의 독점기업의 생산활동은 초과이윤을 누리고 있으며, 만약 장기간에 걸쳐 새로운 기업들의 진입이 가능하면 균형생산량도 c점으로 이동하여 초과이윤이 소멸하게 된다.

그러나 현실적으로 정부가 독점기업의 한계비용곡선이나 수요곡선을 정확하게 파악하기는 어렵다. 따라서 완전경쟁에 이르는 균형점이 과연 어디에 위치해 있는가를 파악하기가 쉽지 않다. 차선의 방법은 기업의 총비용과 그에 따른 평균비용을 측정해서 상품가격을 평균비용에 일치시키는 것으로, 이것이 곧 [그림 5-1]의 c점에 해당한다. 얼핏 보기에는 c점이 b점보다 저렴한 가격과 많은 생산량을 얻을 수 있으므로 소비자 입장에서는 c점이 우월한 것처럼 보일 수도 있다. 그러나 c에서는 한계비용이 가격을 능가함으로써 파레토 효율의 조건($MRS = MRT$)이 성립하지 않음을 알 수 있다. 즉, 독점상품 생산에 너무 많은 자원이 배분됨을 뜻하므로 사회적으로 볼 때 b점에서의 생산이 더욱 효율적이다.

(3) 조세정책

독점의 비효율을 치유하기 위한 정부개입의 수단으로 흔히 조세를 들고 있으나 전술한 두 정책들에 비해서는 이론적 기반이 약하다.

조세는 생산량에 부과되는 물품세, 기업의 순이익이 그 세원(稅源)이 되는 법인세, 생산량이나 순익(純益)에 직접 연관되지 않는 정액세(lump-sum tax)로 구분할 수 있다. 여기에서는 물품세와 정액세의 효과에 대해서 간결하게 논의해 보자. 물품세는 생산자로 하여금 세액만큼 단위당 비용을 증가시킴으로써 한계비용이나 평균비용곡선을 세액만큼 상향으로 이동시킨다. 따라서 균형생산량과 이익은 하락하고 가격은 상승한다. 물품세는 균형생산량을 독점기업의 극대이윤 생산량(q_m)보다 감소시키므로 효율적 생산량(q_c)과는 더욱 거리가 멀어짐으로써 자원의 효율적 배분이란 관점에서는 바람직하지 못하다. 다만 조세수입 전액을 독점상품의 소비자에게 되돌려 준다면 소득분배상의 혜택을 얻을 수 있다. 장기적인 안목에서는 세수(稅收)를 생산의 효율성을 제고하는 연구 · 개발(R&D) 자금으로 전환해서 저렴한 가격으로 대량의 상품을 공급할 수 있다면 완전경쟁의 균형생산에 접근할 수도 있다.

정액세의 경우에는 한계비용이나 평균비용곡선에 전혀 영향을 미치지 않으므로 균형생산량 역시 변하지 않는다. 따라서 자원배분에 미치는 효과는 없다. 그러나 물품세의 경우와 마찬가지로 세수를 소비자에게 반환할 경우 소득분배의 효과는 얻을 수 있다.

이상의 세 가지 정책 중에서 다른 기업들의 진입장벽을 낮춰주는 정책이 가장 우월하다고 할 수 있다. 그러나 전술한 바와 같이 어떤 산업의 특성 때문에 독점이 불가피할 경우에는 완전경쟁균형으로 유도할 수 있는 가격이나 수량규제정책이 효과적이다. 기타 정책들은 이들 두 정책이 사용 불가능한 경우 차선책으로 면밀히 검토되어야 할 것이다.

2.3 비용체감산업

완전경쟁은 한 상품의 생산에 있어서 단기에 있어서는 점증하는 평균가변비용(장기에는 점증하는 평균비용)[5]에 직면해 있는 무수한 기업의 존재를 그 기본 가정 중의 하나로 삼고 있다. 이와 정반대로 현실적으로 한 기업 혹은 상호의존적인 한 무리의 기업들이 최소의 평균비용을 보유하고 있으나 생산량 증대에 따라 평균비용이 하락하는 현상이 초래될 경우 이를 비용체감산업이라 한다. 예를 들면 전신, 전화, 전력, 철도 등 막대한 고정비용을 필요로 하는 산업이나 규모의 경제가 존재하는 산업들로서, 생산량이 늘어남에 따라 단위당 고정비용의 체감이 급격히 발생하여 가변비용의 증분을 능가함으로써 평균(총)비용의 하락을 초래하는 현상이 시장수요를 충족시킬 때까지 계속되는 산업을 말한다.

비용체감산업의 특성으로는 i) 자본재의 비분할성(indivisibility)과 ii) 규모의 경제를 들 수 있다. 이러한 산업에 속한 기업들은 상품의 수요가 적다고 하더라도 어느 수준의 기본적인 설비투자를 필요로 한다. 따라서 노동이나 기타 원료처럼 생산량 증대에 따른 투입물의 비례적(혹은 유사한) 상승의 일반적인 현상을 적어도 단기에서는 찾기 힘들다. 바꾸어 말하면 자본재의 비분할성에 기인하는 생산요소 공급의 불완전성이 평균비용체감산업의 하나의 특징이다. 자본재의 비분할성의 문제는 기업이 미래에 예상되는 상품수요에 대비하여 공장시설을 확충함으로써 혹은 일시적인 경기상승으로 인한 수요의 급상승을 반영하여 시설투자를 함으로써 나타난다.

규모의 경제란 생산량이 증가함에 따라 생산비용의 증가율이 생산량의 증가율보다 낮게 나타나는 것을 의미한다. 이는 생산증대에 따른 노동의 분업화로 노동생산성 향상이나 기술혁신이 이루어짐으로써 발생한다. 급격한 기술진보는 그 산업의 생산함수의 상향이동을 의미하며, [그림 5-2]와 같이 평균비용곡선의 우하향(右下向)을 뜻하기도 한다.[6]

---

5. 평균비용은 단기에서는 평균가변비용과 평균고정비용의 합으로 표시하나 장기에서는 모든 요소들이 변화하므로 후자는 없어지고 평균비용은 평균가변비용을 뜻하게 된다.

6. 평균비용의 하락에 관하여는 평균가변비용과 평균고정비용이 동시에 하락하는 경우와 평균가변비용은 상승하지만 평균고정비용의 하락폭이 더욱 클 경우의 두 경우가 현실적으로 논의의 대상이다. 전자의 경우는 AC와 MC곡선이 둘 다 우하향하지만, 후자의 경우는 AC는 우하향하는 반면에 MC

그림 5-2

비용체감산업의 특징

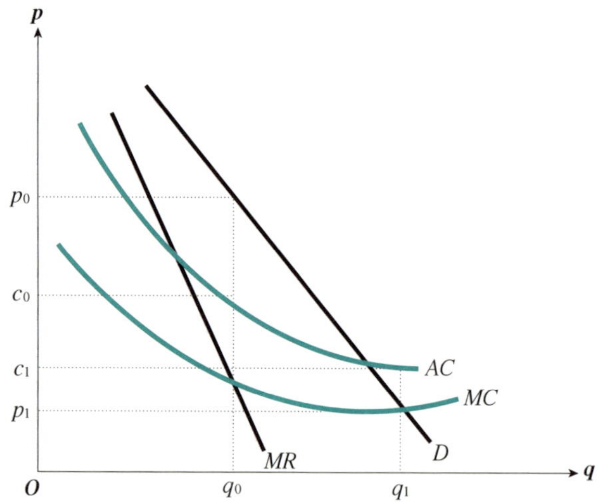

[그림 5-2]는 시장수요를 충족시킬 때까지, 즉 수요곡선 *D*와 한계비용곡선(공급곡선) *MC*가 교차하는 점에서의 생산량 q_1에 도달할 때까지 평균비용곡선(*AC*)이 한계비용곡선 위쪽에 위치하므로 앞에서 설명한 비용체감산업의 특징을 나타내고 있다. 만약 한 기업이 비용체감산업에서 생산활동을 하고 있다면 극대이윤생산량은 한계수입과 한계비용이 일치하는 독점균형생산량인 q_0로서 이때 $(p_0 - c_0)q_0$의 이윤을 획득할 것이다.

그러나 사회적으로 바람직한 효율적 생산량은 q_1으로서 여기에서는 $(c_1 - p_1)q_1$의 손실을 초래함을 알 수 있다.[7] 그러므로 이러한 상황 하에서는 정부의 개입 없이 시장기능에 맡겨두어서는 효율적인 생산을 할 수 없다.

앞 절에서 언급한 바와 같이 비용체감산업에서 생산활동을 하는 기업이 $(c_1 - p_1)q_1$의 손실을 입더라도 사회 전체적으로 얻은 이득이 이를 초과할 시에는 정부는 이들 손실을 보상하여 기업의 적정 이윤을 보장하는 반면에 효율적인 생산을

는 우상향한다. [그림 5-2]는 보다 현실적인 전자를 의미하나 분석의 결과에는 하등의 차이가 없다. 그러나 장기분석에서는 가변비용과 고정비용의 구분이 없어짐으로써 장기평균비용곡선과 장기한계비용곡선은 우하향하게 된다.

7. 여기에서 우리는 비용체감산업이 손실을 입지 않고 살아남을 수 있는 길은 독점뿐임을 알 수 있다. 따라서 비용체감산업을 정부의 개입 없이 시장기능에 맡겨두면 자연적으로 독점산업화하게 되며 이를 자연독점(natural monopoly)이라 한다.

그림 5-3

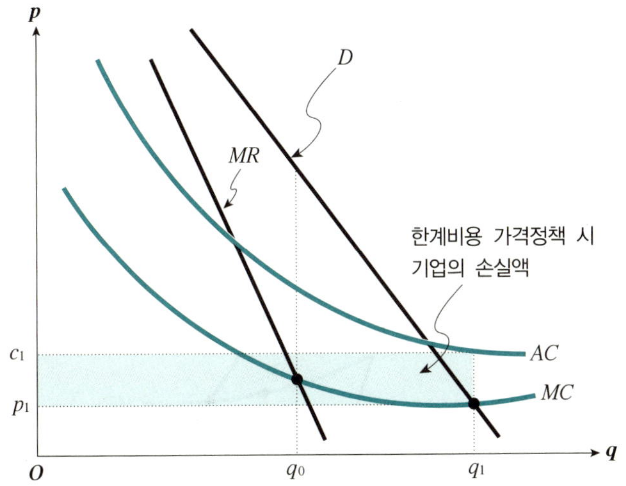

비용체감산업과 한계비용 가격정책

유지시켜 그 혜택이 사회 전반에 파급되게 노력해야 한다. 이를 위해 정부는 다음의 세 가지 가격정책을 주로 활용한다.

(1) 한계비용 가격정책

[그림 5-3]에서처럼 정부가 사회적으로 바람직한 효율적 생산량 q_1에서의 한계비용 p_1을 비용체감산업에서 생산된 재화의 가격으로 강제하는 것을 한계비용 가격정책(*MC* pricing)이라 한다. 이 경우 비용체감산업의 생산량이 완전경쟁 생산량과 일치하므로 사회 전체적으로는 효율이 달성되지만 기업의 입장에서는 $(c_1 - p_1)q_1$만큼의 손실을 입게 된다.

만약 정부가 충분한 재정적 여유가 있다면 가장 바람직한 정책은 한계비용과 가격이 일치하는 q_1에서의 생산활동을 유도하고 $(c_1 - p_1)q_1$의 손실을 보상해 주는 한계비용 가격정책일 것이다. 그러나 모든 국민들로부터 거두어들인 일반조세수입으로 손실을 보상해 준다면 이는 비용체감산업의 상품을 상대적으로 많이 수요하는 소비자들을 우대함으로써 소득분배의 왜곡을 초래하는 문제가 발생할 수 있다. 따라서 만약 정부가 충분한 재원이 없다면 비용체감 재화를 수요하는 소비자들에게 과세함으로써 보상의 재원을 마련하는 방법도 고려해 볼 수 있다.

그림 5-4

비용체감산업과 평균비용 가격정책

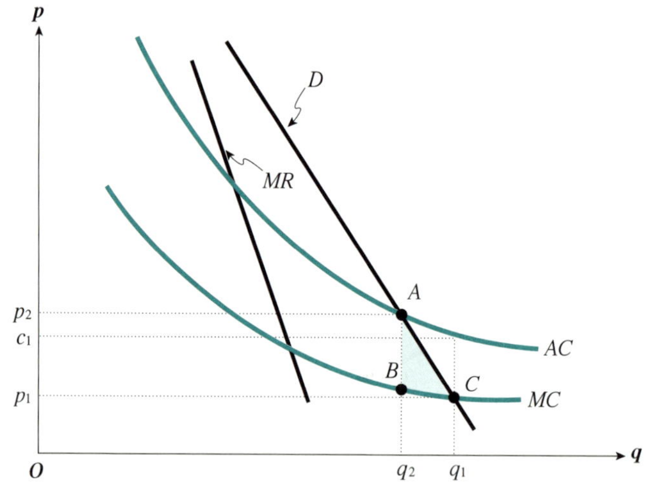

(2) 평균비용 가격정책

한계비용 가격정책이 불가능할 경우 차선의 정책은 독점산업 규제의 경우처럼 생산자가 손해를 입지 않고 총생산비용을 보상받을 수 있도록 재화의 가격을 평균비용 수준에서 결정하는 것이다. 즉, [그림 5-4]의 q_2 수준에 생산량을 결정하는 것이다. 이 경우 비용체감산업 재화의 가격은 p_2에서 결정된다. 이러한 평균비용 가격정책은 기업으로 하여금 사회적으로 바람직한 효율적 산출량 q_1보다 작은 q_2를 생산하게 함으로 자원의 효율적 배분을 이룰 수 없고 $\triangle ABC$만큼의 사회적 후생손실을 초래한다는 점에서 최선의 정책은 아니지만 정부의 재원이 부족할 경우 차선책으로서 그 타당성이 충분히 고려되어야 한다. 그러나 현실적으로는 [그림 5-4]에서와 같이 수요곡선과 평균비용곡선이 교차하기 때문에 평균비용 가격정책이 항상 가능한 것은 아니다. 수요곡선과 평균비용곡선이 교차하지 않는 비용체감산업도 허다하며, 이러한 경우에는 단일가격정책보다는 차별가격정책으로 생산비를 충당하거나 아니면 정부가 직접 비용체감산업을 운영하기 위해서 공기업을 설립할 수도 있다. 우리나라의 경우 전력, 철도, 우편, 상수도 등이 공기업에 속한다.

또한 평균비용 가격정책이 가능할지라도 소비자에게 과중한 부담을 안겨줌

그림 5-5

비용체감산업과 이중가격설정방식 (two-tier pricing)

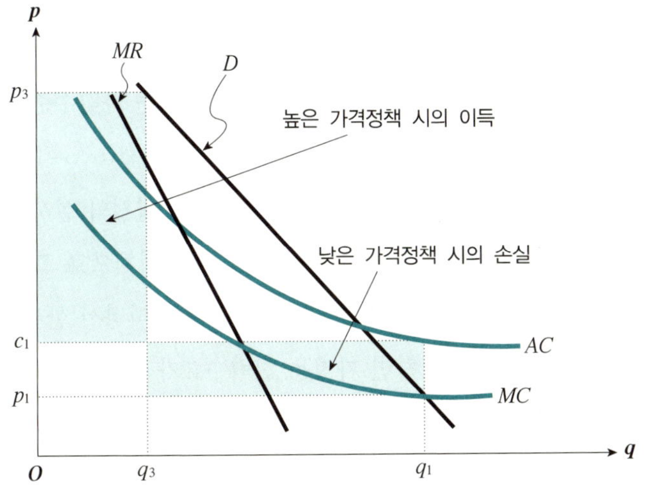

으로써 비용체감생산품 수요자들은 다른 생산품 소비자들에 비해서 상대적으로 높은 부담을 안게 되며, 이는 소득의 불공정한 분배를 심화시킬 수도 있다. 이러한 경우에 한해 정부가 그 산업을 소유해서 평균비용 이하의 가격정책을 실시하기도 한다. 철도운임의 경우가 우리나라에서는 그 좋은 예이다. 철도운임을 평균비용으로 책정한다면 구간에 따라서는 승객에게 큰 부담을 안겨주며 버스나 다른 수송수단으로 대체를 초래하여 철도운송 자체의 존립을 위태롭게 할 수도 있다. 그러므로 경우에 따라서는 정부가 적자를 감수하고서라도 운행을 계속하게 되는 것이다.

(3) 가격차별정책

가격차별정책은 한 상품이 개별 시장에 따라서 수요의 가격탄력도가 다를 경우 이윤극대화를 추구하는 독점기업이 채택하는 가격정책이지만, 비용체감산업에서도 차선의 가격정책으로 종종 사용된다. 서구 선진국에서는 전력, 전화, 천연가스 요금의 책정에 가격차별을 도입하고 있다.

예를 들면 가정용 전력수요는 산업용 전력수요에 비해서 비교적 가격에 대해서 비탄력적이므로 높은 가격을 책정하고 산업용에 대해서는 한계비용에 가까운 가격을 책정하고 있다. 이는 산업용의 가격책정에서 오는 손실을 가정용 수익으로 보충하는 것이다. 이를 [그림 5-5]를 통해 설명해 보자. 먼저 산업용 전기의 낮은 가격은 효율적 산출량 수준인 q_1에서의 평균비용 c_1으로 책정한다. 다음으로 가정용 전기의 높은 가격은 낮은 가격의 산업용 전기 공급에 따른 손실 $(c_1-p_1)(q_1-q_3)$를 보전해 줄 수 있도록 이익을 가져오는 가격수준인 p_3로 책정한다는 것이다. 이러한 가격차별정책을 **이중가격설정정책**(two-tier pricing)이라 일컫는다. 앞에서 논의한 한계비용 가격정책에서는 정책의 실시로 인한 손실을 일반조세수입으로 충당했으나 여기에서는 가격차별정책으로 그 산업 내부에서 이들 손실을 부담하게 된다. 가격차별정책은 경우에 따라서 한계비용 가격정책보다 더욱 효과적이다. 왜냐하면 가정용 전력수요가 가격비탄력적이기 때문에 높은 가격에 대한 수요의 변화는 그다지 크지 않으므로 효율적인 자원배분을 저해하지는 않기 때문이다. 다만 가정용 소비자로부터 산업용 소비자에게로 소득의 재분배가 일어나게 된다. 이러한 산업 내 소비자 간의 소득분배의 왜곡은, 일반조세수입으로 손실을 보전할 경우 전체 국민으로부터 그 생산품의 수요자에 대한 소득재분배로 야기되는 불공평보다는 그 정도가 훨씬 적을 수도 있다.

전화요금의 경우도 수요가 많은 평일의 낮시간 요금은 비싸게 하고 밤이나 주말 등 수요가 적은 시간의 가격은 한계비용과 일치시킬 경우 전력 수요의 예와 똑같은 분석을 할 수 있다. [부록]에서 최대부하가격(Peak-load pricing)을 좀더 구체적으로 논의해 보자.

2.4 불완전한 정보

완전경쟁 가격체제의 효율적인 자원배분의 달성은 확실성(certainty)에 그 기초를 두고 있다. 즉, 소비자나 생산자들이 현재나 미래의 상품가격, 품질 등을 확실하게 알고 있다는 가정을 완전경쟁시장에서는 필요로 한다. 그러나 현실적으로는 현재 자기가 소비하려고 하는 상품의 가격이나 품질에 관한 완벽한 정보를 갖고 있는 소비자는 드물다. 뿐만 아니라 미래에 일어날 경제사상(經濟事象)은 불확실하며, 이에 의존하는 가격 등 각종 소비정보 역시 불확실하다. 왜냐하면 이들은 변화하는 선호, 기술, 기후, 각종 우발적 사고 등에 크게 의존하기 때문이다. 그러므로 대부분의 소비자들이 현재나 미래의 소비활동을 자유롭게 할 만큼 원하는 상품들에 관해서 충분한 지식을 갖고 있지 못하다. 따라서 시장경제에서의 생산활동 역시 소비자의 진실된 선호를 완벽하게 반영한다고는 볼 수 없다. 따라서 정보의 불완전성은 소비자의 효용극대화를 저해할 뿐만 아니라 완전경쟁 가격체제의 효율적인 자원배분을 왜곡시키는 시장실패의 한 요인으로, 경우에 따라서는 정부의 개입을 요하기도 한다.

이제 불완전한 지식이나 오도된 정보가 어떻게 소비자의 선택과 자원배분에 영향을 미치는가를 살펴보고, 보완정보(補完情報)의 가치에 관하여 논의해 보자.

2.4.1 불완전한 정보가 소비활동에 미치는 효과

매일 소비하는 일용품이나 식품의 경우에는 불완전한 정보가 완전경쟁을 저해할 정도로 심각하지 않다. 그러나 상품의 수요가 빈번하지 않은 경우나 상품구매를 위해 전문적인 지식이 필요한 경우, 혹은 새로이 출하된 상품의 경우에는 그 상품의 가격이나 품질, 그리고 대체 가능한 상품들에 관해서 대부분의 소비자들이 충분한 지식을 갖고 있지 않다. 또한 이들 정보를 습득하는 데 많은 시간과 비용을 수반하기 때문에 과장된 상품광고에 쉽게 현혹되어 소비활동을 함으로써 이에 대한 불만을 초래한다.

여기에서 상품의 가격, 상품의 존재, 상품의 질에 관한 불완전한 정보와 과대광고 등으로 구분하여 이들이 소비자의 소비활동에 미치는 효과를 살펴보자.

분석상의 편의를 위해 소비자는 상품에 관한 완전한 정보를 갖고 있는 X재와 그렇지 못한 Y재의 두 종류의 상품만 소비하며, Y재에 대한 소비는 단 한번 이루어진다고 가정한다. 즉, 만족스럽지 못한 소비활동을 두 번 다시 하지 않는다고 가정하자. 또한 불충분한 상품지식을 습득하는 데 있어서의 비용은 무시하기로 한다.

(1) 상품가격

만약 어떤 소비자가 Y재를 다른 시장이나 혹은 상점으로부터 더욱 싼 값으로 구매할 수 있었다고 한다면 [그림 5-6]과 같이 가격에 대한 지식부족으로부터 발생하는 효용감소를 분석할 수 있다.

AB_0는 최초의 예산선으로 소비자의 주어진 소득 전부를 지출하여 X재만 구입한다면 A만큼을, Y재만 구입한다면 B_0만큼을 얻을 수 있음을 표시하며, 이

그림 5-6

가격에 관한 정보 부족의 후생비용

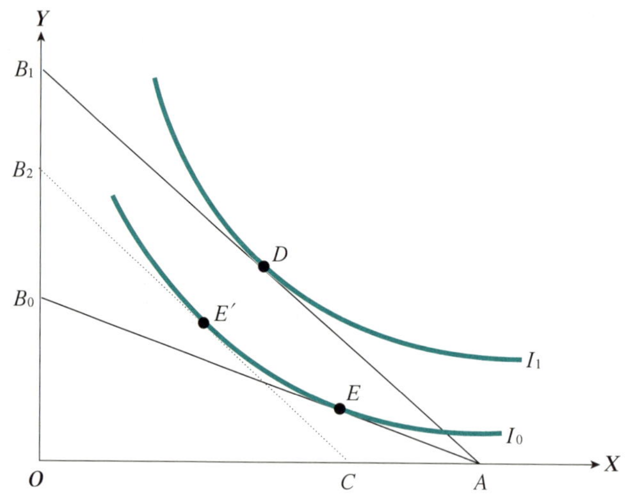

때의 효용수준은 I_0로서 최적소비 E점에서 이루어진다. 만약 Y재를 더욱 싼 값에 구입할 수 있었다면 예산선은 AB_1에 해당되며 전보다 높은 효용수준 I_1에 도달하게 된다. 즉, 가격에 대한 충분한 정보가 있었다면 I_1의 효용을 얻을 수 있었음을 뜻한다. 그러므로 불충분한 정보의 대가는 두 무차별곡선의 차이로 나타난다.

(2) 상품 존재

만약 한 소비자가 Y재가 시장에서 판매되고 있다는 사실을 몰랐다고 가정하자. 그러면 그는 X재만을 소비함으로써 [그림 5-7]의 A점에서 최적소비량이 결정되고 그때의 효용수준은 I_0가 될 것이다. 소비자가 Y재의 존재와 그것에 관한 충분한 지식을 갖고 있었다면 E점에서 균형소비량이 결정되고 보다 높은 I_1 수준의 효용을 얻었을 것이다. 여기에서도 불완전한 정보의 소비자 부담은 두 무차별곡선의 차이로서 나타난다.

(3) 상품의 질

만약 한 소비자가 Y재의 질에 관한 정보부족으로 과다한 기대 속에서 무차별곡선 I_0의 효용수준을 기대하면서 Y재를 구매했을 경우 [그림 5-8]의 E점에

그림 5-7

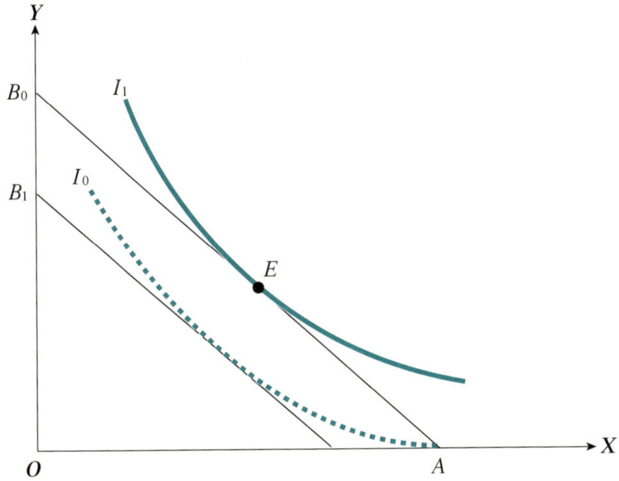

상품 존재에 관한 정보 부족의 후생비용

그림 5-8

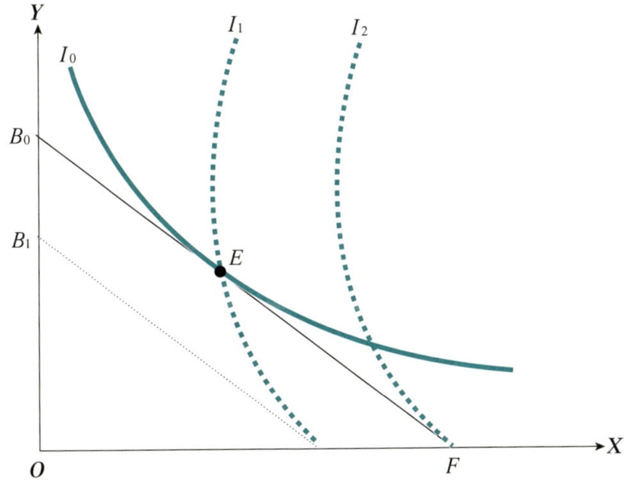

상품의 질에 관한 정보 부족의 후생비용

서 소비균형을 이룰 것이다. 그러나 Y재의 소비 결과 실망을 하고서 정확한 정보만 있었더라면 Y재를 소비하지 않았을 것이라고 후회한다고 가정하자. 그러면 I_0는 그의 선호를 표시하는 무차별곡선이 아니고, 정확한 정보 하에서 그의 선호는 I_1, I_2 등으로 나타났을 것이며, 최적소비는 F점에서 이루어졌을 것이다. 그러나 이미 소비활동은 E점에서 행해졌으므로 그의 효용수준은 실제로 I_1에 해당하게 된다. 최초의 정보가 정확했더라면 F점에서 소비하여 I_2의 효용을 얻을 수 있었으므로 정보부족으로 인한 비용은 I_2와 I_1의 차이로 표시된다.

(4) 과대광고

과대광고로 인한 소비활동의 왜곡은 앞에서 설명한 상품에 대한 과다한 기대의 경우와 유사하다. 과대광고에 현혹되어 [그림 5-8]의 I_0 수준의 효용을 기대하고 E점의 소비활동을 했는데 소비 이후의 효용수준은 I_1으로 나타났다. 만약 그가 과대광고를 정확하게 평가할 정도로 상품에 관해서 충분한 지식을 보유하고 있었다면 F점의 적정 소비를 함으로써 I_2의 효용을 얻을 수 있었을 것이다. 그러므로 과대광고로 인한 그의 손실 역시 I_2와 I_1의 차로써 표시할 수 있다.

2.4.2 보완정보(補完情報)의 가치

이제까지 불완전한 정보에 관한 가치(후생변화)를 상이한 효용수준을 나타내는 무차별곡선의 차이로 표시했다. 그러나 이들 후생변화를 실제로 측정하기는 대단히 어렵다. 왜냐하면 무차별곡선은 선호의 우선순위(서수적 효용)만을 반영하기 때문이다.

이를 보완하기 위해서 소비자잉여의 한 개념인 보상변화를 이용하면 효용변화에 상응하는 화폐가치를 얻을 수 있다.[8] 즉, 부족한 정보를 얻기 위해서 기꺼이 지불하려고 하는 최대 화폐액인 보충정보의 보상변화는 최초의 부족한 정보하의 효용수준에 머물게 했을 때 얻어낼 수 있는 보상금을 뜻한다. 이는 [그림 5-6]에서 예산제약선, B_1에서 B_2로 이동한 폭인 $\overline{B_1 B_2}$에 해당하며 [그림 5-7]과 [그림 5-8]에서는 $\overline{B_0 B_1}$에 해당된다. 여기에서 보상변화는 Y재의 소비가 단 한번 이루어진다고 가정했을 경우이다. 그러나 Y재의 소비를 앞으로 수차례에 걸쳐서 계속한다면 보충정보에 대해서 기꺼이 지불하려고 하는 최대 화폐액인 보상변화는 더욱 크게 나타날 것이다.

뿐만 아니라 보충된 정보의 가치를 보상변화로 나타내는 데 있어서 이제까

8. 소비자잉여 개념은 제16장 [부록]을 참조하거나 『후생경제학』(이만우 저) 제6장을 참조 바람.

지 또 다른 중요한 묵시적인 가정을 해왔다. 이는 소비자가 어느 특정한 정보수집활동으로 원하는 정보를 확실히 얻을 수 있다는 가정이다. 만약 각 소비자들이 주어진 비용 하에서 부족한 정보의 수집활동으로 얻을 수 있는 정보의 내용을 사전에 알 수 있다면 각자의 적정 정보수집활동을 결정할 수 있을 것이다. 소비자는 보충정보에 대해서 그가 기꺼이 지불하려고 하는 최대 금액보다도 수집비용이 적은 한 계속해서 수집활동을 할 것이다.

그러나 수집활동으로 얻어지는 정보를 사전에 정확하게 알지 못하면 소비자들은 통상적으로 부족한 정보에 대한 수집활동의 값어치를 알 수 없다. 실제로 소비자들은 부족한 정보의 수집활동 결과를 정확하게 예측할 수 없으며, 우연히 부족한 정보를 사전에 알게 될 경우 정보수집활동을 할 필요가 없어지게 된다. 그러므로 다른 재화와는 달리 정보라는 상품은 그것에 대한 완벽한 지식을 소비자들이 보유할 수 없는 것이다. 따라서 전통적인 최적화 문제의 해결방법으로는 적정 정보수집활동을 결정할 수 없다.

최적화 문제 해법의 접근으로 최적정보(수집활동)의 해답을 구하려면 적어도 부족한 정보를 얻으려고 하는 개인의 노력에 관한 대가의 기대치를 설명할 수 있어야 한다. 그러나 현실적으로 기대치 설정이 어려우므로 불확실성 하의 정보수집활동을 독단적으로 결정하거나 혹은 본 항에서와 같이 묵시적으로 정보수집활동의 결과를 알고 있다고 가정하여 제한적인 분석을 시도한다. 다음 항에서 이에 대한 구체적인 내용을 살펴보기로 하자.

2.5 위험과 불확실성

완전경쟁시장균형의 달성에는 소비자들이나 생산자들이 모든 상품, 요소들의 가격과 질을 확실하게 알고 있다는 가정이 중요한 역할을 한다. 그러나 현실경제에서는, 앞에서 논의한 현재 거래되는 상품의 가격이나 질뿐만 아니라 미래의 어느 시점에 사용될 상품에 대한 선물시장(future market)의 할인가격 혹은 보험과 같이 미래의 특정한 재난의 발생을 대비하는 조건부시장(contingency market)의 가격이나 기타 이들 시장에 관한 완벽한 정보를 얻기가 거의 불가능하다. 따라서 이러한 위험과 불확실성이 수반되는 선물시장이나 조건부시장의 불완전한 정보 역시 시장실패의 한 요인인 것이다.[9]

완전한 선물시장이나 조건부시장의 형성을 저해하는 원인은 크게 다음의 두 가지로 설명할 수 있다. 첫째, 거래자들의 수에 비해서 이들 시장에 관한 완전한 정보를 얻거나 제공하는 데는 많은 비용이 소요되기 때문이다. 둘째, 거래자들 사이에 보유하고 있는 정보수준이 서로 다르기 때문이다. 이를 상품 공급자와 수요자 간의 비대칭적 정보(asymmetric information)라 한다. 이제 비대칭적 정보의 두 가지 요인인 '도덕적 해이(道德的 解弛, moral hazard)'와 '역선택(逆選擇, adverse selection)'에 대해서 간단히 논의해 보자.

2.5.1 도덕적 해이

조건부시장의 가장 흔한 경우인 보험시장을 통하여 도덕적 해이의 문제가 어떻게 시장실패의 원인이 되는가를 분석해 보기로 한다. 보험시장에서 공급자인 보험회사의 부담은 예측하기 어려운 불의의 재난에도 의존하지만 보험가입자, 즉 피보험자(被保險者)의 부주의에도 의존한다. 따라서 효율적인 위험부담을 위해서는 피보험자 개개인의 위험을 회피하려고 하는 노력(주의력)이나 혹은 부주의 정도를 반영하는 보험료가 개인에 따라 달라야 한다. 그러나 보험회사가 이들에 관한 정보를 정확하게 파악할 수 없다. 또한 일단 보험에 가입하면 상당수의 피보험자가 위험을 회피하려고 하는 노력을 감소시킬 유인이 있다. 이를 도덕적 해이라 한다. 이렇게 보험회사가 피보험자의 주의력에 관한 정보를 충분히 보유하고 있지 않으면 위험부담이 효율적으로 배분되지 못한다. 즉, 보험회사와 피보험자의 행태에 관한 충분한 정보가 없을 경우 도덕적 해이의 문제가 발생하며, 이것이 곧 시장실패의 한 요인이 된다.

의료보험의 경우에도 도덕적 해이의 문제는 피보험자로 하여금 의료기관을 과다하게 이용하게 한다. 피보험자가 아플 경우 그 정도가 어떠하며, 어느 정도의 치료가 필요한가에 대해서 보험회사가 정확하게 관측하기 어렵다. 가령 보험회사가 피보험자의 치료비 전부를 부담한다면 대개의 경우 그는 과다한 치료를

9. 위험과 불확실성 하에서 (완전)경쟁적 시장기구가 효율적인 자원배분을 이룩하기 위해서는 아주 제한적인(비현실적인) 가정이 필요하다. 여기에 대해서는 다음의 문헌을 참조 바람.
Arrow, K. J., *Essays in theory of risk bearing*, Chapter 4, Amsterdam, North Holland Publishing Co., 1970.

그림 5-9

도덕적 해이의 후생 비용

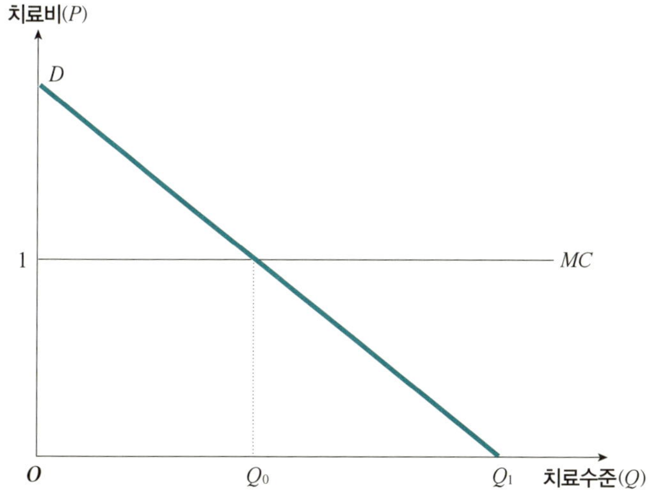

원하게 될 것이다.

예를 들면 어떤 피보험자가 특정한 병에 걸렸을 경우 의료수요는 [그림 5-9]의 D와 같다. 치료 정도는 단위로 측정 가능하며, 이의 한계비용은 1로서 일정하다고 가정하자. 만약 그가 보험에 가입하지 않았다면 Q_0 수준의 치료를 원할 텐데 보험가입으로 치료비를 지불하지 않는 경우에는 Q_1의 치료를 원하게 됨으로써 보험회사의 부담을 증대시킨다. 또한 전체 피보험자의 보험료 부담을 가중시키게 한다. 그러므로 이상적인 보험은 이 병에 관한 Q_0 수준의 치료비만을 지급하는 것이나 현실적으로 이러한 적정 수준의 보험은 드물다.

이상의 도덕적 해이의 문제를 어느 정도 극복하기 위해서 일정액 이상의 치료비나 재난의 경우에만 보험금을 지급하는 감면(deduction)제도나 혹은 피해액이나 치료비의 일정률을 피보험자에게도 부담하게 하는 공동보험(coinsurance)제도 등 적절한 유인체계(誘因體系, incentive system)가 필요하다.

2.5.2 역선택

시장실패를 유발하는 비대칭적 정보수준의 또 다른 유형으로 역선택(逆選擇, adverse selection)을 들 수 있다. 이를 다음의 예로서 설명해 보자.

가령 한 경제를 구성하는 경제주체들이 H명의 위험도가 높은 그룹과 L명의 위험도가 낮은 그룹의 둘로 나누어졌다고 하자. 이들 두 그룹이 d의 손실을 초래하는 재난을 당할 확률이 π_H와 π_L로서, $\pi_H > \pi_L$이라고 하자. 그리고 이들 두 그룹 모두가 재난의 위험을 방지하기 위해서 보험에 가입했다고 하자. 그러나 보험회사는 개개인의 위험도를 식별할 수가 없으므로 재난이 발생했을 경우 이를 충분히 보상하기 위해서는 보험료(p)를 다음과 같이 책정해야만 한다.

$$p = d(\pi_H \frac{H}{H+L} + \pi_L \frac{L}{H+L}) \tag{5-1}$$

그런데 위험도가 낮은 그룹의 기대손실은 보험료보다 적을 것이다.

$$d\pi_L < d(\pi_H \frac{H}{H+L} + \pi_L \frac{L}{H+L}) \tag{5-2}$$

따라서 각 그룹에 속해 있는 개개인들은 자신의 위험도를 어느 정도 알고 있다면, 위험도가 낮은 그룹은 보험료가 p인 보험에는 가입하기를 꺼려할 것이다.

이를 개선하기 위해서 보험회사는 위험도가 낮은 그룹으로 하여금 자신의 위험도를 스스로 표명할 수 있는 방법(신호의 발송(signaling)방법)을 선호하도록 하는 감면이나 공동보험제도 등을 모색해야 할 것이다. 그러나 만약 이러한 제도의 도입이 불가능한 경우에는 보험료 p인 보험은 오직 위험도가 높은 그룹에게만 유리하게 작용하게 된다. 따라서 악화(惡貨)가 양화(良貨)를 구축하는 것처럼 위험도가 높은 그룹만 보험에 가입하게 될 것이다. 이상의 **역선택의 문제**는 보험회사가 피보험자들의 위험 정도를 파악할 수 없기 때문에 유발된다. 따라서 역선택의 문제가 존재하면 시장균형이 존재하지 않거나 존재하더라도 그 균형은 비효율적일 것이다.[10] 이를 부분적으로 해결하기 위해서 자동차보험의 경우 성별, 연령, 가족상황(예를 들면 결혼 여부 등), 과거 사고경력이나 운전경력 등을 개개인의 위험지표로 한 선별장치(screening device)로서 보험료를 서로 달리 책정하고 있다.

---

10. 이에 관한 구체적인 논의는 다음의 논문을 참조 바람.
Rothschild, M. & Stiglitz, J. E., "Equilibrium in competitive insurance markets," *Quarterly Journal of Economics*, 90, 1976, pp.629~650.

이상에서 논의한 도덕적 해이와 역선택은 각 경제주체들의 상이한 정보수준에서 연유하는 대표적인 문제에 불과하며, 현실적으로는 시장실패를 야기하는 더욱 복잡한 문제들이 많이 있다. 다양한 도덕적 해이로 인한 시장실패는 적절한 유인체계의 설치로, 상이한 역선택으로 인한 시장실패는 그것에 부합하는 신호의 발송과 선별장치의 설정으로 그 치유방안이 모색되어져야 한다.

보험의 경우 비대칭정보는 보험이라는 상품의 공급자(보험회사)가 피보험자의 특성을 피보험자 자신보다 더 정확하게 알 수 없는 경우가 대부분이다. 이 경우 공급자는 피보험자(수요자)의 정보를 보다 구체적으로 파악할 수 있는 선별장치의 설정이 바람직하다. 한편 노동시장이나 중고자동차시장 등에서는 반대로 수요자보다는 공급자가 노동의 질적 수준(혹은 생산성)이나 자동차의 상태 등을 더욱 잘 알고 있다. 이러한 상이한 정보수준은 경쟁적인 시장기구라 할지라도 효율적인 자원배분을 이룰 수 없는 시장실패의 요인으로 작용한다. 이 경우에는 공급자가 신호발송(signaling)을 통하여 수요자와의 비대칭적 정보를 해소하는 편이 바람직하다. 예컨대 중고자동차의 소유자는 자기 차의 엔진 등 부품이 안전하다는 보증서를 발급하여 일정 기간을 보증함으로써 수요자로 하여금 자동차의 품질을 제대로 파악하게끔 보증서를 신호발송의 수단으로 활용할 수 있다. 노동시장의 경우 공급자는 학교성적, 각종 자격증 등 자신의 능력을 입증할 수 있는 자료를 일종의 신호발송의 수단으로 활용할 수 있을 것이다. 도덕적 해이나 역선택 등으로 야기된 비대칭적 정보는 완전한 선물시장이나 조건부시장을 형성하지 못하므로 정부의 개입이 요망된다. 공공재의 성격을 띤 정보의 값싼 공급이나 공정거래를 위한 각종 규제 등이 정부의 주요 역할에 해당된다. 이에 대해서는 다음 항에서 살펴보기로 하자.

2.6 불완전정보와 정부의 역할

앞의 항에서 우리는 확실성 또는 불확실성의 사회상태 하에서 불완전한 정보가 시장실패의 원인 중 하나임을 살펴보았다. 이제 이를 치유하기 위한 정부의 역할이 어떠한 관점에서 효율적인 자원배분을 도모하는가를 규모의 경제, 공공재, 그리고 공정거래질서 확립이라는 세 가지 측면에서 고찰해 보기로 하자.

첫째, 특정한 비용을 필요로 하는 각 소비자들이나 생산자들의 정보수집활동을 정부나 공공기관에서 대행한다면 보다 적은 비용으로도 가능하다는 점에서 사회적으로 더욱 바람직한 것이다. 왜냐하면 정부에 의해서 다수의 소비자들이나 생산자들이 원하는 정보를 제공할 경우에는 규모의 경제가 적용되므로 똑같은 정보를 적은 비용으로 많은 사람에게 줄 수 있기 때문이다. 따라서 각 경제주체들의 독립적인 정보수집활동은 규모의 경제를 상실함으로써 사회적으로 비효율적인 경우가 많다.

둘째, 어느 개인이 수집한 정보는 타인에게 무료로 양도할 수 있으므로 정보수집의 대가를 지불하지 않은 사람도 정보의 이득을 누릴 수 있다는 점에서 정보는 공공재의 특성을 갖고 있다. 따라서 경쟁적 가격기구를 통해 효율적인 정보의 공급을 기할 수 없으므로 공공부문에서 정보를 수집하고 이의 비용을 충당할 경우 공공재의 특성이 많은 정보의 경우에는 보다 효율적인 정보활동을 사회적으로 달성할 수 있다.

셋째, 정부의 정보활동은 수집과 공급뿐만 아니라 현물시장, 선물시장, 조건부시장 등에서의 과대광고, 상품의 질, 표준가격, 가격, 피보험자의 수요 등 공정거래질서의 확립을 위한 각종 규제를 통하여 정보의 질적 향상을 도모할 수 있다. 그러나 이러한 규제가 기존 상품의 적절한 이용의 유도, 새로운 상품의 소개 등 소비자들에게 적정한 정보를 제공하는 건전한 광고활동을 위축시켜서는 안 될 것이다. 이러한 규제는 신상품의 개발지연 등의 부작용을 수반할 수도 있으므로 때로는 소비자들로 하여금 과대광고에 현혹되지 않도록 교육이나 홍보활동을 강화하는 것도 차선의 방안일 수 있다.

정보활동은 정보의 수집, 수집된 정보의 보관, 분류, 분배 등으로 인한 비용이 소요된다. 따라서 이러한 비용이 소요되는 점에서 볼 때 완벽한 정보가 항상 사회적으로 바람직한 것은 아님을 알 수 있다. 효율적인 자원배분의 측면에서도 적정 정보수준은 완전한 정보가 아님을 알 수 있다. 그러므로 완전경쟁시장에서 요구되는 완전한 정보의 가정이 현실과는 어느 정도 거리가 있음을 재차 확인할 수 있다. 또한 앞서 논의한 각종 시장실패의 유형을 고려해 볼 때 완전경쟁시장은 현실경제의 실현가능 상태의 부분적인 근사치로서 해석되거나 혹은 현실경제의 효과적인 분석을 위한 이론적 출발점으로 간주되어야 할 것이다.

3. 거시적 시장실패

Public Finance, ch. five

이제까지 경쟁적 가격기구가 효율적 자원배분을 달성하지 못하는 각종 시장실패의 미시적 측면의 유형을 분석하였다. 본 절에서는 이제까지 경시되었거나 혹은 시장실패의 접근으로 분석되지 아니한 공정한 소득분배, 실업, 물가상승(인플레이션), 경기침체, 국제수지 불균형 등을 거시경제적 시장실패의 유형으로 간주하여 간결하게 고찰해 보기로 한다.

경쟁적 시장메카니즘에 의해서 달성된 파레토 효율은 자원의 효율적 배분은 충족하지만 소득의 공정한 분배를 보장하지는 않는다는 관점에서 이를 거시경제적 시장실패로 볼 수 있다. 이를 보완하기 위해서 정부는 효율을 크게 저해하지 않는 범위 안에서 소득재분배정책을 실시할 수 있다. 소득세나 재산세의 누진구조라든지 각종 보조금 등이 이에 해당된다. 그러나 현실경제에서는 효율적 자원배분과 공정한 소득분배는 서로 대립되는 경우가 많으므로 두 정책목표의 적절한 조화가 더욱 중시되어야 할 것이다.

또한 노동시장의 수급불일치나 임금의 하방경직성에서 기인하는 실업, 총체적 수요와 공급의 불균형에서 유발되는 인플레이션과 디플레이션, 외환시장의 불균형 현상인 국제수지 적자(혹은 흑자) 등도 마찬가지로 시장기구의 원활한 기능의 부족에서 연유하므로 거시적 시장실패로 간주할 수 있다. 전통적인 총수요관리정책의 양대 지주인 재정 · 금융정책과 최근에 중시되고 있는 감세정책을 위주로 하는 총공급관리정책도 이러한 거시적 시장실패를 치유하기 위한 정부의 개입인 것이다.

그런데 거시적 시장실패는 장 · 단기균형이나 불균형의 관점에서 양 기간을 통하여 면밀히 분석되어야 한다. 단기균형이나 불균형은 한 경제의 장기균형으로 진행하는 일시적 경로로, 단기에 있어서의 시장실패 현상을 치유하기 위해 정부가 적극적으로 개입할 필요는 없다. 다만 총체적 경제변수들이 장기균형을 향한 적정 궤도로 순조롭게 진행할 수 있도록 안정화정책(stabilization policy)을 취해야 한다.

그러나 장기균형은 일단 이루어지면 영원히 지속되므로 장기균형의 관점에

그림 5-10

거시적 시장실패의 치유

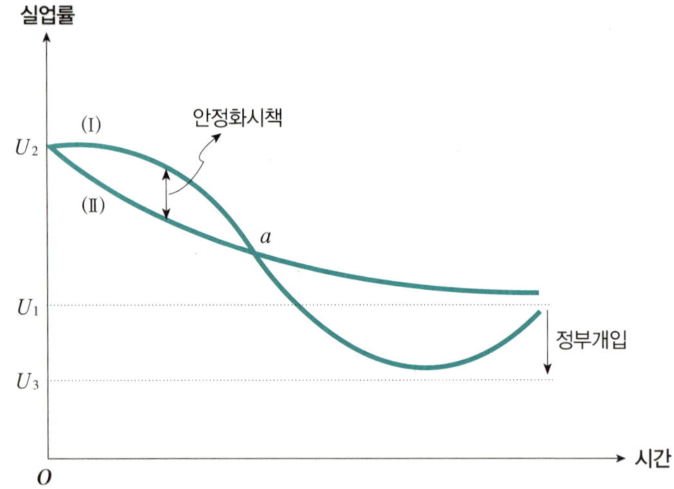

서 거시적 시장실패는 적극적인 정부개입으로 사회적으로 가장 바람직한 장기균형을 유도해서 국민후생의 극대화를 도모해야 한다. 단기뿐만 아니라 장기에 있어서도 시장실패는 안정화정책과 정부의 적극적 개입을 동시에 필요로 한다.

예를 들면 [그림 5-10]에서와 같이 장기균형의 실업수준을 U_1이라 가정하고 실업률은 U_2의 수준에 있다고 하자. 장기균형 U_1에 도달하는 두 개의 단기균형의 궤적 (I), (II)를 상정하고 (I)을 비적정 궤적(suboptimal path)으로, (II)를 적정 수준의 궤적(optimal path)으로 가정하면 정부는 실업수준을 궤적 (II) 근방으로 유도하는 안정화정책을 실시해야 한다. 만약 시장기구에 그대로 맡겨둔다면 실업률은 시간이 지남에 따라서 궤적 (I)의 근방을 움직일 것이고, 초기에는 실업률이 지나치게 높았다가 a점을 지난 이후에는 아주 낮은 수준에 이르게 될 것이다. 즉, 지나치게 높고 낮은 실업률이 교차하는 경기의 위축과 과열을 반영함으로써 사회적으로 바람직하지 못한 큰 폭의 경기변동을 초래한다. 그러므로 단기적으로 이러한 진폭을 줄일 수 있는 안정화정책의 실시로 궤적 (II)에 접근시켜야 한다.

가령 사회후생을 극대화하는 장기균형의 실업수준을 U_3라고 한다면 정부는 시장에 개입해서 장기고용확대정책을 강구해야 한다. 고용확대정책으로는 확대재정 · 금융정책이나, 감세를 위주로 하는 공급측 관리정책, 직업정보나 직업훈련 강화를 중심으로 하는 인력관리정책 등 한 경제가 처해 있는 경제상황에 따라서 여러 가지 정책을 선택할 수 있다.

이상에서 시장실패를 미시적 측면과 거시적 측면으로 구분하여 설명하고 이들을 조정하는 정부의 역할을 설명하였다. 정부의 고유의 기능과 역할은 시장실패를 적절히 치유하는 정도에 한정되어야 하며 시장기능은 최대한 보장되어야 한다. 환언하면 본 장에서 논의한 각종 시장실패의 현상과 제7~8장에서 논의할 외부성과 공공재 등의 시장실패요인들을 정부가 적절히 해결함으로써 가격기구의 효율적인 자원배분 기능을 최대한 살리고, 가격기구에 의해서 이룰 수 없는 소득분배 문제 등을 보완할 수 있다.

그러나 시장실패의 적절한 치유의 범위를 넘어선 시장경제에 대한 지나친 개입이나 적극적인 경기대응책 등은 오히려 공공부문의 비중을 지나치게 크게 해서 시장경제의 효율을 저해할 수도 있다. 이를 일부 경제학자들은 정부의 실패라 부르기도 한다.[11]

11. 정부실패는 최근의 고실업과 고물가 현상(스태그플레이션)들이 정부의 지나친 시장개입과 그로 인한 비대한 공공부문에서 연유한다고 주장하는 일부 통화론자, 합리적 기대론자, 공급측 경제학자(supply-side economists)들에 의해서 종종 거론되고 있다. 정부실패는 제14장에서 폭넓게 논의될 것이다.

부록 I
최대부하가격(最大負荷價格)

앞서 설명한 전력 · 전화산업 등은 생산기술이 비볼록성의 특징을 갖거나 혹은 평균비용이 체감(수익체증)하는 특성을 갖는데, 이는 흔히 고정생산요소(예를 들면, 자본)의 불가분성에 기인하는 경우가 많다. 따라서 고정요소의 불가분성을 간직하고 있는 산업의 생산시설은 수요의 변화에 따른 생산시설의 증감을 자유롭게 할 수 없다. 그러므로 시설규모의 증대는 불연속적인 방법에 의해서만 가능하므로 적정 규모의 시설을 어떻게 결정하느냐의 문제에 직면하게 된다.

예를 들면 전화나 전력 수요는 대부분의 직장과 공장에서 생산활동을 하는 주중의 낮시간(성수기 : peak period)이 밤이나 주말(비성수기 : off peak period)에 비하여 훨씬 크다. 따라서 이윤극대화를 추구하는 기업의 입장이나 국가경제 전반의 효율의 견지에서 볼 때, 성수기의 수요를 충족시키는 생산시설을 하여 비성수기에 유휴시설을 갖는 것은 바람직하지 않다. 최대부하가격정책은 성수기와 비성수기의 가격을 차별하여 성수기의 수요 일부를 비성수기로 유인함으로써 적정 규모의 생산설비를 유도한다. 비성수기에는 유휴시설이 존재하므로 한계가변비용 근방으로 가격을 내려서 성수기의 불요불급한 수요를 유인하는 것이다. 반면에 성수기의 수요는 시설규모와 직접적으로 관련되어 있어서 수요증대가 항상 초과시설비용 부담을 요하게 된다. 따라서 성수기의 가격은 한계비용(한계고정비용 + 한계가변비용)뿐만 아니라 비성수기의 고정비용도 충당할 수 있게끔 책정되어야 할 것이다.

최대부하가격의 간단한 예를 들어 보자.[12] 여기에서는 분석상의 편의를 위해서 일정한 한계비용을 보유하고 있으며, 또한 생산시설의 분할이 가능한 기업

---

12. 보다 깊은 연구를 원하는 독자는 다음의 논문들을 참조 바람.
Williamson, O. E., "Peak-load pricing and optimal capacity under indivisibility constraints," AER, 56, 1966, pp.810～827 ; Steiner, P. O., "Peak loads and effcient priciing," *Quarterly Journal of Economics*, March, 1964, pp.64～76 ; Mohring, H., "The Peak-load pricing problem with increasing returns and pricing constraints," *AER*, 60, September, 1970, pp.693～705 ; Littlechild, S. C., "Peak-load pricing of telephone calls," *The Bell Journal of Economics & Management Science*, Autumn, 1970, pp.191～210.

그림 5-11

최대부하가격의 결정 (I)

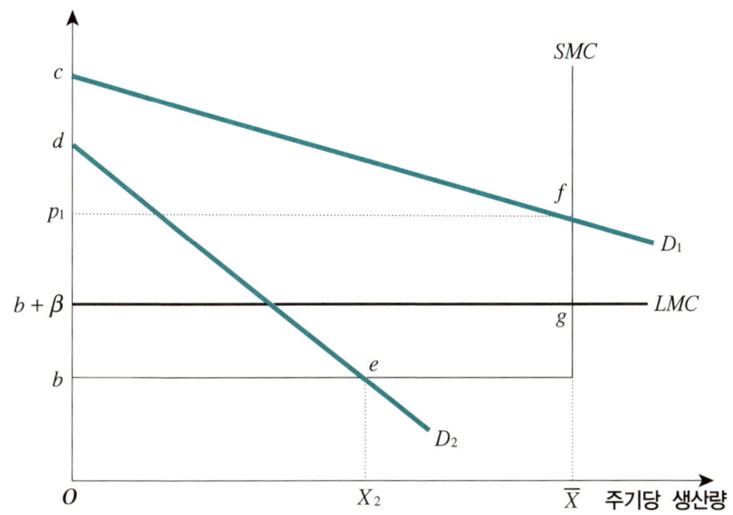

을 분석대상으로 하고, 성수기와 비성수기의 수요는 각기 다른 기(期)의 가격에 독립적임을 가정한다. 그리고 매 생산주기 중 w_1에 해당하는 시간을 성수기, w_2의 시간을 비성수기로 둘로 구분하며, 한 주기는 $w_1 + w_2 = 1$로서 표시한다. [그림 5-11]을 통해서 살펴보면 D_1과 D_2는 성수기와 비성수기의 수요곡선으로 각각의 기간이 한 주기를 완전히 지속할 경우를 상정하여 각 수요를 나타내고 있다. 왜냐하면 X축이 매 주기당의 생산량을 표시하기 때문이다. b는 주어진 생산시설에 최대 생산량 $\overline{X}$에 이르기까지의 각 생산량 증대에 따른 가변요소비용의 증분으로 단기한계비용곡선을 뜻한다. $\overline{X}$로서 표시되는 생산시설은 한 단위 상품의 증산에 따라 β만큼의 일정 비용으로 연속적으로 증가한다고 가정하므로 장기한계비용곡선은 $b + \beta$로 나타난다. 기존 생산시설로 $\overline{X}$의 생산량을 매 주기에 항시 생산할 수 있으므로 $\overline{X}$ 생산의 시설을 완전히 가동하는 성수기의 가격은 [그림 5-11]에서 p_1으로 나타난다. 성수기는 매 주기당 w_1에 해당하므로 이때의 총생산량은 $w_1\overline{X}$에 해당한다. 비성수기의 경우에는 생산시설을 완전히 이용하지 못하므로 단기한계비용 b로 가격을 책정하면 주기당 X_2 생산에 해당하는 생산시설을 w_2 기간만큼 사용함으로써 총생산량은 $w_2 X_2$로 나타난다. 그러면 이윤극대를 보장하는 적정 시설규모 생산량 $\overline{X}$를 결정하기 위해서 한계편익과 한계비용을 일치시켜 보자. $\overline{X}$의 생산시설로서 얻을 수 있는 소비자들의 총편익 TB는 성수기와 비성수기에 생산된 상품의 소비에서 얻는 총효용으로서 $Ocf\overline{X} \cdot w_1 + OdeX_2 \cdot w_2$이다. $\overline{X}$ 생산시설의 확장에 따른 한계편익($MB = \frac{dTB}{d\overline{X}}$)은 생산시설을 완전히 이용하는 성수기 수요자에게만 국한될 것이므로 식 (5-3)과 같이 표현한다.

$$MB = \left(\frac{dTB}{d\overline{X}}\right) = w_1\overline{X}f = w_1 p_1 \tag{5-3}$$

성수기와 비성수기 생산($w_1\overline{X} + w_2 X_2$)의 총비용은 고정비용 $\beta\overline{X}$와 각 생산의 가변비용, $w_1 b\overline{X} + w_2 bX_2$의 합으로 나타난다. 따라서 생산시설 확장에 따른 한계비용은 성수기의 가변비용증분($w_1 b$)과 고정비용증분(β)의 합으로 다음과 같다.

$$MC\left(= \frac{dTC}{d\overline{X}}\right) = w_1 b + \beta \tag{5-4}$$

최적시설규모는 한계편익과 한계비용이 일치하는 규모이며, 이는 식 (5-3)과 (5-4)로부터 성수기의 가격, 즉 최대부하가격을 결정한다.

$$p_1 = b + \frac{\beta}{w_1} \tag{5-5}$$

이상을 요약하면 비성수기의 가격은 단기한계비용 b와 동일하고($p_2 = b$) 성수기의 가격은 장기한계비용 $b + \beta$를 능가함($p_2 = b + \frac{\beta}{w_1} > b + \beta$)을 알 수 있다. 적정 시설규모 $\overline{X}$에서는 총수익과 총비용이 일치하므로 성수기 수요자가 고정비용을 전부 부담하게 된다.[13] 환언하면, 비성수기에는 유휴시설이 존재하므로 한

---

13. 적정 시설규모 $\overline{X}$에서 총수익과 총비용이 일치됨은 다음과 같이 증명할 수 있다. 총비용은 성수기와 비성수기의 가변비용과 전 주기에 걸친 고정비용의 합으로 다음과 같다.

$$TC = \beta\overline{X} + w_1 b\overline{X} + w_2 bX_2$$

한편 총수익은 성수기와 비성수기 수익의 합으로서 식 (5-3)을 이용하면 다음과 같다.

$$TR = p_1 w_1 \overline{X} + p_2 w_2 X_2 = (b + \frac{\beta}{w_1}) w_1 \overline{X} + bw_2 X_2$$

이상의 두 식은 동일함을 알 수 있다. 따라서 생산시설이 분할 가능하고, 가변비용과 고정비용이 일정한 경우 최적규모는 총수익과 총비용이 일치하는 규모이다.

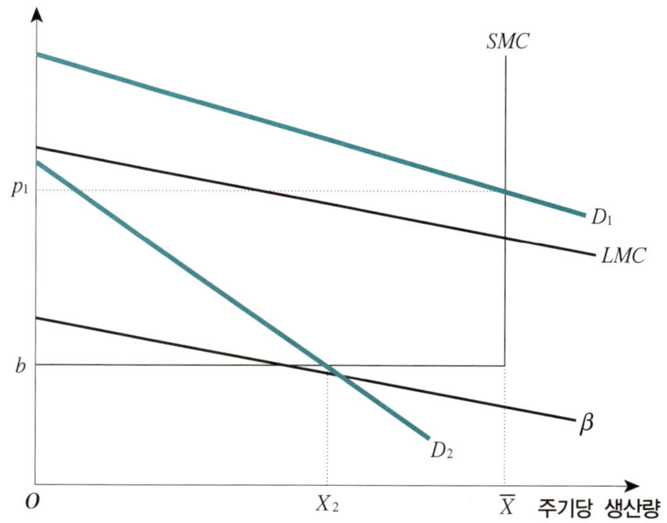

그림 5-12 최대부하가격의 결정 (II)

계(가변)비용 가격을 실시하고, 성수기의 수요증대는 초과시설 부담을 요하게 되므로 성수기 가격은 한계비용(한계가변비용 + 한계고정비용)뿐만 아니라 비성수기의 고정비용도 충당하게끔 책정되었음을 의미한다.

한편 생산시설의 비분할성의 경우와 평균비용체감의 경우에도 마찬가지로 분석할 수 있으며, 최적시설규모에서는 손실을 입게 된다. 그러나 한계비용가격으로 단일가격을 실시할 경우보다는 그 손실이 훨씬 적을 것이다. 이를 [그림 5-12]를 통하여 살펴보자. 장기한계비용곡선(*LMC*)은 한계고정비용 β가 감소함으로써 우하향하는 것이 [그림 5-11]과의 차이이며, 나머지는 동일하다. 따라서 최적시설규모의 도출방법은 한계비용이 일정한 경우와 동일하며, 이는 식 (5-5)로 나타난다.

한계고정비용이 체감하는 경우에는 β는 한계고정비용이 아니고 마지막 생산단위의 한계고정비용을 의미하므로 총고정비용은 $\beta\bar{X}$가 아니라 이보다 크다. 따라서 총비용이 총수익보다 크게 되어($TC > \beta\bar{X} + w_1 b\bar{X} + w_2 bX_2 = TR$) 최적규모에서는 손실을 입게 된다.

최대부하가격의 책정과 그에 따른 적정 시설규모의 산정은 비선형계획(non-linear programming)의 접근방법에 의하여 보다 효율적으로 분석되며 정확한 해

(解)를 구할 수 있다. 본 장의 [부록 II]에서는 최대부하 문제를 비선형계획 문제로서 설정하여 쿤 · 터커(Kuhn · Tucker) 정리에 의한 해의 도출을 간략하게 소개하고 있다.[14]

---

14. Kuhn · Tucker 정리의 보다 깊은 경제학 분야의 응용은 다음의 세 서적을 참고 바람.
Chiang, A. C., *Fundamental Methods of Mathematical Economics*, 2nd ed., 1974, McGraw-Hill, pp.698~734 ; Baumol, W. J., *Economic Theory and Operations Analysis*, 3rd ed., Prentice-Hall, Inc., 1972, pp.136~171 ; Intrilligator, M. D., *Mathematical Optimization and Economic Theory*, Prentice-Hall, Inc., 1971, pp.49~64.

부록 Ⅱ

최대부하 문제의 비선형계획에 의한 접근

경제학에서 흔히 분석대상이 되는 제약조건 하의 극대화 혹은 극소화 문제, 즉 최적화 문제들은 주로 주어진 목적함수를 각 선택변수나 라그랑주 승수로 편미분하여 영으로 두는 1차 조건에서 해를 구한다. 이는 고전적 최적화 문제로서, 해의 결과로 나타나는 이론적 결론이나 기타 수치들에 질적인 경제학적 의미를 부여하기에는 미흡한 경우가 많다.

이러한 단점들은 이들 고전적 최적화 문제를 비선형계획 문제로 분석함으로써 보완할 수 있다. 고전적 최적화 문제에서 1차 조건에 해당하는 것이 비선형계획에서는 쿤 · 터커 조건이다. 쿤 · 터커 조건은 비선형계획에서 가장 중요하고도 유일한 분석결과이므로 이 조건을 충분히 이해하고 그 의미를 잘 파악해야 한다.

본 항에서는 앞서 인용한 보몰의 저서를 기초로 하여 하나의 간단한 최대부하 문제를 쿤 · 터커 조건에 의해서 풀이해 보기로 하자.

완전경쟁 하의 임의의 한 기업은 하루 중 각 시간에 따라 다른 수요에 직면하고 있다고 하자. 어떤 시간(성수기)에는 생산시설을 완전히 가동하는 반면에 나머지 시간에는 유휴시설을 보유하는 이 기업의 이윤극대화 가격정책을 비선형계획에 의해서 분석해 보자. 이를 위해서 주어진 시설규모의 제약 하에 이 기업의 이윤극대화 모형을 다음과 같이 설정하기로 한다.

$$Max \sum_{i=1}^{24} P_i Q_i - C(Q_1, Q_2, \cdots, Q_{24}) - g(y) \qquad (5-6)$$

s. t. $Q_1 \leq y, Q_2 \leq y, \cdots, Q_{24} \leq y$

여기에서, $Q_1, \cdots, Q_{24}$: 매 시간당 수요량

$P_1, \cdots, P_{24}$: 매 시간당 가격

y : 시간당 생산시설

$C(Q_1, \cdots, Q_{24})$: 하루 총가변비용

$g(y)$: 하루 총고정비용(자본비용)

그리고 각 시간당 생산량 $Q_i(i=1, \cdots, 24)$는 영보다 크다고 가정한다.

이상의 최적화 문제는 다음과 같이 라그랑주 함수로 표시된다.

$$L = \sum_{i=1}^{24} P_i Q_i - C(Q_1, \cdots, Q_{24}) - g(y) + \sum_{i=1}^{24} \lambda_i (y - Q_i) \qquad (5-7)$$

단, 여기에서는 완전경쟁을 가정하고 있으므로 각 시간의 가격은 생산량에 영향을 받지 않는다($\frac{\partial P_i}{\partial Q_i} = 0$)는 사실을 상기해 두자.

쿤 · 터커 조건은 다음과 같다.

$$\text{(a)}\ \frac{\partial L}{\partial Q_j} = P_j - \frac{\partial C}{\partial Q_j} - \lambda_j \le 0 \quad (j = 1, \cdots, 24)$$

$$\text{(b)}\ Q_j \frac{\partial L}{\partial Q_j} = 0 \quad (j = 1, \cdots, 24)$$

$$\text{(c)}\ \frac{\partial L}{\partial y} = -\frac{\partial g}{\partial y} + \Sigma \lambda_i \le 0$$

$$\text{(d)}\ y \frac{\partial L}{\partial y} = 0$$

$$\text{(e)}\ \frac{\partial L}{\partial \lambda_j} = y - Q_j \ge 0 \quad (j = 1, \cdots, 24)$$

$$\text{(f)}\ \lambda_j \frac{\partial L}{\partial \lambda_j} = \lambda_j (y - Q_j) = 0 \quad (j = 1, \cdots, 24)$$

각 생산량(Q_j)은 이미 영보다 크다고 가정하였으므로 (e)로부터 $y > 0$을 확인할 수 있다. 즉, 생산시설은 0보다 크다는 뜻이다. 이제 우리는 Q_j와 y가 0보다 크다는 사실로서 (b)와 (d)는 각각 $\frac{\partial L}{\partial Q_j} = 0$, $\frac{\partial L}{\partial y} = 0$으로 표시할 수 있다. 따라서 (a)와 (c)는 다음과 같이 나타난다.

$$\text{(a)}'\ \frac{\partial L}{\partial Q_j} = P_j - \frac{\partial C}{\partial Q_j} - \lambda_i = 0$$

$$\text{(c)}'\ \frac{\partial L}{\partial y} = -\frac{\partial g}{\partial y} + \Sigma \lambda_i = 0$$

한편으로 비성수기 t시간에는 유휴시설이 존재하기 때문에 $y > Q_t$가 성립되며, 이는 곧 (f)로부터 다음 조건을 얻게 된다.

$$\lambda_i = 0 \qquad (5-8)$$

따라서 (a)′은 비성수기 t에 대해서는 다음과 같이 표시된다.

$$P_t - \frac{\partial C}{\partial Q_t} = 0 \tag{5-9}$$

식 (5-9)는 앞서 언급한 바와 같이 이윤극대화를 위해서는 비성수기 가격을 한계가변비용($\frac{\partial C}{\partial Q_t}$)과 일치시켜야 한다는 것이다.

이제 성수기 s의 가격을 살펴보자. 성수기에는 생산시설을 완전히 가동하므로($y = Q_s$) (f)로부터 $\lambda_s > 0$임을 알 수 있다. 따라서 (a)′으로부터 성수기 가격은 다음과 같이 표시된다.

$$P_s = \frac{\partial C}{\partial Q_s} + \lambda_s \tag{5-10}$$

즉, 식 (5-10)은 성수기 가격을 한계가변비용보다 λ_s만큼 크게 책정하고 있음을 뜻한다. 뿐만 아니라 (c)′으로부터 우리는 모든 성수기에 있어서의 합은 한계고정(시설)비용 $\frac{\partial g}{\partial y}$와 동일함을 알 수 있다.

$$\Sigma \lambda_i = \frac{\partial g}{\partial y} \tag{5-11}$$

다시 설명하면, 성수기 가격은 한계가변비용보다 λ_s만큼 크며 이들 λ_s의 전 성수기에 걸친 합은 한계고정비용과 동일하기 때문에 성수기 가격이 모든 시설(고정비용)을 충당하고 있는 것이다. 앞서 설명한 바와 같이 비성수기에는 유휴시설이 존재하므로 단위당 판매에서 손해를 입지 않을 정도로 한계가변비용과 동일한 가격을 책정하고, 성수기에는 수요증대가 시설의 증대를 필요로 하기 때문에 성수기의 가격이 한계고정(시설)비용을 충분히 충당할 수 있도록 책정되어야 한다는 것이다.

이상의 최대부하가격은 전력, 전화뿐만 아니라 철도, 항만, 육로 등의 운임이나 통행료에 적용되기도 한다. 왜냐하면 흔히 화물운송의 경우에는 원산지에서 판매시장으로의 수요가 많은 반면 반대방향으로의 수요는 상대적으로 적은 것이 상례이기 때문이다.

연습문제

ch. five Exercise

01 시장실패의 원인과 정부의 대책을 논하시오. (행 34)

02 독점의 사회적 비용과 그 치유방안을 논하시오.

03 비용체감산업의 특성을 설명하고 정부의 상이한 가격정책을 설명하시오.

04 자연독점의 경우 생산량이 증가함에 따라 생산물의 한계비용은 반드시 하락한다는 주장이 있다. 이에 대해 논하시오.

05 역선택의 문제를 정보의 비대칭성과 비교하여 설명하시오. (행 38)

06 비대칭적 정보가 시장실패를 유발하는 대표적인 두 가지 요인을 설명하고 정부의 개입방안을 제시하시오.

07 정부의 적정 정보활동에 관하여 설명하고 여기에서 보충정보의 가치를 논의하시오.

08 독점시장에서 효율을 회복하기 위한 정부개입은 어떤 형태를 가져야 하는가? 자연독점의 경우와 非자연독점의 경우로 나누어 기술하시오.

09 자연독점의 경우 생산물의 가격이 한계비용과 일치하는 생산량에서는 평균비용이 반드시 한계비용보다 높다는 주장이 있다. 이에 대해 논하시오.

10 공기업이 생산하는 생산물의 수량은 어느 정도라야 효율이 달성되는가?

11 공기업이 생산하는 생산물은 그 평균비용이 가장 낮아지는 수량만큼 생산하는 것이 가장 효율적이라는 의견이 있다. 이에 대해 논하시오.

12 공기업과 경제적 효율성과 관련된 아래의 질문에 답하시오. (2007년 입법고시 기출문제)

(1) 많은 나라에서 전통적으로 철도, 항만 등 기간산업은 공기업으로 운영되어 왔다. 그 경제적 이유는 어디에 있는지 설명하시오.

(2) 한편, 최근 우리나라를 포함한 많은 나라에서 그러한 기간산업까지도 민영화하는 추세를 보이고 있다. 이러한 추세의 경제적 근거는 어디에 있는지 설명하시오.

13 전기, 전화, 통신 등의 용역은 민간기업이 아닌 정부의 공기업에 의해 생산되는 경우가 많다. 그런데 이러한 공기업은 가능한 모두 민영화하는 것이 바람직하다고 주장하는 사람이 있다. 이에 대해 논하시오.

14 철도사업은 공공부문에 의해 운영되고 요금은 철도청의 정책결정에 의해 일반적으로 결정된다. 그런데 많은 국민들은 철도사업이 반드시 공공부문에 의해 운영되어야 하는가에 대해 의문을 제기하고 있다. 이와 관련하여 다음 물음에 답하시오. (행 45)

(1) 만일 철도사업이 민간기업에 맡겨져서 자율적으로 요금이 결정되는 경우 어떤 결과가 나타나게 되는가?

(2) 철도청에서 철도요금을 결정하는 경우 만일 효율적인 측면만을 고려해서 요금을 결정하는 경우에는 어떤 조건을 만족하는 요금체계가 이뤄져야 하는가?

(3) 만일 철도당국이 저소득층이 많이 이용하는 등급의 철도요금을 결정할 때 효율성의 측면만을 고려하지 않고 소득분배적인 측면을 동시에 고려해 원가에 미치지 못하는 요금을 책정하는 경우 어떤 문제점들이 발생하게 되는가?

15 최근 정부가 개입하여 대학등록금을 인하해야 한다는 주장이 제기되고 있다. 이와 관련하여 다음 질문에 답하시오. (2012년 입법고시 기출문제)

(1) 상기 주장의 타당성을 교육서비스라는 재화 성격에 근거하여 설명하시오.

(2) 등록금보조방식으로 첫째, 세금으로 대학등록금을 아예 반값으로 인하하는 방식과 둘째, 일정 소득 수준 이하의 저소득층에 대해서는 장학금을 지원하고 나머지 학생들에 대해서는 대학등록금을 융자하는 방식이 있는데, 각 방안에 대한 논리적 근거와 타당성을 논의하시오.

16 한국의 경제력 집중의 현황과 그 문제점 및 대응방안을 제시하시오.

분배적 정의와 경제학

Public Finance
ch. six

6

경제적 편익과 비용을 사회구성원들 간에 어떻게 배분할 것인가? 대부분의 경제적 문제는 어떤 형식으로든 이런 질문과 결부되어 있다. 분배는 경제학이 다루는 가장 핵심적인 문제이며, 분배에 대한 규범적 평가를 다루는 분배적 정의론은 경제학에서 고려되지 않을 수 없는 필수불가결한 요소이다.

정부의 정책, 법, 제도 등과 관련하여 공공부문이 내리는 대부분의 결정은 분배적 효과를 발생시킨다. 국가 간에 맺는 협정이나 협약도 마찬가지이다. 따라서 정부의 역할과 규모가 커질수록, 그리고 국가 간의 관계가 긴밀해질수록 이러한 공공부문의 결정이 야기하는 분배적 효과를 파악하고 이에 대한 규범적 평가를 내려야 할 필요성은 더욱 커진다. 현재 우리가 살고 있는 세계에서는 역사상 가장 큰 규모의 정부들이 통치하고 있고, 여러 국가들 간에도 긴밀하게 얽혀 있는 복잡한 관계가 형성되어 있다. 따라서 분배의 문제는 역사상 그 어느 때보다도 중요한 경제학의 과제라고 할 수 있다. 분배적 정의론은 이런 문제들에 대하여 규범적 지침을 마련해 주는 역할을 한다. 본 장에서는 분배적 정의에 대한 몇 가지 대표적인 이론들을 소개하고 그 경제적 함의에 대하여 살펴본다.

규범적 문제에 있어서 다양한 입장들이 난무하는 것이 일반적이다. 실증과학의 세계가 잘 정돈된 포장도로와 같다면, 규범경제학의 세계는 울퉁불퉁하고 진흙탕이 많은 비포장도로와 같다. 간혹 경제학자들은 이런 진흙탕을 피하여 포장도로로만 갈 수 있다는 착각에 빠지기도 한다. 규범적인 문제에 대한 질문을 회피한 체 실증과학의 칼로 현실을 해부하는 과학자의 가면을 쓴 경제학자들이 있다면, 이들은 마치 환자의 건강과 삶의 질에 어떤 영향을 미칠 것인가에 대한 판단 없이 수술을 결정하고 집도하는 의사와 같다. 경제학의 대상은 불변의 질서를 가진 자연물이 아니다. 경제학은 자연과학처럼 우리와 독립적으로 존재하는 자연물의 질서를 규명하는 그런 과학이 아니라, 끊임없이 진화하는 인위적인 제도를 연구하고 제도의 진화에 기여하여 새로운 제도를 탄생시키는 인간의 의식과 제도의 상호작용의 연속선 위에 있는 학문이다. 규범경제학은 경제학의 이러한 특성을 대표하는 영역이다.

때로는 분배적 정의에 대한 규범적 문제를 회피하는 것 자체가 분배적 정의의 한 입장을 암묵적으로 선택하는 것과 같은 경우도 많다. 이는 규범적 문제로부터 자유로운 과학자가 되는 것이 아니라 오히려 현실을 지배하는 분배적 정의의 한 입장에 순응하는 타율적인 기술자가 되는 것에 불과하다.

규범적 전제가 없이는 무엇을 "해야만" 한다는 결론은 얻어지지 않는다. 이러한 당위적 결론이 없는 경제학은 현실과 분리된 학문이 될 수밖에 없다. 우리는 끊임없이 무수한 현실경제의 현안들에 대하여 무엇을 "해야만" 하는가에 대한 답을 필요로 한다. 복지지출을 높여야 할지, 복지 재원을 어떻게 마련할지, 중앙은행이 통화와 이자율에 대하여 어떤 정책을 펼쳐야 하는지, 경기부양을 위하여 어떤 정책이 필요한지, 부동산 투기를 억제해야 하는지, 어떤 나라와 자유무역협정을 체결해야 하는지, 쌀시장을 개방할 것인지 등 무수한 경제현안들에 대하여 경제학은 그 적절한 해결책을 제공하는 역할을 요구받는다. 경제학이 이런 문제들에 대하여 무엇을 "해야만" 한다는 해결책을 제시하기 위해서는 반드시 어떤 규범적 전제가 필요하다. 실증과학으로서의 경제학이 할 수 있는 것은 무엇이 원인이고 어떤 결과가 얻어지는가에 대한 주장들뿐이다. 규범경제학적 전제 없이 무엇을 "해야만" 하는가에 대한 어떤 주장도 펼칠 수 없는 것이다.

1. 아담 스미스의 도덕철학[1]

아담 스미스의 도덕철학에서 출발점은 상상을 통하여 공감(共感)하는 개개인의 자연적 속성이다. "상상을 통하여 우리는 타인이 처한 상황으로 우리를 위치지우고, 그 사람이 느끼고 있는 모든 고통들을 겪는다고 생각하여 마치 우리가 그 사람의 몸속으로 들어가서 느끼는 것 같은 경험을 하게 되고, 그가 느끼는 것보다는 약할지 몰라도 유사한 느낌이 무엇인지 알게 된다."(TMS, I.i.1, p.4)[2] 아담 스미스는 이러한 활동을 공감(sympathy)이라고 불렀다. 아담 스미스의 공감은 반드시 동정심이나 측은지심만을 뜻하는 것이 아니고 희노애락의 모든 감정에 대한 공감을 의미한다.[3]

아담 스미스는 인간이 자연적으로 다른 사람과의 공감을 추구하는 성향을

1. 본 절의 내용은 필자의 글(주병기, 「아담 스미스의 생애와 사상」, 『철학과 현실』 2013년 여름호) 중 일부를 발췌하여 재편집한 것이다.
2. TMS는 아담 스미스의 저서 *Theory of Moral Sentiment*의 약자.
3. "Sympathy …… may now …… be made used of to denote our fellow-feeling with any passion whatever." (TMS I.i.1, p.6)

갖고 있다고 가정하고 이러한 성향으로 인하여 자신의 감정과 행동을 타인의 공감을 얻는 방향으로 통제하게 되었다고 설명한다.

아담 스미스의 도덕철학에서 도덕적 타당성에 대한 심판관은 "공정한 관찰자(impartial observer)" 이다. 공정한 관찰자는 편파적인 입장, 특수한 상황 설정에 따른 편견, 이해관계 등으로부터 자유로워야 한다. 뿐만 아니라 문화적 · 관습적 · 민족적 파당성으로부터도 자유로워야 한다.(TMS, p.228) 어떤 행위의 도덕적 타당성은 행위자와 피행위자(행위의 영향을 받는 사람)의 표현된 감정에 대한 공정한 관찰자의 공감을 통하여 획득된다. 행위자의 감정의 적정성과 피행위자의 긍정적인 감정(감사, 우정)의 적정성에 대한 공감은 도덕적 타당성을 강화시키고, 행위자의 감정에 대한 반감이나 피행위자의 부정적인 감정(분노, 증오)의 적정성에 대한 공감은 도덕적 타당성을 약화시킨다.

아담 스미스의 이상적인 도덕, 자연도덕(自然道德, natural morality)이 필요로 하는 덕(德, virtue)은 현려(賢慮, prudence), 정의(正義, justice), 인애(仁愛, benevolence)와 자율(自律, self-command)로 이루어진다. 현려는 자신의 행복에 관한 덕이고, 정의와 인애는 타인의 행복에 관한 덕이며, 자율은 어떤 상황에서도 자기 감정에 흔들림 없이 공정한 관찰자의 적절한 감성의 기준을 갖고서 현려, 정의, 그리고 인애를 실현하도록 한다.(TMS, VI.iii, p.215)

현려는 생명의 보존과 건강을 추구하는 자연적으로 부여된 특성으로 "자신의 건강, 행운, 사회적 지위와 평판을 비롯하여 개인의 평안과 행복에 필요한 것들에 대한 심려(心慮, care)" 를 뜻한다.(TMS, VI.i, p.192) 정의는 타인에게 피해를 주는 혹은 타인의 권리를 침해하는 행위에 거부감을 일으키는 특성이다. 정의가 부정적인 개념인 데 반하여 인애는 긍정적인 개념이다. 인애는 타인의 행복을 추구하도록 하는 성질이다. 아담 스미스는 인애의 대상이 가족과 친지, 친구와 같이 친밀한 관계에 국한될 수밖에 없는 자연인의 한계를 받아들인다. 분업이 발달하여 무수히 많은 익명의 타인들과 관계하는 사회에서 인애의 덕이 나타나기는 매우 어렵다고 보았다.

아담 스미스의 스승인 허치슨(Francis Hutcheson)과 다른 많은 감성주의 철학자들은 인애를 강조하였고, 현려와 같은 이기성은 덕으로 볼 수 없다는 입장을 취했다. 반면 아담 스미스는 인애를 지나치게 강조하여 현려를 소홀히 하는 것은 심각한 문제가 있다고 보았다. 인애가 없어도 사회의 존속이 위태로워지는 것은 아니나 현려는 반드시 필요한 것이기 때문이라는 것이다. 현려와 인애에 대한 아담 스미스의 견해는 다른 감성주의자들뿐만 아니라 일반적인 관점과도 다소 거리가 있는데, 이런 특성은 그의 자연과학적 접근에서 비롯된 것으로 보인다.

아담 스미스의 도덕적 이상사회는 현려, 정의와 인애의 덕이 자율적으로 존중되는 사회이다. 자율이 중요한 이유는 그 누구보다도 자기 자신의 감정을 가장 정확하게 알 수 있는 것은 자기 자신이기 때문이다. 그래서 타의보다는 스스로 할 때 더 정확한 통제가 가능하다. 아담 스미스는 자율적 통제가 양심을 통하여 이루어진다고 보았고, 자율의 덕은 공정한 관찰자를 양심으로 세움으로써 실현된다고 보았다. 그렇다면 양심은 어떻게 형성되는가? 아담 스미스는 타인과의 공감을 추구하는 인간의 속성으로 인하여 양심이 형성된다고 설명한다. 관찰자로서 타인의 행위에 대하여 공감하거나 공감하지 못한 경험들과 이러한 심판의 대상인 행위주체로서의 경험들을 토대로 하여 공감을 추구하는 인간의 속성과 노력은 자연히 자신의 감성을 적절히 조율하도록 할 내면의 공정한 관찰자를 필요로 하고, 그리하여 시행착오 끝에 양심이 형성된다는 것이다.

현려, 정의와 인애 중에서 『국부론』의 경제인(經濟人)의 특성을 가장 잘 나타내는 것은 바로 현려의 덕이다. 현려의 이기성을 덕의 일부로 보는 것은 아담 스미스 윤리학의 중요한 특징이고, 현려는 후대 경제학자들이 가정하게 되는 경제학적 인간상인 호모 에코노미쿠스(homo economicus)로 단순화된다. 하지만 아담 스미스의 현려는 경제학적 인간상, 즉 이기적 합리성만을 의미하지는 않는다. 아담 스미스는 현려가 정의를 내포한다고 보았는데, 이 또한 공감을 추구하는 인간의 자연적 속성 때문이다. 어떤 행위자의 행위가 피행위자에 대한 부정의를 수반한다면 피행위자의 분노를 살 것이고, 관찰자가 이러한 분노에 공감하여 행위자에 대한 반감을 갖게 되는 것이다. 이렇게 관찰자의 도덕적 승인을 추구하는 본능적 욕망으로 인하여 현려한 행동은 정의로운 것이어야 한다는 설명이 가능하다.

아담 스미스가 『국부론』에서 그리는 이상적인 경제에서 개개인은 현려의 덕을 가지고 자기 이익을 추구한다. 정의와 인애와 같은 덕은 이상적인 경제와 무관해 보일 수 있으나, 아담 스미스는 정의와 인애를 경제의 규범적 환경과 법질서 속에 전제한다고 보아야 할 것이다. 이상적인 경제에서는 규범적 환경이나 법질서를 통하여 정의와 인애가 보장되어 있고, 사적인 문제에 대해서 현려에 따르는 개인의 판단이 요구되는 것이다. 그리고 현려는 타인에 대한 정의가 보장되는 개인적 판단만을 허용한다.

이와 같이 현려의 덕을 갖춘 인간은 현려와 정의를 모두 갖춘 인간이고, 정의에 관심 없고 자기 이익 추구만이 중요한 이기적인 경제인과는 거리가 있다. 『국부론』의 경제인은 이러한 현려를 의사결정에 반영하는 사람이다. 시장경제에서 현려에 따라 행동하는 사람들은 도덕과 무관하게 자기 이익만을 추구하는 것이 아니라, 경쟁자들을 포함하여 자신과 경제적으로 관계 맺고 있는 타인들 모두를 정의롭게 대하고 누구도 비정하게 다루지 않는다는 도덕적 제약 하에서 자기의 이익을 추구하는 사람이다.

아담 스미스는, 정의는 법이나 제도를 통하여 강제될 수 있으나 현려와 인애는 강제될 수 없다고 보았다.(TMS, II.ii.1, pp.71~72) 개인의 행복과 관련한 감정은 자신이 가장 정확하게 알고 있으므로 현려는 개인이 알아서 판단하도록 내버려두는 것이 가장 자연스럽다고 보았을 것이다. 그렇다면 어떤 경제에서 자발적으로 개인에게 맡겨져야 할 현려가 개인의 행동을 결정할 때 정의와 인애를 효과적으로 실현하여 인간사회의 영속과 번영(국부)을 가져올 수 있을까? 이것이 그가 『국부론』에서 다루는 문제이다.

분업과 자유로운 교환이 이루어지는 시장(市場)에서 개개인은 도덕감성의 제약과 현려에 따라 자기 이익을 추구할 뿐이고, 익명의 무수한 타인들을 이롭게 하려는 인애의 의도는 갖지도 않고 가질 수도 없다. 그럼에도 불구하고 시장 거래의 결과는 타인들에게 의도하지 않았던 혜택을 가져다준다는 것이 『국부론』의 중요한 결론이다. 이러한 결론은 당시 개인의 자유로운 의사결정을 제약하여 현려의 역할을 제한하고 인애의 의무를 앞세우는 정부의 적극적인 시장개입론(가령, 당시의 중상주의)에 대한 효과적인 반론이 될 수 있었다. 『국부론』은 시장의 확장이 자연도덕의 이상적인 질서에 가까워지도록 하는 데 효과적이라는 것을 논증하였다고 볼 수 있고, 이런 점에서 『도덕감성론』과 밀접한 관계를 갖는다.

아담 스미스에게 정의는 개인의 덕의 하나이고, 분배적 정의론에서 다루는 정의의 개념과는 큰 차이가 있다. 아담 스미스의 도덕철학 자체가 개인의 덕에 대한 윤리라는 한계가 있고, 이를 분배적 정의론의 주된 대상인 사회제도나 소득분배 등에 대한 도덕적 기준으로 확장하는 것에도 한계가 있다. 그럼에도 불구하고 아담 스미스의 공정한 관찰자 이론은 이후 현대 정의론자들에게 많은 영향을 미친다. 특히, 존 롤즈(John Rawls)와 존 하사니(John Harsanyi) 등의 "무지의 장막"과 로날드 드워킨(Ronald Dworkin)의 "가설적 보험"은 공정한 관찰자의 입장을 합리적 선택론의 형식으로 구현한 것이라고 볼 수 있다.

2. 공리주의

Public Finance, ch. six

아담 스미스를 비롯한 대다수 도덕철학자들의 주된 관심은 개인의 도덕성과 이를 중심으로 한 도덕적 이상사회의 탐구였다고 볼 수 있다. 그러나 공리주의(utilitarianism)는 보다 더 실제적인 문제인 사회개혁, 법안 및 정책의 도입과 평가 등의 필요에서 발전하였다. 공리주의자들은 행위자의 도덕성이 아니라 어떤 행위의 도덕적 평가에 관심이 있었다. 공리주의자들이 관심을 갖는 질문은 "여성에게 참정권을 부여하는 것이 바람직한가?", "노예제도가 폐지되어야 하는가?" 등과 같이 법, 관습, 정책의 타당성에 대한 질문이다. 이러한 사회개혁의 지침이 될 도덕철학으로서, 제레미 벤담(Jeremy Bentham)이나 존 스튜어트 밀(John Stuart Mill) 같은 철학자이자 사회개혁가들에 의하여 고전적 공리주의가 도입되었고 그 체계를 갖추게 되었다.

고전적 공리주의의 핵심은 도덕적 선(善)과 쾌락 혹은 행복이라는 심리적 상태를 결부시킨다는 점이다. 쾌락이나 행복은 선의 부산물도 아니고, 선보다 하등의 가치도 아니다. 쾌락은 바로 선을 결정하는 특성이 된 것이다. 이와 같은 철학적 전통은 이미 고대 그리스 소피스트(Sophist) 철학자들, 에피쿠로스(Epikouros)의 쾌락주의로 거슬러 올라갈 수 있다. 모든 도덕적 판단은 쾌락과 관련되어 있으므로 중요하고, 쾌락과 관계없는 그 어떤 것도 도덕적으로 무의미하다는 식의 사고체계이다. 가령, 양심의 자유라는 권리가 도덕적으로 바람직한 것은 자유 그 자체의 내재적 가치, 인격의 존엄함, 종교적 신념, 혹은 선험적 명령 때문이 아니라 개인이 쾌락을 추구함에 있어서 중요한 조건이 되기 때문이라는 것이다.

이러한 쾌락으로서의 선이 개인적 행동윤리의 차원을 넘어 벤담과 밀 등을 통하여 사회정책에 대한 도덕적 판단기준으로 확장된 것이 공리주의의 시초라고 볼 수 있다. 이러한 공리주의의 체계화와 함께 인간의 경제활동과 이를 통한 쾌락 추구에 대한 과학적 탐구를 자처하는 경제학도 중요한 학문 분야의 하나로 자리 잡기 시작하였다. 어쩌면 대다수의 경제학자들은 어느 정도 공리주의자라고 봐도 무방할 것이다.

제레미 벤담에게 쾌락은 선이고 고통은 악이다. 도덕적 행위는 쾌락을 높이고 고통을 줄이는 것이다. "최대 다수의 최대 행복"을 추구해야 한다는 것이 벤담의 공리주의가 지향하는 원칙이다. 벤담은 쾌락의 질적인 등급을 나누지는 않았다. 그러나 쾌락의 도덕적 가치의 크기를 양적으로 구분하는 데 고려되어야 할 요소들로서 강도(intensity), 지속성(duration), (행위와 쾌락 간의) 인과확실성(certainty), (감정과 행동의) 근접성(proximity), (추가적인 쾌락의) 생산성(fecundity), (다른 감정과 혼재되지 않은) 순수성(purity), (영향을 받는 사람들의) 범위(extent) 등을 제시하였다.[4]

모든 쾌락의 질적 차이를 구분하지 않는다면, 술이나 가치 없는 유흥에서 얻는 쾌락이 인류의 진보를 앞당기는 과학적 성취에서 얻는 쾌락과 같은 등급에서 비교될 것이다. 허영과 사치에서 얻는 쾌락은 굶주림으로부터 벗어나는 쾌락과 동등하게 비교된다. 이런 문제점을 인식하여 존 스튜어트 밀은 쾌락을 질적으로 구분한다.[5] 가령 정신적인 쾌락은 감각적인 쾌락보다 상위의 쾌락이라고 주장한다. 그 밖에도 인간의 본성에 대한 견해도 벤담과 크게 달랐다. 벤담은 인간을 쾌락적 이기주의자라고 보았는데, 이는 토마스 홉스(Thomas Hobbes)의 인간관과 유사하다. 그래서 벤담의 공리주의는 인간관과 행동의 도덕적 기준으로서 공리주의 원칙이 상충하는 내적 문제점을 안고 있었다. 최대 다수의 최대 행복을 위해서 필요한 행동을 이기적 인간들이 선택할 것인가?

밀은 인간이 자기의 쾌락을 추구할 뿐만 아니라 사회적 감정을 갖는 존재라고 본다. 다른 사람들의 쾌락과 고통에 공감할 수 있고 죄책감, 후회, 정의감 등을 통하여 자기 행동을 규제할 수 있다는 것이다. 따라서 밀의 인간관은 아담 스미스의 인간관과도 일치하는 면이 있다. 이 외에는 밀의 공리주의는 벤담의 공리주의와 동일하다. 쾌락은 여전히 심리적 상태를 나타내고, 이러한 쾌락을 사회

4. Jeremy Bentham, *An Introduction to the Principles of Morals and Legislation.*, Oxford : Clarendon Press, 1907.

5. John Stuart Mill (1859), *Utilitarianism*, Roger Crisp (ed.), Oxford : Oxford Unviersity Press, 1998.

전체적으로 극대화해야 한다는 원칙이 도덕적 판단의 기준이다.

벤담과 밀의 공리주의는 사회적 관습과 전통, 법과 사회정책 등을 공격하고, 타파하거나 개혁하는 데 아주 효과적인 도덕철학적 근거를 제공했다. 벤담과 밀의 공리주의를 가장 폭넓게 채택 · 개발 · 활용하는 학문이 경제학이라고 할 수 있을 것이다. 마샬(A. Marshall, 1890)과 피구(A. Pigou, 1920) 같이 신고전경제학의 기초를 세운 대표적인 경제학자들을 비롯하여[6] 수많은 경제학자들에게 가장 친숙한 규범적 기준이 바로 공리주의라고 할 수 있다. 제12장에서 다루어지는 비용 · 편익 분석은 공리주의를 바탕으로 개발된 가장 대표적인 실용적 정책평가 방식이다.

2.1 공리주의와 불평등

일반적으로 **공리주의적 사회후생**은 각 개인 후생의 지표인 효용의 개인들 간 단순 합 혹은 산술평균으로 이해된다. 따라서 공리주의는 개인 효용 분포의 다른 특성, 특히 불평등의 측면을 전혀 고려하지 않는 것으로 이해된다. 따라서 공리주의는 현실의 불평등 기피적 도덕직관에 반하는 기준이라고 받아들여진다. 그러나 이러한 일반적 인식과 배치되는 흥미로운 사실은 불평등지수를 연구하는 많은 학자들이 공리주의적 사회후생을 응용하였다는 점이다. 그 대표적인 사례가 달톤(Dalton, 1920), 랑게(Lange, 1938), 러너(A. Lerner, 1944), 앳킨슨(A. Atkinson, 1970) 등의 연구들이다.[7]

특히 동일한 개인 효용함수를 가정할 경우 공리주의 사회후생함수는 평등주의적인 자원배분을 옹호한다는 사실을 쉽게 확인할 수 있다. 이를 일정액을 여러 사람에게 나누는 단순한 배분문제에서 살펴보도록 하자. 간단한 설명을 위하여 1과 2 두 사람이 있고 100단위의 화폐가 있다고 하자. 주어진 총액을 어떻게 두 사람에게 나누는가의 문제이다. 두 사람이 화폐에서 얻는 효용은 동일한 효용함

---

6. A. Marshall, *Principles of Economics*, Macmillan, London, 1890 ; A. C. Pigou, *The Economics of Welfare*, Macmillan, London, 1920.

7. Dalton, H., "The measurement of the inequality of incomes," *Economic Journal* Vol.30, 1920 ; Lange, O., "The foundations of welfare economics," *Econometrica*, Vol.10, 1938 ; Lerner, A. P., *The Ecnomics of Control*, Macmillan, London, 1944 ; Atkinson, A. B., "On the measurement of inequality," *Journal of Economic Theory*, Vol. 2, 1970.

수 $u(x)$로 측정된다고 하자. 따라서 1에게 x단위를 주고 2에게 나머지 $(100-x)$ 단위를 주면 두 사람은 각각 $u(x)$와 $u(100-x)$의 효용을 얻게 된다. 그렇다면 0과 100 사이에서 어떤 x가 효용의 합 $u(x)+u(100-x)$를 극대화하는가? 이 문제를 수리적으로 풀면 극대화의 필요조건에 따라 $u(x)+u(100-x)$의 일계도함수가 0의 값을 갖는 x, 즉

$$mu(x) = mu(100-x) \tag{6-1}$$

의 조건을 충족하는 x값에서 그 해가 결정된다. 여기서 $mu(x)$는 x에서 한계효용을 의미하는데, 이는 x가 늘어남에 따른 효용의 증가율을 나타낸다. 가령 x가 한 단위 늘어날 때 1의 효용은 $mu(x)$만큼 늘어나고 2의 효용은 $mu(100-x)$만큼 줄어든다. 따라서 $mu(x) > mu(100-x)$라면 x를 1단위 늘릴 때 늘어나는 1의 효용 $mu(x)$가 줄어드는 2의 효용 $mu(100-x)$보다 더 크므로 전체 효용의 합은 늘어날 것이다. 그 반대의 경우에는 x를 1단위 줄임으로써 전체 효용의 합을 늘릴 수 있다. 따라서 식 (6-1)이 성립하는 경우에만 전체 효용의 합이 극대화될 수 있는 것이다.

이제 $x=50$일 때, 즉 평등한 배분에서 식 (6-1)이 충족된다는 것을 쉽게 확인할 수 있다. 한계효용이 체감하는 경우에 이런 평등배분이 유일하게 공리주의 사회후생, 즉 효용의 합을 극대화하는 배분이라는 것을 알 수 있다. 이는 평등배분에서 멀어질 때 더 많은 소비를 하는 소비자의 한계효용은 감소하지만 더 적은 소비를 하는 소비자의 한계효용은 증가하여 식 (6-1)의 조건이 깨질 수밖에 없기 때문이다.

이와 같이 동일한 효용함수를 가진 사람들로 구성된 자원배분 문제에서 공리주의가 평등배분을 선택한다는 결론은 깊이 사고해 본다면 그리 놀라운 사실은 아니다. 이렇게 모든 사람들이 대칭적인 역할을 하는 모형에서는 제10장에서 소개될 다른 많은 비공리주의적 사회후생함수들도 평등배분을 선택한다는 것이 잘 알려져 있다. 따라서 평등주의의 결론은 공리주의보다는 모형 자체의 대칭성에 더 많이 의존한다고 볼 수 있다.

실제로 공리주의는 매우 반평등주의적일 뿐만 아니라 최소의 평등성의 원칙에도 상반되는 분배적 함의를 갖는다는 것을 보일 수 있다. 이와 관련하여 우선

완전평등이 아니라 비교적 보편적으로 수용되는 공평성의 원칙으로 “약자 배려”의 원칙 같은 것을 생각해 볼 수 있다.

약자 배려의 원칙
두 사람 중 어떤 한 사람이 다른 사람보다 불리한 여건에 있을 때, 그에게 더 많은 자원이 제공되어야 한다.

누가 약자인가를 생각할 수 있도록 앞의 단순배분 모형을 보다 구체적인 모형으로 확장해 보겠다. 각 개인은 x를 이용하여 어떤 재화 y를 생산한다고 하고 이 생산물 y를 소비하는 모형을 고려하자. 두 사람의 y에 대한 효용함수는 동일하게 $u(y) = y$로 주어져 있다. 두 사람은 x재를 소비재 y로 전환하는 데 서로 다른 기능을 갖고 있다. 1의 경우 $y = \sqrt{x}$의 기술로 x재를 y재로 전환할 수 있다. 그러나 2의 기능은 1보다 떨어져서 x재를 이용하여 1이 생산하는 것의 절반인 $y = \frac{\sqrt{x}}{2}$밖에 생산하지 못한다. 따라서 임의의 0과 100 사이의 x를 1에게 주고 나머지를 2에게 주는 $(x, 100 - x)$의 배분에서 두 사람의 효용은 각각 $\sqrt{x}$와 $\frac{\sqrt{100 - x}}{2}$가 된다. 따라서 2는 자원을 효용으로 전환하는 능력에 있어서 1보다 불리한 여건에 놓여 있는 약자이다. 한편, “x재”를 한 단위 더 얻을 때 1의 후생 증가를 나타내는 x에 대한 한계효용은

$$mu_x^1(x) = \frac{1}{2\sqrt{x}}$$

이고, 2의 x에 대한 한계효용은

$$mu_x^2(x) = \frac{1}{4\sqrt{x}}$$

이다. 따라서 0과 100 사이의 모든 x에서 1의 x에 대한 한계효용이 2의 x에 대한 한계효용보다 크다. 즉,

$$mu_x^1(x) > mu_x^2(x)$$

의 관계가 성립한다. 따라서 두 사람에게 동일한 x를 주는 균등배분에서 1의 한계효용이 2의 한계효용보다 크다. 이는 1에게 더 많은 x를 배분함으로써 두 사람의 효용의 합을 높일 수 있다는 것을 의미한다. 따라서 균등배분에서 공리주의적 사회후생이 최대화될 수 없고, 최적의 배분은 1에게 더 많은 자원을 공급하는 것이다. 따라서 이 예에서 공리주의는 약자인 2에게 더 적은 자원을 배분하고 강자인 1에게 더 많은 자원을 배분하여 약자 배려의 원칙을 위반한다.

2.2 공정한 관찰자와 공리주의

개인 효용의 합으로 측정되는 사회후생의 개념은 개인 간의 효용 비교를 전제한다. 그렇다면 개인 간의 효용의 비교가 어떻게 가능한가? 굶주린 사람에게 대부분의 사람들은 자신의 음식을 나눠주려고 한다. 이는 상대방이 겪는 굶주림의 고통을 공감하고, 그 고통과 자신이 음식의 일부를 포기함으로써 겪게 될 고통을 비교했기 때문이다. 굶주린 아이와 그렇지 않은 아이를 둔 엄마는 빵 한 조각을 굶주린 아이에게 주려고 할 것이다. 이런 행위는 굶주린 아이가 빵 한 조각에서 얻게 될 효용과 다른 아이가 빵 한 조각에서 얻게 될 효용을 비교하여 이루어지는 것이다. 이처럼 일상생활 속에서 개인 간의 효용 비교가 자연스럽게 이루어지는 것을 관찰할 수 있다. 앞 절에서 소개된 바와 같이 아담 스미스는 공감하는 능력을 인간의 자연적 속성이라고 보았다. 아담 스미스는 공정한 관찰자의 관점에서 공감이 이루어지고, 공정한 관찰자의 감성의 심판으로 도덕적 타당성이 확보된다고 하였다. 하사니(J. Harsanyi)는 이러한 아담 스미스의 관점을 이론적으로 구체화하여 공정한 관찰자를 통하여 이루어지는 개인 간의 효용 비교와 공리주의적 사회후생과의 관계를 규명하였다.[8]

임의의 개인 i와 사회적 대안 x로 이루어진 순서쌍 (i, x)는 i의 입장에서 x의 결과를 경험하는 것을 의미한다. 이러한 (i, x)와 같은 순서쌍을 **전망**(prospect)이라고 부르자. **공정한 관찰자**(impartial observer)는 이와 같은 전망들에 대한 선호관계 R_{IO}를 갖는다고 가정된다. 이때 $(i, x) \succ_{R_{IO}} (j, y)$는 공정한 관찰자가 i가 되어 x의 결과를 누리게 되는 전망을 j가 되어 y의 결과를 누리게 되는 전망보다 더

8. Harsanyi, J. C., "Cardinal welfare, individualistic ethics and interpersonal comparisons of utility," *Journal of Political Economy*, Vol. 63, 1955.

선호한다는 것을 의미한다. 가령 A와 B 두 사람이 있고 둘 중 한 사람에게 빵 하나를 주는 문제에서 $x = (1, 0)$은 A가 빵을 얻는 결과이고 $y = (0, 1)$은 B가 빵을 얻는 결과라고 하면, 공정한 관찰자가 (A, x)를 (B, y)보다 선호한다는 것은 A가 되어 빵을 소비하는 것을 B가 되어 빵을 소비하는 것보다 선호한다는 의미이다. 또한 (A, y)를 (B, y)보다 선호한다는 것은 빵을 먹지 않지만 A가 되는 것을 빵을 먹는 B가 되는 것보다 더 선호한다는 뜻이다.

이처럼 공정한 관찰자는 여러 구성원들 개개인의 관점에서 경제적 배분 혹은 대안들을 평가할 수 있다. 마치 자신이 구성원들 중 어느 한 사람 i가 되는 경우를 상상하고 i의 관점에서 모든 대안들을 평가할 수 있을 뿐만 아니라, i의 입장에서 x와 다른 j의 입장에서 x 혹은 다른 대안 y를 비교할 수 있는 것이다. 그가 "공정한" 이유는 모든 사람의 입장에 처할 확률이 동일하여 모든 사람의 입장을 균등하게 대표할 수 있기 때문이다. 공정한 관찰자가 i가 될 때 대안들에 대한 효용함수를 $U(i, x)$로 쓰면, n명의 각 개인이 될 확률이 $\frac{1}{n}$이므로 어떤 대안 x가 공정한 관찰자에게 주는 기대효용은

$$EU(x) = \sum_{i=1}^{n} \frac{1}{n} U(i, x)$$

로 계산된다.

만약 공정한 관찰자가 i가 될 때 갖는 대안들에 대한 효용함수가 실제 i의 대안들에 대한 효용함수 $u_i(x)$와 일치한다면, 위의 공정한 관찰자의 기대효용은

$$EU(x) = \sum_{i=1}^{n} \frac{1}{n} u_i(x)$$

가 되어 공리주의적 사회후생함수와 동일한 평가기준을 갖게 된다. 즉, 공리주의적 사회후생함수와 공정한 관찰자의 기준이 일치하게 된다. 바로 위의 가정이 하사니의 확장된 공감(extended sympathy)이라는 공리이다.[9]

---

9. Harsanyi, J. C., "Cardinal welfare, individualistic ethics and interpersonal comparisons of utility," *Journal of Political Economy*, Vol. 63, 1955. 우리가 정의한 확장된 공감의 공리는 실제 하사니의 정의보다 강한 형태이다. 하사니의 정의에 따르면 효용함수가 일치한다는 것이 아니라 전망들의 확률분포에 대한 선호관계가 일치하는 것이다. 이 경우 하사니의 결론은 단순 합 공리

확장된 공감

공정한 관찰자가 i의 입장에서 갖는 대안들에 대한 효용함수는 실제 i의 효용함수와 일치한다.

하사니는 이처럼 공정한 관찰자의 관점에서 개인 간의 효용 비교가 가능할 때 공정한 관찰자의 선호체계는 바로 공리주의적 사회후생함수와 일치하게 된다는 사실을 증명하였다.

공정한 관찰자 정리

여러 가능한 전망들의 확률분포(복권)들에 대한 공정한 관찰자의 선호관계가 기대효용이론의 기본 공리들을 충족하고 확장된 공감의 공리를 충족한다면, 공정한 관찰자의 대안들에 대한 평가는 공리주의 사회후생함수의 평가와 일치한다.

3. 롤즈의 분배정의론

Public Finance, ch. six

지난 50여 년간 가장 널리 읽히고 공리주의와 함께 가장 자주 비교되었던 분배적 정의론이 롤즈(J. Rawls)의 정의론이다. 롤즈는 사회를 구성하는 가장 기본이 되는 원칙으로서의 정의의 문제를 제기한다. 그가 고려하는 정의는 어떤 특수한 분배의 문제에 적용되거나 어떤 특수한 제도, 관습 혹은 정책에 적합한 것이 아니다. 그의 정의는 한 사회의 주요한 사회제도들이 어떻게 권리와 책임을 구성원들에게 부여하고, 어떻게 사회적 이익과 비용을 나누는가를 포괄하는 사회의 기본적인 구조에 대한 것이다. 정의의 원칙이 적용되는 사회의 기본적인 구조는 사상과 언론의 자유, 종교의 자유, 사유재산권, 완전경쟁시장, 일부일처제 등의

주의 사회후생함수가 아니라 가중 합 공리주의 사회후생함수와 공정한 관찰자의 효용함수가 일치한다는 것으로 수정되어야 한다. 이에 대한 보다 자세한 설명은 아래 논문을 참조하기 바란다. Karni, E. and J. Weymark, "An informationally parsimonious impartial observer theorem," *Social Choice and Welfare*, 15, 1998, pp.321~332.

각종 사회제도들을 포괄한다.

다양한 사회제도들이 단일한 정의의 원칙에 기초하여 구성되어야 한다는 의미에서 롤즈의 정의관은 포괄적(global) 정의관이라고 볼 수 있다. 이와 반대로 각각의 특수한 문제에 국한된 국부적(local) 정의관이 있을 것이다. 정의관을 어떤 근원적인 인간 본성의 문제와 결부하여 이해하고 인간의 본성이 일관성을 갖고 특수한 문제들에서 표출된다면 포괄적 정의가 보다 적절한 정의관으로 보인다. 그러나 정의를 인간의 본성과 결부하여 이해하기보다는 역사적 맥락 혹은 구체적인 상황과 결부하여 이해하는 것이 더 적절하다면, 포괄적 정의보다는 국부적 정의가 더 적합할 것이다. 롤즈의 포괄적 정의관은 칸트의 보편주의적 도덕철학과 흡사하다. 실제로 롤즈는 자신의 정의론과 칸트의 도덕철학이 일치하는 점에 대하여 상당한 지면을 할애하여 그의 『정의론』에서 설명하고 있다.(Rawls, 1999, pp.221~227)[10]

롤즈 정의론의 기본적인 구성요소는 원초적 입장(original position)이라는 가설적 상황과 개인의 합리성이다. 사회계약론의 전통을 계승한 롤즈의 정의론에서 정의의 원칙은 사회구성원들 간의 합리적인 의사결정을 통해 합의로 얻어지는 것이다.

롤즈가 가정하는 합리성은 경제인의 이기적 합리성을 뜻한다. 타인에 대한 배려나 시기 등의 사회적 동기에 관심이 없고 오직 자신의 소비와 안위에서 얻어지는 만족을 극대화하는 그런 개인들이 롤즈의 정의론이 상정하는 합리적 개인들인 것이다.[11] 이와 같은 개인들이 자신의 선천적인 장점이나 결함, 성, 인종, 소비 취향(선호), 혹은 자신의 사회적 위치 등에 대하여 알게 된다면 당연히 이러한 자신의 특성에 가장 유리한 정의의 원칙을 지지하고 나설 것이다. 따라서 이러한 결정은 편파적일 수밖에 없다. 이러한 편파성이 배제될 수 있는 상황에서의 합의라야만 공정성으로서의 정의의 원칙으로서 합당하다. 바로 이것이 원초적 입장이 필요한 이유이다.

원초적 입장은 개개인의 정보가 무지의 장막에 가려져 있는 상태를 말한다. 즉, 사회에서 자신이 갖게 될 장점도 단점도 알려지지 않고 자신의 사회적 지위,

---

10. Rawls, J., *A Theory of Justice*, (Revised Ed.), Belknap Harvard, 1999. 이의 번역서로 『사회정의론』(황경식 역, 서광사)이 있다.
11. Rawls(1971, Sec.25, p.143), *A Theory of Justice*, Belknap Harvard.

성, 인종, 직업, 선호 등에 대한 어떤 정보도 알려지지 않은 상태이다. 그래서 내가 어떤 하나의 특성들의 조합을 갖는 것이 아니라 모든 가능한 특성 조합들에 대하여 대칭적인 입장에 놓여 있게 되는 그런 상태를 말한다. 이와 같은 무지의 장막 뒤에서 이루어지는 합리적 선택은 모든 가능한 특성들을 동등하게 대변하는 불편부당성을 갖게 된다.

무지의 장막 뒤에서 개개인들은 극도의 불확실성 하에 놓이게 된다. 이는 하사니의 무지의 장막처럼 균등확률분포와 같은 어떤 확률분포가 알려져 있는 상황이 아니다. 확률분포조차 알려져 있지 않을 뿐만 아니라 확률적 사고 자체가 어려운 불확실성이라고 롤즈는 강조한다. 이러한 극도의 불안 속에서 합리적인 개인들은 어떤 정의의 원칙을 선택할 것인가? 과연 불평등을 허용하는 것이 합리적 판단인가? 우선 롤즈는 극도의 불확실성 하에서 합리적인 개인은 자신이 최악의 상황에 처하는 경우를 우려하게 되어 최소수혜자의 입장에서 판단하게 된다고 주장한다. 그런 최소수혜자까지도 혜택을 누릴 수 있다면 불평등을 기꺼이 용인하는 것이 합리적이라고 롤즈는 주장한다.[12] 불평등을 허용하여 더 많은 노력의 유인을 부여하고, 이를 통하여 사회 전체적인 생산성이 향상된다면 결국 최소수혜자가 그 혜택을 누리는 것이 가능한 것이다.

그러나 롤즈는 어떤 경제적 편익을 통해서도 보상될 수 없는 불평등이 있다고 보았는데, 바로 그것이 개인의 기본적인 권리와 자유, 그리고 사회적 위치, 역할, 혹은 지위에 대한 기회에 있어서의 불평등이다. 롤즈는 공리주의에 대한 비판의 상당 부분을 이러한 기본적 권리와 자유조차도 경제적 편익을 통하여 보상할 수 있다는 전제를 비판하는 데 할애하였다.

이상의 논의를 통하여 롤즈는 무지의 장막에서 가장 합리적인 선택은 개인의 자유와 사회적 기회에 대한 상위원칙과 경제적 편익과 비용 배분에 대한 하위원칙으로 구성된 정의의 원칙에 합의하는 것이라고 주장한다. 이러한 롤즈의 정

12. 롤즈는 이에 대한 가장 상세하고 비교적 정형화된 논증을 그의 『정의론』 제26절에서 제시하고 있다. 그러나 그의 논증은 최소수혜자를 기준으로 한 정의의 원칙이 왜 공리주의보다 설득력이 있는가에 대한 개연성 있는 설명 정도라고 보는 것이 적절할 것으로 보인다. 롤즈의 무지의 장막과 합리성에 따른 필연적 귀결이라는 것을 입증하는 것은 아니다. 경제학의 의사결정이론(decision theory)에서 불확실성 기피(uncertainty aversion)와 모호성(ambiguity)에 대한 연구성과들은, 불확실성이 하나의 확률분포로 주어지지 않을 경우 합리적 의사결정자는 롤즈가 주장하는 것과 유사하게 "최악의 가능성"에 기초하여 결정하게 된다는 것을 증명하고 있다.

의의 원칙은 우선순위별로 다음 두 가지로 요약된다.

(i) 각 개인은 모든 사람들이 동시에 누릴 수 있는 가장 포괄적인 기본적 자유에 대하여 균등한 권리를 가져야 한다.(Rawls, 1971, p.60)

(ii) (a) 사회적 · 경제적 불평등은 최소수혜자(the least advantaged)에게 최상의 보상이 이루어지도록 한다는 전제 하에서 허용될 수 있고, (b) 이러한 불평등이 발생하는 사회적 위치, 역할, 직업, 지위에 대한 기회는 모든 사람들에게 공정하게 보장되어야 한다.(Rawls, 1971, p.83)

여기서 최소수혜자의 보상이 극대화되어야 한다는 (ii)-(a)의 원칙을 **차등의 원칙**이라 한다.

무지의 장막에서 개개인은 모두 동일한 처지에 놓여 있게 되므로 합리적인 결정 역시 동일할 수밖에 없다. 따라서 합의는 만장일치로 이루어지게 된다. 무지의 장막은 이처럼 통상적인 협상의 상황이 갖는 문제점인 결과의 비결정성과 임의성 등을 사전에 차단하는 편리성도 갖추고 있다.

공리주의의 최대 약점은 기수적 효용과 개인 간의 효용 비교에 크게 의존한다는 점이다. 경제학자들은 가능한 기수적 효용과 개인 간의 효용 비교를 허용하지 않으려 하거나 이에 대한 논의 자체를 회피하는 경향이 있다. 후생경제학의 전통은 서수적 효용에만 의존하는 사회적 가치판단의 척도를 개발하는 작업이었고 그 결과는 불가능에 가까웠다. 반면 비용 · 편익 분석이나 거시 · 금융 및 재정 정책의 연구에 기수적 효용과 개인 간의 효용 비교에 기초한 후생분석은 매우 널리 활용되어 왔다.

이러한 공리주의의 결함에도 불구하고 롤즈는 자신의 차등의 원칙은 기수적 효용과 개인 간의 효용 비교의 문제를 비교적 객관적인 토대 위에서 해결하고 있다고 주장하였다. 그 이유는 첫째, 차등의 원칙은 최소수혜자가 일단 정해지면 그의 복지에 대한 서수적 비교만 중요하다는 것이다. 둘째, 최소수혜자가 개인들 간의 기수적 효용의 비교를 통해서가 아니라 기초재들(primary goods)의 지표의 비교를 통해서 결정되기 때문이라는 것이다. 롤즈는 구체적으로 기초재들의 지표를 어떻게 정하는가의 문제에 대하여 명확한 답을 주고 있지는 않다. **기초재**란 모든 사람들이 자신의 인생의 구체적인 계획과 경로와 무관하게 자신의 목적을 달성하고 자신을 이롭게 하는 데 도움을 주는 그런 재화들이다(Rawls, 1999, p.79). 롤즈는 이러한 기초재의 예로 권리, 자유, 기회, 소득, 부 등을 들고 있다. 기초재의 지표를 찾는 문제는 사회후생의 척도를 찾는 사회선택이론의 문제와 유사하다. 케네스 애로우의 불가능성 정리(제9장 참조)는 이 문제가 해결되기 어렵다는 것을 알려주고 있다. 따라서 적당한 기초재의 지표를 찾는 문제 역시 비슷한 어려움이 있을 것으로 보인다.

4. 자유지상주의와 권리정의론

로버트 노직(Robert Nozick)은 어떤 배분이 정의로운가는 모든 이가 그 배분에서의 자기 소유에 대한 정당한 권리를 갖고 있는가의 여부에 의하여 결정된다는 이른바 **권리정의론**(entitlement theory of justice)을 제안하였다. 그의 정의론은 정당한 소유 권리가 발생하는 절차에 대한 원칙들로 구성되어 절차적 혹은 역사적 정의론으로 불린다. 노직은 공리주의, 롤즈의 정의론, 평등주의 등을 자신의 정의론과 대비하여 결과적 정의론이라고 불렀다.

노직에게 권리와 자유는 복지, 평등, 그밖에 다른 어떤 것보다도 우선시되어야 하는 것이다. 노직은 권리와 자유를 존중하는 것과 배분의 어떤 "정형(pattern)"화된 결과적 공정성을 추구하는 것 사이의 상충관계에 주목한다. 결과적 공정성을 충족하는 배분은 항상 개인의 소유 권리와 자유로운 의사결정을 통하여 변화할 수 있고, 그렇게 얻어진 새로운 배분이 동일한 결과적 공정성의 정형을 갖게 되리라는 보장은 없다. 따라서 정형화된 결과적 공정성을 끊임없이 추구하려면 개인의 소유 권리와 자유에 제한을 가해야 할 가능성이 크다. 반대로 개인의 소유 권리와 자유를 보장하기 위해서는 정형화된 결과적 공정성을 추구하지 말아야 한다. 따라서 그가 제안하는 정의론은 정당한 (소유) 권리를 결정하는 원칙들로만 이루어진다.

그는 정의론의 세 가지 핵심적인 요소를 소유 권리의 획득에 대한 문제, 소유 권리의 양도에 대한 문제, 그리고 부당한 소유 권리의 교정의 문제라고 보았다. 정의론은 이러한 문제들을 해결하는 적절한 원칙들로 구성되어야 하고 그러한 원칙들이 지켜지는 절차를 통하여 얻어진 배분을 정의로운 것으로 보자는 것이다.

완전히 정의로운 세계에서는 획득(acquisition)의 정의에 대한 원칙과 양도(transfer)의 정의에 대한 원칙, 그리고 이러한 획득과 양도의 원칙이 반복적으로 적용될 경우에만 모든 정당한 소유의 권리가 설명될 수 있다.

세계가 완전히 정의롭다면, 다음의 귀납적 정의(定義)를 통하여 소유 권리의 정의(正義)라는 주제 전체가 설명될 수 있다.

1. 획득의 정의의 원칙에 따라 획득한 사람에게 그 소유의 권리가 부여된다.
2. 소유의 권리를 가진 다른 사람으로부터 양도의 정의에 대한 원칙에 따라 양도받아 획득한 사람에게 그 소유의 권리가 부여된다.
3. 1과 2의 반복적인 적용을 통하지 않고서는 어떤 소유의 권리도 부여될 수 없다. (Nozick, R., 1974, p.151)[13]

획득의 정의에 대한 원칙은 소유되지 않은 것들에 대한 획득을 포함하여 가장 원초적인 획득에 대하여 다룬다. 어떻게 아무도 소유하지 않은 것들에 대한 소유 권리가 발생하게 되는가, 어떤 것들을 소유할 수 있고 그 소유의 범위는 어디까지인가 등의 문제들이 획득의 정의에 대한 원칙과 관련된 주제들이다. **양도의 정의**에 대한 원칙은 어떻게 소유 권리가 한 사람에서 다른 사람에게 양도될 수 있는가를 다룬다. 양도의 정의에 대한 원칙에서 중요한 것은 자발성이다. 개인이 자발적으로 양도를 결정하였다면 그것을 존중해야 한다는 것이다.

위의 귀납적 정의는 부정의(不正義)가 발생하는 경우에 적용될 수 없다. 현실은 완전하지 못하고, 따라서 정의롭지 못한 결과가 산재하다. 이렇게 불완전한 현실에서 획득의 정의와 양도의 정의만으로는 부정의한 배분에 대한 교정을 논하기 어렵다. 따라서 부당한 소유 권리에 대한 교정의 원칙이 요구된다.

노직의 정의론은 **자유지상주의**(自由至上主義, libertarianism)에 그 뿌리를 두고 있다. 자유지상주의에 따르면, 모든 개인은 자신에 대한 완전한 소유권, 자기소유권을 갖고 있고 노동을 통하여 외부의 사물을 획득할 도덕적 권리를 갖고 있

13. Nozick, R., *Anarchy, State, and Utopia*, Blackwell, 1974.

다. 모든 사람은 다른 사람의 자기 소유권을 침해하지 않는 범위 내에서 자신의 신체를 통하여 자기 자신을 이롭게 할 권리를 갖는 것이다. 이러한 자기 소유권에 기초하여 외부 사물의 획득의 정당성이 부여될 수 있다. 그러나 항상 외부 사물의 획득이 정당화될 수는 없다. 다른 사람이 정당하게 소유하고 있는 사물을 획득하는 것은 타인의 소유권을 침해하여 부당하다. 아무도 소유하고 있지 않은 사물을 획득하는 것에 있어서도 단서조항이 따르게 된다. 이와 관련하여 로크(John Locke)의 사유화 권리론은 "다른 사람들에게도 공히 충분하게 남아 있는 한에 있어서(at least where there is enough, and as good left in common for others)" 라는 단서를 붙인다.[14]

로크의 단서조항은 일면 희소한 자원의 획득의 정당화를 어렵게 만드는 것으로 해석될 수 있다. 따라서 희소한 자원은 아무도 획득하지 못하여 극히 비효율적인 결과를 초래하게 되는 역설을 야기할 수 있다. 이러한 단서조항을 노직은 "다른 사람들에게 피해를 가하지 않는 한에 있어서" 라는 무해(無害)조건으로 완화한다. 즉, 아무도 소유하고 있지 않은 외부 사물을 자신의 노동을 통하여 획득하는 것은 다른 사람들에게 피해를 가하지 않는 한에 있어서 정당하다는 것이다. 그런데 피해라는 것은 어떤 기준선을 전제하고서 정의될 수 있으므로 그 기준선이 무엇인가를 명확히 할 필요가 있다. 노직은 그 기준선을 외부 사물을 아무도 소유하지 않은 상태로 설정하였다. 이에 따르면 아무도 소유하고 있지 않은 자원이 있다면 누구나 먼저 찾는 사람에게 정당한 획득이 보장될 수 있을 것이다. 노직의 단서조항은 로크의 단서를 지나치게 완화시켰다고 생각될 수 있다. 이렇게 완화된 단서조항은 획득의 단계에서 과도한 불평등을 정당화할 수 있다는 문제점이 있다.[15]

노직의 완화된 단서조항에서 고려하는 기준선에 대한 대안으로서 균등소유권 혹은 공동소유권의 기준이 제안되기도 하였다.[16] 아무도 소유하고 있지 않은 자연자원이 있다면 모든 사람에게 그 자원에 대한 동등한 권리가 있다고 생각할 수 있다. 따라서 노직의 기준선 대신에 공동소유권을 기준으로 삼을 수 있을 것

14. Locke, J. *Two Treaties*, 2.27.

15. 이와 관련하여서는 좌파적 자유지상주의자인 오츠카(Otsuka)의 책을 참고 바란다. Otsuka, M., *Libertarianism without Inequality*, Oxford : Oxford University Press, 2003.

16. 균등소유권 기준에 대해서는 다음 논문을 참고하라. Gibbard, A., "Natural property rights," *Nous*, 10, 1976, pp.77～88.

이다. 즉, 다른 사람들이 자연자원을 균등하게 나누어 소유하는 상태와 비교하여 피해가 없는 경우에 한하여 자연자원의 획득이 정당화될 수 있다는 주장을 할 수 있을 것이다. 마찬가지로 모든 사람들에게 자연자원에 대한 공동소유권이 있다고 생각할 수 있고, 이 경우 자연자원의 사유화를 위해서는 공동소유권자들의 동의가 필요할 것이다.

노직의 권리정의론에 따르면 개인의 소유 권리와 자유를 침해하는 정부의 개입은 용인될 수 없다. 불평등과 복지와 같은 관심 때문에 요구되는 조세와 재분배의 정부 개입은 사람들의 삶에 대한 광범위한 간섭을 야기할 수밖에 없고, 개인의 소유 권리와 자유가 침해될 수밖에 없다. 따라서 최소한의 정부만이 정당화될 수 있다는 것이 노직의 주장이다.

불평등한 부의 획득과 획득된 부의 상속이라는 정당한 소유 권리 이전 등을 거듭함으로써 극히 불평등한 분배에 도달할 수 있다는 것은 쉽게 상상할 수 있다. 권리정의론에 따르면 이렇게 극단적인 불평등도 쉽게 정당화될 수 있다. 따라서 노직의 이론은 자유방임 자본주의와 자본주의가 야기하는 불평등에 대한 철학적 정당성을 부여한다.

노직의 권리정의론이 갖는 최소정부와 자유방임론적 함의는 앞서 설명한 자기 소유권과 획득의 원칙에 대한 노직의 최소주의적인 관점에 크게 의존한다. 획득에 대한 정의의 원칙에서 노직의 무해조건을 균등소유권 기준이나 공동소유권 기준으로 대체한다면 획득에 대한 정의의 원칙은 훨씬 더 강화될 수밖에 없다. 대부분의 소유권은 그에 도달하기까지의 무수한 교환의 과정 속에서 적어도 한 차례의 부당한 획득을 수반하게 될 수 있고, 따라서 이에 대한 교정의 필요성이 제기되어 정부의 재분배적 기능이 정당화될 수 있다. 자기 소유권을 최대한 보장하는 것 또한 심각한 반론의 대상이다. 성(性), 지능(知能), 유전적 결함, 선천적 장애 등과 같은 개개인의 신체적 특성은 도덕적인 관점에서 임의적으로 주어지는 것이다. 아무런 도덕적 책임이 없이 주어지는 특성에 대한 소유권을 인정하는 것은 부당하다고 볼 수 있다. 오히려 신체적 특성으로부터의 이익과 불이익의 임의적인 분포에 대한 규범적 판단을 정의론이 제시해야 할 것으로 보인다. 이것이 공리주의와 롤즈의 정의론을 비롯한 대부분의 결과적 정의론의 관점이라 할 수 있다.

연습문제

ch. six
Exercise

01 아담 스미스의 도덕감성론의 관점에서 호모 에코노미쿠스 혹은 경제인에 대하여 설명하시오.

02 한계효용이 체감하는 세 소비자에게 100단위의 소비재를 배분하는 문제를 고려하자. 모든 소비자가 동일한 효용함수를 가질 경우 어떻게 배분할 때 효용의 총합, 즉 공리주의적 사회후생이 극대화되는가?

03 공정한 관찰자 정리에 대하여 설명하시오.

04 롤즈의 정의론에서 원초적 입장을 설명하고 그것이 롤즈 정의론에서 왜 필요한가에 대하여 논하시오.

05 노직의 권리정의론을 설명하고, 소득 불평등과 정부의 역할에 대하여 권리정의론적인 입장과 롤즈 정의론적인 입장에서 비교하여 논술하시오.

재정학의
경제학적 기초

II

Public Finance
part two

외부성

Public Finance
ch. seven

7

1. 외부성이란?

Public Finance, ch. seven

경쟁적 시장기구가 효율적인 자원배분을 이룰 수 없는 시장실패의 요인으로 앞 장에서 소개한 항목들 이외에도 현실경제에서 가장 빈번히 접할 수 있는 것으로 외부성(外部性, externality)을 들 수 있다.[1] 외부성의 정의는 다음과 같다.

외부성

외부성이란 시장경제 내부에서 한 소비자나 생산자의 소비활동이나 생산활동이 직접적으로 타소비자나 생산자의 효용이나 생산의 증감을 유발함을 뜻한다.

일반적으로 시장경제 내의 각 경제주체들의 경제행위는 효용이나 생산의 변화를 수반하며, 이에 대해서 응분의 보상을 받거나 지불하는 것이 가격의 기능이다. 예를 들면 한 소비자는 임의의 상품을 소비함으로써 얻는 효용의 증대에 대한 대가로 가격을 지불하며, 만약 그가 노동을 공급했을 경우 이로 인한 비효용의 증대에 대한 대가로서 노동의 한계생산물가치에 상응하는 임금을 지급받는다.

그러나 외부성이 존재할 경우 한 경제주체의 행동이 타인들에게 유리한, 혹은 불리한 영향을 가격의 매개 없이 미치게 된다. 따라서 외부효과를 가격기구 내부에서 해명될 수 없는 비가격효과(non-price effect) 혹은 파급효과(spillover effect)라고도 한다.

1. 제4장에서 논의된 바와 같이 (완전)경쟁적 시장균형이 파레토 효율을 의미하는 '후생경제학의 제1기본정리'를 만족하기 위해서 필요한 몇 가지 가정 중의 하나가 외부성이 존재하지 않는다는 것임을 상기할 필요가 있다. 즉, 외부성의 존재는 제1기본정리를 위배함으로써 시장실패를 낳게 된다.

2. 외부성의 종류

Public Finance, ch. seven

외부성은 비가격효과로서 시장경제의 가격기구 내에서는 해명이 어려운 현상이다. 또한 외부성은 자원배분의 왜곡을 초래한다. 이러한 외부성을 개념적으로 몇 가지의 기준에 의해 구분할 수 있는데, 이러한 구분은 특수한 상황에서 발생하는 외부성의 성격을 이해하는 데 많은 도움을 준다.

저서에 따라서는 외부성을 기술적 외부성(technical externality)과 금전적 외부성(pecuniary externality)으로 구분하여 소개하기도 하나 이는 엄밀한 의미에서 잘못된 구분이다. 한 경제주체의 생산활동이나 소비활동이 타인이 직면하는 상품이나 요소의 가격을 상승시킬 경우를 의미하는 금전적 외부성은 시장의 수급원리를 통한 가격기구 내부의 상호작용의 결과이므로 외부성이라 할 수 없다. 그러므로 본문에서 소개하는 소비나 생산의 외부성은 모두 기술적 외부성에 속한다.

2.1 외부경제와 외부불경제

외부성의 내용에 따라 구분한 것으로, 한 경제주체의 행위가 타인의 효용증대나 생산증대와 같은 유리한 영향을 미칠 경우 이를 외부경제(external economy)라 하며, 불리한 영향을 미칠 경우 이를 외부불경제(external diseconomy)라 한다.

외부경제(external economy)
한 경제주체의 행위가 타인의 효용증대나 생산증대와 같은 유리한 영향을 미치는 현상

외부불경제(external diseconomy)
한 경제주체의 행위가 타인의 효용감소나 생산감소와 같은 불리한 영향을 미치는 현상

예를 들어 자신이 전염병에 걸리지 않기 위해 실시한 예방접종이 사회 전체의 전염병 전파를 막음으로써 자신은 물론 다른 사람에게도 좋은 영향을 미치는 것은 외부경제의 한 예이다. 이에 반해 공해물질을 몰래 배출함으로써 환경을 오염시키는 행위는 외부불경제의 일종이다.

2.2 소비외부성과 생산외부성

한 소비자의 소비활동이 타인의 선택방법이나 선택범위에 영향을 미쳐 무상으로 효용변화를 초래할 때 이를 **소비외부성**(consumption externality)이라 하며, 한 생산자의 생산함수가 타 경제주체의 행동에 의해서 영향을 받는 것을 **생산외부성**(production externality)이라 한다. 이의 구체적인 예는 다음 항에서 소개하기로 한다.

2.3 일방적 외부성과 쌍방적 외부성[2]

외부성이 발생되는 경로를 기준으로 나눈 것으로, 환경오염과 같이 어느 한 쪽에서만 일방적으로 발생시키는 **일방적 외부성**과 양봉업과 과수원의 관계처럼 서로 외부성을 주고받는 관계, 즉 **쌍방적 외부성**으로 구분한다. 쌍방적 외부성은 특히 어느 한 사람의 소비가 다른 모든 사람에게 영향을 미치는 공동소유자원(도로, 호수, 하천 등)에서 전형적으로 발생한다.

2.4 사용재적 외부성과 공공재적 외부성

외부성에는 개인 간의 일조권 분쟁과 같이 일 대 일의 관계로 나타나는 **사용재적 외부성**(appropriable externalities)과 대기오염과 같이 여러 사람에게 동시에 영향을 미치는 **공공재적 외부성**(joint externalities)이 있다. 이 양자는 외부성의 내부화 정책과 관련하여 매우 중요한 의미를 갖는다. 전자의 사용재적 외부성은 외부성의 원인자와 그 상대방이 일 대 일이라는 관계로 분명하게 드러나는 만

---

2. 가역적 외부성과 불가역적 외부성으로 표현하기도 한다.

큼 당사자 간의 직접 협상을 통해 해결할 수 있는 여지가 존재하는 반면, 공공재적 외부성은 수많은 관련자로 인해 직접 협상이 불가능하며 정부의 개입이 불가피하다는 차이가 있다. 다시 말해 공공재적 외부성의 경우 협상의 거래비용이 매우 크다.

다음 항에서는 외부성의 존재가 어떠한 경로를 통하여 시장실패를 야기하는가를 분석하고 이를 치유하기 위한 각종 방안들에 대해서 살펴보기로 한다. 분석상의 편의를 위해서 외부성을 소비외부성과 생산외부성으로 구분하여 제3절, 제4절에서 각각 설명한다. 특히 제4절 제4항에서는 최근 관심이 높아지고 있는 배출권 거래제에 관한 이론을 포괄적으로 소개하며, [부록]에서는 환경문제의 해결을 위한 각종 개입수단들을 종합적으로 고찰한다.

3. 소비외부성

Public Finance, ch. seven

3.1 소비외부성이란?

한 소비자의 소비활동이 타인의 선택방법이나 선택범위에 영향을 미쳐 무상으로 효용변화를 초래할 때 이를 **소비외부성**이라 한다. 예를 들면 어떤 부인이, 그녀의 친구가 유행하는 새 옷을 사 입었을 경우 자기도 사고 싶은 충동이 생겨 일종의 질투심 같은 것을 느낀다면 이는 소비의 외부불경제에 해당한다. 또한 실내에서의 흡연은 담배를 피우지 않는 많은 사람들의 효용을 감소시키는데, 이것도 소비의 외부불경제에 속한다. 한편 이웃의 아름다운 정원이 그 동네의 생활환경을 향상시킨다든지, 혹은 국민 개개인의 높은 교육수준이 사회 전체의 후생을 증진시키는 경우 등은 소비의 외부경제에 해당된다.

가령 임의의 상품소비가 외부경제를 자아내며, 이 상품은 완전경쟁시장에서 수요 · 공급된다고 하자. [그림 7-1]에서 S와 D_P는 이 상품의 공급곡선과 수요곡선을 표시한다. 수평적인 공급곡선은 이 상품의 비용이 불변인 완전경쟁산업임을 의미한다. 이상의 시장상태 하에서 균형은 Q_1의 생산량과 P_1의 가격에서 이루어질 것이다.

그림 7-1

소비외부성

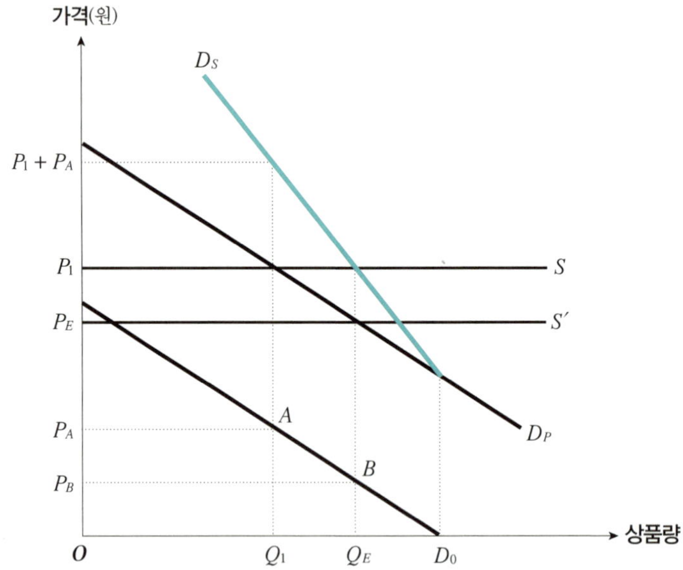

외부경제효과는 D_0곡선으로 나타나며, 이는 이 상품의 직접소비자 이외의 타 소비자에게 미친 한계효용을 의미한다. 완전경쟁균형 생산량 Q_1은 사회적으로 볼 때 비효율적이다. 왜냐하면 Q_1에서 한 단위 소비를 증가시킬 경우 얻을 수 있는 사회적인 한계편익(효용)은 소비자가 지불하는 P_1과 외부경제에 의한 다른 소비자들의 한계편익 P_A를 합한 $P_1 + P_A$이며, 이는 한 단위 생산비용(P_1)을 능가하기 때문이다. 따라서 효율적인 생산량은 그 상품을 직접 소비하는 소비자들의 개인적 한계편익(D_P)과 외부경제효과(D_0)를 합한 사회적 한계편익을 의미하는 D_S와 한계비용을 표시하는 공급곡선 S가 일치하는 Q_E이다. 즉, 완전경쟁균형 생산량 Q_1에서는 사회적 한계편익이 (사회적) 한계비용을 능가하므로 파레토 효율의 생산량 Q_E에 미달한다. 이와 같이 소비의 외부성이 존재할 경우 경쟁적 가격기구는 효율적인 자원배분을 이룰 수 없으므로 정부의 개입을 필요로 하게 된다.

정부의 여러 가지 정책수단 중에서 외부경제를 낳는 이 상품의 생산업자에게 보조금을 지급해 주는 경우를 [그림 7-1]로 설명해 보자. 만약 정부가 이 상품의 생산업자에게 단위당 $P_1 - P_E$의 보조금을 지급한다면 소비자들이 직면하는 공급곡선은 S'으로 이동할 것이다. 정부의 보조금 지급 하의 완전경쟁균형은 S'

과 D_P가 만나는 Q_E 생산량으로, 효율적인 자원배분이 달성됨을 알 수 있다. 그런데 정부보조금이 외부경제를 입은 소비자들로부터 거두어들인 세금이 아니고 일반조세수입에서 얻어진 것이라면 소득재분배의 문제점을 낳게 될 것이다. 이를 좀더 체계적으로 분석하기 위하여 다음 항에서 효용함수로 소비외부성을 설명하기로 하자.

3.2 사회후생함수에 의한 접근

3.2.1 완전경쟁균형과 파레토 효율

[그림 7-1]에서 설명한 바와 같이 외부성이 존재하는 경우에는 경쟁적 가격기구가 효율적 자원배분을 이룰 수 없으며, 이는 일반균형분석을 통하여 체계적으로 설명될 수 있다.

우선 두 소비자 A, B와 두 상품 X, Y로 구성되어 있는 2인 · 2상품 교환경제를 가정하여 소비외부성을 일반적으로 분석해 보자. 이 경우 소비외부성이 존재한다는 것은 한 개인 A의 효용수준이 그가 소비하는 상품의 양 X^A, Y^A뿐만 아니라 타인 B가 소비하는 상품량(여기에서는 X^B)에도 의존함을 뜻한다. 이 경제에서 X의 소비가 외부(불)경제를 발생시킨다고 가정하면, 이는 A, B의 X재 소비는 쌍방이 상대의 효용수준에 영향을 미치는 것을 의미한다. 그러므로 A의 효용수준을 표시하는 효용함수의 설명변수는 A의 X, Y재 소비량 X^A, Y^A와 B의 X재 소비량 X^B로 구성되므로 효용함수는 $U^A(X^A, Y^A, X^B)$로 나타난다. 마찬가지로 B의 효용함수는 $U^B(X^B, Y^B, X^A)$로 표시되며, 만약 A의 X재 소비가 B에게는 외부효과의 영향을 주지 않는다면(즉, 외부효과가 B에서 A에게로만 일방적으로 작용한다면) U^B의 설명변수인 X^A를 영으로 간주하면 될 것이다. 따라서 쌍방의 외부효과를 가정하면 한쪽 방면으로 향한 외부효과까지도 포괄한다는 점에서 더욱 일반적인 설명을 할 수 있다. 그리고 이 경제의 후생상태를 설명하는 사회후생함수는 개인주의적 파레토유형의 후생함수 $W(U^A, U^B)$로 가정하며, 이 경제의 생산가능곡선은 $Y \leq T(X)$로 가정하자.

우선 소비외부성이 존재하는 이 교환경제의 파레토 효율 조건을 도출하여 이들 조건이 어떻게 완전경쟁균형과 다른가를 살펴보자. 파레토 효율은 생산가능곡선의 제약조건 하에서 사회후생함수를 극대화하면 달성된다. 이를 위해서 라그랑주 함수를 설정하면 식 (7－1)과 같다.

$$L = W[U^A(X^A, Y^A, X^B), U^B(X^B, Y^B, X^A)] + \lambda[T(X^A + X^B) - (Y^A + Y^B)] \quad (7-1)$$

이제 최적화 문제는 제약조건 하의 극대화로 집약되었으며, 극대화의 필요조건에 따라 목적함수를 각 설명변수와 라그랑주 승수(λ)로 편미분한 값이 영이 되어 다음의 식들이 성립한다.

$$\frac{\partial L}{\partial X^A} = W_A MU^A_{X^A} + W_B MU^B_{X^A} + \lambda T' = 0 \quad (7-2)$$

$$\frac{\partial L}{\partial X^B} = W_A MU^B_{X^B} + W_B MU^B_{X^B} + \lambda T' = 0 \quad (7-3)$$

$$\frac{\partial L}{\partial Y^A} = W_A MU^A_{Y^A} - \lambda = 0 \quad (7-4)$$

$$\frac{\partial L}{\partial Y^B} = W_B MU^B_{Y^B} - \lambda = 0 \quad (7-5)$$

여기에서 $W_A = \frac{\partial W}{\partial U^A}$, $W_B = \frac{\partial W}{\partial U^B}$, $MU^A_{X^A} = \frac{\partial U^A}{\partial X^A}$, $MU^B_{X^B} = \frac{\partial U^B}{\partial X^B}$ 등으로 간략하게 표기되었다. 그리고 식 (7－2)와 식 (7－3)의 $MU^B_{X^A}$와 $MU^A_{X^B}$는 각각 $\frac{\partial U^B}{\partial X^A}$, $\frac{\partial U^A}{\partial X^B}$의 간략한 표기로서 소비의 외부효과를 나타내며, 이들 값의 부호가 양(positive) 혹은 음(negative)인가에 따라서 외부경제 혹은 외부불경제임을 의미한다.

식 (7－2)와 식 (7－3)을 일치시키고 식 (7－4)와 식 (7－5)를 일치시키면,

$$W_A MU^A_{X^A} + W_B MU^B_{X^A} = W_A MU^A_{X^B} + W_B MU^B_{X^B} = (-\lambda T') \quad (7-6)$$

$$W_A MU^A_{Y^A} = W_B MU^B_{Y^B} = (\lambda) \quad (7-7)$$

식 (7－6)을 식 (7－7)로 나누어서 둘을 연결시키면 다음과 같이 파레토 효율의 조건을 최종적으로 얻게 된다.

$$\underset{(PMRS^A_{XY})}{\frac{MU^A_{X^A}}{MU^A_{Y^A}}} + \underset{(\text{외부효과})}{\frac{MU^B_{X^A}}{MU^B_{Y^B}}} = \underset{(\text{외부효과})}{\frac{MU^A_{X^B}}{MU^A_{Y^A}}} + \underset{(PMRS^B_{XY})}{\frac{MU^B_{X^B}}{MU^B_{Y^B}}} = -T' \quad (7-8)$$

$$SMRS_{XY}^{A} = SMRS_{XY}^{B} = MRT \qquad (7-9)$$

식 (7－8)의 파레토 효율의 조건은 제3장의 식 (3－4)와 비교해 볼 때 외부효과를 반영하는 $\frac{MU_{X^A}^{B}}{MU_{Y^B}^{B}}$, $\frac{MU_{X^B}^{A}}{MU_{Y^A}^{A}}$ 등의 항이 첨가되어 있다. 이들이 존재하지 않을 경우 A, B 각 소비자의 X, Y재에 대한 한계대체율 $\frac{MU_{X^A}^{A}}{MU_{Y^A}^{A}}$, $\frac{MU_{X^B}^{B}}{MU_{Y^B}^{B}}$ 등이 사적(私的) 한계대체율(private marginal rate of substitution ; $PMRS_{XY}^{A}$, $PMRS_{XY}^{B}$)이며, 외부효과가 부가된 사회적 한계대체율(social marginal rate of substitution ; $SMRS_{XY}^{A}$, $SMRS_{XY}^{B}$)과는 상이하다. 외부성이 존재하지 않을 경우에는 사적 한계대체율과 사회적 한계대체율이 일치하며, 이는 완전경쟁균형이 파레토 효율적임을 의미한다. 그러나 시장기구 외부에서 발생하는 외부성의 존재가 이를 반영하지 못하는 완전경쟁균형과 이를 고려하는 파레토 효율의 괴리를 초래한다.

이제 소비외부성 존재 하의 파레토 효율 조건 식 (7－8)을 폭넓게 이해하기 위해서 외부효과를 반영하는 $\frac{MU_{X^A}^{B}}{MU_{Y^B}^{B}}$의 경제적 의미를 설명해 보자. 분석의 편의를 위해서 X재를 연탄으로 가정하면 A와 B의 연탄소비는 대기를 오염시키므로 쌍방에 외부불경제를 유발하게 된다. 외부효과의 정도는 A와 B의 연탄소비량과 대기오염에 대한 각 개인의 민감도에 따라서 결정된다. 여기에서 $MU_{X^A}^{B}$는 A가 연탄(X) 한 단위를 추가로 소비할 때 B에게 주는 한계비효용으로 부(負)의 값을 가지며, 그 비효용의 절대적 크기는 $-MU_{X^A}^{B}$에 해당한다. 그리고 $\frac{1}{MU_{Y^B}^{B}}$은 A의 연탄소비가 B에 끼친 한계비효용의 보상을 뜻하며, 그 크기는 B가 Y재를 한 단위 더 소비했을 때 얻게 되는 한계효용의 역수에 해당한다. 따라서 이들의 곱인 $-\frac{MU_{X^A}^{B}}{MU_{Y^B}^{B}}$는 외부불경제로 인한 한계비용에 해당하며, 외부경제인 경우에는 한계편익에 해당한다. 또 다른 외부불경제를 반영하는 $-\frac{MU_{X^B}^{A}}{MU_{Y^A}^{A}}$도 동일하게 해석될 수 있다.

각 개인의 X, Y에 대한 사적 한계대체율에서 외부불경제로 인한 한계비용을 빼면($\frac{MU_{X^A}^{A}}{MU_{Y^A}^{A}} - (-\frac{MU_{X^A}^{B}}{MU_{Y^B}^{B}})$) 이것이 곧 사회적 한계대체율이 된다. 파레토 효율은 개개인의 사회적 한계대체율들이 일치되어야 함을 의미한다.

3.2.2 정부의 개입

소비외부성의 존재는 경쟁적인 시장기구에 의한 효율적 자원배분의 달성을 저해하므로 정부의 개입을 필요로 한다. 앞 항의 [그림 7-1]에서 외부경제일 때 보조금을 지급한 경우와 마찬가지로 외부불경제에 대해서는 이로 인하여 발생된 한계비용의 시장가격에 해당되는 조세를 그 정책수단으로 이용한다고 가상해 보자. A의 X재 한 단위 소비가 B에 끼친 한계비용은 앞에서 $-\frac{MU^B_{X^A}}{MU^B_{Y^B}}$로 표시했으며, 이는 A의 연탄 한 단위 추가소비로 B에 끼친 한계비효용에다 B의 Y재 한 단위 추가소비로 인한 한계효용의 역수를 곱한 값이다. 따라서 이를 화폐액으로 표시하기 위해서는 여기에 Y재의 시장가격 P_Y를 곱해야 하며, 이 값이 곧 A의 X재 한 단위 소비에 부과하는 세액 $t_{X^A}=-\frac{MU^B_{X^A}}{MU^B_{Y^B}}\cdot P_Y$이다. 마찬가지로 B의 X재 소비에 부과하는 세액 t_{X^B}는 $-P_Y\cdot\frac{MU^A_{X^B}}{MU^A_{Y^A}}$로 표시된다.[3] 한편 본 장의 [부록]에서는 t_{X^A}와 t_{X^B}가 동일하게 나타나는 경우를 설명한다.

이제 외부불경제가 과세를 통해 시장기구 안으로 내부화(internalization)되어 효율적인 자원배분이 달성되는가를 살펴보기로 하자. 이를 위해서는 과세 후의 완전경쟁균형이 파레토 효율을 달성하는가를 고찰해 보아야 한다.

과세 후의 완전경쟁균형은 각 소비자의 효용극대화조건인 사적 한계대체율과 X재의 과세 후 가격($P_X+t_{X^A}$, $P_X+t_{X^B}$)과 Y재의 가격비가 일치하는 경우로 식 (7-10)과 식 (7-11)과 같다.

$$\frac{MU^A_{X^A}}{MU^A_{Y^A}}=\frac{P_X+t_{X^A}}{P_Y}=\frac{P_X}{P_Y}-\frac{MU^B_{X^A}}{MU^B_{Y^B}} \qquad (7-10)$$

3. 만약 A, B의 연탄소비로 인한 외부불경제인 대기오염에 대한 민감도가 유사할 경우에는($-\frac{MU^B_{X^A}}{MU^B_{Y^B}}=\frac{MU^A_{X^B}}{MU^A_{Y^B}}$) 단위당 소비에 대한 세액도 동일할 것이다. 이 경우 외부불경제는 전체 연탄소비량에 의존할 것이므로 각 효용함수의 세 번째 설명변수로 X^A, X^B 대신 전체 소비량 $X(=X^A+X^B)$로 대체하면 될 것이다. 따라서 이 경우의 세액은 동일하게 나타날 것이다. 이에 대해서는 본 장의 [부록]에 간략하게 소개하고 있다.
또한 위의 두 소비자의 경우를 H 소비자의 경우로 일반화하면 각 개인의 효용함수는 다음과 같이 표시된다.

$$U^h(X^1, X^2, \cdots, X^h, \cdots, X^H, Y^h) \qquad h=1,\cdots,H$$

그리고 각 개인에 부과할 세액은 다음과 같다.

$$t_{X^h}=(-\sum_{\substack{i=1\\ i\neq h}}^{H}\frac{MU^i_{X^h}}{MU^i_{Y^i}})\cdot P_Y \qquad h=1,2,\cdots,H$$

$$\frac{MU^B_{X^B}}{MU^B_{Y^B}} = \frac{P_X + t_{X^B}}{P_Y} = \frac{P_X}{P_Y} - \frac{MU^A_{X^B}}{MU^A_{Y^A}} \qquad (7-11)$$

식 (7-10)과 식 (7-11)을 결합하여 두 상품의 가격비($\frac{P_X}{P_Y}$)로 표시하면 다음과 같다.

$$\frac{MU^A_{X^A}}{MU^A_{Y^A}} + \frac{MU^B_{X^A}}{MU^B_{Y^B}} = \frac{MU^B_{X^B}}{MU^B_{Y^B}} + \frac{MU^A_{X^B}}{MU^A_{Y^A}} = \frac{P_X}{P_Y} = MRT(=-T') \qquad (7-12)$$

식 (7-12)는 곧 소비외부성 하의 파레토 효율의 조건 식 (7-8)과 일치함을 알 수 있다. 이는 소비외부성이 존재할 경우 파레토 효율은 정부개입을 수반한 완전경쟁 가격기구에 의해서 달성됨을 확인한 셈이다.

이제까지 이기심이 강한 대부분의 소비자들의 선호를 반영하는 효용함수로 외부성을 분석하였다. 그러나 이타심이 강한 일부 소비자들의 경우 다른 소비자가 풍족한 생활을 누린다든지 혹은 높은 후생수준을 누린다든지 하는 그 자체가 그들의 효용수준을 증대시키게 되는데, 이것은 서로의 효용수준이 상호의존적이기 때문이다. 따라서 이타심이 강한 A, B 두 소비자의 효용함수는 $W^A[U^A(X^A, Y^A), U^B(X^B, Y^B)]$, $W^B[U^A(X^A, Y^A), U^B(X^B, Y^B)]$로 표시된다. 이와 같은 효용함수를 보유하고 있는 소비자의 경우에는 정부의 개입에 의한 외부성의 내부화가 필요하지 않다.

또한 일부 소비자나 생산자의 경우에는 외부불경제를 초래하는 경제행위에 대해서 일종의 죄의식을 느끼고, 외부경제의 혜택을 받는 경우에는 보상의 의무감 같은 것을 느낀다. 이러한 상황 하에서는 앞에서 설명한 정부의 외부성을 내부화하기 위한 개입 정도는 훨씬 작아야 한다. 왜냐하면 외부불경제를 초래하는 경제행위에 대해서 죄의식을 느낀다는 사실은, 될 수 있으면 그 경제행위를 자제하려는 의사를 갖고 있으며 언젠가 이를 실천할 수도 있다는 것을 의미한다. 이를 '양심효과(conscience effect)' 라고 한다. 현실경제에서는 이러한 양심효과도 고려해서 외부성을 내부화해야 할 것이다.[4]

4. 양심효과에 관한 보다 깊은 논의는 다음의 문헌을 참고 바람.
Ng, Yew-Kwang, *op. cit.*, 1979, pp.176~182.

3.2.3 소비외부성의 색다른 예

외부경제를 자아내는 상품의 완전경쟁균형 생산량은 파레토 효율의 생산량에 미달하기 때문에 정부의 보조금에 의해서 효율적인 생산량에 도달하게 되었다. 완전경쟁시장에서 대부분의 경우 외부경제를 낳는 상품의 생산량은 사회적으로 바람직한 생산량에 미달하고, 반대로 외부불경제를 초래하는 상품의 생산량은 파레토 효율의 생산량을 초과함으로써 시장실패가 야기된다.

그러나 이례적으로 소비의 외부경제를 초래하는 상품의 완전경쟁균형 생산량이 오히려 파레토 효율의 그것을 능가할 경우가 존재한다. 이를 다음의 예방접종의 경우를 일례로서 설명해 보자. 전염병의 예방접종은 외부경제를 자아내는 소비행위의 일종이다. 왜냐하면 예방접종을 받은 소비자는 그 자신이 전염병에 걸릴 가능성이 줄어들 뿐만 아니라 예방접종을 받지 않은 많은 소비자들의 전염 가능성도 줄여주기 때문이다. 그런데 대부분의 예방접종을 받는 소비자들은 자기의 접종이 타인들에게 외부경제를 자아낸다는 사실을 예방접종의 의사결정에 고려하지 않고 독립적으로 접종 여부의 의사결정을 하게 된다. 따라서 예방접종을 받는 소비자들이 접종으로 인하여 쌍방이 외부경제의 혜택을 받는다는 사실을 인지하여 행동한다면, 사회적으로 바람직한 예방접종(파레토 효율의 예방접종) 수준이 오히려 독립적으로 예방접종 여부를 결정했을 때의 접종수준(완전경쟁 예방접종 수준)보다 미달될 수 있다.

뷰캐넌 · 카포리스(Buchanan · Kafoglis)는 이상의 색다른 경우를 다음의 〈표 7-1〉에 의해서 제시하고 있다.[5]

5. Buchanan, J. M. & Kafoglis, M. Z., "A note on public goods supply," *AER*, June, 53, pp.403～414.
이에 대한 좀더 일반적인 분석을 다음의 네 논문을 중심으로 참고 바람.
Baumol, W. J., "External economies and second-order optimality conditions," *AER*, June, 1964, 54, pp.358～372 ; Vincent, P. E., "Reciprocal externalities and optimal input and output levels," *AER*, Dec., 1969, 59, pp.976～984 ; Olson, Jr. M. & Zeckhauser, R., "The efficient production of external economies," *AER*, June, 1970, 60, pp.512～517 ; Diamond, P. A. & Mirrlees, J. A., "Aggregate production with consumption with consumption externalities," *Quaterly Journal of Economics*, Feb., 1973, pp.1～24.

표 7-1 소비외부성의 색다른 예

A \ B	b_0		b_1		b_2		b_3		b_4	
a_0	100	200	60	120	45	88	21	65	20	68
	(100)		(50)		(23)		(14)	Ⓔ	(8)	
	0	100	0	60	0	45	0	21	0	20
	(0)	(100)	(10)	(60)	(20)	(43)	(30)	(44)	(40)	(48)
a_1	60	140	45	110	35	85	20	73	19	76
	(70)		(45)		(20)		(13)		(7)	
	10	70	10	55	10	45	10	30	10	29
	(0)	(70)	(10)	(55)	(20)	(40)	(30)	(43)	(40)	(47)
a_2	40	110	32	91	23	78	19	77	18	84
	(50)		(29)		(15)	Ⓜ	(8)		(6)	
	20	60	20	52	20	43	20	39	20	38
	(0)	(50)	(10)	(39)	(20)	(35)	(30)	(38)	(40)	(46)
a_3	29	99	23	86	18	82	17	83	16	91
	(40)		(23)		(14)		(6)		(5)	
	30	59	30	53	30	48	30	47	30	46
	(0)	(40)	(10)	(33)	(20)	(34)	(30)	(36)	(30)	(45)
a_4	20	90	17	89	16	89	15	89	14	97
	(30)		(22)		(13)		(4)		(3)	
	40	60	40	57	40	56	40	55	40	54
	(0)	(30)	(10)	(32)	(20)	(33)	(55)	(34)	(40)	(43)

〈표 7-1〉은 *A*, *B* 두 소비자의 예방접종의 횟수와 그에 따른 비용 등을 *A*, *B*가 독립적인 의사결정을 함을 가상하여 제시하고 있다. 세로축의 a_0, a_1, …… 등은 *A*의 예방접종 횟수를, 가로축의 b_0, b_1, …… 등은 *B*의 예방접종 횟수를 표시한다. *A*, *B*는 어떤 전염병의 예방접종의 경우 아예 접종을 받지 않거나(a_0, b_0) 혹은 네 번까지 접종을 받는 경우를 가정한다. 간염 예방접종의 경우 세 번까지 접종을 받아야만 일정 기간 거의 완전한 면역이 생기는 것을 생각하면 현실적인 가정이라고 할 수 있다. 각 상자 속에 있는 왼쪽 위의 수치는 주어진 예방접종 하에 병에 걸려서 치료를 받을 경우 기대되는 치료비를 나타내며, 이들 중 괄호가 없는 수치는 *A*의 기대비용을, 괄호 속의 수치는 *B*의 기대비용을 표시한다. 이들 기대비용은 주어진 예방접종 횟수 하의 병에 걸릴 확률에다 병에 걸렸을 경우 치료비를 곱한 값이다. 왼쪽 아래의 수치들은 예방접종 횟수에 따른 비용으로 1회

접종당 \$10가 소요됨을 가정하며, 여기서도 *B*의 비용은 괄호 속의 수치이다. 왼쪽 위의 병에 걸렸을 경우의 기대비용과 왼쪽 아래의 예방접종비용의 합이 오른쪽 아래에 수치로 표시되어 있으며, 이들이 각 개인이 직면하는 총비용이다. 이들 총비용이 *A*와 *B* 각각의 예방접종 여부에 관한 의사결정의 기초 자료가 된다. 그리고 오른쪽 위의 수치는 *A*, *B*의 총비용의 합으로서 *A*, *B*의 예방접종 횟수에 따른 사회적 비용에 해당된다.

A, *B*는 각기 〈표 7-1〉에서 제시한 여러 가지 비용의 결합 중에서 가장 저렴한 비용의 예방접종을 원할 것이다. *A*, *B*의 이해관계가 부합하는 균형점은 *A*, *B*가 각각 2번의 접종을 받는 경우로서 *M*으로 표시되어 있다. *M*에서 *A*, *B* 어느 누구의 행동의 변화(접종횟수의 증감)도 각자의 비용을 상승시키므로 이것이 경쟁적 시장기구에서 얻을 수 있는 유일한 균형으로서 완전경쟁균형에 해당한다.

그러나 두 사람이 상호 협력하여 행동한다면 *M*에서 소요되는 총비용(\$78)을 *E*로 옮겨서 \$65 수준으로 내릴 수 있다. 즉, *E*에서는 *A*는 예방접종을 받지 않고 *B*만 3번의 접종을 받으므로 사회 전체적인 예방접종은 *M*보다 1회가 줄어들고 동시에 총비용도 최소화함으로써 파레토 효율에 이르게 된다. 이는 외부경제를 초래하는 상품(여기에서는 예방접종)의 생산량이 완전경쟁보다는 파레토 효율의 경우가 적기 때문에 [그림 7-1]에서 설명한 통상적인 외부경제의 결과와는 상이함을 보여준다.

그러면 어떠한 이유로 이상의 이례적인 결과를 가져왔는지를 살펴보자. 첫째, 예방접종으로 얻는 면역이란 편익에 규모의 경제가 존재할 경우 파레토 효율의 예방접종은 감소하게 되며, 둘째, 한 소비자(여기에서는 *B*)의 예방접종으로 인한 외부효과가 훨씬 강해서 나머지 소비자(*A*)가 직접 예방접종을 할 경우보다 편익이 증가할 경우 파레토 효율의 생산량은 감소하게 된다.[6]

위의 두 가지 조건을 〈표 7-1〉을 통하여 설명해 보자. 우선 편익의 규모경제는 예방접종을 증가시킴에 따라 각 소비자의 기대비용이 감소하는 경우로서 b_2열은 *B*가 2번의 예방접종을 받을 경우(a_0)에서 네 번 받을 때까지(a_4) *A*가 직면하는 기대비용은 45, 35, 23, 18, 16으로 외부경제에 의한 규모의 경제가 존재

6. 이들 조건의 보다 일반적인 도출과 설명은 주 5.에 소개한 문헌을 참고 바람. 특히 Diamond · Mirrlees의 논문에서는 소비자가 다수인 경우까지 분석하고 있다.

함을 알 수 있다. 또한 비용의 한계체감 정도는 10, 12, 5, 2 등으로 A의 예방접종 정도에 따라 A의 기대비용체감에 의한 규모경제를 확인할 수 있다(여기에서는 45, 35, 23이 규모경제의 경우이다).

두 번째 외부효과의 강도를 검토해 보면, (a_0, b_2)에서 (a_2, b_2)로의 이동으로 A의 기대비용이 45에서 23으로 줄어서 22의 비용감소를 초래한다. 그러나 (a_0, b_2)에서 (a_0, b_3)로 이동하면 24의 비용감소를 얻을 수 있다. 따라서 A의 2단위 예방접종 증대로 인한 A의 비용감소는 B의 1단위 예방접종 추가로 인한 A의 비용감소보다 적음을 알 수 있다. 따라서 둘째 조건에 부합한다.

이상의 예를 통하여 이제까지 일반적인 정리로 간주되었던 '외부경제를 초래하는 경제행위는 자원의 효율적 배분을 위해 증대되어야 한다'는 명제가 항상 성립되는 것은 아님을 알 수 있게 되었다.

4. 생산외부성

Public Finance, ch. seven

4.1 완전경쟁균형과 파레토 효율

생산외부성(production externality)이란 한 생산자의 생산함수가 다른 경제주체의 행동에 의해서 영향을 받는 것을 말한다. 예를 들어 연탄공장에서 내뿜는 매연은 이웃한 세탁소의 생산활동에 영향을 미치는데, 이는 외부불경제에 해당한다.

외부경제의 대표적인 예는 양봉업과 과수원의 경우로 영국의 경제학자 미드(Meade)에 의해서 소개되었다.[7] 여기에서도 미드의 논문을 중심으로 생산외부성이 존재할 때 완전경쟁균형의 산출량이 파레토 효율의 그것과 어떻게 다른가를 살펴보고 이에 대한 정부의 각종 개입수단을 검토해 보기로 하자.

사과 과수원과 인접해 있는 양봉업의 생산경제를 가정하자. 사과업자의 생

7. Meade, J. E., "External economies and diseconomies in a competitive situation," *Economic Journal*, March, 1952, pp.54~67.

산함수는 $A = f(L_A)$로서 노동을 유일한 투입물로 간주하며, 양봉업자의 생산함수는 $H = h(L_H, B)$로서 노동과 사과의 꽃가루가 생산요소이다. 꽃가루 B는 사과 생산량 A에 달려 있으므로 이의 생산함수를 $B = g(A)$로 가정하고, 이 경제의 부존노동은 일정하며 사과와 꿀의 생산에 완전고용된다고 하자($\bar{L} = L_A + L_H$). 그리고 사회후생함수는 $U(A, H)$로 표시하며 사과, 꿀, 노동의 가격은 P_A, P_H, P_L로 시장에서 주어졌다고 하자. 이 경제를 요약하면 다음과 같다.

$$\text{사회후생함수} : U(A, H) \tag{7-13}$$

$$\text{생산함수} \begin{cases} A = f(L_A) \\ H = h(L_H, B) \\ B = g(A) \end{cases} \tag{7-14}$$

$$\text{부존노동량} : \bar{L} = L_A + L_H \tag{7-15}$$

이 경제의 완전경쟁균형은 분권화된 의사결정으로 성립되며 이는 사과 생산업자의 이윤극대화조건 식 (7-16), 벌꿀 생산업자의 이윤극대화조건 식 (7-17), 그리고 소비자의 효용극대화조건 식 (7-18)로 이루어진다.[8]

$$P_L = P_A \cdot f_{L_A} \text{ (임금 = 노동의 한계생산물가치)} \tag{7-16}$$

$$P_L = P_H \cdot h_{L_H} \text{ (여기에서 } f_{L_A} = \frac{df}{dL_A},\ h_{L_H} = \frac{\partial h}{\partial L_H}) \tag{7-17}$$

$$\frac{P_A}{P_H} = \frac{U_A}{U_H} \tag{7-18}$$

이들 세 조건을 결합하면 식 (7-19)와 같다.

$$\frac{P_A}{P_H} = \frac{U_A}{U_H} = \frac{h_{L_H}}{f_{L_A}} \tag{7-19}$$

8. 완전경쟁시장균형에서는 생산의 외부성이 고려되지 않으므로 사과 생산업자와 양봉업자의 이윤함수는 다음과 같다.

$\pi_A = P_A \cdot A - P_L \cdot L_A = P_A \cdot f(L_A) - P_L \cdot L_A$
$\pi_H = P_H \cdot H - P_L \cdot L_H = P_H \cdot h(L_H, B) - P_L \cdot L_H$

이제 이 경제의 파레토 효율의 조건을 도출해 보자. 이는 이 경제의 생산제약 식 (7–14)와 부존노동의 제약 식 (7–15) 하에서 사회후생함수 식 (7–13)을 극대화하면 된다.[9] 파레토 효율의 조건은 식 (7–20)으로서 이는 완전경쟁균형 식 (7–19)와는 상이함을 알 수 있다.

$$\frac{U_A}{U_H} = \frac{h_{L_H}}{f_{L_A}} - h_B \cdot g_A \qquad (7-20)$$

여기에서 $h_B = \frac{\partial h}{\partial B}$, $g_A = \frac{dg}{dA}$.

이상으로 소비외부성의 경우와 마찬가지로 생산외부성의 존재 역시 경쟁적 시장기구가 효율적인 자원배분을 이룰 수 없음을 알 수 있다. 환언하면 식 (7–19)의 완전경쟁균형은 생산외부성을 고려하지 않으므로 한계대체율과 사적 한계변환율($PMRT$)이 일치하며, 식 (7–20)의 파레토 효율은 외부성을 고려함으로써 한계대체율과 외부성($h_B \cdot g_A$)을 첨가한 사회적 한계변환율($SMRT$)이 일치하는 것이다.

이를 이 경제의 생산가능곡선으로 설명하면 파레토 효율의 생산량은 [그림 7–2]의 a점으로서 이 점에서는 사회후생함수와 생산가능곡선이 접하므로 식 (7–20)의 조건을 만족한다. 그러나 완전경쟁균형생산량은 b점에서 이루어지므로 사과는 사회적으로 바람직한 산출량(a점의 산출량)보다는 적게, 꿀은 보다 많이 생산되어 효율적인 자원배분을 이룰 수 없음을 알 수 있다. 따라서 정부는 시

---

9. 파레토 효율의 조건 식 (7–20)은 생산의 제약 식 (7–14)와 노동부존량의 제약 식 (7–15) 하에서 목적함수 식 (7–13)을 극대화하여 도출되며, 이는 소비외부성의 경우와 마찬가지로 라그랑주 함수를 설정하여 계산할 수 있다. 그러나 여기에서는 또 다른 방법으로 제약조건을 목적함수에 대입하여 사회후생함수를 L_A의 함수로 표시하여 극대화조건을 도출하는 경우를 예시하며, 전자의 라그랑주 함수의 해법은 독자의 연습에 맡기기로 한다.

$$Max_{L_A}\, U(A, H) = U(f(L_A),\ h[\bar{L} - L_A,\ gf(L_A)])$$

그러면 극대화조건은 사회후생함수를 L_A에 관해서 전미분하면 얻을 수 있다.

$$\frac{dU}{dL_A} = U_A \cdot f_{L_A} + U_H[-h_{L_H} + h_B \cdot g_A \cdot f_{L_A}] = 0$$

위 조건을 다시 쓰면,

$$U_A \cdot f_{L_A} = U_H h_{L_H} - U_H \cdot h_B \cdot g_A \cdot f_{L_A}$$

이를 $U_H f_{L_A}$로 나누면 최종적으로 식 (7–20)을 얻게 된다.

$$\frac{U_A}{U_H} = \frac{h_{L_H}}{f_{L_A}} - h_B \cdot g_A$$

그림 7-2

생산외부성

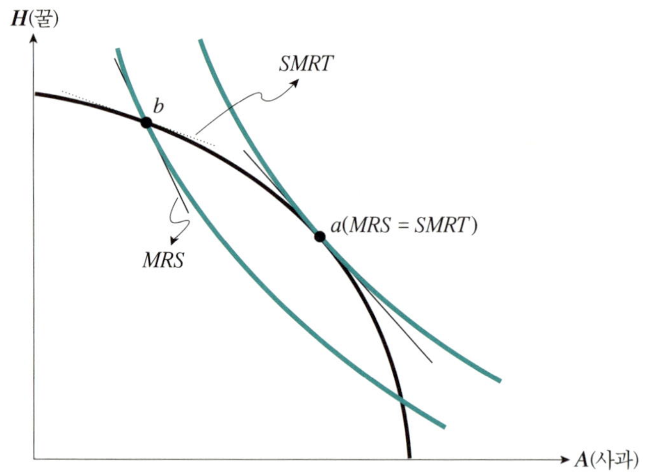

장에 개입하여 완전경쟁균형이 a점에서 달성될 수 있게 유도하는 정책을 시행할 필요성이 제기된다고 할 것이다.

이상에서 소개한 생산의 외부경제를 시장체제 내로 내부화하여 효율적인 자원배분을 달성하는 정책수단으로는 사과 생산업과 꿀 생산업의 합병, 꽃가루 시장의 개설, 사과 생산업의 국유화, 사과 생산업자나 혹은 사과 생산에 종사하는 노동자에 대한 보상, 꽃가루 생산에 대한 보상, 사과 생산업자와 꿀 생산업자의 자발적 해결방법 등 여러 가지가 있다. 이들 중 몇몇 중요한 수단들을 소개해 보기로 하자.

4.2 정부의 여러 개입수단

4.2.1 기업통합

사과 생산업자와 양봉업자가 협력해서 두 생산업을 공동소유하도록 기업통합을 정부가 유도한다면 시장에서 보상을 받지 못한 꽃가루의 외부경제는 더 이상 문제가 될 수 없다. 왜냐하면 꽃가루의 꿀 생산증대에 대한 외부경제는 두 생산업의 합병을 통해 하나의 생산과정으로 내부화되었기 때문이다. 즉, 사과 생산업자와 양봉업자의 이윤함수는 기업통합으로 다음과 같이 단일 이윤함수로 전환되었기 때문이다.

$$\pi = \pi_A + \pi_H = P_A \cdot A + P_H \cdot H - P_L(L_A + L_H) \qquad (7-21)$$

이제 통합된 기업의 이윤극대화는 곧 식 (7-20)의 파레토 효율을 달성하게 됨을 알 수 있다.[10] 환언하면, 기업합병 하의 분권화된 의사결정은 생산외부성을 내부화하여 효율적인 자원배분을 달성하게 된다. [그림 7-2]의 b점에서 a점으로의 이동을 기업통합으로 달성한 것이다.

그러나 이상의 기업통합은 기업규모나 시장점유율의 증대를 유발해서 경쟁적 시장상태를 위협할 수도 있다. 이러한 가능성이 높을 경우에는 다음에서 논의하는 또 다른 정책수단을 그 대안으로 채택해야 할 것이다.

4.2.2 시장의 개설

사과의 꽃가루가 자아낸 외부경제가 시장실패의 요인으로 간주되는 이유는 꽃가루가 꿀의 생산에 기여한 몫이 응분의 보상을 받지 못하고 있기 때문이다. 따라서 꽃가루와 같은 외부성을 창출하는 상품의 시장을 정부가 개설해 줌으로써 다른 재화와 마찬가지로 시장의 공급원리에 의해서 가격이 결정되게 하여 내부화를 유도할 수 있다.

꽃가루 시장의 수급원리에 의한 적정 가격이 단위당 P_B로 주어졌다면 이제는 양봉업자가 소유하고 있는 꿀벌들이 무상으로 꽃가루를 이용할 수 없게 된다. 따라서 양봉업자의 이윤함수는 다음과 같이 표시된다.

---

10. 기업합병 하의 이윤함수 식 (7-21)을 생산함수로 대체해서 다시 표현하면,

$$\pi = P_A f(L_A) + P_H h[L_H, g(f(L_A))] - P_L(L_A + L_H) \qquad (7-21)'$$

이윤극대화 조건은 π를 L_A와 L_H에 관해서 편미분하여 영으로 두면 된다.

$$\frac{\partial \pi}{\partial L_A} = P_A f_{L_A} + P_H h_B \cdot g_A \cdot f_{L_A} - P_L = 0 \quad \cdots\cdots ①$$

$$\frac{\partial \pi}{\partial L_H} = P_H h_{L_H} - P_L = 0 \quad \cdots\cdots ②$$

①, ②을 P_L에 관해서 일치시키면 $\frac{h_{L_H}}{f_{L_A}} - h_B \cdot g_A = \frac{P_A}{P_H}(= \frac{U_A}{U_H})$로서 식 (7-20)과 동일하다.

$$\pi_H = P_H \cdot H - P_L \cdot L_H - P_B \cdot B \tag{7-22}$$

그리고 사과업자의 이윤함수 역시 다음과 같이 변한다.

$$\pi_A = P_A \cdot A + P_B \cdot B - P_L \cdot L_A \tag{7-23}$$

꽃가루 시장의 개설로 인한 새로운 이윤함수 하의 각 생산업자의 이윤극대 행위와 소비자들의 효용극대화 행위는 식 (7-20)의 파레토 효율을 달성하게 한다.[11] 즉, 꽃가루 시장의 개설로 각 경제주체들의 분권화된 의사결정에 의해 이루어지는 완전경쟁균형은 파레토 효율을 달성하게 한다.

그러나 꽃가루 시장의 개설에 비용이 많이 소요된다든지 또는 경쟁적 꽃가루 시장의 성립에 제약이 있다면 현실적으로 설립의 어려움이 따를 것이다. 양봉업자나 사과 생산업자가 소수이든지 혹은 양봉업자는 다수이고 사과 생산업자는 소수이거나 그 반대일 경우 이들은 경쟁적 시장의 장애요인이 될 것이다. 이럴 때는 다른 정책수단을 강구해야 할 것이다. 양봉업자나 사과 생산업자가 다수일 경우라도 일부 양봉업자가 꽃가루 시장에 참여하지 않고 이전과 같이 무상으로 꽃가루를 이용하려고 하는 무임승차의 문제(free rider problem)[12]가 발생할 우려도 있다.

4.2.3 과세와 보조금 지급

소비외부성의 예에서 이미 외부경제를 창출하는 기업에 대해 보조금을 지급하거나 혹은 외부불경제를 자아내는 기업에 대해서 세금을 부과함으로써 외부성을 내부화하여 파레토 효율의 생산량을 유도한다고 소개하였다.

---

11. 주 9.의 경우와 마찬가지로 식 (7-22)와 식 (7-23)의 이윤함수를 생산함수에 관하여 다시 쓰면,

$$\pi_H = P_H \cdot h(L_H, B) - P_L \cdot L_H - P_B \cdot B \tag{7-22$'$}$$

$$\pi_A = P_A \cdot f(L_A) + P_B \cdot g(f(L_A)) - P_L \cdot L_A \tag{7-23$'$}$$

이들 이윤함수의 극대화조건을 도출해서 식 (7-20)과 동일한가의 문제는 독자 여러분의 자습에 맡긴다.

12. 무임승차의 문제는 다음 장의 공공재 편에서 논의할 것이다.

가장 바람직한 것은 과세와 보조금 지급을 동시에 실시하는 경우이다. 즉, 이제까지 꽃가루를 무상으로 이용해 온 양봉업자에게 꽃가루의 한계생산물가치에 해당하는 조세를 부과해서 이를 꽃가루(사과) 소유자인 사과 생산업자에게 보조금으로 지급하면 될 것이다. 그러나 현실적으로는 꽃가루의 한계생산물가치에 해당하는 조세를 부과하기 위해서는 이들 두 기업의 생산기술에 관한 완전한 정보를 필요로 하는 어려움이 있다. 보상비용이 막대할 경우에는 앞서 논의한 다른 방안들이나 기타 차선의 정책수단을 강구해야 할 것이다.

여기에서는 꿀과 사과 생산의 기술을 나타내는 생산함수를 주어졌다고 가정하였으므로 과세액을 쉽게 얻을 수 있다. 또 다른 방법은 과세와 보조금 하의 사과 생산업자와 양봉업자의 이윤함수를 설정하여 이들의 이윤극대화가 파레토 효율을 달성하는 세율을 도출하는 것이다.

양봉업자에게 t의 물품세(수익세)를 부과해서 사과 생산업자에게 보조금으로 지급한다면 그들의 이윤함수는 식 (7-24)와 식 (7-25)로 표시된다.

$$\pi_H = P_H \cdot H - P_L \cdot L_H - tP_H \cdot H \qquad (7-24)$$

$$\pi_A = P_A \cdot A - P_L L_A + tP_H \cdot H \qquad (7-25)$$

두 이윤함수의 극대화조건을 도출해서 식 (7-20)의 파레토 효율의 조건과 일치시키면 적정 세율을 도출할 수 있을 것이다.

이들 이외에 벌꿀 단위당의 물품세를 부과하는 경우에도 그 적정 세율을 도출할 수 있으며, 그에 따른 사과 생산 단위당 보조금 혹은 사과 생산 노동자에게 보조금을 지급함으로써 효율적인 자원배분을 이룰 수 있다.[13]

이상의 여러 정책수단들이 많은 비용을 요하거나 기타 경제적 제약으로 실시하기 어려울 경우에는 사과산업을 국유화해서 외부경제 창출의 부담을 정부가 흡수할 수도 있다.

13. 사과 생산 단위당 보조금은 $P_H \cdot h_B \cdot g_A$로 나타내며, 사과 생산에 종사하는 노동자의 보조금은 $P_H \cdot h_B \cdot g_A \cdot f_{L_A}$로 나타난다. 독자 여러분의 자습을 바란다.

4.3 자발적 협상

4.3.1 재산권 설정

코즈(Ronald Coase)는 외부성의 존재가 자원의 효율적인 배분을 저해하는 이유 중의 하나로 소유권의 부재를 들고 있다.[14]

코즈가 소개한 농부와 목장주의 예를 인용하면 다음과 같다. 인접해 있는 농장과 목장의 경우 목장의 소들이 농장에 침입하여 농작물을 해침으로써 목축업은 외부불경제를, 농장은 외부경제를 자아낸다. 그러나 농부는 농작물에 대한 소유권을, 그리고 목축업자는 소에 대한 소유권을 갖고 있으므로 쌍방의 협상에 의해서 외부성을 내부화할 수 있다는 것이다. 농장과 목장 사이에 울타리를 공동부담으로 설치하면 문제가 해결되지만 그 부담을 어떻게 하느냐가 타협의 초점이 될 것이다. 농작물의 피해액이 울타리 설치비용보다 훨씬 적다면 공동부담으로 타협을 하든지 아니면 목장을 이전하도록 농부가 목장주를 설득할 것이다. 만약 이전비용이 울타리 설치비용보다 훨씬 적다면 농부는 기꺼이 이전비용을 부담하려는 제의를 할 것이다.

연탄공장의 매연은 세탁소의 세탁비용 인상은 물론이고 세탁소의 영업권이나 건물의 시장가격을 하락시키므로 외부불경제를 초래한다. 매연을 법적으로 규제하거나 아니면 연탄공장 주변의 재산권을 엄격히 보장한다면, 즉 외부성에 대한 권리를 법적으로 명시한다면, 연탄업자는 매연을 줄이는 시설을 하든지 세탁업소에 끼친 피해를 보상해 줌으로써 외부불경제를 내부화할 수 있다.

재산권의 설정으로 이상과 같은 개인의 사적 외부성 문제는 해결이 가능하나 대기나 하천의 오염 등 공적 외부성의 문제는 해결이 쉽지 않다. 공기나 수질오염의 경우 오염을 일으키는 경제주체는 수없이 많으며, 외부불경제를 자아내는 정도도 서로 상이하다. 뿐만 아니라 공기나 물은 공공재의 일종으로 이에 대한 소유권의 설정은 더욱 힘들다. 따라서 이들의 정화비용을 분담시키는 데 있어서 여기에 관련된 경제주체가 많으면 많을수록 무임승차 문제를 비롯한 각종 어

---

14. Coase, Ronald H., "The problem of social cost," *Journal of Law and Economics*, Vol. 3, October, 1960, pp.1～44.

려움을 수반한다.

4.3.2 코즈 정리

앞에서 예시한 사적 외부성의 경우 i) 개인 간의 협상비용(혹은 거래비용 : transaction cost)이 무시할 정도로 적고, ii) 협상으로 인한 소득재분배가 외부성에 관한 각 개인의 한계(비)효용에 영향을 미치지 않는다면, 외부성에 관한 권리(소유권)가 어느 경제주체에 귀속되는가에 상관없이 당사자 간의 자발적 타협에 의한 자원배분은 효율적이다. 이를 코즈 정리(Coase' s Theorem)라 한다.

이 정리를 연탄업자와 세탁업자의 예로 설명해 보자. 가령 연탄공장의 매연이 그 주변에는 외부불경제를 초래하지만 이의 내부화는 생산량을 감소시키며 연탄 가격 상승을 가져와 다른 지역 주민들의 생계에 지장을 초래한다는 이유에서 정부는 매연을 보장하는 법규를 만들었다고 하자. 그러나 세탁업자는 방관하지 않고 연탄업자에게 매연을 덜 발생시키도록 협상을 유도할 것이다. 매연으로 인한 세탁비용 인상과 재산피해액 한도 내에서 세탁업자는 연탄업자에게 보상함으로써 생산을 감소시켜 매연을 줄일 수 있다. 따라서 세탁비용 절감과 영업권의 시가(時價)를 유지하려고 할 것이다. 연탄 한 단위 생산감소에서 오는 수익체감이 보상액보다 적은 한 연탄업자는 협상에 응할 것이며, 한 단위 감산으로 인한 수익절감액이 이로 인한 세탁업자의 수익증대액과 일치할 때까지 연탄 생산을 줄일 것이다.

그러나 정부에서 매연으로 인한 대기오염의 심각성을 인지하고 매연의 피해에 대한 보상을 요구할 수 있도록 법규를 개정했다고 하자. 이는 외부성(외부불경제)에 관한 권리가 연탄업자로부터 세탁업자로 이전되었음을 의미한다. 따라서 이 법규의 개정으로 연탄업자로부터 세탁업자로 소득재분배가 일어난다. 이 법규 하의 적정 연탄생산량은 한 단위 생산증대에서 오는 한계수익이 연탄 한 단위 증산에 따른 생산비용(개인적 한계비용)과 매연 증대로 인한 세탁업자에 끼친 비용(외부불경제비용)의 합인 사회적 한계비용(social marginal cost)과 일치하는 지점에서의 생산량이며, 이때까지 생산을 계속하게 된다. 여기에서의 생산량은 외부성의 권리가 연탄업자에게 귀속되어 있는 지난 번 법규 하의 생산량과 동일하며, 효율적임을 알 수 있다. 이상이 앞에서 소개한 코즈 정리의 설명이다.

그러나 협상비용이 과다하게 소요된다면 이 정리는 성립할 수 없다. 예를 들면 쌍방이 매연 증대로 인한 피해액이나 한계수익(혹은 한계이윤)을 정확하게 알고 있다면 쉽게 타협점을 얻을 수 있으나 실제로 이들을 파악한다는 것은 쉬운 일이 아니다. 서로의 정보를 정확하게 알고 있지 않은 상황 하에서는 각자의 피해액이나 이익을 과다하게 혹은 과소하게 평가하여 협상에 임하려고 할 것이다. 이는 협상비용을 인상시키는 주요인이며, 협상당사자들이 많으면 많을수록 그 비용은 더욱 증가할 것이다. 또한 다수의 협상자들이 참여하면 각 주체들이 나 하나쯤이야 보상을 하지 않아도 무방하리라는 생각을 할 수도 있으므로 무임승차의 문제를 초래할 가능성도 크다.

또 다른 코즈 정리의 한계는 많은 경우 이 정리가 가정하는 것과는 달리 협상당사자의 판별이 불가능하거나 매우 어렵다는 점이다. 코즈 정리는 협상당사자가 두 경제주체로 제한되었을 때 가장 효과적일 수 있다. 그러나 많은 환경문제에 있어 당사자들을 판별하는 작업은 결코 쉬운 일이 아니다. 또한 누가 오염자이고 누가 피해자인지 불분명한 경우가 허다하다. 심지어 스스로가 피해자임과 동시에 오염자인 경우도 적지 않다. 이러한 상태에서는 당사자들 간의 자발적인 협상을 기대하기 어렵다.

그리고 위협을 통해 자신의 이익을 확보하고자 하는 잠재적 유인을 제공하게 된다는 문제점이 지적되고 있다. 만약 오염행위에 대한 법적 책임이 오염자에게 있지 않은 경우 피해자가 오염자에게 보상을 하게 된다면 실제 협상당사자가 아닌 잠재적 오염자들이 자신들도 보상을 받을 목적으로 위협을 가할 수 있다. 물론 소유권의 명확한 설정을 통해 그 가능성을 줄일 수는 있을 것이나, 그렇지 못할 경우 이러한 행위들은 협상당사자의 판별을 어렵게 할 뿐만 아니라 보상규모 결정을 힘들게 만들고 거래비용을 대폭 증가시킬 소지가 높다.

한편 협상결과로 야기되는 소득재분배가 외부성(매연)에 대한 한계(비)효용을 변경시킨다면 코즈 정리가 성립할 수 없음은 자명하다. 소득효과가 현실경제에서는 무시할 수 없는 것이 일반적이므로 코즈 정리의 비현실성은 자명하다. 뿐만 아니라 소득의 공정한 분배 면에서 평가한다면 외부성의 권리가 어느 경제주체에게 귀속되는가는 중차대한 문제인 것이다. 따라서 코즈 정리는 효율적인 자원배분만을 반영하고 있음을 알 수 있다. 또한 외부불경제를 자아내는 경제주체가 일종의 죄의식 같은 것을 느껴서 될 수 있으면 생산활동이나 소비활동을 자제

그림 7-3

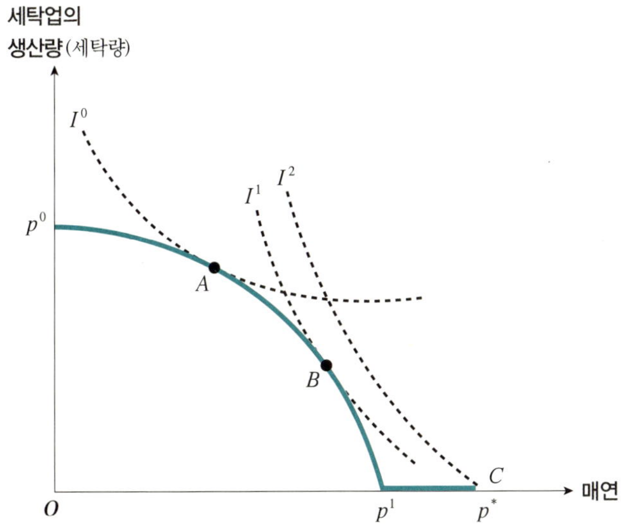

생산가능집합의 비볼록성 (I)

하려고 하는 '양심효과(conscience effect)'까지 고려한다면 외부성에 관한 소유권의 문제는 더욱 중요할 것이다.

따라서 이상의 현실적인 제약을 고려한다면 코즈 정리는 부분적으로 적용될 수 있을 것이다. 이 정리는 외부성의 문제를 법적 · 제도적 수단에 의해서 당사자 간의 자발적 해결을 유도하여 내부화한다는 점에서 앞서 논의한 각종 수단과는 접근방법이 상이하다. 외부성의 문제를 법적 · 제도적 측면에서 접근하는 시발점으로서 그 중요성이 높이 평가되어져야 할 것이다.

4.3.3 생산가능집합의 비볼록성

연탄업과 세탁업의 경우 연탄공장에서 내뿜는 매연을 방치해 둔다면 종국에는 세탁업의 계속적인 비용인상으로 손해를 보게 된다. 따라서 생산활동을 중단하는 경우도 있다. 혹은 생산활동(세탁)을 부분적으로 하는 것보다는 매연 피해의 보상액을 많이 지급받기 위해서 생산활동을 중단하는 편이 세탁업자의 경우 보다 많은 수익을 얻을 수도 있다. 이는 생산기술적인 특성에 연유하는 것으로 생산가능집합의 비볼록성(nonconvexity)의 문제 혹은 외부성의 비볼록성 문제라 한다.

그림 7-4

생산가능집합의 비볼록성 (Ⅱ)

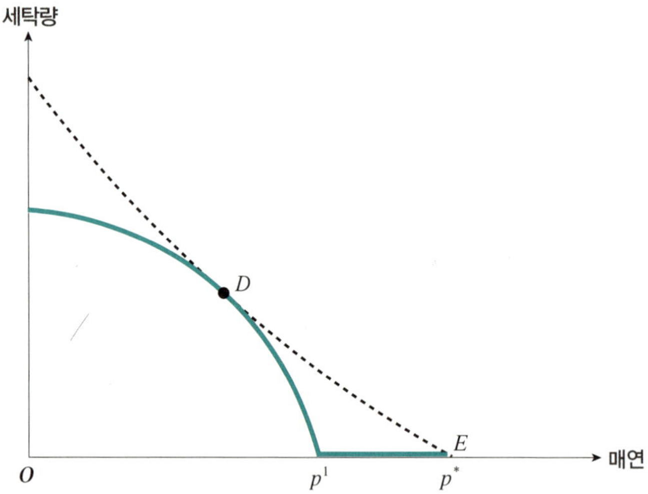

세탁업의 생산기술을 세탁량과 매연의 관계로 표시하면 [그림 7-3]과 같다. 연탄 생산량이 증가하면 매연도 증가하게 되고 세탁량은 줄어들며, 매연이 P^1 수준을 능가하면 세탁업의 활동이 중단됨으로써 세탁량은 영의 수준이 된다. 그러므로 세탁업의 생산가능집합은 $P^0P^1P^*$로서 P^1 이상의 매연수준에서는 매연의 증가에 따른 세탁물의 감소가 더 이상 발생되지 않는, 즉 세탁량이 영의 수준이므로 생산가능집합은 비볼록성의 특징을 갖는다. 만약 세탁업의 등이윤곡선이 I^0의 형태를 갖는다면 A점에서 정상적인 생산활동을 한다. 그러나 이 세탁업의 기술적 특징이 I^1이나 I^2형의 등이윤으로 나타난다면 C점에서 이윤이 극대화됨으로써 세탁활동을 하지 않고 매연의 외부불경제에 대한 보상으로 이윤극대화를 이룬다. 여기에서 P^*는 연탄의 최대 생산량에 의한 최고수준의 매연을 의미한다.

[그림 7-4]는 세탁업의 등이윤곡선이 D 및 E점에서 모두 이윤이 극대화됨을 뜻한다. 따라서 세탁업자의 입장에서는 D 수준의 생산활동을 하든지 아니면 조업을 중단하든지 무차별하다.

이상과 같이 생산가능집합이 비볼록의 기술적 특성을 보유하고 있을 경우, 외부(불)경제를 내부화하기 이전에 정부는 내부화로 인한 총편익과 총비용을 비교·검토한 이후에 개입 여부를 결정해야 한다고 코즈는 지적한다.[15] 즉, 외부성을 내부화하기 위한 한계 최적조건이 만족될 경우라도 정부의 개입을 결정하기에는 충분하지 못하다는 것이다. 이들 조건 이외에도 내부화를 위한 연탄 생산의 감소가 초래하는 총비용과 매연 감소로 인한 세탁물 증대에서 오는 총편익을 검토해야 한다는 것이다. 경우에 따라서는 총비용이 총편익을 능가할 수도 있으며, 이런 경우에는 매연의 외부성에 대한 권리를 연탄업자에게 규정함으로써 세탁업을 다른 곳으로 이전시키든지 아니면 폐업을 유도할 수 있다는 것이다.[16]

4.4 배출권 거래제

4.4.1 개관

배출권 거래제는 비교적 최근에 고안된 정책수단이면서도 많은 주목을 받고 있다. 특히 1990년대에 들어 지구온난화에 대처하기 위한 기후변화협약이 체결되면서 기후변화가스 배출량의 감축의무를 지닌 국가들 간에 이산화탄소를 포함한 기후변화가스 배출권 거래에 대한 논의가 활발해지면서 크게 주목을 받고 있다.

배출권 거래제는 본 장의 [부록]에서 언급하고 있는 세 가지 규제수단과는 다른 구조를 지닌다. 기존의 경제적 수단은 정부가 규제대상에 대해 오염배출량 또는 오염저감목표량을 직접적으로 부과하지 않는다. 단지 오염물질의 배출에 대해 일정액의 대가를 지불하게 하거나 오염물질의 감축에 대해 일정액을 보상해 줌으로써 규제대상이 스스로 자신의 오염배출량을 결정하게 하는 방식이다. 정부가 배출 총량에 대한 목표를 설정해 놓고 정책수단을 사용하는 경우라고 할지라도 일단 기업에 전달되는 신호(signal)는 부과금제도에서와 같이 가격의 조정을 통해 이루어지게 마련이다.[17]

---

15. Coase, R. H., *op. cit*.

16. 외부성에 대한 개인의 선호나 생산기술의 비볼록성의 문제에 대한 좀더 자세한 논의는 다음의 논문들을 참조 바람.
Starrett, D., "Fundamental nonconvexities in the theory of externalities," *Journal of Economic Theory*, 1972, pp.180～199 ; Baumol, W. J. & Bradford, D. F., "Deterimental externalities and non-convexity of the production set," *Economica*, May, 1972, pp.160～172 ; Baumol, W. J., "On taxation and the control of externalities," *AER*, Vol. 62, June, 1972, pp.307～322.

그러나 배출권 거래제에서는 먼저 규제대상에 대해 오염의 배출권 또는 감축목표를 할당하게 되는데, 이 점에서는 여타 경제적 수단과 구별되고 오히려 직접규제방식과 유사한 면이 있다. 반면 배출권 거래제는 규제대상에 대해 각각의 감축목표 수준을 강제하는 것이 아니라 배출권의 시장가격과 자신의 오염저감비용을 비교하여 스스로 배출권을 판매하거나 구입할 수 있도록 허용한다는 차원에서 직접규제와는 확연하게 구별된다. 결국 당사자 간에 배출권의 거래를 허용함으로써 규제대상이 자신의 여건에 맞는 배출량을 결정할 수 있도록 고안된 제도라는 측면에서 기본적으로 경제적 수단의 성격을 갖는다고 할 수 있다.

배출권 거래제의 시행은 배출권의 배분, 배출권 거래시장의 형성, 그리고 배출 총량의 준수 여부에 대한 사후적인 절차의 세 가지 요소로 구성되어 있다. 이들 세 가지 요소 중에서도 배출권의 배분문제는 공공재에 대한 소유권을 설정하는 어려운 문제이기 때문에 선례가 많지 않을 뿐만 아니라 단점이 없는 방식도 존재하지 않는다. 실제로 배출권 거래제를 시행하는 과정에서 배출권의 초기 배분과 관련하여 가장 많은 논쟁과 저항이 뒤따르고 있다. 그러나 몇몇 선진국을 중심으로 배출권 거래제의 적용이 확산되어 나가는 추세에 있으며, 우리나라에서도 최근 많은 관심과 연구가 이루어지고 있다.

4.4.2 배출권 거래제의 원리 및 특성

배출권 거래제도는 오염배출자가 할당된 배출권의 범위 내에서 오염물질의 배출 또는 잔여 배출권의 판매 등 각기 자신의 이익에 따라 행동할 수 있도록 허용함으로써 효율적으로 정책목표를 달성하는 수단이다. 먼저 이 제도의 시행을 위해서는 배출권을 할당해야 하는데, 할당된 배출권의 총량이 오염원들의 기존 배출 총량보다 적어야 한다. 따라서 할당된 배출권은 오염자의 입장에서 보면 오염배출량의 감축목표를 할당받은 것과 같다고 볼 수 있다.

[그림 7-5]를 통해 이를 살펴보도록 하자. 정부의 규제대상이 되는 두 개의 기업 A, B가 있다고 하자. 그림에서 OR_A는 정부에서 할당한 A기업의 감축목표량을, OR_B는 B기업의 감축목표량을 의미한다. R_A, R_B점으로부터 출발하는 직

17. 배출권 거래제의 손쉬운 이해를 위해서는 본 장의 [부록]을 우선적으로 참조하는 것도 하나의 방법이 될 것이다.

그림 7-5

배출권 거래제도의 작용원리

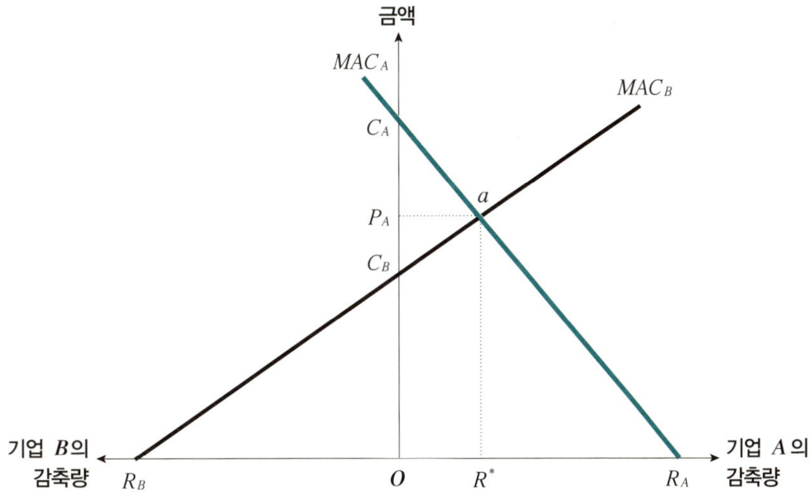

선은 각 기업의 한계저감비용(MAC)곡선을 나타낸다. 이 상황에서 개별 기업은 다음 네 가지 중 하나의 선택을 해야 한다.

① 각자에게 할당된 감축목표량을 자체적으로 달성하는 것.
② 자신에게 할당된 감축목표량을 초과달성하고 잔여 배출권을 다른 기업에게 판매하는 것.
③ 자신에게 할당된 감축목표량의 일부를 자체적으로 감축하고 부족한 부분만큼을 다른 기업으로부터 배출권을 구매하여 충족시키는 것.
④ 자신에게 할당된 감축목표량을 채우지 못하고 정부로부터 이에 상응하는 제재를 감수하는 것.

여기서 선택 ④의 경우 정부로부터 받는 제재는 선택 ①, ②, ③에 소요되는 비용보다 크다고 가정하자. 그렇다면 선택 ①, ②, ③ 중 어느 것을 택하여도 선택 ④보다는 비용절감효과가 발생할 것이므로 어느 기업도 선택 ④에 의존하지는 않을 것이다.

선택 ①은 배출권 거래가 이루어지지 않고 각각의 기업이 자신의 감축목표를 스스로 달성하는 경우라고 볼 수 있는데, 이 역시 기업의 입장에서는 비효율적이다. A기업이 자신의 감축목표를 달성했을 때의 마지막 한 단위의 감축에 따른 한계저감비용은 MAC_A곡선과 수직축이 만나는 점인 C_A가 된다. 마찬가지로 B기업이 자신의 감축목표를 달성했을 때의 한계저감비용은 마지막 오염물질 한 단위당 C_B가 된다. 만약 배출권을 거래하지 않는다면 각각의 기업은 자체적으로 오염저감목표를 달성해야 할 수밖에 없다. 따라서 이때 발생하는 오염감축에 따른 사회적 총비용은 A기업의 총저감비용인 $\triangle R_A C_A O$와 B기업의 총저감비용인 $\triangle R_B C_B O$를 합한 비용이다.

그러나 두 기업이 배출권 거래를 하게 될 경우 동일한 감축목표를 달성하기 위한 사회적 총저감비용은 낮아질 수 있다. 그림에서 확연하게 나타나듯이 각각의 감축목표 달성시점에서의 B기업의 한계저감비용은 A기업의 한계저감비용보다 낮다. 따라서 A기업은 자신이 모든 오염물질을 스스로 감축하는 것보다 B기업이 감축목표량을 초과달성하여 그 잉여 배출권을 자신에게 팔도록 계약을 체결하면 비용을 절감할 수 있다.

이렇듯 비용절감효과를 극대화할 수 있는 최적점은 바로 두 기업의 한계저감비용이 일치하는 a점에서 결정된다. 왜냐하면 한계저감비용이 일치하지 않는 한 두 기업은 추가적인 배출권 거래를 통해 언제든지 비용을 저감시킬 수 있기 때문이다. 비용효율성이 달성되는 a점에서 A기업은 $R_A - R^*$만큼을, B기업은 $R_B + R^*$만큼의 오염물질을 각각 감축하게 되며, B기업은 자신의 감축목표 초과달성량인 R^*를 A기업에게 판매하게 된다. 이때 감축목표량 달성에 소요되는 사회적 총비용은 A기업의 총저감비용인 $\triangle R_A a R^*$와 B기업의 총저감비용인 $\triangle R_B a R^*$를 합한 비용이다. 따라서 사회 전체적으로는 배출권을 거래함으로써 독자적으로 감축목표량을 달성했을 때와 비교하였을 때 $\triangle a C_A C_B$만큼의 추가적인 비용을 절감할 수 있게 된다. 여기서 A기업은 선택 ③, 즉 배출권을 구입하는 기업이 되고, B기업은 선택 ②, 즉 배출권을 판매하는 기업이 됨을 알 수 있다.

재미있는 사실은 각 기업의 최적 오염감축량은 배출량 한 단위당 P_a원의 배출부과금을 부과했을 때 발생하는 효과와 동일하다는 점이다. 다시 말해서 배출권 거래제도를 통해 달성할 수 있는 정책목표는 개별 기업의 한계저감비용곡선을 정부가 정확하게 알고 있다는 전제 하에 배출부과금제도를 통해서도 동일하

그림 7-6

배출권 거래제도의 가격결정원리

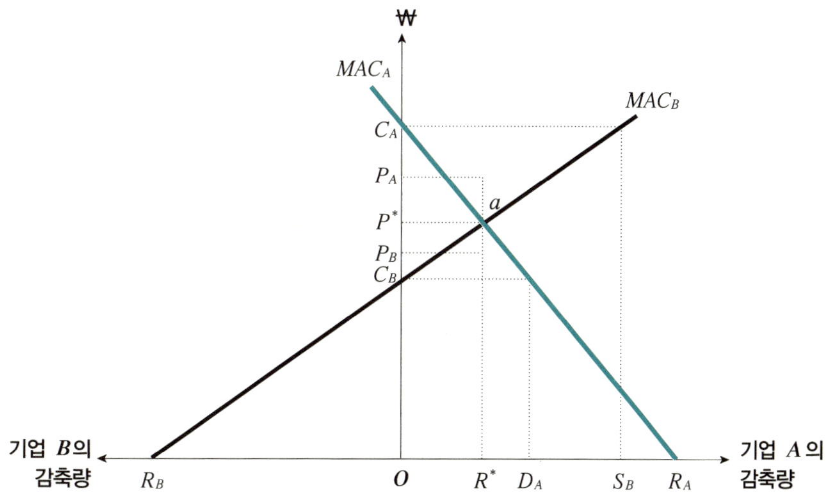

게 달성할 수 있다는 것이다.

4.4.3 배출권의 가격결정

그렇다면 배출권의 가격은 어떻게 결정되는 것일까? 그 결정원리는 배출권 거래시장이 어떤 형태를 취하는가에 따라 달라진다. [그림 7-6]을 통해 가격결정 방법에 대해 논의하도록 한다.

먼저 완전경쟁시장을 생각해 보자. 배출감축의무를 지니고 있는 다수의 기업이 존재하고 이들이 일정한 장소에 모여 배출권에 대한 경매를 시행한다고 하자. 배출권의 가격은 기업 각자가 감축의무를 독자적으로 달성했을 경우의 각 기업의 한계저감비용인 C_B와 C_A 사이에서 결정될 것이다. 가격이 C_B원일 때 배출권의 공급량은 수직축과 MAC_B 간의 수평거리, 즉 0이 되나 이 가격수준에서 배출권의 수요량은 수직축과 MAC_A 간의 수평거리인 D_A가 되어 초과수요가 발생하고 가격이 상승한다.

같은 논리로 배출권의 가격이 C_A원일 경우 배출권에 대한 수요량은 0인 반면 공급량은 S_B가 되어 초과공급이 발생하고 가격이 하락한다. 배출권에 대한 완전경쟁시장에서의 균형가격은 수요곡선과 공급곡선이 만나는 점, 다시 말해 주어진 가격에서 초과수요나 초과공급이 발생하지 않는 수준에서 이루어진다. 결국 배출권을 경매할 때의 균형은 a점에서 이루어지고, 이때 배출권 한 단위당 균형가격은 P^*가 된다.

여기서 잊지 말아야 할 사실은 배출권의 거래는 시장참여자들의 파레토 개선효과를 가져온다는 점이다. [그림 7-6]에서 보면 B기업은 스스로 추가적으로 감축한 R^*에 해당하는 잉여 배출권의 판매를 통해 $\square P^*aR^*O$의 수입을 확보하고 그만큼의 오염물질 저감에 따라 소요되는 추가적인 비용은 $\square C_BaR^*O$가 되므로 그 차액인 $\triangle P^*aC_B$의 순수입을 올리게 된다. 반면, A기업은 배출권을 구매하지 않고 스스로 감축의무를 수행한다면 R^*를 감축하는 데 소요되는 저감비용으로 $\square C_AaR^*O$를 지출해야 한다. 그러나 배출권을 구입하게 되면 $\square P^*aR^*O$의 비용을 지불하여 이를 대체할 수 있으므로 $\triangle P^*aC_A$만큼의 순수입을 확보하게 된다. 따라서 배출권 거래가 두 기업 모두에게 이익이 된다.

그러나 앞에서와 같이 완전경쟁적인 경매시장이 형성되어 있지 않고 소수의 공급기업과 소수의 수요기업만이 존재한다면 배출권의 가격은 잠재적 공급자와 잠재적 수요자 간의 협상에 의해 결정될 것이다. 이 경우 배출권의 가격은 각 기업의 협상력과 상대방의 한계저감비용곡선에 대한 정보를 얼마나 갖고 있느냐에 의해 결정될 것이다. 즉, A기업과 B기업은 먼저 R^*에 해당하는 만큼의 배출권 거래량에 대해 합의하고 가격협상에 들어가게 된다. 내부적으로 배출권의 단위당 가격을 B기업은 P_B원 이상, A기업은 P_A원 이하에서 수용할 수 있다고 한다면, 이때의 P_A와 P_B는 각각 A기업과 B기업의 최대 양보가격이라고 할 수 있다.[18]

만약 A기업과 B기업이 서로 상대방의 한계저감비용곡선에 대한 정보를 갖고 있고 양자의 협상력이 같은 수준에 있다면 가격은 경매에서와 마찬가지로 P^*에서 결정될 것이다. 그러나 상대방의 한계저감비용에 관한 정보량이 비대칭적이거나 두 기업 간에 협상력의 차이가 존재할 경우에는 상대적으로 정보가 많고 협상력이 우월한 기업이 자신의 최대 양보가격과 보다 차이가 많이 나는 협상가

18. 여기서 P_A와 P_B는 각각 $\square C_AaR^*O$와 $\square C_BaR^*O$를 R^*로 나눈 것으로서 A기업과 B기업의 R^*만큼의 오염감축에 소요되는 평균저감비용이 된다.

격을 이끌어낼 수 있을 것이다. 여기에 소수의 공급자와 다수의 수요자 혹은 그 반대의 상황 등 불완전경쟁시장적 요소가 포함되면 가격결정 방식은 더 복잡해지게 된다. 이는 본서의 수준을 넘어선 것이므로 더 깊이 다루지 않기로 한다.

4.4.4 배출권의 분배

공정하고 합리적인 배출권의 분배는 배출권 거래제도의 성공적인 시행을 위한 필수적인 전제조건이다. 일단 배출권이 개별 오염자에게 할당되고 나면 앞에서 분석한 가격결정 방식에 의해 배출권의 시장가격이 결정되고 개별 기업은 얼마만큼의 오염물질을 감축할 것인지 결정하게 된다. 그러나 배출권 시장에서의 이러한 의사결정이 이루어지기 위해서는 먼저 배출권의 할당이 이루어져야 한다. 이 절에서는 배출권 분배방식의 몇 가지 형태를 검토하고 이들의 장 · 단점을 알아보기로 한다.

정부는 우선 배출권을 무상으로 할당할 것인지, 유상으로 할당할 것인지를 결정해야 한다. 정부가 경매 등의 방식을 통해 유상으로 배출권을 분배할 경우 정부는 배출권 판매에 따른 수입을 얻게 되는 효과를 얻게 된다. 그러나 이 경우 기업의 입장에서는 시장에서의 배출권 거래에 따른 비용부담만이 아니라 초기 배출권을 할당받기 위해서도 비용을 지불해야 하는 부담이 발생하게 된다. 따라서 일반적으로는 미국에서 시행되고 있는 아황산가스 배출권 거래제에서 나타난 바와 같이 무상배분이 주로 사용되고 있으며, 유상배분은 무상배분을 보완하는 차원에서 보조적인 수단으로 사용되고 있다.

그렇다면 배출권을 무상으로 분배한다고 했을 때 정부는 어떠한 방식을 채택할 수 있을 것인가? 먼저 규제대상 모두에게 같은 양의 배출권을 분배하는 균등분배방식이 있다. 이는 가장 간단한 방법이기는 하나 국가 간이 아닌 국가 내의 배분방식으로는 많은 문제점을 내포하고 있어 그대로 시행하기는 매우 어렵다는 단점이 있다. 예를 들어 규제대상 지역에 1개의 대기업과 여러 개의 중소기업이 있다고 하자. 이 경우 기업의 배출량 또는 생산량과 상관없이 배출권을 균등분배한다면 대기업은 엄청난 불이익을 안게 될 것이다. 더구나 개별 기업에 종사하는 종업원 1인당 배출권을 계산해 보면 대기업에 근무하는 종업원에게 배분되는 1인당 배출권의 양은 중소기업 종사자의 1인당 배출권의 양보다 훨씬 적은 결과를 초래함으로써 균등분배방식은 형평성의 원칙에도 어긋난다고 볼 수 있다. 따라서 배출권의 분배에는 어떤 형태로든 기업의 규모에 대한 고려가 필요하다는 것을 알 수 있다.

배출권을 분배하는 또 다른 방법으로는 기존의 배출량에 기초하여 할당하는 방법이 있다.[19] 그러나 이 방법 역시 환경보전을 위하여 오염저감설비를 적극적으로 설치함으로써 이미 오염물질의 배출량을 대폭 감축한 기업에게는 불리하고, 오히려 기존의 과대 배출자에게 유리한 경향이 있어 형평성에 어긋나는 측면이 있다. 또한 이와 같은 배출권 분배방식이 사전에 알려지게 되면 기존의 배출자들은 자신들이 할당받을 수 있는 배출권의 양을 늘리기 위해 과대배출을 할 위험성이 있어 오히려 오염배출량을 증가시키는 역효과를 초래할 수도 있다.

각각의 규제대상 기업이 창출하는 부가가치에 비례하여 배출권을 분배하는 방안을 또 다른 대안으로 생각해 볼 수 있다. 그 근거로는 오염물질은 대부분 경제활동의 부산물로 배출되는 것인 만큼 오염배출행위를 상쇄할 수 있는 사회적 순기능에 비례하여 배출권을 할당하자는 것이다. 한 기업의 사회적 순기능은 결국 그 기업의 경제활동에 대한 시장에서의 가치평가, 다시 말해 그 기업이 창출해 내는 부가가치로 평가할 수 있다. 따라서 개별 오염원이 창출하는 부가가치에 비례하여 배출권을 배분하는 방법은 오염배출로 인한 경제적 편익과 이로 인한 사회적 피해를 균형 있게 다루려는 시도라고 할 수 있다. 그러나 이러한 분배방식을 국가 간에 적용할 경우 결국 부가가치 규모가 큰 선진국들이 배출권을 많이 할당받을 수 있기 때문에 개발도상국들의 반발을 살 우려가 다분히 있음에 유의하여야 한다.

이상에서 본 바와 같이 배출권에 대한 무상분배가 이루어질 경우 형평성과 기업의 배출량, 부가가치 창출 정도 및 중요도 등을 감안하여 배출권의 배분이 합리적으로 이루어져야 하는데, 이는 이론적으로나 실제적으로 매우 어려운 과제이다.

---

19. 이러한 방식을 가리켜 과거 배출량에 근거하여 배출권을 할당한다는 의미에서 영어로는 grandfathering에 의한 배출권 할당이라고 한다.

4.4.5 배출권 거래제와 부과금제의 비교

우리는 배출권 거래제와 부과금제가 공히 정해진 환경목표를 달성하기 위해 오염자들이 자신의 주어진 여건에 따라 합리적인 의사결정을 함으로써 사회적 관점에서 효율적으로 정책목표를 달성하고자 하는 제도임을 배웠다. 앞에서 보았듯이 두 제도는 모두 주어진 환경목표를 가장 적은 비용으로 달성할 수 있는 비용효율성을 만족한다. 중요한 점은 만약 사회후생을 극대화하고자 하는 정부가 오염저감을 위해 배출권 거래제와 부과금제를 고려할 경우 사회적 최저배출 수준을 달성하기 위해 필요한 모든 정보를 확실하게 갖고 있다면[20] 두 제도는 정확하게 동일한 효과를 낳는다는 사실이다. 즉, 두 제도는 다음의 등식을 만족한다.

$$MAC_A = MAC_B = \cdots = MAC_N = t^* = P^*$$

여기서 MAC는 개별 기업의 한계저감비용, t^*는 최적부과금 요율, 그리고 P^*는 배출권 거래제에서의 배출권의 균형가격을 나타낸다. 정부가 오염물질의 배출에 따른 사회적 비용과 오염저감비용을 모두 고려하여 최적량의 배출권을 시장에 공급한다면 완전경쟁적 배출권 거래시장에서의 균형 배출권 가격은 정부에서 설정한 최적부과금 요율, 즉 피구세율과 동일하게 결정된다. 이러한 조건 하에서 양 제도가 시행될 경우 개별 기업의 오염저감량은 정확하게 일치하며, 당연히 사회 전체의 오염배출량도 일치하게 된다.

문제는, 많은 경우 현실적으로 정부가 최적배출 수준을 결정하기 위해 필요한 정보를 모두 확보한다는 것이 매우 어렵다는 점이다. 따라서 배출권 거래제는 부과금제에 비해 현실적 적용가능성 면에서 장점이 있다고 할 수 있다. 먼저 환경목표인 총배출수준이 이미 정해져 있거나 외부로부터 주어졌다고 가정하자. 부과금제 하에서는 이 목표를 달성하기 위해 부과금 요율을 책정해야 한다. 따라서 앞에서 분석하였듯이 배출부과금일 경우에는 개별 기업들의 한계저감비용곡선을 알아야 한다. 또한 제품부과금일 경우에는 재화의 생산에 따른 한계비용곡

20. 이는 정부가 오염물질 배출에 따른 사회적 한계피해비용곡선과 개별 기업들의 오염저감비용곡선에 대한 정보를 정확하게 확보하고 있음을 의미한다.

선과 재화의 시장가격에 대한 정보가 확보되어야 한다.

그러나 배출권 거래제는 총배출량이 정책목표로 정해져 있다면 그에 따른 배출권을 어떠한 방식으로 할당할 것인가를 결정하면 될 뿐, 개별 기업의 한계비용곡선이나 한계저감비용곡선에 대한 정보를 필요로 하지 않는다. 각각의 기업들은 할당된 배출권의 양과 자신의 한계저감비용곡선, 그리고 배출권 시장에서 형성되는 균형가격에 근거하여 자신의 오염물질 감축량을 결정하면 되는 것이다. 이러한 과정을 통해 개별 기업이 스스로 결정한 배출량을 모두 합하면 정부가 최초에 의도했던 목표배출량이 달성된다.

이렇듯 외견상 배출권 거래제의 적용가능성이 높은 것은 이미 우리가 사회적으로 합의된 목표배출량이 주어져 있다는 사실을 가정했기 때문이다. 주어진 목표배출량이 사회적 최적수준이 되기 위해서는 앞에서 언급한 한계저감비용곡선 및 한계피해비용곡선 등 모든 필요한 정보가 갖추어져야 하는 것이다. 이러한 차원에서 보았을 때 환경규제를 통해 사회후생을 극대화하기 위해서 요구되는 정보의 양은 부과금제나 배출권 거래제 모두 차이가 없다고 할 수 있다. 다만 현실적으로 사회적 최적배출량을 도출하기 위해서는 많은 연구와 정보비용이 소요되기 때문에 이러한 최적배출목표를 정하는 것이 불가능한 여건 하에서는 배출권 거래제가 부과금제보다 실제 적용상의 용이성을 갖는다.[21]

한편 정부가 최적배출 수준을 결정하기 위해 한계피해비용 및 한계저감비용에 관한 정보를 확보하는 과정에서 일정 부분 불확실성이 내재할 수 있다. 이러한 경우 부과금제와 배출권 거래제의 적용가능성 및 효과성에는 차이가 있을 수 있다. 불확실한 정보 하에서의 양 제도의 정책효과에 대한 연구는 이미 1970년대부터 이루어져 왔으며, 환경규제 분야에서 매우 중요한 연구주제이다.

---

21. 이러한 장점에도 불구하고 배출권 거래제는 앞에서도 언급한 배출권의 초기 배분이라는 매우 어려운 문제에 직면하게 되기 때문에 아직까지는 많이 활용되지 못하고 있는 실정이다.

부록
환경문제에 대한 정부 개입수단의 재고찰

본 [부록]에서는 앞에서 소개한 정부의 개입수단 외에 외부성을 치유하고자 하는 정부의 또 다른 정책수단들을 소개하고 이들 정책들의 운영원리를 심도 있게 알아보고자 한다.

경제학적인 접근에 따라 외부성 문제의 해결을 모색한다고 하였을 때 우리는 크게 두 가지 접근방법을 고려해 볼 수 있다. 그 한 가지는 외부성 문제가 기본적으로 시장실패가 원인이 되어 발생하기 때문에 이를 해결하기 위해서는 정부의 적극적인 역할이 필요하다는 시각이다. 이러한 시각에 의하면 생산의 외부성 문제는 다분히 정부의 시장개입이 정당화되는 경제현상으로 이해할 수 있다. 다시 말해 정부의 규제를 통한 시장개입이 오히려 사회적 관점에서 보면 자원배분상의 효율성을 증대시킬 수 있다는 사실을 강조한다.

이러한 접근에는 크게 직접적 규제에 의한 방법과 시장의 가격기능을 활용하는 간접적 규제에 의한 방법이 있다. 전자의 대표적인 예로는 오염자에 대해 오염물질의 배출기준을 정해 놓고 이를 준수하게끔 강제하는 방식을 들 수 있다. 후자의 경우는 정부가 시장에 개입하기는 하되 환경오염과 같은 외부불경제를 유발시키는 재화나 서비스의 상대가격체계에 인위적인 변화를 가함으로써 개별 경제주체들이 스스로 자신의 이익에 따라 경제행위를 변화시키도록 유도하는 방식이다. 이러한 접근을 총칭하여 경제적 유인수단이라고 부른다.

외부불경제 문제 해결을 위한 두 번째 접근방법은 시장의 실패에 대응하여 정부가 직접 나서기보다는 시장기능에 의한 경제주체들 간의 자발적인 해결에 초점을 맞추는 것이다. 물론 이러한 접근에 있어서도 정부의 역할이 전혀 무시되는 것은 아니지만 정부의 적극적인 시장개입에 의한 해결방식보다는 그 역할을 매우 제한적으로 본다는 것이 큰 차이점이라고 할 수 있다. 예를 들어 정부의 역할은 사법적인 판단에 의해 환경오염 당사자들 간의 소유권을 조정해 주는 선에서 그쳐야 한다는 것이다. 그렇게만 된다면 사회적 효율성을 달성시켜 주는 자원배분 상태는 당사자들 간의 자발적인 협상에 의해 이루어질 것이다.

1. 직접규제

직접규제(command and control)는 사회적으로 바람직한 수준의 환경질(質)을 달성하기 위해 정책당국이 오염자가 준수해야 할 행위를 구체적인 법률로 정하고 사법권, 경찰력, 벌금, 행정조치 등과 같은 수단을 동원하여 오염자가 법률을 준수토록 하는 환경정책을 의미한다.

직접규제는 정책당국이 설정한 환경기준(environmental standards)을 오염자가 지키도록 요구하며, 위반 시 오염자를 처벌할 수 있도록 되어 있다. 환경기준을 설정하여 오염행위를 통제하는 것은 실행과정이 비교적 단순하고 직접적이며, 정책의 목표를 명확하게 표현할 수 있다는 장점을 갖는다. 또한 환경기준을 위반할 경우 위반자를 처벌하는 절차를 포함하고 있으므로 환경오염은 비도덕적이라는 사회적 윤리의식과도 부합되는 정책이라고 할 수 있다. 이런 이유로 인해 환경기준을 통해 시행되는 직접규제는 각국이 가장 많이 사용하고 있는 환경정책이다.

반면 직접규제는 오염자에게 경제적 유인을 제공하여 오염자 스스로 오염물질 배출량을 효율적으로 줄이도록 유도하는 것이 아니라 정책당국이 설정한 기준을 오염자가 의무적으로 수행하도록 요구함으로써 오염자가 배출량 감소를 위해 취할 수 있는 선택의 폭을 크게 제한하는 정책이다. 따라서 이 제도는 정책당국에게는 많은 재량권과 신축성을 부여하는 반면, 오염자 입장에서는 매우 경직된 제도라고 할 수 있다. 또한 정책당국은 오염자가 배출할 수 있는 배출량을 정확하게 파악하여 이를 배출상한으로 결정해야 한다. 그러나 통상적으로 오염의 사회적 한계피해곡선과 한계저감비용곡선을 완전히 파악한다는 것은 대단히 힘든 일이므로 환경기준 설정에 어려움이 따른다. 설사 환경기준을 설정하였다 하더라도 상이한 오염배출 수준과 기술수준을 가진 수많은 오염원과 지역에 대해 획일적인 환경기준이 적용될 경우 직접규제는 효율성을 상실하게 된다. 이러한 이유로 인하여 직접규제는 효율성 측면에서 많은 문제점을 갖고 있는 정책이며, 많은 경제학자들에 의해 지속적으로 비판받아 온 정책이다.

2. 간접규제—경제적 유인수단

2.1 피구세(Pigouvian tax)—부과금

(1) 최적 오염수준

우리는 환경오염 문제가 시장이 효율적인 자원배분에 실패함으로써 발생하는 시장실패의 대표적인 현상임을 앞에서 살펴보았다. 시장의 실패는 정부의 시장개입을 통한 문제해결에 정당성을 부여해 주는 근거가 된다. 왜냐하면 시장실패로 인해 시장의 주된 기능이라고 할 수 있는 경제주체들 간의 자발적인 거래를 통한 파레토 효율적인 자원배분이 더 이상 이루어지지 못하기 때문이다.

그렇다면 정부가 어떤 방법에 의해 어느 수준의 규제정책을 사용해야 할 것인가? 이 질문에 대한 해답을 찾기에 앞서 환경오염이 발생하는 경제행위가 존재한다고 했을 때 어떠한 자원배분 상태가 사회적으로 바람직한 것인지에 대한 이해가 선행될 필요가 있다. 대기오염을 유발하는 시내버스 운행의 예를 통해 설명해 보자. 시내버스의 운행과정에서 발생되는 부유물질이나 질소산화물은 대도시 대기오염의 주원인이 된다. 즉, 시내버스 운행이라는 경제행위 과정에서 오염물질이 배출되고 이로 인한 피해비용이 발생하게 된다. 이때 사회적으로 바람직한 버스운행 수준은 버스운행으로부터 오염물질이 전혀 배출되지 않는다는 가정을 했을 때와는 다르게 될 것이다. 그렇다면 오염물질로 인한 피해비용이 존재할 경우 바람직한 버스운행 수준은 어디에서 결정되겠는가?

다음의 [그림 7-7]을 통해 이를 자세히 살펴보도록 하자. 그림에서 운송서비스에 대한 수요곡선은 우하향하고 있으며, 이는 곧 운송서비스에 대한 소비자들의 한계편익(*PMB*)곡선과 일치한다. 공급곡선은 개별 버스회사들의 운송서비스 공급에 따른 한계비용(*PMC*)곡선을 수평으로 합한 곡선으로 나타난다. 따라서 버스운행에 따른 환경오염이 수반되지 않았을 경우를 가정한다면 완전경쟁시장에서의 결정원리에 따라 점 E_0에서 균형서비스량 Q_0가 결정된다.

그러나 버스운행 과정에서 배출되는 오염물질로 인해 사회적 비용이 발생하게 되는데, 이것이 그림상의 한계피해비용(*MDC*)곡선으로 나타나 있다. 이 경우 E_0는 더 이상 파레토 효율성을 달성하는 균형점이 되지 못한다. 왜냐하면 경제활동 과정에서 추가적으로 발생하는 사회적 비용을 감안하고 있지 못하기 때문

그림 7-7

최적 오염수준의 결정원리

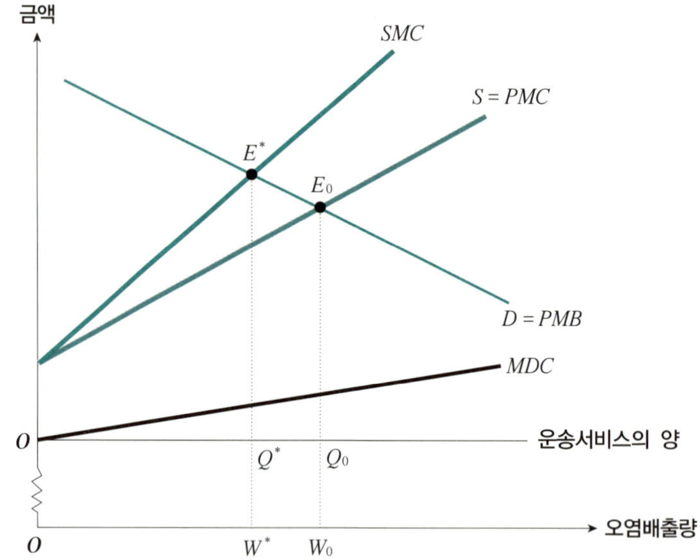

이다. 따라서 버스운행에 따른 사적 비용과 사회적 비용을 모두 감안한 사회적 한계비용(*SMC*)곡선과 수요곡선 *D*가 만나는 점 E^*가 파레토 효율성을 달성하는 자원배분 상태가 되는 것이다. 따라서 균형 서비스 수준은 Q^*가 된다.

재미있는 사실은 버스운행량과 오염배출량 간에는 일정한 함수관계가 존재한다는 것이다. 그림에서 보듯이 Q_0의 생산수준에서는 W_0만큼의 대기오염이 발생하게 되고, Q^*의 생산수준에서는 W^*만큼의 오염물질이 배출된다. 이때 W^*를 주어진 경제에서의 버스운행에 따른 최적 오염수준이라고 부른다.

여기서 우리는 '최적'이라는 말에 주의할 필요가 있다. 최적이라는 말의 의미는 버스운행에 따른 오염배출량이 W^*에서 결정되었을 때의 대기오염 수준이 사회적 효율성을 달성시켜 주는 가장 바람직한 수준이라는 것이다. 이는 W^*보다 많거나 적은 오염배출 수준에서는 사회후생의 감소로 인해 파레토 효율성이 달성되지 않음을 의미한다.

환경오염은 그 피해로 인한 사회적 비용을 유발하기 때문에 이러한 추가적 비용을 충분히 감안하여 자원배분 상태를 결정해야 하며, 이때 오염물질의 발생량도 줄어들게 된다. 즉, 기존의 대기오염물질은 사회적 적정 수준에 비추어 볼 때 과다배출되고 있는 것이다.

그러나 중요한 것은 오염물질의 완전한 제거를 주장하고 있지는 않다는 점이다. 이는 최적 오염수준이 W^*라는 양의 값을 갖는 데서 분명히 드러난다. 환경오염으로 인한 피해비용이 발생하였을 경우 이를 고려하여 생산수준을 결정하여야 하나 그렇다고 무조건 오염물질의 발생량을 0으로 만드는 것을 목표로 하지는 않는다는 것이다. [그림 7-7]에 의하면 오염배출을 0으로 만들고자 한다면 버스의 운행서비스를 전혀 공급하지 않아야 한다는 결론이 나온다. 그러나 우리는 버스운행으로 인해 소비자들이 일정 수준의 편익을 누리고 있음을 알고 있다. 버스운행을 전혀 하지 않는다면 환경오염의 제거에 따른 피해비용은 감소할 것이나 버스서비스 공급에 따라 사회적으로 발생되던 순편익은 크게 감소될 것이다.[22] 최적 오염수준이 특정한 양의 값을 갖는다는 사실은 그 이하로 오염물질을 감축하게 되었을 때 피해비용의 감소로 인한 사회적 편익의 증가보다는 운행서비스의 공급축소에 따른 순편익의 감소로 인해 유발되는 사회적 비용이 더 크다는 것을 의미한다.

바로 이 점이 환경문제에 대한 경제학적 관점이 갖는 중요한 특징 중의 하나라고 할 수 있다. 환경문제는 곧 경제문제이며 경제활동의 결과 환경오염이 발생하기 때문에 경제활동과 환경오염을 모두 고려하여 사회후생을 극대화시키는 방향으로 오염물질의 발생수준을 조정하는 것이 중요하다는 것이다. 반면 예를 들어 극단적인 생태론적 관점에서는 경제활동과 상관없이 환경오염은 무조건 최소화시키는 것이 가장 바람직하다고 주장할 수도 있다. 이러한 관점은 생태계 보호와 자연환경 보전에 절대적인 가치를 부여하는 데서 나온다고 할 수 있다.

그렇다면 사회적 최적 오염수준을 달성하기 위해서 정부는 어떤 정책수단을 사용할 수 있는지에 대하여 알아보도록 하자.

(2) 최적피구세

우리는 최적 오염수준이 사회적으로 바람직한 자원배분 상태를 가능하게 하는 균형점임을 앞에서 살펴보았다. 어떻게 하면 경제가 이러한 최적 오염수준에

22. 버스운행에 따라 사회적으로 발생되는 순편익은 버스 이용객들이 서비스를 제공받음으로써 누리는 편익에서 그러한 서비스를 제공하기 위해 소요되는 버스회사들의 비용을 차감함으로써 얻어진다.

그림 7-8

최적피구세의 결정원리

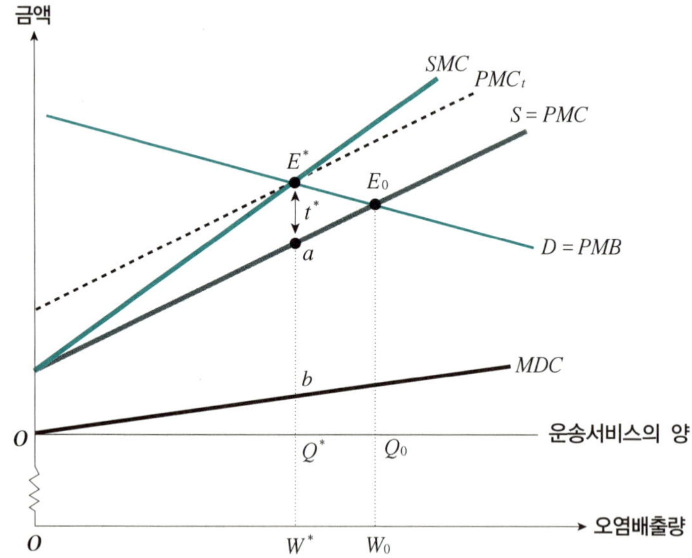

도달할 수 있을 것인가? [그림 7-8]이 그 해답을 제시해 주고 있다. 만약 대기오염물질을 방출하고 있는 모든 버스회사들이 자신의 비용곡선을 사적 한계비용(*PMC*)곡선이 아니라 사회적 한계비용(*SMC*)곡선으로 인식한다면 균형점은 자연스럽게 E^*에서 결정될 것이다. 문제는 이윤극대화를 추구하는 어떤 회사도 *SMC*를 자신의 비용곡선으로 인식하지 않을 것이라는 사실이다. 왜냐하면 어떤 규제가 존재하지 않는 한 버스회사의 입장에서는 오염 피해비용에 대한 책임을 질 필요가 없기 때문이다.

그렇다면 정부에서는 어떠한 정책을 사용할 수 있을 것인가? 대표적인 가능성을 정부의 조세정책에서 찾을 수 있다. 즉, 정부가 오염배출 행위에 대해 조세를 부과함으로써 버스회사들로 하여금 오염에 따른 사회적 비용을 자신의 비용으로 인식하게 만드는 경제적 유인을 제공하는 것이다. [그림 7-8]에 나타난 바와 같이 정부는 최적 오염수준 W^*에서의 한계피해비용 $\overline{bQ^*}$에 상응하는 단위당 세율을 부과함으로써 버스회사들이 기존의 *PMC*를 위로 평행 이동시킨 PMC_t를 자신의 한계비용곡선으로 인식하도록 만들 수 있다. PMC_t는 기존의 *PMC*가 $\overline{bQ^*}$만큼 상방이동한 곡선이다. 이 경우 $\overline{E^*a}$는 $\overline{bQ^*}$와 같아지게 되며, PMC_t는 정확

그림 7-9

개별 기업에 대한 최적피구세

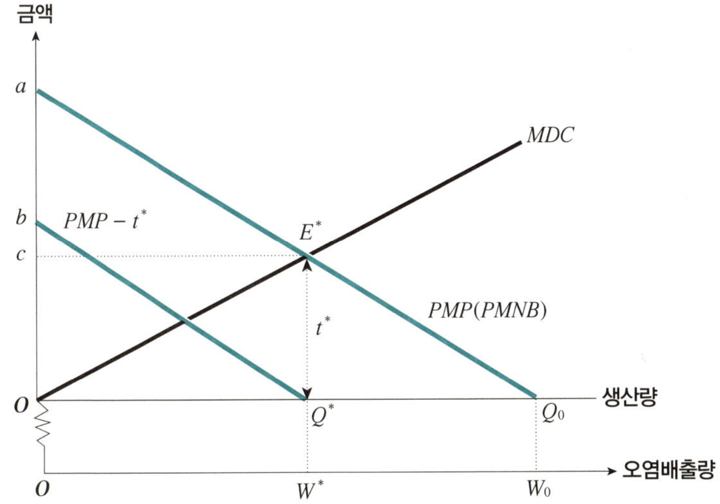

하게 E^*를 지나게 되기 때문에 최적 오염수준에 도달할 수 있게 된다. 이렇듯 최적 오염수준을 달성시켜 주는 세율 t^*를 최적피구세(optimal Pigouvian tax)라고 부른다.[23]

이제 피구세에 대한 이해를 보다 높이기 위해 개별 기업 단위로 분석의 대상을 좁혀보도록 하자. 어떤 기업이 완전경쟁시장 하에서 이윤극대화를 목표로 재화를 생산하고 있으며 주어진 재화의 생산과정에서 오염물질이 배출되고 있다. 오염물질이 발생함으로써 환경피해비용이 유발되고 있다. [그림 7-9]는 이러한 상황을 나타내고 있다.

먼저 *MDC*는 기업의 생산량에 따라 발생되는 오염물질로 인한 한계피해비용곡선을 나타낸다. 생산량이 증가하면서 기업이 창출하는 이윤의 변화 추이를 나타낸 곡선이 사적 한계이윤(Private Marginal Profit ; *PMP*)곡선, 혹은 기업의 사적 한계순편익(Private Marginal Net Benefit ; *PMNB*)곡선이다. 완전경쟁 하에서

23. 최적피구세라는 용어는 앞에서도 밝혔듯이 영국의 경제학자인 Authur C. Pigou의 이름에서 따온 것이다. 피구세가 환경정책에 실제로 사용되는 과정에서는 통상 배출부과금(emission charge 혹은 effluent charge)이라는 용어가 많이 사용된다. 본 장에서는 소비외부성의 정부개입(제3.2.2항), 생산외부성의 정부개입(제4.2.3항)에서 과세에 의한 외부성의 내부화를 논의하였으며, 여기에서 언급한 과세 또한 피구세를 의미한다.

기업은 시장에서 결정된 균형가격에 따른 수평적 수요곡선에 직면하고 있다. 또한 이윤극대화를 추구하는 기업은 자신의 한계비용곡선이 이 수요곡선과 만나는 점에서 생산량을 결정하게 된다. 따라서 선형 한계비용곡선을 가정할 경우 그림에서 보는 바와 같은 우하향하는 선형 사적 한계이윤곡선 혹은 사적 한계순편익곡선이 도출된다.

기업의 입장에서 오염행위에 대한 정부의 규제가 없다면 생산은 이윤을 극대화시키는 생산수준인 Q_0에서 이루어지게 된다. 그러나 이는 사회적 관점에서 보면 비효율적인 생산수준이다. 왜냐하면 기업의 생산활동에 따라 피해비용이 발생한다는 사실을 간과하고 있기 때문이다. 따라서 생산량을 감소시킬 필요가 있다. 이 경우 어느 수준에서 생산이 이루어지는 것이 최적 오염수준을 달성하는 것인가?

기업의 생산활동을 통해 기업은 이윤을 창출하기 때문에 편익이 발생하는 것이고, 동시에 오염물질이 배출되기 때문에 비용이 유발되는 것이다. 따라서 사회적 관점에서 보자면 기업이 확보하는 총이윤으로부터 환경오염으로 인한 총피해비용을 차감한 금액을 극대화시키는 생산량 수준이 가장 효율적이라는 결론을 도출할 수 있다. 이를 만족시켜 주는 생산량은 두 개의 곡선이 만나는 E^*에서 결정된다. 균형점 E^*에서 기업의 총이윤은 $\square OaE^*Q^*$인 반면 총피해비용은 $\triangle OE^*Q^*$이다. 따라서 사회적으로 발생되는 순편익은 $\triangle OaE^*$임을 알 수 있다. 그런데 Q^* 이외의 어떤 생산수준에서도 $\triangle OaE^*$만큼의 사회적 순편익을 창출하지 못한다는 사실을 쉽게 보여줄 수 있다.[24] 다시 말해 E^*에서 사회적 순편익이 극대화되고 이때의 오염배출량인 W^*가 이 기업의 생산활동에 대한 최적 오염수준이 되는 것이다.

이러한 오염수준을 달성하기 위해 정부는 최적피구세를 부과함으로써 기업으로 하여금 오염배출량을 감소시킬 유인을 제공할 필요가 있다. 이때 최적피구세율은 Q^* 수준에서의 한계피해비용곡선의 높이인 t^*로 결정된다. 즉, 정부는 생산량 단위당 t^*의 세금을 부과함으로써 최적 오염수준을 달성할 수 있는 것이다. 이러한 세금의 부과는 기업으로 하여금 원래의 사적 한계이윤곡선인 PMP 대신 $PMP-t^*$를 자신의 한계이윤곡선으로 인식하게 만든다. 따라서 $PMP-t^*$ 상을

24. 독자들은 Q^*보다 크거나 작은 수준의 생산량을 기준으로 총이윤과 총피해비용을 산출하였을 때 그 차액이 Q^* 수준보다 결코 클 수 없음을 그림을 통해 확인해 보기 바란다.

움직이는 기업은 자신의 이윤을 극대화하는 Q^*에서 생산량을 결정하게 될 것이다. 이 경우 기업은 $\triangle ObQ^*$의 총이윤을 확보하며 정부에 대해 $\square OcE^*Q^*$에 해당하는 세금을 납부하게 된다.

한 가지 지적할 사항은 정부가 최적피구세를 기업에 부과할 경우에도 E^* 수준에서 사회적으로 발생하는 순편익인 $\triangle OaE^*$는 여전히 확보된다는 점이다. 이를 보여주기 위해서는 먼저 두 삼각형 $\triangle ObQ^*$와 $\triangle caE^*$가 서로 합동이라는 사실을 확인해야 한다. 두 삼각형은 직각을 중심으로 $\overline{Ob}$ 및 $\overline{ac}$와 $\overline{OQ^*}$ 및 $\overline{cE^*}$가 각각 같기 때문에 합동임을 알 수 있다. 따라서 피구세 부과 후의 기업의 총이윤은 $\triangle caE^*$로 대체할 수 있게 된다. 또한 기업이 납부하는 세금 $\square OcE^*Q^*$는 여전히 경제 내에 존재하므로 기업으로부터 정부로의 소득이전 효과는 있을 것이나 사회적 효율성은 상실되지 않는다. 결국 기업의 총이윤과 총납부세금을 합친 $\square OaE^*Q^*$로부터 기업의 생산량 Q^*에 따른 총피해비용 $\triangle OE^*Q^*$를 차감한 순편익은 $\triangle OaE^*$가 된다. 이는 E^* 수준에서의 사회적 순편익과 정확하게 일치한다.

2.2 보조금

(1) 보조금의 의의와 종류

보조금은 오염자가 환경오염을 자발적으로 줄이거나 이를 위한 투자를 할 때에 재정적인 보상을 함으로써 오염배출 감소를 위한 유인을 제공하는 제도를 총칭한다. 보조금은 그 형태에 따라 무상지원(grant), 저리융자(soft loan), 조세감면(tax allowances) 등으로 나뉜다.

무상지원은 용어가 시사하는 바와 같이 아무런 대가 없이 재정적인 지원을 하는 것을 의미한다. 이러한 방식의 보조금은 일반적으로 연구·개발을 촉진하기 위해 쓰이는 방법으로, 새로운 환경기술의 개발이나 기존 기술의 상용화를 위한 연구에 쓰인다.

저리융자는 환경질의 개선을 위한 기업의 활동에 필요한 자금을 대출해 주는 제도이다. 따라서 기업이 원금과 이자를 갚아야 한다는 것이 앞의 무상지원과는 다른 점이다. 그러나 이 경우 정부는 대출금에 대한 이자율을 시장금리보다 낮게 책정함으로써 이자부담액의 차이만큼 기업에 대해 무상지원하는 효과가 발생하기 때문에 앞에서 언급한 무상지원과 근본적인 취지는 같은 제도이다. 이러한 저리융자방식은 통상적으로 오염방지시설에 대한 투자를 촉진하기 위해 쓰이는 정책수단으로, 폐수처리시설 등과 같은 오염방지시설의 경우 기업이 부담하는 초기투자가 막대하다는 점을 감안하여 기업의 금융비용에 대한 부담을 경감시킬 목적으로 도입되었다.

조세감면제도는 기업에 부과되는 세금을 줄여줌으로써 기업으로 하여금 오염배출량을 줄이려는 노력을 하도록 유도하는 방법이다. 실제로 이 조세감면제도는 몇 가지 다른 형태로 활용된다. 첫째는 조세면제(tax exemption)이다. 조세면제는 환경보전을 위해 일정 노력을 기울이는 기업에게 일정 기간 동안 조세를 면제해 주는 방법이다. 둘째는 조세환급(tax rebate)이다. 이는 이미 부과되어 납부한 세금을 환경보전과 관련하여 일정 자격조건을 충족하는 기업에게 환급하여 주는 제도이다. 셋째는 가속감가상각(accelerated depreciation)으로 앞의 두 경우와는 조금 다른 형태를 취한다. 일반적으로 기업의 고정자산 및 설비는 시간이 지남에 따라 효율성이 떨어지게 되며 궁극적으로는 그 사용가치가 소멸한다. 모든 국가의 회계법은 이와 같은 상황을 감안하여 고정자산에 대한 감가상각을 일정한 규칙에 따라 기업의 비용에 포함시킬 수 있도록 허용하고 있다. 따라서 감가상각액만큼 회계장부상의 이윤이 감소하면서 기업의 영업이익에 대해 부과되는 법인세의 부담이 그만큼 줄어들게 된다. 가속감가상각은 이미 투자가 이루어진 환경설비에 대해 회계장부상의 감가상각을 보다 빨리 할 수 있도록 허용함으로써 일시적으로 세금감면을 해주는 것과 같은 효과를 가지며, 기업이 조속히 투자원금을 회수하고 투자에 따른 금융비용을 줄일 수 있도록 도와주는 제도라고 할 수 있다.

(2) 보조금과 부과금의 비교

부과금은 오염배출행위가 사회적 피해비용을 초래하므로 오염자가 그 비용을 부담하여야 한다는 논리 하에 오염자에게 재정적인 부담을 지우는 것이다. 반면 보조금은 오염자가 오염물질을 배출할 수 있는 권리를 인정해 주는 가운데 이러한 기득권을 포기하는 행위, 즉 오염배출을 줄이는 행위가 사회적 편익을 발생시킨다는 관점에서 보조금을 지급함으로써 납세자가 그에 따른 재정적 부담을 갖는 것이다.[25] 그러나 오염자에게 재정적 부담을 지우느냐 아니면 재정적 지원

그림 7-10

보조금과 부담금의 비교

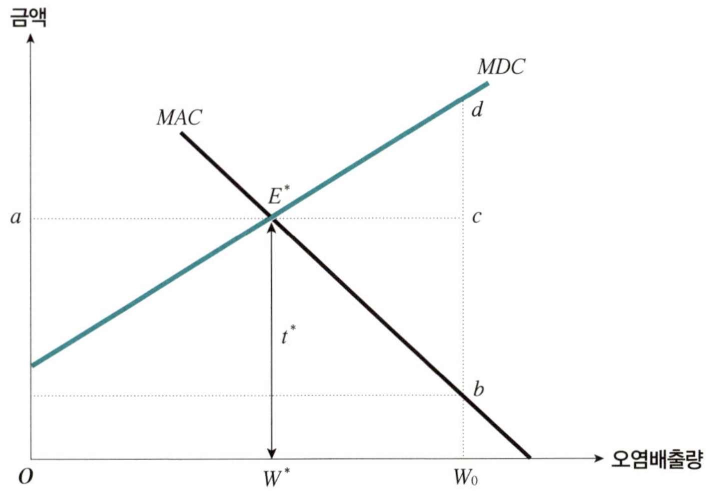

을 하느냐에 대한 차이만 존재할 뿐, 두 제도의 시행에 따른 배출저감효과는 동일하다.

[그림 7-10]을 통해 이러한 관계를 살펴보도록 하자. 이해의 편의를 위해 오염배출량을 한 단위 감축할 때마다 일정액을 무상지원하는 가장 단순한 형태의 보조금을 가정한다. 제도가 시행되기 전 배출량이 W_0라고 하자. 먼저 보조금의 경우 오염배출량을 사회적 최적수준인 W^*로 유도하기 위해 정부는 오염 한 단위당 t^*원만큼의 보조금을 지급한다. 이때 오염자는 W^*의 오른쪽에서는 오염의 한계저감비용(*MAC*)이 배출 단위당 지급되는 보조금보다 작으므로 배출량을 계속 감소시키는 것이 유리하다. 따라서 오염자는 한계저감비용이 단위당 보조금과 같아지는 점, 즉 배출량이 W^*가 될 때까지 배출량을 줄이고자 하는 유인을 갖게 된다.

부과금의 경우에도 마찬가지이다. t^*만큼의 배출 단위당 부과금을 부과하게 되면 오염자로서는 W^*의 오른쪽에서는 스스로 오염저감장치를 가동하여 오염물질의 배출량을 감소시키는 것이 부과금을 납부하는 것보다 비용이 적게 소요된

25. 부과금과 보조금에 대해 정당성을 부여할 수 있는 각각의 논리를 흔히 오염원인자부담원칙(polluter pays principle)과 수익자부담원칙(benefiter pays principle)이라고 부른다.

다. 따라서 W^*에 도달할 때까지는 오염자가 자발적으로 오염물질을 감소시키고자 하는 유인을 갖게 된다.

이렇듯 보조금과 부과금은 금전적인 소득을 정부가 취하느냐, 기업이 취하느냐에 따라 정부와 오염자 간에 부(富)의 재분배가 이루어질 뿐, 오염저감을 위해 소요된 사회적 저감비용은 $\square E^*bW_0W^*$로 동일하게 나타난다. 또한 두 제도는 최초의 오염배출량 W_0로부터 최적배출량 W^*로 이동하는 과정에서 $\triangle E^*bd$만큼의 총사회후생 증가를 가져온다는 점에서도 동일하다. 이러한 점에서 보조금과 부과금은 대칭성(symmetry)을 갖는다고 말할 수 있다.

그러나 보조금과 부과금은 다른 측면에서 몇 가지 차이를 나타낸다. 부과금의 경우 사회적 최적배출 수준을 달성하였을 때 오염자는 단위당 부과금 t^*원에 총배출량 W^*를 곱한 금액인 $\square aE^*W^*O$를 정부에 납부하게 된다. 또한 기업은 추가적으로 최적배출량 W^*를 달성하기 위해 $\square E^*bW_0W^*$를 총오염저감비용으로 지출하게 된다. 반면 보조금의 경우 정부는 오염자가 감축한 배출량 $\overline{W_0W^*}$에 단위당 보조금 t^*원을 곱한 액수인 $\square E^*cW_0W^*$만큼을 보조금 총액으로 오염자에게 지급하게 되며, 오염자는 이 중 총오염저감비용 $\square E^*bW_0W^*$를 차감한 액수인 $\triangle E^*bc$만큼의 순이익을 확보하게 된다.

오염자가 부담하는 금액상의 이러한 차이는 장기적으로 새로운 기업의 진입이 가능할 경우 보조금제도가 부과금제도보다 사회 전체적으로 오염배출량을 더 많아지게 하는 요인을 제공한다. 즉, 보조금제도는 보조금액만큼 정부가 기업에 대해 소득을 이전시키므로 기업의 수익이 증가하게 된다. 따라서 보조금이 아니었다면 이윤을 남길 수 없었던 한계기업들, 즉 보조금이 아니었다면 시장으로부터 퇴출되었을 기업들이 보조금을 받음으로써 시장에서 지속적으로 생산활동을 할 수 있다. 또한 보조금을 통해 추가적인 이윤이 창출되는 시장임을 확인한 기업들이 신규로 시장에 진입하게 된다. 따라서 정부가 부과금을 부과했다면 시장으로부터 퇴출되었을 기업들이 보조금을 지급함으로써 살아남게 될 뿐만 아니라 새로운 기업들도 진입하게 됨으로써 사회 전체적으로는 그만큼 오염물질의 총배출량이 증가하는 결과를 초래할 소지가 있는 것이다.

2.3 예치환불제

(1) 기본 원리

예치환불제도(이하 예치금제도)는 예상되는 오염배출량에 대해 단위당 일정액을 예치한 후 오염자가 발생된 오염물질을 적절하게 처리하였을 경우 그에 상응하는 예치금을 환불하여 주는 제도이다. 예치금제도는 무엇보다 재활용가능자원의 효과적인 수거 및 처리를 통해 재활용률을 높이는 것을 목표로 한다. 따라서 정책의 일차적 목표가 재활용 가능성이 있는 폐기물을 발생시키는 재화에 대한 재활용률의 제고에 있을 경우에는 예치금제를 적용하는 것이 정책의 효과 면에서 바람직하다고 할 수 있다. 만약 단순히 폐기물의 발생을 억제할 목적이라면 앞에서 언급했던 부과금을 사용함으로써 폐기물을 발생시키는 재화의 상대가격체계를 변화시키는 정책수단을 사용할 수 있을 것이다.

예치금제도는 그 원리상 오염물질이 유발하는 부(負)의 외부효과로 인한 사회적 비용을 내부화하기 위한 부과금과 재활용, 재이용 등 발생된 폐기물의 적절한 처리를 통한 오염물질의 감소를 유도하기 위해 지급하는 보조금의 의미를 동시에 포함하는 제도이다. 즉, 폐기물 발생에 따르는 책임을 오염자에게 예치금 형태로 부과함과 동시에 발생된 폐기물을 적절하게 처리하여 사회가 부담해야 할 환경비용을 감소시켰을 경우에는 적립된 예치금을 반환하는 제도인 것이다.

폐기물의 적정 처리를 유도하기 위해서는 피구세 성격의 부과금과 더불어 보조금정책도 병행해서 도입되어야 한다는 주장도 있다. 폐기물을 발생시키는데 대한 채찍뿐만 아니라 재활용하고자 하는 노력에 대한 당근까지도 제공할 필요가 있기 때문이다.

(2) 특성 및 유형

이러한 예치금제의 장점은 다음과 같이 요약할 수 있다. 첫째, 일방적인 부과금이나 보조금정책이 유발할 수 있는 예산효과(budgetary effect)를 최소화하는데 도움이 된다. 여기서 예산효과란 어떤 제도가 도입될 때 정부재정이 추가적으로 증감되어야 하는 정도를 말한다. 환경 관련 세금이 도입되면 그 재원으로 환경투자를 확대할 수 있겠지만, 세금에 대한 의존도가 심해질수록 환경투자도 불안정하게 될 소지가 커진다. 그리고 보조금이 도입되면 정부에 대해 추가적 재정부담을 안기게 된다. 그러나 예치금제는 원칙적으로 환불액에 상응하는 만큼의 재정을 예치금을 통해 확보할 수 있으므로 정부재정의 안정적 중립성을 기할 수 있다.

둘째, 형평성 측면에서 분배효과가 발생한다. 여기서의 분배효과란 어떤 제도의 도입으로 인해 계층 간 소득분배가 소득규모에 따라 어떻게 바뀌는가를 말한다. 일반적으로 제품부과금의 경우 간접세 형태로 부과되기 때문에 저소득가계에 불리한 역진성을 띠게 된다. 그러나 예치금제는 일반적으로 저소득층에 유리하다. 저소득층은 고소득층에 비해 상대적으로 폐기물을 분리 · 수거하고 반환하는 시간에 따른 기회비용이 적어 반환율이 높다. 따라서 재활용가능자원을 반환하는 가구는 예치금을 환불받는 만큼의 소득효과를 보게 되는 것이다.

셋째, 예치환불제는 교육수준과 무관하게 사람들이 쉽게 인지할 수 있어 행정적 집행비용을 포함한 제반 정보비용을 감소시켜 준다.

마지막으로 예치금제는 제품부과금과 같은 간접환경세의 단점을 보완할 수 있다. 간접환경세는 실제 배출되는 오염물질에 기초하여 부과되지 않기 때문에 오염처리시설 설치에 대한 동기부여가 충분하게 이루어지지 않는다는 단점이 있다. 하지만 예치금제는 오염물질을 발생시킨 데 대한 책임을 묻는 것에서 그치지 않고 발생시킨 오염물질을 적절하게 처리한 노력에 대해서도 일정 부분의 유인을 제공하기 때문에 오염처리시설을 설치하고자 하는 강한 동기가 발생하게 된다.

예치금제는 도입 주체가 누구인가에 따라 시장주도형 예치환불제(market-generated deposit-refund system)와 공공주도형 예치환불제(public-initiated deposit-refund system)로 구분할 수 있다. 또한 예치금 납부의무와 환불에 대한 권리가 누구에게 귀속되느냐에 따라 소비자 예치금제와 생산자 예치금제로 나눌 수 있다. 나아가 〈표 7-2〉에 나타난 바와 같이 수질, 대기, 토양 등 오염매체별로 예치금제의 적용을 구분할 수도 있다. 국제적으로 주로 많이 사용되고 효과도 높은 것으로 알려진 방식은 공공주도형 예치환불제와 소비자 예치환불제이다.[26]

특히 우리나라에서 현재 시행되고 있는 생산자 예치금제가 성과를 거두기

26. 현재 우리나라에서는 소비자 예치금제도의 형태를 띤 공병보증금제가 실시되고 있고, 생산자 예치금제도의 특성을 살린 폐기물 예치금제도가 시행되고 있다.

표 7-2 예치금제도의 적용 가능 대상

구분	적용 가능 대상
수질	살충제, 비료, 농약 등의 용기
대기	CFCs 냉매를 사용하는 냉장고, 에어컨 등의 가전제품
토양	폐비닐, 금속 캔, 폐유리

위해서는 첫째, 예치금 요율이 반드시 해당 오염물질의 적정 처리비용 이상이어야 하며, 둘째, 해당 오염물질의 적정 처리 여부를 확인할 수 있는 제도적 장치가 마련되어야 한다.

요율이 적정 처리비용 이하인 경우 기업이 오염물질을 처리하였을 때 환불받을 수 있는 금액보다 처리비용이 더 많아지므로 기업은 예치금의 환불을 포기할 것이다. 따라서 적정 처리비용보다 낮은 예치금을 책정하는 경우에는 환경개선효과가 없으며, 이런 식으로 제도가 운영될 경우 예치금은 환경개선 효과를 가져오기보다는 단순히 정부의 세입을 늘려주는 효과에 그치고 만다.

또한 예치금 요율이 적정하게 책정되었다 할지라도 오염물질의 적정 처리 여부를 확인하지 못한다면 생산자의 입장에서는 적정 처리를 하지 않고서도 누구나 쉽게 예치금을 반환받을 수 있으므로 예치금제도가 제대로 정착되기 힘들다. 일반적으로 정부에서는 이러한 문제의 해결을 위해 해당 오염물질에 대한 처리허가를 확보한 업체를 지정하여 이들 업체로부터 발행된 소정의 폐기물처리증명서에 근거하여 적정 처리 여부를 인정해 주는 방법을 채택하고 있다.

연습문제

ch. seven Exercise

01 환경오염으로 인한 외부불경제에 대한 대처방안을 설명하고 정부개입의 타당성을 논하시오. (행 39)

02 소비외부성의 색다른 예가 성립하는 조건을 제시하시오.

03 생산외부성의 외부불경제가 존재할 때 이의 내부화를 위한 각종 정부개입 방안을 제시하고 각 방안의 장 · 단점을 설명하시오.

04 휘발유 소비에 대한 공해세를 도출할 수 있는 이론적 모형을 설명하고 그 경제적 의미를 논술하시오.

05 공해정책에 있어서 당사자 간의 교섭과 그 장 · 단점 (외 26)

06 환경보전을 위한 재정정책 (행 33)

07 세탁소(A) 가까운 곳에 연탄공장(B)이 세워지면 세탁소의 생산비가 전보다 높아질 것이다. 한 예로 두 기업의 비용함수가 다음과 같다고 하자.

$$C_A = 10 + Q_A^2 + 3Q_B, \qquad C_B = 50 + Q_B^{\frac{3}{2}}$$

(C_A, C_B : 총비용, Q_A, Q_B : 생산량)

(1) 외부불경제가 존재함을 확인하시오.

(2) 두 기업의 이윤함수를 만들어 보시오.(두 기업은 완전경쟁기업임)

(3) 두 기업의 이윤극대화 조건을 구하시오.

(4) 세탁 수입과 연탄 가격이 한 개당 각각 $P_A = 100$, $P_A = 30$이라면 두 기업의 이윤극대화 생산량(완전경쟁균형)은 얼마인가?

(5) 외부불경제를 제거하기 위해 두 기업이 합병을 하는 경우를 가상하고 합병된 기업의 이윤함수를 만들어 보시오.

(6) 파레토 효율적인 생산량을 구하시오.

(7) 이윤극대화 생산량과 파레토 효율적인 생산량을 비교하시오.

08 한 지역에 양봉업자와 사과농장주가 생산활동을 하고 있다. 양봉농장의 꿀벌통 하나에서 나오는 꿀벌이 사과 과수원 100그루(한 그루에서 사과 50개 생산) 나무의 꽃가루받이를 하고 있다. 그런데 이와 같이 혜택을 받는 사과농장주는 양봉업자에게 아무런 대가를 지불하지 않고 있다. 만일 꿀벌이 없다면 사과나무 100그루당 10만원의 비용을 들여 인공꽃가루받이를 해야 한다. 양봉업자의 한계비용은 $MC = 10 + 20Q$(Q는 꿀벌통의 개수)이다. 그리고 꿀벌통 하나당 20만원어치의 꿀이 생산된다.

(1) 양봉업자는 얼마만큼의 꿀벌통을 보유하고자 하겠는가?
(2) (1)의 꿀벌통 보유는 사회적으로 효율적이라 할 수 있는가? 그리고 그 이유는?
(3) 이 지역에서의 꿀과 사과 생산을 사회적으로 효율적인 과정으로 만들기 위해서 고려할 수 있는 모든 수단을 상정하고 그 효과를 비교 · 분석하시오.

09 완전경쟁적인 시장에서 생산활동을 하고 있는 어떤 기업은 생산과정에서 나오는 오염물질을 하천에 방류하여 부정적인 외부효과를 초래하고 있다. 오염물질 방출량은 생산량이 많아질수록 더 커지고, 생산을 1단위 증가시킬 때 추가적으로 발생하는 오염물질로 인한 사회적 한계피해액은 생산수준이 높아짐에 따라 더 커진다고 가정하자. 다음 물음에 답하시오. (2014년 행정고시 기출문제)

(1) 기업의 관점에서 최적 산출량과 사회적 관점에서 최적 산출량은 어떻게 차이가 나는지 그래프를 이용하여 설명하시오.
(2) 생산과정에서 발생하는 부정적인 외부효과를 줄이기 위해 정부가 활용할 수 있는 다양한 수단들의 장 · 단점을 비교 설명하시오.

10 외부성 하에서 효율을 회복하기 위한 정부개입은 어떤 형태를 가져야 하는가?

11 코즈(Coase)는 재산소유권이 확실하게 정의된다면 외부성이 내부화됨으로써 효율이 회복될 수 있다고 주장한다. 이에 대해 논하시오.

12 갑이라는 도시의 목욕업자 조합이 목욕료의 협정가격을 인상함으로써 서민들의 효용이 떨어졌다고 하자. A라는 대학원생은 이것이 외부성의 좋은 예이며 정부개입에 의해 효율을 회복할 필요가 있다고 주장한다. A의 주장에 대해 논하시오.

13 최근 공해문제를 해소하는 방안으로 '배출권 거래제도'가 국제적으로 논의되고 있다. (2005년 입법고시 기출문제)

(1) 공해문제(외부불경제)가 자원의 효율적 배분을 저해하는 이유를 설명하시오.
(2) 배출권 거래제도의 특성을 요약하고 그 경제적 효과를 설명하시오.
(3) 외부불경제를 내부화하는 여타 수단들을 제시하고 이들 수단들과 그 장 · 단점을 중심으로 비교 · 설명하시오.

14 오염물질을 유발하는 갑, 을 두 기업이 있다고 하자. 갑과 을은 해마다 각각 200톤씩 오염물질을 유발한다. 오염물질을 1톤 줄이는 데 갑은 기술이 뛰어나서 10만원이 들고 을은 기술이 낙후하여 100만원이 든다고 하자. 이제 정부가 오염물질 배출 총량을 100톤으로 줄이려고 한다.

(1) 기업이 오염물질을 줄이는 데 비용이 얼마나 드는지 정부가 알고 있다고 하자. 이 경우 목표를 달성하는 데 드는 최소비용은 얼마인가?
(2) 기업이 오염물질을 줄이는 데 드는 비용을 정부가 모른다고 하자. 이 경우 정부가 100톤에 해당하는 오염배출권을 경매로 판매한다면 어떠한 결과를 얻을 수 있겠는가?
(3) 정부가 오염배출권을 경매로 팔지 않고 둘 중 어느 한 기업에 무상으로 준다고 하자. 그 결과가 어떻게 달라지는가?

15 오염물질을 배출하는 두 기업 a, b는 다음과 같은 특성을 가지고 있다. (2010년 행정고시 기출문제)

> 각 기업의 현재 오염물질 배출량 : $E_a = 4{,}500$톤, $E_b = 5{,}500$톤
> 각 기업의 한계저감비용함수 : $MAC_a = 4X_a$, $MAC_b = 2X_b$
> 오염의 사회적 한계피해함수 : $SMD = 2(E_a + E_b - X)$
> (단, E_a, E_b는 각 기업의 오염물질 배출량, MAC_a, MAC_b는 각 기업의 한계저감비용(marginal abatement cost), X_a, X_b는 각 기업의 오염물질 저감량, $X = X_a + X_b$는 사회의 총저감량을 의미한다.)

(1) 사회적 최적 오염저감량(X^*)을 구하시오.
(2) 정부가 기업의 부담을 덜어주기 위해 직접 오염저감을 하려고 한다면, 최적 오염저감량(X^*)을 달성하기 위해 필요한 세금수입은 얼마인가? (단, 고정비용은 0이다.)
(3) 오염자부담원칙에 따라 정부가 오염배출 기업에 배출부과금을 부과한다면, 최적

오염저감량(X^*)을 달성하기 위한 피구세(Pigouvian Tax)는 톤당 얼마인가?

(4) 정부가 배출부과금 대신 배출총량거래방식(cap-and-trade)의 배출권 거래제도를 통해 기업의 최종 배출허용 총량을 $E_a = E_b = 2,000$톤으로 제한하고 오염저감 명령과 함께 배출권 거래를 허용할 경우, 두 기업 간에 거래되는 배출권의 수량과 시장가격을 구하시오. (단, 두 기업은 이윤극대화를 추구하며, 배출권 거래시장은 완전경쟁시장으로 가정한다.)

16 1988년 9월, 전남 광양제철소의 건립공사 때 공사로 인해 뻘물이 광양만의 김 양식장을 덮쳐 26ha에 달하는 양식장이 피해를 입었다. 피해 어민들은 5억여 원의 보상을 요구했다. 코즈 정리(Coase theorem)에 의한다면 효율 회복을 위해 어떠한 정부개입이 바람직한가?

17 2인(A, B) · 2상품(X, Y)으로 구성된 경제에서 두 사람의 효용함수와 초기 부존량(W)이 다음과 같다고 하자. 단, $\frac{\partial U_A}{\partial X_B}$의 영향이 시장에서 보상되지 않는다고 가정한다.

$$U_A = X_A Y_A + X_B,\ U_B = X_B Y_B$$
$$W_A = (10, 0) \quad W_B = (0, 10)$$

(1) 이 경제에 소비의 외부성이 존재함을 설명하시오.

(2) 두 소비자의 한계대체율을 구하시오.

(3) 교환효율의 요건을 구하시오.

(4) 완전경쟁 시장균형의 요건을 구하시오.

(5) 완전경쟁 시장균형이 교환효율의 달성에 실패함을 보이시오.

18 정부가 재정지원을 통해 민간부문의 교육서비스를 지원하고 있는 이유가 무엇인지 설명하시오. (행 42)

19 공기를 오염시키는 물질을 배출하는 생산자는 사회적 비용을 발생시킨다. 그런데 생산자는 사회적 비용은 고려하지 않고 생산수준을 결정하기 때문에 사회적으로 자원배분의 비효율성을 초래하게 된다. 이 문제를 해결하기 위해 생산물에 조세를 부과하는 방안이 제시되고 있다. (행 45)

(1) 조세를 부과하여 효율성을 회복할 수 있는 방법에 대해 설명하시오.

(2) 공해세를 부과하는 방안에 비해 코즈의 방법론은 어떤 장 · 단점을 갖고 있는가?

(3) 만일 공해를 발생하는 제품 생산을 줄이기 위해 공해세 대신 보조금을 지급하는 경우에도 공해세와 동일한 결과를 가져오게 되는가?

20 비용극소화전략을 따르는 X, Y 두 기업은 같은 양의 생산물을 생산하는 데 있어 5개의 서로 다른 생산공정을 갖고 있다. 각 공정은 상이한 양의 오염물질을 배출한다. 각 공정의 하루당 비용과 그에 따른 오염물질 배출량(톤/일)은 다음과 같이 주어져 있다.

공정(발생량) / 비용	A(4톤/일)	B(3톤/일)	C(2톤/일)	D(2톤/일)	E(0톤/일)
X기업 총비용	100	120	140	170	220
Y기업 총비용	60	100	150	255	375

(1) 만약 오염 발생에 대한 규제가 전혀 없다면 각 기업은 어떤 공정을 이용할 것이며, 이때 총오염물질 발생량은 얼마인가?

(2) 해당 지방자치단체는 오염발생량을 반으로 줄이고자 한다. 이를 달성하기 위해 지자체는 시에서 배출 톤당 발행한 배출허가증을 기업들이 사용하도록 한다. 물론 배출허가증의 개수는 목표 오염발생량 수준으로 제한한다. 허가증은 가장 높은 값을 부른 기업에게 경매방식으로 판매한다. X와 Y만이 오염자일 경우 X와 Y는 각각 몇 개의 허가증을 구입할 것인가? 허가증은 얼마에 판매될 것으로 예상할 수 있는가?

(3) 이러한 허가증 경매방식이 유발하는 사회적 총비용과 개별 기업이 각각 오염배출량을 반으로 감소시켰을 때 발생하는 총비용을 계산하고 서로 비교하시오. 어느 쪽이 사회적으로 효율적인가?

21 배출부과금의 정책적 실효성을 비판하는 사람들은 오염자가 단순히 세금을 납부한 후 오염배출량은 줄이지 않은 상태에서 세금에 따른 비용을 모두 소비자에게 전가시킨다고 말한다. 이러한 비판이 타당한 것인지 설명하시오.

22 깨끗해시(市)에는 두 개의 발전소가 있다. 석탄을 연료로 사용하는 과정에서 두 발전소 모두 이산화황을 배출하고 있다. 현재 매년 각 발전소로부터 1백만 톤씩의 이산화황을 배출하고 있는데, 시당국에서는 이를 발전소당 연평균 50만 톤으로 줄이고자 한다. 시당국은 다음의 두 가지 방법을 모색하고 있다. 첫째, 각 발전소가 배출량을 반으로 줄이는 경우와 둘째, 배출행위에 대해 세금을 부과하는 경우이다. 다

음의 표는 각 발전소가 이산화황 배출량을 감소시키는 데 따르는 소요비용을 나타내고 있다.

(단위 : 10만 톤, 천만원)

배출량 감소	*A*발전소 비용	*B*발전소 비용
1	1	1
2	2	3
3	3	6
4	5	10
5	8	15
6	12	21
7	17	28

(1) 첫 번째 방법은 사회적으로 총 얼마의 비용이 소요되는가?

(2) 두 번째 방법에서의 세율은 얼마로 결정되는가? 또한 사회적으로 총 얼마의 비용이 소요되는가?

(3) 시당국에서는 새로운 오염저감방법인 배출권 거래제의 도입을 고려하고 있다. 이에 따라 각 발전소가 50만 톤의 이산화황을 배출할 수 있다고 하자. 이러한 배출권은 판매될 수 있다. 어떠한 거래가 일어날 것이라고 예상할 수 있는가? 배출권의 거래가격은 얼마로 결정될 것인가?

23 기업이 이윤을 추구하기 위해 사회비용을 야기하는 공장폐수 방출과 같은 현상을 외부불경제(negative externalities)라고 한다. 외부불경제 문제를 해결하기 위한 방법으로 여러 가지 대안을 제시하고 있다. (2008년 입법고시 기출문제)

(1) 외부불경제를 교정하는 피구(Pigou)의 접근방안과 정부의 직접 개입이 필요없는 코즈(Coase)의 접근방안을 비교 · 설명하시오.

(2) 피구적 해결책이 야기하는 비용으로 정부실패(government failure)를 들 수 있다. 정부실패에 대해 구체적으로 설명하시오.

24 최근 세계 각국은 지구온난화를 막기 위해 여러 가지 정책수단들을 사용하고 있다. 이와 관련하여 다음 물음에 답하시오. (2010년 입법고시 기출문제)

(1) 오염배출권 거래제도를 도입한 기본적인 목적은 비용-효율성에 있다. 오염배출권 거래제도가 왜 비용-효율성을 보장하는지 설명하시오.

(2) 코즈가 제시한 방법으로 지구온난화 문제를 해결하려 한다면 어떤 문제가 발생하는지 설명하시오.

(3) 한계오염저감비용의 불확실성이 내재할 때 조세정책보다 직접규제인 수량규제를 사용한다면 어떤 문제가 발생하는지 설명하시오. (단, 지구온난화에 따른 피해는 오늘 배출된 온실가스 배출량보다는 지금까지 누적된 온실가스 배출량에 크게 영향을 받는다고 가정한다.)

25 환경보호에 대한 세계적 추세에 따라 환경오염 절감기술(reduction technology)에 대한 적극적 투자가 필요한 시점이고, 우리나라도 이 부문에 대한 R&D 투자를 수행하고 있다. (2011년 입법고시 기출문제)

(1) 환경오염 절감기술(reduction technology)에 대한 정부투자를 공공재적 관점에서 정당화하고, 정부규제 또는 간섭이 없는 경우 적정 투자량보다 적은 과소투자가 이루어짐을 공공재-사용재 모형을 이용하여 기술하시오.

(2) 적정 투자량에 대한 기준으로 제시되는 Samuelson 조건을 제시하고, 적정 투자량을 실현하기 위한 방법으로 Lindahl 방식을 제시하시오.

공공재

Public Finance
ch. eight

8

시장실패의 요인 중 최종적으로 공공재의 존재를 들 수 있다. 본 장에서는 사용재(private goods)와 달리 공공재(public goods)의 존재가 어떠한 연유에서 시장실패를 야기하는가를 분석하고,[1] 이를 치유하기 위한 방안들에 관한 여러 이론들을 고찰해 본다.

공공재나 공공지출(public expenditure)에 관한 이론은 규범적 분석과 실증적 분석으로 구분하여 접근하기도 한다. 규범적 분석은 공공재가 존재하는 경제에서 효율적인 자원배분이라는 규범적 법규를 본질적인 연구대상으로 한다. 따라서 외부성의 경우와 마찬가지로 공공재가 존재하는 경우에 대해 파레토 효율의 조건을 도출하여 경제적 의미를 부여함으로써 공공재이론의 폭넓은 이해를 도모하려고 한다. 이는 제2절에서 다루고 있다.

실증적 분석은 효율적인 자원배분이라는 법규를 공공부문에 적용하는 경우와 관련된 것으로 공공재 공급의 최적수준 혹은 공공지출의 최적수준의 달성에 관한 분석이다. 이는 제3절에서 논의하고 있다. 환언하면 실증적 분석은 무임승차 문제 등으로 초래되는 시장실패를 치유하기 위한 방안들에 관한 것으로 이들은 앞에서 논의한 사회선택의 이론을 그 기초로 한다.

이상의 규범적 · 실증적 분석을 위하여 우선 공공재의 특성을 간단하게 살펴보자.

1. 공공재의 특성

Public Finance, ch. eight

공공재란 그 재화가 갖는 특성 때문에 효율적인 자원배분을 위하여 공공기관이 공급하는 재화나 용역을 말한다. 즉, 정부지출의 대부분이 공공재 공급을 위한 것인데, 이는 국방, 법률, 치안, 방송망 등의 순수공공재(pure public goods)와 소방, 공원, 교량, 고속도로 등과 같은 지역공공재(local public goods)로 나눌 수 있다. 이들은 다음의 두 가지 관점에서 사용재와 구분되며, 이러한 특성이 곧

1. 제2절에서 논의하는 바와 같이 공공재의 존재는 광의의 소비외부성에 해당하므로 시장실패의 원인은 앞 장의 외부성의 경우와 유사하다. 이는 후생경제학의 제1기본정리가 외부성의 부재를 그 중심 가정으로 삼고 있는 것으로도 알 수 있다.

시장실패의 요인으로 작용한다.

1.1 비경합성

공공재의 첫번째 특성은 소비의 **비경합성**(non-rivalry)으로 인해 한 개인의 소비가 타인의 소비를 저해하지 않는다는 것이다. 즉, 동일한 공공재를 여러 사람이 동시에 소비할 수 있다는 점에서 사용재와 구별된다. 예를 들면 국방, 법률, 라디오, 텔레비전 방송 등은 모든 국민이 동시에 이용할 수 있으며 어느 누구의 소비도 타인의 소비에 영향을 미치지 않는다. 이와 같이 한 경제 내의 모든 지역에 대해 공공재의 특성을 갖는 재화나 용역을 순수공공재라 한다. 그런데 공원, 교량, 저수지, 고속도로, 가로등과 같은 재화들을 특정 지역 사람들은 동시에 소비할 수 있으나 타지역 사람들은 소비할 수 없다. 이와 같이 특정 지역에 한정되어 공공재의 성질을 갖는 재화나 용역을 **지역공공재**라 하여 순수공공재와 구분하기도 한다. 이상의 공공재는 여러 사람이 동시에 소비할 수 있으므로 각 개인의 소비량은 생산량과 동일하다.

그러나 사용재의 경우에는 내가 소비한 사과는 다른 사람이 소비할 수 없으며, 두 사람이 동시에 소비하는 경우 소비량이 줄어들게 되는 경합적인 성질을 갖고 있다. 따라서 사용재의 총생산량은 각 개인들의 소비의 합으로 이루어진다.

1.2 비배제성

공공재의 두번째 특성은 **비배제성**(nonexcludability)으로, 이는 일단 어느 공공재가 한 개인이나 집단에게 공급되었을 경우 타인이나 다른 집단에 대해 그 해택을 배제시킬 수 없음을 뜻한다. 만약 배제시킬 수 있다고 하더라도 많은 비용을 요하게 된다. 국방이 그 대표적인 예이다. 텔레비전 방송 역시 비배제성의 특성이 전국적으로 나타난다. 예를 들면 주한미군을 위한 미군방송은 우리 국민들도 원하는 사람이면 누구나 채널을 맞추어 소비의 혜택을 누릴 수 있다. 따라서 공공재는 넓은 의미에서 소비의 외부성에 해당하는 것이다. 라디오나 텔레비전 방송도 유선방송망을 설치해서 요금을 지불한 사람에게만 시청할 수 있도록 허가함으로써 배제원칙을 적용하여 효율적인 자원배분을 달성할 수도 있으나 많은 비용이 소요된다.

일부 경제학자들은[2] 비배제성의 여부에 따라서 공공재의 민간공급 가능성을 강조하기도 한다. 유선텔레비전 방송의 경우 비경합성은 만족하나 배제가 가능하므로 민간에 의한 효과적인 공급이 이루어질 수 있다. 만약 공공기관에 의한 공급이나 생산을 공공재의 요구사항으로 보지 않는다면, 비경합성만을 공공재의 기본적 특성으로 간주하고 비배제성은 민간부문의 공급을 어렵게 하는 요인으로 생각할 수도 있다. 즉, 배제원칙만 적용된다면 공공재의 시장실패를 어느 정도 줄일 수 있다.

이와 같이 공공재는 배제에 따르는 비용이 엄청나게 크거나 배제가 불가능하기 때문에 소비자는 사용재의 경우처럼 소비의 대가를 기꺼이 지불하려고 하지 않는 무임승차의 문제를 낳게 된다. 이것이 곧 효율적인 자원배분을 저해하는 주요인인 것이다.

그러나 사용재 소비의 혜택은 그에 상응하는 가격을 지불한 사람에게만 한정됨으로써 대가를 지불하지 않는 사람들은 소비의 혜택에서 배제되는데, 이를 배제원칙(exclusion principle)이라 한다. 가격기구의 효율적인 자원배분은 배제원칙을 그 밑바탕으로 하고 있다. 다시 말하면 경제주체들의 이기적 행위, 즉 소비자의 효용극대화와 생산자의 이윤극대화 행위로 이루어지는 경쟁적 균형은 바로 배제원칙을 반영하고 있는 것이다.

2. 공공재의 효율적 배분

2.1 파레토 효율의 조건

한 개인의 소비가 타인의 효용에 영향을 미치는 소비외부성을 분석할 때 우리는 그 개인의 외부성을 자아내는 상품소비량을 타인의 효용함수의 설명변수에 포함시킨다. 공공재의 경우에 있어서도 이러한 분석방법이 사용된다. 소비외부

2. Musgrave, Richard A., "The Theory of Public Finance," New York, McGraw-Hill, 1959, pp.42～48 ; Musgrave, Richard A., "Provision for social goods," in *Public Economics*, Margolis, J. & Guitton, H. eds., London: Macmillan, 1969.

성의 경우에는 외부효과가 특정인 또는 특정 집단에 한정되었으나 공공재 소비는 그 혜택이 한 국가 전체나 특정 지역의 전 주민에게 돌아가는, 즉 광의의 소비 외부성에 해당하기 때문이다.

공공재가 존재하는 한 경제의 효율적 자원배분을 살펴보기 위해서 A, B 두 사람의 경제주체, 사용재 X와 공공재 G로 구성되어 있는 2인 · 2상품 교환경제를 가정하자. 공공재의 비경합성과 비배제성의 특징으로 인해 각 개인의 공공재 소비량은 전체 공공재 생산량과 동일하게 표시되며, 따라서 각 소비자의 효용함수는 $U^A(X^A, G)$, $U^B(X^B, G)$로 나타난다. 또한 소비외부성 하의 파레토 효율 조건을 도출하는 경우와 마찬가지로 사회후생함수는 개인주의적 파레토 유형의 사회후생함수 $W(U^A, U^B)$로 상정하고 생산가능곡선은 $T(X) = G$로 가정하자.

그러면 이 경제의 파레토 효율은 생산가능곡선의 제약 하에 사회후생함수를 극대화하면 달성된다. 이를 위해서 라그랑주 함수를 설정하면 다음과 같다.[3]

$$L = W[U^A(X^A, G), U^B(X^B, G)] + \lambda[G - T(X^A + X^B)] \quad (8-1)$$

극대화의 1차 조건은 식 (8-1)을 각 설명변수에 대해 편미분하여 영으로 두면 된다.

$$L_{X^A} = W_A MU^A_{X^A} - \lambda T' = 0 \quad (8-2)$$

$$L_{X^B} = W_B MU^B_{X^B} - \lambda T' = 0 \quad (8-3)$$

$$L_G = W_A MU^A_G + W_B MU^B_G + \lambda = 0 \quad (8-4)$$

앞 장에서 외부성 하의 파레토 효율의 도출과 마찬가지로 여기에서도 $W_A = \dfrac{\partial W}{\partial U^A}$, $W_B = \dfrac{\partial W}{\partial U^B}$, $MU^A_{X^A} = \dfrac{\partial U^A}{\partial X^A}$, $MU^B_{X^B} = \dfrac{\partial U^B}{\partial X^A}$, $MU^A_G = \dfrac{\partial U^A}{\partial G}$, $MU^B_G = \dfrac{\partial U^B}{\partial G}$ 이다.

이를 필요조건을 요약하기 위해서 식 (8-2)와 식 (8-3)을 $\lambda T'$에 관해서 일치시키면,

3. 만약 이 경제의 사회후생함수에 관한 정보가 없다면 파레토 효율은 한 소비자의 효용을 일정하게 고정한 후($U^B = \overline{U^B}$) 다른 소비자의 효용함수(U^A)를 생산가능곡선의 제약 하에 극대화하면 달성된다. 여기에서의 라그랑주 함수는 다음과 같다.

$$L = U^A(X^A \cdot G) + \lambda_1\{\overline{U^B} - U^B(X^B, G)\} + \lambda_2\{G - T(X^A + X^B)\}$$

$$W_A MU^A_{X^A} = W_B MU^B_{X^B} = \lambda T' \qquad (8-5)$$

식 (8-4)를 식 (8-5)로 나누어서 두 식을 연결하면 최종적으로 파레토 효율의 조건을 다음과 같이 얻게 된다.

$$\frac{MU^A_G}{MU^A_{X^A}} + \frac{MU^B_G}{MU^B_{X^B}} = -\frac{1}{T'} \qquad (8-6)$$

$$MRS^A_{GX} + MRS^B_{GX} = MRT_{GX} \qquad (8-7)$$

식 (8-7)은 사용재만 존재할 경우의 파레토 효율 조건($MRS^A_{XY} = MRS^B_{XY} = MRT_{XY}$)과 상이함을 알 수 있다.[4]

그러면 식 (8-7)의 경제적 의미를 간단히 살펴보자. 우리는 앞에서 공공재는 일단 공급되면 모든 사람이 동시에 그 소비의 혜택을 누릴 수 있다는 특성을 여러 번 언급하였다. 파레토 효율의 조건도 이를 반영하고 있는데, 이는 공공재 소비에 대한 각 개인의 한계편익을 나타내는 한계대체율의 합이 공공재 생산의 한계비용을 반영하는 한계변환율과 일치되는 조건이 만족되어야 최적생산량에 도달한다는 것이다. 즉, 파레토 효율의 조건 식 (8-7)은 공공재가 모든 사람에게 이용 가능해야 한다는 것이다.

한계대체율(MRS^A_{GX})은 소비자 A가 공공재 한 단위를 추가로 소비하기 위해서 기꺼이 지불하려고 하는 대가를 사용재(X)로 환산한 것으로서, 이는 공공재 소비를 한 단위 증가시킬 때 얻게 되는 한계편익을 뜻한다. 또한 한계변환율(MRT_{GX})은 공공재 한 단위를 추가로 생산하기 위해서 포기해야 하는 사용재의 양으로 공공재 한 단위를 더 생산하는 기회비용 혹은 한계비용을 의미한다. 식 (8-7)의 조건을 폭넓게 이해하기 위해서 이를 그래프로 설명해 보자.

2.2 파레토 효율의 도해

공공재가 존재하는 경우 효율적 자원배분이 만족해야 하는 조건 식 (8-7)을

4. 이 경제의 소비자가 H명 존재할 경우 식 (8-7)은 다음과 같이 표시될 수 있다.

$$\sum_{i=1}^{H} MRS^A_{GX} = MRT_{GX}$$

그림 8-1

공공재의 효율적 배분

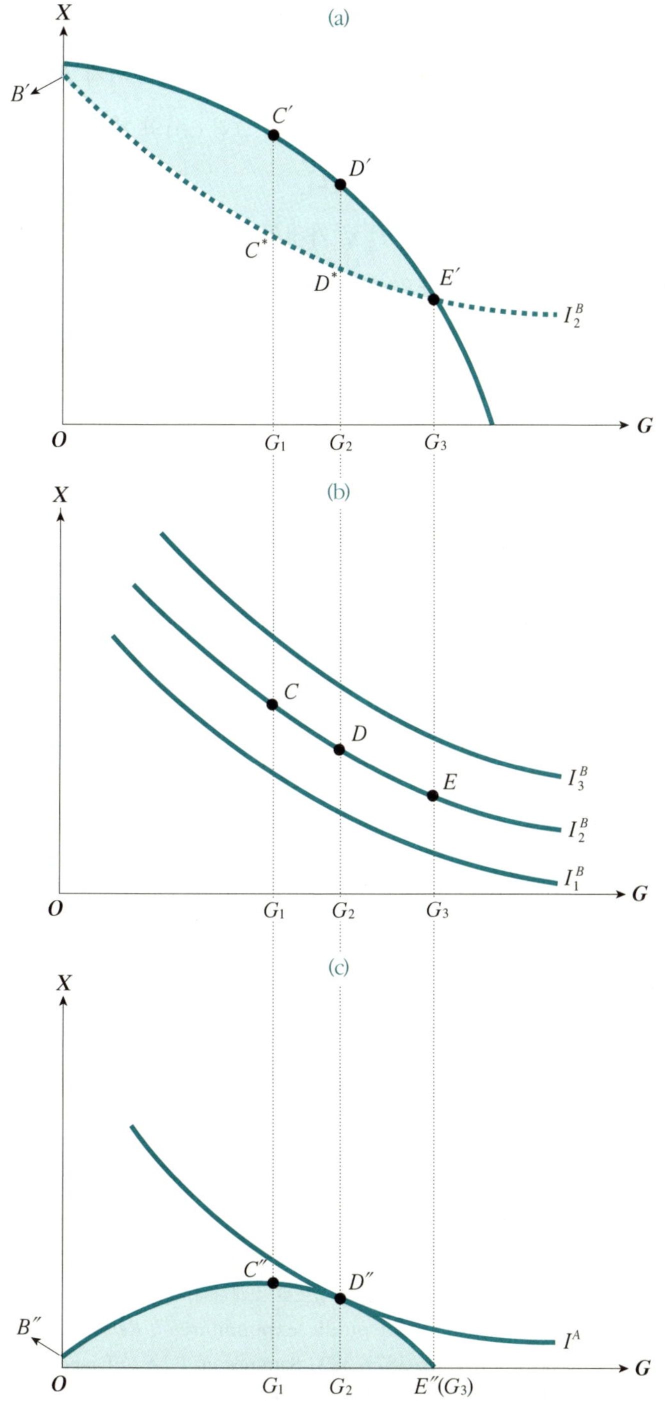

[그림 8-1]의 (a), (b), (c) 세 그림으로 설명해 보자.[5] 그림 (a)는 이 경제의 생산가능곡선 $T(X)=G$를 나타내며, 그림 (b)는 소비자 B의 효용함수 $U^B(X^B, G)$를 무차별곡선 I_1^B, I_2^B, I_3^B로 나타낸 것이고, 그림 (c)는 소비자 A의 무차별곡선을 나타낸다. 주 3.에서도 언급했듯이 파레토 효율의 조건은 소비자 B의 효용수준을 일정하게 가정하고($U^B=U^B(I_2^B)$), 생산가능곡선(그림 (a))의 제약 하에서 소비자 A의 효용수준을 극대화시키면 얻을 수 있다.

그림 (b)에서 B의 효용수준을 I_2^B로 가정하면 A의 최대효용 수준은 생산가능곡선과 B가 I_2^B의 어느 상품결합을 택하느냐에 달려 있다. 만약 B가 I_2^B선 상의 C점을 택한다면 이는 OG_1의 공공재와 G_1C의 사용재의 상품결합을 의미한다. OG_1의 공공재 소비는 사회 전체적인 생산량과 같으므로 그림 (a)에서 OG_1 공공재 생산은 G_1C'의 사용재 생산을 가능하게 한다. 그런데 G_1C'의 사용재 중에서 G_1C ($=G_1C^*$)만큼을 B가 소비하였으므로 A가 소비할 수 있는 최대량은 이들의 차이인 $C'C^*(=G_1C'')$에 해당된다. 따라서 I_2^B의 무차별곡선 상의 모든 상품결합에 대한 A의 소비 가능한 결합은 그림 (a)에서 생산가능곡선과 I_2^B의 차이에 해당하는 렌즈 모양의 청색 부분을 나타내며, 이것이 곧 그림 (c)에 표시한 A의 소비가능곡선이다. A의 소비가능곡선은 B의 효용수준(I_2^B), 생산가능곡선 등의 제약조건을 반영하여 도출된 것이므로 파레토 효율은 A의 소비가능곡선의 제약 하에 그의 효용을 극대화하는 점에서 이루어지며, 이는 그림 (c)의 D''에 해당한다. 즉, D''은 파레토 효율을 대변하는 점으로서, 이는 공공재의 효율적 생산은 OG_2, 사용재의 생산은 G_2D''이며, 이 중에서 $G_2D^*(=G_2D)$만큼은 B가, $D^*D'(=G_2D'')$은 A가 소비함을 뜻한다.

식 (8-7)의 조건을 [그림 8-1]로서 설명하면 A, B의 X, G에 대한 한계대체율은 각각 D''과 D에서의 기울기의 절대값이며, 이들의 한계변환율은 D'에서의 기울기의 절대값으로 두 무차별곡선 상의 D'', D에서의 기울기의 합은 그에 대응

5. 공공재의 효율적 배분에 관한 일반균형적 접근은 사무엘슨이 최초로 시도하였으며 폴리는 이를 더욱 정치화했다. 여기에서는 Foley의 논문을 중심으로 소개한다.
Samuelson, P. A., "Pure theory of public expenditures," *Review of Economics and Statistic*, 36, November, 1954, pp.387~389 ; Samuelson, P. A., "Diagramatic exposition of a theory of public expenditure," *Review of Economics and Statistics*, 37, November, 1955, pp.350~356 ; Foley, D. K., "Resource allocation and the public sector," *Yale Economic Essay*, 7, 1967, pp.45~98.

하는 생산가능곡선 상의 기울기와 일치함을 뜻한다.

이제까지 제2절을 통해서 논의한 파레토 효율의 조건은 그 자체가 사회적으로 최적규모의 공공재 산출량을 제시해 주는 것은 아니며, 단지 생산가능곡선이나 효용가능곡선의 무수한 점들이 만족하는 조건을 표시한 것에 지나지 않는다. 그리고 본 항에서 논의한 [그림 8-1]에 의한 최적산출량 D'은 A와 B의 사용재와 공공재에 대한 정확한 선호가 주어졌다는 묵시적인 가정을 그 기초로 하고 있다. 그러나 현실적으로 각 개인의 선호를 정확하게 측정하기란 쉬운 일이 아니므로 개인의 자발적이고 진실된 선호시현에 의존할 수밖에 없다. 이 또한 무임승차 등의 문제로 어려움을 가중하게 되는데, 이에 관해서는 다음 절에서 논의하기로 한다.

한편 [그림 8-1]에 의한 최적산출량 D'은 각 개인의 효용함수를 알고 있다는 가정 외에도 B의 효용수준은 $\overline{U^B}(I_2^B)$로 일정하다고 가정하였다. 만약 B의 효용수준이나 소득수준을 달리하면 그에 따른 새로운 최적생산결합을 얻을 수 있다. 이와 같이 사회적으로 바람직한 소득분포를 어떻게 상정하느냐에 따른 최적생산배합의 결정은 이미 각종 사회후생함수의 형태와 그에 따른 소득분배의 문제이다.

또한 사용재 X를 어떠한 상품으로 선정하느냐에 따라서도 생산가능집합(곡선)의 크기가 달라질 것이며, 그에 따른 최적산출배합 역시 다르게 나타날 것이다.

그러므로 이제까지의 논의는 현실적인 공공재의 최적공급 결정 문제와는 많은 거리가 있음을 알 수 있다. 이에 관해서는 다음 절에서 살펴보기로 한다.

3. 공공재의 최적규모

앞 절에서 우리는 공공재가 존재하는 경우의 효율적인 자원배분이라는 규범적 법규를 폭넓게 이해하기 위한 논의를 하였다. 본 절에서는 이 법규를 공공부문에 대해 현실적으로 적용할 때 야기되는 문제점과 이의 해결방안을 중심으로 실증적 분석을 해보기로 하자.

그림 8-2

공공재의 수요곡선

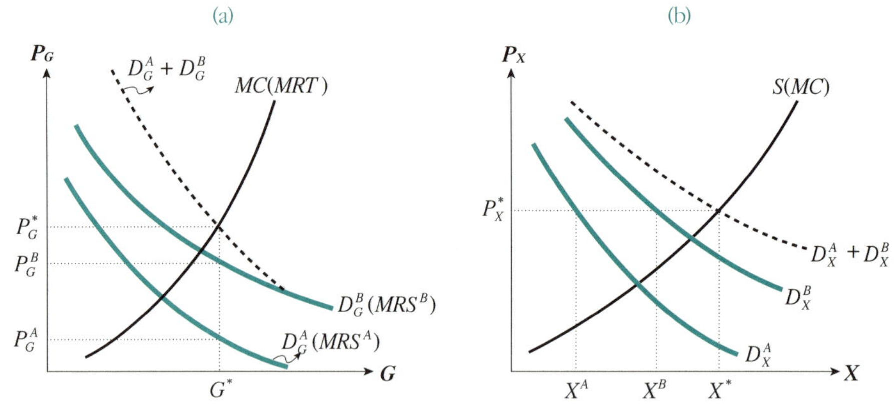

3.1 린달 균형

3.1.1 파레토 효율의 부분균형적 도해

식 (8-7)의 파레토 효율의 조건을 특정 공공재에 한정하여 설명하면 [그림 8-2]와 같이 나타낼 수 있다. 이는 다른 공공재나 사용재의 시장상태는 일정하다는 가정 하에서 특정 공공재의 적정 공급을 논의한 것으로 부분균형적인 분석이다.

앞에서도 설명한 바와 같이 각 소비자의 한계대체율은 공공재 한 단위의 추가소비에서 얻은 한계효용을 뜻하며, 생산자의 X재와 G재에 대한 한계변환율은 한계비용을 의미한다.

소득효과를 무시하면 각 개인의 한계편익(효용)은 각자의 공공재, 사용재에 대한 수요곡선으로 [그림 8-2]와 같이 표시된다. 그림 (a)는 공공재의 적정 규모를 설명하고, 그림 (b)는 사용재의 균형생산량을 나타내고 있다. 우선 공공재의 경우를 살펴보면 식 (8-7)의 조건과 같이 A, B의 한계편익의 수직적 합이 공공재의 시장수요곡선이 되며, 공급곡선은 각 생산에 따른 한계비용을 뜻하는 한계변환율로 표시된다. 이들 두 곡선이 교차하는 점이 바로 식 (8-7)에 해당하며,

이때의 균형생산량은 G^*로서 A, B의 소비량과 일치한다. 그러나 G^*의 소비에 대해 A, B가 지불하는 가격은 P_G^A, P_G^B로서 상이하며, 이들의 합이 공공재의 총공급비용 P_G^*와 일치한다. 즉, 각자는 동일량의 공공재를 소비하나 공공재의 선호에 따라 서로 다른 가격을 지불하며, 이것이 곧 조세에 해당한다.

일찍이 보엔(Bowen)은 공공재의 적정 규모를 이상과 같은 부분균형적 분석으로 설명하였다.[6] 만약 [그림 8-2]와 같이 각자가 자기의 선호를 솔직하게 수요곡선으로 표시한다면 공공재의 균형생산량은 각자가 지불한 가격(세금)으로 충당되며 효율적 자원배분이 달성된다. 이를 자발적 교환이론(theory of voluntary exchange)이라고 한다. 그러나 무임승차의 문제점이 항시 병존하는 현실경제에서는 보엔의 접근은 제한적이며 비현실적이다.

이제 사용재의 경우를 그림 (b)를 이용하여 살펴보자. 사용재의 시장수요곡선은 각 개인의 수요곡선의 수평적인 합으로 나타나므로 균형생산량은 시장수요곡선과 시장공급곡선이 교차하는 X^*이며, 균형가격은 P_X^*이다. 이 균형생산량 중에서 A, B는 각각 X^A, X^B만큼 구입하게 된다. 즉, 공공재와는 달리 시장에서 결정된 균형가격(P_X^*) 하에서 각자의 효용을 극대화하는 수준의 사용재를 구입한다.

3.1.2 린달 균형

린달 균형(Lindahl equilibrium)은 사용재와 마찬가지로 공공재의 경우에도 시장경제에서의 분권화된 의사결정이 효율적인 자원배분을 달성할 수 있음을 보여준다.[7] 바꾸어 말하면 사용재의 경우 시장에서 주어진 가격 하에서 소비자는 효용을 극대화하고 생산자는 이윤극대화를 꾀함으로써 효율적인 자원배분이 달성된다. 이와 유사하게 공공재의 효율적 배분 역시 이윤극대화를 추구하는 생산자의 한계비용에 해당하는 공급가격을 효용극대화를 추구하는 각 소비자가 자기의 선호에 따라 분담함으로써 이루어짐을 [그림 8-2(a)]를 통하여 살펴보았다.

---

6. Bowen, H. R., "The interpretation of voting in the allocation of economic resources," *Quarterly Journal of Economics*, 58, November, 1943, pp.27~48 ; Bowen, H. R., *Toward Social Economy*, New York, Rinehart, 1948.

7. Lindahl, E., "Just taxation-a positive solution," in *Classics in the Theory of Public Finance*, Musgrave, R. A. & Peacock, A. T. (eds.), London : Macmillan, 1958(린달은 독일 경제학자로서 이 논문은 독일어로 1919년에 최초로 발표되었다).

공공재의 비경합성, 비배제성의 특성으로 인해 각 소비자가 생산량과 동일한 양을 소비하면서 서로 상이한 **개인화된 가격**(personalized price)을 지불함으로써 효율적인 배분이 성립된다.

린달 균형의 특징은 이 개인화된 가격에 상응하는 조세부담의 기초 위에 각 소비자들이 효용극대화를 하면 파레토 효율을 만족하게 된다는 것이다. 만약 어떤 소비자 i가 τ^i에 해당하는 조세부담률을 안고 있다면 모든 소비자의 부담률의 합은 1이 될 것이다($\sum_i \tau^i = 1$). 이 조세부담률이 각자의 개인화된 가격으로서의 기능을 수행하게 되며, 이를 **린달 가격**(Lindahl's prices)이라 한다. 그러므로 린달 균형은 모든 소비자들이 동일 양의 공공재를 소비하는 린달 가격들의 한 집합인 것이다.

이를 하나의 사용재(X)와 하나의 공공재(G)로 구성되고 다수의 소비자가 존재하는 한 경제를 가상하여 설명해 보자. 이 경제에서 소비자 i는 주어진 린달 가격 τ^i와 소득제약 하에 자기의 효용을 극대화하며, 이를 모든 소비자에게 적용시켜 통합하면 이것이 곧 린달 균형에 해당한다.

$$Max\ U^i(X^i, G)\ s.t.\ Y^i = P_X \cdot X^i + \tau^i P_G \cdot G \qquad (8-8)$$

사용재의 가격(P_X)을 1로 가정하여 극대화의 1차 조건을 도출하면,

$$MRS^i_{GX} = \frac{MU^i_G}{MU^i_X} = \tau^i \cdot P_G \qquad (8-9)$$

이를 모든 소비자에 대해서 통합하면 린달 균형을 식 (8-10)과 같이 얻게 된다.

$$\sum MRS^i_{GX} = P_G \sum \tau^i = P_G (= MRT_{GX}) \qquad (8-10)$$

식 (8-10)은 파레토 효율의 조건 식 (8-7)과 일치하므로 린달 균형은 곧 파레토 효율임을 알 수 있다.

이제 두 소비자로 구성되어 있는 한 경제의 린달 균형을 [그림 8-3]과 같이 표시할 수 있다. 소비자 A의 조세부담은 τ^A이며, 효용극대화 행위에 의하여 공

그림 8-3

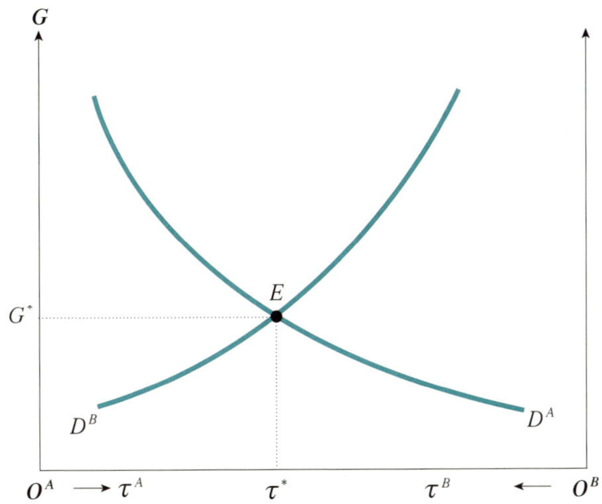

린달 균형

공재의 수요곡선은 원점 O^A를 기준으로 우하향하는 D^A가 된다. 마찬가지로 B의 조세부담은 τ^B로서 이는 $1-\tau^A$에 해당하고 수요곡선은 O^B를 원점으로 하는 D^B가 되며, 린달 균형은 두 수요곡선이 교차하는 E점으로서 이때의 균형공급량은 G^*가 된다.

이상의 논의는 린달 균형이 파레토 효율임을 보여주는 것으로서 제4장에서 논의한 후생경제학의 제1기본정리의 분석방법과 유사함을 알 수 있다. 또한 후생경제학의 제2기본정리의 분석방법을 좇아서 린달 균형의 특성에 대해 많은 연구가 행해졌다.[8]

8. 정액세나 보조금을 수반한 린달 균형에 의해서 파레토 효율이 성립한다는 린달 균형의 특성은 린달 균형과 핵(core)과의 상호관계의 분석과 함께 이 분야의 중요한 관심사이다. 여기에 관한 논의는 다음의 논문들을 참조 바람.
Foley, D. K., "Lindahl's solution and the core of an economy with public goods," *Econometrica*, 38, 1970, pp.66~72 ; Malinvaud, E., "Procedures for the determination of a program of collective consumption," *European Economic Review*, 2, 1971, pp.187~217 ; Malinvaud E., "A planning approach to the public good problem," *Swedish Journal of Economics*, 11, 1971, pp.96~112 ; Dreze, J. H. & Poussin, D. de la Vallee, "A tatonnement process for public goods," *Review of Economic Studies*, 38, 1971, pp.133~150 ; Milleron, J-C., "Theory of value with public goods ; a survey article," *Journal of Economic Theory*, 5, 1972, pp.419~477 ; Muench, T. J., "The core and the Lindahl equilibrium of an economy with a public good ; an example," *Journal of*

3.1.3 무임승차 문제

이제까지 논의한 린달 균형은 모든 소비자들이 공공재 공급에 따른 조세부담을 의식하고서도 효용극대화 행위에 의한 진실된 공공재 수요를 시현할 경우에만 현실적으로 달성될 수 있다. 그러나 비경합성 · 비배제성의 특성을 가진 공공재에 대한 진실된 선호를 자발적으로 나타낼 수 있는 유인이 충분히 존재하지 않는 것이 현실이다.

예를 들면 공공재에 대해서 각자가 기꺼이 지불하려고 하는 액수, 즉 정확한 수요의 시현에 따라서 조세가 부과된다는 사실을 알고 있는 한 많은 사람들은 각자의 선호를 과소평가하려고 할 것이다. 만약 조세부담이 각자의 진실된 선호의 표현에 관계없이 결정된다면 많은 소비자들은 오히려 자신의 선호를 과장함으로써 공공재 공급이 가능하도록 유도하든지, 후에 공공재 공급수준의 증대를 꾀하려 할 것이다. 이와 같이 공공재에 대한 각자의 선호를 왜곡해서 소비혜택에 상응하는 가격(조세)의 지불을 회피하려는 문제를 **무임승차 문제**(free rider problem)라 한다.

이는 공공재의 비경합 · 비배제의 특성에서 유래되는 것으로 시장실패의 주요인이 되며, 이러한 경우 시장체제에 의한 바람직한 공공재의 공급을 기대하기 어렵다. 따라서 정부가 공공재의 생산과 소비에 개입하여 사회적 욕구(social wants)를 충족시키게 된다. 이러한 정부의 개입은 다음 항에서 간결히 소개하고 있는 일반적 과세방법과 제3항에서 논의하는 유인적 과세방법을 들 수 있다.

한편 사회구성원이 소수이면 무임승차 문제는 줄어들 수도 있다. 예를 들면 어느 주택단지에 공원을 설치할 경우 이는 주거환경을 쾌적하게 하는 동시에 그 지역의 주택가치를 상승시킨다. 따라서 대부분의 주민들은 공원 설치를 위해 각자가 기꺼이 지불하려고 하는 액수를 진실되게 표명하게 되고, 자발적인 합의에 도달하여 적정 규모의 공원의 공급이 가능하게 된다.

일부 경제학자들은 무임승차 문제는 이론적인 관심도에 비해 현실적으로는 그렇게 중요하지 않다고 한다. 우리들의 주변에는 무임승차 문제를 초래하지 않

Economic Theory, 4, 1972, pp.241～255 ; Shapley, L. S., "Let's block 'block'," *Econometrica*, 41, 1973, pp.1201～1202 ; Roberts, D. J., "The Lindahl solution for economies with public goods," *Journal of Public Economics*, 3, 1974, pp.23～42.

는 공공재도 다수이며 많은 경제주체들이나 집단이 공공재에 대한 자신의 선호를 왜곡하여 시현하려고 들지 않는다는 것이다. 요한센(Leif Johansen)[9]은 개인들이 진실된 선호를 표명하려고 하는 이유로 다음의 두 가지를 들고 있다. 첫째, 정직(正直) 그 자체가 하나의 도덕적인 규범인 사회에서는 거짓으로 인한 대가가 충분하게 크지 않은 이상 왜곡된 선호의 시현은 그렇게 용이하게 이루어지지 않는다는 것이다. 그리고 그 대가가 어느 정도 충분하다고 해도 불확실의 요인이 많으며, 선호를 왜곡해서 시현하는 데 따른 전략은 복잡하고 많은 시간을 요한다는 것이다. 따라서 이러한 어려움 역시 대부분의 경제주체들로 하여금 진실된 선호를 표명하게 유도한다는 것이다. 둘째, 공공지출에 대한 대부분의 의사결정은 개개인들이 직접 하지 않고 선거를 통해서 선출된 주민들의 대표자들에 의해서 이루어진다는 것이다. 따라서 대표자들의 차기(次期) 당선을 위한 노력이나 입법기관의 의사결정 과정에 비추어 볼 때 진실된 자신의 선호나 주민들의 선호를 대변하는 것이 최선의 방안이 된다는 것이다. 이에 관한 봄(Peter Bohm)[10]의 경험적 연구가 이 주장을 뒷받침하고 있다.

3.2 일반조세에 의한 재원조달

민간부문(사용재)과 공공부문(공공재)이 병존하는 혼합경제에서 린달 가격에 해당하는 정액세(lump-sum tax)나 보조금(transfer)은 파레토 효율을 달성함을 앞에서 보였다. 그러나 현실적 · 제도적 어려움으로 린달 가격에 상응하는 조세부과가 불가능할 경우 차선의 정책수단으로 비례적인 물품세나 동일액의 정액세를 모든 사람에게 부과하여 공공재의 재원으로 충당하고 있다. 이러한 조세는 각 개인의 효용극대화 행위를 왜곡시킴으로써, 즉 효용극대화 소비결합을 변경시킴으로써 초과부담을 야기시킨다는 사실을 제16장을 통해서 살펴볼 것이다. 따라서 파레토 효율을 이룰 수 없게 된다. 환언하면 린달 가격과 상이한 일반조세수입에 의한 공공재의 공급은 초과부담을 수반하므로 동액(同額)의 린달 가격과 일

9. Johansen, L., "The theory of public goods : misplaced emphasis?," *Journal of Public Economics*, 7, 1977, pp.147~152.

10. Bohm, P., "Estimating demand for public goods : an experiment," *European Economics Review*, 3, 1962, pp.111~130.

치하는 정액세에 의한 공급보다는 그 규모가 줄어들게 한다. 부언하면 동일량의 공공재 공급에 있어서 일반조세수입에 의한 경비조달은 초과부담에 해당하는 비용이 첨부되어야 한다는 것이다. 모든 사람들에게 동액의 정액세를 부과할 경우에도 각자의 공공재에 대한 선호를 무시한 경우와 마찬가지이다. 따라서 파레토 효율을 달성하지 못한다.[11]

그러나 일반세수입에 의한 공공재의 경비조달은 비록 파레토 비효율적이라 할지라도 공공재의 생산이 그것이 없을 경우보다 후생의 증대를 가져온다면 차선의 정책수단으로 채택되고 있는 것이 현실이다. 이의 채택 여부는 비용 · 편익 분석(cost-benefit analysis) 등의 방법에 그 기초를 두고 있다.

이들 차선의 과세수단이 어떠한 연유에서 파레토 효율을 성립시키지 못하는지, 그리고 초과부담이 없는 정액세와 그것을 수반하는 비례세의 경우 후생에 미치는 효과가 무엇인지는 본 장의 [부록]에서 간결하게 분석하고 있다.

3.3 유인기제

경쟁적 가격기구가 공공재 생산(혹은 공공부문)에 있어서의 효율적 자원배분을 이룰 수 없는 이유는 바로 각 경제주체들로 하여금 공공재에 대한 진실된 선호를 시현하도록 하는 유인(誘因, incentive)이 부족하기 때문이다.

만약 공공재의 총비용을 각 소비자에게 일정 비율로 분담시킨다면 선호의 표명에 관계없이 일정한 부담을 안게 되며, 이는 선호의 왜곡된 시현을 불필요하게 함으로써 선호의 시현 문제를 어느 정도 줄어들게 할 것이다. 이러한 상황 하에서 대부분의 소비자들은 자신의 한계편익과 한계비용이 일치하는 수준의 공공재를 원하게 된다. 각자의 적정 수준이 상이하므로 사회적인 최적수준의 공공재는 제11장에서 논의하고 있는 각종 투표방법을 통하여 결정할 수도 있다. 투표를 통해 공공재에 대한 각자의 선호를 시현시킴으로써 바람직한 공공재의 수준에 수렴할 수는 있지만 이 또한 완벽할 수는 없다. 애로우의 불가능성 정리가 각종 사회의사결정(사회후생함함수)의 한계를 대변하고 있음은 제9～11장을 통하여 고찰할 것이다. 투표에 의한 사회의 최적공공재 수준의 결정은 아주 제한된

11. Atkinson, A. B. & Stiglitz, J. E., *Lectures on Public Economics*, New York : McGraw-Hill, 1960. pp.484～497.

경제상태 하에서만 가능한 것이다.[12]

앞에서 논의한 경쟁적 가격기구나 각종 투표에 의한 효율적인 공공재 공급의 어려움을 극복하기 위한 하나의 대안으로서 모든 경제주체들로 하여금 공공재에 대한 진실된 선호를 시현하게끔 하는 각종 유인기제(誘因機制, incentive compatible mechanism)가 여러 경제학자들에 의해서 제시되고 있다.[13] 유인기제에 대한 연구는 클라크(Clarke)와 그로브즈(Groves)의 독립적인 연구를 시발로 해서 발전하였으며, 이들이 소개한 유인기제를 클라크 · 그로브즈 기제라 한다.

12. 각종 투표방법의 결합에 관해서는 제11장을 참조 바람.

13. Groves, T., "The allocation of resources under uncertainty : the informational and incentive roles of demands in a team," *Ph. D. dissertation*, University of California, Berkely, 1970 ; Clarke, E. H., "Multipart pricing of public goods," *Public Choice*, 11, 1971, pp.17~33 ; Clarke, E. H., "Multipart pricing of public goods : an example," in *Public Prices for Public Products*, Mushkin, S. (eds.), Urban Institute, Washington D. C., 1972 ; Groves, T. & Loeb, M., "Incentives and public inputs," *Journal of Public Economics*, 4, 1975, pp.211~226 ; Tideman, T. N. & Tullock, G., "A new and superior process for making social choices," *Journal of political Economy*, 84, 1976, pp.1145~1159 ; Groves, T. & Ledyard, J., "Optimal allocation of public goods : a solution to free rider problem," *Econometrica*, 45, 1977, pp.783~809 ; Green, J. & Laffont, J. J., "On the revelation of preferences for public goods," *Journal of Public Economics*, 8, 1977, pp.79~93 ; Green, J. & Laffont, J. J., *Individual Intentives in Public Decision-Making*, North-Holland, Amsterdam, 1979 ; Pething, R., "Environmental management in general equilibrium : a new incentive compatible apporoach," *International Economic Review*, 20, 1979, pp.1~27.

Green, Laffont의 1979년도 저서는 유인기제의 동태적 분석을 시도하고 있으며, Pething (1979)과 Groves & Ledyard(1977) 논문은 유인기제의 일반균형분석을 소개하고 있다. 또한 주 8.에서 소개한 Malinvaud(1971), Dreze & Poussin(1971) 논문은 게임이론적 접근으로 사회구성원이 소수일 경우 적용 가능하다.

한편 유인기제의 분석기법은 Vickrey(1961)에 의해서 사용재의 투기대응책의 일환으로 최초로 제시되었으나, 그 당시 Vickrey는 유인기제의 중요성을 충분하게 인지하지 못하였다. 그 이후 위에서 소개한 각종 논문을 중심으로 사회선택(social choice)이나 공공재의 최적규모에 관한 이론에서 획기적인 공헌을 하였으며, 최근에는 회계학 분야에서 각 기업의 정직한 기장(記帳)을 위한 유인기제에도 응용되고 있다.

Vickrey, W. S., "counter speculation, auction and competitive sealed tenders," *Journal of Finance*, 16, 1961, pp.8~37.

3.3.1 사회선택과 유인기제

상이한 두 사회상태 x, y의 선택 문제에 있어서의 클라크 · 그로브즈 기제를 설명해 보자. 네 명으로 구성되어 있는 한 주택가에 방범을 위해서 가로등을 설치하는 경우를 x, 개개의 주택을 연결짓는 비상벨을 설치하는 경우를 y로 가상하여 어떤 방안을 채택할 것인가의 사회선택 문제를 상정해 보기로 한다.

유인기제에 있어서 선호시현 문제의 핵심은 각 구성원들에게 그가 선호하는 한 사회상태(x나 혹은 y)를 채택할 경우 기꺼이 지불하려고 하는 최대의 화폐액을 물어보는 것이다. 실제로 지불하는 액수는 그가 표명한 최대 화폐액이 아니라 그의 투표(혹은 선호의 시현)가 사회선택을 한 사회상태(y)에서 다른 사회상태(x)로 전환시킴에 따라 수반되는 나머지 사회 전반의 비용이다. 이를 클라크 · 그로브즈 조세라 한다.

〈표 8-1〉은 네 명의 구성원들이 x, y 두 사회상태에 대해서 자기가 원하는 상태가 사회선택으로 채택되었을 경우 각자가 기꺼이 지불하려고 하는 최대 화폐액을 나타내고 있다. 이때의 사회선택은 각 구성원들이 지불하려고 하는 최대 화폐액의 합계의 크기에 따라 좌우된다.

표 8-1 **클라크 · 그로브즈 기제**

구성원(투표자)	최대 화폐액(만원)	
	x	y
A	8	0
B	12	0
C	0	9
D	0	10
합계	20	19

x의 경우 각 투표자들이 지불하려고 하는 액수가 20(만원)으로 y의 19(만원)보다 1(만원)이 많기 때문에 x가 채택된다. 가로등 설치의 경우 투표자 A가 지불하려고 하는 8만원은 사회선택을 y에서 x로 변경시키는 데 효과적이었다. 그러나 그가 실제로 지불한 액수는 8만원이 아니고 y에서 x로 변경함에 따른 나머지 사회구성원들의 순비용 7만원($= 10 + 9 - 12$)에 해당한다. 즉, C와 D가 y가 채택

되지 못함으로써 입은 손실은 그들이 y가 채택될 경우 지불하려고 하는 화폐액 $(10 + 9)$이며, B는 x가 채택됨으로써 얻은 효용(편익)의 증대가 그가 지불하려고 하는 최대 화폐액 12에 해당되기 때문이다. 마찬가지로 투표자 B도 11만원 $(= 10 + 9 - 8)$을 지불해야 한다. 그러나 C와 D는 그들의 투표가 사회선택에 아무런 영향을 주지 못하였으므로 돈을 지불할 필요가 없다.

그러면 이상의 제도가 모든 사회구성원들로 하여금 자신의 진실된 선호를 시현하도록 하는 인센티브를 제공하고 있는지를 살펴보자. C의 경우를 보면 9만원이 비상벨 설치에 대한 자기의 진실된 선호이다. 만약 그의 선호를 과장해서 사회선택을 y로 전환시킨다면 적어도 만원 이상의 과장이 뒤따라야 하며, 이로써 y에 대한 사회 전체의 지불액수는 x의 20만원을 능가하게 될 것이다. 가령 그의 과장된 선호표명으로 y가 채택되었다고 하자. 그러면 그가 실제로 지불해야 하는 액수는 10만원$(= 8 + 12 - 10)$으로 그가 진심으로 지불하려고 했던 9만원보다 만원을 초과하기 때문에 과장된 선호표명으로 오히려 손실을 입게 된다. 이렇게 해서 모든 구성원들은 자기의 선호를 진실되게 시현하는 것이 최선의 방도임을 알게 된다.

그러나 만약 C와 D가 담합하여 그들 각각의 y에 대한 선호를 A, B가 x에 지불하려고 하는 최고액의 합(20만원)보다 크게 표명한다고 하자(예를 들면 C는 25, D는 30 등등). 이 경우 그들 자신의 의사대로 y가 사회선호로 채택되며, 자기들의 부담은 전혀 없게 된다. 이는 C와 D가 지불하려고 하는 과장된 액수가 A, B의 합을 능가하기 때문이다.

제11장에서 우리는 각종 투표방법의 논의에서 담합과 기타 전략적 행동으로 인한 사회의사결정 과정에서의 선호의 왜곡을 고찰할 것이다. 그러나 클라크 · 그로브즈 기제에서 담합에 의한 선호의 왜곡된 시현은 이 제도를 무력화하는 단점을 갖고 있음을 알 수 있다.

3.3.2 공공재와 유인기제

앞에서 우리는 유인기제가 상이한 사회상태의 선택 여부를 결정짓는 비연속적인 경우를 통하여 유인기제에 대해 어느 정도 개념을 갖게 되었다. 본 항에서는 이를 기초로 하여 공공재의 최적규모를 결정하는 연속적인 경우에 있어서의 유인기제의 역할을 설명한다.

먼저 클라크 · 그로브즈 기제를 공공재의 경우에 적용하기 위해 그 기본 내용을 3단계로 구분하여 소개하기로 한다.

1) 각 소비자들은 공공재 공급에 필요한 총경비의 일정 비율(개인 i의 부담비율 : τ^i)을 부담하며, 전체 소비자의 부담의 합은 1이다($\Sigma\tau^i = 1$). 부담의 비율은 관습에 따르든 아니면 정부의 독단적인 결정에 의하든 상관없이 주어진 것으로 간주하며, 여기에서 얻은 수입은 공공재 공급 경비로 적절하게 충당한다.
2) 각 소비자들은 공공재 공급의 입안자(planner)에게 공공재의 한계편익(MB)을 보고해야 하며, 이의 수직적인 합이 공공재의 총수요곡선이 된다($AD = \Sigma MB$).[14] 이때 총수요곡선과 한계비용곡선(공급곡선)이 교차하는 점에서 균형생산량(G^*)이 결정된다. [그림 8-4]에서는 분석상의 편의를 위해서 일정한 한계비용(1원)을 가정하고 있다. 여기에서 입안자는 각 개인이 보고한 수요곡선이 진실된 것인지를 알 수 없으며, 진실 여부에 상관없이 총수요곡선과 한계비용곡선이 교차하는 점에서 균형생산량을 결정한다고 가정한다. 그리고 각 소비자들은 입안자의 이러한 의사결정을 알고 있다고 가정한다.
3) 만약 각 소비자들이 보고한 수요곡선이 진실된 것이라면 G^*의 공공재가 최적수준이 된다. 그러나 우리가 당면하고 있는 문제는 다른 소비자들의 선호표명의 진실성 여부에 관계없이 어떻게 하면 조세제도가 각 개인의 진실된 선호(수요)를 시현하게 하느냐 하는 것이다. 이를 위해서 당분간 소비자 j가 존재하지 않는다고 가정하자. 그러면 적정 생산량은 j를 제외한 모든 소비자의 한계편익과 한계비용이 일치하는 수준에서 결정될 것이다.

[그림 8-4]에서 소비자 j의 부담 τ^j를 제외한 한계비용은 $1-\tau^j$로서 $MC^{i\neq j}$

14. 여기에서도 [그림 8-2]의 경우와 마찬가지로 분석상의 편의를 위해서 소득효과를 무시하기로 한다. 따라서 각 개인의 공공재에 대한 한계편익은 개인의 수요곡선이며, 이의 수직적 합은 총수요곡선이 된다.

그림 8-4

유인기제에 의한 공공재와 최적공급

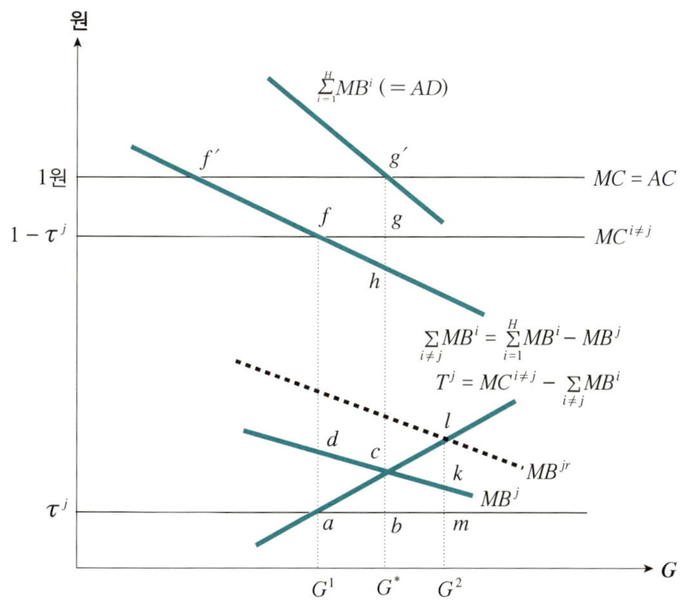

로 표시되어 있는 수평선이다. 또한 j를 제외한 소비자들의 한계편익의 합은 $\sum_{i \neq j} MB^i = AD - MB^i$이다. 이들은 f점에서 서로 교차하며, 이때의 균형생산량은 G^1으로서 G^*의 왼편에 위치한다. 이제 j로 하여금 자신의 진실된 선호를 시현하게 하는 클라크 · 그로브즈 조세(T^j)는 생산량을 G^1에서 G^*로 이동함에 따라 나타나는 $MC^{i \neq j}$와 $\sum_{i \neq j} MB^i$의 차이로서 $\triangle fgh$에 해당한다.[15]

그러면 $\triangle fgh$에 해당하는 조세가 j로 하여금 왜 진실된 선호를 표명하게 하는지를 살펴보자. G^1 생산량은 j가 존재하지 않는다는 가정 하에서 $MC^{i \neq j}$가 $\sum_{i \neq j} MB^i$와 일치하는 생산량이므로 j를 제외한 모든 소비자들이 선호하는 공공재 수준이다. 여기에서 j가 당분간 존재하지 않는다는 가정은 j가 그의 한계편익을 1)에서 설정한 일정액의 부담 τ^j와 동일하게 보고한 경우와 마찬가지이다. 따라서 소비자 j가 자기의 한계편익(MB^j)을 τ^j보다 높게 혹은 낮게 보고하면 균형생

15. 여기에서 G^1이 G^*의 왼편에 위치하는 이유는 j의 한계편익 MB^j가 [그림 8-4]와 같이 G^* 생산량에서 일정 부담액 τ^j 위쪽에 위치하고 있기 때문이다. 만약 MB^j가 G^* 생산량에서 τ^j 아래쪽에 위치한다면 균형생산량 G^i는 G^* 오른쪽에 위치하게 될 것이다.
한편 클라크 · 그로브즈 조세 T^j는 ΣMB^i를 a점에서 역으로 표시하면 $bc = hg$가 성립하며, 세액은 $\triangle fgh$가 된다.

산량은 G^1에서 이루어질 수 없다. 왜냐하면 G^1에서 이탈하면 $MC^{i \neq j} > \sum_{i \neq j} MB^i$이므로 나머지 소비자들은 $\triangle fgh$에 해당하는 손실을 입게 된다. 따라서 $\triangle fgh$에 해당하는 조세를 j에게 부과하면 그로 인한 j의 이득이 다른 소비자들이 입게 되는 손실을 능가하지 않는 한 j는 공공재의 공급량을 G^1에서 이탈되게 하지 않을 것이다. 그러므로 j는 그의 한계편익을 정확하게 보고하는 것이 그에게 이익이 된다는 사실을 인지하게 될 것이다.

만약 j가 그의 한계편익(수요)을 과장하여 MB^{jr}로 보고하였다면 공공재는 G^2 수준으로 공급될 것이다. G^*G^2의 생산증대에 따른 한계편익은 cG^*G^2k인 반면에 그가 지불하는 비용은 cG^*G^2l, 즉 비용분담액(bG^*G^2m) + 클라크 · 그로브즈 조세($cbml$)로서 $\triangle ckl$의 손실을 입게 된다. 마찬가지로 자기의 한계편익을 과소보고한다면 생산량은 줄어들게 되고, 그의 한계편익 감소는 생산감소에 따른 비용분담액과 조세감소를 능가함으로써 손실을 입게 된다. 따라서 최상의 전략은 그의 선호를 진실하게 보고하는 것이다.

이와 같은 논의는 j뿐만 아니라 모든 소비자($j = 1, \cdots, H$)에게도 적용되므로 그들은 진실된 선호를 시현하게끔 유인되는 것이다.

여기에서 1)의 일정액 비용분담 τ^j는 공공재의 적절한 재원을 조달하기 위한 것으로 정부의 적자를 줄일 수 있는 한 방안으로 첨부되었다. 1)을 생략해도 분석결과는 동일하며, 이 경우 [그림 8-4]에서 τ^j와 $(1-\tau^j)$선을 제외시켜 설명하면 된다.[16] 1)을 생략했을 때에는 클라크 · 그로브즈 조세가 $\triangle f'hg'$에 해당되며, 이 경우에는 적자재정의 문제점이 나타난다. 그러나 1)의 비용분담제도는 공공재의 공급경비가 이로 인해서 충당된 상태를 의미하므로 클라크 · 그로브즈 조세는 흑자를 유발하게 되는데, 흑자재정을 어떻게 쓰느냐도 또 다른 문제점으로 지적될 수 있다. 만약 사회구성원들이 많을 경우에는 흑자액을 사회의 공동이익을 위해서 사용할 수도 있다. 따라서 클라크 · 그로브즈의 기제는 균형재정을 보장할 수 없다는 것이 앞에서 논의한 담합의 문제점과 함께 주요한 단점으로 지적

---

16. 전게서, 이만우의 『후생경제학』 제9장 [부록 III]에서는 유인기제를 보다 깊이 이해하기 위해 간략한 기호들을 위주로 공공재와 유인기제를 재설명하고 있다. 여기에서는 비용부담, 즉 1)이 없는 경우에서 출발하여 1)을 첨가했을 경우까지 설명하고 있으므로 보다 깊은 자습을 원하는 독자는 이를 통해서 종합적으로 정리하기 바란다.
한편 유인기제는 제11장에서 논의하는 공공선택이론의 한 분파로 그 이론적 위치를 이해하면 본서의 전반적 흐름을 파악하는 데 도움이 될 것이다. 보다 상세한 것은 제11장을 참조 바람.

된다. 이들 이외에도 유인기제를 현실적으로 적용하는 데 있어 당면하는 문제점들은 상당수에 이른다. 그중 몇 가지를 소개하면 다음과 같다.

유인기제의 중요한 가정 중 하나는 모든 사회구성원들이 공공재에 대한 각자의 선호를 입안자(立案者)에게 보고한다는 것이다. 무임승차 문제에서도 언급한 바와 같이, 수많은 사회구성원들로 이루어진 현실경제에서 각 개인들이 자기의 보고가 공공재 공급 여부나 규모 결정에 미칠 영향이 아주 미미하다고 느끼기 때문에 성실한 선호보고를 위해서 시간과 노력을 투입하느냐의 문제가 제기된다. 이와 같은 문제는 다른 사회의사 결정에서도 제기될 수 있다. 예를 들면 대통령선거에서 한 입후보자의 압도적 당선이 예상된다면 다른 후보를 지지하는 일부 투표자들이 자기의 선호표명을 포기할 수도 있으며, 자기의 투표가 다른 후보의 당선에 아무런 영향을 미치지 않는다고 생각하면 상대후보에게 투표할 가능성도 있기 때문이다.

또 엄격히 말하면 일부 구성원들은 자기가 보고한 한계편익이 다른 사람이 지불하는 클라크 · 그로브즈 조세 수준에 미칠 영향까지도 세심하게 고려하여 보고할 수도 있을 것이다. 만약 흑자재정으로 인한 이익이 그들에게도 돌아올 것을 예상한다면 그들은 다른 사람의 부담이 많아지도록 자신의 선호를 왜곡하여 보고할 수도 있다.[17] 그러나 앞에서도 지적하였듯이 사회구성원들이 많을 경우 이 흑자를 구성원 모두를 위해서 쓸 경우에는 선호의 왜곡된 시현 문제는 제거될 수도 있다.

한편 클라크 · 그로브즈 조세 이외에 1)에서 소개한 일정액 부담의 결정 역시 일부 구성원들에게는 과중하다는 불평을 자아낼 수도 있으며, 그 사회의 정치적 · 경제적 여건 등을 고려한 적절한 부담 결정방법을 택해야 할 것이다. 사회구성원들이 많을 경우에는 유인기제를 유지하기 위한 행정비용도 또한 무시할 수 없는 현실적인 문제로 등장할 수 있다. 이러한 경우에는 전 구성원을 대변할 수 있는 표본을 적절히 선정해서 그들의 선호를 보고하게 함으로써 어느 정도 비

17. 이는 Hurwicz의 다음과 같은 부정적 결과와도 상응한다. Hurwicz는 일반적으로 각 개인에게 진실된 선호시현의 유인을 수반하는 동시에 개인적으로 합리적(individually rational)인 파레토 균형을 달성하는 자원배분은 존재하지 않는다고 말한다.
Hurwicz, Leonid, "Optimality and informational efficieney in resource allocation processes," in Arrow, K. J. et al. (eds.), *Mathematical Methods in the Social Sciences*, Stanford University, 1960.

용을 줄일 수도 있을 것이다.

이상과 같은 현실적인 문제들은 공공재의 최적규모 결정을 위한 유인기제의 실시에 어려움을 더해 주고 있다. 그러나 이는 특정한 공공재에의 적용가능성을 완전히 배제하는 것은 아니다. 그리고 대부분의 경제학자들은 무임승차 문제를 이론적으로 해결해 줌으로써 공공재이론의 발전에 획기적 공헌을 하고 있다는 면에서 유인기제의 이론적 공헌을 높이 평가한다.

4. 비순수공공재

제1절에서 우리는 공공재의 특성으로 비경합성과 비배제성을 들었으며, 이들 두 특성의 충족 여부에 따라 공공재를 순수공공재와 비순수공공재로 구분했다. 그러나 엄격히 말해서 이들 특성을 완전히 충족시키는 공공재는 그렇게 흔하지 않다.

동일량의 공공재를 여러 사람이 동시에 소비할 수 있다는 비경합성은 한 개인의 소비가 다른 사람의 소비를 저해하지 않는다는 것을 의미한다. 그러나 어떤 공공재는 여러 사람이 동시에 소비할 수 있으나 소비자들의 수가 증가함에 따라 혼잡(congestion)을 초래하여 소비의 혜택이 감소하게 된다. 예를 들면 고속도로, 교량, 공원, 수영장, 정구장, 골프장, 헬스클럽 등은 이용자(소비자)가 어느 수준 이상에 도달하면 혼잡을 유발하여 새로운 이용자는 기존 이용자들의 소비혜택을 저해하게 된다. 이와 같이 혼잡으로 인하여 부분적으로 경합성의 성질을 갖는 재화를 **혼잡공공재**라 한다.

혼잡공공재는 혼잡의 원인을 소비자의 수로 간주하여 분석하기도 하고, 공공재의 수용능력(capacity)과 공공재의 이용수준을 통하여 분석하기도 한다. 전자의 접근방법은 뷰캐넌(James Buchanan)의 클럽이론에서 유래하며, 후자의 분석방법은 오클랜드(Oakland)의 이론에서 비롯된다.[18]

---

18. Buchanan, J. M., "An economic theory of club," *Economica*, 32, February, 1965, pp.1~12 ; Oakland, W. H., "Congestion, public goods and welfare," *Journal of Public Economics*, 1, Nov., 1972, pp.339~357.

4.1 클럽재

순수공공재와 혼잡공공재의 차이점은, 전자는 각 개인이 얻는 소비혜택이 소비자의 수에 관계없이 일정한 반면 후자는 소비혜택이 소비자의 수에 의존한다는 것이다. 즉, 소비자가 일정 수 이상에 이르렀을 때 새로운 소비자의 증가는 혼잡을 유발하므로 기존 소비자들의 주어진 공공재 소비에서 얻는 효용을 감소시킨다는 것이다. 이러한 혼잡공공재의 특성을 뷰캐넌은 처음으로 그의 클럽이론에서 체계화하였다.

클럽이론에서는 클럽재(예를 들면 골프클럽, 헬스클럽 등)의 최적산출량(규모)과 적정 소비자 수(회원 수)를 분석의 중심과제로 삼는다. 이는 순수공공재와는 달리 회원 가입에 일정액의 입회비를 부과함으로써 배제원칙의 적용이 가능하므로 적정 회원 수를 도출할 수 있다. 만약 회원 수가 주어졌다고 하면 클럽재의 적정 산출량은 순수공공재의 파레토 효율 조건 식 (8-7)에 의해서 결정될 수 있다. 즉, 소비자의 수가 주어졌다고 하면 클럽재의 최적산출량은 공공재를 마지막 한 단위 추가함으로써 얻게 되는 각 소비자의 한계편익의 합이 한계비용과 일치할 때의 수준인 것이다. 그러므로 클럽재의 최적배분을 위해서 분석해야 할 것은 적정 소비자수준에 관한 조건인 것이다.

이를 위해서 클럽재의 규모가 G^*로 주어졌다는 가정 하에 적정 회원 수 H^*를 도출해 보자. 분석상의 편의를 위하여 모든 회원후보들의 선호는 동일하며 G^*의 공공재 공급을 위한 경비는 입회비로 똑같이 분담한다고 가정하자. 주어진 G^* 하에서 회원 수 H가 증가할 경우 대표적인 한 회원의 상황을 [그림 8-5]를 통해서 살펴보자. TB곡선은 회원 수(H)가 증가함에 따른 대표회원 i의 총편익으로, 일정 수의 회원에 도달할 때까지 규모의 경제로 총편익은 증가하다가 그 수준을 초과하면 혼잡으로 인하여 총편익이 점차 감소함을 나타낸다. TB의 기울기($\frac{\Delta TB}{\Delta H}$)는 회원 수가 늘어감에 따라 i가 얻는 한계편익(MB)으로 이 기울기가 음의 부호를 나타내면 한계편익이 부(負)의 값을 표시하며, 이것은 곧 i가 정(正)의 한계혼잡비용(marginal congestion)을 부담함을 뜻한다. 새로운 회원 가입에 의한 한계혼잡비용은 모든 회원(H)의 편익감소로 나타나며 이는 $H \cdot MB$에 해당한다.

주어진 클럽 규모 G^*의 총공급비용을 C라고 하면 각 회원의 입회비는 모든

그림 8-5

클럽재의 최적공급

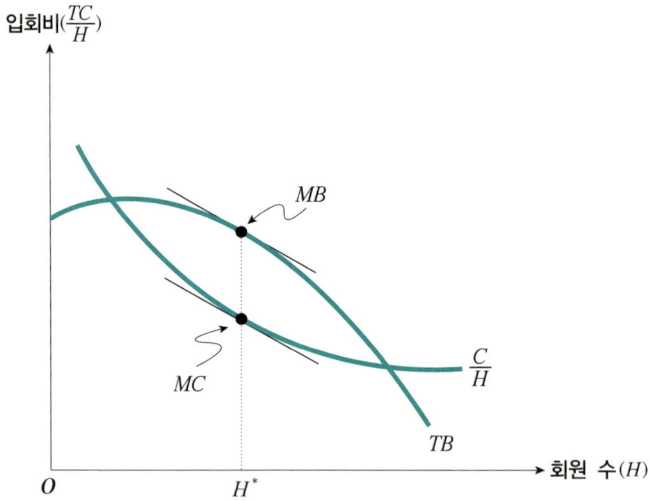

회원에게 동일한 $\frac{C}{H}$가 된다. G^*의 공급비용은 일정하므로 각 회원의 입회비 부담은 회원 수가 증가함에 따라 줄어들게 된다. 따라서 $\frac{C}{H}$는 [그림 8-5]에서와 같이 직각쌍곡선으로 나타난다. 새로운 회원 가입에 따른 기존 회원들의 비용감소는 $\frac{C}{H^2}$로 한계비용의 절대치에 해당한다.[19] 한편 각 회원들의 골프장 이용으로 인한 순편익은 총편익과 총비용의 차이로서($NB = TB - \frac{C}{H}$), 이는 한계편익과 한계비용이 일치할 때 극대가 된다.

$$MB = -\frac{C}{H^2}\ (= MC) \qquad (8-11)$$

식 (8-11)을 다음과 같이 표시하여 경제적 의미를 설명해 보자.

$$-H \cdot MB = \frac{C}{H} \qquad (8-12)$$

---

19. $MC = \dfrac{d\frac{C}{H}}{dH} = -\dfrac{C}{H^2}$

식 (8－12)는 각 회원들의 입회비($\frac{C}{H}$)가 한계혼잡비용($-H \cdot MB$)과 일치할 때 최적회원 수(소비자 수)가 결정됨을 의미한다. 환언하면 $\frac{C}{H}$는 신규 회원의 가입으로 인한 기존 회원들의 비용절감액에 해당하며, $-H \cdot MB$는 신규 회원 가입의 기회비용으로서 이것이 곧 기존 회원들에게 부과하는 한계혼잡비용에 해당한다. 식 (8－12)는 주어진 공공재 규모 하에서 최적회원 수를 나타내는 조건이다. 그러나 클럽재의 최적배분의 조건은 공공재의 최적산출량과 최적소비자의 조건을 둘 다 만족해야 한다.

최적산출량의 조건 식 (8－7)은 모든 소비자들의 선호가 동일한 경우에는 $H \cdot MRS_{GX} = MRT_{GX}$로 표시된다. 그리고 공공재의 한계비용이 일정한 경우를 가정하면 총비용은 $G \cdot MRT_{GX}$가 된다(여기에서 G는 공공재 산출수준을 뜻한다). 그러므로 클럽재의 최적배분조건(최적산출량, 최적소비자조건)에 한계비용이 일정한 경우를 첨가하면 다음과 같은 최적배분조건을 얻게 된다.[20]

$$\frac{C}{H} = G \cdot MRS_{GX} = -H \cdot MB \qquad (8-13)$$

식 (8－13)은 클럽재가 최적규모로 공급되고 최적수준으로 이용되고 있다면, 즉 최적소비자 수를 견지하고 있다면 각 소비자(회원)의 조세부담(입회비) $\frac{C}{H}$가 산출량 G와 각 소비자의 한계대체율을 곱한 값 $G \cdot MRS_{GX}$와 일치함을 의미한다. 이는 또한 각 소비자들에게 부과한 한계혼잡비용($-H \cdot MB$)과도 일치하며, 이때에 각 소비자의 순편익이 극대화됨을 의미한다. 환언하면 최적산출량과 최적이용도(최적소비자 수)를 반영하는 클럽재의 가격은 공공재 이용의 편익을 표시하는 편익가격정책(benefit pricing)에 의해서도 결정될 수 있으며 동시에 한계혼잡비용을 반영하는 가격정책에 의해서도 결정될 수 있음을 뜻한다. 만약 공공재의 한계비용이 일정하면 그 이상의 가격은 공급비용을 충당하게 된다.

이상의 분석에서 우리는 클럽재의 효율적 자원배분이 경쟁적 가격기구에 의해서 달성될 수 있는 가능성을 충분히 인지하였다. 즉, 배제원칙의 적용에 큰 비

20. 최적산출량 조건 : $H \cdot MRS_{GX} = MRT_{GX}$ ································· ①
최적소비자 조건 : $-H \cdot MB = \frac{C}{H}$ ··· ②
일정한 한계비용조건 : $C = G \cdot MRT_{GX}$ ································· ③
①, ②, ③을 결합하면 식 (8－13)을 얻게 된다.

용이 들지 않고 일정한 한계비용을 가진 클럽재의 경우에는 경쟁적 시장기구가 동일한 선호를 가진 소비자뿐만 아니라 선호가 다른 수많은 소비자들에게도 선호가 유사한 사람들의 각종 클럽재의 최적규모와 최적구성원(소비자)들을 제시해서 효율적인 자원배분을 도모할 수 있음을 시사한다.[21]

4.2 혼잡공공재

4.2.1 혼잡공공재 모형

뷰캐넌은 혼잡을 소비자의 수에 중점을 두고 분석한 반면 오클랜드는 공공재의 수용능력과 공공재의 이용빈도를 중시해서 분석하고 있는데, 후자의 분석방법이 혼잡공공재 특성을 더욱 잘 묘사하는 경우가 대부분이다. 예를 들면 공원, 교량, 고속도로 등은 소비자에 따라 이용빈도가 상이하다. 따라서 고속도로·교량 등의 체증, 수영장의 오염도, 공원의 미관 훼손 등은 이용자의 수뿐만 아니라 이용자의 사용빈도수에도 의존한다. 오클랜드 모형은 혼잡의 특성을 적절히 반영하고 현실적 적용이 용이하다는 점에서 뷰캐넌 모형을 일반화시켰다고 할 수 있다. 이제 오클랜드 모형을 일부 변경하여 알기 쉽게 소개해 보기로 한다.

H명의 경제주체와 사용재(X), 혼잡공공재(G)의 두 재화로 구성되어 있는 한 경제를 가정하고, 혼잡의 특성을 다음과 같이 묘사하기로 한다. 소비자 i의 혼잡공공재 소비로부터 얻는 효용은 그의 소비수준(g^i) 이외에 다른 모든 소비자의 소비수준의 합($\sum_{j=1}^{H} g^j$)과 그 재화의 생산규모(혹은 수용능력, G)에도 의존한다. 즉, 소비자의 선호를 대변하는 효용함수는 다음과 같이 표시된다.

21. 수많은 경제주체로 이루어진 경제에서 선호의 동질성(homogeneity)과 이질성(heterogeneity)의 가정에 따른 여러 종류의 클럽의 병립이 파레토 효율적 자원배분과 상응함을 다음의 세 논문에서 논의하고 있다. 또한 클럽이론에 관한 보다 깊은 논의는 다음의 논문을 참조 바란다.
Tiebout, C. M., "A pure theory of public expenditure," *Journal of Political Economy*, 64, Oct., 1956, pp.416～424 ; Pauly, M., "Cores and clubs," *Public Choice*, 9, 1970, pp.53～65 ; McGuire, M., "Group segregation and optimal jurisdiction," *Journal of Political Economy*, 82, 1974, pp.112～132 ; Ng, Yew Kwang, "The economic theory of clubs : Pareto optimality conditions," *Economica*, 40, Aug., 1973, pp.291～298 ; Ng, Yew-Kwang, "The economic theory of clubs : optimal tax/subsidy," *Economica*, 41, Aug., 1974, pp.308～321.

$$U^i = U^i(x^i,\ g^i,\ \sum_{j=1}^{H} g^j,\ G) \qquad (8-14)$$
$$i = 1,\ \cdots,\ H$$

여기에서 g^i는 i의 공공재 소비수준(공공재 이용빈도)으로서 사용재(x^i) 소비와 마찬가지로 주어진 공공재 규모 G 하에서 소비수준과 효용은 正의 관계에 있다($\frac{\partial U^i}{\partial g^i},\ \frac{\partial U^i}{\partial x^i} \geq 0$). 예를 들면 하나의 혼잡공공재를 수영장으로 가상하면 g^i는 수영시간으로 표시되며 수영시간이 증가할수록 총효용은 증가한다는 것을 의미한다. 공공재 규모(예를 들면 수영장, 공원, 교량 등의 규모)는 크면 클수록 혼잡의 가능성이 줄어든다. 따라서 효용은 증대할 것이다($\frac{\partial U^i}{\partial G} \geq 0$). 한편, 모든 사람들의 공공재 이용수준($\sum_{j=1}^{H} g^j$)이 높아지면 혼잡은 심화되고 i의 효용은 감소할 것이다 ($\frac{\partial U^i}{\partial \Sigma} < 0$).[22]

$$U_g^i,\ U_x^i,\ U_G^i \geq 0,\ U_\Sigma^i < 0 \qquad (8-15)$$

이 경제의 사용재($X = \sum_{i=1}^{H} x^i$)와 공공재(G)의 생산가능곡선을 $X = T(G)$로 가정하자. 이상의 정보를 가지고 이 경제의 파레토 효율의 조건을 도출해 보기로 하자.

4.2.2 효율적 자원배분 조건

파레토 효율의 조건은 생산가능곡선의 제약과 i를 제외한 나머지 소비자들의 효용수준이 일정하다는 제약 하에 i의 효용을 극대화하거나 또는 라그랑주 함수를 다음과 같이 설정하여 도출할 수 있다.

---

22. 혼잡수준은 공공재의 수용능력(G)과 소비자들의 이용수준($\sum_{j=1}^{H} g^j$)에 의존하므로 이를 다음과 같은 혼잡함수(congestion function)로 표시해도 무방할 것이다.

$$c(G,\ \sum_{j=1}^{H} g^j) \qquad \text{여기에서 } \frac{\partial c}{\partial G} \leq 0,\ \frac{\partial c}{\partial \Sigma} > 0$$

이상의 혼잡함수를 이용하여 식 (8-14)의 효용함수를 다시 표현하면 다음과 같다.

$$V^i = V^i(x^i,\ g^i,\ c)$$

혼잡함수를 위와 같이 효용함수의 설명변수로 간주하여 분석하면 더욱 편리함을 주 23.을 통해서 알 수 있다.

$$L = \sum_{i=1}^{H} \lambda^i [U^i(x^i, g^i, \Sigma g^j \cdot G) - \overline{U^i}] + \theta[T(G) - \Sigma x^j] \qquad (8-16)$$

파레토 효율의 필요조건은 식 (8-16)의 목적함수를 각 설명변수에 대해서 편미분하여 영으로 두면 된다.

$$L_{x^i} = \lambda^i U_x^i - \theta = 0 \qquad (8-17)$$
$$i = 1, \cdots, H$$

$$L_{g^i} = \lambda^i U_g^i + \sum_j \lambda^j U_\Sigma^j = 0 \qquad (8-18)$$
$$i = 1, \cdots, H$$

$$L_G = \sum_j \lambda^i U_G^j + \theta T' = 0 \qquad (8-19)$$

식 (8-17)과 식 (8-18)을 결합하면,

$$\frac{U_g^i}{U_x^i} + \frac{\sum_j U_\Sigma^j}{U_x^j} = 0 \qquad (8-20)$$

$$MRS_{gx}^i + \sum_j MRS_{\Sigma x}^j = 0 \qquad (8-20)'$$

그리고 식 (8-17)과 식 (8-19)로부터 다음을 얻게 된다.

$$\frac{\sum_j U_G^j}{U_x^j} = -T' \qquad (8-21)$$

$$\sum_j MRS_{Gx}^i = MRT_{Gx} \qquad (8-21)'$$

이상과 같이 혼잡공공재가 존재하는 경제의 파레토 효율의 조건은 식 (8-20)′과 식 (8-21)′으로서 요약된다. 이들 조건에 경제적 의미를 부여하면 다음과 같다. 식 (8-20)′에서 MRS_{gx}^i는 소비자 i의 공공재 한 단위 추가소비에 따른 한계편익을 사용재로 표시한 것이며, $\sum_j MRS_{\Sigma x}^j$는 i의 추가소비가 모든 소비자에게 끼친 한계혼잡비용을 사용재로 나타낸 것이다. 그러므로 식 (8-20)′은 한 개인의 공공재 추가소비(혹은 추가이용)에서 얻은 효용이 전 소비자에게 끼친 혼잡비용(congestion costs)과 상쇄되어야만 효율적인 자원배분이 성립됨을 뜻한다. 여기에서 한계혼잡비용 $\sum_j MRS_{\Sigma x}^j$는 모든 소비자에게 동일하게 나타나므로 모든 소비자의 한계편익도 똑같아야 하며, 이는 동일한 공공재의 가격(혹은 조세 부담)을 지불해야 함을 의미한다. 즉, 파레토 효율의 조건을 충족시키기 위해서는 모든 소비자가 한계혼잡비용에 해당하는 동일한 가격을 지불해야 한다는 것이다.

이는 전 항에서 논의한 적정 클럽규모의 조건에도 부합된다. 앞에서 우리는 파레토 효율을 만족하는 클럽규모는 공공재 이용으로부터 새로운 회원이 얻는 한계편익이 기존 회원에게 끼친 한계혼잡비용과 일치할 때까지 확대되어야 한다는 조건을 도출하였다.

식 (8-20)′은 혼잡공공재의 적정 소비수준(적정 이용빈도)에 관한 것이며, 식 (8-21)′은 적정 생산규모(적정 산출량)에 관한 것이다. 식 (8-21)′에서 $\sum_j MRS^i_{Gx}$는 공공재의 추가생산(규모확대)에서 오는 모든 소비자의 한계편익의 합을 사용재로 표시한 것이며, 여기에서 한계편익은 추가생산이 가져오는 혼잡 감소로 인한 편익을 의미한다. 또한 MRS_{Gx}는 공공재의 한계비용을 뜻한다. 그러므로 파레토 효율을 만족시키는 혼잡공공재의 생산은 순수공공재의 경우와 마찬가지로 모든 개인의 한계편익의 합이 한계비용과 일치해야 한다. 이 조건 역시 앞에서 논의한 적정 클럽규모의 조건과도 상응함을 알 수 있다.

식 (8-20)′과 식 (8-21)′을 종합해 보면 혼잡공공재의 경우 효율적인 자원배분을 도모하는 가격은 사용재의 경우와 같이 모든 소비자에게 동일하나 총수요는 각 개인의 한계편익의 수직적 합으로 순수공공재의 경우와 같다. 따라서 혼잡공공재는 사용재와 순수공공재의 성질을 동시에 갖고 있으므로 이들 두 재화의 중간에 위치하는 재화로 간주할 수 있다. 한편 정부가 각 소비자에게 한계혼잡비용에 해당하는 조세 $t_g = \dfrac{\sum_j U^j_\Sigma}{U^j_x} \left(= \sum_j MRS^j_{\Sigma x}\right)$를 부과하면 파레토 효율의 자원배분은 경쟁적 가격기구를 통해서 달성되며, 이것이 곧 제4장에서 논의한 후생경제학의 제2기본정리에 해당된다.

위의 내용을 고속도로라는 혼잡공공재의 예를 통해 설명해 보자. 먼저 고속도로 건설의 적정 규모는 순수공공재의 적정 규모 공급방식과 마찬가지로 고속도로 이용자의 한계편익의 합과 고속도로 건설의 한계비용이 일치하는 수준에서 결정된다. 다음으로 적정 수준의 규모로 건설된 고속도로의 이용에 있어서 효율적 이용을 유도하는 통행료를 생각해 보자. [그림 8-6]은 적정 규모로 건설된 고

그림 8-6

혼잡공공재와 정부의 개입

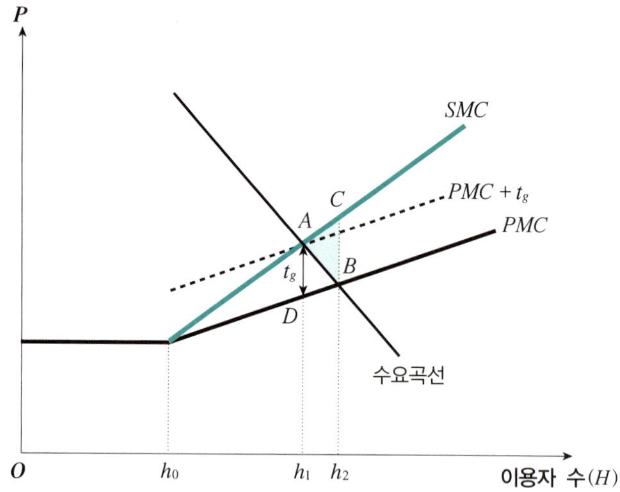

속도로 이용자 수에 따른 비용을 나타내고 있다. 고속도로의 이용자 수가 당해 고속도로의 무혼잡 임계수준인 h_0을 넘어서는 때부터 혼잡비용이 발생한다고 하자. 그러면 혼잡에 따른 사적 한계비용(*PMC*)과 사회적 한계비용(*SMC*)의 괴리가 h_0 수준에서부터 발생하고 그 차이는 고속도로의 추가적 사용에 따른 혼잡비용 즉, 외부불경제에 해당한다고 볼 수 있다. 이는 h_0 수준 이상에서 고속도로를 추가적으로 소비하는 개인이 자신이 겪는 혼잡에 따른 불편만을 고려할 뿐 자신의 추가적 고속도로 사용에 따라 발생하는 타인이 겪게 되는 불편을 고려하지 않기 때문이다. 따라서 고속도로 이용자 수는 사회적 최적수준인 h_1보다 많은 h_2 수준에서 이용되고 $\triangle ABC$만큼의 사회후생손실이 발생한다. 이러한 비효율을 제거하기 위해 정부는 각 개인에게 h_1 수준에서의 한계혼잡비용인 $\overline{AD}$만큼의 조세를 부과함으로써 적정 규모로 건설된 고속도로의 효율적 이용을 도모할 수 있을 것이다. 그러면 이상의 동액(同額)의 과세로 균형예산이 어떠한 경우에 성립되는지를 살펴보자. 한계혼잡비용에 해당하는 물품세의 조세수입 $TR = t_g \sum_j g^j$는 총생산비용 $TC = G \cdot (-T')$과 일치해야만 균형예산이 달성된다. 이를 달성하기 위한 조건은 공공재 공급비용이 항상 일정하고, 혼잡함수가 공공재의 규모(*G*)와 모든 소비자의 이용수준($\sum_j g^j$)에 대해서 영차동차(homogeneous of degree zero in G and sum from $\sum_j g^j$)인 경우이다.[23] 즉, 공공재 규모와 이용수준이 같은 비율로 증가할 경우 혼잡비용은 변함이 없어야 한다는 것이다. 이러한 상황 하에서의 조세(t_g)는 경쟁적 시장기구 아래에서의 평균생산비용 혹은 한계생산비용과 일치함을 의미한다. 즉, 사용자부담에 의한 혼잡공공재 경비조달은 균형예산을 성립시키며 파레토 효율적임을 뜻한다.

4.2.3 오클랜드 모형의 정책적 의미

우리는 앞에서 린달 균형을 통하여 한계편익에 의한 순수공공재의 가격정책이 효율적인 자원배분을 달성함을 보였다. 그러나 한계편익 가격정책(marginal benefit pricing)은 현실적으로 공공재의 배제 여부에 따른 문제점 이외에도 이론적으로는 사무엘슨[24]에 의해 새로운 소비자의 공공재 소비에 따른 한계비용이 영이라는 점에서 일관성이 없음이 지적되었다. 우선 배제 문제를 살펴보면, 현실적으로 배제원칙의 적용이 불가능하거나 엄청난 비용이 소요된다면 가격정책 그 자체의 적용이 어렵게 되므로 사용자부담에 의한 경비조달 역시 설득력을 잃게

---

23. 주 22.에서 언급한 바와 같이 혼잡공공재의 혼잡함수 $c(G, \sum_{j=1}^{H} g^j)$를 이용하여 i의 효용함수를 $V^i = V^i(x^i, g^i, c)$로 표시할 경우 식 (8-20), 식 (8-21)의 파레토 효율의 조건은 다음과 같다.

$$\frac{V_g^i}{V_x^i} + C_\Sigma \sum_j \frac{V_c^j}{V_x^j} = 0 \quad \cdots\cdots ①$$

여기에서 $C_\Sigma = \dfrac{\partial c}{\partial \sum_j g^j}$

$$C_G \sum_j \frac{V_c^j}{V_x^j} = -T' \quad \cdots\cdots ②$$

여기에서 $C_G = \dfrac{\partial c}{\partial G}$

한계편익(= 한계혼잡비용)과 동일한 조세(t_g)를 부과할 경우 조세수입은

$$TR = t_g \Sigma g^j = C_\Sigma \left(\sum_j \frac{V_c^j}{V_x^j}\right) \cdot \Sigma g^j) \quad \cdots\cdots ③$$

한편 공공재 총공급비용은

$$TC = G(-T') = G \cdot C_\Sigma \frac{V_c^j}{V_x^j} \quad \cdots\cdots ④$$

균형예산은 ③과 ④가 일치할 때 성립되므로, 이들 두 식을 일치시키면

$$G \cdot C_G + \left(\sum_j g^j\right) \cdot C_\Sigma = 0 \quad \cdots\cdots ⑤$$

⑤식은 Euler 정리에 의해서 혼잡함수 $c(G, \sum_j g^j)$가 두 설명변수에 대해서 영차동차함수임을 뜻한다. 이는 곧 c가 두 설명변수의 비율에 의해서 좌우됨을 뜻한다($c(\sum_j g^j/G)$).

24. Samuelson, P. A., *op. cit.*, 1954.

된다. 그러나 혼잡공공재의 경우에는 배제원칙의 적용이 부분적으로 가능하므로 동액(同額)의 사용자부담으로 오히려 효율적인 자원배분을 도모할 수 있다는 사실을 앞의 내용을 통하여 알 수 있었다.

또한 사무엘슨이 지적한 편익가격의 이론적 비일관성 역시 사용자부담에도 적용된다. 다시 말하면 사용자부담 가격은 새로운 소비자의 공공재 소비에 따른 한계비용이 영인 경우에는 효율적 자원배분을 도모할 수 없다. 그러나 혼잡공공재의 경우에는 한계비용이 한계혼잡비용으로 나타나기 때문에 정(正)의 값을 갖게 된다. 따라서 사용자부담 가격정책은 파레토 효율의 조건을 충족하게 된다. 즉, 동일한 사용자부담의 가격은 혼잡공공재를 각 소비자에게 안배(rationing)함으로써 사용재의 성질을 보유하고 있음을 의미한다.

이상의 논리는 위에서 언급한 편익가격과 공공재의 효율적 자원배분의 이론적 비일관성을 어느 정도 해소시켜 준다고 할 수 있다.[25]

---

25. 비순수공공재에 관한 보다 깊은 논의는 다음의 논문을 참조 바란다.
Sandmo, A., "Public goods and the technology of consumption," *Review of Economic Studies*, 40, Oct., 1973, pp.517～528 ; Berglas, E., "On the theory of club," *American Economic Review*, 66, May, 1976, pp.116～121 ; De Serpa, A. C., "Congestion, pollution, and impure public goods," *Public Finance*, 33, 1978, pp.68～83 ; Porter, R. C., "The economics of congestion : a geometric review," *Public Finance Quarterly*, 6, Jan., 1978, pp.23～52.

부록

1. 비례세(물품세)에 의한 공공재 경비조달

현실적으로 공공재 공급의 재원은 린달 가격에 해당하는 과세를 통하여 충당하기보다는 일반조세수입에서 염출하는 경우가 거의 대부분이다. 린달 가격과 상이한 과세는 어떠한 이유에서 비효율적인가를 간단하게 살펴보자.

이를 위해서 2개의 사용재(X, L)와 하나의 공공재(G)로 구성되어 있는 한 경제를 가정하자. 여기에서 L은 노동으로서 그 가격은 1이며, X재의 가격은 P_X, G재의 가격은 P_G로 가정한다. 그리고 이 경제의 구성원은 H명이며, 분석상 편의를 위해서 모든 구성원의 선호가 동일하다고 하자. 한편 이 경제의 생산가능곡선은 다음과 같이 선형으로 가정하자.

$$P_X \sum_h X^h + P_G G = \sum_h L^h \tag{8-22}$$

모든 구성원들의 선호가 동일하므로 식 (8-22)는 다음과 같이 표시된다.

$$P_X HX + P_G \cdot G = HL \tag{8-23}$$

공공재의 재원은 모든 구성원에게 T의 정액세와 t_X의 물품세로 충당된다고 하자. 그러면 각 구성원들의 소득제약곡선은 다음과 같다.

$$(P_X + t_X)X = L - T \tag{8-24}$$

각 구성원들의 동일한 효용함수를 $U(X, L, G)$라 하면 효용극대화를 위한 필요조건은 식 (8-25), 식 (8-26)으로 나타난다.

$$U_X = \lambda(P_X + t_X) \qquad (8-25)$$

$$(-U_L) = \lambda \qquad (8-26)$$

여기에서 λ는 라그랑주 승수로 소득의 한계효용을 뜻한다.[26]

이제 정부의 역할을 논의해 보자. 정부는 공공재 재원조달을 위해 파레토 효율에 부합하는, 즉 사회후생을 생산가능곡선의 제약 하에 극대화하는 세율을 과세해야 할 것이다. 모든 구성원의 선호가 동일하므로 사회후생함수는 $HU(X, L, G)$로 간주할 수 있다. 따라서 파레토 효율의 조건을 도출하기 위해서 라그랑주 함수를 다음과 같이 설정한다.

$$L = HU(X, L, G) - \theta(P_X HX + P_G G - HL) \qquad (8-27)$$

사회후생극대화의 필요조건 중에서 여기에서 필요한 공공재에 관한 1차 조건은 식 (8-28)과 같다.

$$L_G = HU_G - \theta(P_X H \frac{\partial X}{\partial G} + P_G - H \frac{\partial L}{\partial G}) = 0 \qquad (8-28)$$

개인의 예산제약조건 식 (8-24)를 G에 관해서 편미분하여[27] 식 (8-28)에 대입하면 다음과 같이 요약된다.

$$\frac{HU_G}{\lambda} = \frac{\theta}{\lambda}(P_G - t_X H \frac{\partial X}{\partial G}) \qquad (8-29)$$

식 (8-29)의 좌변은 공공재 G와 여가(= 負의 노동)의 한계대체율의 합으로, 조세가 없을 경우 공공재의 균형조건과 동일하나 우변은 조세가 존재하지 않을 경우 한계변환율 P_G와 상이함을 알 수 있다.[28] 즉, 공공재의 파레토 효율의 조건

26. 이들 효용극대화 필요조건에서 재화수요함수와 노동공급함수를 도출할 수 있다.

27. 식 (8-24)를 G에 관해서 편미분하면,

$$(P_X + t_X)\frac{\partial X}{\partial G} = \frac{\partial L}{\partial G}$$

28. 식 (8-29)의 좌변이 G와 l의 한계대체율의 합임을 다음을 통하여 알 수 있다. 식 (8-26)을 이에 대입하면,

$$\frac{HU_G}{\lambda} = \frac{HU_G}{-U_L} = \sum_i \frac{U_G^i}{-U_L^i} = \sum_i MRS_l^G$$

$\Sigma MRS = MRT$와는 다음의 두 가지 관점에서 상이하다.

첫째, 만약 식 (8-29)의 우변에 있는 $\frac{\partial X}{\partial G}$가 正의 값을 가질 경우, 공공재 공급의 증대가 과세한 사용재의 소비를 증가시킨다면 조세수입은 증가하며($tH\frac{\partial X}{\partial G}$) 우변의 값은 조세가 없을 경우보다 작게 나타난다. 만약 $\frac{\partial X}{\partial G}$가 부(負)의 값을 가지면 반대의 결과로 나타날 것이다. 이는 예를 들어 텔레비전 채널(방송망)이 증가하여 텔레비전 수요가 급증하고 텔레비전에 물품세가 부과된다면 사회적으로 효율적인 자원배분은 모든 개인의 한계대체율의 합이 한계변환율(P_G)보다 작아야 함을 뜻한다.

둘째, 물품세가 존재하지 않을 경우에는 1원의 조세수입 증대가 각 개인의 소득의 한계효용에 해당하는 사회적 비용을 초래하나 물품세가 존재할 경우의 1원의 사회적 비용(θ)은 개인의 소득의 한계효용(λ)과는 괴리된다.

이와 같은 물품세의 존재 여부에 따른 파레토 효율 조건의 변화는 물품세의 자원배분 왜곡으로 초과부담을 유발하기 때문이며, 이것은 곧 식 (8-29)의 우변에서 실질적 한계변환율(P_G)과 초과부담을 반영하고 있는 우변 전체의 표현(혹은 사회적 한계변환율)이 상이함을 뜻한다.

2. 물품세와 정액세의 비교

지금까지는 물품세의 부과로 인한 $\Sigma MRS = MRT$ 조건의 변화에 대해서만 논의하였다. 이제 물품세와 정액세(lump-sum tax)가 적정 공공재 산출에 어떠한 영향을 미치는가를 비교하여 설명해 보자. 앞에서도 언급하였지만 파레토 효율의 조건 그 자체는 사회적으로 요망되는 최적공공재 산출량을 제시해 주지는 않으므로 두 세목(稅目)이 적정 공공재 산출량에 미치는 효과의 비교 · 분석은 그 의의가 크다고 하겠다.

이를 살펴보기 위해 개인의 효용함수가 사용재와 공공재 각각의 소비에 따른 효용의 합으로 표시되고 분리 가능하다고(additively separable) 가정하자.

$$U = u(X, L) + g(G) \qquad (8-30)$$

여기에서 l은 여가를 표시한다.

한편 여가(負의 노동)의 가격을 1로 가정하였으므로 한계변환율 MRS_{GL}은 P_G로 나타난다.

단, $g' > 0$, $g'' < 0$이며 u는 강볼록(strictly concave)하다. 그리고 정부의 예산제약조건은 다음과 같다.

$$H(t_X X + T) = P_G \cdot G \tag{8-31}$$

물품세와 정액세로 제각기 공공재의 경비를 충당할 경우의 적정 공공재 규모를 비교하면 이들 세목(稅目)이 공공재 산출량에 미치는 효과를 분석할 수 있다.

먼저 정액세의 산출량효과를 살펴보기 위해서 물품세(t_X)를 영으로 간주하면 [그림 8-7]과 같이 각 개인의 사용재 소비의 효용 $u(X, L)$과 공공재(G) 사이의 변환곡선(transformation curve)을 얻을 수 있으며, 이 곡선의 기울기는 $-\frac{\lambda P_G}{H}$로 나타난다.[29] 그리고 적정 공공재수준은 대표적인 소비자의 효용함수가 변환곡선과 접하는 G^*에서 결정된다.

이제 물품세의 효과를 분석하기 위해서 정액세(T)를 영으로 간주하면 마찬가지로 $u(X, L)$과 G의 변환곡선을 도출할 수 있으며, 이는 정액세 하의 변환곡선보다 안쪽에 위치한다. 따라서 대표적인 소비자의 효용함수(사회후생함수)가 정액세 하의 적정 생산량 G^*에서 변환곡선과 접하지 않고 G^*보다 적은 생산량에서 접하게 되는데, 이는 물품세 하의 균형생산량이 동액의 정액세 하의 균형생산량보다 적다는 것을 의미한다.[30] 그러므로 물품세에 대한 공공재 경비조달은 초과

29. 이를 위해서 각 개인의 예산제약 하에 사용재 소비의 효용극대화를 다음과 같이 나타낼 수 있다.

$$max \quad u(X, L) \quad s.t. \quad P_X X + P_G \cdot \frac{G}{H} = l \quad \cdots\cdots ①$$

제약조건을 목적함수에 대입하면,

$$u^*(G) = \max_L u\left(\frac{L - \frac{P_G G}{H}}{P_X}, L\right) \quad \cdots\cdots ②$$

그러면 [그림 8-7]의 변환곡선의 기울기는 $\frac{dU^*}{dG} = -\frac{\lambda P_G}{H}$로 나타난다.

30. 정액세 하의 변환곡선을 도출할 때와 마찬가지로 물품세 하에서도 $T = 0$으로 가정하여 사용재 소비의 효용함수와 정부의 예산제약조건을 다음과 같이 나타낼 수 있다.

$$u^{**}(G) = \max_L u\left(\frac{L}{P_X + t_X}, L\right) \quad \cdots\cdots ①$$

$$Ht_X X = P_G \cdot G \quad \cdots\cdots ②$$

이 경우의 변환곡선의 기울기는 ③과 같다.

$$\frac{du^{**}}{dG} = \frac{-Xu_X}{P_X + t_X} \cdot \frac{dt_X}{dG} = -\lambda\left(\frac{P_G}{H}\right)\frac{1}{(dlog\ X/dlog\ t_X)} \quad \cdots\cdots ③$$

그림 8-7

공공재의 공급을 위한 상이한 재원조달

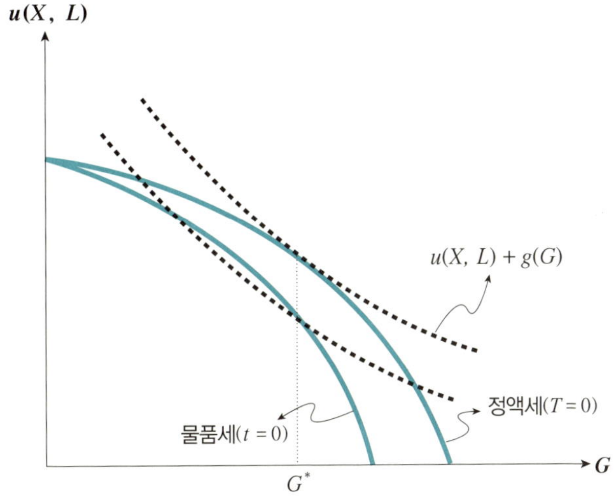

부담을 야기함으로써 정액세보다도 비효율적임을 알 수 있다. 또한 [그림 8-7]에서 물품세 하의 변환곡선이 정액세 하의 변환곡선보다 안쪽에 위치한다는 사실로도 이를 입증할 수 있다.

연습문제

ch. eight Exercise

01 공공재와 사용재의 최적공급조건 (외 25)

02 린달(Lindahl) 균형 (외 24)

03 한 마을에 세 집단이 살고 있다. 이들 세 집단의 마을 방송에 대한 수요함수, 즉 마을 방송시간 T에 대한 수요는 각각 아래와 같다. 마을 방송은 순수한 공공재이고, 이 공공재는 시간당 200원 불변의 한계비용으로 생산된다고 한다. 이 경우 이 마을의

---

③의 기울기가 정액세 하의 변환곡선 기울기보다 동일의 생산량(G)에서 크게 나타나므로 G^* 생산량에서 사회후생함수가 접하지 않음을 의미하며, 또한 물품세 하의 변환곡선이 안쪽에 위치함을 뜻한다.

효율적인 방송시간은 얼마이겠는가?

$$W_1 = 150 - T$$
$$W_2 = 200 - 2T$$
$$W_2 = 250 - T$$

04 선호공개 유인기제의 이론적 특성과 한계점을 설명하시오.

05 어떤 공공재에 대한 A와 B 두 사람의 수요함수가 다음과 같이 주어졌다고 하자. A의 경우는 $Q_D^A = -P + 50$이며, B의 경우는 수요곡선의 높이가 30인 수평선이다. 그리고 이 공공재의 공급함수는 $Q_S = 2P - 40$으로 주어져 있다.(단, Q_D : 수요량, Q_S : 공급량, P : 만원 단위로 표시된 가격)

(1) 효율적인 공공재 생산수준을 구하고, 이때 각자가 얻는 한계편익을 계산하시오.
(2) 이와 같은 효율적 자원배분이 실현되기 힘든 이유를 설명하시오. (행 40)

06 비순수공공재의 최적공급조건을 도출하고, 그 경제적 의미를 순수공공재와 사재화의 최적공급조건과 비교하여 설명하시오.

07 A, B 두 사람의 효용함수와 X, G 두 상품의 생산가능곡선이 다음과 같다. 여기서 G는 공공재이다.

$$U^A = 4X_A + 2G_A,\ U^B = 2X_B + 5G_B$$
$$X^2 + G^2 = 10$$

(1) 파레토 효율적인 공공재 생산량을 구하시오.
(2) 공공재 소비에 요금을 징수하면 두 소비자는 공공재에 대한 선호를 실제보다 낮게 신고하려 할 것이다. 그 결과 두 사람의 효용함수가 다음과 같이 거짓으로 신고된다고 하자.

$$U^A = 4X_A,\ \ U^B = 2X_B + 2G_B$$

이러한 거짓 효용함수를 정부가 그대로 받아들인다면 정부가 판단하는 파레토 효율적인 공공재 생산량은 얼마로 나타나겠는가?

08 공공재로 인한 비효율의 경우, 효율을 회복하기 위한 정부개입은 어떤 형태를 가져야 하는가?

09 공공재로 인한 비효율의 경우에 정부개입을 통해 효율이 회복될 수 있다. 그러나 만약 사람들이 공공재에 대한 각자의 선호를 진실하게 신고하지 않는다면 정부개입을 통한 효율 회복에 문제가 발생할 수 있다.

(1) 사람들은 과연 자기의 선호를 진실하게 신고하는가?

(2) 선호가 진실하게 신고되지 않을 때에 어떤 문제가 발생할 수 있는가?

(3) 선호가 진실하게 신고되지 않을 때에는 진실 신고를 유도하기 위한 방법의 하나로서 클라크-그로브즈 조세(Clarke-Groves tax ; CGT)가 제시되기도 한다. CGT의 본질은 무엇인가? 그리고 이를 통해 선호의 진실 신고가 실제로 이루어질 가능성은 얼마나 되는가?

10 공공재는 비경합성과 배제불가능성을 갖고 있는 재화로서 사용재와는 사뭇 다른 성질을 갖고 있는 재화이다. 그리고 항상 그런 것은 아니지만 많은 경우에 있어서 그 공급을 담당하는 경제주체는 정부나 공공기관인 것이 보통이다.
그런데 이러한 공공재 역시 사용재와 마찬가지로 효율적인 공급수준이 존재하고 있다. 다만 그 효율적인 점의 결정과정에 있어서 비경합성을 갖고 있기 때문에 사용재와 다를 뿐이다.

(1) 공공재가 사회적으로 효율적으로 공급된다는 것은 어떤 조건을 만족하고 있는 상태인지 도출해 보시오.

(2) 위에서 언급한 공공재의 효율적인 공급수준이 존재함에도 불구하고 현실의 경제에서는 공공재가 과소공급되는 현상이 관찰되고 있다. 이러한 현상이 발생하는 원인을 경제학적 모형을 이용하여 설명해 보시오.

(3) 현실의 경제에서는 공공재가 과소공급될 수도 있지만 과다공급될 가능성도 존재한다. 특히 공공재의 생산을 정부가 담당하는 경우 일반적으로 이러한 현상이 발생할 가능성이 더욱 크다고 한다. 이러한 현상을 경제학적 모형을 이용하여 설명하되 직접민주제와 간접민주제로 나누어서 분석해 보고, 지방자치제도가 실시되고 있는 시점에서 지방공공재의 경우에는 어떻게 될 것인지도 분석해 보시오.

11 공공재는 사용자 수에 관계없이 모든 사람들이 혼잡을 느끼지 않으면서 사용할 수 있는 공공재와 사용자 수가 늘어날수록 혼잡으로 인해 불편을 주는 공공재로 나눌

수 있다. 이들 두 종류의 공공재가 효율적으로 공급되기 위한 조건을 도출하고 이들 조건을 만족시킬 수 있는 방법을 찾을 필요가 있다. (행 46)

(1) 혼잡의 문제가 없는 공공재가 시장에서 공급될 때 어떤 결과가 나타나게 되는지를 설명한 후 "파레토 최적"의 공공재 공급의 조건과 비교하시오.
(2) 혼잡의 문제가 있는 공공재의 경우 효율적인 공급을 위해서는 어떠한 조건이 만족되어야 하는지를 설명하시오.
(3) 효율적인 공공재의 공급을 위해 진실한 선호표명을 유도할 수 있는 제도에 대하여 설명하시오.

12 두 재화(공공재, 사용재)가 있으며, 2명의 소비자가 존재하는 경제가 있다고 가정하자. (2007년 행정고시 기출문제)

(1) 완전경쟁시장 하에서 정부의 간섭 없이 공공재를 공급할 경우 시장의 분권화된 의사결정에 의해 효율적 자원배분이 이루어질 수 있는 조건을 제시하시오.
(2) 용의자의 딜레마(prisoner's dilemma) 모형을 이용하여 무임승차 문제(free rider problem)가 존재함을 보이고, 이 경우에도 반복적 게임에 의해 효율적인 공공재 공급이 이루어질 수 있음을 보이시오.
(3) 무임승차 문제로 인하여 효율적인 공공재 공급이 이루어지지 않는 경우 정부가 간섭함으로써 이 문제를 해결할 수 있는 방안을 논하시오.

13 생산가능곡선이 $2G + X = 100$이고 두 소비자 A와 B의 효용함수는 각각 $U_A = GX_A$, $U_B = GX_B$라고 가정한다. 각 개인의 소득은 $M_A = 60$, $M_B = 40$이고 사용재의 가격은 1이다. 다음 물음에 답하시오. (단, G는 공공재의 수량, X는 사용재 수량, X_A와 X_B는 개인 A와 개인 B의 사용재 수요량이다.) (2008년 행정고시 기출문제)

(1) 공공재 공급의 효율조건에 대하여 설명하시오.
(2) 효율적인 공공재 수량과 사용재의 수량을 구하시오. (단, $MRS_{GX} = \frac{MU_G}{MU_X}$이다.)
(3) 공공재로부터 얻는 한계편익에 상응하는 조세를 각 개인에게 부과한다고 하자. 이때 효율적인 결과를 얻기 위해 공공재 한 단위당 부과해야 하는 조세 t_A와 t_B를 구하시오.

14 2인(A, B), 2재화(Z재, X재)로 구성된 경제를 가정하자. A, B 두 사람은 재화 Z와 재화 X를 소비하여 효용을 얻으며, 이때 재화 Z는 공공재, 재화 X는 사유재라고 한다. A와 B의 효용함수는 동일하며 그 형태는 다음과 같다. (2013년 입법고시 기

출문제)

$$U_i = X_i Z \text{ (이때 } i = A, B)$$

X_A는 A의 사유재 소비량, X_B는 B의 사유재 소비량을 의미한다. 분석의 편의를 위해 A와 B의 소득수준은 각각 100, 각 재화의 가격은 1(즉, $P_X = 1$, $P_Z = 1$)이라 가정하시오.

(1) 민간이 공공재 Z를 자체적으로 공급하는 경우를 가정하시오. Z재는 그 특성상 각자가 원하는 양의 합을 A, B 모두 소비할 수 있다고 한다. 따라서 $Z = Z_A + Z_B$의 관계가 성립한다. A, B 2인의 공공재 공급이 내쉬협상(Nash Bargaining)의 형태를 따른다고 할 때 A, B 2인의 반응함수(reaction function)와 각각의 공공재 공급량, 그리고 그 합을 구하시오.

(2) 이 경제는 사유재(X재) 1단위로 공공재(Z재) 1단위를 생산한다고 한다. 사회적으로 바람직한 공공재 공급수준은 얼마이겠는가?

(3) 이제 정부는 사회적으로 바람직한 공공재 공급수준을 달성하기 위해 문제 (1)에서의 공급량과 문제 (2)에서의 공급량의 차이만큼을 정부가 공급하기로 했다. 정부가 공급하는 공공재의 재원조달비용을 A, B에게 각각 절반씩(1/2씩) 분담시킨다고 할 때, 사회적인 공공재 총공급량은 얼마이겠는가? 이를 A의 공급량, B의 공급량, 그리고 정부의 공급량으로 구분하여 설명하시오. 아울러 이 결과의 정책적 함의를 구축효과의 측면에서 설명하시오.

15 소비자 A와 B로만 구성되어 있는 경제를 가정하자. 이 소비자들이 소비하는 어떤 재화에 대한 각 소비자의 개별수요 함수와 총비용 함수는 다음과 같이 표시된다고 한다. (2014년 입법고시 기출문제)

- 개별수요 함수 : $Q_a = 700 - 5P_a,\ \ Q_b = 1{,}000 - 5P_b$
  (단, Q_a, Q_b ; P_a, P_b는 A와 B의 개별 수요량 및 개별 가격)
- 총비용 함수 : $C = 100Q^S$
  (단, C는 총비용, Q^S는 생산량)

1. 이 재화가 완전경쟁시장에서 거래되는 순수민간재(pure private good)라고 가정하자.
   (1) 이 재화에 대한 시장수요(market demand) 함수를 P(가격)와 Q(수량)의 관계식으로 나타내시오.
   (2) 이 재화의 시장균형 상황을 그래프로 나타내고(각 축 절편값 및 교차점 값 명시)

균형거래량(Q^*)과 균형가격(P^*)을 구하시오.

(3) 균형상태에서 소비자 A와 B의 효용극대화 소비량(Q_a^*, Q_b^*)은 각각 얼마나 되는가?

2. 이 재화가 완전경쟁시장에서 거래되는 순수공공재(pure public good)라고 가정하자.

(1) 이 재화에 대한 의사(가상)시장수요(pseudo-demand) 함수를 P(가격)와 Q(수량)의 관계식으로 나타내시오.

(2) 이 재화의 시장균형 상황을 그래프로 나타내고(각 축 절편값 및 교차점 값 명시) 균형거래량(Q^*)과 균형가격(P^*)을 구하시오.

(3) 소비자 A와 B가 자신의 선호를 솔직하게 표출한다면 균형상태에서 이들이 분담하게 되는 공공재의 가격(P_a^*, P_b^*)은 얼마씩 되겠는가?

(4) 이와 같은 순수공공재의 공급에 있어서 시장의 실패(market failure)가 발생할 가능성이 큰 이유는 무엇인가? 그리고 이를 치유할 수 있는 방안으로는 어떠한 것이 있는지 기술하시오.

사회선택이론

Public Finance
ch. nine

9

경제학의 규범이론을 제공하는 전통적인 분야가 후생경제학(Welfare Economics)이다. 후생경제학은 사회후생의 비교를 통하여 가용한 정책들 혹은 경제적 대안들에 대한 규범적 평가를 내리도록 한다. 사회후생은 개인들의 효용을 집계하여 얻어지는데, 초기 후생경제학에서는 이러한 집계과정에서 기수적 개인 효용과 개인 간 효용 비교에 대한 특수한 가정을 전제하였다. 그러나 개인의 기수적 효용을 측정한다는 것은 어려운 일이고, 더군다나 사람들 사이에 효용의 크기를 비교할 수 있도록 하는 것은 더 어려운 일이다. 이런 강한 가정 하에서 얻어진 후생적 평가는 호소력이 적을 수밖에 없다. 이에 따라 기수적 효용과 개인 간 효용 비교의 문제가 없는 새로운 후생경제학의 전통을 세우려는 시도가 힉스(John Hicks), 칼도어(Nicholas Kaldor), 시토프스키(Tibor Scitovsky) 등에 의하여 시작되었다.

사회선택이론의 기본 과제는 다수의 개인들로 이루어진 사회에서 요구되는 공동의 가치체계 혹은 집단적 의사결정 기준을 찾는 것이다. 개인들의 상충하는 이해를 어떻게 단일한 사회의 가치로 융합할 수 있는가? 사회의 가치체계에 대한 가장 간결한 기술방식은 개인의 선호 같이 결과들 사이의 이항관계(binary relation)로 나타내는 것이다. 가치체계란 기본적으로 무엇이 더 좋고 나쁜가를 알려주는 것이므로 이를 이항관계로 나타낼 수 있는 것은 자명하다. 가치체계가 단순히 좋고 나쁨의 관계뿐만 아니라 얼마나 좋고 나쁜가에 대한 정량적 정보까지 포함해야 한다면 단순한 이항관계만으로는 이런 정보를 담을 수 없을 것이다. 또한 가치체계가 결과뿐만 아니라 그 결과에 도달하는 절차에 의존한다면 그 기술방식 또한 더 복잡해질 것이다. 가치판단의 대상인 사회적 상태 혹은 결과들을 나타내는 데 필요한 핵심적인 내용이 무엇인가를 정하는 것도 중요하다. 개인의 서수적 효용, 즉 선호만족에서의 서열만이 중요한 내용인가? 아니면 개인의 기수적 효용, 즉 선호만족의 정량적 크기도 역시 고려해야 할 내용인가? 선호만족뿐만 아니라 연대(solidarity), 자유(liberty), 결핍(deprivation), 빈곤(poverty) 등의 내용도 포함되어야 하는가?

본 장에서는 개개인의 선호관계들(서수적 효용)을 집계하여 사회적 선호(social preference)를 도출하는 애로우(Kenneth Arrow)의 사회선택이론 모형을 소개한다. 이를 기수적 효용함수를 도입하여 확장한 베르그송-사무엘슨의 사회선택이론 모형은 제10장에서 다룰 것이다.

1. 개인들의 선호와 사회적 선택

Public Finance, ch. nine

다수의 개인들로 이루어진 사회가 있고, 이 사회가 선택할 수 있는 결과들이 주어져 있다. 그 결과들 혹은 사회적 대안들의 집합을 X로 나타내고, 사회구성원들의 집합을 $N=\{1,2,\cdots,n\}$으로 나타내자. 각 개인 i는 사회적 대안들에 대하여 완비성과 이행성을 충족하는 선호관계 R_i를 갖고 있다. 가령, 선거의 예에서 X는 후보자들로 이루어지고 N은 투표자들로 이루어진다. 경제적 자원배분의 문제에서 X는 실현 가능한 배분들로 이루어지고 N은 소비자들로 이루어진다. 국회에서 이루어지는 의사결정 문제에서 X는 상정된 안건들에 대한 가능한 결정들로 이루어지고 N은 국회의원들로 이루어진다.

사회적 선호가 결정되는 체계적 방식을 함수(函數, function)로 나타내는데, 이를 **선호집계함수** $f(R_1,\cdots,R_n)$이라 한다. 즉, 선호집계함수는 개인들의 선호관계들 $(R_1,R_2,\cdots,R_n)$이 결정되면 이에 대하여 하나의 사회적 선호관계 $f(R_1,\cdots,R_n)$을 결정한다. 사회적 선호관계는 대안들에 대한 이항관계로서 완비성(完備性)을 충족한다고 가정한다. 완비성을 충족하지 않는 사회적 선호관계는 대안들 사이에 사회적 비교를 어렵게 하여 사회적 가치체계로서의 본연의 역할을 상실하는 것이라 보아 논외로 하기로 한다.

선호집계함수의 대표적인 예로는 보다(Borda)투표제, 다수결투표제, 최다(plurality)투표제 등이 있다.

보다투표제

불필요하게 복잡한 논의를 피하기 위해서 세 가지 대안이 존재하고 모든 사람들이 세 대안 중 어느 두 개도 무차별하다고 여기지 않는다고 가정하자. 즉, $X=\{a,b,c\}$이고 모든 $i\in N$의 선호관계는 세 가지 대안을 선호의 순서대로 일렬로 나열하여 얻어질 수 있는 6가지 중 하나라고 하자. 즉, a를 b보다 선호하고 b를 c보다 선호하는 선호관계를 abc와 같이 나타낼 때 각 개인의 선호관계는 abc, acb, bac, bca, cab, cba 이렇게 여섯 가지 중 하나로 주어진다. 각 소비자의 선호관계에서 a의 위치에 따라서 최상위, 중간, 최하위에 각각 3, 2, 1의 점수를 부여하자. 모든 소비자로부터 a의 점수를 합산하면 그것이 a의 보다점수(Borda score)이다. 같은 방법으로 b, c의 보다점수를 계산할 수 있고, 보다투표제는 이렇게 계산된 보다점수의 크기로 a, b, c 세 대안들의 사회적 선호관계를 결정한다. 가장 높은 점수를 얻은 대안이 사회적으로 가장 선호되고, 가장 낮은 점수의 대안이 사회적으로 가장 열등하다.

예제 9.1

가령 $N = \{1, 2, 3\}$이고 $R_1 = abc$, $R_2 = bca$, $R_3 = acb$로 주어지면, a의 보다점수는 $3 + 1 + 3 = 7$이고, b의 보다점수는 $2 + 3 + 1 = 6$, c의 보다점수는 $1 + 2 + 2 = 5$이다. 따라서 보다투표제에 따라 결정된 사회적 선호는 a를 b보다 선호하고 b를 c보다 선호하며, a를 c보다 선호하는 것이다. 만약 3의 선호가 $R_3' = cab$로 바뀐다면 a, b, c 모두 보다점수가 3으로 동일하게 되어 사회적으로 무차별하게 된다.

다수결투표제

임의의 두 대안 $x, y \in X$에 대하여 x를 y보다 더 선호하는 사람들의 수, 즉 $\{i \in N : xP_i y\}$의 원소의 개수가 y를 x보다 더 선호하는 사람들의 수, 즉 $\{j \in N : yP_j x\}$의 원소의 개수보다 더 많을 때 x가 y보다 사회적으로 선호된다. 반대로 $\{j \in N : yP_j x\}$의 원소의 개수가 $\{i \in N : xP_i y\}$의 원소의 개수보다 많을 때 y가 x보다 선호된다. 만일 두 집단이 동수이면 x와 y는 사회적으로 무차별하다.

예제 9.2

보다투표제에서 살펴본 사례 $N = \{1, 2, 3\}$, $R_1 = abc$, $R_2 = bca$, $R_3 = acb$의 경우, 다수결투표제에 따라 결정된 사회적 선호는 a를 b보다 선호하고, b를 c보다 선호하며, a를 c보다 선호하는 것이다. 이는 보다투표제의 경우와 동일한 선호관계가 되는 특이한 경우이다. 일반적으로 보다투표제와 다수결투표제는 상이한 사회적 선호관계를 결정한다. 만약 3의 선호가 $R_3' = cab$로 바뀐다면, c가 a보다 사회적으로 선호되게 되고 나머지의 사회적 선호는 이전과 동일할 것이다. 따라서 이 경우 보다투표제와 다른 사회적 선호관계가 된다.

최다투표제

임의의 두 대안 $x, y \in X$에 대하여 x가 최적인(x가 i에게 최적이라는 것은 모든

$z \in X$에 대하여 $i \in N$에게 x가 z보다 선호되거나 두 대안들이 무차별함을 의미함) 사람들의 수가 y가 최적인 사람들의 수보다 더 많을 때 x는 y보다 사회적으로 더 선호된다. 이처럼 각 대안을 최적으로 여기는 사람들의 수에 따라 대안들의 사회적 선호서열을 결정하는 것이 최다투표제이다.

예제 9.3

앞에서 살펴본 사례 $N = \{1, 2, 3\}$, $R_1 = abc$, $R_2 = bca$, $R_3 = acb$에서 a가 최적인 사람은 1과 3 두 명, b가 최적인 사람은 한 명, 그리고 c가 최적인 사람은 없으므로 이 경우 최다투표제에 따라 결정되는 사회적 선호는 a를 b보다 선호하고, b를 c보다 선호하며, a를 c보다 선호하는 것이다. 이는 앞에서 살펴본 두 투표제에서와 동일하다. 만약 3의 선호가 $R_3' = cab$로 바뀐다면 a, b, c 모두 최적인 사람이 한 명으로 동일하므로, 이 때 사회적 선호관계에서는 세 대안이 무차별하게 될 것이다.

위에서 제시된 세 가지 투표제는 무엇보다도 모든 사람들을 동등하게 대우한다는 점에서 바람직하다. 어떤 사람도 다른 사람들보다 더 많은 영향력을 발휘할 수 없고 선호관계를 통해서만 동등하게 사회적 선호에 영향을 미칠 수 있다. 즉, 세 사람의 선호관계가 (R_1, R_2, R_3)로 주어지건, 선호관계가 뒤바뀌어 (R_2, R_3, R_1)으로 주어지건 이 두 경우의 사회적 선호관계는 동일할 수밖에 없다. 이는 누가 어떤 선호관계를 갖는가가 중요한 것이 아니고, 어떤 선호관계들이 존재하는가가 사회적 선호관계를 결정하는 데 중요하다는 것을 의미한다. 선호집계함수의 이러한 성질을 **익명성**(匿名性, anonymity)이라 부른다. 이는 민주주의에서 가장 기본적인 투표원칙 중 하나이다.

비민주주의적인 투표제의 예로 아래와 같은 과두제(寡頭制)를 들 수 있다.

과두제

공집합이 아닌 부분집합 $S(\subseteq N)$가 지배집단인 과두제에서 x가 y보다 사회적으로 선호되기 위해서는 지배집단의 어느 누구도 y를 x보다 선호하지 않고, 적어도 한 사람은 x를 y보다 선호하여야 한다. 다른 모든 경우에 x와 y는 사회적으로 무차별하다.

지배집단 S가 한 사람으로 구성되는 경우의 과두제를 **독재제**라고 부른다. 독재제의 경우 독재자 개인의 선호관계가 사회적 선호를 결정한다. 지배집단 S가 전체집합 N과 동일한 경우, 즉 모든 사람들이 지배집단에 속하는 경우의 과두제를 만장일치제라고 부른다.

과두제에서 지배집단 밖에 있는 사람들의 선호관계는 사회적 선호에 아무런 영향을 미치지 못한다. 오직 지배자들만이 사회적 선호에 영향을 미친다. 따라서 모든 사람이 지배집단에 속하는 만장일치제를 제외한 과두제는 언제나 지배집단 밖에 있는 사람들을 차별할 수밖에 없다. 이러한 과두제가 익명성을 충족할 수 없는 것은 자명한 사실이다.

2. 애로우의 불가능성 정리

Public Finance, ch. nine

애로우(Kenneth Arrow)는 '오직 서수적 효용만을 고려하여 공정하고 합리적인 방식으로 사회적 선호관계를 결정할 수 있는가?' 라는 사회선택이론의 근본적인 질문을 제기하였다. 이제 애로우가 공정하고 합리적인 방식에 대한 조건으로 제시한 선호집계함수의 기본 공리들을 살펴보자.

사회적 가치체계(선호)의 합리성 조건으로서 애로우는 파레토(효율성)와 (사회적 선호의) 이행성(移行性)의 공리를 고려하였다.

파레토 공리

임의의 $x, y \in X$에 대하여 모든 사람이 x를 y보다 선호한다면 x는 y보다 사회적으로 선호되어야 한다.

이 파레토 공리는 앞에서 소개한 모든 선호집계함수들이 충족한다는 것을 쉽게 확인할 수 있다.

이행성 공리

임의의 $x, y, z \in X$에 대하여 x가 y보다 사회적으로 약선호(선호 혹은 무차별)되고 y가 z보다 사회적으로 약선호된다면, x는 z보다 사회적으로 약선호되어야 한다.

선호의 비이행성은 흔히 비합리적 행동을 야기한다. 비이행성의 한 예로 $x \succ y$, $y \sim z$, $x \sim z$의 경우를 살펴보자. 이 경우 x, y, z 중에서 최적(선택 가능한 대안들 중 다른 어떤 것보다 열등하지 않은 대안)의 선택은 x와 z이다. 만일 선택의 폭을 y와 z 사이로 줄이게 된다면, 둘 중에서 최적의 선택은 y와 z 모두가 된다. 이와 같은 선택은 제3장에서 소개한 현시선호의 공리를 충족하지 않는 비합리적 행동의 사례이다.

비이행성의 다른 사례로 "순환적 선호"가 있다. 즉, $x \succ y$, $y \succ z$, $z \succ x$와 같은 경우이다. 이 경우에는 무엇보다도 순환을 이루는 대안들 중에서 최적의 대안이 존재하지 않는 문제점이 있다. 즉, x, y, z 셋 중 어떤 하나를 선택하더라도 그것보다도 더 선호되는 다른 하나가 반드시 존재하여 최적이 될 수 없다. 최적의 선택이 없다는 것은 사회적 의사결정을 수행하거나 정당화함에 있어서 사회적 선호가 쓸모없다는 것을 의미하여 사회적 가치체계로서의 큰 맹점으로 생각될 수 있다.

순환적 선호의 또 다른 문제점은 의사결정의 경로의존성이다. 위 x, y, z로 이루어진 순환의 경우, 세 대안 중에 두 개씩 고려하여 하나를 제거하는 토너먼트 방식의 선택을 생각해 보자. 선호의 순환성 때문에 토너먼트의 경로를 어떻게 정하는가에 따라 세 대안 중 어떤 것이 선택될 수 있다는 것을 쉽게 확인할 수 있다. 만약 x, y가 먼저 경합한다면 이 중에 x가 선호되므로 y는 제거될 것이다. 나머지 x, z 사이에서는 z가 선호되므로 최종적인 승자는 z가 된다. 그러나 만약 y, z가 먼저 경합한다면 y가 더 선호되므로 z는 제거되고 x, y 중에서 더 선호되는 x가 최종 승자가 될 것이다. 마찬가지로 만약 x, z가 먼저 경합한다면 y가 최종 승자가 될 것이다. 따라서 경로를 정할 수 있는 권한을 가진 사람이 경로조작을 통하여 항상 자신이 원하는 선택이 이루어지게 할 수 있다.

사회적 선호가 이행성을 충족하는 경우에는 이러한 경로와 무관하게 일관된 최종 선택이 이루어진다. 이를 경로독립성(path independence)이라 한다. 경로를 정하는 권한이 누구에게 있는가는 최종 선택에 영향을 미치지 않는다.

〈예 9.2〉에서 3의 선호관계가 $R_3' = cab$로 주어질 때 다수결투표제에 의하여 결정되는 사회적 선호관계가 순환성을 갖게 된다는 것을 알 수 있다. 이것이 다수결투표의 역설 혹은 콩도르세 역설이라고 널리 알려진 문제점이다. 다수결투표제 하에서 사회적으로 선호되는 다른 어떤 대안도 존재할 수 없는 결과를 콩

도르세 승자(勝者, Condorcet winner)라고 부른다. 다수결로 결정되는 사회적 선호관계가 이행성을 충족한다면 유한개의 대안들 중에서 반드시 적어도 하나의 콩도르세 승자를 찾을 수 있을 것이다. 그러나 콩도르세 역설이 발생하는 경우 콩도르세 승자가 존재하지 않는다. 이는 앞의 예에서 살펴보았듯이 a, b, c 세 대안 중 어느 것도 다른 하나에 의하여 패(敗)하기 때문이다.

반면 〈예 9.1〉과 〈예 9.3〉의 보다투표와 최다투표는 항상 이행성 공리를 충족할 수밖에 없는데, 이는 두 선호집계함수가 모두 사회적 선호의 서열을 대안들이 획득하는 점수의 크기로 결정하기 때문이다. 즉, 보다투표의 경우는 앞에서 설명했듯이 보다점수를 사용하고, 최다투표의 경우는 각 대안을 선호(최적)하는 투표자의 수를 점수로 사용한다.

다수의 지배집단으로 구성되는 과두제의 경우에도 사회적 선호관계의 이행성을 충족하지 못하는데, 이를 설명하기 위하여 1과 2로 구성된 지배집단의 과두제 하에서 이들의 선호관계가 아래와 같이 주어져 있다고 하자.

$$R_1 : a \underset{R_1}{\succ} b \underset{R_1}{\succ} c$$

$$R_2 : c \underset{R_2}{\succ} a \underset{R_2}{\succ} b$$

이때 이 두 사람에 의한 과두제에서 사회적 선호는 a를 b보다 선호하지만, b와 c는 무차별하고, a와 c 역시 무차별하게 되는 것이다. 이처럼 두 명 이상의 과두제는 이행성을 충족할 수는 없으나 다수결투표제와 같은 선호의 순환을 야기하지는 않는다는 사실을 쉽게 확인할 수 있다. 한 사람에 의한 과두제, 즉 독재제는 항상 이행성을 충족하는 것은 자명하나 독재제는 가장 극단적으로 비민주적 선호집계함수라는 문제가 있다.

만약 사회가 x, y 두 대안 사이에서 하나를 선택해야 하는 상황에 있다고 하자. 이때 과연 제3의 대안 z와 위 두 대안 간의 구성원 개개인의 선호관계에 대한 정보가 선택에 영향을 미쳐야 하는가? 이에 대한 응답은 제3의 대안 z가 x, y 둘 사이의 사회적 비교와 어떤 관계가 있는가에 따라 달라진다. 어떤 사람이 x를 y보다 선호할 때 $xP_i yP_i z$일 수도 있고 $xP_i zP_i y$일 수도 있다. 이 두 경우가 x, y 간의 사회적 비교에 있어서 어떤 유의미한 차이를 갖는가? 서수적 효용만을 가정할 때 어떤 유의미한 차이를 생각하기는 쉽지 않다. 그 차이를 찾아본다면,

$xP_i yP_i z$의 경우 y는 최악이 아니라는 것이 분명하고, $xP_i zP_i y$의 경우에는 y가 최악이 될 수 있다. 이것을 유의미한 차이라고 생각한다면, 이는 최악의 폐해가 최악이 아닐 때의 폐해보다 더 가혹하다는 의미일 텐데, 이런 의미는 기수적 효용을 생각하지 않고서는 통할 수 없다. 따라서 서수적 효용만을 고려하는 애로우의 모형에서 z에 대한 선호는 x와 y 사이의 사회적 비교에 있어서 무관하다. 따라서 사람들이 z에 대하여 갖는 선호는 x와 y 간의 사회적 선호관계를 결정하는 데 영향을 주지 말아야 한다. 바로 이것이 애로우의 독립성 공리이다.

무관한 대안으로부터의 독립성

임의의 x, y에 대하여 만일 두 개의 상이한 선호관계의 프로파일 $(R_1, \cdots, R_n)$과 $(R_1', \cdots, R_n')$에서 각 사람의 x와 y 사이의 선호가 동일하다면, 두 프로파일에서 결정되는 x와 y 사이의 사회적 선호관계도 동일하여야 한다.

〈예 9.1〉과 〈예 9.3〉의 보다투표와 최다투표 하에서 a와 b 사이의 사회적 선호관계가 3의 선호가 $R_3 = acb$와 $R_3' = cab$의 두 경우 달라진다는 것을 알 수 있다. 즉, 두 경우 a와 b 사이의 선호는 동일하지만 c가 어떤 서열에 있는가에 따라 a와 b의 사회적 선호관계가 달라진다. 이는 보다투표와 최다투표 모두 무관한 대안으로부터의 독립성을 충족하지 못한다는 것을 알려준다. 반면 다수결투표와 과두제의 경우에는 이 성질을 만족시키는 것이 자명한데, 이는 임의의 두 대안에 대한 사회적 비교가 오직 그 두 대안들 사이의 개인들의 선호관계에 대한 정보에만 의존하도록 정의되었기 때문이다.

마지막으로 애로우가 공정성의 조건으로 제시한 공리는 **비독재성**이다. 선호집계함수가 비독재적이라는 것은 앞에서 정의한 바와 같은 독재자가 존재하지 않음, 즉 언제나 사회적 선호가 한 사람의 선호와 일치하지는 않아야 함을 의미한다. 비독재성은 민주주의적인 의사결정 과정이 갖추어야 할 가장 최소한의 조건이다. 앞서 소개한 익명성은 보다 더 강화된 조건으로 볼 수 있다. 애로우가 익명성이 아닌 비독재성을 우선 고려한 것은 비독재성이 더 바람직한 조건이라서가 아니라 이렇게 최소한의 조건만이라도 충족하는 선호집계함수들이 존재하는지 찾아보기 위해서이다. 만약 존재한다면 비독재성보다 더 강화된 조건인 익명성 혹은 다른 공정성 조건들을 만족하는 선호집계함수들을 찾아보려 할 것이다.

과연 파레토 공리, 이행성 공리, 무관한 대안으로 부터의 독립성, 비독재성, 이 네 공리를 모두 충족하는 선호집계함수가 존재하는가? 이것이 애로우가 제기한 문제였고, 이에 대하여 애로우는 부정적인 답을 얻었다.

애로우의 불가능성 정리

적어도 세 개의 대안들이 있고 두 명 이상의 개인들이 있다고 가정하자. 그리고 각 개인들은 완비성과 이행성을 충족하는 어떤 선호관계도 가질 수 있다고 가정하자. 이 두 가정 하에서 파레토 공리, 이행성 공리, 무관한 대안으로부터의 독립성, 그리고 비독재성을 모두 충족하는 선호집계함수는 존재하지 않는다. 파레토 공리, 이행성 공리, 그리고 무관한 대안으로부터의 독립성을 충족하는 선호집계함수는 반드시 독재적이다.

이 정리에서 두 번째 가정, 즉 각 개인들은 완비성과 이행성을 충족하는 "어떤" 선호관계도 가질 수 있다는 가정을 선호비제약성(非制約性, unrestricted or universal domain) 가정이라 부른다. 완비성과 이행성 이외의 선호관계에 대한 어떤 다른 제약도 가정하지 않는다는 의미이다.

애로우의 연구는 사회선택이론을 경제학의 한 분야로 발전시키는 데 지대한 공헌을 하였다. 위 불가능성 정리의 여러 가정들 혹은 공리들이 이후에 재고되거나 다른 완화된 가정과 공리로 대체되는 등 불가능성을 벗어나기 위한 다양한 시도들이 있었다.

사회적 선호의 합리성 조건으로 준이행성 혹은 비순환성 같이 이행성보다 약한 공리들이 연구되었다. 선호의 준이행성(準移行性, quasitransitivity)은 '무차별관계가 아닌 강선호관계에 대해서만 이행성이 성립함'으로 정의된다. 즉, 임의의 x, y, z에 대하여 $x \succ_{R_i} y$이고 $y \succ_{R_i} z$이면, $x \succ_{R_i} z$일 때 선호관계 R_i가 준이행성을 충족한다고 정의한다. 준이행성보다 더 완화된 성질이 비순환성(比循環性, acyclicity)이다. 이는 유한개의 대안들로 이루어진 선호관계의 순환($x_1 \succ x_2 \succ \cdots \succ x_k \succ x_1$)이 존재하지 않는다는 성질이다. 선호집계함수의 공리로서 준이행성은 선호집계함수가 항상 준이행적인 사회적 선호관계를 선택한다는 것을 의미하고, 마찬가지로 선호집계함수의 공리로서 비순환성은 선호집계함수가 항상 비순환적인 사회적 선호관계를 선택한다는 것을 의미한다.

이행성 공리가 준이행성 공리로 완화되면 애로우의 불가능성 정리는 성립하지 않는다. 이는 모든 과두제가 준이행성 공리를 만족시키기 때문이다. 앞에서 과두제에 의한 사회적 선호가 이행성을 충족하지 않는 예를 제시한 바 있다. 그러나 과두제는 준이행성의 공리를 충족한다. 이에 대한 설명은 개인 선호관계의 이행성과 과두제의 정의로부터 자명하게 얻어지므로 생략한다. 특히 과두제 중에서도 만장일치제의 경우에는 익명성과 중립성까지 갖추고 있으므로 애로우의 공리들에 이 두 공리를 추가하더라도 여전히 이 모든 공리들을 충족할 수 있다.[1] 물론 만장일치제가 갖는 중요한 문제점은 사회적 무차별성이 너무 자주 발생한다는 특성이다. 너무 많은 경우에 있어서 사회적 선호가 대안들을 비교하는 데 효과적이지 않다는 점은 만장일치제의 심각한 문제이다.

3. 다수결투표 이론

Public Finance, ch. nine

제1절에서 민주주의적 의사결정의 기본적인 특성으로 익명성에 대하여 설명하였다. 익명성은 사회적 선호관계를 결정할 때 어떤 선호관계들의 분포만이 중요할 뿐이고 각 선호관계가 누구에게 할당되었는가는 아무런 영향을 미치지 않아야 한다는 성질이다. 가령 (R_1, R_2, R_3)에서 얻어지는 사회적 선호관계가 1과 2의 선호관계가 뒤바뀌는 경우, 즉 (R_2, R_1, R_3)에서 얻어지는 사회적 선호관계와 동일해야 한다는 것이 익명성이 요구하는 성질이다. 보다 일반적으로는 선호관계가 사람들 사이에 어떻게 뒤바뀌더라도 선호관계들의 전체 분포(빈도수)에 변화가 없는 한 사회적 선호관계는 변하지 말아야 한다는 조건이다. 가령 (R_3, R_2, R_1), (R_2, R_3, R_1), (R_1, R_3, R_2) 등의 모든 경우에 동일한 사회적 선호관계가 얻어져야 한다. 제1절에서 소개된 선호집계함수들 중에서 만장일치제의 경우를 제외한 다른 모든 과두제는 익명성을 위배한다는 것을 알 수 있다. 그 밖의 다른 모든 선호집계함수들은 익명성을 충족한다. 이 외에도 많은 선호집계함수들이 익명성을

1. 만장일치제 이외에 이 공리들을 충족하는 다른 예가 있는지 의문으로 남는다. 센(Armartya Sen)은 이에 대해 만장일치제만이 유일하다는 결론을 얻었다. Theorem 1.1 in A. K. Sen, *On Economic Inequality*, Oxford Univ. Press, 1973.

충족하는데, 그 예로 $\frac{1}{2}$과 1 사이의 값 q를 이용한 q-다수결투표제가 있다.

q-다수결투표제($\frac{1}{2} \leq q < 1$)

주어진 $q \geq \frac{1}{2}$을 이용하여, 임의의 $x, y \in X$에 대하여 만약 x를 y보다 선호하는 사람들의 수가 y를 x보다 선호하는 사람들의 수의 $\frac{q}{1-q}$배보다 더 많다면 x가 y보다 선호되고, 반대로 y를 x보다 선호하는 사람들의 수가 x를 y보다 선호하는 사람들의 수의 $\frac{q}{1-q}$배보다 더 많다면 y가 x보다 선호된다. 다른 모든 경우에 x와 y는 무차별하다.

만약 $q = \frac{1}{2}$이라면 q-다수결투표는 다수결투표와 일치하고, 만약 q가 1에 충분히 가까워지면 q-다수결투표제는 만장일치제와 일치하게 된다는 것을 쉽게 확인할 수 있다. q-다수결투표제에서 x와 y의 사회적 선호관계는 몇 명이 x를 y보다 선호하고 몇 명이 y를 x보다 선호하는가의 정보로만 결정된다. 누가 이런 선호를 갖고 있는가는 사회적 선호관계에 아무런 영향을 미치지 못하므로 q-다수결투표제는 익명성을 충족하는 것이다.

민주주의적 의사결정의 또 다른 기본 조건으로 중립성(中立性, neutrality)이 있다. 특히 후보들 간의 비교를 통하여 대표자를 선출하는 선거에서 중립성은 매우 중요한 조건으로 요구된다. 중립성은 간략히 말하여 후보들 간에 어떤 차별도 없어야 한다는 조건이다. 만일 후보자 x가 후보자 y보다 사회적으로 더 선호되기 위해서는 과반수의 찬성이 필요하지만, 반대로 y가 x보다 사회적으로 더 선호되기 위해서 만장일치를 필요로 하는 선호집계함수가 있다면, 이는 후보자 x에게 더 유리하고 후보자 y를 차별한다고 생각될 수 있다. 후보자들 간에 이러한 차별이 없어야 한다는 것이 중립성의 조건이다. 이러한 중립성을 위해서 x와 y의 서열이 뒤바뀌면 사회적 선호도 마찬가지로 뒤바뀌어야 할 것이다.

〈예 9.1〉의 선호프로파일 $R_1 = abc$, $R_2 = bca$, $R_3 = acb$에서 a와 b의 서열을 뒤바꾸면 새로운 선호프로파일 $R_1' = bac$, $R_2' = acb$, $R_3' = bca$가 얻어진다. 〈예 9.1〉에서 보였듯이 보다투표제에 따르면 원래의 선호프로파일 (R_1, R_2, R_3)에서 a의 보다점수가 b의 보다점수보다 더 높아서 a가 b보다 사회적으로 더 선호된다. 그런데 a와 b의 위치를 바꾼 (R_1', R_2', R_3')에서 a의 보다점수는 원래 선호프로파일 (R_1, R_2, R_3)에서 b의 보다점수와 동일하고 b의 보다점수는 원래 선호프로파일에서 a의 보다점수와 동일하여, (R_1', R_2', R_3')에서 b가 a보다 사회적 선호된다. 따라서 a와 b의 위치가 뒤바뀔 때 사회적 선호도 뒤바뀐다는 것을 확인할 수 있다.

중립성(中立性, neutrality)
임의의 $x, y \in X$에 대하여 선호프로파일 $(R_1, R_2, \cdots, R_n)$에서 x와 y의 서열을 뒤바꾸어 얻어진 선호프로파일을 $(R_1', R_2', \cdots, R_n')$이라 하면, 전자의 프로파일에서 x가 y보다 사회적으로 선호되면 후자의 프로파일에서도 y가 x보다 사회적으로 선호되고 그 역도 성립한다.

지금까지 살펴본 대부분의 선호집계함수는 중립성을 충족한다는 것을 알 수 있다. 물론 중립성을 충족하지 않는 사례도 쉽게 찾아볼 수 있다.

어떤 후보에 대한 투표자들의 지지가 확대될 때 그 후보의 사회적 선호순위가 하락한다면 이런 방식의 선호집계를 민주적이라고 보기는 어렵다. 따라서 민주적인 선호집계의 기본적인 조건으로 투표자들의 지지 확대에 긍정적으로 반응해야 한다는 성질을 추가할 수 있을 것이다. 어떤 선호프로파일 $R = (R_1, \cdots, R_n)$에서 x를 y보다 선호하는 사람들의 집합을 $N_{x,y}(R)$로 쓰자. 즉, $N_{x,y}(R) = \{i \in N : xP_i y\}$.

단조성(單調性, monotonicity)
임의의 두 선호프로파일 R, R'과 임의의 $x, y \in X$에 대하여 x를 y보다 선호하는 사람들이 R'에서 R에서와 같거나 더 늘었고, 반대로 y를 x보다 선호하는 사람들은 R'에서 R에서와 같거나 더 줄었다고 가정하자. 즉, $N_{x,y}(R) \subseteq N_{x,y}(R')$, $N_{y,x}(R') \subseteq N_{y,x}(R)$. 이 경우 만약 R에서 x가 y보다 사회적으로 약선호된다면, R'에서도 이러한 약선호관계는 유지되어야 한다.

앞에서 예시한 모든 선호집계함수가 이러한 단조성을 갖는다는 것은 쉽게 확인할 수 있다. 익명성, 중립성, 단조성 이 세 조건을 충족하는 선호집계함수의 예로 q-다수결투표제들이 있고, 실제로 이보다 조금 더 확장된 형식의 다수결투표제들이 이 세 조건을 충족하는 유일한 선호집계함수라는 것을 증명할 수 있다.[2]

2. J. A. Ferejohn and P. C. Fishburn, "Representations of binary decision rules by generalized decisiveness structures," *Journal of Economic Theory*, 21, 1979, pp.28~45 ;

만약 단조성의 가정을 좀더 강화하여 R'에서 x를 y보다 선호하는 사람들이 R에서보다 조금이라도 늘어났고(즉, $N_{x,y}(R) \subseteq N_{x,y}(R')$이고 $N_{x,y}(R) \neq N_{x,y}(R')$), 이렇게 늘어난 x에 대한 지지 의견이 무시되지 않는다면 R'에서 x가 y보다 사회적으로 선호되어야 할 것이다. 마찬가지로 R'에서 y를 x보다 선호하는 사람들이 R에서보다 조금이라도 줄었고(즉, $N_{y,x}(R') \subseteq N_{y,x}(R)$이고 $N_{y,x}(R') \neq N_{y,x}(R)$), 이렇게 줄어든 y에 대한 지지 의견이 무시되지 않는다면 R'에서 x가 y보다 사회적으로 선호되어야 할 것이다.

양반응성(陽反應性, positive reponsiveness)[3]

임의의 두 선호프로파일 R, R'과 임의의 $x, y \in X$에 대하여 $N_{x,y}(R) \subseteq N_{x,y}(R')$, $N_{y,x}(R') \subseteq N_{y,x}(R)$이고, 이 두 부분집합 관계 중 적어도 하나는 엄정하다고 가정하자. 이 경우 만약 R에서 x가 y보다 사회적으로 약선호된다면, R'에서는 x가 y보다 사회적으로 선호되어야 한다.

다수결투표제를 가정할 경우, 위의 R에서 x가 y보다 사회적으로 선호된다면 R에서 x를 y보다 선호하는 사람의 수, 즉 $N_{x,y}(R)$의 원소 수가 y를 x보다 선호하는 사람의 수, 즉 $N_{y,x}(R)$의 원소 수보다 크다는 것을 의미한다. 따라서 R'에서도 이러한 대소 관계는 유지되므로 여전히 x가 y보다 사회적으로 선호될 것이다. 만약 R에서 x와 y가 사회적으로 무차별하다면, $N_{x,y}(R)$과 $N_{y,x}(R)$에 같은 수의 사람들이 있을 것이다. 그러면 R'에서는 전자에 속하는 사람이 적어도 한 명 늘거나 아니면 후자에 속하는 사람이 적어도 한 명 줄어들 것이므로, $N_{x,y}(R')$의 사람 수가 $N_{y,x}(R')$의 사람 수보다 크다는 것을 알 수 있다. 따라서 x가 y보다 사회적으로 선호될 수밖에 없다. 이와 같이 다수결투표제는 양반응성을 충족한다.

양반응성과 무관한 대안으로부터의 독립성은 논리적으로 단조성을 함축한다는 것을 알 수 있다. 가능한 사회적 대안이 두 개뿐일 때(즉, X가 두 개의 원소

M. A. Aizerman and F. T. Aleskerov, "Voting operators in the space of choice functions," *Mathematical Social Science* 26, 1986, pp.201~242 ; B. -G. Ju, "Collectively rational voting rules for simple preferences," *Journal of Mathematical Economics*, 47, 2011, pp.143~149 참조.

3. K. May, "A set of independent, necessary and sufficient conditions for simple majority decision," *Econometrica* 20, 1952, pp.680~684.

로 이루어짐)는 논리적으로 양반응성 자체가 단조성을 함축하게 된다는 것도 쉽게 확인할 수 있다. 따라서 가능한 사회적 대안이 두 개뿐일 때는 익명성, 중립성, 그리고 양반응성을 충족하는 선호집계함수들은 q-다수결투표제 혹은 이보다 조금 더 확장된 형식의 다수결투표제들뿐임을 알 수 있다.[4] 물론 이 중에는 순수 다수결투표제도 포함된다. 그런데 이들 선호집계함수들 중에서 다수결투표제를 빼고 나머지는 양반응성을 충족할 수 없다는 것을 다음과 같이 설명할 수 있다. 가령 9명으로 이루어진 사회의 어떤 선호프로파일 R에서 x를 y보다 더 선호하는 사람이 4명, y를 x보다 더 선호하는 사람도 4명, 나머지 한 명에게는 x, y가 무차별하다고 가정하자. 이때 $\frac{2}{3}$-다수결투표제에서 얻어지는 사회적 선호 하에서 x와 y는 무차별할 수밖에 없다. 만약 x, y가 무차별했던 마지막 한 사람이 x를 더 선호하게 되는 경우를 생각해 보자. 그러면 x를 y보다 선호하는 사람은 5명, y를 x보다 선호하는 사람은 4명이 된다. 그러나 $\frac{2}{3}$-다수결투표제 하에서 5명은 임계수치 $9 \times \frac{2}{3} = 6$명을 넘지 못하여 여전히 x, y는 사회적으로 무차별함을 알 수 있다. 따라서 $\frac{2}{3}$-다수결투표제는 양반응성을 위배할 수밖에 없다. 동일한 논증을 다수결투표제와 상이한 모든 q-다수결투표제에 적용할 수 있다.

사회적 대안이 두 개뿐인 모형에서 익명성과 중립성을 만족하는 선호집계함수가 다수결투표제가 아니라면 항상 양반응성을 위배할 수밖에 없다는 것도 위의 설명과 유사한 방식으로 보일 수 있다. 이상의 논의를 요약한 것이 잘 알려진 다수결투표제에 대한 메이의 정리이다.[5]

메이의 정리(May, 1952)

사회적 대안이 두 개일 경우 익명성, 중립성, 양반응성을 모두 충족하는 선호집계함수는 다수결투표제 하나로 유일하다.

사회적 대안이 두 개 이상인 일반적인 모형에서 무관한 대안으로부터의 독립성을 추가하면, 메이의 정리와 유사하게 다수결투표제가 유일하게 네 공리들을 모두 충족할 수 있다는 것을 증명할 수 있다.[6]

4. 각주 2. 참조.

5. 자세한 논증은 다음 논문을 참조하기 바란다. K. O. May, "A set of independent necessary and sufficient conditions for simple majority decision," *Econometrica*, 1952, pp.680~684.

4. 단봉형 선호와 중위투표자 정리

애로우의 불가능성 정리는 사람들의 선호관계에 완비성과 이행성 이외의 다른 제약이 없는 경우에 성립한다. 실제의 정치 · 경제의 문제들에서는 선호관계에 많은 현실적인 제약이 있는 경우들이 많다. 가령 경제적 자원배분의 문제에서 많이 가정되는 선호관계의 성질로 제3장과 제4장에서 소개된 단조성, 볼록성과 연속성 등이 있다. 정당 혹은 정책에 대한 투표자들의 선호관계에 많이 적용되는 가정으로 단봉형 선호의 가정이 있다. 즉, 정책공간에서 투표자가 선호하는 결과가 있고 이로부터 멀어질수록 투표자의 선호만족은 감소하는 그런 선호를 단봉형 선호라고 부른다. 조세수입을 거두어 공공재를 공급하는 단순 정치경제 모형에서 소비자들의 사용재와 공공재에 대한 선호관계가 볼록성을 가질 경우에 조세율에 대해서는 단봉형 선호를 갖게 되는 것을 보게 되는데, 이와 같이 단봉형 선호는 선호관계의 볼록성과도 관련이 있다.

이제 사람들의 선호관계가 단봉형인 사회적 의사결정 모형을 고려하기 위하여 대안들의 집합 X를 어떤 대소 관계 $>$가 주어진 직선 위에 나타낼 수 있다고 가정하자. 즉, 모든 $x, y \in X$에 대하여 $x \neq y$이면 $x > y$이거나 $y > x$라고 가정하자. 구성원 $i \in N$의 선호관계 R_i가 **단봉형**이라는 것은 어떤 $p_i \in X$가 존재하여 p_i가 다른 모든 대안들보다 선호되고, p_i 이외의 임의의 두 대안 x, y가 모두 p_i보다 크거나 혹은 모두 p_i보다 작다면 x, y 사이에서는 p_i에 더 가까운 것이 다른 것보다 더 선호된다는 것을 의미한다. 따라서 $x > y > p_i$라면 y가 x보다 선호되고, $p_i > x > y$라면 x가 y보다 선호된다. 이때 p_i를 단봉형 선호 R_i의 **정점**(頂點, peak)이라고 부른다. **단선적**(單線的, linear) 선호관계란 무차별관계를 갖지 않는 선호관계를 의미한다. 즉, 임의의 상이한 대안 x, y에 대하여 $x \underset{R_i}{\succ} y$이거나 $y \underset{R_i}{\succ} x$일 때 선호관계 R_i가 단선적이라고 말한다.

애로우의 불가능성 정리에서 다수결투표제는 다른 공리들은 충족하지만 이행성을 충족하지 못하는 문제점이 있었다. 또한 콩도르세 역설과 같은 예에서 다

6. B. -G. Ju(2010, Theorem 4.3.1), "Collective choice for simple preferences," Ch.4 in Handbook on Approval Voting ; J. -F. Laslier and M.R. Sanver (eds.), Springer.

수결투표제는 이행성뿐만이 아니라 비순환성까지도 위배하는 심각한 문제점을 안고 있다. 이러한 문제점은 선호비제약성의 가정에 크게 의존한다. 실제로 단봉형 선호라는 선호의 제약이 있는 상황에서는 이런 문제가 발생하지 않는다. 이를 구체적으로 살펴보면 다음과 같다.

우선 콩도르세 역설의 예로 돌아가 $x < y < z$의 순서로 놓여 있는 세 가지 대안을 고려하자. 콩도르세 역설은 아래와 같은 세 가지 선호관계가 존재할 때 발생한다.

$$R_1 : x \underset{R_1}{\succ} y \underset{R_1}{\succ} z$$
$$R_2 : y \underset{R_2}{\succ} z \underset{R_2}{\succ} x$$
$$R_3 : z \underset{R_3}{\succ} x \underset{R_3}{\succ} y$$

세 사람이 위 세 선호관계를 각각 갖는다면 다수결에 따라 사회적 선호는

$$x \succ y,\ y \succ z,\ z \succ x$$

와 같이 결정되어 선호의 순환이 발생한다. 여기서 R_3는 단봉형 선호가 될 수 없다는 것을 알 수 있다. 만약 R_3가 단봉형이고 p_3가 정점이라면, $x \underset{R_3}{\succ} y$이므로 $p_3 < y$이다(만약 p_3가 y보다 크다면 x보다 y가 정점 p_3에 더 가까워 y가 더 선호되어야 한다). 마찬가지로 $z \underset{R_3}{\succ} y$이므로 $p_3 > y$이어서 앞의 부등식과 상반된다. 이와 같이 콩도르세 역설은 항상 단봉형이 아닌 선호가 있을 때에만 발생한다.

만약 모든 사람들의 선호가 단봉형이라면 콩도르세 역설은 발생하지 않고 언제나 콩도르세 승자(勝者, Condorcet winner)를 찾을 수 있다는 것이 다음에 소개되는 결과이다. 이에 앞서 구성원들의 단봉형 선호가 $R_1, \cdots, R_n$으로 주어지고 각각의 정점이 $p_1, \cdots, p_n$으로 주어질 때 $x \in X$가 이 선호의 **중위점**(中位點)이라는 것은, 정점이 x보다 크거나 같은 사람들이 절반 이상이고 정점이 x보다 작거나 같은 사람들도 절반 이상임을 의미한다. 어떤 구성원 $i \in N$의 정점이 중위점이 될 때 i를 **중위투표자**(中位投票者)라고 부른다. [그림 9-1]에서와 같은 세 사람의 단봉형 선호가 있을 때 정점이 $p_1 \le p_2 \le p_3$로 주어지면, 중위점은 p_2로 하나가 존재하고 2가 중위투표자가 된다. 일반적으로 홀수 개의 단봉형 선호를 가진 사람들

그림 9-1

단봉형 선호와 중위투표자 : 투표자가 홀수인 경우

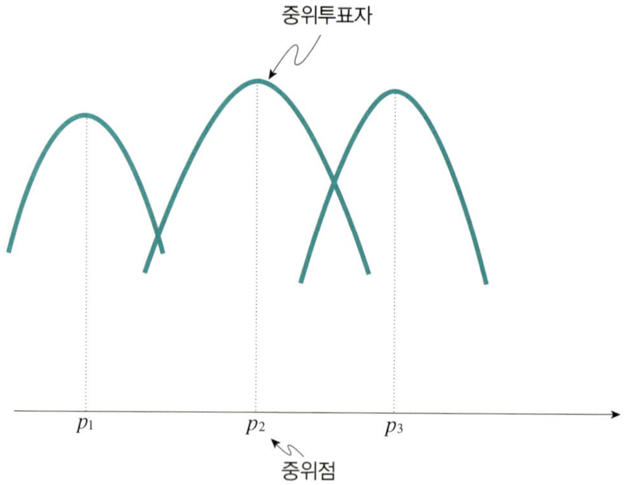

그림 9-2

단봉형 선호와 중위투표자 : 투표자 수가 짝수인 경우

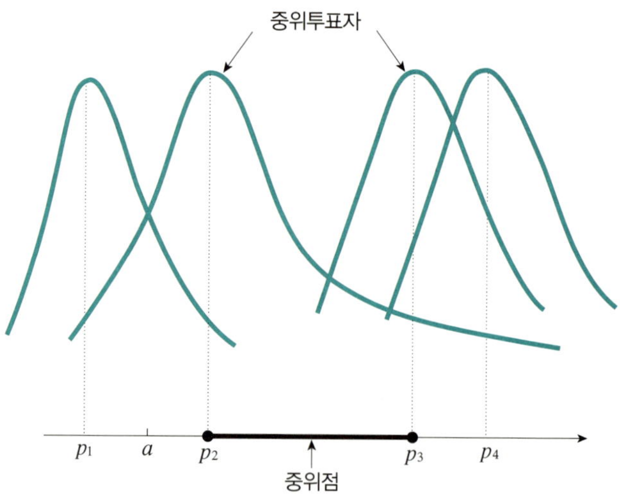

이 있을 때 중위점은 중위에 있는 정점 하나뿐이다. [그림 9-2]와 같이 단봉형 선호를 가진 사람이 짝수 명일 때는 다수의 중위점들이 존재할 수 있고, 중위투표자도 다수가 될 수 있다. [그림 9-2]처럼 네 사람의 정점이 $p_1 \leq p_2 \leq p_3 \leq p_4$와 같이 주어진다면, p_2와 p_3, 그리고 두 점 사이의 모든 대안들이 중위점이 된다. 이 때 중위투표자는 2와 3이다.

중위투표자 정리

사회적 대안들을 대소 관계가 있는 직선 상에 나타낼 수 있고 모든 사람들이 단봉형 선호를 갖는다고 가정하면, 콩도르세 승자는 반드시 존재하고 특히 중위투표자의 정점이 바로 콩도르세 승자가 된다. 그리고 다수결투표제로 결정되는 사회적 선호관계는 비순환성을 갖는다.

이를 증명하는 것은 어렵지 않으나 생략하고, [그림 9-2]의 경우에 국한하여 설명하면 쉽게 이해될 것이다. [그림 9-2]의 경우 p_2와 p_3 사이의 모든 점들이 중위점이 되고, 중위투표자의 정점은 p_2와 p_3이다. 이제 p_2가 콩도르세 승자임을 보이기 위해 p_2보다 작은 대안 $x < p_2$를 고려하자. p_2가 중위점이므로 50% 이상의 사람들의 정점이 p_2보다 크거나 같다. 따라서 이들은 p_2를 x보다 선호할 것이고, 이는 x가 p_2보다 다수결투표 하에서 사회적으로 선호될 수 없다는 것을 의미한다. 마찬가지 논리로 p_2보다 큰 대안들 $x > p_2$ 역시 p_2보다 사회적으로 선호될 수 없다는 것을 설명할 수 있다. 따라서 다수결투표를 통하여 p_2보다 사회적으로 선호되는 대안은 존재할 수 없고 이는 p_2가 콩도르세 승자임을 보여준다. 같은 방법으로 p_2와 p_3 사이에 위치한 모든 대안들도 콩도르세 승자임을 설명할 수 있다.

콩도르세 승자가 항상 존재한다는 것은 다수결투표로 정해지는 사회적 선호관계가 비순환적이라는 것을 말해 준다. 그러나 사회적 선호관계의 이행성을 보장할 수는 없는데, 이는 [그림 9-2]의 a와 두 중위점 p_2, p_3의 관계에서 드러난다. 이 그림에서 a를 p_3보다 선호하는 사람은 1과 2 두 사람이고, p_3를 a보다 선호하는 사람도 3과 4 두 사람이다. 따라서 다수결에 따라 a와 p_3는 사회적으로 무차별하다. 한편 다수결에 따라 p_2가 a보다 사회적으로 선호되고 두 콩도르세 승자 p_2와 p_3는 사회적으로 무차별하다. 따라서 이 세 대안들의 관계는 다수결에 따른 사회적 선호가 이행성을 충족하지 않는다는 것을 보여준다. 이러한 비이행성은 투표자 수가 짝수인 것과 밀접한 관계가 있는데, 투표자 수가 홀수이고 사람들의 단봉형 선호가 단선적일 때는 다수결에 의한 사회적 선호는 항상 이행성을 만족한다는 사실이 알려져 있다.[7]

7. 이에 대한 보다 자세한 논의는 Mas-Colell, Whinston, Green(1995)의 Proposition 21.D.2와 증명을 참조하라.

5. 중위투표자 정리의 응용

5.1 간접민주주의

간접민주주의는 유권자들이 정책 결정에 직접 참여하는 것이 아니라 그들의 대표자를 선출하고 그 대표들로 하여금 정책을 결정하도록 하는 정치제도이다. 선거에서 유권자들을 대표할 정당들이 정책대안을 제시하고 정책대안을 통한 정당 간의 경쟁의 결과 집권당과 정책이 결정된다. 정당정치는 간접민주주의의 대표적인 유형이다. 정당이라는 정치집단을 중심으로 정책들의 조정이 이루어져 효율성을 높일 수 있고, 정치적 책임성을 강화하는 기제로 작용하는 이점이 있다.

정당의 목표는 이념의 추구인가 아니면 집권인가? 역사적으로 보면 정당은 정치적 이념을 중심으로 그 이념을 공유하는 정치인들이 모여서 이루어지는 것이 보편적이다. 자본주의와 사회주의의 이념 대립이 선명했던 과거에는 정당들이 표방하는 정강과 정책들 사이에는 이념적 차이가 분명히 드러났었다. 1980년대 미국과 영국의 보수정당은 레이건노믹스(Reaganomics)와 대처리즘(Thatcherism)으로 대표되는 자유주의적 경제정책을 추구하였고, 이와 경쟁하는 진보정당은 복지와 소득재분배를 중심으로 한 적극적 정부와 시장의 규제를 추구하였다. 한쪽은 시장자유화, 규제완화, 작은 정부를 지향하였고, 다른 한쪽은 시장의 규제, 소득재분배, 큰 정부를 지향하였다. 이런 사례들은 정당의 목표가 이념의 추구라는 주장에 무게를 실어준다.

그러나 이러한 정당 간의 이념적 차이와 정책의 차이는 시간이 갈수록 점차 줄어들고 있다. 특히 진보정당이 보수정책을 선택하고 보수정당이 진보정책을 표방하는 경우들도 종종 발생하고 있다. 사상 초유의 외환위기 이후 정권교체를 이루고 1998년 집권한 김대중 정부와 집권 진보정당은 보수적인 신자유주의 개혁을 단행하였다. 이후 2003년 재집권에 성공하고 들어선 노무현 정부에서도 한미 자유무역협정(FTA) 같은 보수적 정책이 추진되었고 이전 정부의 신자유주의 경제정책을 지속하였다. 이후 2007년 집권한 이명박 정부와 보수정당은 “녹색성장”이라는 이념적 위치가 모호한 구호를 내세웠다. 2012년 대통령 선거에서 보수 여당은 복지와 경제민주화라는 진보적 공약을 내세웠고 집권에 성공하였다. 보수 여당 후보와 진보 야당 후보의 주요 경제공약들이 이때처럼 유사했던 경우는 과거에 없었다. 이런 사례들은 정당의 목표가 이념이 아니라 집권에 있다는 주장에 무게를 실어준다.

따라서 정당의 목표를 이념 혹은 집권 둘 중에 어느 하나로만 특징지우기는 어렵다. 양자를 모두 반영해야만 현실 정당의 행동양상들이 설명될 수 있다.

정당의 목표를 이념으로 보는 관점은 비교적 오랜 역사를 갖고 있으나, 이런 관점이 실증이론의 모형으로 소개된 것은 비교적 최근에 정치학자 도날드 위트만(Donald Wittman, 1973)에 의해서이다.[8] 위트만은 정당도 투표자들처럼 정책들에 대한 선호를 갖고 있고, 이 선호만족을 극대화하도록 정책을 선택한다고 가정하였다.

정당의 목표를 집권에 있다고 보는 관점은 정당에 대한 기존의 관점을 근본적으로 바꾸는 것이다. 현실이나 정당의 역사와도 괴리가 있으나 중위투표자 정리와 관련된 흥미로운 결과 때문에 정당 경쟁을 연구하는 정치학자들에게 큰 영향을 주었다. 집권가능성의 극대화와 정당 경쟁에 대한 연구는 해롤드 호텔링(Harold Hotelling, 1929)에 의하여 제시되었고,[9] 앤쏘니 다운스(Anthony Downs, 1957)에 의하여 개발되고 널리 알려지게 되었다.[10] 이 호텔링-다운스 모형에서 정당은 오직 집권가능성을 극대화하기 위하여 정책을 결정한다고 가정된다.

이 두 모형은 매우 상이한 가정에서 출발하지만 유사한 결론을 도출한다. 특히 1차원의 정책공간에서 무수히 많은 투표자들이 단봉형 선호를 갖고 있고 각자 자신의 정점에 가장 가까운 정책에 투표하는 모형에서 두 정당은 항상 중위투표자의 정점을 선택한다는 결론을 도출하고 있다. 이 결론에서 주목할 점은, 첫째는 두 정당의 선택이 중위투표자가 선호하는 결과라는 점이고, 둘째는 두 정당이 동일한 선택을 하게 된다는 점이다.

호텔링-다운스 모형과 위트만 모형에서는 정당이 어떤 하나의 목표를 설정하여 이를 극대화한다고 가정한다. 그러나 실제 정당은 단일의 의사결정주체가

---

8. Donald Wittman, "Parties as utility maximizers," *American Political Science Review*, 67, 1973, pp.490 ~ 498.
9. Harold Hotelling, "Stability in competition," *Economic Journal* 39, 1929, pp.41 ~ 57.
10. Anthony Downs, *An Ecnoomic Theory of Democracy*, New York : Harper Collins, 1957.

아니고 다수의 의사결정주체들의 집합체이다. 따라서 이 두 모형보다는 정당 내부의 의사결정 문제를 직접적으로 고려할 수 있는 모형이 더 현실적이라고 주장할 수 있다. 이렇게 정당 내부의 의사결정을 구체적으로 고려하여 정당의 행동을 설명하는 연구들도 최근에 진행되기 시작하였다.[11]

호텔링-다운스 모형(Hotelling-Downs model)과 위트만 모형(Wittman model)의 결과를 좀더 자세히 알아보기 위하여 소수의 투표자들로 이루어진 단순한 모형을 살펴보도록 하자.

예제 9.4

호텔링-다운스 모형

정책이 0과 1 사이의 실수로 주어지고 정책들에 대하여 단봉형 선호를 갖는 1, 2, 3, 4 네 사람의 투표자들이 있다. 이들의 네 정점은 $p_1 < p_2 < p_3 < p_4$의 관계를 갖는다. 각 투표자는 자신의 정점에 가장 가까운 정책에 투표한다. 두 정당 A, B가 있고 각 정당은 독립적으로 0과 1 사이의 한 점을 자기 정책으로 동시에 결정한다. 두 정당의 정책을 각각 x_A와 x_B라고 쓰자. $\pi_A(x_A, x_B)$는 두 정당이 (x_A, x_B)의 정책을 선택할 때 정당 A가 승리할 확률을 나타낸다. 다수결투표를 가정할 경우, 만약 x_A를 x_B보다 선호하는 투표자들의 수가 x_B를 x_A보다 선호하는 투표자들의 수보다 많으면(적으면) $\pi_A(x_A, x_B) = 1$ $(\pi_A(x_A, x_B) = 0)$이고, 두 집단의 수가 동일하면 $\pi_A(x_A, x_B) = \frac{1}{2}$이다. 각 정당의 목적은 승리할 확률을 극대화하는 것이다. 이 예에서는 p_2와 p_3를 포함하여 이 두 점 사이의 모든 점들이 중위점이라는 것을 알 수 있다. 만일 두 정당 중 어느 하나라도 중위점이 아닌 선택을 한다면 다른 정당은 언제나 중위점 중 하나를 선택하여 승리의 확률을 1로 만들 수 있다. 그리고 각 정당은 상대 정당이 중위점의 한 점을 선택할 때 자신 역시 중위점 중 하나를 선택함으로써 승리의 확률을 $\frac{1}{2}$로 만들 수 있는데, 이것이 최대의 승리 확률이다. 이 두 사실을 종합하면, 두 정당의 선택 x_A와 x_B가 상호 간에 최적의 선택이 되는 내쉬균형을 이루기 위해서는 반드시 두 정책 모두 중위점이어야 함을 알 수 있다. 또한 여러 내쉬균형들 간에도 두 정당의 선택은 대칭적인 관계를 갖고 있어서 두 정당 간에 차별성이 나타나지 않음을 알 수 있다. 즉, x, y가 중위점일 때 $(x_A, x_B) = (x, y)$, (y, x), (x, x), (y, y)이 네 경우 모두 내쉬균형이다.

11. John E. Roemer, *Political Competition: Theory and Applications*, Harvard University Press, 2001.

예제 9.5

위트만 모형

〈예 9.4〉와 나머지는 동일하나, 정당 A의 목적은 채택되는 정책이 0에 가까워지도록 하는 것이고 정당 B의 목적은 채택되는 정책이 1에 가까워지도록 하는 것이다. 즉, 정당 A는 0에서 정당의 목적이 극대화되고 이 점에서 멀어질수록 목적 달성도가 줄어드는 이념을 갖고 있고, 정당 B는 1을 정점으로 하는 이념을 갖고 있다. 이 모형에서도 중위점들을 선택하는 내쉬균형이 존재하나 호텔링-다운스 모형보다 제약이 더 많다. 실제로 중위점들로 이루어진 내쉬균형은 $(x_A, x_B) = (p_2, p_3)$ 하나뿐이라는 것을 보일 수 있다. 정당 A가 선택하는 중위점 x_A와 정당 B가 선택하는 중위점 x_B 사이에 $x_A > x_B$의 관계가 있다면, 정당 A가 x_A가 아닌 x_B를 선택하여 두 정당이 동일한 중위점 x_B를 선택하는 것이 정당 A에게 이로운데, 이는 x_B가 정당 A의 정점 0에 더 가깝기 때문이다 ((x_A, x_B)에서는 x_A와 x_B가 각각 $\frac{1}{2}$의 확률로 채택되지만, 두 정당 모두 x_B를 선택하면 x_B가 1의 확률로 채택되므로 $x_A > x_B$ 가정 하에서 A에게 더 유리함). 만약 $p_2 < x_A \le x_B$라면 정당 A는 x_A를 p_2쪽으로 이동하여 조금이라도 자신이 추구하는 이념에 가까운 결과를 얻을 수 있다. 마찬가지로 $x_A \le x_B < p_3$라면 정당 B는 x_B를 p_3쪽으로 이동하여 더 좋은 결과를 얻을 수 있다. 따라서 위트만 모형에서도 중위점을 선택하는 내쉬균형이 존재하지만 두 정당은 각각이 대표하는 이념에 가까운 중위점을 선택하는 차별성을 갖게 된다.

5.2 공공재 공급의 정치경제 모형

공공재의 공급이 다수결투표에 따라 정치적으로 결정되는 모형에서도 중위투표자 정리를 적용할 수 있다. 사용재 x와 공공재 G 두 재화가 있는 경제를 고려하자. 이 경제에서 공공재의 생산은 사용재를 투입하여 선형기술에 의하여 이루어지고, 공공재 생산의 한계비용은 1(사용재단위)로 일정하다고 가정하자. 즉, 사용재 x단위가 투입되면 항상 같은 단위의 공공재가 얻어진다. 이 경제에는 H명의 소비자가 있고, 편의상 모든 소비자 i가 동일한 준선형효용함수 $u_i(x, G) = x + B(G)$로 대표되는 선호를 갖고 있다고 가정하자. 여기서 $B(G)$는 공공재 소비에서 얻어지는 소비자의 편익이다. 선호의 볼록성 가정에 따라 편익 $B(G)$의 기울기를 나타내는 한계편익 $MB(G)$는 공공재 소비 G가 증가함에 따라 감소한다.

각 소비자 i는 y_i단위의 사용재를 소득으로 얻고 공공재의 공급은 이 소득에 대한 비례소득세를 통하여 이루어진다. 세율이 t일 때 소비자 i는 ty_i의 소득세를 내고 나머지 $(1-t)y_i$단위를 사용재로 소비한다. 평균소득이 μ일 때 공공재 공

급량은 총조세수입 $tH\mu$와 동일하게 되어 $G = tH\mu$, 즉

$$t = \frac{G}{H\mu}$$

이제 이 관계를 이용하면 소비자 i의 효용함수를 아래와 같이 G의 함수로 나타낼 수 있다.

$$u_i(G) = (1 - \frac{G}{H\mu})y_i + B(G)$$

공공재의 공급 G가 늘어나면 공공재가 주는 편익은 증가하지만, 소비자의 조세부담이 늘어나서 사용재 소비가 감소할 수밖에 없다. 이 두 효과의 상대적 크기에 따라 공공재를 늘리는 것이 소비자의 효용을 증가시킬 수도, 감소시킬 수도 있다. 공공재 공급이 한 단위 늘어날 때 소비자의 사용재 소비는 $\frac{y_i}{H\mu}$단위 감소하여 같은 단위의 효용감소를 초래한다. 한편 편익은 $MB(G)$만큼 증가하므로, 전자의 효과가 후자의 효과보다 클 때, 즉

$$\frac{y_i}{H\mu} > MB(G) \qquad (9-1)$$

일 때는 공공재가 늘어나면 효용이 감소하고,

$$\frac{y_i}{H\mu} < MB(G) \qquad (9-2)$$

일 때는 공공재가 늘어나면 효용이 증가한다. 따라서 소비자 i에게 가장 높은 효용을 주는 공공재의 크기 G_i는 아래의 등식을 충족해야만 한다.

$$\frac{y_i}{H\mu} = MB(G) \qquad (9-3)$$

한계편익은 감소한다고 가정하였으므로, 공공재의 크기가 정점 G_i보다 작을 때는 식 (9-2)가 성립하여 공공재가 늘어날수록 효용은 증가하고, 공공재의 크기가 정점 G_i보다 클 때는 식 (9-1)이 성립하여 공공재가 늘어날수록 효용은 감

그림 9-3

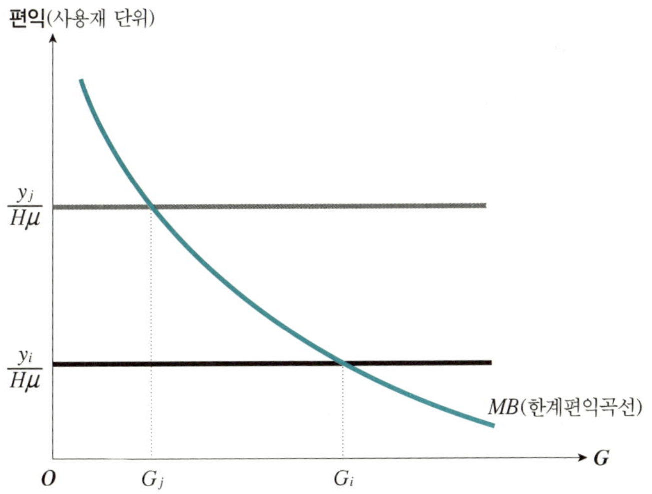

한계편익과 공공재 수요의 크기

소한다. 따라서 소비자 i의 공공재에 대한 선호는 G_i를 정점으로 하는 단봉형 선호라는 것을 알 수 있다.

[그림 9-3]에 도시한 바와 같이 소비자 i가 선호하는 공공재의 크기 G_i는 식 (9-1)의 좌변을 나타내는 $\frac{y_i}{H\mu}$에서 그려진 수평선과 한계편익곡선이 교차하는 점에서 결정된다. 따라서 더 높은 소득 y_j를 갖는 소비자 j의 경우 $\frac{y_j}{H\mu}$값이 더 높아지므로 우하향하는 한계편익곡선과의 교차점은 좌측으로 이동하여 더 적은 값의 정점 G_j가 얻어진다. 즉, 소득이 더 높을수록 선호하는 공공재의 크기는 감소한다. 따라서 정점의 크기의 순서는 소득수준의 역순이 되고, 소비자들의 공공재 소비의 정점들의 중위값은 중위소득자의 정점으로 정해짐을 알 수 있다. 즉, 중위소득을 y_{med}라 나타내면 $G_1, \cdots, G_H$의 중위값 G_{med}는 식 (9-3)에 따라 아래와 같이 결정된다.

$$\frac{y_{med}}{H\mu} = MB(G_{med}) \tag{9-4}$$

중위투표자 정리를 이 모형에 적용하면, 다수결투표제 하에서 공공재의 공급량은 식 (9-4)에 의하여 주어지는 중위투표자의 정점 G_{med}로 정해진다. 따라서 중위소득과 평균소득의 비율 $\frac{y_{med}}{\mu}$이 낮아질수록 공공재의 크기는 늘어날 수밖에 없다. 경제가 성장함에 따라 소득불평등이 심해지고 이에 따라 중위소득의 평균소득 대비 비율이 낮아지는 경향이 있는데, 바로 이것이 공공부문의 성장을 초래한다는 주장의 이론적인 근거이다.

공공재 공급수준이 효율적이기 위해서는 앞서 설명한 사무엘슨 조건이 성립하여야 한다. 모든 소비자들의 편익함수가 동일하고 공공재 공급의 한계비용이 1인 모형에서 사무엘슨 조건은

$$H \times MB(G) = 1 \tag{9-5}$$

이다. 따라서 위 중위투표자 정리에 의하여 식 (9-4)로 주어지는 공공재 공급수준 G_{med}가 효율성 조건, 식 (9-5)를 충족하려면 중위소득과 평균소득이 일치하여야 한다. 즉, $y_{med} = \mu$이면 중위투표자 정리에 따른 공공재 공급이 파레토 효율성을 충족하게 된다. 만약 중위소득이 평균소득보다 적으면, 즉 $y_{med} < \mu$이면 중위투표자에 의하여 결정되는 공공재의 크기는 효율적인 수준을 초과하는 과잉공급 상태가 되는 것이다.

연습문제

ch. nine Exercise

01 최근 각 계층의 요구가 표출되고 있다. 정부는 각 계층의 선호를 집약하여 최적의 정책대안을 마련해야 한다. 다음 물음에 답하시오. (2008년 행정고시 기출문제)

(1) 후생경제학에서는 사회후생함수를 이용하여 전체 계층의 선호를 집약해서 설명하고 있다. 사회구성원 모두의 개별 선호를 하나의 사회후생함수로 표현하는 것이 가능한지 설명하시오.

(2) 현실에서 정책결정은 투표에 의해 이루어지고 있다. 사회구성원 전체의 의사결정 방법에는 여러 가지 원칙이 있으며, 현실적으로 다수결 원칙이 가장 많이 사용된다. 집단 의사결정 방법들의 장·단점을 설명하시오.

02 다수결투표제와 보다투표제를 각각 설명하고, 그 장·단점을 비교하시오.

03 갑, 을, 병 세 사람을 포함한 $n+3$명의 구성원으로 이루어진 사회가 있다. 갑, 을, 병 세 사람의 선호관계는 각각 아래와 같다.

$$aP_{갑}bP_{갑}c,\ cP_{을}aP_{을}b,\ aP_{병}cP_{병}b$$

나머지 n명의 사람들의 선호관계는 모두 $cP_i bP_i a$와 같다.

(1) 갑, 을, 병 세 사람이 지배집단을 이루는 과두제 하에서 a, b, c 세 대안들에 대한 사회적 선호관계는?

(2) 다수결투표제와 보다투표제에 따른 사회적 선호관계를 구하시오.

(3) n이 커짐에 따라 위 세 사회적 선호관계에 어떤 변화가 일어나는가에 대하여 설명하시오.

04 애로우의 불가능성 정리에서 파레토 공리, 이행성 공리, 비독재성 공리를 만족하지만 무관한 대안으로부터의 독립성을 위반하는 선호집계함수를 예시하시오.

05 이행성 공리를 위반하나 애로우의 불가능성 정리의 다른 공리들을 모두 충족하는 선호집계함수를 예시하시오.

06 사회적 선호의 합리성의 조건으로 사용되는 이행성, 준이행성, 비순환성의 세 가지 성질에 대하여 설명하고 그 관계에 대하여 논하시오.

07 사회적 선호의 합리성의 관점에서 과반투표제를 평가하시오.

08 0과 1 사이의 수로 표시되는 일차원 정책공간 상의 단봉형 선호관계를 가지는 $2n$명의 투표자들이 있다. 각 투표자 $i=1, 2, \cdots, 2n$이 선호하는 정책을 p_i라 쓸 때, $p_1 < p_2 < \cdots < p_{2n}$의 관계가 성립한다고 하자. 이 경우 콩도르세 승자를 모두 찾으시오.

09 중위투표자 정리를 기술하고 간접민주주의에서 정당 간의 경쟁과 정당의 정책선택에 대하여 이 정리가 갖는 함의를 설명하시오.

10 복지와 성장에 관한 정책을 1에서 9까지의 자연수로 나타내고, 그 값이 커질수록 성장에 더 높은 가중치가 부여된다고 하자. 유권자들은 최하소득계층 1에서 최고소득

계층 9까지 소득 순서에 따라 아홉 개의 계층으로 구성된다. 소득이 높을수록 성장을 더 중요시하며, 계층 k(단, $k = 1, 2, \cdots, 9$) 유권자는 정책 k를 가장 선호한다. 각 유권자의 선호체계는 단봉형이다. (2012년 행정고시 기출문제)

(1) 각 소득계층의 유권자 수가 균일하게 분포한다고 하자. 중위투표자 정리를 기술하고, 이를 적용하여 과반수투표제 하의 (직접)민주주의적인 의사결정에 따른 결과를 서술하시오.

(2) 각 소득계층의 유권자 수가 균일하게 분포한다고 하자. ○○당과 △△당, 두 정당이 경쟁하는 다음과 같은 간접민주주의 제도를 고려하자.

- ○○당의 이념을 대변하는 정책은 1이고 △△당의 이념을 대변하는 정책은 9이다.
- 두 정당이 동시에 개별적으로 1에서 9까지 아홉 가지 정책들 중에서 하나를 공약으로 선택하고, 각 유권자들은 자신이 가장 선호하는 정책에 더 가까운 정당에 투표한다.
- 만약 두 정당의 정책이 같은 거리에 있으면 반반의 확률로 각 정당에 투표한다. 선거는 1인 1표제이며 한 표라도 더 득표한 정당이 집권한다.
- 만약 두 정당이 똑같이 득표하면 반반의 확률로 집권하게 된다.
- 집권당은 자신의 선거공약을 실천한다.

각 정당의 목표가 이념 위치와 무관하게 집권가능성을 극대화하는 것일 때 나타날 결과를 설명하시오. (단, 각 정당의 정책, 집권당, 그리고 실현되는 정책을 명시하여 내쉬균형을 찾고 균형이 되는 이유를 설명할 것)

(3) 다른 모든 조건은 (2)와 같으나 각 정당의 목표가 이념성취도를 극대화하는 것이라고 하자. 구체적으로, 선거 결과 집권당의 정책이 k일 때, ○○당의 이념성취도는 $10-(k-1)$이고 △△당의 이념성취도는 $10-(9-k)$이다. 이러한 이념적 정당들 간의 경쟁으로 나타날 결과를 설명하시오. (단, 각 정당의 정책, 집권당, 그리고 실현되는 정책을 명시하여 내쉬균형을 찾고 균형이 되는 이유를 설명할 것)

(4) 어떤 소득분포 하에서 소득의 중위값(중위소득)을 y_{med}로 나타내고 평균소득을 μ로 나타내자. 경제위기로 인하여 $\dfrac{1-y_{\text{med}}}{\mu}$로 측정되는 소득불평등도가 악화될 때, 정부의 정책에 나타날 변화를 설명하시오.

1. 사회후생함수

1.1 애로우의 사회후생함수

1.2 베르그송-사무엘슨 사회후생함수

1.3 공리주의 사회후생함수

1.4 확장된 공리주의 사회후생함수

1.5 롤즈의 사회후생함수와 평등주의 사회후생함수

1.6 내쉬의 사회후생함수와 기타 사회후생함수

2. 각종 사회후생함수와 소득분배

사회후생함수와 소득분배

Public Finance
ch. ten

10

1. 사회후생함수

경제학 전반에 널리 퍼진 후생주의(厚生主義, welfarism)는 경제적 문제에 대한 규범적 평가에서 오직 소비자들의 선호만족이라는 기준만이 유일하게 중요하다는 입장이다. 후생주의는 제9장에서 살펴본 사회선택이론의 기본 모형 자체에 전제되어 있다고 볼 수 있다. 즉, 사회적 가치기준(사회적 선호)을 정하는 데 필요한 정보가 개인들의 선호뿐이라는 가정이 선호집계함수의 정의에 가정된 것이다. 후생주의를 나타내는 보다 강한 선호집계함수의 조건으로서 소비자들의 선호만족의 관점에서 동일한 두 가지 경제적 상태 혹은 배분이 있다면, 이 둘은 규범적으로 무차별하게 평가되어야 한다는 조건을 생각해 볼 수 있다. 즉, 임의의 선호프로파일 $R=(R_1, \cdots, R_n)$에서 두 대안 $x, y \in X$가 모든 사람들에게 동일한 선호만족을 줄 경우, 즉 모든 $i \in N$에 대하여 $xI_i y$라면, 두 대안은 사회적으로 무차별해야 한다.

선호만족의 정량적 크기를 나타내는 효용함수까지도 후생의 지표로 활용하는 보다 확장된 의미의 후생주의, 즉 "기수적" 후생주의도 생각해 볼 수 있다. 사회후생함수 F는 가능한 효용함수 프로파일들$(u_1(\cdot), \cdots, u_n(\cdot))$ 각각에 대하여 하나의 사회적 선호 $F(u_1(\cdot), \cdots, u_n(\cdot))$를 결정해 주는 함수로 정의된다. 선호집계함수와 다른 점은 개인들의 선호관계가 아니라 개인들의 효용함수들을 집계하여 사회적 선호관계를 결정하는 것이라는 점이다. 따라서 사회후생함수는 선호집계함수를 포괄하는 개념이라는 것을 알 수 있다. 사회후생함수는 그 사회의 규범적 규율이나 혹은 가치판단 기준에 따라 수없이 다양한 형태가 있다.

1.1 애로우의 사회후생함수

사회후생함수가 개인들의 효용함수를 집계하도록 정의되었으므로 원칙적으로 기수적 효용을 반영할 수 있고 개인 간의 효용 비교도 허용될 수 있다. 즉, 개인의 선호체계를 나타내는 무수한 효용함수들 중에서 어떤 것으로 정해지는가에 따라 상이한 사회적 선호관계가 얻어질 수 있다. 따라서 제9장에서 소개한 선호집계함수는 사회후생함수의 특수한 경우, 즉 동일한 선호체계를 나타내는 어떤 효용함수들에 대해서도 사회적 선호관계는 동일해야 한다는 아래 조건이 추가된 경우로 볼 수 있다.

단조증가변환에 대한 불변성

임의의 두 효용함수 프로파일 $(u_1(\cdot), \cdots, u_n(\cdot))$, $(\tilde{u}_1(\cdot), \cdots, \tilde{u}_n(\cdot))$에 대하여, 만약 모든 $i \in N$의 두 효용함수 $u_i(\cdot)$와 $\tilde{u}_i(\cdot)$가 동일한 선호체계를 나타낸다면 (따라서 하나가 다른 하나의 단조증가변환이라면), 두 효용프로파일에서 결정되는 사회적 선호관계는 동일해야 한다. 즉, 모든 $x, y \in X$에 대하여, $xR_{F(u_1(\cdot), \cdots, u_n(\cdot))}y$이면 $xR_{F(\tilde{u}_1(\cdot), \cdots, \tilde{u}_n(\cdot))}y$이고 그 역도 성립한다.

애로우 사회후생함수란 바로 단조증가변환에 대한 불변성을 충족하는 사회후생함수로 정의되고, 이것이 바로 제9장의 선호집계함수와 동일한 것이다. 따라서 선호집계함수에 대한 제9장의 주요 결과들과 동일한 결과들이 애로우 사회후생함수에 대하여 성립한다. 먼저 제9장에서 소개한 선호집계함수들의 공리들과 같은 공리들을 사회후생함수의 공리로서 다음과 같이 정의할 수 있다. 우선 파레토와 이행성 공리는 아래와 같다.

파레토

임의의 효용함수 프로파일 $(u_1(\cdot), \cdots, u_n(\cdot))$과 임의의 두 대안 $x, y \in X$에 대하여, 만약 모든 $i \in N$에게 $u_i(x) > u_i(y)$이면

$$xP_{F(u_1(\cdot), \cdots, u_n(\cdot))}y.$$

이행성

모든 효용함수 프로파일 $(u_1(\cdot), \cdots, u_n(\cdot))$에서 결정되는 사회적 선호관계 $F(u_1(\cdot), \cdots, u_n(\cdot))$는 이행성을 만족한다.

무관한 대안으로부터의 독립성 역시 그대로 사회후생함수의 공리로 정의할 수 있다. 그러나 이 공리는 단조증가변환에 대한 불변성을 함축하게 되어,[1] 이 공

1. 이에 대한 논증은 독자에게 맡긴다.

리를 가정하는 한 제9장에서 논의된 애로우의 모형에서 벗어날 수 없다. 따라서 본 장에서는 무관한 대안으로부터의 독립성 대신에 이 공리를 기수적 효용을 고려하여 완화한 다음과 같은 공리를 고려할 것이다.

기수적 쌍독립성(雙獨立性)

임의의 두 효용함수 프로파일 $(u_1(\cdot), \cdots, u_n(\cdot))$, $(\tilde{u}_1(\cdot), \cdots, \tilde{u}_n(\cdot))$와 임의의 두 대안 $x, y \in X$에 대하여, 모든 사람들의 x와 y에서의 효용의 크기가 두 프로파일에서 동일하다면(즉, 모든 $i \in N$에게 $u_i(x) = \tilde{u}_i(x)$이고 $u_i(y) = \tilde{u}_i(y)$이면), $F(u_1(\cdot), \cdots, u_n(\cdot))$와 $F(\tilde{u}_1(\cdot), \cdots, \tilde{u}_n(\cdot))$에서 x, y의 선호관계는 동일하다. 즉, $xR_{F(u_1(\cdot), \cdots, u_n(\cdot))}y$이면 $xR_{F(\tilde{u}_1(\cdot), \cdots, \tilde{u}_n(\cdot))}y$이고 그 역도 성립한다.

모든 사람들의 x와 y에서의 효용의 크기에 변화가 없다면 당연히 모든 사람들에게 x와 y 사이의 선호관계도 변화가 없을 것이므로 무관한 대안으로부터의 독립성을 충족하는 사회후생함수라면 x와 y 사이의 사회적 선호에 변화가 없어야 할 것이다. 따라서 무관한 대안으로부터의 독립성이 기수적 쌍독립성을 함축한다는 것을 알 수 있다. 그러나 그 역은 성립하지 않는다. 사람들의 효용함수가 변화할 때 x와 y의 선호관계가 변화하지 않더라도 두 대안에서의 효용의 크기는 얼마든지 변화할 수 있고, 이때에는 기수적 쌍독립성이 사회적 선호에 요구하는 아무런 조건이 없어서 두 대안 간의 사회적 선호가 변화하는 것이 허용되기 때문이다. 기수적 쌍독립성을 충족하더라도 무관한 대안으로부터의 독립성을 충족하지 않는 예로 다음 절에서 살펴볼 베르그송–사무엘슨 사회후생함수들을 들 수 있다.

한편, 단조증가변환에 대한 불변성과 기수적 쌍독립성을 결합하면 무관한 대안으로부터의 독립성이 논리적으로 얻어진다는 것 또한 알 수 있는데, 이는 두 선호프로파일 $R = (R_1, \cdots, R_n)$과 $R' = (R_1', \cdots, R_n')$에서 두 대안 x, y에 대하여 모든 사람들이 동일한 선호를 갖고 있다면, 두 대안에서 효용의 크기가 변화하지 않으면서 선호관계 R_i, R_i'을 각각 나타내는 효용함수 $u_i(\cdot), u_i'(\cdot)$을 찾을 수 있기 때문이다. 따라서 단조증가변환에 대한 불변성, 기수적 쌍독립성, 파레토, 이행성과 비독재성을 가정하면 애로우의 불가능성 정리의 모든 공리들이 성립하게 되어 동일한 불가능성 정리가 도출된다.

애로우의 불가능성 정리

적어도 세 개의 대안들이 있고 두 명 이상의 개인들이 있다고 가정하자. 그리고 각 개인들의 효용함수에 어떤 제약도 없어서 사회적 대안들의 집합 X 상에서 정의되는 어떤 효용함수도 가능하다 가정하자. 이 두 가정 하에서 단조증가변환에 대한 불변성, 파레토 공리, 이행성 공리, 기수적 쌍독립성, 그리고 비독재성을 모두 충족하는 사회후생함수는 존재하지 않는다.

애로우의 불가능성 정리에서와 달리 단조증가변환에 대한 불변성이 추가된 것은 이를 충족하는 애로우 사회후생함수이어야 선호집계함수로 볼 수 있고 따라서 제9장의 선호집계함수에 대한 불가능성 정리를 적용할 수 있기 때문이다. 이 추가된 공리가 없다면 불가능성 정리는 성립하지 않는다. 다음 절에서는 단조증가변환에 대한 불변성을 위배하여 애로우 사회후생함수가 될 수 없는 많은 예들을 살펴보고, 이들이 나머지 네 가지 공리들을 모두 충족한다는 사실을 보일 것이다.

수많은 경제학자들에 의해서 애로우의 가정과 공리들을 일부 위배하더라도 어느 정도 설득력 있는 사회후생함수들의 존재를 규명하려는 시도들이 거듭되었다. 단봉형 선호와 같이 개인의 선호에 제약을 가하여(이는 선호의 비제한성의 가정에 위배됨) 사회후생함수의 도출을 시도하기도 하였으며, 이행성의 공리와 무관한 대안으로부터의 독립성 등을 완화하려는 시도들도 있었다. 리틀(Lan Little)과 사무엘슨(Paul Samuelson) 같은 일부 경제학자들은 후생경제학에 있어서 애로우 이론의 중요성을 부정하기도 하였다.[2] 그러나 다수의 경제학자들로부터 격렬한 비판을 받을 수밖에 없었다.[3]

애로우의 가정과 공리를 완화하는 이러한 연구방향들 중에서 가장 흥미로운 것이 애로우의 무관한 대안으로부터의 독립성을 완화하는 사회후생함수에 대한

---

2. Little, Lan M. D., "Social Choice and Individual Values," *Journal of Political Economy*, 60, 1952, pp.422~432 ; Samuelson, Paul A., "Arrow's Mathematical Politics," in Hook, S. (ed.), Human Values and Economic Policy ; A Symposium, New York University Press, 1967.

3. Kemp, M. C. & Ng, Y. K., "On the Existence of Social Welfare Function, Social Orderings And Social Decision Functions," *Econometrica*, 43, 1976, pp.59~66 ; Parks, Robert P., "An Impossibility Theorem for Fixed References : A Dictatorial Bergson–Samuelson Welfare Function," *Review of Economic Studies*, 43, 1976, pp.447~450.

연구들이다. 다시 설명하면, 애로우의 불가능성 정리에서와 같이 개인의 우선순위에만 기초를 둔 이상적인 사회후생함수란 존재할 수 없으므로 사회후생함수를 도출하기 위해서는 기수적 선호에 관한 정보도 필요한 것이다.

1.2 베르그송-사무엘슨 사회후생함수

베르그송(Bergson, 1938)과 사무엘슨(Samuelson, 1947)은 애로우의 사회선택이론 모형이 가정하는 후생주의보다 더 확장된 의미의 후생주의를 전제하였다.[4] 이들에게 개인의 후생은 선호만족 혹은 서수적 효용만으로 기술되는 것이 아니라 선호만족의 강도를 나타내는 기수적 효용 역시 포함한다. 이렇게 확장된 의미의 개인 후생만이 규범적 평가에서 중요한 요소라고 주장하는 이들의 후생주의를 **기수적**(基數的) **후생주의**라고 부른다. 베르그송과 사무엘슨은 이러한 기수적 후생주의가 반영된 사회후생함수들을 고려하였다. 기수적 후생주의에서 어떤 사회적 혹은 경제적 의사결정이나 배분에 대한 사회적 평가는 그것이 야기하는 개개인들의 만족 혹은 효용의 크기를 나타내는 효용프로파일 $(w_1, \cdots, w_n) \in \mathbb{R}^n$에 대한 평가로 환원된다. 즉, 사회적 대안들의 집합 X 상의 사회적 선호관계가 효용프로파일들의 집합 $\mathbb{R}^n$ 상의 사회적 선호관계로 결정된다.

베르그송-사무엘슨 사회후생함수

효용프로파일들의 집합 $\mathbb{R}^n$ 상의 선호관계 R_S가 존재하여, 임의의 효용함수 프로파일 $(u_1(\cdot), \cdots, u_n(\cdot))$에서의 사회적 선호관계 $F(u_1(\cdot), \cdots, u_n(\cdot))$가 각 대안들에서의 효용의 크기와 R_S에 따라 다음과 같이 결정된다. 모든 $x, y \in X$에 대하여 $(u_1(x), \cdots, u_n(x))$, $R_S(u_1(y), \cdots, u_n(y))$이면 $xR_{F(u_1(\cdot), \cdots, u_n(\cdot))}y$이고, 그 역도 성립한다.[5]

예를 들어 $(w_1, \cdots, w_n) \in \mathbb{R}^n$이 $(w_1', \cdots, w_n') \in \mathbb{R}^n$보다 선호될 조건을 $w_1 + \cdots +$

---

4. Bergson, Abram, "A Reformulation of Certain Aspects of Welfare Economics," *Quarterly Journal Of Economics*, 52, 1938, pp.310~334, Reprinted in Arrow, K & Scitovsky, T. (eds.), "Readings in Welfare Economics," Allen & Unwin, London, 196 ; Samuelson, P. A., "Foundation of Economic Analysis," Harvard University Press, 1947.

5. 다른 책에서는 식 (10-2)와 같이 나타내어지는 사회후생함수를 베르그송-사무엘슨 사회후생함수라고 부르기도 한다.

$w_n \geq w_1' + \cdots + w_n'$이라 하여 R_S를 정하면, 이를 통하여 정의되는 베르그송–사무엘슨 사회후생함수는 임의의 x, y에 대하여 $u_1(x) + \cdots + u_n(x) \geq u_1(y) + \cdots + u_n(y)$이면 x를 y보다 사회적으로 선호하고, 그 역도 성립한다. 이를 보다 일반화하여 사회의 후생수준이 다음과 같이 각 개인의 후생에 의하여 하나의 수치로 결정되는 베르그송–사무엘슨 사회후생함수들을 생각해 볼 수 있는데, 이들은 다음 항에서 설명하고 있는 공리주의적인 사회후생함수의 일반적 표현으로 간주된다.

$$w = W(w_1, w_2, \cdots, w_i, \cdots, w_n) \qquad (10-1)$$

여기서 w는 사회후생의 크기, w_i는 i번째 사회구성원의 후생을 나타내며, n은 사회구성원의 수를 나타낸다. 개인 후생 w_i는 개인의 정신적 · 물질적 만족과 불만, 혹은 쾌감과 고통을 반영(또는 가감)한 순행복감(net happiness)으로 간주할 수 있다.

그러나 여기에서 우리는 개인들의 순행복을 어떻게 측정할 수 있는가 하는 문제에 직면하게 된다. 이러한 어려움을 회피하는 방법 중 하나로, 각 개인들은 그들의 후생을 가장 잘 판단하며 또한 제각기 그들의 후생을 극대화한다고 가정한다. 따라서 한 개인이 어느 사회상태 x를 또 다른 사회상태 y보다 선호하면, 그는 y보다 x에 대해서 더욱 행복하게 느낀다고 가정하게 된다. 그러므로 우리는 각 개인의 선호를 반영하는 효용함수를 그의 후생에 대한 서수적인 지표로 사용할 수 있다.[6] 이에 따라 식 (10−1)을 개인들의 효용함수를 이용하여 사회후생의 크기를 나타내는 함수로 나타내면, 임의의 사회상태 $x \in X$에서 사회후생의 크기 $w(x)$는

$$w(x) = W(u_1(x), u_2(x), \cdots, u_n(x)) \qquad (10-2)$$

6. 후생경제학에서는 대부분의 경우 효용(utility)과 후생(welfare)을 동일하게 사용하고 있으나, 엄밀하게 표시하면 구분되어져야 할 것이다. 이에 대해서는 다음의 논문들을 참조하기 바란다. Ng, Yew-Kwang, "Welfare Economics," The Macmillan Press LTD., 1979, pp.7~12 ; Sen, Amartya K., "Behavior and The Concept of Preference," *Econometrica*, 40, 1973, pp.341~359 ; Phelps, Edmund S. (eds), "Altruism, Morality, and Economic Theory," New York, Russel Sage Foundation, 1975.

와 같이 결정된다. 여기에서 $u_i(\cdot)$는 개인 i의 효용함수를 뜻한다.

식 (10-2)와 같이 각 개인들의 후생이나 효용이 다른 사람들의 효용과 관계없이 결정되는 사회후생함수를 개인주의적 사회후생함수라 부르기도 한다. 이는 사회선호가 개인의 가치를 존중하는 방식으로 결정되며, 개인의 가치는 다른 사람들의 가치와 독립적으로 개인의 소비행위에서 얻어지는 만족도에 의해서만 형성된다고 전제하는 것이다.

만약 모든 개인 i의 효용 w_i에 대하여 $W(\cdot)$가 단조증가함수일 경우(즉, $\frac{\partial W}{\partial w_i} > 0$),[7] 식 (10-2)의 사회후생함수를 **파레토형 사회후생함수**(Paretian SWF)라 한다. 파레토형 사회후생함수가 파레토 공리를 충족한다는 것은 자명하나, 어떤 사회후생함수가 파레토 공리를 충족하기 위한 필요조건이 되는 것은 아니다. 가령 $W(w_1, \cdots, w_n) = w_1$일 때 식 (10-2)의 사회후생함수는 파레토형 사회후생함수가 아니지만 파레토 공리를 충족한다는 것은 쉽게 확인할 수 있다.

베르그송-사무엘슨 사회후생함수는 개인의 선호의 크기에만 의존하여 사회적 선호를 결정하므로 기수적 쌍독립성을 충족할 수밖에 없다. 역으로 기수적 쌍독립성을 충족하는 임의의 사회후생함수가 파레토와 이행성을 충족한다면 반드시 베르그송-사무엘슨 사회후생함수라는 사실이 알려져 있다.[8] 이는 기수적 쌍독립성이 베르그송-사무엘슨 사회후생함수를 특징지우는 핵심적인 조건이라는 것을 말해준다.

1.3 공리주의 사회후생함수

18세기 영국의 철학자 벤담(Jeremy Bentham)에게 인간 본성과 사회에 대한 연구의 궁극적인 목표는 이상(理想)사회를 위한 과학적 기초를 세우는 것이었다. 그는 정부가 "최대 다수의 최대 행복(the greatest happiness of the greatest number)"을 달성하기 위해서 노력해야 한다고 주장하였다. 이의 해석 중의 하나로 사회후생함수를 모든 사회구성원들의 후생의 총합으로 나타낼 수 있다.

---

7. w_i에 대한 단조증가함수는 다른 변수는 불변이고 w_i만 $w_i' > w_i$로 증가할 때 함수값도 증가하여 $W(w_1, \cdots, w_i', \cdots, w_n) > W(w_1, \cdots, w_i, \cdots, w_n)$임을 의미한다.
8. 이에 대한 논증은 비교적 평이하나 본 교재에서 소개하기에는 너무 기술적이라 생략한다. Mas-Colell, Whinston, Green(1995)의 Proposition 22.D.1을 참조 바란다.

$$W(w_1, \cdots, w_n) = w_1 + \cdots + w_n = \sum_{i=1}^{n} w_i \quad (10-3)$$

이에 따르면 임의의 대안 $x \in X$의 사회후생의 크기는 아래와 같이 x에서의 개인들의 후생의 합으로 표시된다.

$$w(x) = u_1(x) + \cdots + u_n(x) = \sum_{i=1}^{n} u_i(x) \quad (10-4)$$

구체적으로 두 사람으로 구성된 사회의 선택 문제에서 공리주의적 사회후생함수를 응용해 보기로 하자. 만약 두 사람이 400미터 간격을 두고 살고 있으며 이들의 집 사이에 시당국에서 가로등을 설치하는 문제를 가상해 보자. 또한 두 구성원의 선호 R_1, R_2는 $u_1(x) = \frac{1}{1+x}$, $u_2(x) = x$의 효용함수로 각각 표시된다고 가정하자. 여기에서 x는 첫 번째 구성원의 집에서 가로등까지의 거리를 나타낸다. 그러면 사회선택 문제는 0과 400 사이의 x값을 선택하는 문제이고, x값이 정해지면 두 사람의 효용은 각각 $u_1 = \frac{1}{1+x}$와 $u_2 = x$로 결정된다. 이 문제의 해결을 위해서 벤담의 사회후생함수(Benthamite SWF)에서 사회후생의 크기 $w(x) = u_1(x) + u_2(x)$를 극대화하는 x의 값은 400으로 나타날 것이다. 따라서 1에게는 최악의 결과이자 2에게는 최상의 결과가 선택되는 것을 알 수 있다. 이에 대해서 첫 번째 구성원은 시당국에 최대 다수의 최대 행복을 의미하는 벤담의 사회후생함수의 부당성을 항의하거나 두 사람의 선호를 대변하는 효용함수의 특성에 따라서 해가 결정될 경우의 효용함수 선정의 부당성을 주장할 것이다. 만약 시당국에서 사회후생함수를 구성하는 개인의 효용함수를 $u_1(x) = -x$, $u_2(x) = \frac{x}{2}$로 가정한다면, x에서 사회후생은 $w(x) = -\frac{x}{2}$로서 극대사회후생은 $x = 0$에서 달성될 것이다. 이는 첫 번째 구성원의 집 앞에 가로등이 설치되는 경우로서 두 번째 구성원의 불만이 될 것이다. 즉, 동일한 선호관계를 나타내는 효용함수들이라도 서로 상반된 결정을 내리게 되는 것이다.

그러므로 개인 효용의 총합으로 나타나는 사회후생은 각 개인들의 선호 R_i에 의존하기보다는 이들 선호를 반영하는 효용함수 선정에 의존함을 알 수 있다. 이러한 사례를 통하여 개인의 효용을 어떻게 측정할 것인가에 대한 구체적인 이론이 없다면 벤담의 사회후생함수도 사회선택 문제에 명확한 해답을 제시해 줄 수 없음을 알 수 있다. 벤담 스스로도 “최대 다수의 최대 행복의 원리”에서 야기되는 개인 효용의 측정의 문제점과 서로 다른 개인 효용들의 합산의 문제점을 자기 이론의 중요한 약점으로 인식하였다. 한 개인의 이익(혹은 행복)은 다른 사람의 이익(행복)이 아니므로 서로의 효용을 통합하는 것은 20개의 사과와 20개의 배를 합해서 40개의 동질의 그 무엇으로 간주하는 것과 같은 문제가 있다고 비유하였다.[9] 이러한 어려움을 극복할 수 없는 자신의 무능을 탓하여 벤담은 좌절감에 빠진 나머지 그의 연구업적 중 일부만을 출간하는 데 그쳤다고 한다.

애로우의 불가능성 정리를 통해 볼 때 어떠한 방법으로도 벤담의 좌절감을 풀어줄 수는 없다. 이는 후생경제학이 당면하고 있는 기본 문제에 연유한다. 그럼에도 불구하고 벤담의 공리주의는 경제학자는 물론이고 법학, 사회통계학 등 인접 학문에도 큰 영향을 미쳤다.

벤담의 후생함수를 실제 정책결정이나 사회경제적 의사결정에 적용하기 위해서는 의사결정자에게 개인의 효용함수를 파악할 수 있는 능력이 있어야 한다. 얼마나 많은 능력이 필요한가는 사회후생함수의 기수적 불변성의 특성에 따라 다르다. 가령 단조증가변환에 대한 불변성을 만족하는 사회후생함수의 경우, 의사결정에 필요한 정보는 효용함수가 아니라 선호체계뿐이다. 따라서 의사결정자가 기수적 정보를 얻을 필요가 없다. 벤담의 후생함수는 당연히 이러한 불변성을 갖지 않는다.

효용의 단위변환이란 효용함수 $u_i(\cdot)$를 어떤 양수 α를 곱하여 $\alpha u_i(\cdot)$로 변환시키는 것을 의미한다. 기준점 변환이란 효용함수 $u_i(\cdot)$를 어떤 실수 β를 더하여 $u_i(\cdot)+\beta$로 변환시키는 것을 의미한다. 사회후생함수가 **단위변환에 대한 불변성**을 갖는다는 것은 모든 $i \in N$과 모든 $\alpha_i > 0$에 대하여

$$W(u_1(\cdot), \cdots, u_n(\cdot)) = W(\alpha_1 u_1(\cdot), \cdots, \alpha_n u_n(\cdot))$$

임을 의미한다. 사회후생함수가 **기준점 변환에 대한 불변성**을 갖는다는 것은 모든 $i \in N$과 모든 $\beta_i \in \mathbb{R}$에 대하여

$$W(u_1(\cdot), \cdots, u_n(\cdot)) = W(u_1(\cdot)+\beta_1, \cdots, u_n(\cdot)+\beta_n)$$

9. Richter, M. K., "Introduction to Welfare Economics," *Unpublished Lecture Note*, University of Minnesota, 1981, pp.86~87.

임을 의미한다. **개인 간의 후생 비교를 허용하지 않는** 사회후생함수는 이 두 불변성을 모두 충족하는 사회후생함수를 의미한다. 즉, 모든 $i \in N$, 모든 $\alpha_i > 0$, 그리고 모든 $\beta_i \in \mathbb{R}$에 대하여

$$W(u_1(\cdot), \cdots, u_n(\cdot)) = W(\alpha_1 u_1(\cdot) + \beta_1, \cdots, \alpha_n u_n(\cdot) + \beta_n)$$

벤담의 공리주의 사회후생함수의 경우 기준점 변환에 대한 불변성은 갖지만 단위변환에 대한 불변성은 갖지 않는다. 따라서 의사결정자가 효용의 단위는 알 수 있어야 하지만 효용의 기준점은 알고 있을 필요가 없다.

흥미로운 사실은 식 (10-2)와 같은 $W(w_1, \cdots, w_n)$ 함수의 형태로 나타낼 수 있는 파레토형 사회후생함수들 중에서는 $W(\cdot)$가 연속적이라는 기본적인 조건이 전제된다면 기준점 변환에 대한 불변성을 갖는 유일한 사회후생함수가 바로 다음과 같은 개인 효용의 가중합뿐이라는 사실이다.[10] 즉, 모든 $i \in N$에 대하여 어떤 $a_i \geq 0$가 존재하여

$$W(u_1(\cdot), \cdots, u_n(\cdot)) = \sum_{i=1}^{n} a_i u_i(\cdot).$$

이를 **가중합**(加重合) **공리주의** 사회후생함수라고 한다. 이와 구분하여 벤담의 공리주의 사회후생함수를 **고전적 공리주의** 사회후생함수라고 하자.

이러한 가중합 공리주의 사회후생함수들 중에서 단위변환에 대한 독립성까지 충족하는 것은 독재적인 사회후생함수, 즉 어떤 독재자 i를 제외한 다른 모든 사람 $j \neq i$의 $a_j = 0$인 경우뿐이라는 것을 알 수 있을 것이다.

1.4 확장된 공리주의 사회후생함수

앞에서 설명한 공리주의 사회후생함수들과 달리 기준점 변환에 대한 불변성을 요구하지 않는다면 보다 많은 사회후생함수들이 허용될 것이다. 어떤 효용함

10. 자세한 내용은 다음 논문을 참조하기 바란다. d'Aspremont, C. and L. Gevers, "Equity and the informational basis of collective choice," *Review of Economic Studies*, 44, 1977, pp. 199～209.

수 프로파일 $(u_1(\cdot), \cdots, u_n(\cdot))$를 하나의 양수 α의 곱으로서 $(\alpha u_1(\cdot), \cdots, \alpha u_n(\cdot))$로 변환시키는 것을 **균일한 단위변환**이라고 부른다. 이와 같은 **균일한 단위변환에 대한 불변성**을 충족하는 다양한 사회후생함수들을 이용하여 확장된 공리주의를 정의해 볼 수 있을 것이다. 앳킨슨(Anthony Atkinson)은 이러한 **확장된 공리주의** 사회후생함수를 다음과 같이 소개하고 있다.[11]

$$W(w_1, \cdots, w_n) = \frac{1}{\alpha}\sum_{i=1}^{n} w_i^{\alpha} \qquad (10-5)$$

여기에서 만약 α가 1일 경우엔 벤담의 후생함수와 일치하며, α가 1보다 작을 경우엔 개인의 효용의 합뿐만 아니라 효용분배(후생문제)도 사회후생 수준에 영향을 미치게 된다. 즉, α의 크기에 따라서 무수한 후생분배의 선호도를 반영하는 사회후생함수들을 만들 수 있다. 만약 α가 마이너스 무한대($-\infty$)에 가까우면 다음 항에서 설명하는 최하층을 중요시하는 "사전적(辭典的) 최소극대화" 사회후생함수(leximin SWF)에 접근하며, 0에 가까우면 앞으로 설명될 "내쉬(John Nash)" 사회후생함수에 접근하고, $+\infty$에 가까우면 최상층을 중요시하는 "최상층극대화(maximax)" 사회후생함수가 된다. 확장된 공리주의 사회후생함수는 근래에 와서 후생경제학의 응용분야에서 가장 빈번히 사용되고 있으며, 특히 최적과세 분야에서 사회선택의 기준으로 사용되어 왔다.[12]

1.5 롤즈의 사회후생함수와 평등주의 사회후생함수

도덕철학자이며 사회계약론자인 롤즈(John Rawls)는 벤담과 같은 고전적 공리주의 사회후생함수는 후생분배를 무시하고 오직 그 사회의 평균효용이나 각 개인의 효용 총합만을 고려하고 있다고 격렬히 비판하였다.

롤즈의 『정의론』은 사회선택이론을 사회계약(social contract)의 측면에서 논술하고 있다.[13] 따라서 사회선택 문제를 해결하는 사회후생함수는 개인의 순수

---

11. Atkinson, Anthony B., "How Progressive Should Income Tax Be?" in Parkin M. (eds), *Essays on Modern Economics*, 1973, pp.90 ~ 109 ; London, Longman, Reprinted in Phelps, E. S., *Economic Justice*, Penguin Books, 1973.

12. 소득세의 최적과세에서는 α의 크기에 따라서 소득세의 적정 세율이 어떻게 변화하는가를 보여주며, 또한 사회의 분배문제를 소득세의 누진구조에 의해서 설명하고 있다.

한 도덕적 가치관을 보다 중시하는 규범적 규율을 반영하고 있다. 롤즈는 이러한 도덕적 가치관은 가장 열악한 계층을 우대하는 것으로 집약되어져야 한다고 주장한다. 이를 아래 식 (10-6)의 사회후생함수로 표시할 수 있다.

$$W(w_1, \cdots, w_n) = min\{w_1, \cdots, w_n\} \qquad (10-6)$$

즉, 식 (10-6)은 가장 열악한 개인(혹은 계층)의 효용을 극대화하는 **최소극대화**(maximin) **사회후생함수**를 뜻한다. 이 함수는 고정계수 생산함수(fixed coefficient production function)와 마찬가지로 L형의 사회무차별곡선으로 나타나며, 다음 절의 [그림 10-1]에서와 같이 원점에서 45도 직선과 L형의 중심과 만나게 된다.

롤즈의 정의론을 최소극대화원리(maximin principle)로 표시한다면, 이것은 그의 이론을 지나치게 단순화한 결과가 될 것이다. 롤즈 자신도 앳킨슨의 후생함수 식 (10-5)에다 단순히 파라미터(α)의 변형으로서 한 사회의 규범적 규율의 변화를 반영하는 것은 지나친 비약으로 간주했다.[14] 그러므로 여기에서 논의하는 최소극대화는 롤즈의 『정의론(*A Theory of Justice*)』 중 분배원리를 설명하는 "차등의 원리(difference principle)"의 집약으로 이해되어야 할 것이다.[15]

그러나 롤즈의 분배원리는 하사니(John Harsany)를 위시한 많은 경제학자들의 비판을 피할 수 없었다. 특히 아주 적은 후생의 증대일지라도 최소수혜자를 위해서라면 그 다음으로 낮은 후생뿐만 아니라 나머지 모든 계층의 상당한 희생이나 불공평한 분배도 감수해야 하는 함의가 지나치게 극단적이라고 평가되었다. 또한 불확실성 하에서 합리적 사회구성원들이 기대효용의 극대화보다는 최소극대화(maximin)의 선택원리를 채택한다는 것도 설득력이 부족하다는 비판의 여지가 있다.

최소극대화 사회후생함수는 파레토 비효율적인 결과를 선택할 수 있다. 예

13. Rawls, John, *A Theory of Justice*, Harvard University Press, 1971. (Revised edition, 1999.)
14. Rawls, John, "Reply to Alexander and Musgrave," *Quarterly Journal of Economics*, 87, 1973, pp.633~655 ; Rawls, John, "Concepts of distributional equity : some reasons for the maximin criterion," *American Economic Review*, 64, 1974, pp.142~146.
15. 롤즈의 차등의 원리는 분배의 불평등이 허용될 수 있는 조건을 나타낸다. 이에 따르면 최소수혜자의 개선이 이루어질 수 있는 불평등은 허용될 수 있다. 이 조건을 충족시키지 못한다면 불평등은 허용될 수 없다는 것이 차등의 원리이다.

를 들어 두 사람이 있는 경제에서 (2, 5)의 효용프로파일과 (2, 10)의 효용프로파일이 최소극대화 사회후생함수에 따르면 사회적으로 무차별하게 된다. 그러나 전자에서 후자로 이동하는 변화는 제3장에서 정의한 파레토 개선에 해당하고, 전자의 결과는 파레토 비효율적이다. 이와 같이 최소극대화 사회후생함수에 따르면 최하의 효용이 늘어나지 않는 어떤 파레토 개선도 사회후생의 개선이 될 수 없는 문제점이 있다.

이러한 최소극대화 사회후생함수의 문제점을 보완한 것이 **사전적**(辭典的, leximin) **최소극대화 사회후생함수**이다. 이는 두 사람이 있는 경제에서 만약 어떤 두 사회상태 x와 y가 최소효용의 크기에서 우열을 가릴 수 없다면 그 다음의 최소효용의 크기를 비교하여 우열을 가리는 방식으로 사회적 선호가 결정되는 것을 말한다. 두 사람 이상의 경제에서도 이를 확장하여 최소효용에서 시작하여 우열이 가려질 때까지 한 단계씩 효용이 높은 사람으로 올라가는 방식으로 비교하는 것이 사전적 최소극대화 사회후생함수이다.

예를 들어 세 사람의 경제에서 대안 x, y, z에서 세 사람의 효용값이 각각 (2, 5, 8), (2, 6, 7), (2, 6, 8)로 나타난다고 하자. x와 y의 비교에서 사전적 최소극대화는 y를 x보다 사회적으로 선호할 것인데, 이는 두 대안의 최소 효용값은 2로 동일하나 그 다음으로 높은 효용값이 y에서 6으로 x에서 5보다 더 높기 때문이다. 최대 효용값의 경우는 x에서 8로 y에서의 7보다 더 높으나 이런 차이는 의미가 없다. y와 z의 비교에서는 최하위 효용값은 2로 동일하고, 그 다음의 최하위 효용값도 6으로 동일하다. 그러나 나머지 효용값이 8인 z에서 더 높으므로 z가 y보다 사회적으로 선호된다.

이와 같은 사전적 최소극대화 사회후생함수를 이용하여 사회후생을 극대화하는 결과는 항상 파레토 효율성을 만족한다는 것을 쉽게 확인할 수 있다. 이는 롤즈의 최소극대화 사회후생함수의 비효율성의 문제점을 극복하면서 롤즈의 차등의 원칙에 깔린 기본 정신을 반영하는 자연스러운 방식이다.

확장된 공리주의 사회후생함수는 개인의 효용함수에 기초를 둔 개인주의적 함수이며, 개인 후생의 단조증가함수인 파레토형 사회후생함수이다. 이와 달리 넓은 의미의 평등주의는 개인의 선호만족과 효용의 크기뿐만 아니라 평등 그 자체의 가치 또한 사회후생에 중요한 요소가 되어야 한다는 입장이다. 평등주의적 사회후생은 개인주의적일 필요도 없으며 또한 파레토 원리를 만족하지 않을 수도 있으므로 파레토형 사회후생함수(non-paretian SWF)는 물론, 베르그송-사무엘슨 사회후생함수의 방식으로도 결정될 수 없다.

다양한 유형의 평등주의들 중에서 대표적인 것으로 **목적론적 평등주의**(teleological egalitarianism)와 **다원론적 평등주의**(pluralist egalitarianism)가 있다. 목적론적 평등주의는 평등 자체의 내재적 가치만을 중요시하는 입장이고, 다원론적 평등주의는 평등의 도구적 필요성을 강조하고 평등 이외의 사회후생의 가치를 동시에 반영하는 입장이다. 한편 평등주의는 무엇의 평등인가에 따라 **후생평등주의**와 **자원평등주의**로 나눌 수 있다. 후생평등주의는 평등의 기준이 개인들의 후생의 정량적 척도, 즉 효용의 크기라는 입장이다. 자원평등주의는 평등의 기준이 개인들에게 보장된 자원이라는 입장이다.

다양한 유형의 평등주의를 사회후생함수의 형태로 설명하기 위해서 우선 평등의 정량적 크기를 배분과 효용함수들에 의존하는 함수의 형태로 나타내는 평등지수 $E(z, u_1(\cdot), \cdots, u_n(\cdot))$가 주어져 있다고 하자. 후생평등주의에 따르면 평등지수는 개인들의 효용의 크기에만 의존하여

$$E(z, u_1(\cdot), \cdots, u_n(\cdot)) = E(u_1(z), \cdots, u_n(z)) \qquad (10-7)$$

와 같이 나타내어질 것이다. 반면에 자원평등주의는 평등지수가 자원을 기준으로 측정되어야 한다는 입장이므로 위와 같이 단순화할 수 없을 것이다. 극단적인 자원평등주의의 경우에는 효용함수와 무관하게 자원의 평등한 배분을 추구하므로 평등지수의 함수 형태가

$$E(z, u_1(\cdot), \cdots, u_n(\cdot)) = E(z) \qquad (10-8)$$

와 같이 주어질 것이다. 그러나 드워킨(Ronald Dworkin)과 같은 자원평등주의자는 자원의 평등한 배분이 이루어지기 위한 조건으로 사람들의 선호체계와 관련하여 제4장의 역지 원칙을 충족해야 한다고 주장하였다. 이와 같은 자원평등의 관점을 반영하는 평등지수는 식 (10-7)과 (10-8) 같이 단순화될 수 없을 것이다.[16]

---

16. Dworkin, R., "What is equality? Part 2 : Equality of resources," *Philosophy and Public Affairs* 10, 1981, pp.283~345, p.285 참고.

식 (10-5)의 확장된 공리주의 사회후생함수에 따라 임의의 대안 x에서의 공리주의적 사회후생의 크기를

$$w_\alpha(x) = \frac{1}{\alpha}\sum_{i=1}^{n}(u_i(x))^\alpha$$

로 나타내자. 이제 다원적 평등주의를 대표하는 사회후생함수는 공리주의적 사회후생 $w_\alpha(x)$와 평등 $E(x, u_1(\bullet), \cdots, u_n(\bullet))$를 모두 반영하여

$$w(x) = v(w_\alpha(x), E(x, u_1(\bullet), \cdots, u_n(\bullet)) \qquad (10-9)$$

로 나타낼 수 있다. 여기서 $v(w, E)$는 w와 E의 단조증가함수이다. 일반적인 경제적 자원배분의 문제에서 공리주의적 사회후생극대화와 평등은 상충하는 관계에 있기 때문에 w를 높이면 E가 높아지고 반대로 E가 높아지면 w가 감소한다.

목적론적 평등주의를 대표하는 사회후생함수는 평등 그 자체만을 반영할 것이므로

$$w(x) = E(x, u_1(\bullet), \cdots, u_n(\bullet)) \qquad (10-10)$$

에 따라 사회후생을 측정할 것이고, 이 값에 따라 사회적 선호관계를 결정한다고 볼 수 있다.

후생평등주의의 경우 식 (10-7)과 같이 평등지수가 개인들의 효용에만 의존하므로 다원론적 평등주의 식 (10-9)와 목적론적 평등주의 식 (10-10) 모두 베르그송-사무엘슨 사회후생함수로 나타낼 수 있다. 그러나 이들은 파레토형의 사회후생함수는 아니고 파레토 공리도 위반할 수 있다.

자원평등주의의 경우에는 식 (10-8)과 같은 극단적인 경우를 제외하고는 다원론적 평등주의 식 (10-9)와 목적론적 평등주의 식 (10-10) 모두 베르그송-사무엘슨 사회후생함수가 될 수 없다. 이들은 무관한 대안으로부터의 독립성뿐만 아니라 기수적 쌍독립성까지지도 위반할 수 있다.

롤즈의 정의론은 평등을 중시하나, 최소수혜자를 개선시킨다면 언제나 불평등을 허용할 수 있다는 점에서 평등주의와 큰 차이가 있다. 최소수혜자를 개선시

킬 수 있는 불평등은 때로는 눈먼 운에 기인한 차이에서 발생할 수도 있다. 그 차이에 개인의 도덕적 책임이 없더라도 불평등을 인정함으로써 최소수혜자에게 혜택이 돌아갈 수 있다면 정의로운 것이다. 롤즈 정의론의 이런 문제점은 평등주의자들의 공격의 대상이 되기도 하였다.

만약 $\alpha = -\infty$이면 식 (10-5)의 확장된 공리주의 사회후생함수는 롤즈의 최소극대화와 밀접한 사전적 최소극대화 사회후생함수가 된다. 이 경우 식 (10-9)의 평등주의적 사회후생함수는 평등지수 E와 사전적 최소극대화 사회후생 사이의 상충관계까지도 고려함으로써 사전적 최소극대화 혹은 롤즈의 최소극대화 사회후생함수의 경우보다는 더욱 평등한 분배를 달성할 수 있다. 따라서 평등주의적 사회후생함수 식 (10-5)는 롤즈의 사회후생함수를 평등주의의 관점에서 보완하는 대안으로 간주될 수 있다.

1.6 내쉬의 사회후생함수와 기타 사회후생함수

확장된 공리주의 사회후생함수를 나타내는 식 (10-5)에서 α가 0의 값에 수렴함에 따라 사회후생함수는 다음과 같은 함수로 수렴하게 된다.

$$W(w_1, \cdots, w_n) = w_1 \times \cdots \times w_n \qquad (10-11)$$

이는 존 내쉬(John Nash)가 공정한 협상의 유일한 해결책으로 제시한 사회후생함수로 널리 알려져 있으므로,[17] 이를 **내쉬 사회후생함수**라고 부르자.

경제학자이자 수학자인 존 내쉬는 그의 대표적인 1950년 논문에서 공정한 협상의 결과가 충족하여야 할 네 가지 기본적인 성질을 제시하였다. 그 첫 번째가 우리가 잘 아는 파레토 효율성이고, 두 번째가 앞서 정의한 익명성이다. 세 번째는 개인의 효용을 측정하는 단위와 기준점 설정에 의존하지 말아야 한다는 성질이다. 즉, i의 효용함수가 $u_i(\cdot)$로 주어질 때의 협상의 결과에서 i의 효용의 크

17. Nash, John F. Jr., "A Bargaining Problem," *Economrtrica*, 18, 1950, pp.166~162 ; Fair, Ray C., "The Optimal Distribution of Income," *Quarterly Journal of Economics*, 85, 1971, pp.551~579 ; Kaneko, M. & Nakamura, K., "The Nash Social Welfare Function," *Econometrica*, 47, 1979, pp.423~435.

기가 w_i라면, i의 효용측정단위가 a배가 되고(단, $a > 0$) 기준점이 b로 변하여 i의 효용함수가 $au_i(\cdot) + b$가 되면 협상의 해도 동일하게 변화하여 $aw_i + b$가 되어야 한다는 조건이다. 마지막으로 내쉬는 소위 "수축불변성(contraction invariance)"이라는 합리적 선택의 공리를 부여하였다. 수축불변성은 이미 제3장에서 소개한 현시선호의 공리와 비슷한 성질이라고 볼 수 있다. 이 네 가지 기본 조건 모두 집합적 선택으로서 갖추어야 할 성질로서 매우 자명해 보이는 것들이다. 내쉬는 이 네 가지 기본 조건들을 모두 충족하는 협상의 해법은 반드시 내쉬 사회후생함수를 극대화하는 것이어야만 한다는 경이로운 사실을 논증하였다. 따라서 내쉬 사회후생함수에 대한 이론적 기초는 매우 탄탄하다고 볼 수 있다.

확장된 공리주의 사회후생함수를 나타내는 식 (10-5)에서 α가 1보다 커질 경우는 **피구-달톤 이전 원칙**(Piogu-Dalton transfer principle)이라는 사회후생함수의 기초적 성질을 위반하여 흥미롭지 못하다. 피구-달톤 이전 원칙이란 효용의 크기가 높은 사람으로부터 낮은 사람에게로 (순서를 바꾸지 않을 정도의) 작은 효용 이전은 항상 사회후생을 높인다는 조건이다. 즉, 만약 $w_i < w_j$라면 효용프로파일 $(w_1, \cdots, w_i, \cdots, w_j, \cdots, w_n)$에서보다 i에서 j로의 매우 작은 $\delta > 0$의 효용 이전을 하여 얻어진 $(w_1, \cdots, w_i + \delta, \cdots, w_j - \delta, \cdots, w_n)$에서 사회후생의 크기가 더 높아야 한다는 것이다.

이러한 피구-달톤 식의 효용 이전은 효용의 사회적 총합을 변화시키지 않으면서 불평등의 간격을 좁히는 것으로서, 사회적인 관점에서 효율성의 상실이 없이 불평등을 줄인다고 평가될 수 있다. 따라서 바람직한 변화라고 보는 것이 자연스럽다. 이와 같이 비교적 넓게 통용되는 불평등 기피성(inequity aversion)이란 합의를 반영하는 것이 피구-달톤 이전 원칙이다. 가장 극단적으로 이러한 원칙을 위반하는 사례가 바로 α값이 무한히 커지는 경우라고 볼 수 있는 최상층우대(maximin) 사회후생함수의 경우이다.

$$W(w_1, \cdots, w_n) = max\{w_1, \cdots, w_n\} \qquad (10-12)$$

2. 각종 사회후생함수와 소득분배

앞 절에서 우리는 애로우의 여러 조건들을 동시에 만족시키지는 못하는 단점을 갖고 있으나, 윤리적으로나 현실적으로 빈번히 논의되고 있는 각종 사회후생함수들을 살펴보았다. 이들 사회후생함수들은 각기 서로 다른 분배적 가치를 나타내고 있음을 알 수 있었다. 따라서 어떤 사회의 최적소득분배는 그 사회의 양식이나 가치관을 대변하고 있는 규범적 규율을 반영하는 사회후생함수가 어떠한 형태를 취하고 있느냐에 달려 있다. 즉, 제약조건 하에서의 최적화 문제와 마찬가지로 최적소득분배도 파레토 효율의 제약조건 하에서 어떠한 목적함수를 택하느냐에 달려 있다. 여기에서 최적소득분배는 사회 전반의 관점에서 논의되므로 우리는 목적함수를 사회후생함수로 간주한다. 그리고 사회후생함수가 개인의 후생(효용)을 기초로 하고 있으므로 여기에 상응하는 제약조건은 효용가능곡선이 된다.

제3장에서도 논의하였지만, 효용가능곡선은 수많은 생산조합들 각각으로부터 얻어지는 효용가능곡선들의 포락선으로서 이들 개별 효용가능곡선은 각기 서로 다른 재화들의 생산조합에서 도출된다. 그러므로 제약조건은 서로 다른 재화들의 생산조합의 변화를 뜻하므로 순수한 경제적 요인만을 고려하고 있다. 환언하면, 기타 경제 외적 요인들은 고려하지 않고 있거나 혹은 일정하다는 묵시적 가정 하에서 제약조건이 설정되었으므로 비교적 제한된 범위만을 포괄하고 있음을 알 수 있다. 만약 경제 외적 요인들이 변한다면 제약조건인 효용가능곡선도 변화할 것이다. 이러한 경제 외적 여건의 변화에 따른 서로 다른 효용가능곡선들의 포락선을 개념적으로 **포괄적 효용가능곡선**(grand utility possibility frontier)이라 한다. 나아가서는 경제 외적인 여건 이외에도 소득재분배로 인하여 야기되는 각종 비용과 제약은 포괄적 효용가능곡선을 축소시킬 수도 있는데, 이를 감안한 경우를 **포괄적 효용실현가능곡선**(grand utility feasibility frontier; *GUFF*)이라 한다.[18] 이는 경제적 제약뿐만 아니라 정치 · 사회적 제약 하에서 모든 가능한 수단

18. 효용실현가능곡선(utility feasibility curve)은 소득재분배에 수반되는 각종 비용까지도 고려한 뒤의 개인 간의 서로 다른 효용수준의 결합을 나타낸다. 따라서 실현가능곡선(feasibility curve)의 형태는 주어진 재화나 요소의 부존제약뿐만 아니라 최초의 소득분배 상태(여기에서 *A*점)에도

그림 10-1

각종 사회후생함수와 소득분배

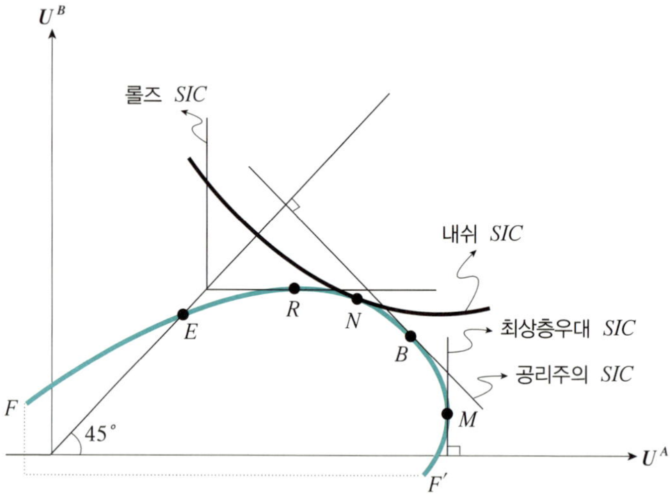

을 동원하여 사회구성원들에게 최대한도로 보장해 줄 수 있는 후생의 크기 및 분배를 나타낸다.[19]

어느 경제의 포괄적 효용실현가능곡선(*GUFF*)에서 최적소득분배는 사회후생함수의 형태에 의존한다. 이를 2인이나 혹은 2집단으로 구성되어 있는 한 경제를 나타내는 [그림 10-1]로 설명해 보자.

[그림 10-1]에서 *FF*′은 *GUFF*를 나타내며, 이는 경제주체 *A*의 최소 후생수준 *F*와 *B*의 최소 후생수준 *F*′ 사이에서 정의된다. 이 *GUFF*에는 우상향의 기울기를 가진 *FR*과 *F*′*M*구간이 있는데, 이는 한 구성원 *A*의 지나친 후생감소는 나머지 구성원(혹은 그룹) *B*의 후생감소도 초래함을 의미하며, 경제주체 상호 간의 동정심이나 혹은 한 구성원의 후생 하락에 대한 다른 구성원의 공포감 내지는 위협의식을 뜻하는 구간에 해당한다. 따라서 파레토 효율의 제약조건을 만족시키는 구간은 우상향 기울기 구간을 제외한 *RM*구간이 된다.

*M*점은 최상층우대 사회후생함수에 의해서 소득분배가 이루어지는 최적점으로서 부유층 *A*의 효용을 극대화하는 결과이다. 한편 *R*점은 L형의 롤즈 사회무

의존한다. 최초의 분배상태에서 이탈할수록 소득재분배의 증가에 따라 비용이 증대하므로 효용실현가능곡선은 효용가능곡선(*UPC*) 아래쪽에 위치하게 된다.

19. 이에 대한 보다 자세한 내용은 다음 문헌을 참조 바람. Graff, J. De V., "Theoretical Welfare Economics," London, Cambridge University Press, 1957.

차별곡선과 *GUFF*가 접하는 점으로 최소수혜자 *B*의 후생을 극대화하고 있다.

벤담의 공리주의 사회후생함수는 개개인의 효용 총합의 극대화점을 소득분배의 최적점으로 택하며, 이는 45도의 음의 기울기를 갖는 선형의 사회무차별곡선과 *GUFF*가 접하는 *RM* 사이의 한 점 *B*에서 성립된다.

후생의 평등을 추구하는 평등주의적 사회후생함수는 파레토 효율의 충족구간의 경계인 *R*점을 벗어나서 원점에서 45도의 직선과 제약곡선 *FF′*이 만나는 *E*점을 택함으로써 평등한 소득분배를 시사한다. 이는 앞에서도 설명했지만 평등한 소득분배를 위해서 대다수 경제주체의 희생을 강요할 수도 있다는 점에서 설득력이 약하다.

그리고 내쉬 후생함수는 각 구성원들의 후생수준의 곱으로 나타나므로 2인 경제의 경우에는 쌍곡선의 사회무차별곡선을 갖고, 사회무차별곡선과 *GUFF*의 접점 *N*점에서 소득분배의 최적을 달성한다.

따라서 이 예로부터 앞서 소개한 대표적인 사회후생함수들이 서로 상이한 소득분배 혹은 그에 따른 효용의 분배를 선택하게 된다는 것을 알 수 있다. 롤즈, 내쉬, 그리고 공리주의 사회후생함수를 비교하면 롤즈의 사회후생함수는 가장 평등주의에 가까운 분배를, 공리주의는 가장 최상층우대에 가까운 분배를 선택하고 있다는 것을 확인할 수 있다. 내쉬 사회후생함수는 이 두 사회후생함수의 가치를 적절히 혼합한 분배를 선택하고 있다.

연습문제

ch. ten Exercise

01 5인의 소비자(*A*, *B*, *C*, *D*, *E*)로 구성된 경제를 가상하자. 네 개의 상이한 분배상태에서 각 소비자의 효용은 다음 표에 나타난 바와 같다.

분배상태 \ 개인 효용	U_A	U_B	U_C	U_D	U_E
1	56	1	1	1	1
2	10	20	20	5	5
3	5	5	5	5	5
4	30	6	7	8	9

(1) 롤즈의 가치관으로 판단할 때 어떤 분배상태에서 사회후생이 극대화되는가?

(2) 공리주의 사회후생함수라면 어떤 분배상태에서 사회후생이 극대화되는가?

02 어떤 가상의 사회후생함수가 다음과 같은 그림으로 나타난다고 하자. 45도선 상에서 90도로 꺾어진 $[W=1]$의 선 상에 있는 각 점에서 사회후생(W) 수치는 1이다. 마찬가지로 $[W=2]$ 및 $[W=3]$의 선 상에 있는 각 점에서 사회후생(W) 수치는 각각 2 및 3이다. A 및 B의 두 가계 중에서 만약 U_A가 U_B보다 크다면 A 및 B를 각각 부자 및 빈자로 부르기로 하자. 이와 같은 사회후생함수와 관련한 다음 질문에 답하시오.

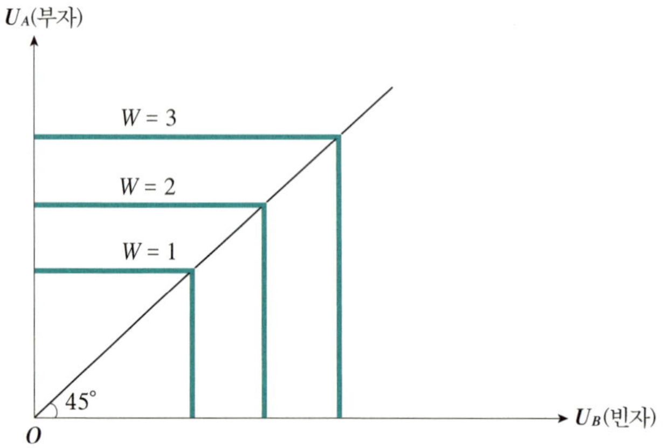

(1) 부자의 효용이 증가해야만 W가 증가하는가?

(2) 사회후생은 언제나 45도선 상의 한 점에서 극대화되는가?

03 A 및 B의 두 계층으로 이루어진 경제에서 경제 전체의 효용가능곡선(Grand Utility Possibility Curve)이 아래 그림의 곡선과 같이 나타났다고 하자. (행 41)

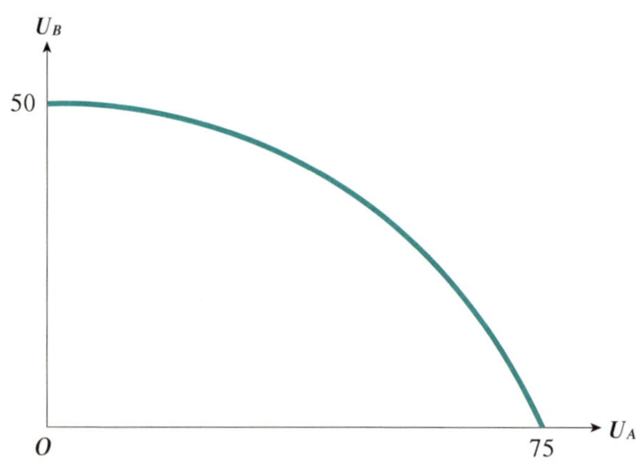

(1) 여기에서 사회후생함수의 기능과 역할을 논하시오.
(2) 공리주의적 사회후생함수, 롤즈(Rawls)의 사회후생함수일 경우 문제의 해를 그림으로 설명하시오.
(3) 애로우의 불가능성 정리와 (2)번에서 소개한 사회후생함수의 상호관계를 설명하시오.

04 최근 들어 우리 사회에서 가장 화두가 되고 있는 것 중의 하나가 양극화 현상이다. 이의 해결을 위해 정부는 조세정책이나 정부지출을 통해 소득분배 과정에 개입할 수 있다. 다음 물음에 답하시오. (2006년 행정고시 기출문제)

(1) 공리주의, 평등주의, 롤즈적 가치판단에 따른 세 가지 경우의 사회무차별곡선을 도출하고, 이 세 가지 경우의 정부 소득재분배 기본 원칙에 대해서도 설명하시오.
(2) 정부가 저소득층 생계지원을 위해 식품보조를 할 수도 있고 현금이전을 할 수도 있다. 두 제도를 비교 · 설명하시오.
(3) 정부는 양극화 문제를 해결하기 위한 재원을 마련하기 위해 부유세를 도입하기로 하고 그 일환으로 골프장입장세를 신설하기로 했다고 가정하자. 이것이 저소득층에 어떤 효과를 미칠 수 있는지 설명하시오.

공공선택이론

Public Finance
ch. eleven

11

1. 공공선택이론이란?

1.1 서언

우리는 제4장에서 분권화된 시장경제체제 하에서 자원의 효율적 배분이 성취되어 사회후생이 극대화됨을 살펴보았다. 그러나 현실경제에서는 시장의 가격기능이 효율적 자원배분을 유도할 수 없는 각종 시장실패가 존재한다. 이를 치유하기 위한 정부의 기능과 역할, 즉 공공부문의 필요성에 관하여는 제5, 7, 8장에 걸쳐 고찰하였다.

다양한 시장실패의 치유방안 중 공공재의 원활한 공급을 위주로 하는 정부의 역할이 그 중심 기능임을 제8장에서 논의하였다. 또한 경제주체들의 공공재에 대한 선호를 정확하게 시현하는 방법이나 제도의 미흡함으로 인하여 무임승차 문제가 야기되며, 이는 곧 원활한 공급에의 장애요인임도 지적하였다.

이를 타개하기 위한 이론적 접근방법이 공공선택이론이며, 이제까지 다음의 두 이론을 중심으로 연구 · 발전되어 오고 있다. 첫째는 제8장에서 폭넓게 논의한 공공재에 대한 구성원 각자의 선호를 자발적으로 시현하게 유도하는 제도적 장치인 유인기제에 관한 것이며, 두 번째 접근방법은 본 장에서 다루고자 하는 정치적 의사결정을 중심으로 하는 공공선택이론이다.

1.2 공공선택이론이란?

공공선택이론(public choice theory)은 시장실패의 치유를 정부의 시장개입에 의거하기보다는 정치적 의사결정 과정을 그 중심으로 하는 비시장적 의사결정의 경제학적 연구라고 할 수 있다. 공공선택이론을 발전시킨 공헌으로 1986년에 노벨 경제학상을 수상한 뷰캐넌(James Buchanan) 교수는 공공선택이론을 '정치의 경제이론' 또는 '새로운 정치경제학(New Political Economy)'으로 부르고 있으며,[1] 뮬러(Dennis Mueller)는 이 이론을 공공선택과 비시장의사결정의 경제학적 연구 또는 시장경제학의 정치학에의 응용으로 규정하기도 한다.[2]

그림 11-1

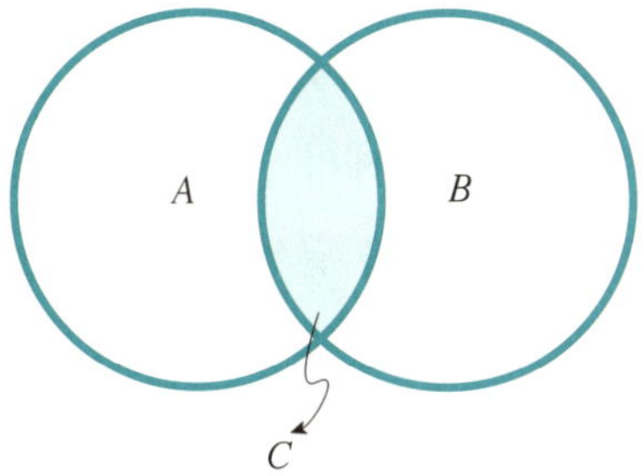

A : 정치적 결정
B : 시장경제적 결정
C : 혼합영역에서의 결정

공공선택이론의 연구영역

그러나 보다 일반적인 정의는 정치 그 자체를 경제학 연구의 대상으로 하려는 것만은 아니며, 정치와 경제가 혹은 정치와 시장이 상호 관련을 맺고 있는 복합영역에 대한 경제학적 연구를 말한다.[3]

환언하면 공공선택이론이란 정치 · 경제의 혼합영역 내에서 작용하는 여러 제도 간의 상호작용에 대한 분석을 그 중심으로 하는 경제학적 이론이며, 이를 위하여 주어진 집단의 비시장적 의사결정의 문제를 주요 연구과제로 한다.

1.3 공공선택이론의 배경 및 발전

1.3.1 규범적 공공선택이론

공공선택이론이 하나의 독립된 연구분야로 발전하기 시작한 것은 1950년대부터이다. 우선 규범적인 측면에서 이 이론의 발전은 후생경제학이론의 발전에 그 기초를 두고 있다. 1938년 베르그송(Abram Bergson)의 논문으로부터 시작하여 그후 사무엘슨(Paul Samuelson)의 중요한 이론적 해명,[4] 그리고 제9장과 다

1. Buchanan, J. M. & Tollison, R. D. (eds.), *The Theory of Public Choice II*, The University of Michigan Press, 1984.
2. Mueller, D., *Public Choice*, Cambridge University Press, 1979.
3. 뷰캐넌은 공공선택이론의 기반 자체를 기존 인식과 다른 새로운 구상(new framework)으로 보고 있으며, 그 연구대상 영역을 경제학과 정치학의 중간으로 보고 있다.
4. Bergson, A., "A reformulation of certain aspects of welfare economics," *Quarterly Journal of Economics*, 52, 1938 ; Samuelson, P. A., *Foundations of Economic Analysis*, Havard

음 절에서 논의하는 애로우(Kenneth Arrow)의 역작에 힘입어 사회집단의 선호를 대표하는 사회후생함수의 특성을 검토하는 다수의 연구논문이 발표되면서 공공선택이론은 규범적 측면에서 그 이론의 기반을 찾고 있다.

제9장에서 논의하였듯이 후생경제학은 한 경제의 실현 가능한 모든 경제상태의 후생의 우열을 판별해서 보다 나은 사회후생을 달성함을 그 주요 과제로 삼고 있는 사회선택이론이다. 이들 규범적 이론을 기초로 삼고 있는 공공선택이론은 포괄적으로는 사회선택이론의 부분집합으로 간주할 수 있으며, 전자는 정치적·비시장적 의사결정을 중시한다는 특성이 있다.

상이한 사회(경제)상태의 후생의 우열을 판별하는 사회선택 문제를 해결하기 위해서는 개별 구성원들의 선호를 사회적 선호로 여과하는 제도적 장치나 규범적 규율들이 필요하다. 이들 제도적 장치나 규범적 규율들은 사회선택 문제에 관한 여러 정보를 투입하면 사회 전체의 우선순위를 그 산출물로 제시해 주는 '검은 상자'와 같다. 즉, '검은 상자'가 문제해결을 위한 열쇠이며, 이것이 곧 개인의 선호를 집약하는 한 사회의 도덕적 혹은 철학적 신념이나 사회양식에 근거를 두고 있는 규범적 규율이다. 애로우는 이를 사회의사결정 과정이라 불렀다.

어떠한 규범적 규율을 만족시키는 사회후생함수의 선정 문제는 상이한 투표제도 또는 상이한 의사결정규칙 하에서 사회적 균형을 이룩하는 문제와 거의 유사하다. 따라서 공공선택이론은 정치기구(political institution), 특히 투표행위를 개인의 선호가 정책입안자에게 합리적으로 전달되는 수단으로 간주한다. 이러한 관점에서도 공공선택이론은 정치적 의사결정 영역에 대한 경제적 연구로 간주될 수 있다. 이를 보다 깊이 이해하기 위하여 제2절에서 각종 투표방법의 특성에 대해 논의한다.

1.3.2 실증적 공공선택이론

공공선택에 관한 관심을 불러일으킨 두 번째의 학문적 발전은 실증적 측면(positive aspects)을 강조하는 것으로서 제5장에서 제7, 8장에 걸쳐 논의한 시장실패에 대한 분석과 연구이다. 1940년대와 1950년대에 활발히 이루어진 이러

University Press, 1947.

이에 관한 보다 깊은 논의는 『후생경제학』(이만우 지음) 제5장 및 제7장을 참조 바람.

한 연구들은 각종 시장실패가 존재할 때의 효율적인 자원배분 조건을 정립하는 데에 연구의 초점을 두고 있으며, 이러한 상황 하에서 각 구성원들이 시현하는 선호, 즉 비시장적 의사결정 과정(non-market decision making process)에 관한 연구로 이어진다. 제8장에서 논의한 유인기제가 바로 이 범주에 속하는 이론이다.

실증적 측면에서 비시장적 의사결정에 대한 공공선택이론의 접근방법은 일반 경제학의 경우와 유사한 다음의 특성을 갖고 있다. 첫째, 경제주체나 정치주체는 이기적이고 합리적이다. 둘째, 투표를 통해서 각 구성원들이 그들의 수요를 표방하는 선호시현 과정을 시장기능과 유사한 것으로 간주한다. 셋째, 전통적인 가격이론에서와 마찬가지로 다음과 같은 문제를 제기한다. 즉, 균형상태의 존재 여부, 균형의 안정성 여부, 그리고 효율성 여부 등이다.

공공선택이론은 이상의 연구결과처럼 실증경제학과 대단히 유사한 특성을 지니고 있기 때문에 실증적 공공선택이론(positive public choice theory)이라 불리기도 한다.[5]

1.4 공공선택이론의 방법론

공공선택이론을 분석하는 접근방법은 크게 두 가지로 나누어진다. 하나는 뷰캐넌과 털록(Gordon Tullock)을 중심으로 하는 개인주의적인 입장에서 분석하는 방법이고, 다른 하나는 국가를 스스로 인격을 지니고 있는 사회구성원과는 별도로 존재하는 유기체로 취급하는 전통적 입장을 옹호하는 방법으로서 린드블롬(Charles Lindblom)과 콜름(Gerhard Colm) 등을 중심으로 하는 학자들에 의해서 논의되고 있다.[6]

5. 한편으로 공공선택이론과 공공지출이론은 유럽대륙의 재정학자들이 기여한 학문적 업적에도 그 기초를 두고 있다. 그중에서도 특히 린달(Erik Lindahl)과 빅셀(Knut Wicksell)의 논문이 대표적이다. 제8장에서 논의한 바와 같이 린달은 공공재이론에서 빅셀은 공공선택이론이나 재정학 전반에 걸쳐 지대한 영향을 미쳤다. 정부를 시민들과의 급부 · 반대급부(quid pro quo)적인 교환 또는 거래관계로 보는 빅셀의 관점은 뷰캐넌과 털록의 공저인 『합의의 분석(*Calculus of Consent*)』과 공공선택이론 문헌 대부분의 이론적 기반이 되고 있다. 또한 정부의 기능과 역할을 자원배분, 소득분배 및 안정적 성장의 기능으로 분류한 머스그레이브(Richard Musgrave)의 접근법도 빅셀의 이론에 근거한 것이다.

6. Buchanan, J. M. & Tullock, G., *The Calculus of Consent*, University of Michigan Press, Ann Arbor, 1962 ; Lindblom, C., *The Policy Making Process*, Prentice-Hall, 1968 ; Colm, G., "Analyses Nationale Ziele," in *Recktenwald*, H. C., *Finanztheorie*, Köln. 1970.

1.4.1 개인주의적 방법론

뷰캐넌은, 경제학자는 시장에 있어서의 합리적인 경제인(homoeconomicus)을 분석하여 시장실패를 규명하고, 시장실패는 정부의 규제나 개입에 의하여 치유될 수 있다는 입장에서 공공정책을 합리화하기 위한 각종 규범적 근거를 제시하고 있다. 그러나 이 과정에서 시장실패의 조정을 둘러싼 치유의 대상, 주체, 방법, 그리고 그 내용을 무시하고 정책에 관한 논의를 전개하는 것은 정당화될 수 없다고 본다. 따라서 이러한 논의를 완결하기 이전에 정치과정(political process)에 참여하는 사람들의 행동이 분석되어야만 공공선택 그 자체가 합리적으로 분석될 수 있다는 것이다. 이러한 관점에서 뷰캐넌은 국가가 사회구성원들의 집합에 의해서 이루어지는 집합적 선택을 통하여 결정된다는 개인주의적 접근방법을 제창한다. 즉, 이러한 입장은 개인이 소비자로서 경제행위에 참여하든, 투표자로서 정치에 참여하든 언제나 이기심에 따라 행동한다는 것이다. 이러한 행동원리를 기준으로 하여 논의가 진행되는 것이 개인주의적 접근에서의 공공선택이론의 특성이다.

환언하면 이제까지 경제이론의 중심모형인 합리적 사익극대화모형을 이론적 기반으로 하여 이를 확장·발전시켜 집합적 의사결정 과정을 분석한 것이 뷰캐넌과 털록을 중심으로 하는 개인주의적 방법론이다.[7]

1.4.2 유기체적 접근방법

개인주의적 접근방법이 개인의 선호나 개인의 사적 이익극대화에 바탕을 둔 분석인 데 반하여 유기체적 접근방법(organic approach) 또는 공익적 접근방법(public interest approach)은 정책선택의 문제, 즉 공공선택이론의 관점이 사회구성원 전체의 이익 또는 공공의 이익을 추구하는 데 있다고 본다. 환언하면, 이 접근방법에서는 국가 또는 정부를 개별적 개인의 집합체로 간주하기보다는 정부 스스로가 인격 내지 선호를 가지고 있다고 보며, 정부 그 자체를 선호를 현시하고자 노력하는 하나의 실체로 본다.

7. 제15장의 [그림 15-2]에서 논의하고 있는 조세행정의 최적 규모에 관한 논의도 공공선택이론에서 논의되는 뷰캐넌-털록의 모형에 기초한 것이다.

이 접근방법은 린드블롬과 콜름 등을 중심으로 발전되었고, 예산이나 공공지출 등의 분석에 폭넓게 적용되고 있다. 예산규모 및 예산구조는 개인적 선호에 기초해서 결정되는 경우보다는 사회 전체적인 이익의 관점에서 결정되는 경우가 많으며 의회, 행정부 및 여러 형태의 이익집단의 참여에 의하여 결정된다고 본다. 따라서 이러한 방법론은 집합적 결정에 있어서 개인적 합리성보다는 사회적 또는 집합적 합리성을 중시하며, 이론적인 논리보다는 정책의 실현가능성을 더욱 중시한다고 볼 수 있다.

이들의 주장을 요약하면, 합의의 도출은 강제성에 의해서가 아니라 설득과 이해, 타협과 양보에 의해 이루어져야 한다. 여기에서 유의해야 할 것은 정책결정이 사회적 합리성 내지는 국가차원의 공익성에 의하여 이루어진다는 점이다.

다음 절에서는 공공선택이론의 규범적 측면에서 이론의 기초인 사회후생함수의 특성을 살펴보기로 한다.

2. 애로우의 정리와 여러 투표방법

애로우 정리의 무관한 대안으로부터의 독립성 조건은 사회의사결정 과정이 현실적으로 각종 투표방법임을 시사한다. 따라서 어떠한 투표방법도 애로우의 다른 조건들을 동시에 충족시킬 수 없으므로 애로우의 정리가 불합리한 요소를 내포하고 있음을 의미한다.

본 절에서는 현대민주주의를 표방하는 여러 국가에서 현실적으로 채택하고 있는 각종 투표방법이 어떠한 관점에서 불합리한 요인을 안고 있는지를 살펴보자. 이는 애로우의 불가능성 정리를 재확인하는 셈이다. 또한 투표방법의 불합리한 요인에도 불구하고 각종 투표제를 상이한 의사결정의 주요 도구로 사용하고 있는 원인에 대해서도 논의해 보기로 하자.

한편 앞서 논의한 바와 같이 사회선택 문제의 해답을 얻기 위한 사회후생함수의 선정 문제는 상이한 투표제도의 채택 문제와도 유사하다. 또한 공공선택이론은 투표행위를 개인의 선호가 정책입안자에게 합리적으로 전달되는 수단으로 간주하기 때문에 각종 투표방법의 특성에 대한 논의는 공공선택이론의 중요한 부분이며, 이 이론의 보다 깊은 이해를 위해서도 요망되는 것이다.

2.1 다수결투표

민주주의제도의 의사결정 방법으로 가장 널리 사용되고 있는 방법 중 하나는 다수결투표(majority voting)이다. 다수결투표는 순환성(cyclicity)을 초래할 수도 있기 때문에 이행성의 공리에 위배됨으로써 사회의사결정의 법칙이나 사회후생함수가 갖추어야 할 집단적 합리성을 충족하고 있지 않음을 다음의 예를 통하여 알 수 있다. A, B, C 세 사람이 다음의 상이한 세 선택 x, y, z에 직면하고 있으며, 그들의 선호는 다음과 같다고 가정하자.

$$A : x \underset{A}{\succ} y \underset{A}{\succ} z$$
$$B : z \underset{B}{\succ} x \underset{B}{\succ} y$$
$$C : y \underset{C}{\succ} z \underset{C}{\succ} x$$

x와 y 두 선택에서는 A와 B가 x를 선호하므로 다수결원리에 따라 x가 y보다 사회적으로 선호($x \succ y$)됨을 알 수 있다. 같은 방법으로 y, z 두 선택에서는 A와 C가 y를 z보다 선호하므로 사회적 선호는 $y \succ z$로 나타난다. 사회의사결정 과정이 만족해야만 하는 이행성의 공리에 따르면 x와 z 사이의 선호는 $x \succ z$로 나타날 것이다. 그러나 B와 C가 z를 x보다 선호하므로 다수결투표는 $z \succ x$를 사회선호로 결정함으로써 세 가지 선택의 사회적 선호는 $x \succ y \succ z \succ x$로 순환성을 나타내며, 이행성의 공리를 위배하게 된다. 이를 **투표의 역설**(paradox of voting)이라고 한다. 애로우의 불가능성 정리는 투표의 역설과 같은 불합리성이 다수결투표에 국한되지 않고 모든 사회의사결정 과정(선호집계함수)에서 일반적으로 일어나는 현상이라고 설명하고 있음을 여기에서 재확인할 수 있다.

애로우의 1950년도 논문이 발표되기 직전에 블랙(Duncan Black)[8]은 개인의 선호가 단일 정점(single peak) 형태를 취하면 다수결투표에 의한 의사결정 방법

8. Arrow, K. J., "A difficulty in the concept of social welfare," *Journal of Political Economy*, 58, 1950, pp.328~346 ; Black, Duncan, "On the rationale of group decision making," *Journal of Political Economy*, 56, 1984, pp.23~34.

그림 11-2

단일 정점형 선호

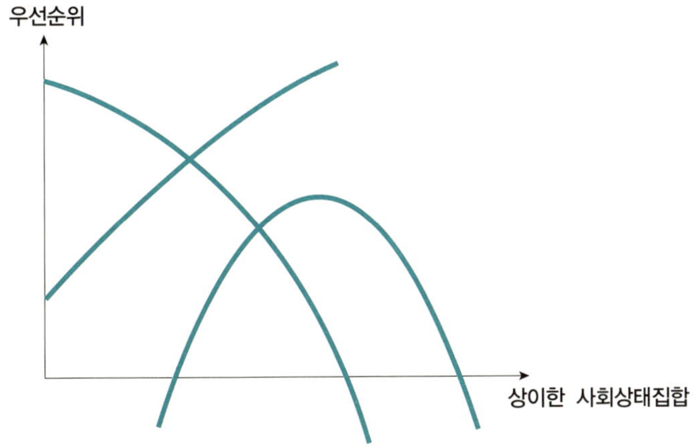

도 이행성의 공리를 만족한다고 주장하였다. 이는 상이한 사회상태가 곧 같은 기준에서 구분되어지는 동일 공간에 나열되어 있음을 가정하고 이들에 대한 효용곡선의 형태가 [그림 11-2]에서와 같이 ∧형태이거나 단조증가 혹은 감소형태로 나타날 경우 단일 정점을 갖게 됨을 뜻한다.

참고로 앞에서 순환성의 예로 든 A, B, C 세 사람의 x, y, z에 대한 선호를 [그림 11-2]와 같이 그려 보면 A, B, C 세 사람 중 적어도 한 사람은 단일 정점 형태의 선호를 갖고 있지 않다는 것을 알 수 있다. [그림 11-3]에서 우리는 B가 복수정점 형태의 선호를 갖고 있음을 확인할 수 있다. 그러므로 다수결투표는 순환성의 문제에 직면하게 되는 것이다.

만약 B의 x와 y에 대한 선호가 변하여 다음과 같이 단일 정점으로 바뀐다면 ($z > y > x$) [그림 11-4]에서와 같이 순환성의 문제점이 해소될 것이다.

이행성의 공리를 만족하기 위한 단일 정점형 선호의 요구는 이미 개인의 선호에 대한 제약을 뜻하므로 이는 곧 애로우의 선호비제한성 조건에 위배됨을 의미한다. 그러나 단일 정점형의 선호는 상품들의 상이한 가격수준, 세금수준 등 수치로 표시되는 일부 사회상태의 선택에서는 모든 개인의 선호 형태로서 간주할 수 있다. 예를 들면 대부분의 소비자는 2,000원의 고궁 입장료보다는 1,500원을 선호할 것이며 1,500원보다는 1,000원을 더 선호할 것이다.

그러나 수많은 상이한 사회선택은 동일 공간에 나열될 수 없다. 즉, 단일 척

그림 11-3

순환성의 선호

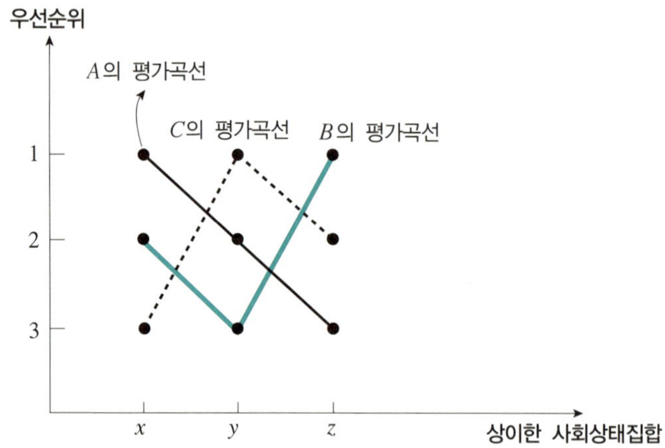

그림 11-4

순환성의 치유

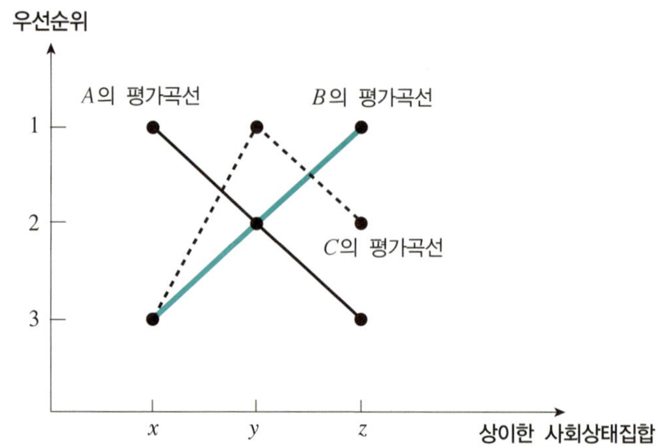

도로서 구분할 수 없으며, 나아가서는 개인들의 선호(혹은 취향)는 복잡다양하므로 단일 정점형의 선호를 유도하기란 쉬운 일이 아니다. 설령 서로 다른 단순한 사회선택을 동일 공간에 나열할 수 있다고 하더라도 단일 정점형의 선호를 만족하지 못할 경우가 흔히 있다.

예를 들면 F-18 전폭기를 도입하는 경우를 살펴보자. 국방부 정책입안자 중

*A*라는 사람은 예산절감을 위해서 도입 대수가 적으면 적을수록 더욱 선호한다고 하자. 그리고 *B*라는 입안자는 10대까지는 도입 대수의 증가를 선호한다. 그러나 *C*라는 입안자는 도입을 하나도 하지 않을 경우를 선호하며, 만약 도입을 한다면 3대보다는 4대를 도입하는 경우를 선호한다고 하자. *C*에 따르면 도입할 경우에는 최소한 4대를 도입해야만 편대비행이 가능하다고 한다. 그의 주장도 비합리적이라고는 할 수 없을 것이다. 따라서 *C*의 선호는 0대와 4대에서 정점을 이루는 복수정점형의 선호 형태를 갖고 있음을 알 수 있다.

따라서 단일 정점형과 같은 선호의 제약은 일부 사회선택 문제에는 적용될 수 있으나 일반적으로 설득력이 부족함을 알 수 있다. 사회선택 문제(혹은 사회의사결정)의 해결을 위한 법칙은 대부분이 현시점에서 잘 알려지지 않은 수많은 선호집합에 적용됨으로써 선호의 비제한성의 요구조건을 만족해야 함은 당연한 논리라고 할 수 있다.

[다수결투표의 현실과 이론의 조화]

이상의 논의에서 다수결투표가 지니고 있는 순환성의 가능성이 무시할 정도로 낮다고 하더라도 이론상 논리의 약점은 상당히 중시되어야 할 정도로 비중이 큼을 알 수 있다. 그럼에도 불구하고 민주주의 국가들이 현실의 의사결정에 대부분 다수결원리를 적용하고 있음은 엄연한 사실이다. 이를 어떻게 해명할 것이냐 하는 의문은 다수의 후생경제학자들에 의해서 제기되었으나 아직도 설득력 있는 해답이나 새로운 의사결정 방법을 제시하지 못하고 있으며, 앞으로 후생경제학이 해결해야 할 과제 중 하나이다.

털록은 애로우의 정리는 애로우의 모든 조건을 완벽하게 만족하는 어떠한 사회의사결정 과정(사회후생함수)도 존재하지 않음을 뜻하므로 이 정리는 현실적으로 큰 의미가 없다고 주장한다. 그러나 일반적으로 통용되는 의사결정 과정의 고차적 근사치(high degree of approximation)는 이 정리를 만족하므로 민주주의적인 다수의 의사결정의 현실과 이론의 괴리를 좁힐 수 있다고 한다.

털록은 또한 사회선택 문제에 관한 개인의 선호 분포가 동질적이며, 이들 문제가 안고 있는 이질성의 정도가 사회구성원들의 숫자보다 적으면(또는 사회구성원들 수보다도 적은 공간(dimensional space)에 이들 문제를 나열할 수 있다면) 다수결투표는 이행성의 공리를 만족함으로써 순환성의 모순이 제거된다고 한다.

그 밖에도 여러 학자들의 현실의 사회의사결정 과정과 애로우의 이론적 정리 사이의 거리를 좁히려는 노력에도 불구하고 아직도 완전한 의사결정 방법이 제시되지 않고 있다. 더욱 설득력 있는 방법의 모색이 계속되어야 할 것이다. 그러나 우리는 본 절에서 다루고 있는 각종 투표방법의 이론적 고찰을 통하여 우리가 사용하고 있는 여러 투표방법들이 개인의 선호를 여과하는 장치로서 어떠한 결함을 갖고 있는가를 알 수 있게 된다. 따라서 이들 결함을 최소화할 수 있는 방안들을 모색하여 다양한 사회의사결정에 그들을 적재적소에 이용하는 것이 차선의 해결책일 것이다.

2.2 점수투표제

다수결투표와는 달리 **점수투표제**는 상이한 사회상태에 대한 상대적 선호강도(relative intensity of preference)를 점수로 표시할 수 있도록 허용한다. 예를 들면 어떤 예산정책에 대해 100명의 사회구성원들의 선호는 다음과 같다고 하자. 51명은 이 정책을 찬성하나 그 강도는 이 정책을 반대하는 나머지 49명보다 훨씬 약하다고 하자. 따라서 이 예산정책의 채택으로 51명이 얻을 수 있는 후생증대 수준이 49명이 입을 후생하락 수준에 훨씬 미달할 것이다. 그러나 다수결투표제는 이 예산정책을 채택할 것이다.

점수투표제는 이러한 다수결원리의 불합리성을 시정해 줄 뿐만 아니라 다수결투표에서 야기될 수 있는 순환성의 문제를 회피할 수 있다. 구체적인 예로 세 사회구성원 A, B, C에게 각각 50의 점수를 할당하여 각자의 상이한 예산정책 x, y 및 z에 대한 선호의 강도를 다음의 〈표 11-1〉과 같이 점수로 표시한다고 하자. A는 예산정책 x에 22점, y에 20점, 그리고 z에 8점을 배당하여 자기에게 주

표 11-1 점수에 의한 선호시현

사회구성원	서로 다른 예산정책		
	x	y	z
A	22	20	8
B	4	40	6
C	14	12	24
합계	40	72	38

어진 50을 x, y, z에 대한 선호의 강도에 따라 〈표 11－1〉의 둘째, 셋째 행에 각각 상이한 점수로 나타낸다.

x의 총점은 40, y는 72, z는 38로 나타났으므로 y가 선택될 것이다. 이는 이행성의 공리를 만족함을 알 수 있다. 그러나 다수결투표에 의하면 x, y 선택의 경우에는 A와 C가 x를 선호함으로써 $x \succ y$의 사회적 선호로 표시되며 y, z의 경우엔 A, B가 y를 선호함으로써 $y \succ z$의 사회적 선호관계로 나타난다. 마찬가지로 x, z의 경우에는 $z \succ x$의 사회선호를 나타내므로 〈표 11－1〉의 예에서는 이행성의 공리를 만족하지 않을 수 있다.

그러나 다수결원리의 불합리성을 보완하는 점수투표제도 선호의 강도를 배제하는 애로우의 독립성의 조건을 충족시키지 못하므로 다음과 같은 취약점을 내포하고 있다.

[점수투표제와 애로우의 불가능성 정리]

애로우의 독립성 조건에서도 언급했지만, 점수투표에 의한 상이한 선택의 상대적 강도 표시는 선호의 기수적 효용화를 뜻하므로 독립성이 의미하는 개인의 서수적 효용이나 우선순위에 기초를 둔 사회적 우선순위의 성질에 위배된다. 그러나 개개인의 선호강도를 정확하게 알면 사회우선순위나 사회후생함수를 서수적인 선호와 기수적 선호의 동시적인 기초 위에 설정할 수 있다. 그런데 이들 선호의 강도를 정확하게 측정한다는 것은 거의 불가능한 일인지도 모른다.

애로우의 독립성의 위배는 개인들의 선호 변화를 통해서 입증되지만 다음과 같이 선호의 변화 없이 이를 고정시킬 경우에도 기수적 선호의 점수투표제에서 발생한다. 상이한 사회상태 x, y, z를 택할 경우 다음의 점수투표제를 가정하자. 어떤 사회구성원도 세 선택 중 가장 선호하는 상태에 대해서 1점을 부여하고, 나머지 두 선택에 대해서는 1점을 부여한 선택과 비교하여 상대적 선호강도에 따라서 점수를 준다고 하자. 사회구성원인 갑은 x를 제일 선호하고, 갑을 제외한 구성원들은 x를 가장 적게 선호하며, y, z에 대해서는 반은 y를 최우선으로 선호하고 z를 그 다음으로, 나머지 반은 z를 최우선으로, y를 그 다음으로 선호한다고 가정하자. 갑은 x로부터는 100단위, y로부터는 10단위, z로부터는 5단위의 효용을 기대한다면 x에는 1점, y에는 0.1점, z에는 0.05점을 투표할 것이다. 이 경우에 나머지 구성원들의 점수를 포함시켜 합계한 점수는 z에게 최고의 점수로 나타날 것이다. 그러나 만약 갑의 x로부터의 효용 기대치를 20단위로 가정하면 갑의 세 사회상태에 대한 우선순위의 변동 없이 x에는 1점, y에는 0.5점, 그리고 z에는 0.25점으로 투표할 것이다. 만약 나머지 구성원들의 점수가 변함 없다고 할 경우에도 이제는 y의 합계점수가 z보다 높게 나올 수도 있을 것이다. y와 z에 대한 사회구성원들의 서수적 · 기수적 선호가 어느 누구도 변화하지 않음에도 불구하고 갑의 x에 대한 기수적 선호의 변화(선호강도 변화)와는 상관없는 y와 z의 사회적 우선순위를 변경시키는 불합리한 경우가 발생한 것이다.

이러한 어려움에도 불구하고 공정한 분배를 논의하기 위해서 기수적 선호를 내포하고 있는 각종 사회후생함수를 이론적으로나 현실적으로 사용하고 있는 것이다.

2.3 투표거래

뷰캐넌과 털록(Buchanan · Tullock)[9]은 정치적 의사결정 과정에 있어서 다음의 두 가지 특성을 지적하면서 다수결 의사결정의 단점을 보완하고 있다. 첫째, 다수결투표 하에서는 투표자의 선호의 강도를 전혀 고려함이 없이 개개인에게 똑같은 비중을 두는 단점이 있다. 둘째, 정치이슈가 서로 독립적으로 결정되지 않고 대체로 이슈들의 연속으로 나타남으로써 **투표거래**(vote trading 혹은 logrolling)와 같은 전략적 행동을 유발한다. 이에 대해 뷰캐넌과 털록은 점수투표제나 기타 선호의 강도를 반영하고 있는 의사결정 방법은 다수결투표에 비해 투표거래와 같은 전략적 행동을 통하여 사회선호를 더욱 효율적으로 나타낸다고 주장하면서 전략적 행동의 긍정적인 면을 강조한다. 이를 머스그레이브 부부의 저서[10]에 수록된 예를 통하여 설명해 보자.

---

9. Buchanan, J. M. & Tullock, G., *The Calculus of Consent*, University of Michigan Press, Ann Arbor, 1962.
투표거래에 대한 보다 깊은 논의는 Coleman의 논문을 참조 바라며, 이에 대한 경험적 연구는 Miller의 논문을 참조 바람.
Coleman, James S., "The possibility of a social welfare function," *American Economic Review*, 56, 1966, pp.1105～1122 ; Miller, Nicholas R., "Logrolling, vote trading, and the paradox of voting," *Public Choice*, 30, 1977, pp.51～76.

10. Musgrave, R. A. & Musgrave, P. B., *Public Finance in Theory and Practice*, 2nd ed., McGraw-Hill, 1976, p.113.

표 11-2 투표거래

	사회선택 문제		
	투표자		
	X	*Y*	*Z*
FTA 비준안			
찬성	1	51	60
반대	99	49	40
이라크 파병안			
찬성	51	52	20
반대	49	48	80

〈표 11-2〉는 세 사회구성원 혹은 투표자(*X*, *Y*, *Z*)의 서로 다른 정치이슈인 FTA 비준 문제와 이라크 파병안 문제에 대한 선호의 강도를 나타내고 있다. 사회선택 문제의 해는 다수결원리에 의하나 각자의 선호강도에 대한 정보도 각 구성원의 총강도의 합을 100으로 가정하여 표시하고 있다. FTA 비준 문제에 대해서 구성원 *X*는 FTA 비준 반대를 찬성보다 99배 선호하며, 이라크 파병안 문제에 대해서는 찬성과 반대에 각각 51점, 49점을 부여함으로써 파병안 찬성을 반대보다 조금 더 선호함을 알 수 있다. 마찬가지로 구성원 *Y*, *Z*의 상이한 선택에 대한 선호강도는 둘째와 셋째 열에 각각 표시하고 있다.

투표거래의 가능성에 대해 설명해 보자. FTA 비준안에 대해서 투표자 *Y*와 *Z*가 FTA 찬성을 반대보다 선호하므로, 다수결원리에 의하면 사회선호는 'FTA 찬성 $\succ_P$ FTA 반대'로 나타난다. 만일 세 투표자 *X*, *Y*, *Z*의 선호강도가 동일한 수치로 표시되었다고 가정하면 'FTA 찬성 $\succ_P$ FTA 반대'의 사회선호는 *Y*, *Z*에게 사회 전체적으로 22의 효용증대를, 그리고 *X*에게는 98의 효용감소를 초래한다고 간주할 수 있다. 마찬가지로 이라크 파병안에 대해 다수결원리에 의한 사회선호는 '파병안 찬성 $\succ_P$ 파병안 반대'로 표시되므로 *X*, *Y*의 효용증대의 합은 6인 반면 *Z*의 효용감소는 60에 달한다. 이상과 같이 다수결원리에 의해 이루어진 의사결정으로 다수파의 편익 합계(효용증대)가 소수파가 부담하는 비용 합계(효용감소)보다 적을 수도 있다. 이러한 상황 하에서 소수파는 비용부담을 덜기 위해서 투표거래를 시도할 가능성이 높다. 투표자들 사이에 어떠한 의사소통도 없이 다수결에 의하면 *X*는 FTA 비준 문제의 결과에, *Z*는 이라크 파병 문제의 결과에 불만을 갖게 되나 *Y*는 FTA 비준 문제와 이라크 파병 문제의 결과에 만족할 것이다.

각 투표자가 서로의 선호강도를 잘 알고 있으며, Z가 FTA 비준안에 대해 반대를 한다면 X는 이라크 파병을 반대하겠다고 제안하여 합의를 이뤘다고 가정하자. 그러면 X, Z에게는 이득을, Y에게는 손실을 초래하게 된다. 그러나 이와 같이 이득집단의 편익이 손실집단의 비용을 능가할 경우에는 사회 전체적으로 더욱 효율적인 의사결정에 도달하게 된다.

이러한 전략적 행동은 사회의사결정이 보다 효율적으로 이루어진다는 장점도 있으나 전략적 행동의 선택 여지나 사회구성원들이 많을 경우에는 더욱 복잡다양한 전략적 행동을 야기시킴으로써 보다 많은 시간적 · 재정적 비용이 소요된다. 파크(Robert Park)[11]는 투표거래가 다수의 구성원 사이에서는 일반적으로 안정적 균형에 도달할 수 없음을 보여준다. 또한 뮬러(Dennis Mueller)[12]는 투표거래가 투표자들의 진실된 선호강도에 기초를 두지 않을 경우가 빈번하기 때문에 투표거래를 통한 의사결정이 사회적인 최적(optimal)의 의사결정과는 거리가 있다고 주장한다. 그러나 〈표 11-2〉를 통해서 논의한 바와 같이 진실된 선호강도에 기초를 둔 투표거래는 효율성의 측면에서 사회적으로 바람직한 의사결정에 접근하게 된다.

2.4 제휴

다운스(Anthony Downs)[13]는 정치적 의사결정 과정에 있어서 정당을 공통적인 견해를 갖고 있는 투표자들의 교섭이나 제휴(coalition)에 영향을 미치는 제도적 장치로서 중시하고 있다. 다운스의 모형은 각 정당을 정권을 획득하기 위해서 득표극대화를 추구하는 독립적 단체로서 간주하는 대의민주주의의 한 모형이다.

그런데 각 투표자는 개별적인 정치이슈에 대해서 독립적으로 투표하는 것이 아니고, 이들 이슈들을 결합하거나 혹은 정강 속에 포함시켜서 이를 대변하는 각 정당에 투표한다. 그러므로 정당은 개별적인 정치이슈에 대한 투표자들의 선호강도를 고려해서 득표를 극대화할 수 있도록 이슈들을 결합해야만 정권을 유지

11. Park, Robert E., "The possibility of a social welfard function : comment," *American Economic Review*, 57, 1967, pp.1300~1304.

12. Mueller, Dennis C., "The possibility of a social welfare function : comment," *American Economic of Review*, 57, 1975, pp.1304~1311.

13. Downs, Anthony, *An Economic Theory of Democracy*, New York : Harper, 1957.

하거나 획득할 수 있다. 즉, 독립적으로 고려된 경우에 채택될 수 없는 정치이슈라 할지라도 여러 이슈들을 배합할 경우에는 채택될 수 있다는 것이다. 이를 〈표 11-3〉을 통해서 살펴보고 그 문제점에 대해서도 논의해 보기로 하자.

표 11-3 **제휴**

(a) 사회선택 문제 P

	사회선택 문제 P		
	투표자		
	X	Y	Z
FTA 비준안			
찬성	1	51	60
반대	99	49	40
이라크 파병안			
찬성	51	52	45*
반대	49	48	55*
이슈의 결합			
이긴 것 : FTA 찬성, 파병 찬성	52	103	105*
진 것 : FTA 반대, 파병 반대	148	97	95*

(b) 사회선택 문제 P'

	사회선택 문제 P'		
	투표자		
	X	Y	Z
FTA 비준안			
찬성	1	51	60
반대	99	49	40
이라크 파병안			
찬성	51	52	20*
반대	49	48	80*
이슈의 결합			
이긴 것 : FTA 찬성, 파병 찬성	52	103	80*
진 것 : FTA 반대, 파병 반대	148	97	120*

먼저 〈표 11-3〉의 (a) 사회선택 문제 P를 설명해 보자. 다수결원리에 의해서 FTA 비준안과 이라크 파병안의 해를 구해 보기로 하자. FTA 비준안에 대해

서는 투표자 Y와 Z가 FTA 비준 찬성을 반대보다 선호하므로 사회선호는 'FTA 비준 찬성 $\succ_P$ FTA 비준 반대'로 나타나며, 이라크 파병안에 대해서는 X, Y가 파병 찬성을 파병 반대보다 선호하므로 '이라크 파병 찬성 $\succ_P$ 이라크 파병 반대'의 사회선호를 나타낸다. 이상의 FTA 비준안과 이라크 파병안에 대한 독립적인 사회선호의 도출에는 각 투표자의 서수적 선호를 표시하는 우선순위만 요구되었으며, 선호의 강도에 관한 정보는 필요하지 않았다.

그러나 만약 두 정치이슈를 동시에 고려하는 정치적 의사결정 과정을 가상할 경우에는 선호강도에 관한 정보를 필요로 한다. 예를 들어 각각의 정치이슈에서 사회적으로 선호되는 사회상태 FTA 비준 찬성과 이라크 파병 찬성을 결합하여 새로운 사회상태로 간주하고 나머지 FTA 비준 반대와 이라크 파병 반대를 묶어서 또 다른 사회상태를 가정하자. 그러면 각 투표자들의 FTA 비준 찬성과 이라크 파병 찬성의 결합에 대한 선호는 두 수치의 합으로 표시되며, 마찬가지로 FTA 비준 반대와 이라크 파병 반대의 결합에 관한 선호(강도)는 각 구성원들의 FTA 비준 반대와 이라크 파병 반대의 선택에 부여한 수치의 합으로 〈표 11-3〉의 (a)의 5행과 6행과 같이 표시된다. 이들 두 행으로부터 우리는 Y, Z가 FTA 비준 찬성과 이라크 파병 찬성의 결합을 선호하므로 사회선호는 'FTA 비준 찬성 · 이라크 파병 찬성 $\succ_P$ FTA 비준 반대 · 이라크 파병 반대'임을 알 수 있다. 이는 예상한 대로 정치이슈 FTA 비준안과 이라크 파병안의 독립적인 사회선호와 동일하다.

투표자 Z의 선택, 이라크 파병안에 관한 우선순위는 변함이 없으나 선호의 강도가 45, 55에서 20, 80으로 각각 변했으며, 나머지 구성원들의 선호는 변함이 없다고 가정하자. 이제 Z의 변경된 선호강도 하의 사회선택 문제 P'의 해는 개별적 정치이슈의 해와 상이함을 〈표 11-3〉(b)의 5행, 6행을 통해서 알 수 있다. 투표자 Z의 이라크 파병안에 대한 선호강도의 변화는 개별적 이슈, FTA 비준 문제와 이라크 파병 문제의 우선순위에 관해서는 종전과 동일하나 사회선택 문제 P'에서는 구성원 X와 Z가 FTA 비준 반대와 이라크 파병 반대의 결합을 FTA 비준 찬성과 이라크 파병 찬성의 결합보다 선호하므로 사회선호는 'FTA 비준 반대 · 이라크 파병 반대 $\succ_P$ FTA 비준 찬성 · 이라크 파병 찬성'으로 나타난다. 이는 소수파에 속하는 투표자 Z가 이라크 파병안에 대하여 사회선택 문제 P에서보다 자기의 선호를 보다 강하게 표시하기 때문이다. Z의 선호강도의 변화는, 정치이슈들이 결합할 경우에는 다수결원리에 의하더라도 사회선호를 변경시킴을 보여주고 있다. 이는 앞 항에서도 설명한 바와 같이 애로우의 독립성 조건을 위배하는 것이다.

따라서 다운스는 정치이슈들이 상이한 사회상태의 집합으로 나타날 경우, 비집권자(야당)가 소수파 투표자들의 강한 선호강도를 고려해서 정치이슈들을 결합한다면 집권자(여당)에게 패배를 안겨줄 수 있다고 설명한다. 즉, 과반수 이상의 투표자가 적어도 하나의 정치이슈에 있어서 소수파이며, 이 정치이슈들에 대한 소수파의 선호강도는 그들이 또 다른 정치이슈에 대해 다수파(majority)가 되었을 경우의 선호강도와 비교하여 볼 때 그것보다 더 클 경우, 집권당은 적어도 소수파가 강한 선호를 갖고 있는 정치이슈들에 대해서 당의 입장을 먼저 표명한다는 것을 전제로 할 때 비집권당은 소수파의 선호강도가 강한 정치이슈들을 결합해서 승리를 할 수 있다는 것이다.

이상의 논의에서 우리는 유능한 정치가란 개별적인 정치이슈에 대해서는 다수의 지지를 획득하지 못하더라도 이들 이슈를 잘 결합해서 다수의 득표를 할 수 있는 능력이 있어야 함을 알 수 있다. 현실적으로 대통령이나 국회의원들을 선출할 경우 대부분의 유권자들은 개별적인 정치이슈들의 결합으로 표시된 정강을 기초로 해서 투표를 하고 있다. 또한 집권당의 다양한 정책들에 대해 다수의 지지를 얻기 위한 국민투표 등도 이의 현실적인 예로서 간주할 수 있다.

그러나 다운스의 모형은 완전한 확실성의 사회를 가정하고 있기 때문에 불확실성의 세계로 일컬어지는 현실사회의 의사결정 과정에서는 일반성이 결여되어 있다. 투표자들 개개인은 각각의 정치이슈들이 자기에게 어떠한 효용을 가져다줄 것인지 정확한 수치로 선호강도를 표시할 만큼 정책효과를 예측할 수 없다. 그리고 정당 역시 자기 정강이나 혹은 개개인의 정치이슈에 대한 투표자들의 선호강도를 정확하게 측정할 수 없다. 또한 정치이슈들에 대한 국민적 합의가 소수파의 제휴에 의해서 성립될 만큼 단순하지도 않다. 한편 집권당에서 소수파 유권자들이 강한 선호를 표명하고 있는 정치이슈들에 대해서 먼저 당의 입장을 표명하리라는 보장도 없다. 이러한 경우에는 비집권당이 소수파의 제휴를 유도할 수 있는 전략은 상당히 제한된다.

다운스는 소수파에 의한 제휴 이외에 집권당이 영구히 권력을 유지할 수 없는 이유로 중위투표자 정리(median voter theorem)나 다수결투표의 순환성

(cyclicity)[14]을 들고 있다. 그러나 이들 역시 현실적 적용에는 많은 문제점을 안고 있다.

3. 다수결원리의 재검토와 합리적 무지

Public Finance, ch. eleven

3.1 다수결원리의 재검토

현실에서의 정치적 의사결정은 참여자의 과반수가 찬성하면 받아들여지는 다수결제도에 의해서 이루어진다. 사안의 중요성에 따라 $\frac{1}{2}$ 이상의 찬성을 요하

14. 주 13.에서 인용된 문헌 참조 바람. 각 당의 정강이나 정책에 대한 투표자의 선호가 단일 정점형일 경우 다수결원리에서 채택되는 것은 중위투표자가 선호하는 것이다. 이를 중위투표자 정리라 한다.

다음 그림과 같은 선호분포 하에서는 집권을 원하는 각 정당이 중위투표자 선호에 부합하는 정강정책을 내세우게 된다. 따라서 각 정당의 정책이 유사하게 됨으로써 집권당의 영구적인 권력장악의 가능성을 줄이는 요인으로 작용하게 된다.

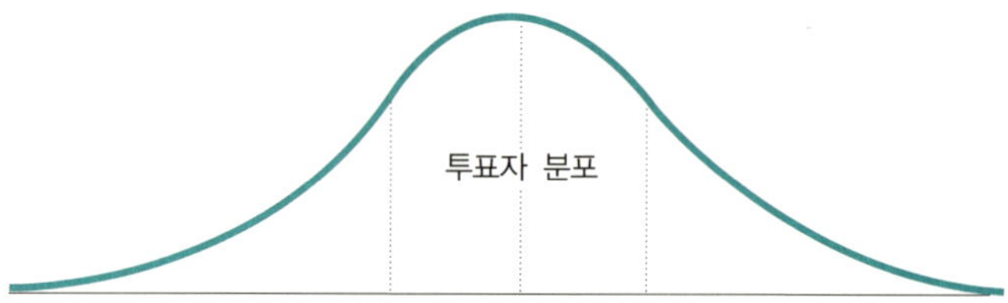

종래의 정치학에서 정당이나 정치가가 공공이익이라는 이상적 목표를 지향하여 행동하는 것으로 인식되는 것과는 반대로, 이들이 개인의 이익을 위하여 행동한다는 것이 공공선택론의 특징이자 논리 전개의 출발점이다. 물론 정치가나 정당이 때때로 사회적인 개혁을 실시함으로써 공공이익을 증대시키려 하고 또 증대시켜 온 것은 사실이다. 그러나 문제는 정당이나 정치가가 투표에서 승리하여 집권을 하지 못하는 한 결코 그렇게 행동할 기회가 부여되지 않는다는 데 있다. 따라서 득표극대화는 정치가 또는 정당 행동의 합리적 근거가 된다.

경제학적 측면에서 특별히 관심을 끄는 것은 시장에 있어서 소비자를 확보하기 위한 기업의 경쟁과 정치무대에 있어서 투표자를 확보하기 위한 정당 간 또는 정치가 간의 경쟁이 유사하다는 점이다. 이에 따라 두 개의 정당 또는 두 사람의 정치가가 경쟁하는 경우 서로 유사한 정책을 제시할 수밖에 없다는 "중위투표자 정리(혹은 최소차이의 원칙)"가 도출된다. 중위투표자 정리는 정당 또는 정치가가 다수득표를 획득하기 위해서 중위투표자의 선호와 일치하는 정책을 향해 경쟁적으로 접근하기 때문에 정책의 결정과정에서 중위투표자의 선호가 매우 중요한 역할을 하며, 이에 따라 정당 및 정치가가 경쟁적으로 행동한 결과는 정책의 내용에서 큰 차이가 발생할 수 없다는 것이다.

는 단순다수결제도와 $\frac{2}{3}$ 이상의 찬성을 요하는 조건부다수결제도 등이 있으나 비시장적 의사결정 과정에서는 집합적 선택기준으로서 다수결제도가 널리 활용되고 있다.

투표를 통한 비시장적 의사결정의 기준으로 다수결제도가 현실에서 널리 활용되고 있지만, 우리는 다수결제도에 대해 너무 익숙해 있기 때문에 다수결제도 그 자체와 영향에 대해 제반 측면에서의 깊은 분석 없이 받아들이고 있다. 다수결제도에 대해서는 많은 흥미로운 분석이 있으나, 우리의 목적인 공공선택론의 관점에서 세 가지의 과제—어떤 종류의 다수결이 합의기준으로 선택되어야 하는지, 현실에서 널리 활용되고 있는 과반수 다수결제도가 사회적으로 바람직한 자원배분과 소득분배를 초래하는지, 그리고 다수결제도가 일관성 있는 결과를 보장하는지 등의 문제—를 우선 간략히 살펴보기로 하자.

3.1.1 최적다수결제도

어떤 종류의 다수결이 합의기준으로 선택되어야 하는지, 즉 합의에 필요한 찬성수 또는 지지율을 얼마로 하는 것이 최적인가 하는 문제는 의사결정에 직접 · 간접으로 소요되는 비용의 크기에서 그 해답을 찾을 수 있다. 뷰캐넌과 털록은 그들의 분석에서 집합적 의사결정의 비용은 개념적으로 의사결정비용과 외부비용(external costs)으로 구분되며, 이를 합친 상호의존비용이 최소화되는 점이 최적찬성수 또는 최적지지율로 선택되어야 한다고 하였다.

의사결정비용이란 집합적 행동을 하는 데 있어서 토론, 설득, 교섭 등에 소요되는 비용, 즉 제도의 운영과 의사결정 과정에서의 참가비용을 말한다. 이러한 의사결정비용은 일반적으로 합의에 필요한 인원수가 늘면 늘수록, 즉 높은 지지율을 요구하면 할수록 많이 소요된다. 한편 외부비용이란 개인의 의사와는 상관없이 특정한 경제활동에 사회구성원이 참여하도록 강요당하는 경우에 생기는 비용으로서 효율 및 분배상의 후생적 손실을 의미한다. 마을에 도로를 건설하는 것을 예로 들어 설명해 보자. 도로 건설 공사에 주민들이 각자 똑같이 비용(세금)부담을 하기로 하고 찬성 · 반대의 투표를 한 결과 찬성이 더 많아 원래의 약속대로 주민 모두가 균등하게 비용을 부담하면서 도로가 건설되면, 도로 건설에 찬성하지 않은 사람들이 부담하는 비용이 바로 외부비용이다. 외부비용은 전원일치의

그림 11-5

최적다수결제도

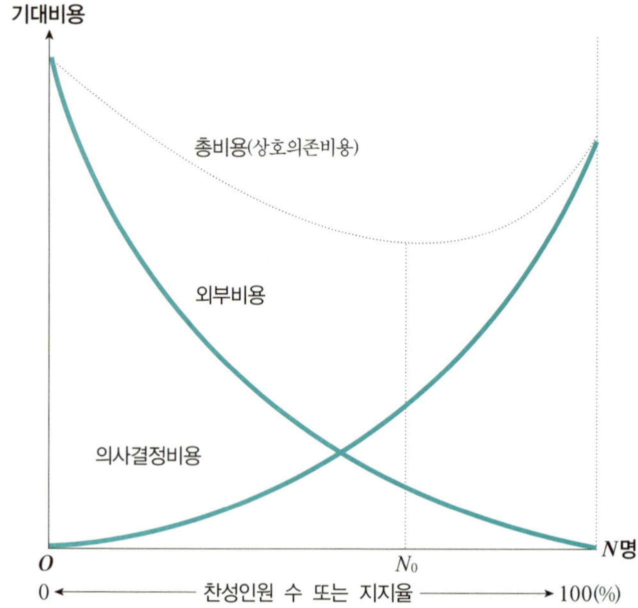

경우 영이며, 합의에 필요한 인원수가 감소할수록 외부비용은 증대된다.

[그림 11-5]는 세로축에 비용의 크기를, 가로축에 합의에 필요한 인원수 또는 지지율을 잡아 외부비용과 의사결정비용, 그리고 이들의 합계인 상호의존비용을 나타낸 것이다. 앞에서 언급한 대로 투표결과에 대하여 많은 사람의 동의를 요구할수록 의사결정비용은 증대되고 외부비용은 감소되는데, 전원일치가 있는 경우에는 외부비용이 영이 된다. [그림 11-5]에서와 같은 외부비용과 의사결정비용의 조건 하에서 투표에 의해 의사결정을 하는 기준으로 최적의 찬성인원 수 또는 지지율은 상호의존비용이 최소가 되는 N_0 또는 $\frac{N_0}{N}$이다. 즉, 총사회구성원 N명 가운데 N_0만큼의 찬성을 요구하는 것이 최적이다.

[그림 11-5]를 중심으로 한 지금까지의 논의가 보여주는 가장 중요한, 그리고 강조되어야 할 사항은 $\frac{1}{2}$의 찬성을 필요로 하는 단순다수결이 항상 효율적이고 최적의 기준은 아니라는 점이다. [그림 11-5]의 경우 합의에 필요한 최적지지율은 $\frac{N_0}{N}$인데, 이 비율이 $\frac{1}{2}$과 같아지는 것은 우연의 일치일 뿐이다. 따라서 비시장적 의사결정 과정에서 널리 무비판적으로 활용되고 있는 단순다수결제도는

집합적 선택의 기준으로서의 효율성이 의문시된다. 특히 문제가 되는 사안에 따라 외부비용이 달라지고 이에 따라 최적의 찬성수가 변화하는데, 현실에서 거의 모든 경우마다 단순다수결에 의해 자원배분과 소득분배에 관한 결정을 내리는 것은 경제 전체의 효율성을 저하시키는 결과를 초래한다.

3.1.2 과반수 다수결제도의 비효율성

앞에서 다수결제도와 관련하여 검토하기로 한 세 가지의 과제 중 합의기준으로 어떤 종류의 다수결이 선택되어야 하는가 하는 문제에 대해서 살펴보았다. 또한 현실에서 광범위한 활용에도 불구하고 $\frac{1}{2}$의 찬성을 요하는 단순다수결은 집합적 선택기준으로 문제점이 있다는 결론에 도달하였다.

다수결에 대한 두 번째의 과제는 과반수 다수결제도가 사회적으로 바람직한 자원 · 소득분배를 가져오는가 하는 문제이다. 이 문제에 대해서도 우리의 결론은 부정적이다. 즉, 시장적 결정과정에서는 참여자가 경제력에 비례하여 투표하면 시장실패가 일어나지 않는 한 자원의 효율적 배분이 보장되는 것과는 대조적으로, 과반수 다수결을 선택한 비시장적 의사결정 과정에서는 시장실패는 일어나지 않더라도 자원의 효율적 배분이 일반적으로 이루어지지 않는다.

이를 좀더 구체적으로 설명하기 위해서 A, B, C 세 사람으로 구성된 사회를 상정하자. 그리고 이들이 공공재의 공급량을 다수결투표 방법에 의해 결정할 경우 그 결과가 경제적 효율성을 달성하게 되는지의 여부를 살펴보자.

여기서 문제가 되고 있는 공공재의 단위당 생산에 요구되는 비용, 즉 한계생산비용은 300만원이고, 이를 구성원 세 사람이 세금을 통하여 똑같이 부담하기로 합의했으며, A, B, C 세 사람의 공공재에 대한 수요량의 가격, 즉 각각의 공공재에 대한 수요곡선은 [그림 11-6]에 표시된 D_A, D_B, D_C와 같다고 가정하자. D_A, D_B, D_C는 사회구성원 A, B, C가 각각 다른 수준의 공공재의 공급에서 얻는 한계편익을 나타낸다. 예를 들어 A는 공공재의 수량이 5일 때는 100만원의 편익을, 10일 때는 30만원의 편익을 얻는다. 또한 같은 수량 10에 대해서 A, B, C가 얻는 편익은 30만원, 100만원, 130만원으로 각기 다르다. 공공재의 사회적 수요함수, 즉 총편익은 A, B, C의 수요함수를 수직으로 합한 것인데 [그림 11-6]에서는 이것이 D_T로 표시되어 있다.

그림 11-6

과반수 다수결제도와 공공재의 공급

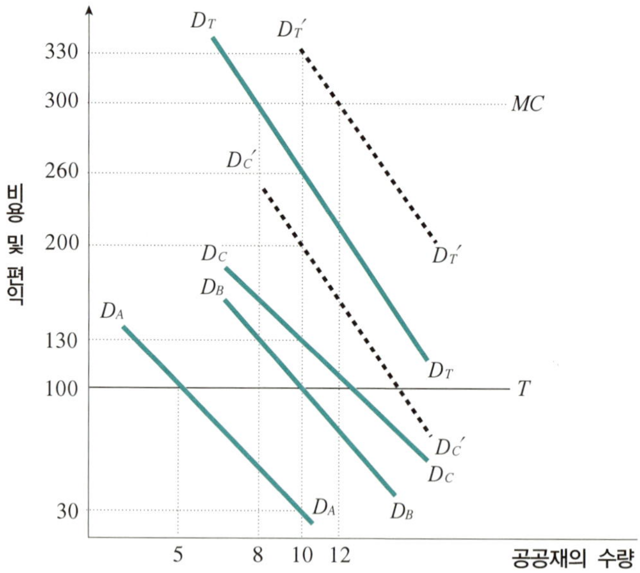

물론 특정 수준의 공공재 공급에 대한 찬성, 반대의 의사결정을 하는 과정에서 개개인은 세금으로 부담하는 비용과 공공재의 공급에서 얻는 편익을 비교하여 전자가 후자보다 크면 반대를, 후자가 전자보다 크면 찬성을 하게 될 것이다. 300만원을 세 사람이 똑같은 세금부담으로 나누기로 약정하였으므로 개개인이 공공재의 공급과 관련하여 부담하는 비용수준은 각각 100만원이다([그림 11-6]의 $T=100$). 따라서 사회구성원은 특정 수준의 공공재 공급에서 얻는 편익의 규모가 100만원을 초과하면 찬성을, 그렇지 않으면 반대를 하게 될 것이다.

이상에서 설명한 상황에서 비시장적 의사결정, 즉 투표과정을 거쳐 결정되는 공공재 공급수준이 어느 정도이며 그 규모가 사회적으로 바람직한 수준인지를 살펴보자

먼저 5단위 이전까지의 공공재 공급수준에서는 구성원 A, B, C 모두 찬성을 하게 될 것이다. 이는 물론 5단위 이전까지는 편익이 비용(조세부담)보다 크기 때문이다. 5단위를 넘는 수준, 예를 들면 6단위 수준의 공공재 공급에 대해서는 B와 C는 찬성을 하고 A는 반대를 하게 될 것이다. 다수결제도 하에서 세 사람 중 두 사람이 찬성하므로 6단위의 공공재 공급은 통과될 것이지만 공공재의 공

급이 6단위 수준에서 멈추어지지 않게 될 것이다. 왜냐하면 *B*와 *C*의 경우 10단위까지는 공공재 공급에 따른 편익이 비용보다 크므로 계속적으로 공급수준의 확대를 요구할 것이기 때문이다.

한편, 위에서 기술한 비용부담 및 편익조건과 다수결 의사결정제도 하에서는 공공재 공급의 균형수준은 10단위가 될 것이다. 이는 10단위 이상의 공급에 대해서는 다수(*A*와 *B*)가 반대하고 10단위 이하의 공급에 대해서는 또 다른 다수(*B*와 *C*)가 반대할 것이기 때문이다.

그러면 다음으로, 이렇게 다수결제도를 통해 이루어진 자원배분이 사회적으로 적당한가, 즉 경제적 효율성의 관점에서 최적수준의 공공재 공급이 이루어지는지를 검토해 보자.

공공재이든 사용재이든 특정 재화의 최적공급 수준은 사회적인 한계편익과 사회적인 한계비용이 일치하는 수준이다. [그림 11-6]에서 10단위의 공공재 공급이 이루어질 때 *A*, *B*, *C* 세 사람이 각각 향유하는 편익의 수준은 30만원, 100만원, 그리고 130만원이므로 사회적 한계편익은 이들의 합인 260만원이다. 한편, 사회적 한계비용은 앞에서 설명한 바와 같이 300만원이다. 따라서 10단위 공급과 관련해서는 편익이 비용보다 작으므로 비록 사회구성원 중 다수가 원하여 그 공급수준이 결정되었다고 하더라도 경제적 효율성의 관점에서는 과다공급이 이루어진 셈이다.

물론 다수결에 의한 결정이 지금까지의 논의와는 반대로 공공재의 과소공급으로 나타날 수도 있다. 예를 들어 [그림 11-6]에서 *C*의 공공재 수요함수가 D_C가 아니라 D_C'이면 사회적 총편익함수는 D_A, D_B, D_C'으로 바뀌더라도 다수결제도 하에서는 여전히 10단위의 공공재 공급이 결정될 것이다. 이는 경제적 효율성이 최적이 되는 수준보다 낮은 수준이다. 왜냐하면 10단위 공급과 관련된 한계비용은 300만원이지만 사회적 편익은 330만원으로 편익이 비용보다 커 과소공급이 이루어지기 때문이다.

[그림 11-6]에 간략히 요약된 단순한 사례가 보여주는 것은, 다수결제도에 의한 자원배분 결정은 일반적으로 과다 또는 과소공급으로 나타나며 언제나 사회적으로 바람직한 자원배분이 이루어지지 않는다는 것이다.

우리의 목적이 다수결제도 하에서 합의되는 공공재 공급수준의 최적 여부를 밝히는 데 있지만, *C*의 수요함수가 D_C에서 D_C'으로 바뀌는 데 따른 과다 · 과소

공급 여부를 논의하는 과정에서 매우 중요한 사실을 부수적으로 발견하게 된다. 이는 사회구성원 C의 선호변화에도 불구하고 다수결제도에 의하여 결정되는 공공재의 공급수준은 변하지 않는다는 점이다. 즉, C의 공공재에 대한 수요함수가 D_C이든, D_C'이든 다수결로 결정되는 공공재 공급규모는 계속 10단위라는 사실이다. 이러한 결과는 가계와 기업이 상호 의존하는 시장적 의사결정 과정에서 선호와 비용상의 조그마한 변화도 균형수량의 변화에 즉각적으로 영향을 미치는 것과는 큰 대조를 이루는 것으로서, 시장적 의사결정 과정과 비시장적 의사결정의 차이와 특징을 단적으로 보여주는 중요한 예이다.

[그림 11-6]에서 논의될 수 있는 또 하나의 매우 중요한 결과는, 세 사람의 다수결로 합의되는 공공재 공급수준의 결정에서 중간에 위치한 사람, 즉 B의 선호가 결정적인 역할을 한다는 사실이다. 10단위 수준에서 B의 비용부담과 편익수준이 같기 때문에 다수결 결정에서 10단위 공급으로 낙착되는 것이며, 만약 B의 편익수준이 15단위에서 미리 정해진 비용부담 수준과 일치한다면, B의 선호가 중간에 위치하는 한 A와 C의 선호에 관계없이 다수결제도 하에서 공공재 공급수준은 15단위로 결정될 것이다.

이와 같이 다수결제도를 통한 비시장적 의사결정 과정에서 중위자의 선호가 결정적 역할을 하는 것을 주 14.에서 언급한 바와 같이 공공선택이론에서는 중위투표자 정리라 부른다. 중위투표자 정리는 현실에서 왜 정부의 정책에 대해 많은 일반 국민이 불만을 갖느냐에 대한 해답을 제시해 준다는 데에 그 중요성이 있다.

즉, 다수결에 의해 정책이 결정되는 한 중위자의 선호에 따라 정책이 결정되므로 중위에서 먼 투표자는 자기의 선호와 다른 결정을 받아들일 수밖에 없는 것이다. 이것이 현실의 정부정책이 상당수의 국민에게 정책에 대한 불만을 갖게 하는 이유이다.

다수결제도와 관련된 우리의 세 번째 논의 과제인 다수결제도가 일관성 있는 정책결정을 보장하는지의 여부는 이미 앞에서 다수결투표의 순환성을 통해 알아보았다.

3.2 합리적 무지

합리적 경제인으로서의 투표자에 대한 경제분석은 다운스(Anthony Downs)에서 시작된다. 그는 대의민주주의제도 하에서 투표행위에 수반되는 정보비용, 투표에 소요되는 시간비용 등의 비용과 투표자가 지지하는 정치가나 정당이 당선되고 자신이 원하는 정책들이 채택 · 실시될 때 예상되는 편익을 고려하면서 투표자의 합리적 기권과 합리적 무지(voter's rational ignorance)의 가능성을 도출하였다.

투표자의 투표행위와 관련하여 주목해야 할 사실은, 투표자들이 국가 전체적으로 바람직한 정책, 즉 시행하여 총혜택이 총비용을 능가하게 되는 정책을 항상 지지한다는 보장은 없다는 것이다. 예를 들어 정책 *X*의 시행에 따른 총혜택이 총비용보다 사회적으로 적더라도 투표자 *A*는 자기에게 상당한 혜택이 부여되는 한 정책 *X*를 지지하게 될 것인데, 만약 정책 *X*가 투표자 *A*의 지지로 채택되면 비효율성을 야기하게 된다.

모든 투표자가 비효율적인 정책을 지지하리라고는 기대하기 힘들지만, 중요한 사실은 투표자가 자신의 이해를 중심으로 투표권을 행사한다는 것이다. 투표자는 시장적 의사결정에서는 사적 이익을 추구하여 경제행위를 하고, 비시장적 의사결정에서는 공공이익을 위하여 투표를 하는 이원적 기준에 따라 투표행위를 하는 것이 아니고, 시장적 의사결정 과정에서나 비시장적 의사결정 과정 모두에서 개인의 사적 이익의 추구를 목표로 행동한다.

앞에서 언급한 투표자의 합리적 무지란 상당히 중요한 개념이므로 이를 간단히 설명하면, 개인이 자신의 의사결정 과정에 필요한 정보를 수집하는 과정에서 소비자로서 시장의 의사결정의 경우보다 투표자로서의 정치적 의사결정의 경우에 상대적으로 더 적은 노력을 기울이고, 보다 불완전한 정보에 의거하여 의사결정을 한다는 것이다. 투표자의 합리적 무지는 비시장적 의사결정과 시장적 의사결정 간의 상대적인 개념이지 개개인이 시장적 의사결정에는 완전한 정보를 근거로 행동하고 비시장적 의사결정 과정에서는 완전한 무지에서 행동한다는 내용의 절대적 개념이 아니다.

의사결정에 필요한 정보를 수집하는 데에 비용이 소요되므로 어느 경우에나 완전한 정보를 수집한 후에 의사결정을 하는 일은 극히 드물다. 따라서 투표자의 합리적 무지 현상이 초래되는 주된 이유는 정치적 의사결정 과정에서 수집되어야 하는 정보와 관련하여 비용이 높기 때문이다. 또 비시장적 의사결정 과정과 관련하여 개인이 정보수집에서 향유하게 되는 이득이 시장적 의사결정을 위한 정보수집에서 초래되는 이득보다 적은 것이 투표자의 합리적 무지가 발생하는 또 다른 이유이다.

투표자의 합리적 무지가 존재한다는 사실은 비시장적 의사결정에서 중요한 의미를 갖는다. 왜냐하면 정치가나 정당이 투표자의 지지를 획득하는 과정에서 투표자에게 자세하고 충분한 정보를 제공할 필요가 없기 때문이다. 이로 말미암아 현실에서 정치적 연설이 구호에 크게 의존하고, 사실을 지나치게 단순화시켜 부각시키며, 부적절하거나 타당하지 않은 논리가 판을 치고, 때로는 사실이 오도되기도 한다. 투표자들은 정치가들의 주장을 정확하게 평가할 정보를 갖고 있지 않기 때문에 이를 기회로 정치가는 정확하거나 균형된 의견의 제시보다는 오히려 사실을 자신에게 유리하게 왜곡하려고까지 한다.

또한 선거 때나 특정 조직의 의사결정 과정에서 유권자나 구성원이 종종 기권을 하는 것도 투표자의 합리적 무지와 관련된 행위이다. 즉, 정보수집에 상당한 비용이 들고 투표결과에 자신이 미치는 영향력이 적어서 자신이 얻는 이득이 상대적으로 미미하므로 결국 개인은 의사결정 자체에 참여하지 않게 된다.

이제까지 우리는 사회선택 문제의 최종해를 제시해 주는 사회후생함수(사회의사결정 과정)를 현실적으로 대변하는 각종 투표방법을 논의하였으며, 어떠한 방법도 애로우의 조건들을 동시에 만족시키지 못함을 설명함으로써 애로우의 불가능성 정리를 재확인한 셈이다. 이러한 단점에도 불구하고 현실적으로 각종 투표방법이 민주사회의 의사결정도구로 채택되고 있다. 이의 단점을 개선해서 보다 일반적이고 설득력 있는 의사결정 방법을 모색하는 일이 후생경제학의 앞으로의 과제 중 하나이다.

이상의 각종 투표방법의 이론적 고찰을 통하여 우리가 사용하고 있는 여러 투표방법들이 개인의 선호를 여과하는 장치로 어떠한 결함을 갖고 있는가를 알 수 있었다. 따라서 이들 결함을 회피하거나 혹은 최소화할 수 있는 차선의 방안은 각종 공공선택 문제에 있어서 여러 투표방법들을 적재적소에 적용하는 것이며, 본 장의 이론적 논의의 중요성도 인식되어야 할 것이다.

연습문제

ch. eleven Exercise

01 공공선택이론의 의의와 정책적 함의 (행 35)

02 다수결투표제도와 점수투표제도의 장 · 단점을 논의하시오.

03 상이한 예산규모 A, B, C에 대한 3명의 투표자 X, Y, Z의 선호관계가 다음과 같다고 하자. 단, 예산규모는 A가 가장 크고, C가 가장 작으며, B는 그 중간에 해당한다고 가정한다.

$$X : A \succ B \succ C$$
$$Y : C \succ B \succ A$$
$$Z : B \succ C \succ A$$

두 예산규모씩 각각 상호 비교하되 과반수의 지지를 얻는 예산규모가 사회적으로 더 선호되는 것으로 결정될 것이다. 궁극적으로 어떤 예산규모가 사회적으로 선택될 것인지, 또 이 예산규모는 중위투표자(median voter) 이론에 의해 결정되는 예산규모와 어떤 관계를 갖는지에 대해 설명하시오. 또한 Y의 선호순위가 $C \succ A \succ B$로 변화하는 경우에는 투표의 역설이 존재하게 되며, 이 같은 상황에서는 각 투표자의 투표순서와 관련된 의사진행 조작이 일어날 수 있음을 보이시오. (행 40)

04 제휴를 통하여 비집권당이 집권당에게 패배를 안겨줄 수 있는 조건을 설명하고 이를 불가능성 정리와 연관지어 설명하시오.

05 투표제도와 효율의 관계에 대해 논하시오.

06 경제학에서 투표제도가 갖는 중요성은 무엇인가? 효율 및 공평의 경우로 나누어 고찰하시오.

07 예를 들어 〈표 1〉과 같은 네 가지의 공공재 생산량이 정부에 의해 고려되고 있다고 하자. 이를 Q_1, Q_2, Q_3, Q_4로 부를 때, 이는 각각 공공재 및 사용재의 생산량 조합을 나타낸다. 가계의 선호순위는 단일 정점형이라고 가정한다. 애로우(Arrow)가 말하는 다수결투표제도(majority rule)를 사용할 때에 사회 전체의 선호순위는 어떻게 나타나는가?

표 1 공공재 소비 생산량의 변화에 따른 MRS_{XY}의 조합 및 MRT_{XY}

	공공재(X)	私用財(Y)	MRS^A_{XY}	MRS^B_{XY}	MRS^C_{XY}	MRT_{XY}
Q_1	11	1,000	20	60	35	20
Q_2	12	940	10	50	30	30
Q_3	13	750	5	40	25	40
Q_4	14	630	2	30	20	50

08 애로우(Arrow)가 말하는 다수결투표제도(majority voting)에서는 순환성(cyclicity) 혹은 非이행성(intransitivity)의 문제가 일어날 수 있다. 그러나 만약 투표자들이 갖는 선호순위가 특정 형태를 갖는다면 이런 문제가 발생하지 않을 수도 있다. 이 특정 형태는 어떤 형태인지 설명하시오.

09 어떤 경제에 소비자가 세 명이고 한 종류의 공공재가 존재한다고 하자. 세 사람의 소비자가 공공재에 대한 각자의 최적공급량을 제안하고, 제안된 공공재 수량을 놓고 두 개씩 투표에 붙여 최종적으로 선택되는 수량의 공공재를 공급한다고 하자. 공공재 공급의 한계비용은 9원으로 일정하고, 최적 공공재 공급량이 결정되면 공공재 공급비용은 각 개인이 균등하게 부담한다. 그리고 각 개인의 공공재에 대한 평가가 각각 $P_1 = 3 - Q_1$, $P_2 = 5 - Q_2$, $P_3 = 10 - Q_3$로 주어져 있다고 하자.

(1) 실제 공급되는 공공재의 수량은 얼마인가? 그리고 그 공급량은 효율적이라고 할 수 있는가?

(2) 실제 공급되는 공공재의 수량이 비효율적인 수준이라면 효율적인 공공재의 공급 수준은 얼마인가?

10 직접민주주의 하에서는 공공선택을 해야 할 시에 반드시 투표의 과정을 거치게 된다. 그러나 대개의 경우 찬성과 반대만 표시할 수 있을 뿐 상정된 안건에 대한 구체적인 선호의 강도는 반영하지 못하는 것이 보통이다.

(1) 이 경우 공공선택의 과정과 결과가 사회적으로 비효율적일 수 있음을 구체적인 예를 들어서 보이시오.

(2) 이러한 현상을 해결할 수 있는 투표방안들에 대해서 논해 보시오. 또한 그 해결방안들에는 문제점들이 없는지 고찰해 보고 문제점이 있다면 무엇인지 설명해 보시오.

11 어느 시에서 시립병원, 시립도서관, 시민회관 건설사업에 대한 시민의 찬반 여부를 알아보고자 다수결투표를 실시하는 경우를 생각하자. 시민의 선호체계는 A, B, C 세 그룹으로 분류되며 각 그룹 내의 시민 수는 동일하다고 가정할 때, 각 사업의 시행에 따른 그룹별 시민의 순이득(혹은 순손실)은 다음 표와 같다고 한다. (행 41)

사업명	A그룹	B그룹	C그룹
시립병원	+200	−30	−70
시립도서관	−50	+150	−20
시민회관	−100	−50	+300

(1) 만일 위의 사업에 대해서 찬반투표를 실시할 경우 다수결투표의 결과는 어떻게 될 것이며, 그 결과가 과연 이 지역 시민 전체의 이득을 가장 크게 할 것인지 설명하시오.

(2) 각 그룹의 시민들 간에 투표거래(logrolling)가 자유롭게 행해질 수 있다면 각각 어떤 사업에 대하여 거래하고자 할 것이다. 이때의 다수결투표 결과는 어떻게 될 것이며, 그 결과로부터 가장 큰 피해를 보는 시민은 어느 그룹에 속한 시민인가?

12 공공재의 규모를 다수결투표로 결정하는 경우 공공재의 공급이 효율적인지를 논평하시오. (행 44)

13 두 종류의 순수공공재가 존재할 때 과반수제도에서 정치적 결탁이 불가능하면 비효율적인 결과를 초래하지만 결탁을 통해 효율의 결과를 초래할 수 있음을 설명하시오 (다만, 투표자는 3명이라고 가정한다). (행 45)

14 갑, 을, 병 세 지역대표가 다수결투표를 통해 A, B, C 세 사업의 공동시행 여부를 결정하려고 한다. 각 사업이 시행될 경우 세 사람의 순이득(= 편익 − 비용)은 아래 표와 같이 표시된다. 각 지역대표가 합리적으로 행동한다고 가정할 때 다음 질문에 답하시오. (입 18)

	갑	을	병
A사업	190	−80	−110
B사업	−30	180	−95
C사업	−100	−90	210

(1) 만일 각각의 사업에 대하여 별도로 찬반 여부를 투표에 부친다면 그 결과는 어떻게 되겠는가?

(2) 만일 지역대표 간 투표거래(logrolling)를 1인당 단 한번만 허용한다면 어떤 사업이 내쉬(Nash)균형으로 선정될지 밝히고, 이 결과가 과연 모든 가능한 투표거래 중에서 사회후생을 가장 크게 할 것인지 설명하시오.

15 환경보전을 위해 그린벨트를 보존하자는 주장과 주민들의 재산권 보호 및 주택가격 안정을 위해 그린벨트를 해제하여 주택공급을 늘려야 한다는 주장이 대립되고 있다. (2006년 행정고시 기출문제)

(1) 과반수투표라는 공공선택 과정을 통해 그린벨트 해제를 결정하게 될 경우 나타날 문제점들을 제시하시오.

(2) 위에서 대립되고 있는 두 가지 주장을 Coase 정리에 입각하여 해결할 경우 어떻게 해결될 것인지를 구체적으로 설명하시오.

세출

III

Public Finance
part three

비용·편익 분석

Public Finance
ch. twelve

12

1. 비용 · 편익 분석이란?

이제까지 우리는 정부의 기능과 역할의 이론적 기초를 각종 시장실패를 치유하여 보다 나은 후생을 달성하는 데서 찾았다. 그런데 국방, 치안, 법률, 보건, 교육 등 공공재의 원활한 공급을 비롯한 다양한 시장실패의 치유는 재원의 제약으로 인해 동시에 달성할 수 없다. 따라서 주어진 재원의 범위 내에서 실현 가능한 정부개입의 우선순위를 설정하여 국민후생을 가장 높일 수 있는 방안을 모색해야 한다. 이를 가능하게 하는 이론적 · 현실적 기법이 정부지출에 대한 **비용 · 편익 분석**(cost-benefit analysis)이다. 즉, 정부개입의 중심 도구인 각종 공공지출의 경제성 분석으로 사회적 비용과 사회적 편익을 비교, 우선순위를 설정하여 희소한 자원의 최적 이용을 도모하는 이론적 기법인 동시에 현실적인 수단이 비용 · 편익 분석이다. 따라서 비용 · 편익 분석의 규범적 기준은 효율적 자원배분을 중심으로 하고, 경우에 따라서는 공정한 소득분배도 부수적인 기준으로 설정하여 국민 전체의 후생을 증대시켜 주는 공공정책지표가 되어야 할 것이다.

비용 · 편익 분석은 특정의 공공지출(투자)이나 정책이 과연 시장실패를 치유하여 보다 효율적인 자원배분을 달성할 수 있는가 하는 문제에 대한 해답과 아울러 여러 다른 공공지출 중 어느 것이 사회적으로 가장 바람직한 것인가 등의 의문을 해결해 주는 이론적 · 현실적 방편이 되어야 한다. 예를 들면 어떤 고속도로 건설에 대한 공공투자계획이 효율적인 자원배분을 도모하여 사회후생을 증진시킬 수 있는가의 타당성 분석은 첫 번째 물음의 경우에 해당하며, 이 투자계획이 재원조달의 측면에서 또 다른 공공투자계획(예를 들면 원자력발전소 건립)의 희생을 수반한다고 해도 과연 바람직한 투자계획인가 등은 후자의 경우에 해당한다.

이상의 물음에 답하기 위해서는 첫째, 고속도로 건설에 소요되는 각종 비용과 편익을 열거하여 총비용과 총편익을 비교해야 한다. 즉, 고속도로 건설에 소요되는 각종 자재, 인력 등과 같은 직접적인 비용항목의 산정과 여행이나 화물운송 시간의 단축, 사고율 감소 등과 같은 직접적인 편익항목의 산정 이외에도 자연경관의 훼손, 대기오염이나 소음공해, 고속도로 인접지역의 개발효과, 개발이익으로 인한 부동산 가치의 상승 등 간접적인 비용과 편익도 항목별로 양적인 계측이 이루어져야 한다.

둘째, 양적으로 계측된 비용항목과 편익항목들을 화폐액으로 환산해야 한다. 노동이나 시멘트 등과 같이 시장가격으로 화폐액의 환산이 용이한 항목도 있지만 불완전경쟁시장에서 결정된 시장가격의 경우에는 이들 각각이 사회적 비용이나 편익을 반영하지 못하기 때문에 이러한 품목들에 대한 잠재가격(shadow price)이나 기회비용(opportunity cost)이 설정되어야 한다. 뿐만 아니라 인명피해, 공해, 시간단축 등 비용과 편익의 다수 항목 중 외형상으로 쉽게 포착되지 않아서 시장가격으로 계산하기 어려운 항목 등도 잠재가격이 정확하게 설정되어야 한다.

셋째, 대부분의 공공투자의 경우는 그에 따른 비용이 초기에 발생하는 반면에 편익은 투자가 끝난 이후에 나타나므로, 이들 항목의 화폐액은 투자 여부를 결정하는 현재가치로 환산하여 평가되어져야 한다. 따라서 현재가치로 환산하는데 있어서의 할인율은 어떻게 책정되어야 하는가의 문제도 결정되어야 한다.

이상의 요인들을 충분히 고려하여 공공투자계획의 순편익의 현재가치에 입각하여 투자 여부가 결정되어야 한다. **현재가치**는 다음과 같은 수식으로 표시된다.

$$PV = -I_0 + \sum_{n=1}^{N} \frac{R_n}{(1+r)^n} \quad (12-1)$$

PV : 투자의 현재가치　　I_0 : 초기의 투자비용
R_n : n기의 순편익(= 편익 − 비용)　　r : 적정 할인율
N : 계획의 마지막 기

한편 대부분의 비용 · 편익 분석은 평가시점의 경제상황이 투자기간 중 계속 유지된다는 가정 하에 정태적 비용 · 편익 분석을 중심으로 이루어져 왔다. 그러나 현실적으로는 투자계획이 평가되는 현재의 경제상황과 투자가 진행되는 도중이나 투자가 끝난 이후의 상황이 상이한 경우가 많으므로 이러한 위험과 불확실성을 고려할 수 있는 동태적 비용 · 편익 분석도 동시에 이루어져야 한다.

이상의 비용 · 편익 분석에 관한 전반적인 간략한 논의를 토대로 이를 세분해서 비용 · 편익 측정에 관한 문제, 적정 할인율의 설정 문제, 위험과 불확실성에 관한 문제, 소득분배 문제, 동태적 비용 · 편익 분석 문제 등을 중심으로 다음 절에서 간략하게 살펴보기로 하자.

2. 비용 · 편익의 측정에 관한 제반 문제

공공투자나 지출의 가부(可否)를 결정하거나 혹은 우선순위를 판별하기 위한 비용 · 편익 분석에서 가장 중요한 것은 비용항목과 편익항목을 정확하게 화폐액으로 측정하는 일이다.

민간부문에서의 투자에 대한 경제성 분석은 일반적으로 현재의 시장가격과 미래에 기대되는 시장가격으로 평가된 수입과 비용의 차이(기대이윤)를 측정함으로써 이루어지지만, 공공부문에서는 사적인 이윤만으로는 적절한 평가기준이 될 수 없다. 왜냐하면 모든 부문이 완전경쟁시장 구조일 때에는 사적 이윤이 사회적 이윤으로 간주될 수 있지만 그렇지 못한 경우에 둘은 일치하지 않기 때문이다. 완전경쟁적인 시장(경제)구조에서는 시장가격이 곧 기회비용을 의미하므로 공공투자의 비용과 편익의 측정은 시장가격에 의해 손쉽게 달성될 수 있다. 그러나 현실경제에서는 부문별로 완전경쟁을 저해하는 요인들이 있기 때문에 시장가격이 기회비용을 반영하지 못할 뿐만 아니라 비용과 편익의 항목 중에는 시장에서 가격형성조차 되지 않는 경우가 많아 이들의 화폐액 산정에 많은 어려움이 발생하게 된다.

본 절에서는 이러한 계측의 문제점을 첫째, 대규모의 공공투자로 인해 소요되는 재화와 용역의 기존 시장가격이 변하는 경우의 비용 · 편익 측정, 둘째, 독과점, 정부의 조세, 수량규제 등 완전경쟁을 저해하는 요인에 의하여 시장가격이 기회비용을 반영하지 못할 경우의 잠재가격 설정 문제, 셋째, 인명피해, 환경오염 등으로 인한 수명의 단축, 전염병 예방 등에 의한 수명 연장, 국가나 개인의 명예 등과 같이 시장가격이 형성조차 되지 않는 무형의 비용과 편익 측정 등으로 구분하여 그 해결방안을 간략하게 살펴본다.

2.1 대규모 공공투자의 비용 · 편익 산정

일반적으로 민간투자는 소규모이기 때문에 투자의 증감은 시장가격의 변화를 초래하지 않는 경우가 대부분이다. 그러므로 투자증대로 인한 편익의 증가는

그림 12-1

민간투자의 후생효과

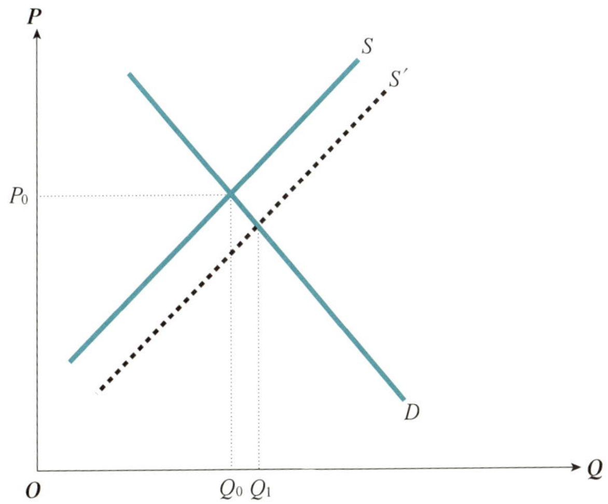

[그림 12-1]의 경우처럼 $P_0(Q_1-Q_0)$로 간단하게 그 근사치를 얻을 수 있다. 즉, 추가적인 민간투자로 인한 상품공급의 증대는 S에서 S'으로의 이동처럼 소폭인 경우가 통상적이기 때문에 이로 인한 상품가격의 변화는 무시해도 무방하다.

그러나 대규모 공공투자의 경우에는 생산요소 가격이나 최종생산물의 시장가격을 변화시키는 경우가 허다하여 비용 · 편익 분석에서는 이들 가격변화를 정확하게 고려해야 한다. 예를 들면 거대한 수력발전소의 건설은 고용증대로 인한 임금인상과 아울러 전력요금도 인하시킬 수 있으며, 고속도로 건설은 화물수송비의 절감을 통한 각종 생산물의 원가하락 요인으로 작용할 수 있다. 따라서 공공투자의 비용 · 편익 분석은 민간투자의 경제성 분석보다 훨씬 복잡하다.

[그림 12-2]의 (I)에서와 같이 대규모의 정부투자는 공급곡선을 S에서 S'으로 크게 이동시키므로 가격은 P_0에서 P_1으로 낮아진다. 이 경우 총편익을 $P_0(Q_1-Q_0)$나 $P_1(Q_1-Q_0)$로 간주한다면 정확한 사회적 편익을 반영하지 못한다. 따라서 이 경우에는 소비자잉여의 개념을 도입하여 수요곡선의 아래 면적(Q_0abQ_1)을 그 근사치로 사용한다.

만약 정부투자가 [그림 12-2]의 (II)에서처럼 생산요소(예를 들면, 노동)의 가격을 인상시켰다면 노동의 기회비용은 생산자잉여의 증가분(L_0cdL_1), 즉 한계비용곡선의 하부면적이 그 근사치로 나타난다.

그림 12-2

공공투자의 후생효과

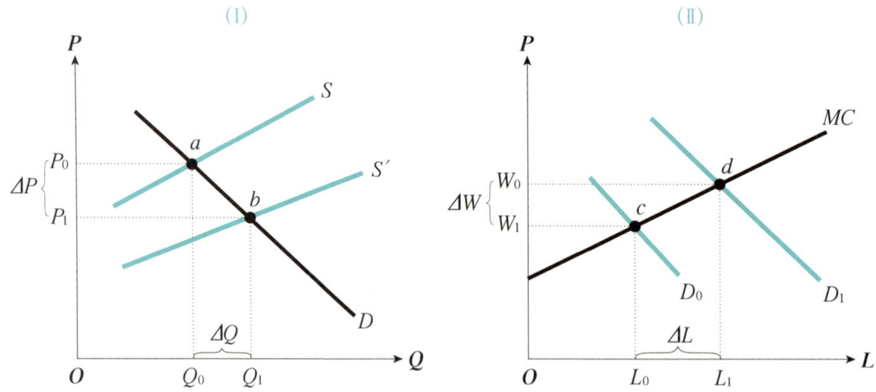

2.2 잠재가격의 설정

공공투자에 소요되는 투입물(inputs)과 산출물(outputs) 시장이 불완전경쟁의 특성을 보유하고 있거나, 조세나 쿼터, 그리고 각종 규제 등으로 인하여 시장가격이 사회적 비용이나 편익을 반영하지 못할 경우 잠재가격(shadow price)을 설정하여 비용 · 편익 분석을 해야 한다.

예를 들면 투입물을 독점시장에서 구매했을 경우 구입가격(소비자가격)은 한계비용(생산자가격)과 상이하므로 시장가격이 투입물의 사회적 비용을 반영하지 못한다. 마찬가지로 투입물에 조세(물품세)가 부과되었을 경우에도 소비자가 구매하는 시장가격과 한계비용을 반영하는 생산자가격이 서로 다르게 되는 왜곡을 초래하게 된다. 이상의 경우에는 시장가격이 사회적 기회비용(social opportunity cost)을 나타내지 못하므로 잠재가격으로 사회적 비용이나 편익을 측정해야 한다.

하버거(A. Harberger)[1] 의 논문을 기초로 하여 왜곡된 시장에서의 잠재가격

1. Harberger, A. C., "Professor Arrow on the social discount rate," in *Cost Benefit Analysis of Manpower Policies*, Proceedings of a North American Conference, Somers, G. G. and Wood, W. D. (eds.), International Relations Center, Queen's University, 1969.
하버거 논문의 체계적 요약이 R. W. Boadway & D. E. Wildasin의 전게서, p.198～206에 수록되어 있으므로 본 항은 이 책을 재참조하여 소개하고 있다.

그림 12-3

잠재가격 설정

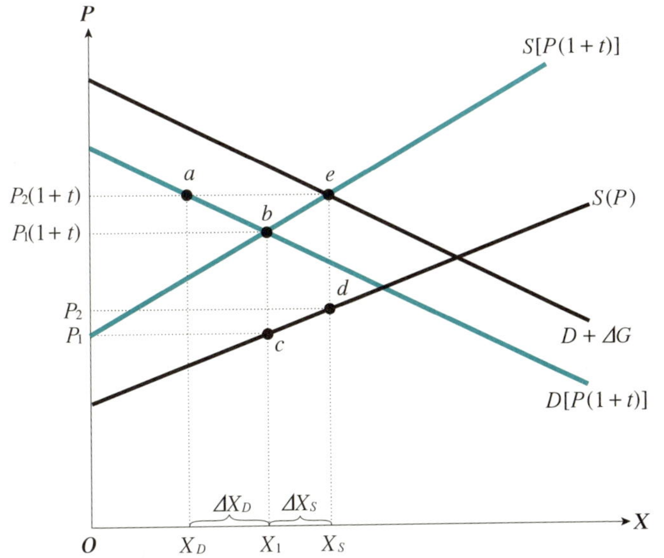

설정을 논의해 보기로 하자. 어느 공공투자에 소요되는 투입물 X에 물품세(종가세) t가 부과되어 완전경쟁시장에 왜곡이 초래된 경우를 가상하자. 이 공공투자의 비용 · 편익 분석을 위하여 X재의 시장가격을 사용한다면 사회적 비용을 정확하게 반영할 수 없으므로 잠재가격을 설정해야 한다. 이를 [그림 12-3]을 이용하여 설명해 보기로 하자. 먼저 공공투자가 이루어지기 이전 조세 부과로 인한 시장균형을 살펴보자. $D[P(1+t)]$는 물품세 부과로 인한 인상된 소비자가격 $P(1+t)$의 변화에 따른 수요의 변화를 나타내는 수요곡선이다. $S(P)$는 과세 이전의 공급가격 P의 변화에 따른 생산자의 공급을 나타내며, $S[P(1+t)]$는 생산자의 공급가격에다 납세액을 가산한 경우의 공급곡선으로 납세 후 생산자가 지불받는 가격이 P임을 의미한다.

공공투자 실시 이전에 과세로 인한 왜곡된 시장균형은 b점에서 이루어지게 되며 이때 X_1의 생산량과 $P_1(1+t)$의 소비자가격, P_1의 생산자가격이 형성됨을 표시하고 있다. 생산자가격 P_1은 생산자가 납세 후 받는 가격으로 X_1 한 단위 추가 생산에 따른 한계비용을 반영하고 있다.

이제 공공투자로 인하여 ΔG에 해당하는 투입물 X에 대한 수요가 증대되어 수요곡선이 $D+\Delta G$로 우측 이동되었다고 하자. 새로운 균형은 e점에서 이루어지며, 균형생산량은 X_S에서, 그리고 균형(소비자)가격은 $P_2(1+t)$에서 형성된다. 정부수요의 증대로 인하여 소비자가격이 $P_2(1+t)$로 인상됨에 따라 민간수요(소비)는 X_D로 감소하였으며, 생산자가격(납세 후 가격)이 P_1에서 P_2로 인상됨에 따라 공급량은 X_1에서 X_S로 증대되었다. 이는 공공투자 ΔG로 인하여 소요되는 X의 투입물이 공급량의 증가 $\Delta X_S(=X_1X_S)$와 민간수요의 감소 $\Delta X_D(=X_DX_1)$로 이루어졌음을 의미한다. 따라서 ΔG의 공공투자에 소요되는 X재의 기회비용은 추가공급 ΔX_S로 인한 비용 X_1cdX_S와 민간수요 감소 ΔX_D에 의한 편익감소에 상응하는 비용 X_DabX_1의 합으로 이루어진다.

만약 공공투자의 규모가 크지 않아 X재의 시장가격에 영향을 미치지 않는다면 ΔG의 기회비용은 식 (12－2)와 같이 근사치로 나타낼 수 있다.

$$\Delta G\text{의 기회비용} = P_1 \cdot \Delta X_S - P_1(1+t) \cdot \Delta X_D \qquad (12-2)$$

식 (12－2)의 오른쪽 항에 (－)부호가 첨가된 것은 수요의 감소량 ΔX_D를 절대치로 표시하기 위함이다. 여기에서 G의 단위당 기회비용을 구하려면 식 (12－2)를 ΔG로 나눠주면 될 것이며, 이것은 X의 잠재가격 P_G로 나타나게 된다.

$$P_G = P_1 \cdot \frac{\Delta X_S}{\Delta G} - P_1(1+t) \cdot \frac{\Delta X_D}{\Delta G} \qquad (12-3)$$

ΔG가 ΔX_S와 ΔX_D의 합으로 구성되므로 잠재가격 P_G는 수요가격과 공급가격의 가중평균으로 나타나며, 그 가중치는 ΔG에서 ΔX_S와 ΔX_D의 비중으로 표시된다.[2]

이와 같이 조세로 인한 시장가격의 왜곡이나 기타 완전경쟁을 저해하는 요인 등으로 인하여 수요·공급가격이 왜곡되어 있는 상황 하에서는 잠재가격을 설정하여 비용·편익 분석을 해야 할 것이다. 그러면 공공투자의 잠재가격 설정

2. 만약 공급곡선이 완전비탄력적(completely inelastic)인 수직이고 수요곡선이 무한탄력적(infinitely elastic)인 수평인 경우 $\frac{\Delta X_D}{\Delta G}=1$이 된다. 따라서 $P_G = P_1(1+t)$로서 잠재가격은 수요가격(소비자가격)으로 나타난다. 반대로 공급곡선이 수평이고 수요곡선이 수직인 경우 $\frac{\Delta X_S}{\Delta G}=1$로서 잠재가격은 공급가격과 일치되는 $P_G = P_1$으로 표시된다.

에 있어서 가장 빈번히 대두되는 노동과 외환의 잠재가격과 공공투자 소요자금의 기회비용에 대하여 살펴보자.

2.2.1 노동의 잠재가격

노동시장이 완전경쟁 상태이면 시장에서 결정된 임금을 비용 · 편익 분석에 이용하면 되나 그렇지 못할 경우에는 잠재가격을 설정해야 한다. 노동시장이 불완전고용인 상태에서 공공투자가 시행된다고 하면 노동은 대체로 세 부문으로부터 창출된다.

첫째, 다른 부문에 고용되어 있다가 공공투자 시행으로 일자리를 이전한 노동자, 둘째, 마땅한 일자리가 없어 쉬고 있던 비자발적 실업상태에 있던 노동자, 셋째, 기존 시장의 낮은 임금 때문에 자발적 실업상태에 있다가 공공투자에 의한 임금상승으로 고용된 노동자 등이다. 첫째의 경우 노동자의 기회비용은 이전 직장에서 받던 세금을 포함한 임금으로 비교적 쉽게 구할 수 있으나, 둘째의 경우는 실업자를 일자리로 유인할 수 있는 최소한의 임금이 시장에 존재하지 않기 때문에 쉽게 계측할 수 없는 어려움이 따른다. 그러므로 납세 후의 최저임금을 그 기회비용으로 간주하기도 하며, 여가를 노동의 대체재로 간주하여 여가를 포기하려는 최소한의 대가로 이를 계측하기도 한다. 이러한 이유 때문에 비자발적 실업이 많이 존재하는 개발도상국의 경우 공공투자 대부분이 경제성을 갖는다.[3] 셋째의 경우에는 자발적 실업상태에 있는 노동자가 공공투자 사업에서 지불하는 임금에서 세금을 차감한 액수가 자기에게 합당하다고 생각되면 스스로 일자리를 찾아올 것이기 때문에 이를 그 기회비용으로 간주하면 된다. 공공투자에서 노동의 잠재가격은 이들 세 가지 기회비용을 가중 평균함으

---

3. 이에 대한 보다 깊은 논의는 다음의 문헌을 참조 바람.
Mishan, E. J., *Cost-Benefit Analysis*, Praeger Publishers, 1976, pp.293~297 ; Little, I. M. D. & Mirrlees, J. A., "Manual of industrial project analysis in developing countries," *Social Cost-Benefit Analysis*, Vol. 2, Paris : Development Center of OECD., 1968 ; Harberger, A. C., "On measuring the social opportunity cost of labour," *International Labor Review*, 103, 1971, pp.559~579 ; Harris, J. R. & Todaro, M. P., "Migration, unemployment, and development : A two-sector analysis," *AER*, 60, 1970, pp.126~142 ; Sen, A. M., "Control areas and accounting prices : An approach to economic evaluation," *Economic Journal*, March, 1972, pp.486~501.

로써 얻을 수 있다.

2.2.2 외환의 잠재가격

현실적으로 대부분의 국가에서는 수입관세, 수입물량할당제도(quotas), 수출보조금 등 여러 가지의 시장개입이나 통제 때문에 외환시장이 왜곡되어 있다. 따라서 공공투자에 소요되는 수입상품이나 공공투자로 인하여 증대되는 수출상품 등의 비용·편익을 분석할 때에는 이들 시장왜곡을 감안한 **잠재환율**(shadow price of foreign exchange)을 수출입상품의 국내가격이나 공공투자에 소요되는 외환의 기회비용으로 책정해야 한다.

이를 위하여 수출입상품의 국제가격이 고정되어 있고 모든 수입품에는 단일의 관세율 t가 부과되는 경우를 가상하여 환율의 잠재가격을 논의해 보자. 모든 수출입상품의 국제가격은 외국화폐(예를 들면 달러)로 표시되며, 이를 국내가격으로 환산하기 위해서는 환율(e)을 곱해야 한다. 1달러어치의 수입품의 국제가격은 환율(e, 예를 들면 1,100원)을 곱하면 얻을 수 있고, 여기에다 관세율 t를 첨가하면 수입품의 최종 국내가격은 $e(1+t)$가 된다. 공공투자가 소요되는 수입품의 구매를 위한 외환의 수요는 바로 $e(1+t)$의 함수로서 $D[e(1+t)]$로 나타난다. [그림 12-4]에서 표시한 바와 같이 외환의 수요곡선은 우하향하게 된다. 왜냐하면 관세나 환율이 높으면 높을수록 수입상품의 국내가격이 비싸지므로 수입상품의 수요가 줄어들게 되며, 이에 필요한 외환의 수요도 줄게 마련이다. 한편 외환의 공급곡선은 $S(e)$로서 이는 수출의 증가로 이루어진다. 환율이 상승하면 수출상품 판매액의 국내화폐로의 환산액도 증가하게 된다. 즉, 1달러어치의 수출품 판매로 종전에는 1,100원의 총수익을 얻었지만 만약 환율이 1,300원으로 인상되었다면 동일한 양의 판매로도 종전보다 200원 많은 수익을 얻을 수 있게 된다. 따라서 환율상승은 수출업자의 이윤증대를 낳아 종전보다 수출경쟁력을 강화시키며, 이는 곧 외환공급의 증대로 연결된다. [그림 12-4]의 $S(e)$곡선은 환율이 인상되면 외환의 공급이 늘어나는 관계를 나타내고 있다.

[그림 12-3]의 분석과 마찬가지로 환율의 잠재가격은 식 (12-4)와 같다.

$$P_f = e\frac{\Delta E}{\Delta G} - e(1+t)\frac{\Delta M}{\Delta G} \tag{12-4}$$

그림 12-4

환율의 잠재가격

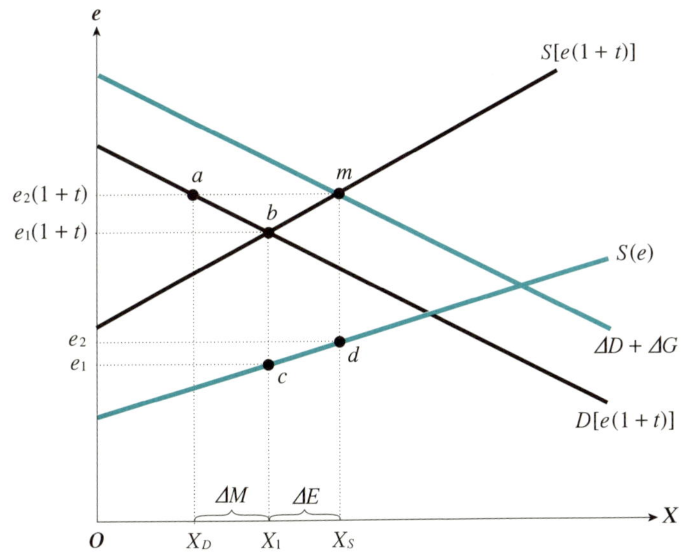

여기에서 ΔG는 공공투자에 소요되는 외환의 순수요로, 공공투자로 생산되는 수출품의 가치와 공공투자에 소요되는 수입품의 외환가치의 차로서 표시된다. 식 (12-4)가 나타내고 있는 잠재가격은 환율의 수입가격과 수출가격의 가중평균이다. 따라서 공공투자에 소요되는 외환의 일부는 수출의 증대로, 나머지는 수입감소에 의하여 조달됨을 알 수 있다.[4]

일반적으로 개발도상국에서는 실제 환율이 잠재 환율에 비하여 낮게 평가되

4. 이제까지 환율의 잠재가격은 외환을 국내화폐 가치로 환산함으로써 얻었다. 또 다른 방법은 공공투자의 경제성을 외환공급에의 순기여도를 가지고 평가하는 것이다. 이는 공공투자에 의해서 생산되는 교역재(traded goods)나 투입물로 사용되는 교역재는 외환이나 국제가격으로 평가하고 비교역재(nontraded goods)는 국내화폐 가치를 외환으로 환산함으로써 이루어진다. 보다 상세한 논의는 다음의 문헌들을 참조 바람.
Little & Mirrless의 전게서 : 주(5) 참조 ; Desgupta, P. & Sen, A. K. & Marglin, S., *Guidelines for Evaluation*, UNIDO United Nations, 1972 ; Balassa, B., "Estimating the shadow price of foreign exchange in project appraisal," *Oxford Economic Papers*, July, 1974 ; Bertand, T. J., "The shadow exchange rate in an economy with trade restrictions," *Oxford Economic Papers*, July, 1974 ; Scott, M. F. G., "How to use and estimate shadow exchange rate," *Oxford Economic Papers*, July, 1974 ; Findley, R. & Wallisz, S., "Project evaluation, shadow prices and trade policy," *Journal of Political Economy*, June, 1976.

어 공공투자의 경제성을 과소평가할 가능성이 있는데, 이는 비용 · 편익 분석에서 잠재 환율을 설정함으로써 시정할 수 있다.

2.2.3 공공투자 자금의 기회비용

일반적으로 공공투자는 한계비용이 체감하는 규모의 경제(economies of scale) 특성을 갖거나 투자의 결과로 나타나는 편익이 정부수입과 직결되지 않는 경우가 많다. 따라서 투자사업을 수익자부담에 의하는 경우보다는 그렇지 못한 경우가 많아 자체적인 비용조달 대신에 조세 부과나 공채 발행으로 자금을 조달한다. 비용 · 편익 분석에서는 조세 부과로 인한 초과부담이나 공채 발행으로 인한 민간투자의 희생 등을 고려한 공공투자 소요자금의 기회비용을 산정해야 한다.

본 항에서는 마글린(Marglin) 등의[5] 분석에 의거하여 공공자금의 사회적 비용을 측정해 보기로 한다. 이를 위하여 민간부문으로부터 투자자금이 조달되는 하나의 정보투자를 가상해 보자. 그리고 이 투자의 편익은 오랜 기간 후에 나타난다고 하자. 총 투자자금 중 α에 해당하는 비율은 민간의 투자자금에서, 그리고 $(1-\alpha)$의 비중은 민간소비로부터 이전되었다고 가정한다. 이 경우 α의 크기는 과세, 공채 발행 등 자금조달방법에 크게 의존하게 된다. 소요자금이 전부 공채 발행으로 충당되었다면 일부는 민간의 증대된 저축에서, 나머지는 민간의 투자 감소에서 이전되었다고 할 수 있다. 저축은 미래소비를 위하여 현재소비를 포기함으로써 이루어지므로 증대된 저축의 기회비용은 희생된 현재소비로서 1만원의 현재소비의 포기는 바로 1만원의 기회비용으로 나타난다.

민간투자의 감소에 따른 기회비용은 저축의 경우처럼 간단하게 표시될 수 없는 경우가 대부분이다. 예를 들어 민간투자의 과세 전 수익률이 매년 ρ이며 영구히 계속된다고 가정하면, 이 수익률은 법인세나 배당소득에 대한 개인소득세를 포함하고 있기 때문에 사회적 할인율 r을 능가할 것이다. 영구적인 수익률 ρ의

5. Marglin, S. A., "The opportunity costs of public investment," *Quarterly Journal of Economics*, 77, 1963, pp.274~289 ; Bradford, D. F., "Constrainst on government investment opportunities and the choice of a discount rate," *AER*, 65, 1975, pp.887~899 ; Baumol, W. J., "On the discount rate for public project," in Haveman, R. H. & Maryolis, J. eds., *Public Expenditure and Policy Analysis*, Rand McNally Publishing Co., 1970, pp.161~179 ; Harberger, A. C., *Project Evaluation : Collected Paper*, Markham Publishing Co., Chicago, 1974.

기회비용은 동일 기간의 투자로 나타날 것이며 이의 현재가치는 $\frac{\rho}{r}$로 나타난다.[6]

이상의 간단한 논의를 통하여 1원의 공공투자 자금 중 α의 비중이 민간투자 자금에서, 그리고 $(1-\alpha)$의 비중이 민간소비에서 충당되었을 경우 그 기회비용 (E)은 식 (12–5)와 같이 나타남을 알 수 있다.

$$E = (1-\alpha) + \frac{\alpha\rho}{r} \tag{12–5}$$

식 (12–5)에서 ρ가 r보다 크므로 E는 1보다 크게 나타나서 공공투자 소요 자금의 기회비용은 실제 액수보다 높게 산출되는 경우가 대부분이다. 따라서 x원의 공공투자액의 기회비용은 이보다 큰 Ex원으로 표시된다.

보몰(Baumol)이나 하버거(Harberger)는 공공자금의 기회비용을 사회적 할인율에 반영하는 방법으로 표시하고 있다. 그들의 논리에 의하면 공공투자의 수익률은 적어도 민간투자의 그것보다 커야만 투자가치가 있으므로 공공투자의 순편익은 민간부문의 수익률을 반영하는 민간투자와 민간저축의 수익률을 가중평균한 할인율(r_w)에 의해서 식 (12–6)과 같이 현재가치로 표시되어야 한다.[7]

$$PV = \sum_{t=1}^{n} \frac{B_t - C_t}{(1+r_w)^t} \tag{12–6}$$

여기에서 $r_w = (1-\alpha)r + \alpha\rho$

---

6. 수익률이 매년 ρ이며 이것이 영구히 지속될 경우 현재가치는 $\sum_{t=1}^{\infty}\frac{\rho}{(1+r)^t}$로서 등비는 $\frac{1}{1+r}$인 무한등비급수로 나타나며, 그 값은 $\frac{\rho}{r}$이다.

7. 제3절의 사회적 할인율에서도 언급하고 있는 바와 같이, 펠드스타인은 공공투자가 조세나 공채와 같이 공공자금에 의해서 충당될 경우에는 r_w에 의해서 할인하는 것이 타당하지만 수익자부담의 경우처럼 자체 조달이 가능한 경우에는 사회적 시간선호율(the social time preference rate)을 할인율로 사용해야 한다고 주장하고 있다. 그러나 Sen, Marglin 등은 조세와 공채 등의 공공자금에 의해서 충당되는 공공투자의 경우에도 사회적 시간선호율을 할인율로 선택해야 한다고 주장한다.(제3절 참조)

   한편 공공투자 자금의 기회비용은 국민소득계정$(Y = C + I + G)$에 의해서도 다음과 같이 도출할 수 있다. 즉, 민간소비(저축)와 민간투자 자금에 의해 증대된 정부지출의 기회비용은 국민소득의 변화를 영으로 두었을 때 이들 항목의 상대적 변화를 의미하므로

   $dY = 0 = dC + dI + dG$

   혹은 $1 = \frac{-dC}{dG} - \frac{dI}{dG}$

   등으로 표시된다. 따라서 1원의 정부지출(투자)은 민간소비나 민간투자의 감소 혹은 이들의 결합으로 나타난다.

공공투자 자금 중 $(1-\alpha)$의 비중이 민간저축 자금으로부터 유입되었다는 것은 미래소비를 위해 현재소비를 그만큼 억제하였음을 뜻한다. 그러므로 저축의 수익률 r은 현재소비와 미래소비의 한계대체율(*MRS*)을 의미한다.

그러나 비용 · 편익 분석을 위한 현실적인 한계대체율을 구하기란 쉬운 일이 아니다. 왜냐하면 현실적으로 수많은 저축수단이 존재하며, 이의 수익률 또한 각양각색이기 때문이다. 뿐만 아니라 소비자들이 직면하고 있는 소득의 한계세율도 상이하므로 과세 후 수익률을 일률적으로 얻어내기란 더욱 어렵다. 이러한 어려움에도 불구하고 미국의 경우 비용 · 편익 분석에 사용하고 있는 한계대체율은 3~6% 사이에서 결정되며, 대부분의 학자들은 이를 긍정적으로 받아들이고 있다.

민간투자로부터 전입된 공공자금의 기회비용 역시 민간투자의 한계생산성(수익률) ρ로서 표시되며, 이는 민간소비의 경우처럼 생산자가 현재소비를 미래소비로 변환하는 한계변환율(*MRT*)을 의미한다. 한계변환율 또한 부문별로 다양하며, 이는 한계대체율을 훨씬 능가하는 경우가 상례이다. 미국의 경우 경험적 분석에 의하여 10~25%의 범위에서 한계변환율(ρ)을 선정하고 있다.

2.3 무형의 비용 · 편익 측정

인공위성이나 유인우주선 등의 개발로 인한 국가 명예의 앙양이나 이에 수반되는 인명피해, 환경오염으로 야기되는 수명의 단축 등 무형의 비용과 편익은 시장에서 평가될 수 없는 것으로 대부분 외부성(externality)이 강한 편이다. 유형(tangible)의 비용과 편익은 대체로 시장에서 적절히 평가될 수 있는 경우가 많으나 무형적인 항목은 유형적인 대체물이 거의 존재하지 않아 계측이 어려울 뿐만 아니라 화폐액으로의 환산도 용이하지 않다. 이에 대한 다양한 해결방안 중 크니스(Kneese), 미샨(Mishan), 브룸(Broome)[8]의 견해를 중심으로 논의해 보기로 한다.

8. Kneese, A., "Research goals and progress toward them," in Jarrett, H. ed., *Environmental Quality in a Growing Economy*, Johns Hopkins Press, 1966 ; Mishan, E., "Evaluation of life and limb : a theoretical approach," *Journal of Political Economy*, March, 1971 ; Brooms, J., "Trying to Value a life," *Journal of Public Economics*, February, 1978.

첫째, 크니스의 견해는 무형의 비용과 편익을 경제적 가치로 환산하는 방안에 중점을 두고 있다. 예를 들면 핵발전소의 건설이나 고속도로의 건설로 인하여 사망률이 증가했을 경우 이에 대한 비용은 건강의 훼손이나 인명의 단축으로 표시되며, 화폐적 가치는 건강의 훼손이나 수명의 단축이 없었을 경우 남아 있는 일생동안의 수익(소득)의 총액을 현재가치로 환산함으로써 측정 가능하다고 한다. 이러한 방법은 계측의 용이함으로 인하여 교통사고나 기타 재난 등으로 인한 인명피해의 보상기준으로 원용되고 있는 경우가 많다. 그러나 이러한 측정방법은 사망자의 사회적 비용을 충분히 반영하기에는 미흡하다. 왜냐하면 사망자의 남은 일생동안의 예상소득의 현재가치는 그의 사망으로 인한 주위의 가족, 친척, 동료들의 심적 · 정신적 비용을 포함하지 않기 때문이다.

둘째, 미샨은 크니스류의 계측방법의 단점을 보완하기 위해서는 소비자잉여 개념 중의 하나인 보상변화로서 무형의 비용과 편익을 측정해야 한다고 주장한다. 보상변화란 어떤 정부의 공공투자로 인하여 인명피해의 가능성이 증가되었을 경우 이를 피하기 위하여 기꺼이 지불하려고 하는 최대 화폐액으로서, 개개인의 위험에 대한 주관적 가치기준이나 회피 정도에 따라서 결정된다. 미샨에 의하면 보상변화는 i) 원자력발전소 건립 등으로 인한 방사능의 누출과 같이 직접적 인명피해 위험의 증대와 다른 사람에 의하여 전염병에 감염될 경우와 같이 간접적 위험의 증대를 상쇄시킬 수 있는 보상금, ii) 다른 사람의 인명피해 위험의 증대로 인한 특정인의 심적 비용, iii) 다른 사람의 인명피해로 초래될 수 있는 특정 개인의 재정적 이득과 손실 등의 3가지 요소로 구성되어야 한다. 따라서 어떤 공공투자로 인한 인명피해의 사회적 비용은 그 사회구성원들의 보상변화의 합으로 나타난다. 또한 보상변화를 산정할 경우 우발적인 위험의 증대로 인한 사회적 비용만을 환산하여 수요곡선에서 계측되는 보상변화를 합해야만 이중계산을 피할 수 있다고 한다.

예를 들면 어떤 고속도로 건설로 인한 교통사고 증가에서 오는 인명손실의 비용을 산정할 경우 특정 차량(예를 들면 고속버스)에 대한 각 개인의 수요를 추정한다. 여기에는 고속버스 탑승에 의한 교통사고 위험의 주관적 확률까지를 포함하고 있다. 따라서 위험의 확률을 사전에 인지하고 고속버스에 탑승했을 경우에는 수요함수의 추정에 의한 보상변화로서 충분하다. 만약 이러한 방법으로 보상변화를 측정하고 난 이후에 교통사고로 인한 인명피해의 기대비용을 또다시 고려한다면 이중계산이 됨을 주의해야 할 것이다.

그런데 미샨에 의해 주장되는 보상변화의 정확한 측정이란 거의 불가능할 뿐만 아니라 모든 개인이 인명의 값어치를 무한정한 것으로 간주한다면 보상변화의 합은 엄청난 값으로 나타나게 된다고 브룸은 주장한다. 따라서 브룸은 인명의 손실 등과 같은 무형비용은 보상변화와 같은 소비자잉여 개념으로 계측해서는 안 된다고 말한다. 브룸의 견해를 따른다면 인명피해의 위험이 내재되어 있는 어떠한 정부투자도 비용 · 편익 분석에 의한 경제성이 부의 값을 나타내어 실행될 수 없음을 뜻하므로 이 또한 비현실적임을 알 수 있다.[9]

이상과 같이 무형의 비용과 편익을 측정하는 데 있어 일치된 이론적 근거가 없다. 어느 방법을 따르더라도 정확한 계측이라는 현실적 어려움에 직면하게 된다. 따라서 이의 대안으로 유형의 비용과 편익을 산출하고 난 이후 이들을 기준으로 무형의 비용 · 편익의 경계선을 설정하여 투자 여부를 결정하기도 한다. 예를 들면 서로 배타적인 공공투자계획 A, B 둘이 존재하고 A는 유형의 비용과 편익만을, 그리고 B는 유형과 무형의 비용과 편익 둘 다 포함하고 있다고 가정하자. 그리고 A의 순편익(= 총편익 − 총비용)의 현재가치(PV_A)가 B의 유형순편익의 현재가치(PV_B)보다 크다고 하자. 그러면 투자계획 B가 선정되기 위해서는 이 투자의 무형의 순편익이 ($PV_A - PV_B$)보다 커야만 될 것이다. 이와 같이 유형의 비용과 편익항목의 측정을 무형의 비용과 편익을 산정하는 간접적인 기준으로 삼았을 때 보다 정확한 계측이 가능할 것이다.

9. Buchanan, J. M. and Faith, R. L., "Trying again to value a life," Jones-Lee M. W., "Trying to value a life : why Broome does not sweep clean"; Williams, A., "A note on 'trying to value a life' " ; Broome, J., "Trying to value a life," *Journal of Public Economics*, October, 1979.

3. 적정 할인율의 선정 문제

Public Finance, ch. twelve

3.1 할인율과 현재가치

비용과 편익의 차인 순편익의 현재가치에 입각하여 공공투자의 경제성을 분석하는 비용 · 편익 분석의 결과는 할인율에 따라 크게 좌우된다. 사회적으로 바람직한 적정 할인율보다 낮은(높은) 할인율의 선택은 이상적인 공공투자보다 많은(적은) 투자계획을 경제성이 있는 것으로 판정할 우려가 있다. 뿐만 아니라 낮은(높은) 할인율이 계획의 말기(초기)에 편익을 유발하는 투자를 더욱 선호하는 오류를 범할 가능성이 높다. 할인율이 순편익의 현재가치를 결정하는 데 있어서 얼마나 민감한가를 〈표 12-1〉의 간단한 예를 통하여 살펴보고 그 중요성을 논의해 보기로 하자.

표 12-1 할인율과 현재가치 (단위 : $)

투자사업	*X*	*Y*	*Z*
비용(*C*)	10,380	10,380	10,380
내구연한(年)	5	15	25
연간편익	2,397	1,000	736
할인율(%)	**총편익(*B*)의 현재가치**		
3	10,978	11,938	12,816
5	10,380	10,380	10,380
8	9,571	8,559	7,857
할인율(%)	**순편익(*B* − *C*)의 현재가치**		
3	598	1,358	2,436
5	0	0	0
8	−78	−175	−243
할인율(%)	**편익 · 비용 비율(*B*/*C*)**		
3	1.057	1.150	1.235
5	1.000	1.000	1.000
8	0.922	0.825	0.757

자료 : Musgrave, R. A. & Musgrave, P. B., "Public Finance in Theory and Practice," *op. cit.*, p.171.

X, Y, Z의 세 투자계획에서 할인율이 5%면 총편익 · 순편익의 현재가치나 편익 · 비용의 비(B/C)가 모두 동일하기 때문에 어느 계획이 경제성이 높은가를 평가할 수 없다. 그러나 할인율이 3%로 인하되면 세 투자계획 모두 경제성이 있으며, 이 중 Z가 가장 높은 경제성을 보유하게 된다. 한편 할인율이 8%로 인상되면 세 계획 모두 경제성은 없으나 이 중에서 우선순위를 정하면 X가 가장 우위에, 그리고 3% 하에서 가장 우위에 있던 Z의 우선순위가 가장 떨어지게 된다. 따라서 어떠한 할인율을 택하느냐는 공공투자의 선정이나 단일 투자의 경제성 여부를 결정하는 데 있어서 가장 중요하게 취급되어야 할 항목 중 하나임을 인지할 수 있다. 즉, 낮은 할인율은 Z와 같이 계획의 말기에 편익을 발생시키는 투자에 유리하고, 반대로 높은 할인율은 X와 같이 계획 초기에 편익을 유발하는 투자를 선호하게 한다.

이상에서 논의한 바와 같이 비용 · 편익 분석에서 가장 중시되어야 할 적정 할인율 선정에 관해서는 학자들에 따라 서로 다른 주장을 하고 있는데, 이를 크게 세 그룹으로 나눌 수 있다. 첫째, 앞 절에서 논의한 바와 같이 하버거, 보몰 등 일군의 학자들은 민간투자의 경제성 분석에서와 마찬가지로 공공투자에서도 자본의 기회비용을 할인율로 간주하며,[10] 둘째, 마글린, 펠드스타인, 애로우 등은 사회적 시간선호율(social rate of time preference)을 할인율로 간주한다. 셋째, 다이아몬드(P. Diamond), 맥키안(Mckean)[11] 등은 할인율이 기회비용이나 사회적 시간선호율 중 어느 하나로 나타날 수 없으며, 공공투자에 연관된 모든 제약을 고려한 잠재가격으로 표시되어야 한다고 주장한다. 경제가 처한 제약에 따라서 어떤 상황 하에서는 기회비용이, 또 다른 상황 하에선 사회적 시간선호율이 할인율로 더욱 적합하기 때문에 세 번째의 절충주의적인 할인율을 선정하는 것이 이론적으로 가장 바람직하다. 그러나 상이한 공공투자계획에 적용할 수 있는 일관성 있는 할인율의 선정이라는 정부의 입장에서는 세 번째의 절충주의적 입장이 비현실적이다.

따라서 실제의 비용 · 편익 분석에서는 기회비용과 시간선호율 중 하나를 선

10. 공공투자 자금의 기회비용(제2절 2 · 2 · 3) 편의 주 5.에서 소개하고 있는 하버거와 보몰의 논문을 참조 바람.

11. Diamond, P., "The opportunity cost of public investment," *Quarterly Journal of Economics*, November, 1968 ; Mckean, R. N., "Tax wedges and cost-benefit analysis," *Journal of Public Economics*, February, 1974.

정하고 있다. 이와 같이 할인율에 대한 다양한 주장에도 불구하고 대부분의 재정학자들은 공공투자의 순편익(의 현재가치)이 공공자금의 기회비용, 사회적 시간선호율, 그리고 순편익의 재투자 여부 등에 크게 의존한다는 데에 의견을 같이하고 있다. 다만 이들 세 가지 요인들이 현재가치 산정에 미치는 정확한 역할과 상대적 중요성에 관해서는 견해를 달리하고 있다.

공공투자 자금의 기회비용을 할인율로 산정하는 문제는 이미 앞에서 논의하였으므로 여기에서는 사회적 시간선호율을 간결하게 살펴보기로 한다.

3.2 사회적 시간선호율

공공투자의 편익은 대체로 일정 기간 동안 사회 전체의 소비증대의 흐름으로 나타나며, 이를 현재가치로 할인하기 위해서는 현재소비와 미래소비에 대한 사회적 한계대체율(social marginal rate of substitution)로 표시되는 사회적 시간선호율에 의존해야 한다고 일군의 학자들(마글린, 펠드스타인, 애로우, 센 등)은 주장하며 다수의 학자들이 이에 동조하고 있다.[12] 여기에서 논의하는 사회적 한계대체율은 주 12.에서 소개하고 있는 사적 한계대체율에다 추가적인 사회 전체의 경제적 · 사회적 상황을 고려했을 경우의 대체율로서 크게 두 가지 관점에서 다음과 같이 설명할 수 있다. 첫째, 세대 간의 소득분배 문제의 사회적 고려가 이루어져야 한다는 것이다. 현재세대의 개개인은 자신의 후생극대화를 위하여 아직 세상에 태어나지 않은 미래세대를 고려하지 않고 과다한 소비를 추구함으로써 미래세대의 소비를 위한 자본축적을 소홀히 하는 경향이 높다는 것이다. 따라서 정부는 이러한 경향을 줄이기 위하여 사적 한계대체율보다 낮은 사회적 시간선호율을 공공투자의 할인율로 사용함으로써 공공투자 증대를 통한 자본축적을

12. 다기간에 걸친 사회후생극대화 문제 등에서도 목적함수와 상이한 제약조건을 한계대체율로 할인하여 현재가치로 표시한 후 그 해답을 구하는 것과 같이 공공투자의 비용 · 편익 분석에서도 한계대체율로서 할인하는 데는 거의 모든 재정학자들이 의견을 같이하고 있다. 다만 여기에 사용되는 대체율이 사적 한계대체율이냐 아니면 사회적 한계대체율이냐의 논란이 현재까지도 진행 중에 있으나 후자를 옹호하는 입장이 대다수이다.
사적 한계대체율이란 소비자들이 현재의 소비를 억제하고 미래소비를 위한 저축을 유인할 수 있는 수익률을 말한다. 즉, 저축된 자금이 공공투자 자금으로 사용되면 공공투자의 순편익은 미래의 소비흐름으로 나타나기 때문에 순편익은 현재소비와 미래소비의 한계대체율로 할인되어야 한다는 것이다.

도모해야 한다는 논리이다.

둘째, 센과 마글린 등은 공공투자에 소요되는 민간저축은 공공재와 같이 세대 간의 외부경제를 낳기 때문에 사회적 시간선호율은 사적 한계대체율을 하향 조정해야 한다고 주장한다.[13] 이들 외부경제 요인은 두 가지로 설명할 수 있는데, 첫째, 현세대의 저축증대는 이를 상속받는 후손들의 소득증대로 나타나며, 둘째, 저축증대는 조세수입 증대를 초래하여 소득재분배효과를 낳아 저축자 이외의 후손들에게까지 외부편익을 안겨주게 된다는 것이다.

이와 같은 저축의 외부경제효과가 크면 클수록 공공투자의 순편익을 현재가치화하는 사회적 시간선호율은 더욱 낮아져야 함을 의미한다. 외부성의 고려가 그렇지 못한 경우보다 파레토 우위에 있음은 이미 논의한 바와 유사하다는 점에서도 사회적 시간선호율을 할인율로 간주하는 것이 설득력이 있음을 알 수 있다.

3.3 현재가치 평가와 내부수익률 평가

이제까지 우리는 공공투자의 경제성 분석을 순편익의 현재가치에 의해서 설명하였다. 이 기준 이외에도 민간투자나 공공투자의 경제성 분석에 가끔 이용되는 방법이 내부수익률에 의한 평가이다. 내부수익률이란 비용의 현재가치와 편익의 현재가치를 일치시키는 수치로, 순편익의 현재가치를 영으로 하는 할인율을 말한다. 예를 들면 순편익이 −100, 50, 86.4의 흐름을 갖는 공공투자의 경우 이의 현재가치를 영으로 하는 할인율은 20%이며, 이것이 바로 내부수익률이다. 이를 일반화하면, 순편익의 흐름을 NB_0, NB_1, ⋯, NB_n이라고 가정할 경우

$$\sum_{t=0}^{n} \frac{NB_t}{(1+\lambda)^t} = 0 \qquad (t = 0,\ 1,\ \cdots,\ n)$$

을 만족하는 할인율 λ를 내부수익률이라 한다. 내부수익률에 의하여 투자의 경제성을 평가할 경우 λ가 앞서 언급한 사회적 할인율이나 때로는 시장이자율(민간투자의 경우)보다 크면 경제성이 있는 것으로 간주한다.

---

13. Sen, A., "Isolation, assurance and social rate of discount," *Quarterly Journal of Economics*, February, 1967 ; Sen, A., "The social time preference rate in relation to the market rate of interest rate," in Layard, R. ed., *Cost-Benefit Analysis*, Penguin Books, 1972.

공공투자의 비용 · 편익의 흐름이 두 기간에 걸쳐서 유발된다면 현재가치 기준을 사용하든, 내부수익률 기준을 사용하든 동일한 우선순위를 나타내므로 어느 것을 사용하든 상관이 없다. 그러나 두 기간 이상 지속되는 경우 순편익의 현재가치를 영으로 하는 내부수익률이 둘 이상 존재할 수도 있으며, 비용과 편익의 흐름에 따라서 내부수익률이 허수로 나타날 수도 있다.[14] 이럴 경우 내부수익률에 의한 일관된 경제성 분석이 어렵게 되며 현재가치 기준과는 상이한 결과를 나타내게 된다.

뿐만 아니라 내부수익률의 크기에 따른 상이한 투자의 우선순위 평가는 투자의 기회비용을 반영하는 사회적 할인율이나 시장이자율 등을 전혀 고려하지 않기 때문에 더욱 설득력을 잃게 된다.

따라서 대부분의 공공투자는 비용과 편익의 흐름이 두 기간 이상 지속되므로 단일 투자의 경제성 분석이나 상이한 투자들의 우선순위 결정에 현재가치 평가방법을 이용하고 있다.

4. 위험과 불확실성 문제

Public Finance, ch. twelve

4.1 위험기피 행태

지금까지 우리는 확실성의 세계를 대상으로 비용 · 편익 분석을 논의하였다. 그러나 민간투자, 공공투자 모두 투자에 소요되는 비용이나 이의 대가로 나타나는 편익이 오랜 시간에 걸쳐서 발생하므로 위험과 불확실성을 내포하고 있다. 따라서 비용 · 편익 분석에서는 가능한 범위 내에서 이들 요인을 고려해 주어야 한다.[15] 모든 경제주체들이 위험에 대해서 중립적(neutral)이라면 확실성 세계 하의

14. 내부수익률 평가방법의 단점에 관한 보다 깊은 논의는 다음 문헌을 참조 바람.
Hirschleifer, J., "On the theory of optimal investment decisions," *Journal of Political Economy*, August, 1958.

15. 이론적으로 위험(risk)과 불확실성(uncertainty)은 엄격히 구분된다. 전자의 경우는 비용 · 편익의 흐름에 관한 확률분포를 알고 있는 상태를 의미하며, 후자의 경우는 확률분포조차도 모르는 상태를 의미한다. 여기에서는 전자의 경우만 국한하여 논의하기로 한다.

그림 12-5

위험기피 행태

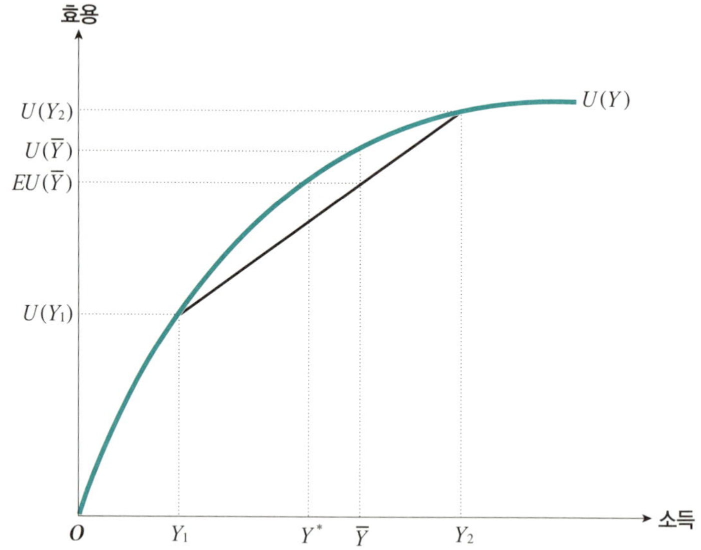

행태나 위험과 불확실성 하의 행태가 동일할 것이고 위험과 불확실성의 요인들을 고려할 필요가 없을 것이다. 그러나 인간은 대체로 위험을 기피하기 때문에 위험이 수반되는 행위나 자산 등이 확실한 세계에서의 결과와 동일한 상황에 놓이게 하기 위해 화폐(혹은 프리미엄(premium))를 기꺼이 지불하려고 한다. 자동차 사고, 화재위험 등에 대비하여 보험료를 지불하는 것도 인간의 위험기피 행태에 기인하는 것이다. 다음의 간단한 예를 통하여 위험기피를 위한 적정액의 보험료를 논의해 보자. 어떤 개인이 일정한 투자활동을 하여 성공할 경우 Y_2의 소득을 얻게 되며 성공할 확률은 P라고 하자. 여기에서 논의하는 투자는 위험이 수반되는 어떤 투자행위를 가상해도 무방하다. 100만원의 복권을 사는 경우나 주식투자 등으로 가상하면 이해하기 쉬울 것이다. 그리고 실패할 경우의 소득을 Y_1으로 가정하면 이의 확률은 $(1-P)$일 것이다. 이 경우 그의 기대소득은 식 (12-7)과 같다.

$$E(Y) = \overline{Y} = (1-P)Y_1 + PY_2 \qquad (12-7)$$

[그림 12-5]와 같이 Y_1과 Y_2의 소득은 각각 $U(Y_1)$과 $U(Y_2)$의 효용을 나타내며, 이들의 기대효용(expected utility)은 식 (12-8)과 같이 개별 효용의 가중평

균으로 정의된다.

$$EU(Y) = (1-P)U(Y_1) + PU(Y_2) \qquad (12-8)$$

[그림 12-5]에서와 같이 위험을 기피하는 선호를 가진 투자가는 볼록한 효용함수를 보유하기 때문에 기대소득(평균소득) $\bar{Y}$의 효용치($U(\bar{Y})$)가 개별 소득의 효용치를 가중평균한 기대효용($EU(Y)$)보다 크게 나타난다. 이는 $U(\bar{Y})$가 확실한 소득 $\bar{Y}$의 효용을 뜻하며, $EU(Y)$는 기대소득이 $\bar{Y}$인 위험이 수반된 소득흐름의 기대효용을 뜻하기 때문이다.[16] 즉, 성공 여부에 따라 Y_1과 Y_2의 소득흐름을 갖게 되는 위험이 수반되는 투자의 기대소득이 $\bar{Y}$이며, 기대효용은 $EU(Y)$로서 합리적인 투자가는 이 기대효용을 극대화하게끔 행동한다. 이 기대효용은 확실한 소득 Y^*에서의 효용과 동일하다. 따라서 $Y^*\bar{Y}$가 곧 위험부담에 따르는 비용(cost of risk-bearing)이다.

민간투자의 경우처럼 공공투자의 비용 · 편익 분석도 사회구성원들의 위험을 기피하는 선호를 반영해야만 사회후생을 극대화할 수 있는 것이다.

4.2 공공투자의 위험비용

비용 · 편익 분석에서 위험부담의 비용을 고려하는 방법에는 대체로 두 가지 범주가 있다. 첫째, 위험비용에 해당하는 만큼 할인율을 상향조정하는 방법으로 이는 순편익의 현재가치를 위험부담만큼 내리게 한다. 앞 절에서 논의한 공공투자 소요자금의 기회비용을 할인율로 간주했을 경우를 예로 들어 설명해 보기로 하자. 식 (12-5)에서 논의한 바와 같이 위험과 불확실성이 없는 상황 하에서 1원의 공공투자 자금 중 α의 비중이 민간투자 자금에서, 그리고 $(1-\alpha)$의 비중이 민간소비에서 충당되었을 경우 그 기회비용은 $(1-\alpha) + \frac{\alpha\rho}{r}$로서 표시된다. 이제 위험과 불확실성을 가정하면 민간투자의 수익률 ρ는 위험부담 비용을 반영하는 위험프리미엄(risk premium)을 내포하고 있음을 의미한다. 따라서 1원의 민간투

16. 이에 관한 보다 자세한 논의는 다음의 문헌을 참고 바람.
Friedman, M. S., & Savage, L. J., "The utility analysis of choices involving risk," *Journal of Political Economy*, 56, August, 1948, pp.279~304.

자 자금을 공공투자로 이전시킬 때 민간부문의 편익감소는 ρ가 아니라 위험프리미엄($m = Y^* \bar{Y}$)을 뺀 $\rho - m$으로 표시될 것이다.

그러므로 위험과 불확실성 하에서 1원의 공공투자 자금의 기회비용은 식(12-9)와 같이 수정되어야 한다.

$$E = (1-\alpha) + \frac{\alpha(\rho - m)}{r} \qquad (12-9)$$

둘째, 위험과 불확실성을 공공투자의 경제성 분석에 고려하는 방법은 할인율의 조정에 의하지 않고 위험비용을 직접적으로 산정하여 순편익에서 차감하는 방법이다. 이 방법은 위험비용 산정의 어려움 때문에 할인율 조정방법보다는 이론적으로나 경험적으로 폭넓게 취급하지 않는다.

4.3 애로우 · 린드 정리

우리는 전항에서 위험기피성향을 보유하고 있는 사회구성원들로 이루어져 있는 경제에서 위험을 수반한 공공투자의 경제성 분석은 이들 요인을 충분히 고려해 주어야만 사회후생을 극대화할 수 있음을 논의하였다. 그러나 공공투자의 비용이나 편익이 다수의 사회구성원들에게 분할된 경우에는 위험 역시 여러 사람들에게 분산됨으로써 위험에 수반되는 비용이 무시할 정도로 작아진다. 애로우(Arrow)와 린드(Lind)는 i) 공공투자의 편익이 국민소득(GNP)에 전혀 영향을 미치지 않을 정도로 그 규모가 작거나 혹은 국민소득과 무관하고, ii) 공공투자의 비용이나 편익이 다수의 사람들에게 분할될 경우 공공투자에 수반되는 위험의 비용이 무시할 정도로 미미하여 위험과 불확실성 요인들을 고려해 줄 필요가 없다는 것을 증명하였다. 이를 **애로우 · 린드 정리**라 한다.[17]

애로우 · 린드 정리는 위험과 불확실성이 수반되는 비용 · 편익 분석의 이론적 발전에는 크게 공헌하였으나 현실성이 결여되어 있다는 지적을 받고 있다.[18]

---

17. Arrow, K. J. & Lind, R. C., "Uncertainty and the evaluation of public investment decisions," *American Economic Review*, 60, June, 1970, pp.364~378.
18. Foldes, L. P. & Rees, R., "A note on the Arrow-Lind theorem," *American Economic Review*, March, 1977.

왜냐하면 대부분의 공공투자가 국민소득에 영향을 미칠 뿐만 아니라 투자로 인한 편익 또한 과세의 대상이 되는 경우가 많으므로 개인의 가처분소득에 간접적인 변화를 유발하기 때문이다.

그러나 공공투자의 재원이 대부분 조세수입에 의존하고 그 수혜자들이 상당수에 이르므로 위험이 분산되어 총위험비용은 어느 정도 줄게 마련이다. 따라서 위험과 불확실성이 수반되는 민간투자의 경제성 분석의 경우에 비하여 공공투자의 경제성 분석은 다소 낮은 위험프리미엄을 산정하는 것이 상례이다.

5. 소득분배와 동태적 비용 · 편익 분석

Public Finance, ch. twelve

5.1 비용 · 편익 분석과 소득분배

이제까지 비용 · 편익 분석은 효율성의 기준에 입각하여 산출된 순편익의 현재가치에 의하여 평가되었으므로 공공투자의 소득분배효과를 고려하지 않았다. 민간투자의 경제성 분석에서는 비용과 편익이 누구에게 돌아가는가의 문제는 전혀 고려하지 않고 순편익(순이익)만을 경제성 분석의 기준으로 삼는 것이 상례이다. 즉, 1원의 편익이나 비용은 그것이 누구에게 돌아가든지 1원의 크기로 간주하는 효율성만이 경제성 분석의 척도가 된다.

그러나 공공투자의 목적은 순이익의 극대화에 있는 것이 아니고 사회후생의 극대화에 있으므로 공공투자의 비용이나 편익이 어떤 계층에 귀착되는가의 소득분배효과도 공공투자의 경제성 분석에 고려되는 것이 바람직하다. 따라서 일부 경제학자들은 소득분배효과를 고려하는 방안 중의 하나로, 계층별로 상이한 분배가중치를 설정해 차선의 해결책으로 삼기도 한다. 예를 들면 저소득층이 수혜받는 1원의 편익은 1원 20전의 효용증대로, 고소득층에게 돌아가는 1원은 80전의 후생증대로 하는 등 계층별로 상이한 소득의 한계효용을 그 가중치로 삼아 분배효과를 고려하기도 한다.

그러나 여기에서 야기되는 가장 어려운 문제는 어떻게 이들 가중치를 설정하느냐 하는 것이다. 즉, 저소득층의 1원의 효용이 고소득층의 몇 배에 해당하는

가를 찾아야 한다. 이는 가중치가 그 사회나 좁게는 정책입안자의 가치기준에 의하여 주관적으로 설정되어야 하기 때문에 가중치 설정을 위한 객관적 기준이 없음을 의미한다. 환언하면 그 사회의 후생함수를 어떻게 설정하느냐 하는 어려움에 봉착하게 된다.[19] 뿐만 아니라 조세제도 등을 비롯한 공정한 소득분배를 위한 보다 효과적인 각종 제도적 장치나 정책수단이 존재하는 여건 하에서 가중치의 설정이라는 커다란 애로점을 안고 있는 비용·편익 분석에서의 소득분배 고려가 과연 바람직한 것인가 하는 회의를 가지고 있는 학자들도 다수이다.[20]

비용·편익 분석에서 소득분배효과를 제외시키자는 또 다른 일군의 학자들은 보상원리를 그 논리적 기초로 삼는다. 즉, 효율성의 기준에 의해서 순편익의 현재가치가 영보다 클 경우에는 사회 전반적으로 잠재적 후생이 증대함을 의미한다. 따라서 공공투자가 경제성이 있다는 힉스-칼도어의 보상원리를 논리적 기반으로 삼는다.[21] 보상원리는 공공투자로 인하여 후생이 증대된 계층에서 하락한 계층으로의 소득재분배의 잠재적 가능성만을 가정하고 있지 실제로 소득분배가 이루어졌는가에 대해서는 전혀 고려하고 있지 않다. 따라서 실제적인 비용과 편익이 분석대상이 되는 비용·편익 분석에서 소득분배효과를 제외시키는 이론적 기반으로는 설득력이 약하다고 할 수 있다.

이상의 논의를 종합해 보면 공공투자의 비용·편익 분석에서 소득분배효과까지 고려하여 후생변화를 논의하는 것이 가장 이상적이나 이를 위한 가치기준 설정 등의 어려움 때문에 효율성의 기준에 입각하여 경제성 분석이 행해지고 있음을 알 수 있다. 한 사회의 보다 일반적인 후생함수 설정을 위한 이론적·계량

---

19. 제9~11장에서 우리는 사회후생함수의 성격과 이론적으로나 현실적으로 일반화된 사회후생함수를 설정할 수 없음을 애로우의 불가능성 정리를 통하여 고찰하였다. 이러한 어려움에도 불구하고 비용·편익 분석에서 소득분배요인을 가끔 고려하기도 한다. 이에 관한 보다 깊은 논의는 다음의 문헌을 참조 바람.
Weisbrod, B. A., "Income redistribution effects and cost-benefit analysis," in Chase, S. B., Jr. ed., *Problems in Public Expenditure Analysis*, The Bookings Institution, 1968 ; Boadway, R., "Integrating equity and efficiency in applied welfare economics," *Quarterly Journal of Economics*, November, 1976.

20. 이러한 견해를 가진 대표적인 학자로 하버거를 들 수 있다. 이에 관한 보다 깊은 논의는 다음 문헌을 참고 바람.
Harberger, A. C., "Three basic postulates of applied welfare economics : An interpretive essay," *Journal of Economic Literature*, 9, 1971, pp.785~797.

21. 보상원리의 개념 및 장·단점에 관한 보다 깊은 논의는 『후생경제학』(이만우 저) 제3장을 참조 바람.

적 발전과 함께 보다 설득력 있는 비용 · 편익 분석을 위한 연구 또한 재정학이나 후생경제학의 미래 과제 중 하나인 것이다. 따라서 이러한 이론적 · 현실적 어려움을 감안한다면 비용 · 편익 분석은 효율적 자원배분만을 중시해서 경제성 분석을 할 경우나 소득분배효과가 미미한 공공투자의 경제성 분석에 보다 유용한 수단임을 알 수 있다.

5.2 동태적 비용 · 편익 분석

공공투자의 특성에 따라서는 비용과 편익의 흐름이 일정하지 않고 다양할 뿐만 아니라 시간이 지남에 따라 경제 전반에 미치는 효과 또한 상이하다. 따라서 이러한 다양한 요인들까지 정확하게 분석하는 데는 이제까지 논의한 정태적 분석만으로는 불충분하다. 시간의 변화에 따른 복잡한 사회제도나 경제변수 등의 인과관계를 정확하게 포착하기 위해서는 동태적 분석이 요망된다. 이를 위해서는 공공투자로 인하여 야기된 중요 경제변수들의 시간적 변화를 반영하는 모형의 설정은 물론 경제주체들의 행태변화를 설명하는 동태적 행태모형까지도 필요할 경우에는 첨부되어야 할 것이다.

이상의 동태요인들의 소홀한 취급은 공공투자를 장기적으로 사회후생을 하락시키는 투자로 오도할 수 있으며, 보다 나은 사회후생을 가능케 하는 정부투자를 희생시키는 잘못을 범할 수도 있다.[22]

연습문제

ch. twelve Exercise

01 프로젝트의 수행 여부를 결정하는 민간기업의 채산성 분석과 공공부문의 비용 · 편익 분석을 비교 · 설명하시오. (행 38약)

---

22. 동태적 비용 · 편익 분석(dynamic cost-benefit analysis)에 관한 보다 깊은 논의는 다음의 문헌을 참조 바람.
Maciariello, Joseph A., *Dynamic Benefit-Cost Analysis*, Lexington Books, D. C. Heath and Co., 1975 ; Just, Richard E. & Hueth, D. L., & Schmitz, A., *Applied Welfare Economics and Public Policy*, Prentice-Hall, Inc., 1981, pp.297~329.

02 다음 각 질문에 답하시오.

(1) 공공사업에 1,000원을 투하한 다음부터 해마다 80원의 편익이 영원히 나온다. 내부수익률을 구하시오.

(2) 이 기금은 공채를 발행해서 조달했다. 공채 1원당 0.6원은 소비에서, 0.4원은 투자비용에서 조달되었다. 세전 시장이자율이 10%이고, 세후 시장이자율이 5%일 때 이 공공사업은 타당성이 있는가? (행 36약)

03 공공투자의 기준과 비용 · 편익 분석을 논하시오. (외 18논)

04 공공투자의 기회비용에 대해 논하시오. (행 29약)

05 사회적 할인율에 대해 논하시오. (행 34약, 외 17약)

06 시간선호에 대한 사회적 한계대체율이 사적 한계대체율보다 낮은 이유를 설명하시오.

07 공공사업의 비용 · 편익 분석에 관하여 다음 질문에 답하시오. (2007년 행정고시 기출문제)

(1) 공공사업의 비용 · 편익의 측정에 있어서 시장가격이 불완전한 경우 그 대안으로 사용할 수 있는 기준을 설명하고, 만약 시장가격이 존재하지 않는 경우에 비용과 편익을 분석하는 방법에 대하여 설명하시오.

(2) 비용 · 편익 분석은 투자의 효율성을 증대시키기 위한 방법이다. 그러나 정부지출의 주요 목적 중 하나는 소득재분배이다. 공공투자 사업의 타당성을 평가하기 위하여 비용 · 편익 분석에 소득재분배를 반영하는 방법에 대해 설명하시오.

08 우리나라의 '예비타당성조사 운용지침'에 의하면 총사업비 500억원 이상으로서 정부예산이 투입되는 투자사업은 예비타당성조사를 거쳐야 한다. 예비타당성조사에서는 공공사업에 대한 재무분석과 비용 · 편익 분석을 통해 사업의 시행 여부를 종합적으로 판단하고 있다. (2009년 행정고시 기출문제)

(1) 공공사업에 대한 재무분석(financial analysis)과 비용 · 편익 분석(cost benefit analysis)의 차이를 비교 · 설명하시오.

(2) 공공사업은 편익과 비용이 민간사업에 비해 장기에 걸쳐 발생하기 때문에 추진과정에서 불확실성이라는 문제가 발생하게 된다. 불확실성을 제대로 반영하기 위해

서는 위험성이 전혀 없는 사업보다 높은 할인율을 적용해야 한다는 주장과 불확실성과 같은 위험성을 시간할인율로 조정하기보다는 확실대등액을 사용하는 것이 타당하다는 주장이 있다. 이 두 주장을 비교 · 설명하시오.

09 비용 · 편익 분석에서 어느 사업이 가장 바람직한지를 판단하는 기준으로는 순편익의 현재가치(present value of net benefit ; *PVNB*), 내부수익률(internal rate of return ; *IRR*), 편익/비용 비율(benefit/cost ratio ; *BCR*) 등이 있다. 이들의 장 · 단점에 대해 비교 · 분석하시오.

10 비용 · 편익 분석에서 시장가격 및 잠재가격이 갖는 중요성에 대해 논하시오.

11 고속전철의 건설 여부를 재검토하며 선로도 다시 조정하게 되었다 하자. 고속전철이 건설되지 않는 상태를 대안 *A*라 하자. 대안 *B*는 서울-대전-부산을 연결하고 대안 *C*는 서울-대전-목포를 연결한다.

(1) 비용 · 편익 분석과 투표제도의 관계에 대해 설명하시오.

(2) *B* 및 *C*의 타당성을 비교하기 위해 사용되는 판단기준의 장 · 단점에 대해 쓰시오.

(3) 만약 귀하가 사업 *B*와 *C*의 타당성을 비교하는 비용 · 편익 분석의 책임자라면, 비용의 흐름(cost stream)과 편익의 흐름(benefit stream)을 측정함에 있어 어떤 항목들을 고려해야 할지를 설명하시오.

12 비용 · 편익 분석(Cost-Benefit Analysis)에서는 잠재가격(Shadow price)을 이용해야 하는 경우가 많이 있다. 주로 어떤 경우에 그러한지 설명하시오.

13 비용 · 편익 분석에서 공공투자에 소요되는 투입물의 시장이 왜곡되어 있다면 시장가격이 아닌 잠재가격을 추정하여 분석해야만 정확한 결과를 얻을 수 있다. 먼저 잠재가격의 개념을 설명하고 노동시장에서 노동의 잠재가격은 어떻게 추정하는지 설명하시오. (2006년 입법고시 기출문제)

14 대형 공공사업은 경제성을 평가하여 해당 사업의 시행 여부를 결정하는 비용 · 편익 분석을 시행하는 것이 일반적이다. 이와 관련하여 다음 질문에 답하시오. (2008년 입법고시 기출문제)

(1) 장기에 걸쳐 불확실성 또는 위험성이 수반되는 대형 공공사업의 경우 비용과 편익을 어떻게 평가해야 하는지를 논의하시오.

(2) 우리나라는 대형 공공사업에 대한 재정부담을 줄이기 위해 일부 재정사업에 *BTL*(Build-Transfer-Lease), *BTO*(Build-Transfer-Operate) 방식 등을 도입하여 운용하고 있다. *BTL* 방식과 *BTO* 방식의 개념을 정의하고, 두 방식이 정부의 재정부담에 어떤 영향을 미치는지를 장·단기로 구분하여 설명하시오.

15 A시는 도시고속도로를 건설하기로 하고 이에 대한 타당성을 분석하기 위해 비용·편익 분석을 하기로 했다. 다음을 설명하시오. (2013년 입법고시 기출문제)

(1) A시의 도시계획국 추정에 따르면 도시고속도로 건설로 인해 1년당 사망자가 100명 감소되는 것으로 나타났다. 사망자 감소에 따른 편익 추정 방법들에 대해 논하시오.

(2) 도시고속도로 건설을 위해서는 50만 시간에 해당하는 노동이 필요하다는 조사결과가 나왔다. 이는 편익인지 비용인지를 밝히고 그 이유를 설명하시오.

(3) 유효한 최저임금제가 실시되고 있다고 하자. 문제 (2)에서의 가치를 측정하기 위해서는 어떤 정보가 필요한지를 설명하시오.

예산제도

Public Finance
ch. thirteen

13

1. 예산의 기능과 역할

Public Finance, ch. thirteen

우리는 시장경제체제 하에서 공공부문의 기능과 역할을 체계적으로 논의하는 재정학의 중심과제를 공공부문의 주체인 정부의 시장실패를 치유하는 기능으로 설명하였으며, 이의 폭넓은 이해를 위하여 제5장에서 제8장에 걸쳐 각종 시장실패와 이를 치유하는 정부의 역할을 공부하였다. 또한 제12장에서는 각종 시장실패의 치유를 동시에 달성하는 데 있어서 가장 큰 어려움이 재원의 부족이고, 이를 타개하기 위해서는 정부의 시장개입에 우선순위를 설정해야 함을 살펴보았으며, 이를 위한 수단 중의 하나인 비용 · 편익 분석에 대하여도 살펴보았다. 본 장에서는 정부의 시장개입의 현실적 계획표라고 할 수 있는 예산에 관하여 간단히 논의해 보기로 한다.

예산이란 일정한 기간(보통 1년) 동안 정부의 시장개입을 중심으로 한 정부활동을 뒷받침하기 위한 재원지출이나 재정활동을 체계적으로 총괄한 계획표이다. 환언하면 예산은 시장실패의 치유를 중심으로 하는 정부의 기능을 효과적으로 수행하기 위한 일정 기간 동안의 지출명세서에 해당한다.[1]

2013년도 우리나라의 정부 총지출 규모는 342조원(일반회계 기준 예산액 194.4조원)으로 대략 GDP의 30%를 약간 상회하는 수준이다.[2] 이는 제2장에서 살펴본 바와 같이 OECD 평균에 10%포인트 가량 낮은 수준이다(제2장 [그림 2-1] 참조). 정부지출의 구성에 있어서도 사회복지예산 비중이 상대적으로 낮고, 국방과 경제 부문 지출비중이 높은 특성을 갖고 있는 것으로 나타났다(제2장 [그림 2-6] 참조). 외부성을 내부화하거나 공공재의 공급 등을 위주로 하는 미시적 시장실패를 치유하기 위한 공공지출인 국방, 치안, 법률, 교육, 보건, 공무원 봉급(공공서비스에 대한 급부) 등 소위 말하는 경직성 경비가 우리 예산의 약 70% 정도를 점하고 있다. 또한 실업자 구제나 저소득층의 소득향상을 위한 각종 정부투

1. 따라서 일정 기간에 걸친 정부의 실현 가능한 시장개입의 재정적 계획표로서 예산의 위치를 파악하면 재정학 전체 흐름의 이해에 도움이 될 것이며, 비용 · 편익 분석은 실현 가능한 시장개입을 선정하는, 즉 다양한 시장실패 중 일정 기간 동안 치유 가능한(시장개입 가능한) 항목을 선택하는 하나의 기법으로 간주하면 된다.
2. 기획재정부, 『2014년도 나라살림 예산 개요』.

자나 보조금 등의 이전지출, 그리고 복지부문 지출은 소득재분배를 위한 정부개입의 일환이며, 경기진작을 위한 각종 공공사업이나 경제개발을 위한 공공투자 등은 바로 경제의 안정적 성장을 위한 정부활동이다. 이들을 우리는 거시적 시장실패를 치유하는 정부의 기능과 역할로 설명하였다.

예산의 기능과 역할은 이상과 같은 정부의 시장실패를 치유하는 재정의 뒷받침을 그 중심으로 하며, 이를 예산의 경제적 기능으로 간주하여 예산이 갖는 정치적 · 행정적 기능과 구분하기도 한다.

예산의 편성은 앞에서 언급한 효율적 자원배분이나 공정한 소득분배 등의 경제적 판단에 의해서만이 이루어지는 것은 아니다. 때로는 자기들의 의사를 예산에 더욱 많이 반영하려고 하는 정당이나 의회, 각종 이해집단, 그리고 정부 및 정책의 이해당사자 간의 정치적 협상이나 절충에 의해서 예산의 일부가 성립되기도 한다. 즉, 예산은 각종 정치단체들이나 이해집단의 상이한 주장과 이익을 서로 협상하고 조절하는 계기를 마련해 준다는 의미에서 정치적 기능을 수행하고 있다.

또한 예산은 국민의 대표기관인 의회를 통하여 국민이 정부를 통제하는 수단이 되고 있다. 예산안이 국회에서의 심의와 통과로 법적 효력을 갖게 됨이 이를 입증하고 있다. 이와 같이 예산은 국민의 행정부에 대한 재정통제의 방편으로서 중요한 의미를 지니게 되는데 이를 예산의 재정통제기능이라 한다.

한편 (중앙)예산기관은 예산편성 과정을 통해 각 부처의 모든 사업계획과 행정활동 및 관리방법 등을 사정한다. 이를 예산이 갖고 있는 관리적 기능이라 한다. 예산의 이러한 관리적 기능을 통하여 각 부처의 다양한 사업에 대한 우선순위가 결정되고 국정관리를 위한 기초 자료가 되는 것이다.

이상의 예산의 기능과 역할에 관한 간결한 논의를 종합해 보면, 예산은 경제적 기능을 중심으로 하여 편성과정과 이의 집행에 따른 각종 정치적 · 행정적 · 법적인 기능을 갖고 있음을 알 수 있다.[3]

시크(A. Schick)[4]는 예산기능을 통제(control) · 관리(management) 및 계획

3. 이에 관한 보다 깊은 논의는 다음 문헌을 참조하기 바람.
Schultze, Charles, *The Politics and Economics of Public Spending*, Brookings Institutions, 1968.

4. Schick, Allen, "The road to PPB : the stage of budget reform," *Public Administration Review*, 26, December, 1966, pp.243～258.

(planning)의 기능 등으로 구분하여 역사적인 고찰에 중점을 두고 있다. 어떤 종류의 예산제도라도 정도의 차이는 있을지언정 통제 · 관리 · 계획의 기능을 수행하며, 근대사회에서 현대사회로 발전을 거듭함에 따라 통제 중심에서 관리 중심으로, 관리 중심에서 계획 중심으로 변천해 왔다. 이를 다음 절의 예산제도를 통해 살펴보기로 하자.

2. 예산제도

Public Finance, ch. thirteen

2.1 서언

시대의 변천에 따라 정부기능이 확대되고, 이에 부응하여 각종 조세 및 경비구조 또한 복잡해졌다. 행정기술도 전문화 · 고도화되어 정부의 기능과 역할을 재정적으로 뒷받침하는 예산도 그 기능을 효과적으로 수행하기 위하여 변화해 왔다.

예산은 20세기 초까지 의회가 행정부를 통제하기 위한 수단으로 사용되어 관리적 측면이나 계획적 측면보다는 통제적 측면이 중시되었다. 이후 행정기능의 질적 변화와 이의 확대 · 강화에 따른 행정 결정의 중요성과 복잡한 경제구조의 체계적인 계획화가 요구되어 예산제도는 개선을 거듭해 왔다. 1930년대 이전 통제기능이 주된 역할이던 품목별 예산제도에서 관리기능을 중시하는 성과주의예산, 그리고 계획기능을 강조하는 계획예산(PPBS)으로 발전하였다. 최근에 활발히 논의되어 시행되고 있는 영기준예산(ZBB)이나 조세지출예산(tax expenditure budget)도 계획기능을 중시하는 예산제도이다.

일반적으로 예산은 앞서 논의한 경제적 기능, 정치적 기능, 재정통제기능 및 관리적 기능을 수행해야 하므로 항상 신축성 있게 설정되어야 할 것이다.

그러면 정부의 기능과 역할이 점증함에 따라 발전되어 온 현대 재정에 부응하기 위해 개선되어 온 주요 예산제도를 차례로 고찰해 보기로 하자.

2.2 복식예산제도

2.2.1 특성

복식예산제도(double budget system)는 예산을 경상예산과 자본예산으로 구분하여, 경상지출은 주로 조세에 의하여 충당하고 자본지출은 차입에 의하여 충당하여도 무방하다는 견해를 기초로 하고 있다. 즉, 차입에 의한 공공지출은 소모되는 것이 아니라 국민경제의 성장 여력을 높여 궁극적으로는 조세부담능력을 제고시킨다는 예산의 장기균형에 근거를 두고 있다.

이 제도는 스웨덴, 덴마크 등의 나라에서 1930년대의 공황과 같은 불경기에 능동적으로 대처하기 위하여 경상예산은 균형을 유지하는 대신 자본예산은 경기변동에 따라 신축적으로 운용하자는 취지에서 채택되었다. 정부 소유의 자산 가치를 변화시키는 모든 재정거래는 자본예산에 포함되고 그렇지 않은 재정거래는 경상예산에 표시된다. 따라서 경상예산에 계상되는 수입은 조세수입, 정부기업(공기업)의 이익금 및 기타 경상수입으로 구성되며, 지출은 투자적 경비가 아닌 모든 경상적 지출과 생산투자에 대한 감가상각으로 구성된다. 자본예산은 차입

표 13-1 복식예산의 구조

〈경상예산〉

경상수입	경상지출
조세·수수료 등 민간기업에서 징수한 경상수입(A)	재화, 용역에 대한 경상적 소비지출(a)
재산수입(정부기업의 이익금 포함)(B)	민간부문에 대한 이자지불 등 이전지출(c)

균형항목 〈경상예산 잉여 또는 부족〉

$$d = (A + B) - (a + b + c)$$

〈자본예산〉

차입 및 자본자산충당자금		자본자산 증가를 위한 지출
감가상각비	(E)	유형자산에 대한 정부총투자(e)
정부자산 매각	(F)	
차입	(G)	

균형항목(순자산가치의 증감)

$$g = (E + F + G) - e$$

에 의해 운영되며, 정부의 유형재산에 대한 총투자액은 대변, 감가상각충당금 및 투자에 충당할 차입금은 차변에 표시된다. 환언하면 경상예산은 정부의 수입과 지출 상태를 자본예산은 정부의 자산과 부채를 표시한다.

〈표 13-1〉은 복식예산의 구조를 간략하게 나타낸 것이다. 이와 같이 예산을 둘로 나누어 운영하는 근본 원인은 예산은 반드시 균형이 이루어져야만 한다는 전통적인 재정원칙에서 탈피하여 불가피한 경우에는 신축적으로 운용하여야 할 필요성에 따른 것이다.

2.2.2 장 · 단점

이 제도의 장점은 첫째, 자본예산의 도입은 국가 재무구조에 대한 명확한 이해와 아울러 자본지출에 대한 특별한 사정과 분석을 가능하게 하며, 둘째, 이를 기초로 장기적 재무계획 수립과 재정통제기능을 강화하여 경기대응을 효과적으로 할 수 있으며, 셋째, 정부의 순자산 상태의 변동을 일목요연하게 파악할 수 있다는 것이다.

그러나 자본예산을 실제 적용하는 데는 상당한 어려움이 따르게 되는 단점을 내포하고 있다. 이를 요약한다면

첫째, 정부 경비를 경상적 경비와 자본적 경비로 명확히 구분하는 기준이 애매모호하며,

둘째, 자본예산방식에 따른 물가변동요인을 반영하는 데 있어서의 문제점으로 물가가 상승할 때에는 자산의 재평가와 감가상각률의 변화는 물론이고 공공건물의 지대, 임대료 등의 변화도 고려되어야 하는데 이를 체계적으로 수행하기가 용이하지 않으며,

셋째, 특정한 지출에 대하여 차입을 용인하는 제도는 자본적 경비의 범주에 속하는 경비팽창을 유발할 우려가 있으며,

넷째, 경상예산의 불균형(적자재정)을 은폐하기 위하여 경상예산에 속하는 각 항목을 자본예산으로 이전하거나 포함시켜 적자재정을 은폐하는 수단으로 이용될 소지도 있다.

2.3 성과주의예산제도

2.3.1 특성

성과주의예산(performance budget)은 예산의 과목을 기능별로 우선 나누고, 이를 세분하여 사업계획 및 세부사업으로 분류하여 편성하는 것으로 1949년 미국의 '후버(Hoover) 위원회'의 건의에 따라 미연방정부에 의하여 발전된 예산제도이다. 우리나라에서도 이 제도를 1961년부터 부분적으로 채택한 바 있으나 충분한 사전준비와 예비검토의 미비, 이 제도가 지니는 문제점, 그리고 예산당국의 관리수준 미달로 소기의 성과를 얻지 못하고 1964년에 폐기되고 말았다.

성과주의예산제도는 예산의 주요 관심을 통제기능에서 관리기능으로 옮겨 예산집행에 효율성을 제고하는 데 역점을 두고 있다. 통제지향적인 전통적 품목별 예산(line-item budget)은 정부가 구입하는 물품에만 치중하여 왜 그것을 구입해야 하는가를 분명히 밝힐 수 없었고, 사업계획의 내용이라든지 사업시행에 따른 성과 등을 제시하는 데 미흡했다. 이러한 단점을 극복하기 위해 성과주의예산은 예산의 사용목표를 설정하고 이를 달성하는 데 필요한 성과단위와 단위당 원가에 따라 예산을 편성하여 정부가 구매하는 물품과 사업과의 인과관계를 분명히 하게 된다. 요약하면 예산과목을 사업계획별, 활동별로 분류한 다음 각 세부사업별로 "단위원가 업무량 = 예산액"이 되게 편성한다. 여기에서 단위원가란 사업측정단위 혹은 성과단위 하나를 산출하는 데 소요되는 경비를 말하고, 업무량이란 달성하고자 하는 단위의 수를 말한다.

이상과 같은 예산편성을 통하여 그 집행의 성과를 면밀히 측정 · 분석 · 평가함으로써 적기에 효과적인 재정관리를 가능하게 하는 제도로 간주할 수 있다.

2.3.2 장 · 단점

종래의 품목별 예산은 물품구입별로 예산을 편성하기 때문에 예산집행에 있어서 경직성을 띠게 되나, 성과주의예산은 그 편성방법에서 사업별 통제가 가능할 뿐만 아니라 행정성과의 향상을 꾀할 수 있으며 예산집행이 신축적일 수도 있다는 장점을 갖고 있다. 또한 행정부의 정책이나 계획 수립을 용의하게 해주며,

입법부 및 국민들이 정부사업과 그 목적을 쉽게 이해할 수 있게 해준다.

그러나 예산편성에 있어서 가장 기본적인 단위원가(unit cost) 계산 문제와 업무량을 측정하는 문제의 해결이 이 제도의 성공적 운용을 결정하는 취약점으로 지적된다. 이를 구체적으로 살펴보면,

첫째, 원가계산이 어렵고 업무측정단위를 발견하기가 어렵다. 사업에 따라서는 쉽게 선정할 수 있는 경우도 있으나 대부분의 공공업무 분야에서는 적절하고 타당성 있는 측정단위를 찾기가 어렵다. 우리나라에서 이 제도가 성공하지 못한 근본 원인도 바로 여기에 있다.

둘째, 공공지출의 성과 파악이 정확하게 이루어질 수 있도록 하는 데는 많은 시간과 재원이 소요되어 용이하지 않다. 왜냐하면 공공투자 편익의 많은 부분이 직접적으로 나타나지 않음은 물론 1년 이상의 중장기를 요하는 투자의 경우 회계단위별 경제분석 또한 용이하지 않기 때문이다.

2.4 계획예산제도

2.4.1 특성

기획예산제도(planning programming & budgeting system ; PPBS)는 1954년 랜드연구소(Rand corporation) 연구원 노빅(D. Novick)의 보고서[5]에서 처음으로 제안되어 1961년 맥나마라(R. McNamara) 장관이 미국 국방성에 채택하였으며, 그후 존슨 대통령에 의해서 1965년 전 행정부에 도입하게 되었다. 그러나 이후 PPBS는 여러 가지 문제점이 노정되어 거의 실시하지 않고 있으며, 다만 이 제도에서 추구하는 합리적 의사결정 과정을 영기준예산에 적용하고 있는 정도이다.

계획예산제도는 단기적인 예산편성과 장기적인 계획수립의 유기적인 결합을 통해 예산의 계획기능을 중시하는 계획 중심의 예산제도이다. 즉, 계획예산제도는 매년의 예산편성을 장기적 정부의 정책목표와 그의 계획에 연관시켜 비용・편익 분석 등 정부지출의 경제성 분석을 통해 보다 과학적인 의사결정에 의한 예산편성을 그 중심과제로 하고 있다. 따라서 정책목표를 가장 효율적으로 달

---

5. Novick, D., *Efficiency and Economy in Government through New Budgeting and Accounting Procedures*, R-245, Rand Corporation, 1954.

성할 수 있는 정부활동을 선정하기 위해 여러 가지 정책대안들에 관한 경제성 분석을 동시에 수행하여 우선순위를 매기는 작업을 가장 중시한다. 성과주의예산에서 정부사업의 산출량을 중시해 예산편성에 반영하는 데서 진일보하여 각종 경제적 효과(예를 들면 직접적 · 간접적 비용 · 편익 등)를 포괄하는 비용 · 편익 분석의 기법을 활용함으로써 보다 합리적인 예산편성을 유도할 수 있을 뿐만 아니라 중장기계획 수립도 용이하게 된다.

2.4.2 장 · 단점

전통적인 예산제도는 예산의 통제기능을, 성과주의예산은 관리기능을 강조하나 계획예산제도는 계획기능을 중시함으로써 종래의 예산처럼 단기에만 적용되는 취약점을 극복하며, 계획과 예산 간의 불일치를 해소하여 유기적 연관을 갖게 한다. 또한 매년의 예산편성을 장기적 정책목표와 계획에 부응하여 보다 합리적인 방법으로 함으로써 각종 정책목표들의 우선순위를 체계적으로 파악할 수 있는 장점을 갖고 있다.

그러나 이러한 이상적인 제도를 실시하는 데는 다음과 같은 어려움이 수반되는 단점이 있다.

첫째, 각종 정책목표들은 상호의존성을 갖고 있어 명확한 설정이 어려울 뿐만 아니라 경제적 효율만을 중시하여 목표를 설정하는 것도 비현실적인 경우가 허다하다. 또한 정책목표 달성을 위한 대체안들의 선정도 그 범위와 기준을 설정하는 데 많은 시간과 경비가 수반된다.

둘째, 앞 장의 비용 · 편익 분석에서도 언급하였지만 정부의 활동 중에는 경제성 분석을 위한 계량화 작업이 가능한 영역이 제한되어 있으며, 설령 계량화 작업이 가능할지라도 정확한 자료와 통계치를 얻는 데는 많은 어려움이 따른다.

셋째, 비용 · 편익 분석의 주된 가치기준이 경제적 효율이기 때문에 합리적이긴 하나 정치적 · 경제 외적 요인을 감안해야 하는 현실성이 결여될 수도 있다.

계획예산제도가 단명으로 끝난 이유는 이상의 단점보다는 방대한 비용 · 편익 분석을 수행할 유능한 전문분석가의 부족, 풍부한 자료의 부재 및 예산편성 권한을 갖고 있는 미 의회가 이 제도에 대해 무관심했다는 부수적인 요인에 기인한다고 할 수 있다.

각종 예산은 나름대로 단점을 갖고 있다. 계획예산제도는 이들 부수적 요인들이 보완된다면 가장 이상적인 제도 중의 하나로 들 수 있을 것이다. 따라서 계획예산이 주로 사용하고 있는 체계분석(system analysis)이나 비용 · 편익 분석 등의 과학적 분석기법은 영기준예산을 비롯한 각종 예산제도에 원용되고 있다. 우리나라에서도 과거 체신부와 국방부에서 이 제도의 실현을 위하여 연구를 하였으나 앞에서 언급한 여러 어려움들을 극복하지 못하고 있는 실정이다.

2.5 영(零)기준예산

2.5.1 특성

영기준예산(zero-base budgeting ; ZBB)은 문자 그대로 전년도의 예산은 무시하고 모든 사업을 영(零)에서부터 평가해서 자원배분을 결정하자는 예산제도이다. 즉, 전년도 예산을 기준으로 하여 점증적으로 예산액을 책정하는 종래의 관행에서 탈피하여, 계속되어 온 사업이지만 불요불급하거나 신규 사업에 비하여 경제성이 떨어지면 이를 폐지하거나 줄이는 데 제1의 목표를 두고 있다.

영기준예산은 피르(P. Pyhrr)에 의해서 연구 · 개발되었으며,[6] 이 당시 조지아 주 지사였던 카터에 의해서 주정부 예산제도로 채택되었다. 카터가 대통령에 당선됨에 따라 1979년 연방정부에서도 이를 채택하게 되었으나 다음 항에서 논의하고 있는 단점 등으로 인해 계속되지 못하고 현재 일부 주정부에서 사용하고 있는 실정이다. 우리나라에서도 1980년 초부터 이 제도의 적용가능성이 검토되기 시작하여 1983년부터 부분적으로 채택하고 있다.

영기준예산은 크게 두 단계로 대별될 수 있는데, 하나는 각종 사업계획의 목표 설정, 비교 · 평가 등을 담고 있는 정책결정 패키지(decision package)를 작성하는 것이고, 다른 하나는 이를 토대로 우선순위(ranking)를 결정하는 것이다.

정책결정 패키지 작성을 위해서는 우선 조직체의 활동을 독립적으로 구분할 수 있는 의사결정단위(decision unit)를 설정해야 한다. 이 단위는 예산편성에 있어서 기본적 비용단위로서 타사업과 중복되지 않고 상호 비교가 가능하도록 설

6. Pyhrr, Peter A., "Zero-base budgeting," *Harvard Business Review*, Vol. 48, No. 6, 1970.

정되어야 한다. 의사결정단위가 설정되면 책임자를 중심으로 정책결정 패키지를 작성하는데, 여기에는 각 사업의 목적, 비용분석, 실적추정, 대안작성, 그리고 그 사업이 실시되지 않을 경우 초래될 결과 등이 기록된다. 또한 그 사업을 성취하는 데 소요되는 여러 가지 투자액을 최소한도액에서부터 나열하여 효과적으로 실현할 수 있는 여러 가지 대안들도 담게 된다.

이상의 정책결정 패키지가 마련되면 중요도에 따라 서열이 매겨져야 한다. 최초의 서열화 작업은 그 패키지를 만든 결정단위에서 이루어진다. 이때 그 단위의 책임자는 비용 · 편익 분석을 통하여 우선순위를 결정하게 된다. 다음으로 차상의 관리자는 하부에서 올라온 서열화 작업을 검토하고 종합하여 단일의 서열화 작업을 하게 되며, 이러한 상향적 과정은 최종책임자에 이를 때까지 계속된다.

영기준예산은 프로그램 중심의 예산을 짜고 정부지출의 경제성 분석을 중심으로 하는 예산편성방식이란 점에서 계획예산제도를 보완하고 강화한다고 말할 수 있다. 그러나 의사결정 과정을 살펴보면 영기준예산은 상향적인 반면 계획예산제도는 하향적이며, 영기준예산은 어떤 사업을 어떻게 할 것인가(how to do)의 미시적 분석을 중시하는 반면 계획예산제도는 무슨 사업을 할 것인가(what to do)의 거시적 분석을 중시한다고 할 수 있다.

2.5.2 장 · 단점

영기준예산의 장점은 다음과 같다. 첫째, 선례 답습적 · 점증주의적 예산편성에서 탈피함으로써 효율적인 자원배분을 제고시킴은 물론 신규 사업이나 재착수하는 사업에 대하여 최소한의 경비를 산정함으로써 불필요한 경비를 최소한도로 줄일 수 있다. 따라서 작은 정부를 추구하는 현대 자본주의국가에서 예산편성의 지침으로 사용할 수 있다. 둘째, 예산결정에 조직의 모든 사람을 참여시키므로 합리성을 보장할 뿐만 아니라 프로그램을 구체적으로 집행하는 중간관리자들에게 정보나 운영기준을 제시해 줌으로써 상 · 하 간의 단절을 막고 효율적 집행을 도모한다.

단점은 첫째, 계획예산제도와 마찬가지로 시간, 정보, 분석기술 등의 제약으로 인하여 모든 프로그램을 영기준에서 분석하기가 현실적으로 어렵고, 둘째, 각 사업의 경제성 분석에 기초한 우선순위가 경제 외적 요인(예를 들면 정치적 의사결정)을 고려했을 경우 항시 일치하지 않을 수도 있으며, 셋째, 경제성 분석에만 국한할 경우에도 조직단위의 책임자들이 대안을 제시하기가 쉽지 않아 많은 시간과 노력을 필요로 한다는 것이다.

3. 조세지출예산

3.1 조세지출이란?

조세지출이란 개인이나 기업의 특정 활동을 장려하기 위하여 비과세, 감면, 공제, 특별세율(세율 인하) 등 세제상의 각종 유인장치를 통하여 징수해야 할 세금의 포기된 액수(tax revenue forgone)를 말한다. 환언하면 조세지출제도는 시장실패를 치유하는 조세의 기능을 세제에 반영하여 효율적 배분, 공정한 분배, 그리고 안정적 성장 등의 사회목표를 효과적으로 수행하기 위한 제도적 장치인 것이다.

이러한 세제상의 각종 유인장치를 통해 포기된 조세수입을 조세지출이라 부르는 이유는 예산상에 매년 반영되는 정부의 직접지출(direct expenditures)들을 대신하는 효과를 갖기 때문이다. 예를 들면 어느 저소득계층의 일정액의 소득세를 감면해 주는 조세지출과 동액의 세금을 징수하여 다시 보조금으로 지급하는 직접지출은 동일한 가처분소득을 보장한다는 면에서 유사하다.

그러나 이들 두 지출방법에 수반되는 공평과 효율 등을 비롯한 제(諸)경제적 효과는 상이한 것이 상례이다. 따라서 정부가 추구하는 목적에 따라 직접지출보다는 조세지출이 정책수행에 잘 부합된다.

예를 들어 사회사업을 위한 정부지출의 경우 예산에 반영하여 직접적으로 지출하는 것보다는 자선사업 등의 목적으로 행하는 기부금에 조세를 감면시켜주는 조세지출이 훨씬 효과적이다.

그러나 경제상황의 변화에 따라 세제의 유인장치를 변경하지 아니하거나 정책목적을 달성하고 난 이후까지도 존속시킬 경우 공평과 효율을 저해할 뿐만 아니라 세수결함의 요인으로도 작용할 수 있다. 그러므로 조세지출에 수반되는 제

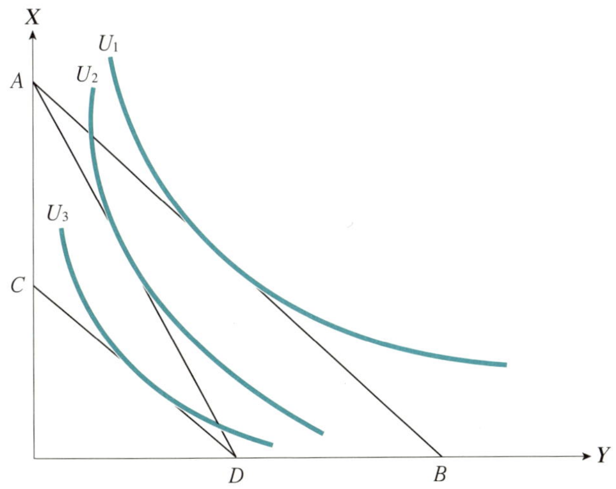

그림 13-1
조세지출의 경제적 효과

경제적 효과를 면밀히 분석하여 이상의 문제점에 대비해야 한다.

3.2 조세지출의 제경제적 효과

특정의 생산활동이나 소비활동 등의 경제행위에 부여되는 조세지출은 공평과 효율의 제고를 비롯한 각종 경제적 효과를 낳게 된다. 이를 [그림 13-1]의 경우처럼 소비활동의 조세지출을 중심으로 살펴보기로 하자. 특정 재화 *X*재의 소비에 물품세가 감면되었다면 과세 전의 예산선 *AB*로부터 *AD*로의 이동을 의미하며, 이는 모든 재화에 동일하게 부과되는 일반물품세로 인한 예산선 *CD*보다 우측 상단에 위치함으로써 개별 소비자로 하여금 보다 높은 소득을 보장하여 후생을 증진시킨다. 그러나 *X*재의 물품세 감면은 오직 *X*재만을 소비하는 사람 이외에는 아무런 혜택을 주지 못한다. 또한 어느 특정 재화에 국한된 부분물품세가 모든 물품에 동일하게 과세되는 일반물품세에 비하여 초과부담을 일으켜 비효율적인 경우처럼[7] *X*재에 국한된 감면은 예방을 비롯한 의료서비스 관련 품목, 공해방지 관련 재화 등과 같이 외부경제를 유발하는 재화일 경우에는 오히려 효율

7. 이에 관한 보다 상세한 논의는 제16장의 최적과세론 편을 참조 바람.

적 자원배분을 제고하여 국민후생을 증진시킨다. 또한 X재가 자선을 위한 기부금 등과 같이 소득재분배와 연관이 있는 재화일 경우 물품세의 감면은 세제의 중립성을 저해하기보다는 공평과세에 기여한다.

이상과 같이 조세지출은 공평과 효율의 제고를 통한 사회후생의 증진을 목표로 하고 있다. 조세지출이 이와 같은 목표를 효과적으로 수행할 수 있느냐는 예산선의 변동에 따라 어느 정도 소비변화를 유발하느냐에 달려 있다. 즉, 조세지출에 의한 상대가격의 변화가 X재의 소비증감을 어느 정도 가져올 수 있는가에 좌우된다. X재의 수요탄력성이 비교적 클 경우 물품세의 감면은 사회적으로 바람직한 X재 소비 증가를 가져와 효율적 배분에 보탬이 될 것이다. 그러나 가격변화에 의한 수요가 비탄력적일 경우 조세지출의 유인효과를 나타낼 수 없을 것이며, 예상보다 탄력성이 클 경우엔 조세수입 감소가 커져 조세지출에 따른 비용이 초래될 수도 있다.

특정 투자행위에 따른 조세지출효과도 소비의 경우와 마찬가지로 조세지출에 따른 투자수요의 변화 정도에 따라 안정적 성장에의 기여가능성이 가늠될 것이다.

조세지출에 따른 소비수요나 투자수요의 변화를 정확하게 예측하기란 용이한 일이 아니므로 조세지출은 직접지출에 비하여 그 운용과 통제가 어려운 게 사실이다. 따라서 조세지출이 수반하는 제경제적 효과를 면밀히 검토하여 이의 도입 여부와 도입된 제도의 존속 여부를 결정해야 하며, 이를 위하여 조세지출예산제도의 도입이 요망된다.

3.3 조세지출예산의 특성

이상과 같이 비과세감면 등의 특례장치를 통한 조세지출은 특정 소비행위나 투자행위를 비롯한 경제활동을 권장하여 한 경제의 공평과 효율을 제고시킴을 그 목적으로 하고 있다. 따라서 특정 사업의 지원이나 보조를 위해 직접지출보다 조세지출에 의존하게 되는 경우가 허다하다.

통상적으로 예산상의 직접지출은 매년 예산의 편성 및 국회의 심의과정에서 그 경제성이 분석 · 검토되나 조세지출은 그 효과에 있어 직접지출과 유사하면서도 예산편성 과정에서 그 타당성이 고려되지 않으며 예산에 나타나지 않는다. 따라서 지원 또는 장려의 필요성이 없어진 후에도 계속되어 자원배분의 비효율과 공평을 저해하고 있으며, 세수의 감소를 초래하여 재정의 경직도를 심화시킬 가능성을 배제하기 어렵다.

이상의 폐단을 줄이기 위해 조세지출을 종합적으로 분류하여 독립적으로 일관성 있게 표시한 것이 조세지출예산이며, 직접지출을 중심으로 하는 통상적 예산과 더불어 전체 예산을 구성하게 된다.

조세지출제도가 예산의 일부로 채택되면 각종 조세지출의 타당성은 물론이고 직접지출과의 비교 · 검토 등을 명시적으로 분석할 기회가 제공되므로, 정책 전반의 상호연관성을 더욱 효과적으로 도모할 수 있으며 세제의 공평과 효율을 증대시켜 재정운용의 효율성을 제고할 수 있다.

조세지출예산제도는 각종 세법에 산재해 있는 조세지출제도를 일관된 기준과 원칙에 의거하여 통합 정리할 수 있을 뿐만 아니라 불필요한 조세지출을 폐기할 수도 있다. 나아가서는 새로운 조세지출제도를 도입할 경우에도 정책 전반의 상호관계와 세제 전반의 규범적 기준들을 더욱 세심하게 고려할 수 있다.

조세지출예산제도의 취약점은 조세지출의 정확한 범주를 규정하기가 용이하지 않고, 직접지출에 비하여 조세지출의 제반 경제적 효과를 계측하기가 어려워 각종 조세지출의 도입 및 폐기에 폭넓은 연구 · 분석이 수반되어야 한다는 점이다. 따라서 세제상의 각종 특례제도를 통한 총체적 조세지출의 규모를 명확하게 추정하기가 힘들며, 특정 제도를 폐기할 때에도 연관 세법과의 상호관계나 부수법안의 개정 등을 광범하게 고려해야 하므로 직접지출에 비하여 제반 경제적 효과를 분석하는 데 많은 비용이 든다.

미국의 경우 재무성이 1968년 최초로 조세지출예산을 발표한 이래 조세지출 개념이 광범위하게 적용되어 오고 있으며, 1974년부터는 예산편성 과정에 정식으로 채택하였다. 서독에서도 1966년 이래 조세지출예산을 발표하고 있으며 네덜란드, 영국, 캐나다 등 서구선진국에서도 이 예산제도를 1970년대 후반부터 본격적으로 연구 · 검토하고 있다.

우리나라에서도 1999년부터 이 제도를 도입 · 시행한 이후 조세지출 비율이 꾸준히 감소하는 성과를 거두고 있다.

4. 우리나라 예산제도

예산이란 숫자로 표현된 정부의 정책이다. 즉, 일정 기간 동안 국가가 어떠한 정책이나 목적을 위해 얼마만큼 지출하고 이를 위한 재원을 어떻게 해서 조달할 것인가를 금액으로 표시한 것이다.

국가의 재정활동은 예산을 중심으로 이루어지며, 국가의 회계는 일반회계와 특별회계로 구분된다. 정부의 예산제도를 이해하기 위해서는 회계연도, 예산의 성립 형식, 예산내용, 예산구분, 예산과정 등에 관한 이해가 우선되어야 한다.

4.1 회계연도

예산은 회계연도를 기준으로 하여 연도별로 편성되며, 우리나라의 회계연도는 1월 1일부터 12월 31일까지이다. 그리고 예산은 당해연도 개시 전과 연도 경과 후에는 이를 사용할 수 없는 것이 원칙이다. 다만, 예산의 탄력적인 집행을 위해 다음 회계연도 이후까지 지출이 허용되는 계속비, 이월비 등은 그 예외를 인정하고 있다.

4.2 예산의 형식

우리나라 중앙정부 예산은 미국, 영국 등의 예산이 법률로 성립하는 것과 달리 국회의 의결을 통해 성립하게 된다. 예산은 성립 형식에 따라 본예산, 수정예산, 추가경정예산, 준예산의 네 가지로 구분된다.

표 13-2 예산의 형식

1. 본예산	국회의 의결을 얻어 확정 성립된 예산	-
2. 수정예산	제출한 예산안을 국회의 심의·확정 전에 부득이하게 수정하여 다시 제출하는 예산	-
3. 추가경정예산	예산이 국회에서 의결된 이후에 새로운 사정으로 인해 소요경비의 과부족이 생길 때 본예산에 추가 또는 변경을 가하는 예산	지난 10년간 거의 매년 편성
4. 준예산	정부가 새로운 회계연도가 개시될 때까지 예산이 성립되지 못할 경우, ① 법률에 의해 설치된 기관 또는 시설의 유지·운영과 법률상 지출 의무의 이행, 그리고 ② 이미 예산으로 승인된 사업을 계속하기 위한 경비를 전년도 예산에 준하여 편성하고 집행하는 예산	우리나라는 준예산이 편성 및 집행된 적 없음

4.3 예산의 내용

예산은 예산총칙, 세입 · 세출예산, 계속비, 명시이월비와 국고채무부담행위 등 크게 5개 부문으로 구성된다.

4.3.1 예산총칙

예산총칙은 예산 전반에 걸쳐 적용되는 총괄적 규정으로 법조문 형식을 취하며, 당해 회계연도 내에서만 효력을 발생한다. 예산총칙도 예산의 일부이므로 추가경정예산에 의해서만 변경이 가능하다.

4.3.2 세입 · 세출예산

세입 · 세출예산은 예산 내용 중 가장 주축이 되는 부분으로, 한 회계연도의 모든 수입과 지출 예정액이 구체적으로 표시된다. 국가의 주요 정책이나 사업계획 및 경비소요내역 등이 모두 이 세입 · 세출예산에 계리되고 운용된다.

세입예산은 세목별, 그 수입과 지출을 관할하는 중앙관서별로 구분되며, 세출예산은 그 내용이 기능별, 성질별, 기관별로 구분된다.

4.3.3 계속비

완성에 수년의 기간을 필요로 하는 대형 공사나 연구개발사업에 대하여 소요경비 총액과 매년의 규모를 미리 정하여 국회의 의결을 얻은 범위 안에서 수년에 걸쳐 지출할 수 있도록 하는 경비를 말한다.

4.3.4 명시이월비

세출예산 중 경비의 성격상 당해 회계연도 내에 지출하지 못할 것이 예측될 때, 그 취지를 세입・세출예산에 미리 명시하여 국회의 승인을 얻어 다음 연도에 이월하여 사용할 수 있도록 하는 경비를 말한다.

4.3.5 국고채무부담행위

국가의 재정사업 공사 등에 대한 발주계약 체결은 당해연도에 할 필요가 있으나 지출은 다음 연도 이후에 행해지는 경우에 활용된다. 국고채무부담행위액은 세입・세출예산액에는 포함되지 않고 그 상환액이 다음 연도 이후 세출예산에 포함된다.

4.4 예산의 규모

예산은 총계주의 원칙에 따라 한 회계연도의 일체의 수입을 세입으로 하고 일체의 지출을 세출로 하여 편성・운용된다. 세입은 통합하여 계리된다. 즉, 세입과 세출경비가 대응되어 어떤 세입으로는 어떠한 세출에만 충당하도록 한정되어 있는 것은 아니다. 이에 대한 예외가 특별회계이다. 일반회계와 특별회계를 합한 2013회계연도 세입・세출실적의 총계규모를 보면 세입은 253.3조원, 세출은 243.6조원 규모이다.[8]

8. 기획재정부, 『2014년도 나라살림 예산 개요』.

4.5 예산의 체계

다른 나라와 마찬가지로 우리나라의 재정활동은 예산을 중심으로 이루어진다. 우리나라의 회계는 일반회계와 특별회계로 구분되므로 예산도 일반회계 예산, 특별회계 예산으로 구분될 수 있다.

4.5.1 일반회계

일반회계는 일반 세입으로 일반적 지출을 담당하는 회계이다. 일반회계는 국가예산의 근간이 되는 것으로서 일반회계 규모, 세입 구성내역, 세출 우선순위 등은 재정운영 방향의 지표가 된다. 통상 예산이라고 하면 이러한 일반회계를 지칭한다.

일반회계 세입은 소득세, 법인세, 부가가치세, 관세 등 국세수입의 대부분과 정부 보유주식 매각분, 각종 수수료 등 세외 수입을 자체 세입으로 하고, 자체 세입이 부족할 경우에는 적자국채를 발행하여 부족분을 보전한다.

일반회계의 세출은 기능별로 방위비, 교육비, 사회개발비, 경제개발비, 일반행정비, 지방재정지원, 재정융자지원, 채무상환 · 예비비 등 기타로 구분된다. 또 특별회계의 자체 재원이 부족할 경우 특별회계에 대한 전출을 통해 이를 지원하기도 한다.

4.5.2 특별회계

특별회계에는 철도 · 통신 · 조달 등 특정 사업을 운영하는 기업특별회계와 특정 자금을 운영하는 재정융자특별회계, 그리고 특정 세입으로 특정 세출을 충당함으로써 일반회계의 세입 · 세출과 구분하여 계리하기 위해 설치된 농어촌 구조개선 특별회계, 교통시설 특별회계, 환경개선 특별회계 등이 있다.

특별회계는 별도의 재원으로 별도의 세출에 충당하는 것으로서 특정 사업을 안정적으로 추진할 수 있고 특정 사업의 성과와 경영실태를 명백히 할 수 있는 장점이 있다.

반면, 특정 세입을 특정 지출에 국한하여 사용해야 하므로 '재정의 칸막이 현상'에 따른 재정의 경직성을 심화시키고 유사기능을 서로 다른 회계에서 중복 수행하거나 일반회계와 특별회계, 특별회계 상호 간 등 내부거래 증가로 재정활동의 투명성 · 효율성을 저하시키는 단점도 있다.

4.5.3 기금

정부의 재정활동은 주로 일반회계와 특별회계로 구성된 예산에 의해 이루어지고 있다. 그러나 특정한 분야의 사업에 대하여 지속적이고 안정적인 자금지원이 필요하거나 사업추진에 있어서 탄력적인 집행이 필요한 경우에는 예산과 별도로 개별 법률에 근거하여 기금이 설치 · 운영되고 있다.

예산회계법 제7조에 따르면 기금이란 국가의 특수한 정책목적을 실현하기 위해 예산원칙의 일반적인 제약으로부터 벗어나 좀더 탄력적으로 운용할 수 있도록 세입 · 세출예산에 의하지 않고 특정 사업을 위해 보유 · 운용하는 특정 자금을 말한다.

현재 우리나라는 일반회계와 18개 특별회계 외에 정부가 사업운용상 필요한 경우 법률로써 특별기금을 설치하고, 이를 세입 · 세출예산 외로 운용할 수 있도록 하고 있다. 2013년 현재 운용되는 기금은 64개이며, 그 재원은 주로 일반회계로부터의 전입, 한국은행 차입, 그리고 국채 발행 등에 의하여 조달되고 있다.

정부관리기금 중에는 그것이 비록 특정 목적을 위하여 예산 외로 운용되고 있다 하더라도 그 기금의 사업내용이나 재원조달방법, 제경제적 효과, 그리고 관리주체 면에서 볼 때 일반적인 정부활동의 범주에 속하는 경우가 대부분이다. 따라서 일반회계, 특별회계, 기금 등을 중심으로 하는 재정의 국민경제적 효과를 총괄하여 분석할 수 있는 제도적 장치가 요구되며, 이를 위한 예산제도가 바로 통합예산이다.

한편, 기금관리기본법의 개정으로 기금제도가 획기적으로 변하였다. 2002년부터는 모든 기금(금융성기금 제외)도 예산과 마찬가지로 국회의 심의와 의결을 받게끔 되었다. 또한 종전 '공공기금'과 '기타 기금'의 구분이 폐지되었으며, 기금운용 부처의 자율적 운용계획 변경범위를 주요 항목 지출금액(항)의 50%에서 30%로 축소하였다.

표 13-3 일반회계 · 특별회계 · 기금의 비교

	일반회계	특별회계	기금
1. 설치 사유	▪ 국가 고유의 일반적 재정활동	▪ 특정 사업 운영 ▪ 특정 자금 운용 ▪ 특정 세입으로 특정 세출 충당	▪ 특정 목적을 위해 특정 자금을 운용 ▪ 일정 자금을 활용해 특정 사업을 안정적으로 운영
2. 재원 조달 및 운용 형태	▪ 공권력에 의한 조세수입과 무상급부 원칙	▪ 일반회계와 기금의 운용형태 혼재	▪ 출연금, 부담금 등 다양한 수입원으로 융자사업 등 기금 고유사업 수행
3. 확정 절차	▪ 부처의 예산 요구 ▪ 기획예산처가 정부예산안 편성 ▪ 국회 심의 · 의결로 확정	좌동	▪ 기금관리 주체가 계획(안) 수립 ▪ 기획예산처장관과의 협의 · 조정 ▪ 국회 심의 · 의결로 확정
4. 집행 절차	▪ 합법성에 입각하여 엄격히 통제 ▪ 예산의 목적 외 사용 금지 원칙	좌동	▪ 합목적성 차원에서 상대적으로 자율성과 탄력성 보장
5. 수입과 지출의 연계	▪ 특정한 수입과 지출의 연계 배제	▪ 특정한 수입과 지출의 연계	좌동
6. 계획 변경	▪ 추경예산의 편성	좌동	▪ 주요 항목 지출금액의 30% 이상 변경 시 국회 심의 · 의결 필요
7. 결산	▪ 국회의 결산심의와 승인	좌동	▪ 국회의 결산심의와 승인

4.6 통합예산의 특성

4.6.1 통합예산의 연혁

통합예산이란 한 나라의 정부부문에서 1년 동안 지출하는 재원의 총체적인 규모로, 현대국가에서 다양한 형태로 이루어지고 있는 정부부문의 모든 재정활동을 포괄하여 재정이 국민소득 · 통화 · 국제수지에 미치는 효과를 파악하고자 하는 예산분류체계이다.

IMF는 1974년 재정통계 작성기준인 『정부재정통계편람(*A Manual on Government Finance Statistics*)』을 발간했고, 세계 각국은 IMF의 권고에 따라 매년

통합재정편제의 재정통계를 작성 · 제출함으로써 각국 재정운용 결과의 국제적인 비교가 가능해졌다.

우리나라는 IMF의 권고에 따라 1979년부터 연도별로 통합재정수지를 작성하였고, 1994년부터는 분기별로, 1999년 7월부터는 월별로 작성 · 공표하고 있다.

4.6.2 통합예산의 포괄범위 및 작성방식

통합예산은 일반회계, 특별회계, 공공기금 간의 전출금 및 전입금 등 회계간의 내부거래와 국채 발행, 차입, 채무상환 등 수지차 보전을 위한 보전거래를 세입과 세출에서 각각 제외한 순계 개념의 세입과 세출을 말하며, 통합재정수지는 이러한 순계 개념의 세입과 세출의 차를 의미한다.

1) 통합예산은 일반 · 특별회계, 기금 등으로 구성

통합예산의 포괄 범위는 비금융 공공부문이다. 비금융 공공부문은 일반정부와 비금융 공기업으로 구성되며 중앙은행 등 공공 금융기관은 제외된다.

일반정부는 중앙정부와 지방정부를 포괄하고 비금융 공기업은 5개의 기업특별회계로 구성되어 있다. 다만 기금 중 금융활동을 수행하는 외국환평형기금은 통합예산의 포괄범위에서 제외되고 있으며, 지방정부는 예산편성 및 결산작성의 시차, 회계과목 간 차이 등으로 2004년까지 통합예산에 포함시키지 못하였으나 정부재정의 투명성 향상과 국가재정의 포괄적 이해를 위하여 2005년부터 포함시키기 시작하였다.

2) 통합예산의 기본 구조

통합예산에서는 정부의 거래를 세입과 세출, 그리고 보전재원 등 세 부분으로 구분하여 파악하고 있는데, 여기서의 세입과 세출은 통상적인 정부회계상의 세입, 세출과는 개념이 다르다. 정부회계(예산서 및 결산서)에서는 회계연도 내의 모든 수입과 지출을 세입과 세출로 파악하지만 통합예산에서는 정부의 수입을 세입, 보전수입, 융자 회수로, 지출을 세출, 보전지출, 융자 지출로 구분하고 있다.

세입에서는 정부로 유입되는 수입 중 비상환성 수입만이 세입으로 기록되고

그림 13-2

우리나라의 통합예산 포괄 범위

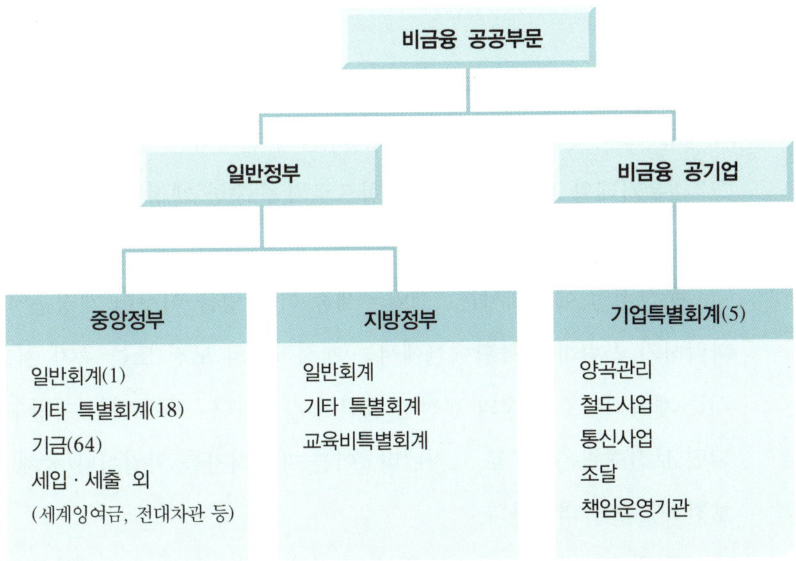

상환성 수입인 국채 발행 수입, 차입 등은 세입으로 분류되지 않고 보전 수입으로 분류된다.

세입은 다시 경상수입과 자본수입으로 구분되는데, 자본수입에는 자본재의 매각으로부터 발생한 수입금만 포함되고, 경상수입에는 조세수입과 재산수입, 수수료 등 세외 수입이 포함된다.

세출 및 순융자는 정부의 모든 비상환성 지출을 포함하며 경제 성질별·기능별로 나누어 작성되고 있다. 경제 성질별 분류에서는 정부 세출이 거래의 경제적 성격에 따라 경상지출, 자본지출 등으로 구분되고, 기능적 분류에서는 정부 지출 목적에 따라 일반 공공행정, 국방, 교육, 경제사업 등으로 구분된다.

보전재원의 크기는 세입에서 세출 및 순융자를 뺀 차와 같으며, 유동성 목적의 상환성 수입·지출거래가 포함된다. 따라서 정부의 예금 및 현금 보유, 화폐 발행이나 정부 예수금 이외의 정부 채무, 정책적인 목적보다는 유동성 관리의 목적을 위하여 정부가 보유하고 있는 금융자산 등의 거래는 보전거래에 해당된다. 보전재원 조달은 국내 자금수요와 여타 경제부문이 사용할 수 있는 자금 규모에 영향을 미친다.

4.6.3 통합예산의 유용성과 한계

통합예산은 재정이 건전하게 운용되었는지를 판단하는 데 유용한 지표로 활용되고 있다. 통합예산을 통해 정부부문의 전체적인 재정규모의 파악이 가능하고, 내부거래와 보전거래를 차감함으로써 순수한 재정활동의 규모 파악이 가능하다.

통상적인 예산에서는 '세입 = 세출'이 균형을 이루어 재정운영의 건전성을 파악하기 곤란하나 통합예산에서는 재정적자의 보전 또는 흑자 처분을 위한 거래는 제외되므로 재정의 건전성 판단이 가능하다. 이에 따라 재정수지가 적자가 되면 보전재원은 '+'로 표시된다. 이는 재정적자를 차입이나 국채 발행 등으로 보전하였음을 의미한다.

또 정부의 수입 · 지출이 경상 및 자본거래로 구분되어 파악되므로 통합예산을 통해 정부 소비, 저축, 총 고정자본형성 등의 추정이 가능하며, 거시계량 모형을 이용한 정부재정활동의 국민경제적 효과에 대한 분석도 가능하다.

또한 재정 운용에 따른 금융거래를 금융기관, 기타 민간, 해외 등 경제부문별로 구분 파악함으로서 재정부문의 통화효과도 분석할 수 있다.

현재 IMF 가맹국은 IMF의 매뉴얼에 기초한 공통된 작성방식에 따라 각 국가별로 통합예산을 작성하여 IMF에 제출하고 있으며, 매년 IMF가 발간하는 GFS Yearbook을 통해 국가 간 정부 재정활동의 구체적 비교가 가능하다.

그러나 통합예산에서는 융자 지출도 재정수지의 적자요인으로 파악한다는 한계가 있다. 융자 지출은 회수되는 시점에서는 흑자요인이 된다는 점에서 순환적인 적자의 성격을 갖고 있음에도 불구하고 이를 당해연도의 적자요인으로 보고 이를 기초로 재정 운용의 건전성을 판단하는 것은 다소 무리라고 할 수 있다.

연습문제

ch. thirteen Exercise

01 성과주의예산에 관하여 논하시오. (행 5논)

02 영기준예산제도에 대해 설명하시오. (행 28약)

03 국민경제예산에 대해 설명하시오. (외 18약)

04 재정의 경직화 현상이란 무엇인가? (행 19약)

05 개발도상국에 있어서의 경비구조의 특징을 논하시오. (행 12논)

06 개발도상국에 있어서의 경비팽창의 특징을 논하시오. (행 15논)

07 조세지출예산의 특징을 설명하시오.

08 우리나라 중앙정부 예산은 몇 개의 "회계"로 구성되어 있다. 각 "회계"의 특징에 대해 약술하시오.

09 통합재정의 의의에 대해 설명하고, 그 체계와 내용에 대해 약술하시오.

10 다음 기술에 대해 논하시오.

"우리나라의 예산은 매년 흑자를 보이고 있지만 통합재정에서는 근년에 와서 우려할 정도의 큰 규모로 적자가 발생하고 있다."

11 다음 기술에 대해 논하시오.

"우리나라 통합재정에서는 주로 일반회계가 적자요인으로, 기타 기금 및 기타 특별회계가 흑자요인으로 작용하고 있다."

12 기타 기금을 가능한 대로 특별회계로 통합하는 것이 재정 운영의 투명성 및 효율성을 위해 바람직하다는 주장이 있다. 이에 대해 논하시오.

13 우리나라 예산제도에서 일반회계 및 특별회계의 세입구조가 어떻게 서로 다른지 설명하시오.

14 일반회계 및 특별회계에 비해 기타 기금의 비중이 높아짐으로써 예산지출의 능률에 어떤 변화가 올 수 있는지 설명하시오.

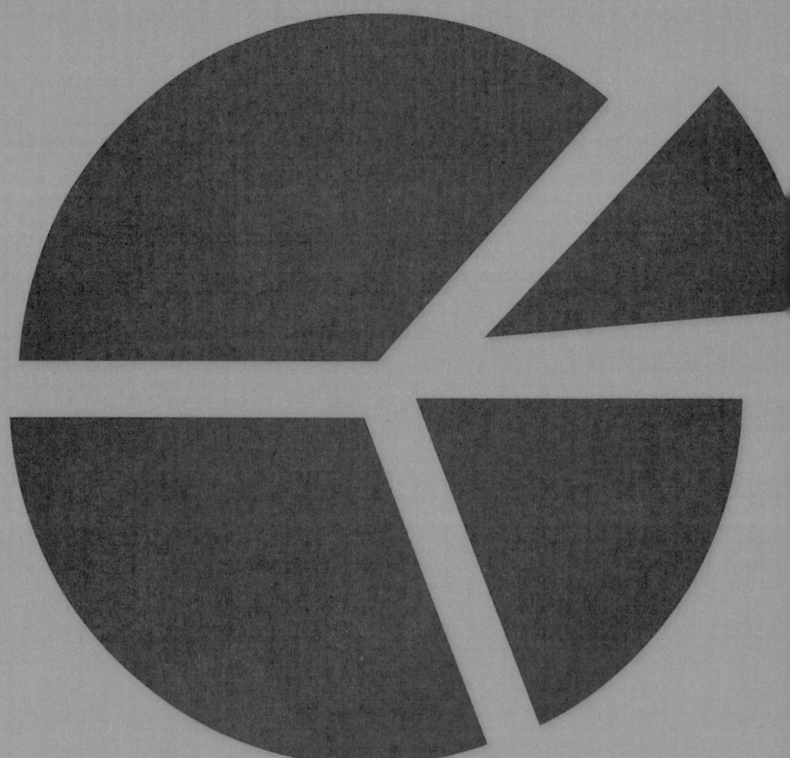

정부실패

Public Finance
ch. fourteen

14

1. 서언

지금까지 우리는 제5장과 제7~8장을 통하여 시장실패에 관해 폭넓게 분석하였다. 제5장에서는 경쟁적 시장기구 자체의 형성을 저해하는 각종 시장실패 현상과 이를 치유하기 위한 각종 정부의 개입을 논의하였으며, 제7~8장에서는 외부성과 공공재의 존재로 경쟁적 가격기구가 효율적인 자원배분을 달성할 수 없음을 설명하고 이의 해결방안들을 고찰하였다.

현실경제에는 이들 세 장을 통하여 소개한 각종 시장실패 현상이 병존한다. 그러나 지금까지 살펴본 각종 시장실패의 치유방안들은 현실경제에 상존하는 각종 시장실패들을 동시에 고려한 것이 아니고 특정 부문의 시장실패의 독립적인 존재만을 가정하여(즉, 다른 부문엔 효율적으로 자원이 배분되어 있다는 가정 하에) 제시되었다.

시장경제에 상존(相存)하는 다양한 시장실패는 동시에 치유되어야만 가장 바람직한 최선의 해(the first-best solution)를 구할 수 있다. 본 장 제2절에서는 시장실패의 동시적인 치유가 불가능한 경우 정부의 부분적인 시장개입은 오히려 후생하락을 초래할 수 있다는 차선의 이론을 살펴봄으로써 정부실패의 가능성을 시사하는 이론적 배경을 고찰한다.

제11장에서 논의한 공공선택이론에 기초한 집단적 의사결정은 의사결정 과정이 민주적인지 혹은 의사결정 결과가 효율적인지에 관심을 갖게 한다. 그러나 민주적이고 효율적인 집단적 의사결정이나 시장개입은 불가능하다는 것이 공공선택이론의 논리이다. 제3절에서는 이러한 논리를 기초로 정부실패의 이론적 배경을 논의하고 정부실패는 시장실패를 치유하는 정부의 형태, 즉 지대(rent)를 추구하는 정부조직의 행태에서도 유발되며 이러한 유형의 정부실패가 모든 나라들이 당면하고 있는 가장 심각한 실패 현상임을 고찰한다.

제4절에서는 정부실패를 해소하는 각종 정책대안에 관하여 살펴본다.

2. 차선의 이론

Public Finance, ch. fourteen

2.1 차선의 이론

현실경제에는 시장실패 현상이 병존한다. 이들을 동시에 치유해야만 경제 전체의 효율적인 자원배분을 달성할 수 있으며 이것이 곧 최선의 해결책(first best solution)이다. 다시 말하면 특정 시장실패의 독립적인 존재만을 가정하여 제시된 해결책들을 동시에 모두 실시해야 한다는 것이다.

그러나 경제의 각 부문에 따라서는 경제적 혹은 제도적 · 정치적인 이유로 시장실패의 치유가 불가능한 경우가 있다. 예를 들면 비용체감 현상으로 인한 자연독점산업의 경우 이를 치유하기 위한 정부의 개입은 막대한 경비를 요하므로 쉬운 일이 아니다. 특히 상당수의 이러한 특성을 가진 산업들이 병존할 경우 효율적인 자원배분을 위한 정부의 개입은 더욱 어렵다.

이와 같이 한 경제의 몇몇 부문에서 치유하기 어려운 시장실패 현상이 존재할 경우 나머지 부문의 시장실패를 어떻게 해결해야 할 것인가에 대한 문제를 차선의 문제라 한다.

한 경제 내의 어떤 부문에서 치유가 불가능한 시장실패가 존재할 때, 나머지 부문들 중 파레토 효율 조건을 충족하는 부문이 많으면 많을수록 경제 전체의 자원배분이 더욱 효율적으로 이루어질 것 같으나 차선의 이론은 대부분의 경우 그렇지 아니함을 시사한다. 치유가 불가능한 시장실패가 존재하기 때문에 한 경제의 최선의 해를 실현할 수 없을 경우 치유가 불가능한 시장실패 역시 제약조건으로 고려하여 사회후생을 극대화하는 해를 **차선의 해**라고 한다.

예를 들어 두 부문으로 구성되어 있는 한 경제를 가상하여 X는 완전경쟁산업, Y는 독점산업으로 가정하자. Y산업 균형생산량에서는 가격(P_x)이 한계비용(MC_x)을 능가할 것이다. 이 경제에서 각 소비자들의 효용극대화는 한계대체율(MRS_{xy})과 가격비($\frac{P_x}{P_y}$)가 일치하는 소비수준에서 이루어질 것이다. 그러나 한계대체율은 각 재화의 한계비용 비율인 한계변환율($MRT_{xy} = \frac{MC_x}{MC_y}$)과는 상이(相異)하다. 왜냐하면 Y재화의 가격(P_y)이 그 한계비용(MC_y)을 초과하는 수준에서 균형생산량이 결정되기 때문이다. 만약 이 생산량을 변경할 수 없다면(즉, 독점산업을 치유할 수 없다면) 이 경제에서는 한계대체율과 한계변환율이 일치하지 않게 되고 ($MRS_{xy} \neq MRT_{xy}$) 경제 전반의 효율적인 자원배분을 보장하는 최선의 해를 실현할 수 없다. 이러한 제약조건까지 고려하면서 얻을 수 있는 최대의 후생수준을 보장하는 배분이 차선의 해이다. 즉, 차선의 해란 종래의 생산가능곡선(집합)의 제약 이외에 독점산업의 제약을 첨가해서 사회후생함수를 극대화할 때 도출되는 조건을 말한다.

이 조건을 립시 · 랭커스터(Lipsey & Lancaster)의 논문을 중심으로 도출해 보자.[1]

우선 한 경제의 목적함수(사회후생함수)와 제약함수(생산가능집합)를 각각 식 (14-1), 식 (14-2)로 가정하자.[2]

$$W = W(x_1, \cdots, x_n) \qquad (14-1)$$

$$F(x_1, \cdots, x_n) = 0 \qquad (14-2)$$

이 경우 파레토 효율의 조건(최선의 해)은 어떤 두 재화 간의 한계대체율과 한계변화율이 일치하는 식 (14-3)과 같다.

1. Lipsey, R. G. & Lancaster, K., "The general theory of second best," *Review of Economic Studies*, 24, Oct., 1956, pp.11~32.
차선의 이론은 사무엘슨(Samuelson, P. A., 1947, *op. cit.*, pp.252~253)에서부터 시작하여 1950년대 초반에 국제경제학과 재정학 분야에서 부분적으로 논의되어 왔으며 Lipsey · Lancaster 논문에서 최초로 일반화되기 시작하였다. 이 이론에 관한 보다 깊은 논의는 다음의 논문들을 참조 바란다.
Allingham, M. & Archibald, G. C. "Second best and decentralization," *Journal of Economic Theory*, 10, April, 1975, pp.157~173 ; Boadway R. W. & Harris, R., "A characterization of piecemeal second best policy," *Journal of Public Economics*, 8, Oct., 1977, pp.169~190 ; Hatta, T., "A theory of piecemeal policy recommendations," *Review of Economic Studies*, 44, Oct., 1977, p.1~21 ; Kawamata, K., "Price distortion and the second best optimum," *Review of Economic Studies*, 44, Oct., 1977, pp.23~29 ; Sandler, T., "Public good and the theory of second best," *Public Finance*, 33, No. 3, 1978, pp.331~344 ; Mishan, E. J., "Introduction to Normative Economics," Oxford University Press, 1981, pp.289~300.
2. 목적함수와 제약함수는 항상 사회후생함수와 생산가능집합만을 뜻하는 것은 아니며, 이들은 하나의 예에 불과하다.

$$\frac{W_i}{W_l} = \frac{F_i}{F_l}(l = 1, \cdots, n-1) \qquad (14-3)$$

여기에서 $W_i = \frac{\partial W}{\partial X_i}$이며, 나머지 경우도 마찬가지이다. 차선의 문제는 치유할 수 없는 시장실패가 경제의 어느 부문(여기에서는 제1재화부문)에 존재할 경우 야기되며, 이 경우 한계대체율과 한계변환율이 상이하며($\frac{W_1}{W_l} \neq \frac{F_1}{F_l}$), 다음의 조건으로 표시할 수 있다.

$$\frac{W_1}{W_l} = k\frac{F_1}{F_l},\ k \neq 1 \qquad (14-4)$$

이제 식 (14-2), (14-4)의 제약조건 하에 사회후생함수를 극대화하면 차선의 해를 얻게 된다. 이렇게 얻어진 차선의 해의 일계조건을 통하여 시장실패가 존재하지 않는 부문의 일계조건도 최선의 해와 서로 다름을 알 수 있다. 그러므로 한 경제의 특정 부문에서의 치유 불가능한 시장실패로 인해 한계대체율과 한계변환율을 일치시킬 수 없을 경우 나머지 부문에서도 이들이 일치하지 않는 것이 오히려 경제 전반의 효율적인 자원배분을 도모한다는 것이다. 환언하면 차선의 이론이란 경제의 몇몇 (혹은 어느 특정) 부문에서 최선의 해인 파레토 효율의 1차 조건을 만족하지 못할 경우 나머지 부문에서 최선의 해를 충족시킬 수 있다고 하더라도 이를 달성하는 것이 꼭 바람직하지는 않음을 의미한다.

예를 들어 외부불경제를 유발하는 어느 부문의 상품을 가정해 보자. 그리고 정부는 이를 내부화시킬 수 없다고 하자. 이 경우 정부가 공급하는 공공재의 가격정책을 한계비용에 일치시키는 것이 바람직하지 않다는 것을 차선의 이론은 시사한다. 외부불경제를 자아내는 상품은 사회적으로 바람직한 양보다 많이 생산되기 때문에 이 상품의 가격은 사회적 한계비용보다 낮게 책정된다. 만약 어떤 공공재가 이 상품과 보완관계에 있다고 한다면 정부는 공공재의 가격을 한계비용보다 높게 책정해서 외부불경제를 유발하는 상품의 생산을 간접적으로 억제함으로써 보다 나은 상태로 유도할 수 있다.

그러나 차선의 해를 확인하기 위한 조건은 일반적으로 아주 복잡하기 때문에 이것을 충족시키기 위한 후생정책을 실시하는 것은 쉬운 일이 아니다. 차선의 조건의 경제적 의미는 한계비용, 한계대체율, 각 상품 간의 대체 · 보완 정도 등에 이르기까지 복잡하게 나타나므로 차선의 조건을 달성하기 위해서는 엄청난

그림 14-1

시장실패와 차선의 해

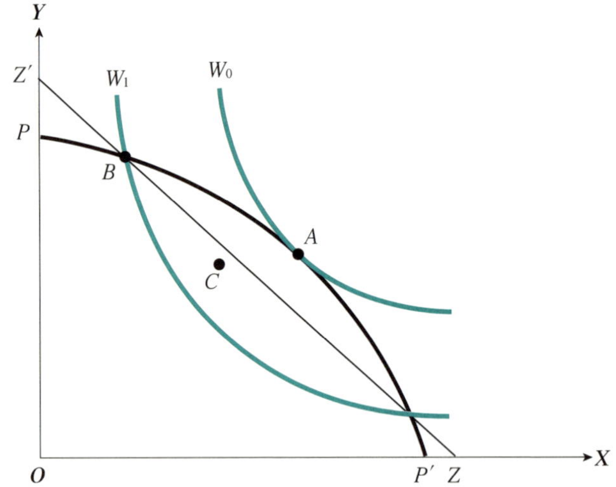

정보를 요구함을 알 수 있다. 또한 이들 조건에 관한 충분한 정보를 갖고 있다고 하더라도 이를 이행하는 데는 엄청난 행정비용을 요하게 되므로 현실경제에서의 적용은 더욱 어렵다.

2.2 차선의 해의 딜레마와 정책적 함의

맥마너스(M. McManus)[3]에 의하면 차선의 해란 시정이 불가능하거나 시정하기 어려운 시장실패가 병존할 때 그러한 시장실패의 제약 하에서 얻을 수 있는 최적 상태를 말한다. X산업과 Y산업만 있는 단순한 경제모델을 사용하여 설명해 보자. 최선의 해는 수리적으로 생산가능함수 $F(X, Y) = 0$의 제약 하에서 사회후생함수 $W(X, Y)$를 극대화함으로써 얻어진다. [그림 14-1]에서 생산가능곡선과 사회무차별곡선 W_0가 서로 접하고 있는 A점이 최선의 해를 나타낸다. 그런데 차선의 해는 생산가능곡선 $F(X, Y) = 0$의 제약에 더하여 시장실패의 제약 $G(X, Y) = 0$을 추가하고 이들 복합제약조건 하에서 사회후생함수를 극대화함으로써 얻어진다.

3. M. McManus, "Comments on the General Theory of Second Best," *Review of Economic studies*, Vol. 26, No. 71, June 1959.

[그림 14-1]에서 직선 ZZ'이 경제 내에 존재하는 시장실패의 제약을 나타낸다고 하자. 그러면 PP'과 ZZ'의 제약 하에서는 파레토 최적 상태인 A점에 도달할 수 없으므로 최선의 해는 성취가 불가능하다. 생산가능곡선 PP'과 제약선 ZZ' 하에서 최적 상태를 구하는 문제가 차선 문제이고, 이 문제의 해가 차선의 해가 된다. [그림 14-1]의 B점은 생산가능곡선 상에 있으므로 효율조건이 충족되지만, C점은 생산가능곡선 안에 있으므로 효율조건을 충족시킬 수 없다. 그럼에도 불구하고 C에서 B점보다 더 높은 사회후생을 얻을 수 있기 때문에 B점에 비하면 C점이 차선의 해가 될 가능성이 높다. 즉, B점에서 볼 수 있듯이 파레토 효율 조건이 더 많이 충족되는 것이 반드시 사회후생에 도움이 되는 것은 아니다.

차선 문제의 해는 이론적으로는 가능하지만, 앞에서 지적한 바와 같이 정보부족과 거래비용 때문에 현실적으로는 불가능하다. 또한 차선의 이론에 의하면 경제의 개별 부문에 존재하는 시장실패를 여타의 부문과 독립적으로 시정하게 되면 오히려 경제 전체의 효율을 악화시킬 수 있다. 이와 같은 어려움을 차선의 딜레마라 하는데, 차선의 딜레마는 우리들로 하여금 정부개입에 의한 시장실패와 시장과 시장기구에 의한 자원의 효율적 배분에 대하여 회의를 갖게 한다.

그러면 차선의 딜레마에서 벗어나는 길은 없을까? 경제 내의 여타 부문과 독립된 부문이 있다면 그 부문 내에 존재하는 시장실패는 여타 부문에 대한 부작용 없이 시정될 수 있다.

소비자는 일반적으로 식품, 의류, 레저 등 큰 대목의 소비대상 그룹에 예산을 먼저 배정하고 난 후 그룹 내에서 세부배정을 하는 경향이 있다. 다시 말하면, 그룹 내의 소비지출은 그룹 간의 소비지출과는 별도로 독립적으로 결정된다는 것이다.

이런 경우 소비자의 효용함수는 상품 그룹들을 설명변수로 하고, 이들 설명변수에 대해 분리가 가능한 형태를 취하게 된다. 즉, 식품 그룹 F, 의류 그룹 C, 레저 그룹을 L로 표시하면 효용함수는 $U = U(F(a_1, a_2, \cdots), C(c_1, c_2, \cdots), L(l_1, l_2, \cdots))$로 나타낼 수 있다. 여기서 a_i는 식품 그룹 내 i식품을, c_j는 의류 그룹 내 j의류를, 그리고 l_k는 레저 그룹 내 k레저를 나타낸다.

이와 같이 효용함수가 소비대상 그룹에 대해 분리가 가능하다면 한 그룹 내 소비상품 간의 한계대체율은 다른 그룹 내의 한계대체율에 의해 영향을 받지 않는다. 예컨대 a_1과 a_3 사이의 한계대체율 $MRS_{a1, a3}$는 c_j나 l_k의 소비변화로부터 아무런 영향을 받지 않는다는 것이다. 따라서 한 소비 그룹 내에 존재하는 소비의 비효율성은 다른 소비 그룹에 대한 파급효과 없이 시정될 수 있다.

효용함수와 생산함수의 분리가능성(seperability)[4] 이외에도 경제활동단계에서 독립된 부문이 있을 수 있다. 파레토 최적 상태는 ① 교환에 있어서의 효율, ② 생산에 있어서의 효율, ③ 산출물 구성에 있어서의 효율, 이 세 조건이 동시에 충족되어야 달성될 수 있다. 그런데 생산과 소비는 분리해서 생각할 수 있다. 즉, 재화의 생산이 아무리 비효율적으로 이루어지더라도 생산된 재화가 효율적으로 교환되고 소비된다면 그렇지 못한 경우에 비하여 경제의 효율성은 개선된다.

이와 같이 경제의 특정 부문이 다른 부문으로부터 분리가 가능하다면, 즉 특정 부문이 경제 내의 여타 부문으로부터 독립되어 있다면 그 부문 내의 시장실패나 시장기능 저해요인은 여타 부문에 파급효과를 미치지 않고 시정될 수 있다. 바꾸어 말하면, 경제 내에 독립된 부문이 있다면 그 부문에서 파레토 최적 해를 추구하는 것은 여타 부문에 부작용을 일으키지 않고 경제 전체의 효율에 도움이 된다는 것이다. 그러나 현실경제에서 이러한 분리된 부문은 많지 않으며 경제부문 간의 상호 의존관계에 대하여 우리가 갖고 있는 정보와 지식으로는 발견하기조차 어렵다.

차선의 딜레마에도 불구하고 현실 시장경제체제는 자원을 파레토 효율적으로 배분하지는 못하지만 만족스러운 정도로 잘 배분하여 모든 경제문제는 무리 없이 해결되고 있다. 또한 시장경제체제 하에서 경제가 성장을 거듭하고 있는 것도 사실이다. 다시 말하면, 시장기구에 의한 자원배분은 파레토 최적이라는 이상적인 상태에는 미치지 못하지만 비이상적인 현실 여건 하에서 만족스럽게 이루어지고 있다는 것이다.

우리는 현실적으로 만족스러운 경제상태를 추구하는 것이지 이상적인 자원배분을 추구하는 것은 아니므로 이상적인 자원배분을 의미하는 파레토 최적에 지나친 의미를 부여할 필요는 없다. 그러나 시장실패와 기타 시장기능을 저해하

4. 효용함수와 생산함수의 분리가능성에 대해서는 아래의 문헌을 참조 바람.
E. J. Mishan, "Welfare Economics," Random House, 2nd ed., 1964, pp.141～156과 Peter, Bohm, "on the Theory of Second Best," *Review of Economic Studies*, Vol. 34, July 1967, p.311.

는 요인들의 존재로 인하여 시장기구가 사회가 만족할 만큼 자원을 효율적으로 배분하지 못하게 되면 정부가 개입하게 된다.

차선의 이론이 우리에게 시사하는 것은 첫째, 정부의 부분적 개입은 경제의 효율을 오히려 악화시킬 수 있다는 것과 둘째, 경제 내에 존재하고 있는 모든 시장실패와 기타 시장기능 저해요인을 동시에 시정하여 최적 상태를 성취하는 것은 현실적으로 불가능하다는 것이다. 따라서 정부의 개입으로 시장실패와 기타 시장기능 저해요인을 시정하는 데는 한계가 있고 위험부담도 따르므로 신중을 기해야 한다는 경고가 차선의 이론에 함축되어 있다고 하겠다.[5]

3. 공공선택이론

3.1 신정치경제학적 접근

앞 절에서 우리는 시장실패를 치유하는 정부의 기능과 역할에 관한 이론적 배경을 고찰하고 차선의 이론을 통하여 정보부족이 정부실패의 중요한 원인이 됨을 살펴보았다.

정보가 부족한 경우뿐만 아니라 정보가 풍족한 경우에도 시장개입 우선순위나 시장개입의 여부를 판별하기 위한 집단적 의사결정 과정이나 시장개입 과정에서 정부실패의 가능성 또한 불가피함을 공공선택이론을 기초로 간략하게 논의해 보기로 한다.

부족한 정보로 인한 정부의 비효율적 시장개입 문제는 애초에 빅셀(K. Wicksell), 린달(E. Lindahl)을 중심으로 한 자발적 교환이론(theory of voluntary exchange)에서 그 해결책을 모색했다. 개별 경체주체들의 자발적인 선호시현 메카니즘이 공공재의 효율적 배분을 보장한다는 이들 이론은 선호의 진실된 표출

5. 그러면 차선의 이론이 시사하는 이러한 부정적 결과 내지 후생경제학에 대한 회의를 풀어줄 또 다른 이론적 기반은 없는가? 이에 대한 해답을 제시해 주는 것이 바로 삼선(三善)의 이론(a theory of third best)이다. 삼선의 이론은 차선의 조건에 대한 정보의 다소에 따라 그에 상응하는 후생정책을 실시함으로써 보다 나은 사회후생을 달성할 수 있다는 것을 보여준다. 삼선의 이론에 관한 보다 깊은 논의는 전게서 『후생경제학』 제10장을 참조 바람.

이 보장된다 하더라도 효율적 자원배분은 도모할 수 있지만 그 해결과정이 비민주적이고 독재성을 가질 가능성이 높다는 문제점을 지닌다.

공공선택이론에서는 이러한 비민주적 의사결정 과정의 문제점을 해결하기 위하여 각종 투표과정에 대한 연구를 거듭하였다. 투표방법에 대한 연구에서 독재성에 관한 문제는 어느 정도 해결하였으나, 투표결과에 의한 정부개입은 비효율적일 가능성이 높다는 문제점을 지닌다.

보엔(H. Bowen), 다운스(A. Downs), 뷰캐넌(J. Buchanan), 그리고 니스카넨(W. Niskanen) 등의 학자를 중심으로 한 공공선택이론에서는 정부의 시장개입이 민주적이고 동시에 효율적인가에 많은 관심을 쏟아왔다.[6]

그러나 불행하게도 애로우(K. Arrow), 깁바드(A. Gibbard), 세터스웨이트(M. Satterthwaite)는 그들의 연구에서 자발적 선호시현이 보장되는 어떠한 집단적 의사결정도 비독재적이고 동시에 효율적일 수 없다는 정리를 제시하고 있다. 따라서 이 정리는 시장이 완벽할 수 없는 것처럼 정부 또한 불완전하다는 결론에 도달함으로써 정부실패의 가능성이 불가피함을 시사하고 있다.

따라서 최근 40여 년간 신정치경제학(new political economy)으로 불리는 일군의 공공선택이론들의 연구는 시장이나 정부 둘 다 불완전한 상황 하에서 어떤 경우에 시장이(혹은 정부가) 효율적 자원배분에 있어 우위에 있는가를 판별하고 그 경계선을 구분짓는 데 심혈을 기울이고 있다.

시장이나 정부의 제도적 장치의 장·단점에 관한 연구는 홉스(T. Hobbes), 스미스(A. Smith), 밀(J. Mill) 이래로 수많은 경제학자들의 관심의 대상이었지만 신정치경제학에서는 그 분석기법이 정교하고 일관성이 있다는 점에서 그 설득력을 인정받고 있다.

---

6. 시장실패는 게임이론적 접근으로 보다 일반적으로 분석될 수 있으며, 시장실패의 각종 유형은 죄수들의 딜레마(Prisoners' dilemma) 게임으로 분석될 수 있다. 즉, 시장실패는 수많은 경제주체(낯선 사람) 사이에 한정적으로 반복되는 죄수들의 딜레마 게임으로 일반화시킬 수 있다. 여기에서 시장실패가 효율적으로 치유되기 위해서는 경제주체들이 자발적 교환으로 인한 이득과 손실에 관하여 솔직한 정보를 제공해야만 한다. 그러나 제공한 정보가 각자에게 불리하게 이용되지 않는다는 보장이 없는 한 각 경제주체는 진실된 정보를 협조적으로 제공하기보다는 비협조적으로 행동하는 것이 효용을 극대화하는 우위의 전략이 된다. 따라서 정부는 강압적인 방법으로 각 경제주체들의 협조적 행태를 유도하여 효율적으로 시장실패를 치유할 수 있다. 이는 곧 민주적 정부, 즉 민주적·집단적 의사결정이란 규범에 위배하게 된다. 비록 강압적인 방법에 의하여 협조적 행태를 얻어낸다고 하더라도 얼마만큼의 비용이 소요되는가는 또 다른 문제가 된다.

표 14-1 시장과 정부의 역할분담

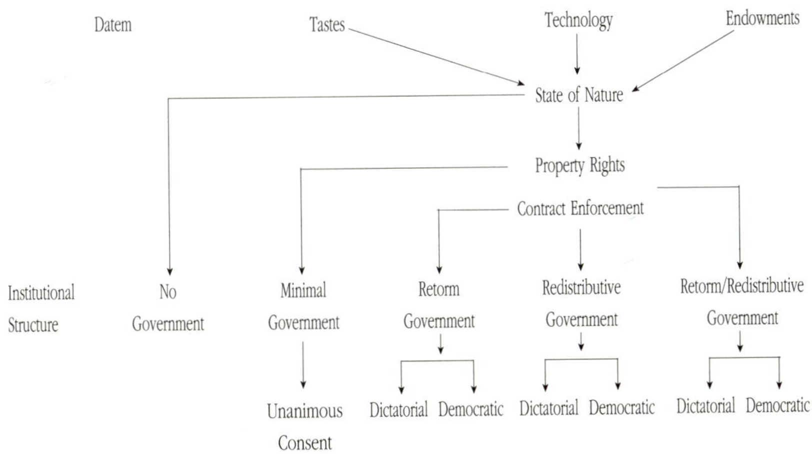

	No Government	Minimal Government (Unanimous Consent)	Retorm Government: Dictatorial	Retorm Government: Democratic	Redistributive Government: Dictatorial	Redistributive Government: Democratic	Retorm/Redistributive Government: Dictatorial	Retorm/Redistributive Government: Democratic
Performance								
Efficiency	*	***	***	***	**	**	**	**
Equity								
Endowment	*	**	**	**	*	***	*	***
Government					*			
Allocations		***	*	***		***	*	***
Liberty								
Intrusions	*		*	***	*	***	*	***
Loss of		***						
Property	*		*	**	*	**	*	**
Natural		***						
Limits	*	**	*	**	*	**	*	**

*: Low Relative Performance, **: Middle Rank Performance, ***: High Relative Performance

참고자료 : Inman, R., *Markets, Governments, and "New" political Economy*, handbook of Public Economics, Vol, II, North-Holland, 1987, p.755.

〈표 14-1〉은 여덟 종류의 정부유형을 효율, 형평, 자유의 3가지 규범적 기준에 의하여 평가함으로써 시장과 정부의 역할분담에 관한 이론적 기초를 제시하고 있다. 정부유형으로는 정부개입이 전혀 없는 "No government"에서부터 만장일치의 파레토 효율의 규범을 중시하는 최소한의 정부(mininal government), 시장실패의 치유에 책임을 지는 "reform government," 부나 소득의 재분배를 중시하는 "redistribution government," 그리고 이들 둘을 모두 책임지는 "reform and redistribution government"가 있다. 집단적 의사결정방법이 독재적이냐, 민주적이냐에 따라 각 정부유형을 양분하고 있다.

여기에서는 각 규범적 기준에 따라 上(***), 中(**), 下(*)의 3단계 평가를 하고 있는데, 이는 각 제도적 장치가 자원배분에 있어 중심적 역할을 함에 따른 소비자 · 생산자잉여의 합계에 그 기초를 두고 있다.

어떠한 정부유형이 가장 바람직한가는 상호 배타적인 세 가지 규범적 기준을 어떻게 평가하여 가중치를 설정하느냐에 달려 있으므로 일률적으로 말할 수 없다. 이것이 곧 시장과 정부 간 제도적 장치의 우위를 구분짓는 연구의 한계점이며, 보다 일반적이고 정교한 연구결과는 경제학자, 정치학자, 정치철학자들의 미래의 연구과제일 것이다.

이상의 신정치경제학적 접근은 완벽한 시장이 존재할 수 없듯이 완전한 정부도 존재할 수 없다는 정부의 한계를 이론적으로 정립하고 있다. 따라서 정부실패 가능성이 불가피함을 입증하는 이론적 기초로서 충분한 근거가 되고 있다.

3.2 지대추구행위의 접근

우리는 앞의 차선의 이론에서 정부실패의 이론적 근거가 정보의 부족임을 살펴보았다. 그리고 공공선택이론적 접근에서 민주적이고 효율적인 집단적 의사결정이 불가능하다는 사실을 기초로 정부실패의 가능성을 고찰하였다.

본 항에서는 이익집단이나 관료들의 지대추구행위(rent seeking behavior)를 통하여 정부실패의 가능성을 간략하게 논의해 보기로 한다.[7]

1940년대와 1950년대에는 대다수 성장이론 경제학자들이 정부나 관료들을 이타적이고 자비로운 사회지도자로 간주하여 정부의 시장개입은 전혀 사회적 비용을 초래하지 않는다고 묵시적으로 상정하였다. 따라서 정부실패의 가능성을 배제한 채 시장실패만 존재하면 강력한 정부개입을 주장하였다.

그러나 현실경제에서는 많은 경우 시장개입의 여부나 우선순위를 결정할 때 경제학자들이나 전문가에 의존하기보다는 이익집단이나 정치적 압력단체의 영향을 받기 쉽다. 따라서 애초에 의도한 정책목표와는 거리가 먼 정책집행을 함으로써 정부실패를 초래하게 된다. 이익집단들은 그들의 경제력과 정보력을 동원하여 입법과 행정에 영향력을 행사하여 그들의 이익을 도모함으로써(즉, 지대추구행위를 지속함으로써) 조직화되지 못한 일반 국민에게 비용을 유발시킨다. 특히

7. 지대추구행위를 중심으로 한 비효율적인 정부에 관한 논의는 공공선택이론에서뿐만 아니라 산업조직이론에서도 포괄적으로 논의되고 있다.

승진이나 예산배정을 통하여 행정관료들에게 커다란 영향력을 발휘하고 있는 정치인들은 차기 당선을 위해서 이익집단이나 압력단체의 지대추구행위에 협조적인 경우가 허다하다. 정부의 시장개입이 정치인, 관료, 이익집단의 지대추구행위에 악용될 경우 부정과 부패의 원인이 되며 정부실패의 사회적 비용은 더욱 증가하게 된다.

예컨대 수입면허제(import licensing), 대출할당(credit rationing), 각종 관급계약 및 인허가제도 등의 사회경제적 비용이 지대추구행위가 존재할 경우에 그렇지 않은 경우보다 훨씬 크게 나타난다는 경험적 결과가 이를 뒷받침하고 있다.[8] 따라서 다수의 전문가들은 정부의 시장개입이나 규제가 애초에는 바람직한 방향으로 진행되다가 시간이 지남에 따라 규제과정의 정치적 · 행정적 역학관계에 의해서 비효율적으로 진행될 경우를 우려하고 있다. 심지어 일부 경제학자들은 시장실패의 치유가 요구되고 있는 상황에서도 지대추구행위를 두려워하여 적극적인 정부개입의 당위성을 주장하지 않는 경우도 허다한 실정이다.

한편 정부관료들은 때때로 정부개입의 비효율성이 그들이 관장할 수 있는 정책수단이나 정보의 부족에 기인한다고 간주하고 규제수단을 늘리거나 규제범위 내지는 정부개입 범위를 확대한다. 이로 인하여 예산확대를 초래하거나 규제입법을 강화하게 되고, 이것이 곧 정부실패의 원인으로 작용하곤 한다. 예를 들면 일부 국가에서는 특정 농산물 가격규제정책으로 농민들을 비규제 농산물 재배로 유인한다. 목적을 달성하지 못하면 정책당국은 가격규제품목을 늘리게 되고 마침내는 유통과정까지 국유화하게 되어 밀수나 암시장을 초래하는 예가 흔하다.

정부조직 내부에서도 각 부처 간 경쟁적으로 자기 부처의 이익이나 권리를 확보하려는 지대추구행위로 예산의 낭비와 정부개입의 비효율화를 초래하는 경우가 흔하다.

---

8. Grais wafik, jaime de melo, and shujiro Vrata, "A General Equlibrium Estimation of the Effects of Reduction in Tariff and Quantitative restriction in Turkey in 1978," In Srinivasan, T. N. and J, Whalley, *General Equilibrium Trade Policy Modeling*, Cambridge : MIT Press, 1986, pp.61~89.

3.3 관료제도와 정부실패

3.3.1 레드테이프[9]

17세기 영국에서 사용된 규정집을 묶는 노끈이라는 것에서 유래된 레드테이프는 그 뒤 규정과 무관하게 불신받는 정부를 뜻하기도 했으나 대체적으로 업무를 늦게 처리하도록 만드는 경직성을 초래하는 절차와 규칙과 관련한 것으로 정의되고 있다.[10]

레드테이프는 대규모 조직에서 대체로 나타나는 것으로 받아들여지고 있으며, 특히 정부와 관련하여 크게 나타난다는 인식이 일반적이다.[11]

레드테이프는 그 정의상 업무의 공식화라는 성격으로 나타난다. 업무를 공식화시키면 공무원의 재량권 남용을 막을 수 있으며, 명문화된 규정으로 인해 안전성과 지속가능성을 높여줄 수 있다는 장점이 있다. 그럼에도 선진국의 정부혁신론자들에게는 레드테이프가 정부혁신의 최대 과제로 등장하고 있다.

그 이유로는 레드테이프가 과도한 규제를 통한 적용과정에서 부정부패를 더 조장하기도 하고 특수이익집단의 이익을 실현하는 장치가 될 확률도 높으며, 무엇보다 조직이 추구하는 목표보다 규정준수를 우선하게 되는 역기능을 갖는다는

---

9. 레드테이프와 관련한 논문들은 다음과 같다.
Allison, G. T. Jr., "Public and private management : Are they fundermentally alike in all unimportant respccts?" in J. Perry and K. Kraemer(ed.), *Public Management*, Palo Alto, CA : Mayfield, 1983 ; Baldwin, J. N., "Perceptions of public versus private sector personnel and informal red tape : Their impact on motivation," *American Review of Public Administration* 20, pp.7～28, 1990 ; Buchanan, C., "Red tape and the service ethic : Some unexpected differences between public and private managers," *Administration and Society* 6, pp.423～438 ; Kaufman, H., "Red Tape : Its Origins, Uses, and Abuses," Washington, D. C. Brookings Institutions, 1977.

10. 이와 같은 정의는 보즈맨(Bozeman, 1993)의 정의를 따른 것이다. 보즈맨은 복종의 부담을 주고 있으나 조직목적 달성에는 유효하지 않은 규칙이나 규제 또는 절차로 레드테이프를 정의하고 있다.

11. 레드테이프의 경험적 연구는 많은 경우 상반된 의견을 보여준다. 예를 들어 뷰캐넌(Buchanan, 1975)의 경우 행정조직보다 일반 기업조직에서 더 많은 레드테이프가 발생한다고 하는가 하면, 레이니(Rainey, 1983), 볼드윈(Baldwin, 1990)은 행정조직에서 훨씬 많은 공식화를 통해 레드테이프가 많이 발생한다고 하기도 하고, 퓨(Pugh, 1969) 등의 조직이론가들은 별 차이가 없다라는 결론을 내린다. 이와 관련한 국내의 경험적 연구는 그다지 많지 않으나 김병섭 外(1997)는 행정조직과 레드테이프 사이에는 유의할 만한 관계가 존재하는 것이 사실임을 밝혔다. 관련한 자세한 논의는 『정부혁신의 길 : 레드테이프에서 결과 중심으로』(1997)를 참조하라.

것을 들 수 있다.

또한 '규정의 조임새효과'라는 것이 발생하기도 하기 때문에 규정이 이를 감독하는 감독자를 낳고, 이러한 감독자에 대한 규정이 생기는 등 규정이 점점 강화되기만 한다는 것이다. 톰슨(E. Thompson)에 따르면 미국방성의 복잡한 규정과 절차로 인해 1년에 약 2억 5천만 시간의 서류업무시간과 5만 명의 직원이 구매와 계약과정의 감시자로 일하고 있다고 한다. 결국 이러한 점이 정부의 비효율성을 높이는 하나의 단면이라 할 수 있다.

이러한 규칙에 대한 준수는 변화에 대한 유동성을 낮추고, 업무 자체를 유연하지 못하게 하여 많은 경제적인 비용을 유발한다고 볼 수 있다.

레드테이프는 모든 개인을 규정에 일치시키려는 경향을 갖고 있어 정부가 개인을 충분히 배려하지 못하는 행정편의적 업무수행이라는 느낌이 강하게 나타난다는 문제점 또한 갖고 있다 할 수 있다.

결국 행정의 목표보다 규정을 우선함으로 인해 정부의 목표가 달성되지 못하고, 이로 인해 정부의 개입이 새로운 비효율을 가져오기 때문에 레드테이프가 하나의 정부실패의 요인이 될 수 있다고 받아들여지고 있다.

앞에서 살펴본 레드테이프의 요인은 학자들에 따라 여러 가지가 제기되어 왔다.

첫째, 볼드윈(Baldwin)과 카우프만(Kaufman)은 정부조직의 권력집중이 권력남용을 유발하기 때문에 이를 막기 위한 정치적 이유로 레드테이프가 발생한다고 주장했고,

둘째, 앨리슨(Allison)과 레이니(Rainey) 등의 학자는 행정이 다양한 이해관계인에 의해 단일의 목표를 설정하기 어려워 목표요인이 애매하게 설정되기 때문인 것으로 보았으며,

셋째, 대프트(Daft)와 존스(Johns)는 개인들이 정부조직을 믿지 못해서 그들을 규제할 규정이 발생하며, 이에 따라 레드테이프가 발생하는 것으로 받아들였다.

따라서 레드테이프의 근절을 위해서는 위의 요인들을 제거하거나 완화하려는 노력이 필요하다. 이를 위해서는 규정의 완화를 통해 공무원에게 보다 많은 재량을 부여하려는 노력과 비효율성이나 업무의 중복을 야기하는 규정의 간단화가 필요하며, 정부기관의 축소를 통한 효율성의 제고 외에도 국민에게 고객지향

적으로 다가섬이 필요하다. 이를 통해 신뢰를 회복하는 정부기관으로 거듭날 수 있어야 한다.

3.3.2 예산극대화 가설

관료제에 대한 경제학적 분석은 관료가 사익을 추구하며 합리적으로 행동한다는 가정과 더불어 시작된다. 관료의 행태에 관한 공공선택론적 연구 중에서 가장 체계적이고 많이 인용되는 니스카넨(W. Niskanen)의 논문에 따르면 관료는 예산극대화를 추구하는 경제적 주체라고 볼 수 있다. 왜냐하면 봉급, 부수입, 명성, 권력, 그리고 후원(patronage) 등의 관점에서 사익을 평가할 때 이 모든 것은 그들이 예산을 극대화하는 능력에 달려 있다고 받아들여지기 때문이다.[12]

관료의 재직기간은 관료조직의 피고용인(employee)과 그들의 후원자들의 반응에 의해 결정된다. 관료조직의 피고용인들은 예산이 크면 클수록 자신들의 봉급과 부수입이 증가되기 때문에 예산극대화를 기대하며, 후원자들은 심사에 필요한 정보를 관료들의 제출예산에 대한 강력한 논거에 의존하고 있기 때문에 이들 모두에 의해 예산극대화를 추구한다고 할 수 있다. 이러한 예산극대화는 결국 관료조직이 그들의 산출물을 과다공급하게 된다는 시사점을 던진다. 불필요한 예산을 연내에 처리하기 위해 연말에 예산불용액을 그다지 많은 편익을 주지 않는 사업에 사용하는 경우를 실례로 볼 수 있다. 사회적으로 더 많은 편익을 줄 수 있는 사업이 있음에도 불구하고 이와 같이 사용하면 산출물의 과다공급 외에도 정부의 효율적인 예산집행이라는 목표와 동떨어지게 될 수 있다. 따라서 그에 의하면 관료제는 과다한 정부팽창의 근본 원인이다.

머스그레이브(Musgrave, 1981)는 이에 대해 관료는 효용극대화 추구자이지만 개인의 경제적 편익과 권력 외의 대상들 역시 효용극대화에 영향을 주기 때문에 예산극대화만이 그들의 지상과제는 아니라고 주장한다.[13] 예를 들어 의무, 동료들로부터의 존경, 훌륭한 사회를 위한 공헌에 대한 만족감 등도 역시 예산극대

12. Niskanen, W. A., "Bureaucracy and Representative Government," Chicago, Aldine Atherrton, 1971.

13. Musgrave, R. A., "Liviathan Cometh-- or Does He?" in *Tax and Expenditure Limitations*, Ladd, H. F. & Tideman, T. M. eds, Washington D. C., 1981.

화와 마찬가지로 관료의 효용극대화에 영향을 미치는 요소라는 것이다. 이와 같이 정부가 예산극대화 추구자인가에 대해서는 논란이 있을 수 있다. 이에 대한 경험적 분석들도 많은 논란을 불러일으킨다. 리라우프와 몰랜드(LeLoup & Moreland, 1978)의 연구에 의하면 전년 대비 현년도 예산 요구율의 평균은 41%로 증가해 인플레이션을 상회하는 예산의 대규모 팽창을 요하는 것으로 나타나 관료들이 예산을 많이 요구한다는 연구결과를 발표했으며, 젠후이수(Jen-Hui Hsu)나 싱글맨(Singleman)은 '인플레이션' 정도를 반영하는 예산의 점증적 증가만을 반영할 뿐 예산극대화 가정에 의한 예산의 대규모 팽창을 나타내지는 않는다고 주장했다.[14]

강윤호(2000)가 우리나라의 관료들을 대상으로 예산극대화 가설을 검증해 본 결과 관료의 50% 이상이 14% 이하의 예산증가를 원하는 것으로 나타났고, 30% 이상의 예산증가를 원하는 관료도 약 20% 정도 되는 것으로 나타났다. 따라서 니스카넨의 예산극대화 가설은 어느 정도의 시사점을 갖는 일반적인 현상이라고 받아들일 수 있다.[15]

앞서 말했듯 예산극대화 행태는 예산의 효율적인 집행을 저해하고, 특정 부문의 과다공급을 촉진한다. 따라서 정부개입으로 인해 효율성이 더 떨어지는 상황이 발생하며, 정부실패가 발생한다.

많은 경험적 연구들은 관료의 부서나 유형 등에 의해 예산극대화에 대한 인과관계가 다르게 나타난다는 것을 지적한다. 예를 들어 사업부서는 지원부서보다 더 예산극대화를 추구하며, 지방정부는 중앙정부보다 더 많은 예산을 필요로 한다.[16] 이는 부서의 성격상 사업부서가 사업을 수행하는 과정에서 항상 예산부

---

14. LeLoup, L. T. & Moreland, W. B., "Agency Strategies and Executive Review : The Hidden Politics of Budgeting," *Public Administration Review*, 38, 1978 ; Jen-Hui Hsu, "Institutions and Bureauratic Behavior in Budgeting : The Case of Tiwan," A Dissertation of University of Southern California, 1994 ; Singleman, L., "The Bureaucrat as Budget Maximizer : An Assumption Examined," *Public Budgeting and Finance*, Spring, 1986.

15. 강윤호(2000)는 예산극대화 행태가 관료들 사이에 다양하게 나타났을 뿐만 아니라 관료의 특성과 예산극대화 행태 사이에 인과관계가 존재한다는 사실이 증명되었다고 주장하며, 어느 정도의 가치를 지니는 것으로 받아들였다. 본서도 이러한 입장을 고수한다.

16. 강윤호(2000)는 사업부서의 평균값이 17.78%, 지원부서가 13.93%로 유의미한 차이가 있음을 보였다. 또한 이영조(1998)와 나중식(1992)은 지방정부 관료들이 예산을 대단히 많이 요구하고 있는 것으로 주장했다. 자세한 논의는 강윤호(2000), 「지방정부 관료의 특성과 예산극대화 행태: 예산극대화 가정의 경험적 검정」; 나중식(1992), 「지방정부의 예산결정실태와 경향성 분석」; 이영조(1988), 「지방정부 예산결정실태」를 참조하라.

족에 허덕이는 지방정부의 현실이 반영된 것이라 생각된다. 따라서 예산극대화 행태를 줄이기 위해서는 철저한 성과주의에 입각한 예산운용을 통해 정부부서의 효율성 제고가 필요하며, 관료의 예산 행태를 형성하는 요인들을 더욱 다양화하여 예산극대화 행태에 대한 유인을 제거하려는 노력이 필요하다.

4. 지대추구행위의 근절

20세기에 들어와서 선 · 후진국을 막론하고 대다수 국가들이 공통적으로 체험하고 있는 현상 중의 하나가 비대해진 정부의 역할임을 우리는 살펴보았다. 또한 시장구조가 불완전하여 시장실패가 불가피한 것처럼 시장실패를 치유하는 정부의 기능과 역할도 불완전하기 때문에 정부실패는 피할 수 없는 과제임을 이론적 · 실증적으로 분석하였다.

정부실패는 시장실패에 관한 정보의 부족에서 기본적으로 연유하지만 정보가 풍족한 경우에도 시장개입을 위한 집단적 의사결정 과정에서 불가피하게 나타남을 논의하였다.

자본주의경제가 발전함에 따라 산업구조가 고도화되고 시장구조도 복잡해져 자원배분의 비효율화나 소득분배의 불평등이 심화되었다. 이에 따라 정부의 역할은 증대되고 정부실패 현상 또한 급격히 늘어났다. 불완전한 시장기구를 중심으로 한 자본주의경제가 꽃을 피우기 위해서는 불완전한 정부의 역할 또한 배제할 수 없다. 따라서 정부역할의 재정립이라는 과제는 정부실패를 어떻게 극소화하느냐의 문제에서 그 출발점을 삼아야 할 것이다.

정부가 아무리 자비롭고 비이기적(selfless)일지라도 정보부족이나 집단적 의사결정 과정에서 발생하는 정부실패는 근원적으로 치유되기 어렵다. 그러나 정부나 정부를 구성하고 있는 관료, 정치인, 이익집단이 이기적일 경우 지대를 추구하는 행위에 의해서 유발되는 정부실패는 다음과 같은 정부나 국민들의 노력으로 그 폐해를 줄일 수 있다.

첫째, 정부는 가능한 한 개방적이고 경쟁적인 여건을 강화하여 특정 이익집단에게 특혜가 돌아가지 않도록 노력해야 한다. 이를 위해서는 각종 규제나 보조금 등의 직접적인 정책수단을 가급적 축소시키고 가격기구를 활용하는 간접적인 시장개입방안을 모색함으로써 정부실패를 줄여야 한다. 또한 관료들의 임의적 결정범위를 축소함으로써 지대추구행위를 억제시켜야 한다.

직접적인 규제가 초래한 대표적인 폐해로 주택시장에서의 가격통제를 들 수 있다. 지가안정이라는 선결과제의 해결 없이 아파트 가격을 통제해 주택공급의 위축을 가져왔고 이는 주택가격 폭등이라는 엄청난 문제를 야기시켰다. 이를 시정하기 위한 '200만 호 주택 건설'이라는 졸속적인 대응이 우리 사회에 커다란 비용을 안겨주었음은 재론할 필요가 없을 것이다.

둘째, 정치인들의 지대추구행위를 줄이기 위해서는 정당 간의 경쟁을 제고시킬 수 있는 제도적 장치를 마련해야 한다. 이를 통해 재집권을 위한 특정 집단의 이익을 대변할 수 있는 기회를 축소시킴으로써 정부실패를 어느 정도 근절시킬 수 있다. 이들 방안 중의 몇 가지를 든다면 정치자금의 양성화 및 국고보조 비중의 증대, 선거공약의 남발을 억제시킬 수 있는 법적 · 제도적 장치의 강화, 공영선거제도의 확립, 균형예산의 입법화 및 통화정책의 독립성 보장 등을 들 수 있다.

노벨 경제학상 수상자인 뷰캐넌 교수는 케인지학파 경제이론과 여기에서 유도되는 재정정책이 이론상으로는 단점이 없지만 민주주의를 표방하는 정치제도 하에서 응용되었을 때 취약점이 노정된다고 주장한다. 불경기에 적자재정으로 대처하는 것은 국민의 호응도가 높으므로 손쉽게 정책대안으로 채택되지만, 반대로 과열된 경기를 진정시키기 위하여 증세와 정부지출의 삭감으로 흑자재정을 계획한다면 선거민들로부터 반발을 사게 되므로 쉽게 실행할 수 없게 된다는 것이다. 따라서 케인즈적 정책을 민주주의의 제도적 틀 속에서 운영하려고 한다면 비대칭적으로 적자예산만 누적되어 인플레를 가속화시키고 정부의 경비를 비대화시켜 비효율화만 팽배한다는 것이다. 뷰캐넌을 중심으로 한 공공선택이론자들은 케인즈적인 적자예산의 대안으로 균형예산의 입법화와 흑자예산으로의 복귀, 그리고 비효율적인 비대한 정부보다는 효율적인 작은 정부를 옹호한다는 점에서 현 시점의 우리 경제에 커다란 시사를 던져준다.

셋째, 경제운용에 있어 객관성과 공정성을 띠는 경기규칙(rule of game)의 확립 못지않게 이를 엄격히 집행하는 관료의 자세가 무엇보다 중요하다. 이를 위하여 관료주의적 행위에 대한 제약을 제도화할 필요가 있다. 공공행정의 내용을 감시 · 감독할 수 있는 감시기관에 독립적인 법적 지위를 부여하고, 일반 국민들도 관료행위에 대한 평가를 선거를 통하여 간접적으로 표시할 수 있도록 하는 제도적 장치의 마련도 연구 · 검토되어져야 한다. 또한 공공관료의 업무에도 경쟁체제를 도입하여 공공부문의 효율적인 자원배분을 촉진시켜야 한다. 예컨대 동일 유형의 공공재 공급에 여러 행정기관이 예산을 배정 · 집행하게 함으로써 효율화를 도모하고, 민간부문의 참여를 유도함으로써 민간과 공공부문의 경쟁을 통해 공공재 공급의 효율화를 꾀해야 한다.

넷째, 정치인과 행정관료의 지대추구행위의 근절도 중요하지만 이익집단을 규제하기 위한 제도적 장치의 마련도 중요시되어져야 한다. 예컨대 로비스트 등록제의 실시, 이익집단 재정지출의 공개 의무화 등도 이를 위한 제도적 장치 중의 일부가 될 수 있을 것이다.

연습문제

ch. fourteen Exercise

01 시장실패와 정부실패에 대한 논쟁에 대해서 평가하시오. (행 39)

02 정부실패의 이론적 배경을 논의하시오.

03 지대추구행위가 정부실패의 중요한 원인 중 하나임을 설명하고, 그 치유방안을 제시하시오.

04 정부실패를 애로우의 불가능성 정리와 연관지어 설명하시오.

05 관료제의 경제적 모형들을 논평하고, 공공선택론적 시각에서 우리나라 관료제의 개혁방안을 제시하시오. (2005년 행정고시 기출문제)

조세이론과 실제

IV

Public Finance
part four

조세의 기능과 역할

Public Finance
ch. fifteen

15

1. 서언

Public Finance, ch. fifteen

우리는 제5장과 제7~8장에서 정부의 기능과 역할에 관한 이론적 기초와 나아가서는 재정학의 중심과제를 시장실패를 치유하는 데서 찾았으며, 시장실패의 치유수단으로 조세가 널리 사용되고 있음을 확인하였다. 즉, 시장의 가격이 효율적 자원배분을 위한 신호 역할이나 공정한 소득분배, 그리고 안정적 성장을 위한 기능을 제대로 수행하지 못할 때를 중심으로 조세의 기능과 역할에 대해 비교적 폭넓게 논의하였다.

이상과 같이 시장실패의 치유를 주된 목표로 하는 조세는 과세로 인한 자원배분의 왜곡을 야기하지 않는다는 점에서 비왜곡적 조세(non-distortionary tax)라 일컬어지며, 이것이 곧 최선(first-best)의 조세이다.

현실경제에서 각종 시장실패를 치유하는 비왜곡적인 최선의 조세기능을 제도화하여 보다 나은 사회후생을 달성하는 것은 매우 어려운 일이다. 그 이유는 다음과 같다. 첫째, 시장실패의 치유를 위한 적정 세액의 산출에 있어서 소비자의 선호를 정확하게 파악하고 있어야 하는데 이것은 무임승차의 문제(free rider problem) 등으로 인해 정직하게 시현될 가능성이 희박하다. 둘째, 선호가 완전히 현시된다고 하더라도 수많은 조세를 디자인하고 제도화하는 데는 많은 비용을 수반한다.

따라서 정부예산의 대부분을 차지하는 공공재의 재원조달에 있어서 비왜곡적인 최선의 조세보다는 오히려 차선의 해결방안(second-best solution)인 왜곡적 조세(distortionary tax)를 중심으로 제도화하고 있으며, 그에 따라 조세이론 역시 차선의 조세기능 등을 중심과제로 삼고 있다. 즉, 공공재를 비롯한 주어진 정부의 공공지출의 재원조달에 있어서 어떤 세목이나 세율로 과세해야만 자원배분의 왜곡을 최소화할 수 있느냐가 조세이론의 중심과제가 된다는 뜻이다.[1]

1. 이에 관한 체계적 논의는 다음 장의 최적과세이론에서 다루어질 것이다. 비왜곡적인 최선의 조세는 시장실패를 치유하는 수단으로서의 조세의 역할을 중시하기 때문에 공공재 공급을 비롯한 정부지출의 재원을 충당하기에는 미흡하다. 따라서 정부활동을 뒷받침하기 위한 특정의 조세는 대체로 세수입에 해당하는 부담 외에도 자원배분의 왜곡을 초래하는 사회적 부담(초과부담)을 야기하므로 왜곡적 조세 또는 차선의 조세로 간주한다. 따라서 주어진 세수를 확보하는 데 있어서 어떤 세목이

최선의 조세나 차선의 조세를 막론하고 조세를 고안하는 규범적인 기준은 효율(efficiency)과 공평(equity)이다. 이 두 가지 기준은 서로 보완적이라기보다는 서로 배타적인 경우가 많으므로 이를 어떻게 조화하느냐의 문제 또한 규범적 측면에서 논의되는 중요한 이슈라 할 수 있다.

1.1 조세의 개념

조세란 중앙정부 또는 지방정부가 재정수입을 목적으로 자연인 혹은 법인에게 보상관계 없이 강제적으로 부과하는 경제적 부담을 말한다. 조세는 정부지출의 재원이 되며, 정부지출을 통해 창출되는 경제적 후생은 가계 및 기업에게 무상으로 환원된다. 사용자부담의 원칙에 입각한 일부 세제를 제외하면 대부분의 조세에 있어서는 직접적이고 구체적인 일 대 일의 보상관계가 성립하지 않는다.[2] 조세가 구체적인 일 대 일의 보상관계가 성립하지 않는 이유는 앞에서도 살펴보았듯이 공공재의 생산이 사회의 후생을 증대시킨다는 명백한 사실에도 불구하고 무임승차 등의 문제로 인해 개개인이 얼마나 그 공공재에 대해 수요를 갖고 있는지를 알아내는 것이 불가능하기 때문이다.

또한 조세의 강제성 역시 무임승차 등의 문제로 인해 개개인이 조세를 기피할 가능성이 존재하기 때문에 나타난 것인데, 이는 엄밀히 따지면 법적 구속력이라고 할 수 있다. 하지만 민주제도 하에서의 법적 구속력이란 사실상 국민적 합의로 부여되는 것이기 때문에 강제성을 갖는 것은 단지 시행상의 단계에만 해당하는 것이라고 볼 수 있다.

1.2 왜곡적 조세와 비왜곡적 조세

조세는 일반적으로 소득효과와 대체효과를 발생시킨다. 소득효과는 납세자의 소득감소에 의한 것으로 선호체계, 즉 가격체계를 변화시키지는 않는다. 가격

나 또는 특정 세목의 어떠한 세율이 자원배분의 왜곡(초과부담)을 최소화하는가가 최적과세이론의 중심과제가 된다.

2. 독일의 1919년 조세기본법(Abgabenordnung)은 '조세란 특별한 납부에 대한 반대급부가 아닌 납부의무에 따라 법률이 정하는 요건에 해당하는 모든 사람들에게 공법상의 단체가 수입을 획득하기 위한 목적으로 부과하는 1회 또는 계속적인 금전적 급부를 말한다'라고 규정하고 있다.

체계의 변화를 가져오지 않는 조세를 비왜곡적 조세라고 하며, 정액세(lump-sum tax) 등이 그 대표적 예이다. 반면 대체효과는 특정한 재화에 조세가 부과됨에 따라 재화 간의 상대가격에 영향을 미쳐 개인의 경제적 선택에 영향을 미친다. 즉, 소득효과와 대체효과를 모두 나타나게 하는 조세를 왜곡적 조세라고 한다.

왜곡적 조세는 세부담을 줄이려는 목적으로 조세가 부과된 재화의 소비에 대한 경제적 의사결정 과정에 영향을 준다. 즉, 금전상의 세부담을 줄일 수 있는 가능성이 존재하느냐 그렇지 않느냐에 따라 조세를 왜곡적 조세와 비왜곡적 조세로 구분하기도 한다.

2. 조세의 규범적 기준(I) : 효율

Public Finance, ch. fifteen

전통적으로 공정한 과세의 기준으로 이익원칙(benefit-received principle)과 응능원칙(ability to pay principle)이 제창되어 왔다. 조세의 이익원칙은 경제학의 원조인 아담 스미스에서부터 응능원칙과 함께 과세의 규범적 기준으로 적용되어 왔으며, 빅셀(K. Wicksell), 린달(E. Lindahl) 등의 경제학자에 의하여 비로소 이익원칙이 경쟁적 가격기구의 원리와 유사하게 이해되기 시작하였다.

시장실패를 치유하는 수단으로 이용되는 조세는 과세의 이익원칙을 반영하고 있다. 따라서 이익원칙은 효율적 자원배분이라는 규범적 기준에 부합하게 된다. 다시 말하면 이익원칙에 입각한 조세는 정부가 제공하는 서비스에서 얻는 이익에 대한 대가로서의 역할을 수행한다. 이는 사용재의 시장가격이 소비자의 한계효용(편익)을 반영하는 것과 같이 조세가 공공재나 공공서비스로부터 얻는 소비자의 한계편익을 반영함으로써 효율적 자원배분을 도모하게 됨을 뜻한다.[3]

대부분의 공기업들의 특징인 비용체감산업에서의 가격정책이나 각종 공공요금의 책정에도 이용자의 한계편익을 반영하고 있으며, 각종 정부지출이나 사업의 재원을 사용자부담(user charge) 등에 의하여 조달하는 것도 이익원칙을 반영하고 있다. 또한 공공재의 효율적 공급을 보장하는 린달 가격(Lindahl's price) 역

3. 우리는 제5장과 제7~8장의 시장실패에서 이를 치유하는 조세가 바로 사용재(사적재)의 가격 역할을 하였음을 고찰하였다.

시 조세를 경쟁적 가격기구의 원리에 의해 결정함으로써 공공재의 서비스로부터 얻는 한계편익을 이들 조세가 반영하고 있다. 이상의 논의에서 우리는 비왜곡적인 최선의 조세가 이익원칙에 부합됨을 알 수 있다.[4]

앞 절에서 지적한 바와 같이 무임승차 등의 문제로 인하여 이익원칙에 입각한 최선의 조세는 공공재나 공공서비스의 재원조달로서는 불충분하다. 그러나 최근에 와서 상당 부분의 정부지출이나 공공서비스의 공급이 이익원칙에 부합하여 운용되고 있음을 볼 때 이익원칙을 반영하는 최선의 조세가 차선의 조세를 보완하고 있음을 알 수 있다. 즉, 최선의 조세는 일반 사적 재원의 대부분을 구성하고 있는 왜곡적 차선의 조세 수입을 보충하고 공공재의 효율적 공급을 부분적으로 촉진한다.

다음 장에서 논의할 왜곡적인 조세의 경우에도 어떤 세목이나 세율이 자원배분의 왜곡(초과부담)을 최소화하느냐의 문제가 중시된다는 점에서 효율이라는 규범적 기준이 시사하는 바가 크다는 사실을 알 수 있다.

3. 조세의 규범적 기준(II) : 공평

Public Finance, ch. fifteen

비효율적인 자원배분이나 불공정한 소득분배 등을 중심으로 하는 시장실패의 치유를 위한 공공지출의 규범적 기준과 마찬가지로, 공공지출을 재정적으로 뒷받침하는 각종 조세의 고안(design) 혹은 조세개혁을 위해 현행 조세를 평가하는 또 다른 기준으로 공정한 소득분배를 들 수 있다.[5] 이는 아담 스미스(Adam Smith), 밀(John S. Mill) 등의 고전학파 경제학자에서부터 현재에 이르기까지 과

4. 린달 가격은 개인의 공공재에 대한 선호(willingness to pay)만큼 조세를 부과하는 것으로 결국 사적 재화의 가격과 동일한 역할을 한다. 그러나 무임승차 등의 유인이 존재하는 한 개인은 자신의 공공재 수요를 실제보다 적은 것으로 속임으로써 조세를 경감할 수 있는 유인이 발생한다. 따라서 이 같은 것은 현실적으로는 실현되기가 매우 어렵다. 그러나 만약 린달 가격에 의해 공공재를 생산할 수 있다면, 이는 경제적 의사결정에 영향을 주지 않고도 시장실패를 치유할 수 있으므로 비왜곡적 조세가 된다.

5. 정부의 시장개입의 주된 형태인 각종 공공지출이나 이를 재정적으로 뒷받침하는 조세는 정부의 기능과 역할을 해명하는 중추적 이론이다. 정부를 하나의 동전에 비유하면 정부지출과 조세는 동전의 앞 · 뒷면에 비유할 수 있다.

세의 응능원칙(ability to pay principle)으로 대변되고 있으며, 앞서 논의한 이익원칙과 함께 최적과세의 양대원칙으로 간주된다. 공평이라는 개념은 효율과 마찬가지로 왜곡적 조세와 비왜곡적 조세에 모두 적용되는데, 전자의 경우는 효율의 기준과는 독립적으로, 후자의 경우에는 효율과 동시에 고려되는 경우가 많다.[6]

공평이라는 규범적 법규를 논의할 때에는 대체로 수평적 공평(horizontal equity)과 수직적 공평(vertical equity)의 두 개념을 포괄하여 의미하는데, 보다 명확한 이해를 위하여 이들 개념과 이의 현실 조세제도에 대한 적용 등을 살펴보기로 하자.

3.1 수평적 공평

전통적으로 과세의 수평적 공평(horizontal equity)은 동일한 능력, 즉 동일한 담세력을 가진 개인 또는 가계에게 동일액의 조세를 부담시키는 것으로 이해되어 왔다. 그러나 이에는 약간의 문제점이 있다. 우선 어떤 기준으로 담세력을 측정하는가(예를 들면 소득 혹은 소비 등등)에 따라서 동일한 납세자의 담세력이 상이하게 나타날 수 있다. 뿐만 아니라 똑같은 담세력을 가진 납세자 간에도 서로의 선호가 상이할 경우에는 동일액의 납세는 수평적 공평에 위배됨을 다음의 간단한 예를 통하여 알 수 있다.[7]

모든 소비재를 총합한 하나의 복합재와 여가, 둘로 구성된 소비형태를 갖고 있는 한 경제를 가상해 보자. 여기에서 최대 여가시간을 1로 가정하면 여가시간(L)은 0보다 크고 1보다 작다. 그리고 이 사회는 소비재(복합재)를 선호하는 한 그룹의 소비자들과 여가를 선호하는 또 다른 그룹의 소비자들로 구성되어 있으며, 각 그룹의 효용함수는 각기 $U_1 = C_1^2 L_1$, $U_2 = C_2 L_2^2$으로 가정한다. 또한 각 개인들은 똑같은 수입능력을 갖고 있다고 하고, 임금을 1로 가정하면 각 개인의 과세 전 예산제약은 $C_i = 1 - L_i (i = 1, 2)$로 표시된다. 만약 이 두 그룹 중 어느 그룹에도 세금이 없다고 하면 각 그룹은 서로 다른 양의 소비재와 여가를 소비하면서 똑같은

6. 다음 장의 최적과세의 논의에서 소득세의 최적과세의 경우 사회후생함수의 설정에 따라 상이한 분배의 기준과 효율의 기준이 동시에 적용되고 있으며, 물품세의 최적과세의 경우 선호가 다른 다수인의 존재를 가정할 경우 효율과 공평의 기준이 동시에 고려되고 있다.

7. Feldstein, M. S., "On the theory of tax reform," *Journal of Public Economics*, 1976, pp.77~104.

효용($U_1 = U_2 = \frac{4}{27}$)을 누릴 것이다. 만약 정부의 지출을 충당하기 위하여 각 그룹에 t의 소득세가 부과된다면 각 그룹의 예산제약은 $C_i = (1-t)(1-L_i)$로 표시된다. 따라서 소비재를 선호하는 첫 번째 그룹의 효용은 $U_1 = (1-L_1)^2 \cdot L_1$으로 나타나고, 여가를 선호하는 두 번째 그룹의 효용은 $U_1 = (1-t)(1-L_2)L_2^2$로 표시된다. 비록 과세 후 여가소비량 L_1, L_2는 변하지 않았지만 소비재 선호그룹의 효용은 $(1-t)^2$의 비율로 감소한 반면 여가선호그룹의 효용은 $(1-t)$의 비율로 감소하게 된다. 또한 소비재 선호그룹은 상대그룹보다 더 많은 세금을 납부하게 됨을 알 수 있다. 따라서 동일한 소득을 가진 자에게 동일한 세율이 부과되어야 한다는 수평적 공평의 전통적 정의는 적어도 취향이 동일하다는 묵시적 가정 하에서만 성립될 수 있음을 앞의 간단한 예로서 알 수 있다.

비록 소득이 동일하다고 해도 개인들의 취향이 다를 경우 동일한 세율이 적용되어도 과세 후 각 그룹의 효용과 세액에도 큰 차이가 나게 된다. 그러므로 선호가 상이한 경우 수평적 공평을 유지하기 위해서는 세율이 다르더라도 과세 전의 효용수준과 과세 후의 효용수준이 두 그룹 간에 동등하게끔 세금이 부과되어야 한다. 즉, 과세로 인하여 효용의 정도나 순서가 바뀌어서는 안 된다.

엄격하게 설명하면 수평적 공평은 동일한 능력, 선호, 그리고 동일한 기회(opportunity set)와 동일한 사회적 한계효용(marginal social utility : $\frac{\partial W}{\partial U_i}$)에 직면해 있는 개인에게 동일액의 세금을 부담시킴을 의미한다.[8]

그러나 현실의 조세제도에서 이들 네 가지 요인들을 충분히 반영하기란 불가능하기 때문에 수평적 공평에 대한 논의는 대체로 세원의 선정에 대한 논의로 귀결된다.[9]

예를 들어 세원을 소득액으로 할 것인지, 소비액으로 할 것인지, 소득액으로

---

8. 이에 관한 보다 깊은 이론적 논의는 다음 문헌을 참조 바람.
Tresch, Richard W., *Public Finance : A Normative Theory*, Business Publication Inc., Plano, Texas, 1981, pp.261～271.

9. 수평적 공평에 대한 최근의 논의들은 세원 산정의 문제 외에도 다음과 같은 문제들이 있다. 수평적 공평은 기본적으로 효용수준의 역전을 용인하지 않는다. 이러한 것이 과연 이동성이 많은 사회에서도 받아들여질 수 있는 규범인지의 문제가 발생할 수 있다. 즉, 수평적 공평을 받아들여야 하는 규범적인 토대에 대한 논의가 발생한다. 그 외에도 수평적 공평의 현대적 의미에 대한 논의에서는 주로 어느 정도 수평적 공평이 위반되었는지에 대한 지표를 통해 수평적 공평을 개선할 것인가와 같은 논의가 수행된다. 자세한 논의는 다음 문헌을 참조 바람.
L. Kaplow, Horizontal Equity : Measures In Search Of A Principle.

한다면 소득을 어떤 식으로 정의하는 것이 수평적 공평을 증진시키는지 등에 대한 논의이다. 이에 대해 다음의 3.1.1 및 3.1.2에서 각각 살펴보기로 한다.

3.1.1 소득세

과세는 납세자의 효용을 하락시키므로 가장 이상적인 세원은 개인의 효용수준이라 하겠다. 그러나 효용에 대한 과세는 현실적으로 불가능하므로 우리의 과세는 어떤 세원이 개인의 효용수준을 가장 잘 반영하는가의 문제로 귀착된다. 이는 수평적 공평을 도모하는 데 있어 핵심적인 과제이다. 개인들은 대체로 소비를 통하여 효용의 증대를 누리므로 소비와 소비의 원천인 소득이 효용수준을 가장 잘 대변하는 세원이며, 수평적 공평을 가장 적절하게 반영할 수 있는 세원이다. 여기서는 먼저 소득을 세원으로 하는 조세, 즉 소득세에 대해 논의하기로 한다.

효용수준을 가장 잘 반영하는 이상적인 소득의 정의나 범위는 전통적으로 헤이그와 사이먼스(Haig-Simons)[10]의 소득의 정의를 중심으로 논의 · 발전해 오고 있다. 헤이그와 사이먼스의 소득의 정의에서는 소득의 원천(sources of income)과 소득의 지출(uses of income) 등에 관계없이 개인의 모든 소득을 과세대상으로 하고 있으므로 포괄적 (소득) 세원(comprehensive tax base)으로 불린다. 소득원천의 측면에서 포괄적 소득은 근로소득, 재산소득(배당, 이자, 임대), 자산이득(capital gain), 증여, 유증 등을 동일한 기준으로 세원에 포함한다. 소득의 지출 측면에서 포괄적 소득세원을 살펴보면 소비나 저축을 구분함이 없이 세원으로 포함시킨다. 현재저축은 미래소비라는 관점에서 현재소비와 마찬가지로 효용을 증대시킨다고 간주하기 때문이다. 그리고 자산이득의 경우에도 동일한 이유에서 그 이득의 실현(realization) 여부에 관계없이 세원에 포함시키고 있다.

따라서 헤이그-사이먼스의 포괄적 세원은 효용을 증대시키는 일정 기간 동안의 구매력 증가의 원천만이 주요한 세원으로 적용되기 때문에 과거의 축적된 부(wealth)는 세원에서 제외되고 있다. 또한 헤이그-사이먼스의 포괄적 소득의 기준은 물품세, 증여세, 재산세, 법인세 등은 배제하고 있다. 왜냐하면 이들 개별

10. Haig, R. M., "The Concept of Income : Economic and Legal Aspects," in Haig, R. M. ed., *The Federal Income Tax*, New York : Columbia University press, 1921 ; Simons, H. C., *Personal Income Taxation*, Chicago : University of Chicago Press, 1938.

소득의 세원이 이미 포괄적 소득세원에 포함되고 있다고 간주하기 때문이다. 그러므로 헤이그-사이먼스 기준에 의한 수평적 공평은 포괄적 소득이 동일한 사람에게 동일한 세금을 부과하는 것이다.

포괄적 소득을 세원으로 한 조세 역시 앞서 논의한 수평적 공평의 일반적 정의[11]와는 거리가 있음을 부인할 수 없다. 그러나 현실적으로는 포괄적 소득을 대신하거나 이보다 우월한 세원을 발견하지 못하고 있는 실정이어서 각국은 포괄적 소득을 보완하여 소득세의 과세대상으로 하고 있다.

소득세제는 현실적으로 동일한 소득을 가진 개인이나 가계라 할지라도 개별적인 특성에 따라서 소비가 가능한 화폐액이나 소비로부터 얻는 효용이 상이하다. 이를 제도적으로 현실에 맞게 보완하여 수평적 공평을 꾀하는 방안 중의 하나가 의료비, 교육비, 부양가족, 노령자, 장애자 공제 등을 비롯한 각종 공제항목을 세원으로부터 차감하여 과세대상으로 하는 것이다.

현행 우리나라의 개인소득세제도는 소득의 종류와 원천에 관계없이 모든 소득이 균일하게 취급되어 단일세율이 적용될 수 있도록 하는 종합소득세제(global income tax system)를 실시하고 있는데, 이 또한 앞서 논의한 포괄적 소득세제에 그 기초를 두고 있다.

현행의 종합소득세제는 열거된 소득만이 과세대상이 되는 열거주의 과세방식을 채택하여 종합소득(이자소득, 배당소득, 부동산임대소득, 사업소득, 근로소득, 일시재산소득, 연금소득, 기타 소득)과 퇴직소득, 양도소득, 산림소득이 소득으로 규정되어 과세대상에 포함되고 있다. 개인소득세는 과세방법에 따라 종합소득세제와 분류소득세제(schedular income tax)로 구분된다. 종합소득세는 소득의 원천에 따른 종류별 수입금액으로부터 필요경비 또는 필요공제 등을 차감하여 각 종류별로 소득금액을 산출한 후 합산한 과세소득에 초과누진세율을 적용한다. 퇴직소득, 양도소득, 산림소득 등은 소득을 몇 개의 원천으로 분류한 뒤 그 소득원천에 대해 개별적인 단일비례세 또는 복수세율을 적용하고, 세수의 확보를 원천징수(withholding system)하고 있다. 금융소득(이자 및 배당소득)의 분류과세는 오랫동안 우리나라 소득세제의 큰 문제점으로 지적되어 왔다. 그러나 금융실명

11. 과세 전의 효용수준의 순서가 과세 후에도 바뀌지 않게 과세하거나, 혹은 동일한 능력과 선호, 동일한 기회(시장의 가격이나 수량 등), 동일한 사회적 한계효용에 직면해 있는 개인에게 똑같은 세금을 부과시키는 것 등을 말한다.

제의 실시와 함께 1996년부터 금융소득이 종합과세됨으로써 소득세제의 수평적 · 수직적 공평이 크게 증진되게 되었다.

종합소득세제는 소득재분배 기능이 강하나 탈세가 쉬우며, 분류소득세제는 징세가 용이하나 소득재분배 기능이 약하다는 특징이 있다.

3.1.2 소비세

앞에서도 지적하였듯이 소득 이외에 소비수준이나 총지출수준 역시 효용수준을 적절히 반영하는 세원임은 의심할 여지가 없다. 학자에 따라서는 공제제도를 수반한 포괄적 소득보다는 개인이나 가계의 소비가 수평적 공평을 더욱 꾀할 수 있다는 점에서 우월하다고 주장하고 있으나 대부분의 국가에서는 이를 채택하지 않고 있는 실정이다. 그러나 미국이나 영국을 비롯한 선진국을 중심으로 소득세에 대한 대안으로서 빈번히 논의되고 있다.[12]

경제학자 칼도어(N. Kaldor)[13]는 소득을 세원으로 하기보다는 소득의 구성요소인 소비와 저축을 구분하여 소비만을 세원으로 하는 것이 바람직하다고 주장하였다. 칼도어에 의하면 소비는 사회에 부존되어 있는 희소한 자원을 개인의 욕구 충족을 위하여 사용함으로써 나머지 사회구성원에게 희생을 수반할 수 있는 반면 저축은 개개인의 소비욕구의 억제를 통하여 사회의 자본축적에 기여함으로써 나머지 사회구성원의 미래의 후생에 보탬이 된다. 따라서 소비에만 과세함으로써 저축과는 차별적으로 취급해야 한다고 주장한다.

최근 신고전학파 경제학자들에 의한 소비세의 옹호는 헤이그-사이먼스의 포괄적 소득이 단지 1년간의 소득만을 그 세원으로 하고 있는 불합리성에서 출발하고 있다.[14] 공평의 논의는 개인의 일생동안의 효용수준을 그 기준으로 했을 때 보다 합리적으로 행하여질 수 있다는 관점에서 소득보다는 소비가 효용수준을 더욱 잘 반영할 수 있는 개념으로 간주된다. 왜냐하면 소비지출의 의사결정은 일생주기를 통한 계획 하에 안정적으로 이루어지는 것이 많기 때문에 매년의 소

12. 카터(Carter) 행정부 하의 미재무성보고서(Blueprints for Basic Tax Reform, 1977)와 영국의 미드(Meade)위원회가 작성한 보고서는 소득세의 대안으로서 (인적) 소비세의 이론적 근거와 현실적 제도화 방안에 관하여 깊이 있게 논의하고 있다.
13. Kaldor, N., *An Expenditure Tax*, London : George Allen & Unwin, Ltd., 1955.
14. Feldstein, M., "On the theory of tax reform," *Journal of Public Economics*, 1976.

비수준은 바로 일생주기의 효용을 대변할 수 있는 가장 적합한 개념이기 때문이다. 또한 개인들이 그 사회의 자원 총량에 기여하는 행위가 소득인 데 반해 개인이 그 사회의 자원을 써서 줄이는 행위가 소비이므로 소비에 대해 과세하는 것이 바람직하다고 한다.

일생동안의 소비패턴이 동일한 두 사람의 경우 그들의 일생의 효용수준도 동일한 것으로 간주하는 것이 합리적이다. 따라서 그들의 매년 소비지출에 과세할 경우 일생동안의 조세부담액도 동일하게 되며, 이는 수평적 공평에 잘 부합한다. 그러나 매년의 소득수준을 세원으로 할 경우에는 두 사람의 조세액은 수입이나 차입의 흐름에 의존하게 되어 상이하게 나타나므로 수평적 공평에 부합되지 않을 수도 있다. 뿐만 아니라 상이한 일생동안의 소비수준은 상이한 효용을 반영하므로 소비액이 클수록 고율의 세금을 부과함으로써 수직적 공평을 꾀하는 데 있어서도 소득세보다 더 큰 설득력이 있다고 볼 수 있다.

소득세와 소비세의 비교에 있어 가장 주된 관심사는 역시 공평의 기준이겠지만, 효율의 측면에서도 이 둘은 상이한 함의를 갖는다. 즉, 소득세는 저축에 이중으로 과세함으로써 저축의 의사결정을 왜곡시키지만 소비세는 저축이 세원에서 제외됨으로써 중립적이라는 것이다.[15] 소득세 하에서는 저축이 소득의 일부로서 세원에 포함됨은 물론 저축으로부터의 이자소득 또한 과세되므로 이중으로 과세된다. 따라서 소득세는 현재에 소비하는 사람보다는 미래의 소비를 위하여 현재 저축을 선호하는 사람에게 높은 세금을 부담하게 함으로써 비효율적인 측면을 갖게 되는 것이다. 특히 소득세에 비해서 상대적으로 높은 저축을 유인할 수 있다는 점에서 자본형성이 긴요한 개발도상국의 경제성장에도 소비세가 유리한 세목임을 알 수 있다.

그러나 제도의 운용 측면에서 볼 때 소득세나 소비세는 각기 장 · 단점을 보유하고 있으므로 일률적으로 비교우위를 가늠할 수는 없다. 소비세의 상대적 장점은 다음과 같다. 첫째, 소득세에서 발생하는 미실현 자산이득의 과세 문제가 없기 때문에 조세행정이 용이하다.[16] 소비세는 실현된 소득으로부터 저축된 부

---

15. 효율이라는 기준에 입각하여 소득세와 소비세를 평가할 경우 종합적으로 그 우열을 가릴 수는 없다. 왜냐하면 제18장의 조세의 경제적 효과에서 논의하고 있는 바와 같이 소득세뿐만 아니라 소비세도 노동공급의 왜곡을 초래한다는 점에서는 동일하기 때문이다.

16. 소득세의 경우에는 자본이득이 실현되었느냐(realized) 그렇지 않았느냐에 따라서 세원의 범위

분을 공제한 실제적인 경상지출을 그 과표로 간주함으로써 발생기준(accrual basis)보다는 실현기준(realized basis)을 따르게 된다. 따라서 미실현 자산이득은 저축으로 간주되어 자동적으로 세원에서 제외된다. 둘째, 소득세와는 달리 물가상승 국면에 소득세가 직면하는 자본소득에 대한 물가연동(indexation)의 문제를 피할 수 있다.[17] 소비세제의 과표는 명목가격으로 표시된 소비지출이며, 이는 곧 명목소득에서 명목저축을 공제한 액수이므로 물가연동의 문제가 야기되지 않는다.

소비세의 상대적 단점으로는 다음의 두 가지를 들 수 있다. 첫째, 일생을 주기로 하여 고찰할 때 개인별 조세부담의 기복이 심하다. 대체로 소득이 가장 적은 일생의 초년기에 내구소비재를 중심으로 많은 지출을 하거나 이를 위하여 부채를 지게 되는 젊은이들에게 세금부담의 어려움을 초래하는 유동성 문제(liquidity problem)를 야기시킬 수 있다. 자본시장이 불완전할 경우에는 소비지출을 위한 차입이 용이하지 않으므로 납세액은 지출의 억제를 통하여 얻어진다는 점에서 자원배분의 왜곡을 초래할 수도 있다. 그러나 소득세제 하에서는 고소득층에게 부담이 가장 크므로 이상의 유동성 문제는 유발되지 않는다. 둘째, 이상의 문제를 부분적으로 해결하기 위해서는 내구성 소비재(예를 들면 주택, 자동차 등)의 구입 시 소비지출액과 상품의 소비가 제공하는 서비스와의 구분이 요구되는데 이의 현실적 제도화가 용이하지 않다. 소비세가 이상적으로 운용되기 위해서는 내구소비재에의 지출액보다는 이것이 제공하는 서비스를 그 과세대상으로 해야 하는데 이의 측정방법이 현실적으로 어렵다는 문제점을 내포하고 있다.

를 결정짓는 문제가 생긴다. 자산이 양도되어 매입가격과 매출가격의 차이만큼 이득이 실현되는 경우는 물론이고 양도되지 않았을 경우, 즉 자산가치만의 상승 또한 소득의 증대로 간주하여 세원에 포함시키는 것이 공평의 기준에 부합한다. 그러나 매매가 이루어지지 않고 자산가치의 증대만 발생한(being accrued) 미실현 자본이득의 경우 정기적인 자산가치의 평가, 세금납부 시의 유동성 문제 등을 비롯한 운용상의 어려움 때문에 대부분의 국가에서 실현된 자본이득의 경우에만 과세하고 있는 실정이다. 우리나라의 양도소득세도 이 경우에 해당한다.

17. 소득세는 명목소득을 과표로 하여 초과누진율을 적용하므로 물가상승 시에는 실질소득이 증대되지 않더라도 명목소득만의 상승은 보다 높은 세율로 과세됨으로써 실질소득을 더욱 하락시키는 문제점을 낳고 있다. 따라서 인플레를 두고 제2의 조세로 간주하기도 한다. 전통적인 케인지안 경제학에서는 물가상승 시보다 높은 조세는 소비자의 구매력을 하락시켜 경기를 완화시킨다는 장점이 강조되어 소득세제의 자동안정조절기능이 부각되었다. 그러나 1970년대의 스테그플레이션 하에서는 후자의 장점보다는 전자의 문제점이 더욱 크게 부각되어 몇몇 국가에서는 소득을 물가에 연동시켜 실질소득을 과표로 하는 움직임을 보였으며, 캐나다를 비롯한 몇몇 국가에서는 이미 제도화하였다.

주택 구입의 경우를 예로 들어서 설명해 보자. 과표 선정을 위하여 주택서비스를 측정하려면 주택 구입을 자산의 획득으로 처리하여 과세대상으로부터 공제한 이후에 거주의 귀속서비스 또는 귀속임대를 산정하여 과표에 포함시켜야 한다. 이의 측정이 용이하지 않기 때문에 내구소비재의 구입가격을 세원에 포함시키는 방법을 취하게 된다. 따라서 이 경우의 과표대상은 소비라기보다는 소비지출액인 것이다.[18]

내구소비재의 귀속서비스 측정 문제만 해결된다면 소비세의 제도화는 훨씬 쉬울 것이다. 비내구소비재의 경우는 소비와 소비지출이 동일하므로 이의 측정 방법은 i) 직접 소비자의 지출을 측정하거나 ii) 간접적으로 저축을 소득으로부터 공제하는 두 가지로 대별할 수 있는데, 후자의 방법이 운용상 훨씬 간편할 것이다.[19] 소득세와 소비세는 상대적인 장점과 단점을 갖고 있기 때문에, 현실적으로 새로운 제도인 소비세를 도입하기보다는 기존의 소득세를 수정함으로써 소비세의 장점을 받아들이려는 노력이 나타났는데, 예를 들면 투자소득의 면세나 투자에 대한 자본공제(capital allowances)를 부여하는 것을 들 수 있다.

이상에서의 소득세와 소비세의 이론적 특성과 제도운용상의 장 · 단점의 논의를 통하여 세원의 선정이나 혹은 세목의 선정이 수평적 공평을 꾀하는 데 있어서 현실적으로 가장 중요시되고 있는 항목임을 확인할 수 있다.

3.2 수직적 공평

앞에서는 세원의 선정을 중심으로 한 수평적 공평에 관한 전반적인 고찰을 하였다. 동일한 후생수준을 보유하고 있는 납세자에게 동일액을 과세한다는 수

18. 비내구소비재의 경우에는 소비와 소비지출이 동일하다. 따라서 소비세(consumption tax)를 지출세(expenditure tax)로 간주하기도 한다. 이를 이유로 소비세와 지출세를 대체로 동일한 것으로 인식하는 경향이 있다. 소비세 및 지출세를 물품세와 혼돈해서는 안 된다. 전자는 개인별 소비 및 소비지출액의 총액이 과표의 기준이 되어 과표에 따른 누진세율의 적용 또는 개별 공제가 가능하나, 후자는 총액의 크기와 무관하게 단일세율로서 매 상품 구입 시 부과된다.

19. 이에 관한 보다 깊은 이론적 · 제도적 논의는 다음의 문헌을 참조 바람.
Mieszkowski, P. M., "The advisability and Feasibility of an expenditure tax system," in Aaron, H. J. and Boskin, M. (eds.), *The Economics of Taxation*, The Brookings Institution, Washington, D. C., 1980, p.179~201 ; Pechman, J. a., *What Should Be Taxed : Income or Expenditure?*, The Brookings Institution, 1980.

그림 15-1

평균세율과 한계세율

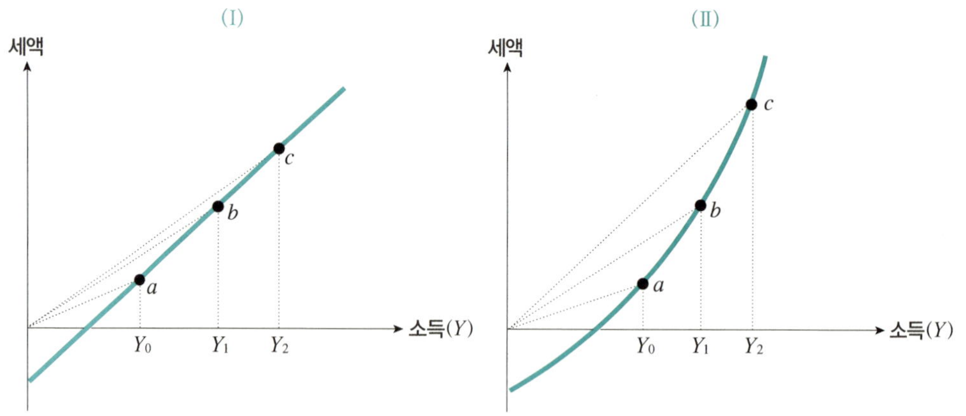

평적 공평의 명제를 가장 잘 반영하는 세원이 선정되었다고 가정한다면, 그 다음의 과세는 상이한 후생수준을 가진 납세자들에게 어떠한 상이한 세율을 부담시켜야 **수직적 공평**이 달성될 것인지의 문제이다. 상이한 능력(혹은 후생수준)을 가진 자들에게 상이한 조세를 부담시킴이 응능원칙의 근본임은 자명하지만 문제는 어떠한 상이한 세율을 설정하여야 수직적 공평(vertical equity)을 가장 잘 도모할 수 있느냐 하는 것이다. 이는 그 사회의 규범적 가치기준, 즉 공평에 관한 국민 개개인들의 가치관에 의해서 좌우된다. 한 사회의 가치기준을 반영하는 이론적 분석도구 중에 가장 일반적으로 논의될 수 있는 것이 사회후생함수이다. 따라서 공평에 관한 상이한 가치기준이라 함은 곧 상이한 사회후생함수를 의미하는 것이다. 사회후생함수가 상이함에 따라 수직적 공평을 달성하는 세율체계 역시 상이하게 나타난다. 이에 관한 보다 자세한 논의는 다음 장의 소득세의 최적과세편에서 다루기로 하고 본 항에서는 현실의 세제에서 수직적 공평을 반영하는 세율의 누진구조에 관한 개념에 대해서만 고찰해 보기로 하자.

[그림 15-1]에서 $T=f(Y)$로 나타나는 조세함수의 한 점과 원점을 연결하는 직선의 기울기가 그 소득수준에 해당하는 **평균세율**이다. 그리고 조세함수의 기울기가 그 소득수준에 해당하는 **한계세율**이다. [그림 15-1]의 (Ⅰ)에서는 평균세율은 점증하는데 한계세율은 일정한 반면, [그림 15-1]의 (Ⅱ)에서는 세율구조가

비선형으로 표시되어 평균세율과 한계세율이 다 같이 소득의 증가에 따라 점증하고 있다.[20]

어떤 세율이 누진적(progressive)이라면 소득이 증가함에 따라 세액과 총소득의 비율을 나타내는 평균세율도 증가한다. 평균세율이 증가하면 한계세율(세액의 증분/소득의 증분)은 증가할 수도 있고, 일정한 비율을 유지할 수도 있다. 만약 소득이 증가함에 따라 평균세율이 감소한다면 이를 역진적(regressive) 세율구조라 한다. 세율구조가 누진적이냐, 역진적이냐를 논의할 때 그 기준을 평균세율 혹은 한계세율에 두느냐에 따라서 혼동을 야기하는 경우가 흔히 있으나 평균세율을 그 기준으로 삼는 것이 일반적이다.

그러나 누진율의 정도를 나타내는 방법은 그 기준에 따라서 상이하므로 신중을 요하고 있다. 식 (15-1)과 식 (15-2)는 누진율의 정도를 측정하는 가장 간단한 두 가지 방법이다. 이 둘의 경우에도 그 결과가 상이하게 나타날 수 있다.

$$\alpha_1 = \frac{\frac{T_1}{Y_1} - \frac{T_0}{Y_0}}{Y_1 - Y_0} \qquad (15-1)$$

식 (15-1)에서 소개한 α_1은 소득이 증가함에 따라 평균세율의 증가폭이 크면 클수록 높은 누진도를 나타냄을 의미한다. 여기에서 T_0와 T_1은 소득수준 Y_0, Y_1에서의 조세부담액을 표시하며, Y_1은 Y_0보다 높은 소득수준이라고 가정한다.

$$\alpha_2 = \frac{(T_1 - T_0)}{T_0} \div \frac{(Y_1 - Y_0)}{Y_0} \qquad (15-2)$$

식 (15-2)의 α_2는 소득의 변화에 따른 세수의 탄력도로서 α_2의 수치가 증가하면 이는 더욱 높은 누진도를 뜻한다. 누진도를 나타내는 이상의 두 가지 지표 중 어느 것을 사용하는가에 따라 동일한 세율구조의 누진도가 상이하게 나타나는 경우도 있으므로 어느 지표에 의한 설명인가를 분명히 밝힐 필요가 있다.

예를 들어 조세부담액이 일률적으로 10%씩 증가했음을 가상한다면 T_0, T_1

20. 세율구조가 비례적인 경우에는 조세함수가 원점을 통과하는 직선으로 표시되며 평균세율이나 한계세율이 동일하게 나타날 것이다. 역진적인 경우에는 ① 조세함수가 선형인 경우 세액 축의 절편이 영보다 큰 직선으로 표시되며, ② 비선형인 경우 세액 축의 절편과 무관하게 원점에서 보아 볼록한 곡선으로 표시될 것이다. 독자 여러분의 연습을 바란다.

대신에 $(1.1 \times T_0)$, $(1.1 \times T_1)$을 대체하여야 할 것이다. 이때 α_1에 의하면 누진도가 10%만큼 증가한 것으로 나타나지만 α_2에 의하면 누진도가 전혀 변화하지 않은 것으로 나타난다.

이제까지 우리는 수평적 공평과 수직적 공평의 개념 및 이의 제도화 내지는 현실세제에의 반영 등에 관하여 고찰하였다. 그러나 동일한 효용수준이나 상이한 효용수준을 이상적으로 반영할 수 있는 세원이나 상이한 효용수준을 보유한 납세자에게 어떠한 적절한 세율이 선정되어야 한다는 완벽한 해답을 구하지는 못하였다.

다음 장의 최적과세이론에서는 효율 및 형평이 달성됨으로써 사회후생을 극대화하는 이상적인 세제의 디자인에 관한 이론적 배경을 고찰하게 될 것이다. 그런데 효율 및 형평이라는 규범적 기준의 이론을 현실의 세제에 반영하는 데 있어서 징세 및 납세에 따르는 제반 비용의 측면을 간과해서는 안 된다. 다음 절에서는 이것에 대하여 간략하게 논의해 보자.

4. 세제운용에 따른 제반 비용

어떤 세제가 효율과 공평의 측면에서 가장 바람직한 것일지라도 그것이 너무 복잡하여 제도를 운용하는 데 있어 많은 비용을 초래한다든지 혹은 납세자들이 세금을 납부하는 데 있어 지나친 불편을 겪는다면 그 실현가능성이 희박할 것이다. 또 현재 그러한 세제가 이미 도입되어 운용되고 있는 경우라면 세제의 개편에 대한 요구가 생겨날 것이다. 따라서 세제는 단순하고 명료하여 세정당국의 운용이 용이해야 함은 물론 납세자에게도 손쉽게 세금을 납부할 수 있는 것이어야 한다.

세제운용에 수반되는 비용은 크게 세정당국의 징세비용(administration cost)과 납세자의 납세비용(compliance cost)으로 나눌 수 있다. **징세비용**은 과세과정에서 당국이 세금을 부과하고 징수하는 데 소요되는 비용으로 우리나라의 경우 국세청의 예산이 이의 대부분을 차지한다. **납세비용**은 납세자가 세금납부를 위한 기장, 납세신고 및 이에 소요되는 시간, 그리고 세금계산을 위한 조세상담 혹은 조세전문가에게 지불하는 수수료 등 납세자가 부담하는 납세협력비용을 뜻한다.

세제운용에 따른 제반 비용을 논의하거나 이에 관한 정책을 입안할 경우 대체로 징세비용이 중시되고 납세비용이 소홀히 취급되는 예가 흔히 있다. 한 경제 전체를 두고 볼 때 납세비용이 징세비용보다 훨씬 크다. 또한 정부당국의 징세편의보다는 국민 대다수의 납세편의가 우선되어야 한다는 당위성을 감안한다면 납세비용 경감의 문제가 더욱 중시되어야 하며, 이것이 곧 세정민주화의 첩경이 된다.[21]

세제운용에 소요되는 제반 사회적 비용을 최소화하는 것이 가장 바람직하지만 이것이 반드시 징세비용과 납세비용 각각의 최소화를 의미하지는 않는다. 납세자에 대한 납세교육 강화나 세무공무원의 자질을 높이는 재교육 등은 비용을 늘리기는 하지만 납세자가 부담하는 납세협력비용을 행정비용 증가폭 이상으로 하락시킬 수도 있기 때문이다. 따라서 가장 이상적인 조세행정규모(예를 들면 국세청 규모)를 결정함에 있어서는 징세비용만이 아니라 징세비용의 증감에 따른 납세비용의 증감, 공평과세의 증감에 따른 사회적 비용, 자원배분효율화의 증감에 따른 초과부담의 변화 등 세제운용 전반의 사회적 비용을 종합적으로 고려해야만 한다. 즉, 징세에 따르는 사회적 비용의 총액을 최소화하는 조세행정규모를 설정해야 한다.

예를 들어 [그림 15-2]와 같이 조세행정의 사회적 비용이 징세비용과 초과부담의 두 가지로 구성되어 있다고 가정하자. 징세비용은 행정규모가 증대함에 따라 증가할 것이다. 그러나 초과부담은 행정규모의 증대에 따라 감소하게 된다. 다음 장에서 살펴보겠지만 여러 가지 과세대상에 대한 상이한 세율이 초과부담을 줄일 수 있다. 그러나 이러한 경우에는 보다 많은 행정력이 소요되므로 징세비용이 증가한다. 따라서 우리는 징세비용과 초과부담 사이에 역관계가 존재하고 있음을 알 수 있다. 이상의 간단한 예에서 적절한 조세행정규모는 징세비용과 초과부담의 합계, 즉 조세행정의 사회적 비용이 최소화하는 O^*의 규모가 바람직

21. 미국의 경우 소득세제의 운용비용에 관한 실증적 연구결과에 의하면 100달러의 세수를 얻는 데 소요되는 행정비용(징세비용)은 41센트로서 0.41%에 불과하나 납세협력비용은 350억 달러에 달해 전체 세수(稅收)의 9% 정도로 추정되고 있다. 이에 관한 자세한 논의는 다음 문헌을 참조 바람. Slemrod, J. & Sorum, N., *The complicance cost of the U.S. individual income tax system, Mimeograhped*, Minneapolis : University of Minnesota, 1983.

그림 15-2

조세행정의 최적규모

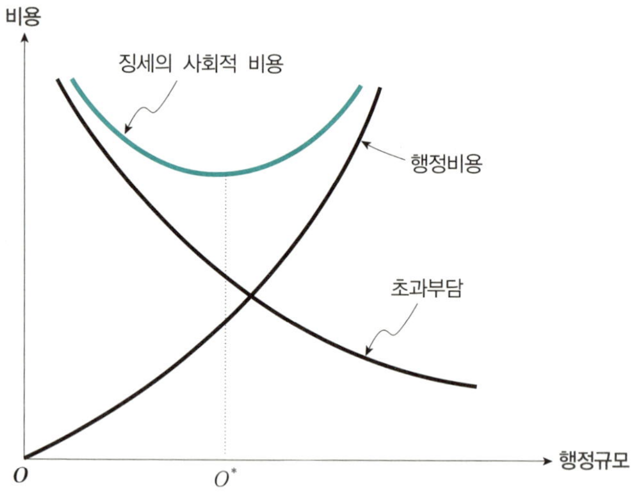

하다는 결론을 내릴 수 있다. 따라서 징세비용만이 적정 조세행정규모를 결정하는 요인이 아님을 알 수 있다.

우리나라의 세제는 경제성장을 위한 투자재원 조달을 중시해 온 결과 세수실적 위주의 조세행정을 펴왔음을 부인하기 어렵다. 따라서 납세자의 권익보호를 밑바탕으로 하는 민주적 세정, 그리고 근거과세를 중심으로 한 과학적 세정의 구현을 소홀히 해왔다. 아직도 대다수 세목에서 세금계산서, 장부, 기타의 증빙이나 회계자료가 미비한 경우에는 과세표준율을 따로 추계하여 인정과세를 하고 있는 실정이다. 인정과세에의 빈번한 의존은 납세자의 불평불만의 원인이 되고 있으며, 조세회피나 탈세를 간접적으로 유인하는 결과를 낳아 공평과세를 저해하고 있다.[22] 이는 우리 세제가 효율과 공평을 결여한 세제 자체의 결함뿐만 아니라 기왕의 세제를 운용함에 있어서도 조세행정의 사회적 비용을 최소화하려는 행정당국의 노력이 충분하지 못했다는 점을 입증하고 있는 것이다. 조세행정의 사회적 비용을 최소화하기 위해서는 세제 자체의 단순 · 명료성과 더불어 세정의 민주화와 과학화가 절실히 요망된다. 이를 위하여는 세정당국의 노력과 아울러 계몽과

22. 이와 관련된 이슈로 자영업자와 임금노동자 간의 차별적 세부담에 대한 논쟁이 끊임없이 등장하고 있다. 자영업자의 탈세에 대한 유인을 막지 못하기 때문에 소득이 노출되는 임금노동자들 간에 수평적 공평이 심각한 수준으로 위배되고 있어 나타난 현상이라고 할 수 있다.

홍보를 통한 세무공무원과 납세자에 대한 교육의 강화를 비롯한 납세 도의 내지는 조세문화 전반의 발전이 뒷받침되어야 할 것이다.

연습문제

ch. fifteen Exercise

01 헤이그와 사이먼스의 포괄적 소득세와 칼도어의 지출세에 관하여 (행 38)

(1) 각각의 특징을 설명하시오.

(2) 경제적 효과를 설명하시오.

(3) 현실 적용 가능성과 한계를 설명하시오.

02 수평적 공평의 일반적 정의를 논술하시오.

03 조세의 공평부담에 관하여 (행 36)

(1) 이론적 원칙을 밝히시오.

(2) 위 관점에 입각하여 현행 세제를 평가하고 그 개선방향을 논하시오.

(3) '자동차세 부담이 주택세 부담의 5배가 되는 것은 불공평하다'는 주장의 타당성에 대해서 논하시오.

04 세제운용에 따른 제반 비용을 세제의 단순성과 연관지어 설명하시오.

05 소득과세(income-based tax) 대 소비과세(consumption-based tax, expenditure tax)의 논쟁과 관련하여 지출세론자들의 지출세 우위론의 요지와 이에 대한 소득세론자들의 반론의 요지를 설명하시오. 이 문제와 관련하여 우리나라의 현행 소득세제가 갖는 문제점에 대해 간략하게 논의하시오. (입법 96)

06 10명의 개인으로 이루어진 어떤 사회가 있다. 이 10명은 소득 이외의 모든 점에서 완전히 동일한데 단지 소득에 있어서는 1,000만원, 900만원, 800만원, ……, 200만원, 100만원으로 각각 그 소득액이 다르다 하자. 이런 경우에 수평적 공평을 이루는 소득세는 어떤 소득세인가?

최적과세론

16

1. 초과부담

Public Finance, ch. sixteen

1.1 서언

제15장에서는 조세의 기능과 역할에 대하여 논의하였으며, 바람직한 조세의 평가기준으로서 효율 및 공평의 의미에 관하여도 살펴보았다. 조세는 시장실패를 치유하는 정부의 기능과 역할을 위한 수단으로 이용됨은 물론 이를 원만하게 수행할 수 있도록 하는 재원조달이 그 중심과제이다. 시장실패의 치유를 목적으로 조세가 이용될 경우에는 비왜곡적인 최선의 조세에, 재원조달을 주요 목적으로 할 경우에는 왜곡적인 차선의 조세에 대부분 의존함에 대해서도 논하였다. 비왜곡적 조세는 이를 제도화하기가 현실적으로 어려우므로 조세제도를 논의할 경우에는 대체적으로 왜곡적인 조세를 의미한다. 왜곡적인 조세는 세금부담 이외에도 자원배분의 왜곡을 초래하는데, 이러한 부수적인 사회적 부담을 **초과부담**(excess burden) 혹은 **사중손실**(dead weight loss)이라 부른다. 과세로 인한 후생손실은 바로 이를 뜻하는 말이다.[1]

최적과세론은 정부활동을 뒷받침하기 위해 일정액의 세수를 확보하는 데 있어서 어떤 세목이나 특정 세목의 어떠한 세율이 초과부담을 최소화하는가(즉, 사회후생을 극대화하는가)라는 문제를 그 중심과제로 하고 있다. 최적과세론은 초과부담을 최소화하는 효율의 기준 외에도 공평의 기준까지 고려해야 한다. 그리고 이 두 가지 기준의 동시적인 고찰을 위해 바람직한 세목과 세율의 설정을 통해 백지상태에서 새로운 세제를 디자인하는 것을 그 목적으로 한다. 다시 말하면, 어떤 세제가 앞서 논의한 효율과 공평의 기준을 가장 잘 반영하는가에 대한 논의를 그 중심과제로 삼는다는 것이다.

최적과세론은 1927년 램지(F. P. Ramsey)[2]의 물품세에 관한 논문을 출발점으로 하고 있으나 1950년대의 몇몇 논문을 제외하고는 40년 이상 재정학자들의

1. 조세수입을 정액으로 개인에게 돌려준다고 할 때도 채워질 수 없는 부분을 말한다.
2. Ramsey, F. P., "A contribution to the theory of taxation," *Economic Journal*, 37, 1927, pp.47~61.

논의의 대상에서 제외되어 왔다. 그러던 중 1971년 멀리즈(J. Mirrlees)의 논문[3]이 발표된 후 본격적인 연구가 시작되었다. 최적과세론은 현재 재정학 분야에서 가장 빈번하게 또한 매력적으로 논의되고 있는 주제 중의 하나이며, 재정학이 후생경제학을 이론적 기반으로 해야 함을 확고히 입증하고 있는 분야이기도 하다.

1.2 초과부담

1.2.1 무차별곡선에 의한 분석

앞서 논의한 바와 같이 최적과세론은 초과부담을 최소화하기 위한[4] 세목이나 세율의 선정을 그 중심과제로 하기 때문에 우선 초과부담의 개념을 살펴볼 필요가 있다.

초과부담의 개념을 직관적으로 알아보기 위해 다음의 예를 살펴보자. 갑이라는 사람은 개당 가격이 300원인 사과를 일주일에 7개씩 소비한다고 가정한다. 정부가 사과에 20%의 물품세를 부과하기로 결정하여 사과의 가격이 350원으로 인상되었으며, 갑은 사과 대신 다른 과일을 소비하기로 결정하고 사과 소비를 완전히 포기하였다고 가정하자.[5] 갑이 사과 소비를 포기했기 때문에 정부의 조세수입은 과세 이전과 마찬가지로 0이 된다. 그러나 갑은 자신이 좋아하는 사과를 소비하지 못하게 되었으므로 부담이 0일 수는 없다. 과세가 결정된 후 자신이 선호하는 상품 대신 다른 것을 선택하게 되었기 때문에 후생이 하락하며, 이와 같이 소비선택을 왜곡시켜 초래되는 후생손실을 **초과부담**이라고 한다. 가정을 조금 완화하여 사과 소비를 완전히 줄이는 것이 아니라, 몇 개만 줄였다고 해도 위와 같은 이유로 후생손실이 발생한다.

---

3. Mirrlees, J. A., "An exploration in the theory of optimal income taxation," *Review of Economic Studies*, 38, 1971, pp.175~208.
4. 주어진 세수를 확보하기 위해서 어떤 세율이 초과부담을 극소화하는가의 문제는 사회후생의 극대화 문제와 동일하다. 따라서 최적세율을 도출하기 위해서는 다음 절에서와 같이 초과부담을 극소화하든지 아니면 본 장의 [부록]에서와 같이 사회후생을 극대화해야 한다.
5. 20%의 물품세에는 60원의 세금이 부과된다. 그러나 만약 사과의 공급곡선이 완전탄력적인 경우가 아니라면 이러한 세금의 일부는 생산자에게도 전가되므로 소비자가격은 세액만큼 인상되지는 않을 것이다. 이에 관해서는 다음 장에서 자세히 다루기로 한다. 또한 갑이 사과의 소비를 포기했다는 가정은 결국 수요의 가격탄력성이 완전탄력적이라는 것과 같은 의미이다.

그림 16-1

물품세 초과부담

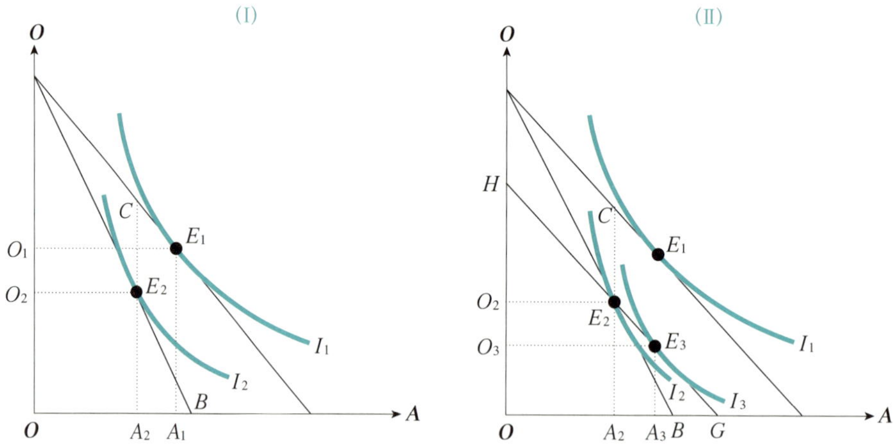

이를 구체적으로 설명하기 위해 무차별곡선을 이용해 논의해 보기로 하자. 갑의 소득은 Y원이고, 두 개의 상품 사과(A) 및 오렌지(O)만을 소비하며, 가격은 각각 P_a 및 P_o라고 가정하자. 효용극대화를 추구하는 갑의 균형소비는 [그림 16-1]의 그림 (I)에서 보는 바와 같이 E_1에서 이루어진다. 이때 소비자는 A_1의 사과와 O_1의 오렌지를 소비한다.

이제 정부가 사과에 세율 t_a의 물품세를 부과한다면 소비자가 직면하는 사과 값은 $(1+t_a)P_a$로 인상되고, 사과와 오렌지 사이의 상대가격에 변화가 생겨 예산선은 OA에서 OB로 이동한다. 두 예산선 사이의 수직거리는 각각의 소비수준에서의 조세부담을 오렌지로 표시할 경우를 뜻하며, 오렌지 가격을 1원이라고 하면 이 거리는 곧 세액이 된다. 조세로 인한 사과 가격의 인상으로 인해 갑의 새로운 효용극대화 소비균형은 E_2로 나타나며, 소비자가 납부하는 세액은 예산선 간의 수직거리인 CE_2로 표시된다. 소비자의 효용은 I_1에서 I_2로 하락한다. 여기에서 우리는 동액의 세수 CE_2를 확보한 후에도 I_2보다 높은 후생을 얻을 수 있는 또 다른 세목의 존재 여부를 판별함으로써 초과부담 수준을 측정할 수 있다. 이를 가능하게 하는 세목이 정액세(lump-sum tax)이다.

정액세는 납세자의 소비행태에 관계없이 일정액이 부과되므로 소비수준에 따라 세액이 좌우되는 물품세와는 다르다. 정액세가 초과부담이 없는 이유는 이미 앞 장에서 살펴보았다. 이를 [그림 16-1]의 그림 (II)에서 살펴보면 CE_2의 정액세는 사과의 소비수준에 관계없이 일정하므로 최초의 예산제약선 OA가 CE_2의 차이만큼 평행하게 이동한 HG로 나타난다. 예산선 HG는 E_2점을 통과하게 되며, 여기에서 효용극대화 소비수준은 E_3로 나타나고 보다 높은 후생수준인 I_2를 얻을 수 있게 된다. 따라서 정액세는 물품세와 동일한 세수를 얻으면서 보다 높은 후생을 달성하게 한다. 즉, 물품세는 I_3와 I_2의 차이에 해당하는 초과부담을 발생시킨다.[6]

이를 제4장의 파레토 효율의 조건과 연관지어 설명하여 보자. 파레토 효율의 조건은 소비에 있어서 사과와 오렌지의 한계대체율(MRS_{ao})이 생산에 있어서의 사과와 오렌지의 한계변환율(MRT_{ao})과 동일할 때 성립한다. 사과에 대한 물품세는 소비자가 직면하는 사과 가격을 $(1+t_a)P_a$로 인상시키므로 한계대체율은 식 (16-1)로 표시되며, 이는 곧 [그림 16-1]의 균형소비점 E_2의 소비균형조건을 말한다.

$$MRS_{ao} = \frac{(1+t_a)P_a}{P_o} \tag{16-1}$$

한편 이윤극대화를 추구하는 생산자는 한계변환율과 그들이 받는 사과와 오렌지 값의 비율이 일치하는 생산량을 결정한다. 갑은 사과 하나에 $(1+t_a)P_a$라는 가격을 지불하지만 생산자의 손에 들어오는 돈은 P_a이며, 그 차액은 세금으로 납부되므로 생산자의 이윤극대화를 위한 한계변환율은 식 (16-2)와 같이 표시된다.

$$MRT_{ao} = \frac{P_a}{P_o} \tag{16-2}$$

따라서 세율 t_a가 0보다 큰 이상 MRS_{ao}가 MRT_{ao}를 능가하여 파레토 효율의 조건을 위배하게 되므로 조세로 인한 후생손실이 초래됨을 알 수 있다. 이러한

6. I_3와 I_2의 차이에 해당하는 후생손실을 화폐액으로 표시한 것이 소비자잉여 개념 중의 하나인 보상변화(compensating variation)이다. 이에 관한 논의는 본 장의 [부록]을 참조하고, 보다 상세한 논의는 『후생경제학』(이만우 저) 제6장 소비자잉여 편을 참조하기 바란다.

그림 16-2

물품세의 초과부담

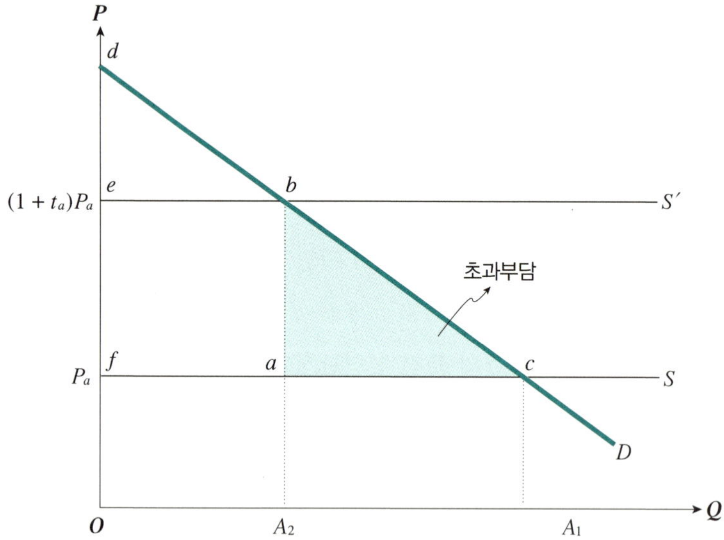

후생손실은 물품세로 인하여 소비자가 지불하는 가격과 생산자가 지불받는 가격이 상이하게 되기 때문이다. 그러나 정액세의 경우에는 소비자나 생산자들이 직면하는 가격이 동일하므로 파레토 효율의 조건을 만족하게 된다.

1.2.2 수요곡선에 의한 분석

앞에서 논의한 무차별곡선에 의한 초과부담의 분석은 수요곡선에 의해서도 똑같이 설명될 수 있다. 수요곡선에 의한 분석은 현실의 각종 조세의 초과부담을 경험적으로 계측하는 데 있어 직접적인 기초가 된다는 점에서 그 의의를 찾을 수 있다.

물품세의 과세는 [그림 16-1]에서와 같이 효용극대화 소비균형을 E_1에서 E_2로 이동시켜 사과 소비량을 A_1에서 A_2로 감소시켰다. 이를 수요곡선으로 나타낸 것이 [그림 16-2]이다. 수요곡선에 의한 초과부담은 조세로 인한 가격변화가 가져오는 소비자잉여의 감소로 표시된다. 본 장의 [부록]에서도 설명하고 있는 것과 같이 소비자잉여는 어떤 상품의 구입에 있어 소비자가 기꺼이 지불하고자 하는 화폐액과 실제로 지불한 화폐액의 차이로 정의된다. 따라서 과세된 사과 소비량 A_1의 구입에 따른 소비자잉여는 [그림 16-2]에서 dcf의 면적으로 표시되며, 과세 후 A_2의 소비에 따른 잉여는 dbe의 면적으로 나타난다. 그러므로 과세로 인한 $(1+t_a)P_a$로의 사과 가격의 인상은 $ebcf$의 소비자잉여의 감소를 초래한다. 이 때 $ebaf$에 해당하는 몫은 정부의 조세수입으로 이전되므로 과세에 의한 사회적 후생손실은 삼각형 abc로 나타나며, 초과부담에 해당한다.[7] 초과부담 abc는 단위당 세액과 소비량 감소분의 곱으로 나타나는 면적의 반으로, 이를 수요곡선의 가격탄력성(η)으로 표시하면 식 (16-3)과 같다.[8]

$$\text{초과부담} = \frac{1}{2}\eta \cdot \{P_a \cdot A_1\} \cdot (t_a)^2 \qquad (16-3)$$

---

7. (일반) 수요함수에 의한 초과부담 abc는 엄격히 말해서 무차별곡선에 의한 초과부담과는 상이하다. 후자는 가격상승으로 인한 소득효과를 제외한 대체효과만을 고려한 (힉스의) 보상수요곡선에 의해서 표시되는 초과부담이다. 즉, [그림 16-2]의 수요곡선을 보상수요곡선으로 간주할 때만이 [그림 16-1]의 무차별곡선에 의한 초과부담과 대등한 것으로 간주할 수 있다.
그러나 힉스의 보상수요함수는 효용수준에 의존함으로써 관측하는 것이 불가능하다는 결함을 갖고 있다. 따라서 통상적으로 마샬의 수요함수를 이용하여 소비자잉여의 근사치를 구하고 있다. 이 근사치는 보통재의 경우 정확한 값, 즉 보상수요곡선에 의해서 측정되는 값보다도 크게 나타나며, 열등재의 경우 작게 나타난다. 한편 본 항의 초과부담 계측은 조세가 오직 과세된 상품의 가격만을 변화시킴을 가정하고 있다. 일반적으로 한 상품의 가격인상은 이 재화의 대체재나 보완재의 수요변화와 이로 인한 가격변화를 초래한다. 따라서 과세로 인한 소비자잉여의 변화(초과부담)는 대체재나 보완재의 수요변화에 의한 잉여의 변화까지 고려해야 한다. 이상의 보다 깊은 논의는 본 장의 [부록]과 『후생경제학』(이만우 저) 제6장을 참조 바람.
8. 초과부담이 식 (16-3)으로 표시됨을 증명하여 보자.

$$\text{초과부담} = \frac{1}{2}(ac) \times (ab) \quad \cdots\cdots ①$$

여기서 $ac = OA_1 = \Delta A_1\left(\frac{\Delta P_a}{\Delta P_a}\right) = \frac{\Delta A_1}{\Delta P_a}(\Delta P_a) \quad \cdots\cdots ②$

$$ab = \Delta P_a = (1+t_a)P_a - P_a = t_a \cdot P_a \quad \cdots\cdots ③$$

그런데 $\eta = \frac{\Delta A_1}{\Delta P_a} \cdot \frac{P_a}{A_1}$이므로 $\frac{\Delta A_1}{\Delta P_a} = \eta \cdot \left(\frac{A_1}{P_a}\right) \cdots\cdots ④$

식 ④를 식 ②에 대입하면

$$ac = \eta \cdot \left(\frac{A_1}{P_a}\right) \cdot \Delta P_a \quad \cdots\cdots ⑤$$

식 ③의 ΔP_a를 식 ⑤에 대입하면

$$ac = \eta \cdot \left(\frac{A_1}{P_a}\right) \cdot (t_a \cdot P_a) = \eta \cdot A_1 \cdot t_a \quad \cdots\cdots ⑥$$

따라서 식 ③, ⑥과 ①에 의해

$$\text{초과부담} = \frac{1}{2}(ac) \times (ab) = \frac{1}{2}(\eta \cdot A_1 \cdot t_a) \cdot (t_a \cdot P_a) = \frac{1}{2}\eta \cdot P_a \cdot A_1 \cdot (t_a)^2 \quad \cdots\cdots ⑦$$

식 (16－3)을 살펴보면 초과부담은 가격의 수요탄력도가 클수록, 즉 과세로 인한 소비선택의 변화가 크면 클수록 증가함을 알 수 있다. 또한 초과부담은 과세된 물품에 대한 최초의 소비지출액($P_a A_1$)의 크기와 정비례하며, 세율의 상승에 따라서 자승배로 증가함을 알 수 있다.

2. 물품세의 최적과세

Public Finance, ch. sixteen

2.1 서언

물품세의 최적과세에 대해서는 1927년 램지에 의해 최초로 논문이 발표된 이후 1950년대에 두 편의 논문이 발표되었을 뿐이다. 그러나 1970년대 접어들면서 이전의 논문들을 확대하고 일반화시킨 다수의 논문들이 쏟아져 나왔다.

물품세도 정액세의 경우처럼 초과부담을 초래하지 않았다면 이와 같은 논의는 필요없었을 것이다. 그러나 초과부담을 수반하지 않는 물품세는 이론적으로는 가능하나 이를 현실의 세제에 제도화하는 것이 불가능하기 때문에 초과부담의 최소화를 위한 최적과세론이 중시되고 있는 것이다.

그러면 물품세가 어떠한 경우에 초과부담을 야기하지 않으며, 이를 제도화하는 것은 어째서 어려운 것인지에 대해 우선 살펴볼 필요가 있다. 이를 위하여 동일한 선호를 갖고 있는 경제주체들로 구성된 하나의 단순경제를 가정하자. 그리고 개인은 두 개의 재화 X, Y와 여가 l만을 소비하며, 이들의 가격을 각각 P_x, P_y, w라고 가정하자. 여가의 가격은 그 기회비용에 해당하는 임금으로 나타나기 때문에 w라고 가정하기로 한다. 한 개인이 1년 동안 일할 수 있는 최대 시간을 H라고 하고 고정되어 있다면 실제로 일한 시간은 여가를 뺀 $(H-l)$일 것이며, 소득은 $w(H-l)$이 될 것이다. 만약 모든 소득을 상품의 구입에 지출한다고 하면, 그가 직면하는 예산제약식은 식 (16－4)와 같다.

만약 공급곡선이 수평이 아니고 우상향할 경우라면 초과부담은 다음과 같이 나타난다.

초과부담 $= \dfrac{1}{2}\dfrac{P_a \cdot A_1}{\dfrac{1}{\eta}+\dfrac{1}{\varepsilon}} \cdot t_a^2$, 단 ε는 공급곡선의 가격탄력도를 말한다.

$$w(H-l) = P_X X + P_Y Y \qquad (16-4)$$

식 (16-4)의 왼편 항은 총소득을 오른편 항은 총소득의 지출을 나타내고 있다. 이는 식 (16-5)와 같이 다시 표시될 수 있다. 식 (16-5)의 왼편 항은 각자가 얻을 수 있는 최대의 소득을 의미한다.

$$wH = P_X X + P_Y Y + wl \qquad (16-5)$$

이제 정부가 세율이 t인 단일물품세를 부과하고 여가의 소비에도 동일하게 과세한다면 각자의 과세 후 예산제약은 식 (16-6)과 같다. 식 (16-6)을 양변을 $(1+t)$로 나누어 다시 표시하면 식 (16-7)이 된다.

$$wH = (1+t)P_X X + (1+t)P_Y Y + (1+t)wl \qquad (16-6)$$

$$\frac{1}{1+t}wH = P_X X + P_Y Y + wl \qquad (16-7)$$

식 (16-6)과 식 (16-7)에서 우리는 모든 상품과 여가에 동일한 세율의 조세를 부과하면 정액세의 부과와 같은 결과를 초래하여 초과부담이 수반되지 않음을 알 수 있다. 왜냐하면 식 (16-7)의 왼편 항은 최고소득이 wH에서 $\frac{1}{1+t}wH$로 감소하도록 부과한 정액세와 동일한 결과를 뜻하기 때문이다. 우리는 1절에서 정액세의 경우에는 초과부담이 야기되지 않는다는 사실을 확인하였다. 따라서 모든 상품과 여가에 단일세율의 물품세를 부과해도 역시 초과부담은 발생하지 않는다는 것을 알 수 있다.

그러나 현실적으로 여가 소비에 과세를 한다는 것은 거의 불가능하므로 실현 가능한 조세로는 두 상품 X, Y에 과세하는 것이며, 이것은 필연적으로 초과부담을 수반하게 된다.[9] 따라서 초과부담을 최소화하는 물품세의 최적과세론이 중

9. 콜렛과 헤이그(Corlett & Hague)는 여가에 과세하는 것은 어렵더라도 여가와 관련한 상품들에 차등과세함으로써 유발되는 초과부담을 어느 정도 완화시킬 수 있다고 주장한다. 즉, 여가에 보완적인 상품에 높은 세율을 적용함으로써 여가와 상품의 동시적 과세에서 달성할 수 있는 정액세 부과라는 최선의 상태에 가까워질 수 있다는 것이다. 예를 들면 유흥장이나 피서지 등에 입장세를 부과하거나 그러한 목적을 위해 판매되는 물품(보트, 스키 등)에 보다 높은 세율을 적용함으로써 여가의 수요를 줄일 수 있으므로, 여가 소비에 과세하는 간접적인 효과를 얻을 수 있다는 것이다. 하지만 이

그림 16-3

램지 법칙

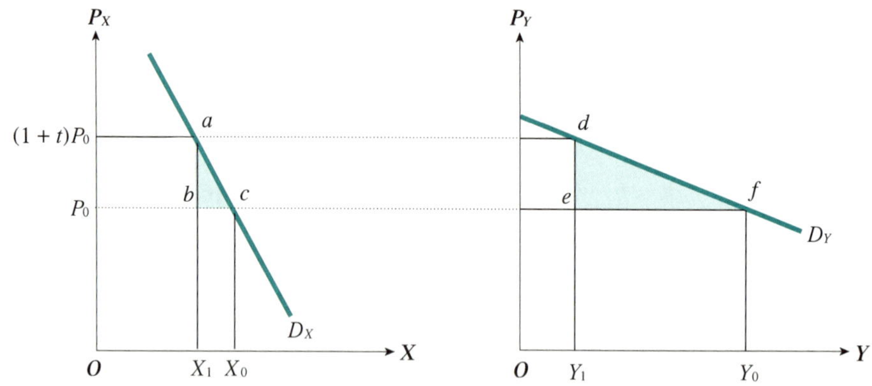

요시될 수밖에 없다.

2.2 램지 법칙 : 역탄력성 법칙

그러면 현실적으로 과세가 불가능한 여가를 제외하고 난 이후 두 상품 X, Y에 있어서 어떠한 세율이 초과부담을 최소화하는지를 알아보자. 분석상의 편의를 위해 X, Y 두 재화는 독립재로 가정한다. 즉, 각 상품가격의 변화는 다른 재화의 수요에는 전혀 영향을 미치지 않음을 가정한다. 그리고 두 상품의 최초 가격을 [그림 16-3]에서 표시한 것과 같이 P_0로 하고 공급곡선은 수평인 것으로 가정한다. 완전탄력적인 수평의 공급곡선은 모든 소비자가 각 상품을 원하는 양만큼 P_0의 가격에 구입할 수 있음을 의미한다. 또한 P_0의 기격 하에서 두 상품의 소비량은 X_0, Y_0로 동일하다고 가정한다.

이제 정부가 세율 t인 물품세를 부과한다면 두 상품의 가격은 각각 $(1+t)P_0$로 인상될 것이며, 소비량은 X_1, Y_1으로 감소할 것이다. 이에 따른 초과부담은 앞

러한 방법 역시 초과부담의 발생을 완전히 해소한다고 보기는 어렵다. 왜냐하면 여가 관련 상품에 어느 정도의 세율을 책정해야 하는 것인지를 파악하기가 쉽지 않기 때문이다. 보다 자세한 논의는 Corlett, W. J. & Hague, D. C., "Complementarity and the excess burden of taxation," *Review of Economic Studies*, 21, 1953, pp.21~30을 참조하라.

절에서 설명한 바와 같이 *abc*, *def*로 나타난다. [그림 16-3]에 표시된 바와 같이 수요가 보다 탄력적인 Y상품에 대한 과세가 더 큰 초과부담을 수반함을 알 수 있다. 이는 탄력성이 크면 클수록 과세(가격변화)로 인한 소비선택의 변화를 크게 해 소비선택의 의사결정을 더욱 왜곡시킴을 뜻한다. 따라서 주어진 세수를 확보하기 위해 물품세를 부과할 경우 초과부담을 최소화하기 위해서는 수요탄력성이 큰 상품보다는 작은 상품에 보다 높은 세율이 적용되어야 한다. 엄격하게 표현하면 식 (16-8)과 같이 세율은 탄력성에 역비례적으로 적용되어야 한다.[10]

$$\frac{t_x}{t_y} = \frac{\eta_y}{\eta_x} \tag{16-8}$$

식 (16-8)은 **역비례적 탄력성법칙**(inverse elasticity rule)이라고 하며, 독립재만을 상정하고 있는 단순경제에서의 물품세의 최적과세를 설명한다. 식 (16-8)은 $t_x\eta_x = t_y\eta_y$로 다시 표현될 수 있는데, 여기에서 η_x는 가격이 1% 상승할 때 수요량의 백분율 변화를 가격의 백분율 변화로 나눈 값이다. 따라서 $t_x\eta_x$는 조세 부과 시 상품 X에 대한 수요의 백분율 변화(비례적 감소)를 뜻한다. 그러므로 식 (16-8)은 초과부담을 최소화하기 위해 X수요의 비례적 감소와 Y수요의 비례적 감소가 일치하도록 조세가 부과될 것임을 의미하며, 이것이 **램지 법칙**의 진정한 의미라고 할 수 있다. 램지 법칙은 모든 상품이 독립재인 경우는 물론 여가를 포함한 모든 상품이 서로 관련되어 있는 경우까지도 적용되며, 본 장의 [부록]에서는 이의 일반적인 도출을 소개하고 있다.

초과부담을 최소화하는 램지 법칙은 효율의 측면은 만족하나, 공평의 측면은 고려하고 있지 않다. 일반적으로 수요의 탄력성이 낮은 재화라면 소득수준과 관계없이 일정량으로 소비되는 생활필수품의 경우이며, 고소득층에 의해 다량으로 소비되는 사치품 등은 대체로 가격탄력성이 높기 때문이다. 즉, 생활필수품에 높은 수준의 물품세를 부과하고 사치품 등에 낮은 수준의 물품세를 부과하는 것

10. 앞 절에서 우리는 *abc*와 *def*에 해당하는 초과부담을 각각 $\frac{1}{2}\eta_x P_x t_x^2$와 $\frac{1}{2}\eta_y P_y t_y^2$로 도출하였다. 따라서 물품세 부과에 따른 총초과부담은 두 식의 합이 된다. 엄밀히 설명하면 여기서의 수요곡선 역시 보상수요곡선으로 간주되어야 함은 물론이다. 한편 주어진 세수를 R이라고 하면, $R = P_xXt_x + P_yYt_y$로 나타난다. 따라서 주어진 세수제약 하에 초과부담을 최소화하기 위해 라그랑주 함수를 설정하고, 이를 각각 t_x, t_y에 대해 편미분하여 F.O.C.(1차 조건)를 구하고 둘을 결합하면 식 (16-8)을 구할 수 있다.

은 공평의 기준에 부합하지 않는다. 여기에서도 효율과 공평은 상반된 결과를 가져올 수 있음을 볼 수 있다.

따라서 물품세의 최적과세는 그 사회가 효율과 공평의 가치기준 중 어떠한 것을 더 중시하느냐에 따라 평가되어야 함은 물론, 다른 세목의 최적세율이 어떠한 기준에 치중하고 있느냐에 따라서 두 기준의 적절한 조화를 꾀할 수 있을 것이다.[11]

효율과 공평의 두 기준 중에서 어떠한 것을 중시하느냐의 문제는 다음 절에서 논의할 사회후생함수가 어떠한가에 의해 좌우된다. 공평을 중시하는 사회에서는 생필품에 낮은 세율을, 그리고 사치품에 높은 세율의 물품세를 부과할 수 있을 때 사회후생이 극대화된다. 이러한 사회후생은 효율의 희생 하에 얻어진다. 즉, 램지 법칙의 유용성 여부는 그 사회의 가치기준(사회후생함수)과 소비패턴에 의해 좌우된다.

그러나 램지 법칙은 다양한 경제상황이나 사회상황에 따라 구분되는 상이한 사회나 국가에 있어서 후생의 극대화를 도모하는 최적물품세를 도출하는 밑바탕이 되어야 할 것이다.

3. 소득세의 최적과세

Public Finance, ch. sixteen

3.1 서언

현실적으로 소득세는 대부분의 국가에서 가장 큰 세수를 점하는 세목이다. 이러한 사실에서 소득세의 중요성이 충분히 인정된다. 우리는 앞 장에서 포괄적

11. 보다 깊은 논의는 다음의 문헌을 참고 바람.
Diamond, P. A., "many-person Ramsey tax rule," *Journal of Public Economics*, 4, 1975, pp.335~342 ; Atkinson, A. B. & Stiglitz, J. E., "The design of tax structure : direct versus indirect taxation," *Journal of Public Economics*, 6, 1976, pp.55~75 ; Mirrlees, J. A., "Optimal commodity taxation in a two-class economy," *Journal of Public Economics*, 4, 1975, pp.27~33 ; Sandmo, A., "Optimal taxation : an introduction to the literature," *Journal of Public Economics*, 6, 1976, pp.37~54.

소득세원이 수평적 공평을 가장 잘 반영하는 세원 중의 하나임을 논의하였다. 따라서 공평과세를 위해서는 소득에 따른 차등부담을 제도화하는 수직적 공평의 문제가 소득세의 최적과세에서 가장 중요하게 취급되어야 하는 과제임을 설명하였다. 만약 포괄적 소득세원의 가정 하에 응능주의에 부합하기 위한 소득세의 차별적 과세가 앞서 논의한 정액세처럼 초과부담을 야기하지 않는다면 소득세는 최선의 비왜곡적인 조세로 간주될 수 있다. 그러나 소득세의 차등부담은 초과부담을 수반할 수밖에 없으므로 이의 최소화를 중심과제로 하는 최적소득세에 대한 논의가 필연적으로 발생할 수밖에 없는 것이다.

소득세가 초과부담을 수반하는 이유를 간단한 예를 통해 직관적으로 살펴보자. 정부에서 고소득층인 갑에게는 그의 경제적 의사결정과 독립적으로 10만원의 정액세를 부과하고, 저소득층인 을에게는 만원의 정액세를 소득세로 부과했다고 하자. 설령 정부가 납세자의 경제적 의사결정과 상관없이 과세하였다고 해도 그 기준은 소득수준임이 틀림없다. 따라서 납세자들은 그들의 조세부담이 각자의 소득수준과 상관관계를 갖고 있음을 인지하게 될 것이며, 그러한 조세부담을 의식하여 노동량(여가량)이나 저축의 의사결정을 조정할 수도 있을 것이다.

이는 앞 절의 물품세의 최적과세 논의에서 물품세가 정액세로 간주될 수 없었던 이유와 마찬가지이다. 소득세를 임금에 대한 과세라고 간주하면 쉽게 설명된다. 소득세가 식 (16-7)의 경우처럼 노동량(여가량)의 변화를 가져오지 않고 고정소득(wH)의 하락으로만 나타난다면 이는 정액세로 간주될 수 있다. 그러나 소득세로 인한 과세 후 임금의 변화($w(1-t_w)$)는 노동과 여가 소비를 변동시켜 소득을 유동적으로 만든다. 따라서 이 경우에는 정액세가 될 수 없으며 초과부담을 야기한다.[12] 후자의 경우가 더욱 현실적임은 설명할 필요가 없을 것이다.

이상의 논의를 통하여 볼 때 소득세의 최적과세는 공평과세를 꾀하기 위한

---

12. 앞 절의 물품세의 최적과세 경우처럼 상품 X, Y와 여가 l을 소비하는 단순경제의 경우 과세 전의 파레토 효율은 다음과 같다.

$$MRS_{xy} = MRT_{xy},\ MRS_{lx} = MRT_{lx},\ MRS_{ly} = MRT_{ly}$$

이제 비례소득세 t_w를 부과하면 소비자의 효용극대화 의사결정은 과세 후 소득(임금) $w(1-t_w)$에 의존하여 균형조건은 $MRS_{lx} = \frac{w(1-t_w)}{P_x}$로 변화한다. 그러나 생산자의 이윤극대화 균형조건은 그가 지불하는 임금 w에 의존하므로 균형조건 $MRT = \frac{w}{P_x}$는 변함이 없다. 따라서 소득세의 부과는 파레토 효율의 2번째와 3번째 조건에 위배하게 된다. 그러므로 일반적으로 소득세와 정액세는 상이함을 알 수 있다.

수직적 공평의 가치기준과 이를 위한 차등과세에 수반되는 초과부담 최소화의 조화, 즉 효율과 공평의 조화가 어느 세목에서보다 중시된다. 특히 물품세가 현실적으로 단일세율에 의해 운용됨으로써 응능원칙에 수렴하기가 훨씬 어려운 점을 감안하여 소득세의 공평과세는 더욱 중요하게 받아들여지고 있다.

3.2 소득세의 최적과세

소득세의 최적과세에 관한 연구는 1971년 멀리즈(J. Mirrlees)의 논문을 시발점으로 하여 여러 학자들[13]에 의해 구체화되고 일반화되었으며, 현재까지의 최적과세론 중 가장 활발히 논의되고 있는 분야 중 하나이다. 최근에는 자본소득에 관한 최적과세연구로 확대되어 재정학자들의 관심을 불러일으키고 있다.[14]

대부분의 연구논문들이 난해하여 그 모두를 다루는 것은 이 책의 범위를 벗어나는 것이므로 여기에서는 스턴(N. Stern)의 논문을 중심으로 소득세의 최적과세에 관한 핵심을 살펴보기로 한다.

---

13. Mirrlees, J. A.,"An exploration in the theory of optimal income taxation," *Review of Economic Studies*, April, 1971 ; Mirrlees, J. A., "Optimal tax theory : a synthesis," *Journal of Public Economics*, Nov., 1976 ; Sheshinski, E., "Optimal linear income tax," *Review of Economic Studies*, July, 1972 ; Atkinson, A., "How progressive should income tax be," in *Essays in Modern Economics*, Parkin, M. and Nobay, A. R.(eds.), London : Longman Group Ltd., 1973 ; Feldstein, M. S., "On the optimal progressivity of the income tax," *Journal of Public Economics*, 1973 ; Stern, N. H., "On the specification of models of optimum income taxation," *Journal of Public Economics*, 6, 1976 ; Sadka, E.,"On income distribution, incentive effects, and optimal income taxation," *Review of Economic Studies*, June, 1976 ; Searde, J., "On the shape of optimal tax schedules," *Journal of Public Economics*, April, 1977 ; Dixit, A. K. & Sandmo, A., "Some simplified formulae for optimal income taxation," *Scandinavian Journal of Economics*, 79, 1977 ; Boskin, M. J. & Sheshinski, E., "Optimal income distribution when individual welfare depends on relative income," *Quarterly Journal of Economics*, 92, 1978 ; Mirrlees, J. A., "The theory of optimal taxation," in *Handbook of Mathematical Economics*, Arrow, K. J. & Intrilligator, M. D.(eds.), North-Holland, Amsterdam, 1979.
14. Auerbach, A. J., "The optimal taxation of heterogeneous capital," *Quaterly Journal of Economics*, Nov., 1979 ; Summers, L. M., "Capital taxation and accumulation in a life cycle growth model," *American Economic Riview*, 71, 1981.

3.2.1 최적선형소득세

본 장의 [부록]에 소개된 물품세의 최적과세의 도출과정과 마찬가지로 소득세의 최적세율의 도출 역시 주어진 세수의 제약 하에 사회후생함수를 극대화함으로써 이루어진다. 다만 소득세의 최적과세에서는 과세로 인한 노동량과 여가 소비의 변화를 분석에 포함시켜야만 일반적인 논의가 성립될 수 있으므로 개인의 효용극대화조건을 또 다른 제약조건으로 첨부시켜야만 한다. 이를 위하여 각 소비자(납세자)는 동일한 선호를 갖고 있으며 이는 다음의 효용함수와 같다고 가정하자.

$$U = U(c, l) \tag{16-9}$$

식 (16-9)의 효용함수에서 c는 모든 상품을 통합한 하나의 복합재로 간주하고, l은 노동(여가)으로 간주한다. 비록 각 개인의 선호는 동일하지만 능력이나 기술은 상이함을 가정함으로써 이에 따른 차등세율을 도출할 수 있으므로 여기서는 그 차이를 나타내는 지수를 n으로 가정하고 이를 기술수준이라고 한다. 기술수준에 노동 한 단위를 결합함으로써 효율단위(efficiency units)로 나타낼 수 있다. 예를 들어 기술수준이 2인 개인(기능인)의 한 시간의 노동은 기술수준이 1인 개인(막노동자)의 두 시간의 노동과 같다고 나타낼 수 있다는 것이다. 임금은 개인의 생산성에 따른 함수임을 가정하고 노동의 임금을 w라 하면 개인의 소득은 식 (16-10)으로 표현된다.

$$y = wnl \tag{16-10}$$

여기에서 기술수준을 나타내는 n은 확률분포함수(probability density function) $\int_0^\infty f(n)\,dn$에 의해 분포되어 있다고 가정한다. 그리고 식 (16-10)의 소득에 의존하여 결정되는 소득세의 일반적 형태를 $t = t(y)$라고 하면 과세 후 가처분소득은 식 (16-11)로 나타난다.

$$y^d = y - t(y) = wnl - t(wnl) \tag{16-11}$$

따라서 소득세에 직면한 각 소비자의 최적행위는 식 (16-11)의 제약 하에 목적함수인 식 (16-9)를 극대화하는 것으로, 그 조건은 식 (16-12)로 표시된다.[15]

$$wn(1-t')U_c + U_1 = 0 \qquad (16-12)$$

여기에서 t'은 한계세율($\frac{dt}{dy}$), U_c, U_l은 각각 $\frac{\partial U}{\partial c}$, $\frac{\partial U}{\partial l}$로서 소비와 여가의 한계효용을 뜻한다.

이제 정부가 부과하는 소득세의 최적세율은 물품세의 경우처럼 세수제약조건에다 개인의 효용극대화조건 식 (16-12)를 또 다른 제약조건으로 첨가하여 사회후생함수를 극대화하는 차선의 문제(second-best problem)의 해를 구하는 과정에서 도출된다. 왜냐하면 앞서 언급한 바와 같이 소득세의 최적과세론은 수직적 공평을 중심으로 하는 공평과세를 중시하는데 이는 곧 한 사회가 효율을 어느 정도 희생하는 것을 감수할 수 있는가, 다시 말하면 어떤 사회후생함수를 갖고 있는가의 문제와 그대로 결부되기 때문이다.

사회후생함수는 한 사회의 규범적 규율이나 가치판단기준에 따라 좌우되므로 수없이 많은 형태로 나타날 수 있다. 이를 광범위하게 표시할 수 있는 함수형태가 앳킨슨(A. Atkinson)의 일반적 효용학파 사회후생함수(the generalized utilitarian *SWF*)이다.[16] 식 (16-13)과 같이 이 함수를 최적세율 도출을 위한 목적함수라 하자.

$$\frac{1}{\alpha}\int_0^{\infty} U^{\alpha}(c, l) f(n)\, dn \qquad (16-13)$$

일반적 효용학파 사회후생함수는 α의 상이한 값에 따라 무수한 후생(소득) 분배를 반영하는 사회후생함수로 나타나며, 그에 따라 최적세율의 크기도 다르게 결정된다. 따라서 파라미터 α를 한 사회의 불평등에 대한 혐오감을 표시하는 지표(the aversion to inequality)로서 간주하기도 한다.[17]

최적세율을 도출하는 데 있어 항시 수반되는 제약은 세수제약으로 식 (16-

15. 식 (16-12)는 목적함수 식 (16-9)와 제약조건 식 (16-11)로서 라그랑주 함수를 설정하여 l에 대해 미분한 것이다.
16. 보다 깊은 논의는 『후생경제학』(이만우 저) 제5장을 참조 바람.
17. 단, $\alpha \leqq 1$, α가 1이면 사회후생함수는 공리주의 사회후생함수가 된다.

14)와 같이 표기된다.

$$\int_0^{\infty} t(wnl)f(n)\,dn = R \qquad (16-14)$$

여기에서 R이 영보다 크면 정의 세수를 의미하며, 만약 $R=0$이라면 정부는 세수보다는 소득재분배에만 관심을 갖고 있음을 뜻한다. 스턴(N. Stern)은 식 (16–12), 식 (16–14)의 제약조건 하에 목적함수인 식 (16–13)을 극대화함으로써 정부의 **최적선형소득세율**(optimal linear income tax)을 도출하고 있는데, 이 세율은 이제까지 논의한 불평등에 대한 혐오감지표(α), 세수목표(R), 기술의 분포상태($\int_0^{\infty} f(n)\,dn$), 노동공급의 임금에 대한 탄력도(ε) 등의 파라미터들에 크게 의존하는 것으로 나타나고 있다. 〈표 16–1〉은 이들 파라미터 값이 변함에 따른 소득세율의 변동을 산출한 것으로 이 표를 통하여 이들의 상호관계를 어느 정도 파악할 수 있으며, 이를 요약하면 다음과 같다.

표 16–1 **스턴의 최적세율** (단위 : %)

R(세수목표)	ε	$\alpha=1$	$\alpha=-1$	$\alpha=-2$	$\alpha=-\infty$
$R=0$	0.2	36.2	62.7	67.0	92.6
	0.4	22.3	47.7	52.7	83.9
	0.6	17.0	38.9	43.8	75.6
	0.8	4.1	33.1	37.6	68.2
	1.0	12.7	29.1	33.4	62.1
$R=0.05$	0.2	40.6	68.1	72.0	93.8
	0.4	25.4	54.0	58.8	86.7
	0.6	18.9	45.0	50.1	79.8
	0.8	19.7	38.9	43.8	73.6
	1.0	20.6	34.7	39.5	68.5
$R=0.10$	0.2	45.6	73.3	76.7	95.0
	0.4	35.1	60.5	64.1	89.3
	0.6	36.6	52.0	57.1	83.9
	0.8	38.6	46.0	51.3	79.2
	1.0	40.9	41.7	47.0	75.6

자료 : Stern(1976) ; Atkinson & Stiglitz(1980).

최적선형소득세율 구조의 한계세율은

첫째, α의 절대값과 정의 관계에 있다. 즉, 한 사회의 공정한 소득분배에 관한 선호나 가치기준이 높으면 높을수록 한계세율은 높아 그로 인한 효율적 자원배분의 희생을 충분히 감수할 수 있음을 의미하며, 이것이 곧 그 사회의 후생극대화로의 접근을 의미한다.

둘째, 노동공급의 탄력도 ε과는 대체로 역의 관계에 있다. 이는 물품세의 최적세율에서 역비례적 탄력성원칙의 경우와 같다. 다시 말하면 조세 부과로 인한 임금의 하락이 노동공급의 의사결정에 많은 영향을 미치면 미칠수록 초과부담을 최소화하기 위한 세율은 낮게 책정되어야 함을 의미한다.

셋째, 조세수입과는 정의 관계에 있다. 공공재의 공급을 비롯한 정부지출수요가 커서 높은 소득세수입을 요하면 요할수록 소득세율이 높아야 함은 당연하다. 기존의 소득세 수입이 소득재분배를 위한 재원보다는 공공지출에 치중되어 있다면 보다 높은 한계세율의 책정으로 인한 소득재분배의 개선은 보다 나은 사회후생을 시사한다.

넷째, 기술의 분포 정도와는 정의 관계에 있다. 이는 각 개인 간의 능력의 차가 크면 클수록 더 높은 한계세율은 소득재분배로 인한 사회후생의 증대를 도모함을 의미한다.

3.2.2 최적비선형소득세

앞서 논의한 바와 같이 멀리즈와 스턴을 중심으로 한 소득세의 최적세율 구조는 선형세율 구조에만 국한되었으나 주 13.에 소개한 그 이후의 연구논문에서는 보다 일반적인 비선형세율 구조 하의 최적세율 연구도 활발하게 진행되어 왔다.

특히 사드카(E. Sadka)와 시어드(J. Searde)의 연구논문에서는 비선형최적세율 구조 하에서 최고소득 수준의 한계세율이 영이어야만 한다는 결론을 도출하고 있어 많은 재정학자들의 관심을 불러일으켰다. 왜냐하면 공평과세를 지향하는 소득세의 누진구조는 소득이 향상되면 향상될수록 한계세율 또한 일률적으로 증가될 것이라는 상식적인 판단을 대부분의 학자들이 견지해 왔기 때문이다. 따라서 보다 일반적인 비선형소득세율 구조 하에서는 한계세율이 소득수준과 일률적으로 정의 관계에 있지 않으며, 최고소득 수준의 한계세율은 영일 수도 있다.

다음의 간단한 예를 보자. 어느 고소득 수준의 납세자가 매월 통상소득이 천만원이며 세부담액은 400만원 정도라고 가상하자. 그는 노력을 더 하기만 하면 100만원 정도는 더 벌 수 있는데, 새로운 소득 100만원에 적용되는 한계세율 때문에 이를 포기했다고 하자. 이 경우 정부가 100만원 몫에 대한 한계세율을 영으로 책정한다면 그 납세자는 소득행위를 계속하여 이득을 취할 것이며, 정부로서도 종전의 세수를 그대로 유지함으로써 잃을 것이 없다. 따라서 한계세율을 영으로 함으로써 사회후생은 오히려 증가한다.

또한 최저소득자에 대해서도 한계세율은 영이어야 한다. 왜냐하면 최저소득자의 지불능력이 가장 작기 때문이다. 결국 최저소득자에게 있어서는 공평성기준이, 고소득자에게 있어서는 효율성기준이 적용되어 두 계층의 한계세율을 영으로 만드는 것이다. 따라서 종축에 한계세율을, 횡축에 소득을 표시한다면 세율구조는 역 U자의 형태로 나타난다.

소득세의 일반적인 최적세율 구조는 우리가 상식적으로 판단해 온 소득증가에 따른 한계세율의 점진적인 상승과는 달리 어느 소득수준 이상에서는 한계소득세율이 오히려 하락함이 사회후생을 극대화하는 최적세율이다.[18]

3.2.3 선형소득세와 비선형소득세 간의 비교

최적소득세에서 공평과세를 위해 수직적 공평이 고려될 수밖에 없음을 앞에서 살펴보았다. 그러한 점에서 **선형소득세**(flat-rate tax) 구조는 한계세율이 일정하므로 면세점 이상의 소득자에 대해서 일종의 비례세와 같다. 따라서 수직적 공평을 도모하는 데 크게 기여하지는 못한다.

그러나 **비선형소득세**는 소득단계가 많고 그에 따른 한계세율도 높게 주어지고 있는 것을 대부분의 사례에서 볼 수 있다. 하지만 이와 같은 많은 소득단계에 대해 누진율을 점차 올린다는 것은 앞의 항에서 살펴본 것처럼 사회후생을 감소시킬 수 있다. 따라서 현실에서는 소득계층에 따라 누진율을 늘리되 일정 소득수준 이상의 계층에 대해서는 일률적으로 세율을 정하는 방식을 많이 사용하고 있

---

18. 앞의 각주에서 소개한 바와 같이 최적소득과세에 관한 연구는 이 이외에도 소득세와 물품세를 동시에 고찰했을 경우 최적세율과 각종 정책 시사에 관한 값진 결론을 Atkinson과 Stiglitz(1976)의 논문을 중심으로 행하여져 왔으며, Boskin과 Sheshinski(1978)의 논문을 중심으로 소비외부성하의 최적세율연구 등이 확대 발전되어 오고 있다.

다. 이를 누진적 평률(progressive flat-tax rate)로 과세한다고 한다. 또한 소득계층의 수를 점점 축소 · 통합하는 추세이다. 이와 같은 조세체계는 선형소득세의 경우보다 더 많은 수직적 공평을 반영하지만, 소득단계 내에서도 소득의 격차가 존재하고 최고소득수준의 계층 내에서도 소득격차가 크다고 볼 때 완전한 수직적 공평을 반영하는 것은 아니다.

최적선형소득세를 주장하는 멀리즈는 결국 저소득층에 대해서는 소득의 한계효용이 크므로 한계세율을 낮추는 공평의 기준과 고소득층에 대해서는 노동의 대체탄력성이 크기 때문에 한계세율을 낮추는 효율의 기준에 대해 동시적으로 고려하면 두 가지 기준에 따른 효과가 모두 상쇄되어 최적소득세는 결국 최적선형소득세율 구조와 비슷한 모습을 갖는다고 주장하고 있다.[19]

결국 어떠한 형태의 소득세를 더 선호하느냐는 그 사회가 가진 효율과 공평기준에 대한 선호, 즉 사회후생함수에 달려 있다고 할 수 있다.

4. 최적과세와 최적세제개혁

이제까지 논의한 최적과세의 이론적 연구는 현행 세제를 제약조건(전제조건)으로 하지 않고 백지에다 새로운 세제를 고안하는 것과 흡사하다. 따라서 기존 세제를 시발점으로 하여 각종 세제나 세율 구조의 대안들의 모색을 중시하는 최적세제개혁과는 구분되며, 전자는 후자의 기초로서 서로를 보완하고 정책입안에 응용되어져야 할 것이다.

그러나 종래에 세제개혁이란 이름 하에 이루어진 각종 연구들은 어떤 소득이 세원에 포함되거나 제외되어야 한다는 세원의 정의를 중심으로 이들 정의의 변동에 따른 공평과세의 문제점들이나 세수 변화, 그리고 이로 인한 경제적 효과 등을 중시했다는 점에서 최적과세의 이론이 그 기초를 이루지 못하였다.

이러한 문제점을 해결하기 위해 세제개혁 시 다음과 같은 사항들을 특히 유념해야 할 필요가 있음을 펠드스타인(M. Feldstein)은 지적하고 있다.[20]

19. Mirrlees, "An Exploration in the Theory of Optimum Income Taxation," *Review of Economic Studies*, vol. 38, 1977.

첫째, 최적세제개혁을 위해서는 세제개혁으로 예상되는 경제주체들의 불확실한 행태변화나 경제 제변수들의 불확실성 등에 관하여도 세심한 주의를 기울여야 한다. 예를 들면 세제개혁은 어느 소득계층이나 또는 동일한 소득계층 중에서도 어떤 그룹의 사람들에게는 그것의 실시로 인하여 기대되는 효용이나 이익의 증대가 정의 값일 것이나 또 다른 나머지 소득계층이나 그룹에게는 부의 값으로 나타날 수 있다. 세제개혁은 그것으로 인한 경제적 효율의 증진이나 공정한 소득분배 등으로부터 기대되어지는 이득이 손실을 능가할 때 가능하다. 여기에서 기대이득과 손실은 기존 세제와 세제개혁으로 유발되는 불확실한 경제변수들에 그 기초를 두고 있으므로 이들의 정확한 분석이나 추정의 중요성은 당연한 것이다.

둘째, 최적세제개혁을 위해서는 세제개혁의 대의를 지나치게 중시하여 개인의 재산권을 침해해서는 안 될 것이며 수평적 · 수직적 불공평이 최소한으로 줄어들도록 충분한 배려가 뒤따라야 한다.

셋째, 빈번한 세제개혁은 경제주체들로 하여금 미래의 또 다른 세제개혁에 대한 우려를 초래하여 앞으로 시행될 세법에 대한 신뢰도를 감소시킴은 물론 또 다른 세법개정이나 세제개혁에 대비한 비효율적이고도 비생산적인 행태를 유발하므로 세제개혁의 정책효과를 충분히 얻을 수 없다. 예를 들면 특정 산업에 대한 투자 촉진과 기술혁신을 위한 빈번한 조세감면규정의 변경은 대부분의 투자가들에게 그 산업에 대한 투자의 불확실성을 더해 주므로 자본비용의 증가를 낳기도 하고 그 산업의 산출량 감소나 생산품의 가격인상의 원인이 되기도 한다. 따라서 이러한 결과는 조세감면의 투자 촉진이라는 원래의 의도를 반감시키는 것이다.

이상의 세제개혁이나 세법개정으로 야기되는 재산권 침해, 수평적 불공평 등의 문제점들은 보상만 충분히 이루어진다면 문제가 되지 않는다. 또한 개혁으로 인한 미래의 불확실성으로 유발되는 비효율적 · 비생산적인 행태를 야기하지도 않는다. 그러나 현실적으로 거의 대부분의 세제개혁에서는 위에서 언급한 보상의 실현이 어렵기 때문에 세제개혁 당시에 이러한 문제점을 최소한으로 줄이는 것이 차선의 방안이며 최적세제개혁에 접근하는 것이다. 펠드스타인은 이들

20. Feldstein, M., "On the theory of tax reform," *Journal of Public Economics*, 6, 1976, pp.77~104.

차선책으로 다음의 정책대안을 제시하고 있다.

첫째, 세제개혁이나 세법개정 당시 입법예고 등의 방법으로 새로운 세법의 효력발생 시기를 늦추거나 입법 당시에 효력발생 시기를 먼 훗날로 법제화함으로써 현행 세법에 의존해 왔던 경제주체들의 수평적 불공평이나 불확실성으로 초래되는 부담을 어느 정도 줄일 수 있다는 것이다.

그 예로서 다음의 세 가지 경우를 들고 있다.

1) 노동임금에 영향을 주는 세법개정의 경우 입법예고나 효력발생 시기의 연기는 새로이 노동시장에 들어온 노동자들에게 새로운 세법에 적응할 충분한 시간을 제공하여 변경된 임금 하에 공급할 노동시간이나 노동공급 여부 등의 의사결정을 정확하게 유도함으로써 수평적 불공평을 최소화한다.
2) 효력발생 시기의 연기는 세법개정으로 초래되는 손실의 현재가치를 감소시키는 효과를 낳으며 이는 자본소득뿐만 아니라 노동소득에도 적용된다. 자본소득의 경우를 살펴보면 세법개정으로 인한 소득감소의 예상은 자본가격(예를 들어 증권가격)을 하락시켜 손실을 입게 되어도 그 효력발생 시기가 현재가 아니므로 예상손실에 대한 충분한 대비가 가능하다. 따라서 예상손실의 현재가치를 줄일 수 있다. 또한 효력발생 시기의 연기 그 자체로도 자본손실의 현재가치를 줄이는 효과를 갖는다.
3) 세제개혁 효력 시기를 사전에 인지하기 때문에 개정으로 인하여 피해를 입게 되는 산업이나 업종에 투자를 자제하게 되며, 이는 그 산업의 기존 요소들이나 자원의 생산성을 제고시켜 주는 효과를 낳아 손실을 어느 정도 덜어주게 된다. 그리고 세법개정에 대한 이러한 적응은 그 산업의 제품가격을 변동시켜 세법개정으로 야기되는 수평적 불공평의 불합리를 감소시켜 준다.

이상에서 열거한 효력발생의 연기에서 얻을 수 있는 각종 효과는 세제개혁이나 세법개정의 폭을 축소시킴으로서도 가능하다. 그러므로 정책수단으로 택일할 경우 양 대안(兩代案)의 사회후생효과를 면밀히 검토해야 한다. 그러나 효력발생 시기의 연기는 경제주체들로 하여금 기존 세법에 기초를 둔 투자계획이나 혹은 기타 경제활동계획 등의 실책을 사전에 예방할 수 있다는 점에서 소폭의 세법개정보다 선호되는 경향이 있다.

둘째, 최적세제개혁을 위한 차선책으로 효율적 자원배분과 수평적 공평의 적절한 조화를 위하여 최적세원의 정의와 최적세율의 도출을 분리시켜야 한다는 것이다. 즉, 세원을 정의할 때에는 소득재분배를 고려하지 않고 최적세율의 산출 시에만 이를 고려해야 바람직한 세제개혁을 이룰 수 있다는 것이다.

이상의 최적과세와 최적세제개혁의 논의는 이론적으로 서로의 특성과 상호 관계를 이해하는 데 있어 매우 중요시되어야 할 뿐만 아니라 세정 수립의 정책적 차원에서도 그 밑바탕이 되어야 할 것이다.

부록 I

소비자잉여의 제(諸)측정방법

1. 서언

상이한 사회상태의 후생 측정이나 사회후생 향상을 위한 제후생정책을 실시함에 있어서 후생변화의 척도로서 소비자잉여 개념이 빈번히 이용되고 있다.

소비자잉여(consumer's surplus) 혹은 생산자잉여(producer's surplus)는 공공경제정책이나 후생정책에서 비용 · 편익 분석(cost-benefit analysis) 등의 기법으로 측정될 수 있기 때문에 후생변화를 판별하는 데 매우 유용하게 이용될 수 있다. 만약 정확한 판별이 어려울 경우에는 이들 정책이 사회후생에 미치는 효과를 측정하는 방법론을 중심으로 이들 정책결과로 나타나는 여러 사회상태의 후생우열을 서로 비교해서 여러 정책들의 실시 여부를 결정할 수도 있다.

공공경제정책이나 후생정책의 일환으로 수행되는 각종 정부투자는 거기에 수반되는 여러 투입물과 산출물의 시장가격에 영향을 미친다. 소비자들은 그들이 구매하는 상품의 가격인하로부터는 이익을, 가격상승으로부터는 손해를 보게 된다. 이러한 가격변화로 인한 소비자들의 후생변화는 화폐액으로 측정이 가능하기 때문에 소비자잉여라는 개념으로 설명할 수가 있다. 본 [부록]에서는 마샬(A. Marshall)의 소비자잉여 이외에 보상변화(compensating variation), 대등변화(equivalent variation), 보상잉여(compensating surplus), 대등잉여(equivalent surplus)를 중심으로 소개하고 기타 측정방법이나 자세한 개념은 『후생경제학』(이만우 저) 제6장을 참조하기 바란다.

2. 마샬의 소비자잉여

소비자잉여의 개념은 1850년경 프랑스의 기술자 듀핏(J. Dupuit)에 의해 처음으로 소개되었다. 그는 교량 건설로 인한 주민들의 피해를 어느 정도 보상해 주어야 하는가에 대한 문제를 소비자잉여의 개념으로 해결하고자 하였으며, 여기

그림 16-4

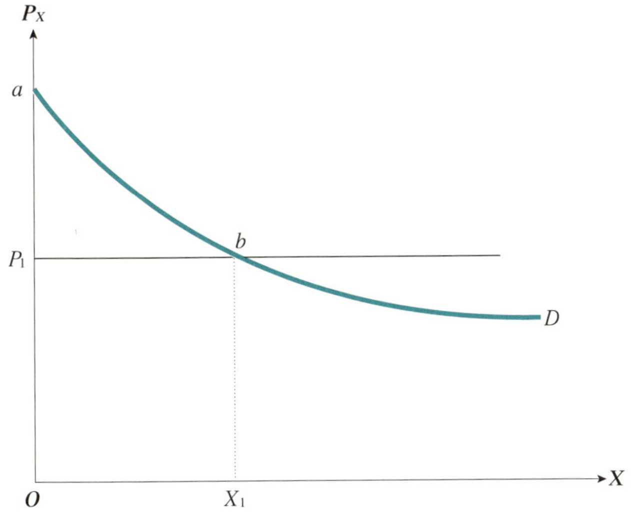

마샬의 소비자잉여

에서부터 소비자잉여의 개념이 비롯되었다고 한다.

이 개념은 그후 마샬[21]에 의해 경제학에 본격적으로 도입되기 시작하였다. 마샬은 어떤 상품에 대하여(그 상품을 전혀 소비하지 않는 경우와 비교하여) 한 소비자가 기꺼이 지불하고자 하는 가격과 실제로 지불한 가격의 차를 소비자잉여로 정의하고 있다. 즉, 잉여 개념을 어떤 상품을 전혀 소비하지 않는 경우와 그 상품의 일정량을 시장가격으로 구매할 경우 얻는 효용을 비교하여 설명한다. 이를 구체적으로 [그림 16-4]의 수요곡선을 통해서 살펴보자. 한 소비자의 상품 X에 대한 수요곡선은 주어진 소득제약($I = P_X X + P_Y Y$) 하의 효용($U(X, Y)$)극대화 조건으로부터 유도된다.

$$\begin{aligned} MU_X &= \lambda \cdot P_X \\ MU_Y &= \lambda \cdot P_Y \end{aligned}, \text{ 혹은 } \frac{MU_X}{P_X} = \frac{MU_Y}{P_Y} = \lambda \qquad (16-15)$$

여기에서 λ는 원(화폐단위)당 한계효용으로서 소득의 한계효용(marginal

21. 마샬에 의한 소비자잉여의 정의를 원문 그대로 옮겨보면 다음과 같다.

"…… the excess of the price which he would be willing to pay rather than go without thing, over which he actually does pay ……"

Marshall, Alfred, *Principles of Economics*, 8th ed., London, Macmillan, 1920, p.124.

utility of income)을 뜻한다. 또 식 (16－15)에서 수요곡선은 $P_X(X)=\frac{1}{\lambda}MU_X$로 표시됨을 알 수 있다. 만약 X재에 대한 소비지출이 전체 소득에서 차지하는 비율이 작다면 그 소비자가 X의 수요량을 조금씩 증가시키더라도 소득의 한계효용이 일정하다고 볼 수 있다. 따라서 λ를 상수로 가정할 수 있을 것이다. MU_X는 한계효용체감의 법칙에 의하여 X에 대해 우하향하므로 수요곡선(혹은 수요가격) $P_X(X)$도 우하향하게 된다.

X재의 수요곡선이 $P_X(X)=\frac{1}{\lambda}MU_X$로 표시되기 때문에 이 곡선의 하부면적은 다음과 같다.

$$\int_0^{X_1} P_X dX = \frac{1}{\lambda}\int_0^{X_1} MU_X dX \qquad (16-16)$$

식 (16－16)은 X재를 X_1만큼 소비했을 경우 소비자가 얻을 수 있는 총효용 $\int_0^{X_1} MU_X dX$를 원당의 한계효용 λ로 나누어 화폐가치로 표시한 것이다. 따라서 소비자잉여는 X_1의 소비에서 얻는 총효용의 화폐가치 $OabX_1$에서 실제 지불액 OP_1bX_1을 뺀 abP_1에 해당된다.

이상의 마샬의 소비자잉여는 소득의 한계효용이 일정하다는 가정 하에서 도출되었으므로 정확한 소비자잉여를 대변하지 못하는 경우도 있다. 이를 보완하기 위해서 힉스(J. R. Hicks)의 보상수요함수(compensated demand function)를 이용하여 소비자잉여를 측정해 보기로 하자.

3. 보상변화

본 항에서는 개인의 서수적 효용을 대변하는 무차별곡선을 이용하여 소비자잉여 개념을 설명하고, 이것을 앞에서 논의한 수요곡선과 연관시켜 보기로 한다.

이를 우선 [그림 16－5]를 통하여 설명해 보자. 그림 (I)은 어떤 소비자의 재화 X와 복합재(composite goods) Y의 선정 문제를 묘사하고 있다. 복합재란 X를 제외한 나머지 모든 재화의 총합을 말하며, 분석상의 편의를 위하여 복합재 Y의 가격을 1로 가정하면 이는 Y의 상품량뿐만 아니라 이 상품에 대한 지출액을 표시할 수도 있다. 따라서 OY^0는 개인이 X재나 복합재 Y에 지출하는 총소득을 표시하며 U^0, U^1은 서로 다른 두 효용수준을 나타내는 무차별곡선이다. 만약 이

그림 16-5

희스의 소비자잉여

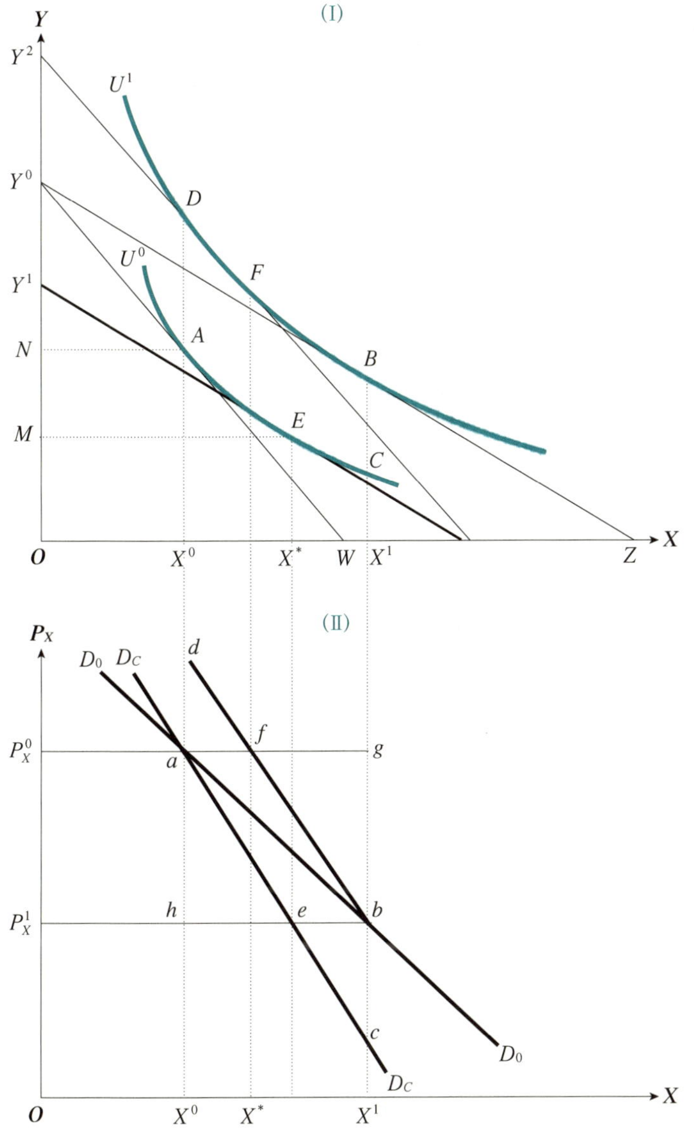

소비자의 예산제약선을 Y^0W라고 가정하면 이 직선의 기울기는 X재와 Y재의 가격비를 나타낸다. 우리는 이미 Y재의 가격을 1로 가정하였으므로 예산제약선의 기울기는 곧 X재의 가격(P_X^0)을 나타내고 있음을 알 수 있다. 그러면 주어진 가격과 예산제약선(Y^0W) 하에서 이 소비자의 효용극대화 균형점은 A이며, 이 A점에서 소비자는 OX^0의 X재와 ON의 Y재를 소비하여 U^0의 효용을 얻게 된다.

이제 정부의 공공투자로 X의 생산량이 증가하여 그 가격이 P_X^1으로 하락하였다고 가정하자. 그러면 이 소비자는 새로운 예산제약선 Y^0Z에 직면하게 되며 효용극대화 균형점은 B로 나타난다. 이때 X^1의 X재를 소비하게 되며 전보다 높은 수준의 효용인 U^1을 얻게 된다.

소비자잉여의 개념은 이러한 가격변화로 유발되는 U^0에서 U^1으로의 효용(후생)변화를 측정하기 위한 것이다. 이상의 효용변화를 실제로 측정한다는 것은 거의 불가능한 일인지도 모른다. 왜냐하면 우리가 상정하고 있는 무차별곡선은 선호의 우선순위(혹은 서수적 효용)만을 반영하고 있을 뿐 실제적인 효용치가 어떠한가를 나타내주지 않기 때문이다. 그러나 소비자잉여는 효용변화를 직접적으로 표시하지 않고도 이에 상응하는 화폐액으로 나타낼 수 있기 때문에 이상의 어려움을 극복할 수 있는 것이다. 즉, 소비자잉여는 한 소비자가 U^0에서 U^1 수준으로 효용증대를 얻기 위하여 얼마의 화폐소득이 필요한가를 측정하는 것이다. 이를 위하여 U^0와 U^1에서의 최적소비배합 X^0와 X^1을 **대체효과**(substitution effect)와 **소득효과**(income effect)로 구분해서 설명해 보자.[22] 대체효과는 동일한 효용수준을 유지하면서, 즉 U^0의 무차별곡선 위에서 X재의 가격인하에 의한 수요량의 변화 X^0X^*로, 이는 X재의 가격하락이 유발하는 X재와 Y재와의 대체 정도를 뜻한다.

X의 가격이 P_X^0에서 P_X^1으로 하락하면 X와 Y의 취득 가능한 상품집합은 OY^0W에서 OY^0Z로 확대되며, 이는 주어진 소득 OY^0의 실질구매력이 증대되었음을 의미한다. 이것을 소득효과라 하며, 새로운 가격체계 하에서 최초의 효용수준 U^0를 얻을 수 있는 수요량 X^*로부터 변화된 효용수준 U^1에서의 수요량 X^0로의 이동을 뜻한다.

이상의 소득효과에 함축되어 있는 실질구매력 증가의 화폐액은 Y^0Y^1으로 표시된다. 이를 **보상변화**(compensating variation ; CV)라 한다. 다시 말하면 가격변화로 인한 보상변화는 한 소비자를 가격변화 이전의 효용(후생)수준에 머물게 하면서 그 소비자로부터 얻어낼 수 있는 보상금을 뜻한다. 이는 곧 P_X^1으로의 가

22. 슬러츠키(Slutsky) 방정식은 X재의 가격변화(ΔP_X)에 의한 수요량의 변화를 나타낸다.

$$\underbrace{\Delta X = \frac{\partial X}{\partial P_X} \cdot \Delta P_X}_{\text{가격효과(X재의 수요량 변화)}} = \underbrace{\frac{\partial X}{\partial P_X}\bigg|_{U=U^0} \cdot \Delta P_X}_{\text{대체효과}} - \underbrace{\frac{\partial X}{\partial Y} \cdot \overbrace{X \cdot \Delta P_X}^{\text{소득변화} = \partial Y}}_{\text{소득효과}}$$

격하락으로 인한 효용증가를 획득하기 위해서 개인이 기꺼이 지불하려고 하는 최대 화폐액을 말하며, 후생변화의 화폐적 척도로 간주된다.

보상변화는 효용수준 U^0 하의 보상수요곡선 $D_C(P, U^0)$ 아래 면적으로 나타나며, [그림 16-5] (II)의 $P_X^0 aeP_X^1$에 해당한다.

$$CV = \int_{P_X^0}^{P_X^1} D_C(P, U^0)\, dP_X = P_X^0 aeP_X^1 \qquad (16-17)$$

4. 대등변화

가격변화로 인한 후생변화는 앞에서 설명한 바와 같이 최초의 가격수준 하의 효용(U^0)과 변화한 가격 하의 효용수준(U^1)의 수직적인 차로서 나타난다. 이러한 수직적 차이를 측정하는 방법은 여러 가지가 있는데, 그중에서 변화된 가격을 기준으로 그 차이를 측정하여 화폐액으로 표시한 것이 보상변화이다.

[그림 16-5]의 (II)를 가지고 다시 설명하면 X재의 하락된 가격 P_X^1(즉, 예산제약선 Y^0Z의 기울기)을 기준으로 U^0와 U^1의 차이를 화폐액으로 표시한 것이 보상변화금 Y^0Y^1이다. 만약 P_X^1 대신 최초의 가격 P_X^0(즉, 예산제약선 Y^0W의 기울기)를 기준으로 U^0와 U^1의 차이를 측정해서 화폐액으로 표시하면 Y^0Y^2가 되는데, 이를 **대등변화**(equvalent variation; EV)라 한다. 즉, EV는 가격이 변화했을 경우를 가상하여 그때의 후생수준(즉, P_X^1 하의 후생수준)과 대등한 후생을 유지하기 위하여 한 소비자에게 지불해야만 하는 화폐액을 말한다. 그러므로 가격인하로 초래된 후생증대에 대해서는 EV는 가격(경제상황) 변화를 제거할 경우 그 대가로 받는 보상을 뜻하며, 가격상승으로 인한 후생체감에 있어서는 그 변화를 막기 위해 그가 기꺼이 지불하려고 하는 액수에 해당한다.[23]

이는 곧 효용수준 U^1 하의 보상수요곡선 $D_C(P, U^1)$ 아래의 면적으로 [그림 16-5] (II)의 $P_X^0 fbP_X^1$에 해당한다.

$$EV = \int_{P_X^0}^{P_X^1} D_C(P, U^1)\, dP_X = P_X^0 fbP_X^1 \qquad (16-18)$$

23. 그러므로 가격하락(P_X^0에서 P_X^1)에 의한 CV는 역방향으로의 가격상승(P_X^1에서 P_X^0)에 의한 EV의 부의 값과 동일하다(즉, $CV = -EV$). 마찬가지로 가격상승에 의한 EV는 가격하락에 의한 $-CV$와 동일하다.

5. 보상잉여와 대등잉여

U^0와 U^1의 차로서 표시되는 후생변화 측정의 또 다른 방법으로는 **보상잉여**(compensating surplus ; *CS*)와 **대등잉여**(equivalent surplus ; *ES*)에 의한 방법이 있다. 전자는 새로운 가격 하의 균형수요량([그림 16－5]의 (I)에서 균형점 *B*)을, 후자는 처음 가격 하의 균형수요량(균형점 *A*)을 기준으로 하여 두 효용수준의 차를 측정하는 것이다. *CS*와 *ES*는 *CV*와 *EV*의 개념에다 소비량의 제약을 첨가했다고 할 수 있다. 따라서 *CS*는 *CV*와 마찬가지로 가격변화로 실현된 새로운 효용수준(U^1)에서 이전과 같은 효용수준(U^0)을 유지하기 위하여 한 소비자로부터 얻어낼 수 있는 보상금을 뜻한다.

그러나 이 효용수준의 차이에 대하여 실제로 보상금을 지불하는 것은 아니며 단지 새로운 가격 하의 균형수요량(X^1)에 고정시켜서 U^0와 U^1의 차이를 측정한다. [그림 16－5]의 (I)에서 *CS*는 *BC*에 해당하며, [그림 16－5]의 (II)에서는 $P_X^0aeP_X^1 - ebc$의 면적에 해당한다.

*ES*는 *EV*와 같이 최초의 가격(P_X^0)에서 가격변화가 발생했을 경우를 가상하여 그때의 후생수준(U^1)과 대등한 후생을 유지하기 위해서 한 개인에게 지불해야만 하는 보상금을 말하며, 보상금을 지불받지 않은 상태, 즉 최초의 가격 하에서의 균형수요량을 X^0에 고정시켜 두고 U^0와 U^1의 차이를 측정한다. [그림 16－5]의 (I)에서 *ES*는 *AD*에 해당하며, [그림 16－5]의 (II)에서는 $P_X^0fbP_X^1 - adf$의 면적을 말한다.

앞에서 우리는 *CV*가 보상수요곡선(D_C) 아래의 면적 $P_X^0aeP_X^1$에 해당함을 설명하였다. *CS*는 소비자에게 X^1 수준의 소비제약을 가하고 있기 때문에 그로부터 $P_X^0aeP_X^1$의 보상금을 얻어낼 경우 그의 후생수준은 최초의 후생수준보다 더욱 하락하게 될 것이다. 그러므로 *CS*는 $P_X^0aeP_X^1 - ebc$에 해당하며, 여기에서 *ebc*는 소비량의 제약에서 오는 후생손실을 의미한다. 왜냐하면 X^*에서 X^1으로 소비를 증대시킬 때 얻는 한계효용(가치)은 보상수요곡선 *ec*의 높이인 반면에 그가 실제로 지불해야만 하는 가격은 P_X^1이기 때문이다.

ES 역시 소비자에게 X^0 수준으로 소비제약을 가함으로써 후생하락을 초래한다. 그러나 *ES*는 그 개인에게 지불해야만 하는 화폐액이므로 *EV*보다는 *adf*만큼 추가로 지불함으로써 소비제약에서 오는 후생하락을 상쇄시킬 수 있다.

앞서 언급한 바와 같이 가격변화에 의한 소득효과가 무시할 정도로 작을 경우에는 소비자의 수요는 보상금 지불에 의해서 영향을 받지 않는다. 따라서 보통수요곡선과 보상수요곡선은 일치할 것이며, 앞에서 논의한 다섯 가지 소비자잉여의 측정결과는 동일하게 나타날 것이다.

부록 Ⅱ

물품세의 최적세율

물품세(commodity tax)는 간접세의 대표적 세목이며, 물품세의 최적세율에 대한 연구결과는 간접세 전반에 걸쳐서도 폭넓게 적용된다. 물품세의 최적세율에 대한 체계적 연구는 램지(F. P. Ramsey, 1927)의 논문에서 시작되었으며, 많은 학자들의 연구에 의해 더욱 발전되어 오고 있다.[24] 샌드모(A. Sandmo, 1976)의 논문은 이 중에서도 가장 널리 알려진 연구논문의 하나이다. 여기서는 이를 이용하여 램지의 역탄력성 법칙을 도출하는 과정을 설명한다.[25]

소득세의 경우와 마찬가지로 물품세의 최적세율은 일정한 세수의 제약조건 하에서 사회후생함수를 극대화함으로써 도출된다. 여기에서는 일반적인 사회후생함수를 다음과 같이 목적함수로 두었다.[26]

---

24. 이에 대해서는 다음의 논문들을 참조하기 바람.
Ramsey, F. P., "A Contribution to the theory of taxation," *Economic Journal*, 37, 1927, pp.47~61 ; Boiteux, M., "Le 'revenue distribuable' et les pertes economiques," *Econometrica*, 19, 1951, pp.112~133 ; 同, "Sur la gestion des monopoles publics astreint l'equilibre budgetaire," *Econometrica*, 24, 1956, pp.22~40 ; 同, "On the management of public monopolies subject to budgetary constraints," 1956, *Journal of Economic Theory*, 3, pp.219~240 ; Kolm, S. Ch., Prixpublics optimaux (C.N.R.S., paris) ; 同, La theorie des constraintes de valeur etses applications (Dunod, Paris) ; Baumol, W. J. & Bradford, D. F., "Optimal departures from marginal cost pricing," *American Economic Review*, 60, 1970, pp.265~283 ; Dixit, A. K., "On the optimum structure of commodity taxes," *American Economic Review*, 60, 1970, pp.295~301 ; Diamond, P. A. & Mirrlees J. A., "Optimal taxation and public production Ⅰ : production efficiency and Ⅱ : tax rules," *American Economic Review*, 61, 1971, pp.8~27 and pp.261~278 ; Atkinson, A. B. & Stiglitz, J. E., "The structure of indirect taxation and economic efficiency," *Journal of Public Economics*, 1, 1972, pp.97~119 ; Diamond, P. A., "A Many-person Ramsey tax rule," *Journal of Public Economics*, 4, 1975, pp.335~342 ; Mirrlees, J. A., "Optimal commodity taxation in a two-class economy," *Journal of Public Economics*, 4, 1975, pp.27~33 ; Sandmo, A., "Optimal taxation-an introduction to the literature," *Journal of Public Economics*, 6, 1976, pp.37~54 ; Bradford, D. F. & Rosen, H. S., "The optimal taxation of commodities and income," *American Economic Review*, 66, pp.94~101.

25. Sandmo의 연구는 역탄력성 법칙의 도출 외에도 여러 가지 함의를 지닌다. 예컨대 그는 모든 상품의 최적세율이 일치하게 되는 조건을 도출한다. 또 효율의 달성뿐만 아니라 공평의 달성을 동시에 추구해야 하는 경우의 최적물품세도 도출한다. 그러나 여기서는 그의 연구결과 중에서 역탄력성 법칙의 도출에 대해서만 설명한다.

$$U = U(X_0, X_1, X_2, \cdots, X_m) \qquad (16-19)$$

사회 전체의 m종류의 상품소비량($x_1, x_2, \cdots, x_m$)과 노동의 공급량(x_0)을 사회후생의 척도로 가정하고 있다. 그리고 세수제약은 식 (16-20)과 같이 나타난다. 여기서 t_i는 상품 i에 부과되는 세율, X_i는 i상품의 소비량, T는 세수목표를 각각 나타낸다.

$$\sum_{i=1}^{m} t_i X_i = T \qquad (16-20)$$

따라서 식 (16-20)의 제약조건 하에서 목적함수 식 (16-19)를 극대화함으로써 각 상품에 적용되어야 할 최적세율($t_1, t_2, \cdots, t_m$)을 도출한다. 도출과정은 다음과 같다.

이러한 조건부 극대화의 문제를 풀기 위해서는 주로 ①과 같은 라그랑주(Lagrange) 함수를 이용한다. 여기서 μ는 라그랑주 계수(Lagrange multiplier)라 불린다. 그리고 ①을 각각의 세율에 관해서 편미분(partial derivative)함으로써 ②와 같은 m개의 1차 조건을 얻게 된다.

$$L = U(x_1, x_2, \cdots, x_m) + \mu\left(\sum_{i=1}^{m} t_i X_i = T\right) \cdots\cdots ①$$

$$\sum_{i=0}^{m} \frac{\partial U}{\partial x_i} \cdot \frac{\partial x_i}{\partial P_k} + \mu\left(\sum_{i=1}^{m} t_i \frac{\partial x_i}{\partial P_k} + x_k\right) = 0,\ k = 1, 2, \cdots, m \cdots\cdots ②$$

조건 ②는 소비자 각각의 균형조건—각 개인의 예산제약조건 하에서 각기 자기의 효용함수를 극대화함으로써 얻어지는 조건—을 고려하여 대입함으로써 더욱 간단한 식을 얻을 수 있다. 소비자의 예산제약조건은 노동공급을 마이너스 사인으로 표시함으로써 다음과 같이 나타낼 수 있다.

---

26. 여기서는 보통의 인적 사회후생함수가 아닌 물적 사회후생함수를 사용한다. 여기서 인적 사회후생함수라 함은 $\{SW = F(U^1, U^2, U^3, \cdots, U^n)\}$와 같이 사회후생이 개개인의 효용의 합으로 나타나는 "individualistic *SWF*"를 가리킨다. 그리고 물적 사회후생함수라 함은 식 (16-19)와 같이 그 사회의 소비량과 노동의 공급량에 의해 사회 전체의 후생이 결정되는 함수로서 보다 일반화되어 있다고 볼 수 있다.

$$\sum_{i=0}^{m} P_i X_i = 0 \cdots\cdots ③$$

③은 노동공급($-x_0$)으로 얻어지는 소득이 각 상품들($x_1, x_2, \cdots, x_m$)을 소비하는 데 다 쓰여지는 것을 의미하므로 서로의 합은 0으로 표시된다. 따라서 각 소비자는 ③의 제약조건 하에서 사회후생함수 식 (16-19)를 극대화함으로써 다음과 같은 m개의 1차 필요조건(소비자 균형조건)을 얻는다.

$$U_i - \lambda P_i = 0,\ i = 1, 2, \cdots, m,\ 단\ U_i = \frac{\partial U_i}{\partial x_i} \cdots\cdots ④$$

④를 ②에 대입함으로써 최적세율을 위한 1차 조건 ②를 ⑤와 같이 고쳐서 표현할 수 있게 된다.

$$\lambda \sum_{i=0}^{m} P_i \frac{\partial x_i}{\partial P_k} + \mu \left(\sum_{i=1}^{m} t_i \frac{\partial x_i}{\partial P_k} + x_k \right) = 0,\ k = 1, 2, \cdots, m \cdots\cdots ⑤$$

다음으로 소비자 예산제약 조건 ③을 P_k에 관해서 편미분하면,

$$\sum_{i=0}^{m} P_i \frac{\partial x_i}{\partial P_k} + x_k = 0 \cdots\cdots ⑥$$

다시 ⑥을 ⑤에 대입하여 최종적인 조건 ⑦을 얻는다.

$$\sum_{i=1}^{m} t_i \frac{\partial x_i}{\partial P_k} = \frac{\lambda - \mu}{\mu} x_k = v x_k,\ k = 1, 2, \cdots, m \cdots\cdots ⑦$$

조건 ⑦은 물품세의 최적세율에 대한 논의의 시발점이 된다. 각 상품의 수요에 대한 교차편미분(cross derivative of demand function)이 서로 상쇄된다고 가정하면(즉, $\frac{\partial x_i}{\partial P_k} = \frac{\partial x_k}{\partial P_i}$), ⑦ 식은 램지 법칙을 대변하는 식 (16-21)이 된다.

$$\theta_k = \frac{v}{\varepsilon_{kk}},\ k = 1, \cdots, m \quad v는\ 상수 \qquad (16-21)$$

식 (16-21)은 적정 세율과 각 소비재의 가격에 대한 수요탄력성(ε_{kk})에 대한 역의 관계를 나타내고 있는데, 이것은 램지에 의해서 처음 도출된 이후 최근에 와

서 급격히 일반화되고 있다.

식 (16−21)을 살펴보면 사회효용을 극대화하기 위한 적정 세율은 상품의 가격에 대한 수요의 탄력도와 반비례로 부과되어야 함을 알 수 있다. 균형조건은 적정 세율의 평가기준에서도 언급했듯이 초과부담을 극소화하거나 소비자잉여 접근방식(Hicks, 1947)으로도 도출할 수 있는데, 초과부담(deadweight loss)의 극소화, 즉 과세 전의 자원배분효율로부터의 이탈의 극소화(minimize the deviations from the non−distortive pre−tax allocation)를 위해서는 수요의 탄력도가 가장 낮은 상품에 최고의 세율이 부과되어야 한다는 것이다. 다시 말하면 과세 전의 균형상태가 가장 이상적이며 효율적인 경제상태라고 가정하면 주어진 세수목표를 달성하기 위한 과세는 각 상품의 수요의 가격탄력성에 반비례적으로 행해져야 한다는 것이다. 즉, 수요의 탄력도가 낮다고 하면 세금 부과로 인한 한 상품의 소비자가격 상승은 그 상품에 대한 수요에 크게 영향을 미치지 않을 것이다. 이는 곧 과세로 인한 소비자의 효용감소가 별로 크지 않음을 의미한다.

샌드모는 식 (16−21)의 균형조건 도출 이외에도 모든 상품의 적정 세율이 일률적으로 일정하게 되는 경우에 관해서도 논하고 있으며, 효율(efficiency) 위주의 간접세의 적정 세율 도출에서 소득재분배나 생산함수의 변화 등 기타 여러 가지 조건을 첨가했을 경우 적정 세율이 어떻게 변화하는가에 대해서도 언급하고 있고, 다른 논문들에서 이들의 문제점이 더욱 구체화되고 있다.

대부분의 간접세의 적정 세율에 대해서는 개개인의 기호가 동일하다는 가정하에 사회 전체의 구성원이 한 사람인 경우와 마찬가지로 이론적 분석이 행해졌으나 다이아몬드(1975)와 멀리즈(1975)의 논문에서는 그 가정을 무너뜨리고 개개인의 기호가 다른 두 그룹 혹은 다수의 다른 기호를 가진 구성원을 가정함으로써 더욱 일반화된 분석을 하고 있다. 앳킨슨과 스티글리츠(1976)는 간접세(물품세)와 직접세(소득세)를 동시에 고찰하여 각각의 적정 세율을 구해냄으로써 우리에게 종합적인 세제고안 시에 유의해야 할 사항들을 제시해 주고 있다.

연습문제

ch. sixteen Exercise

01 최적과세이론과 최적세제개혁이론을 비교 · 설명하시오.

02 물품세 부과에 따른 초과부담의 결정요인을 설명하고 정책적 함의를 논하시오. (행 39약)

03 조세의 초과부담에 대한 다음 물음에 답하시오. (행 40논)

(1) "소비자가 두 상품(X 및 Y)의 적절한 조합을 선택하는 것만이 문제될 때 이 두 상품에 동일한 세율을 적용하는 일반적 물품세(general commodity tax)는 초과부담을 일으키지 않는다"라는 명제가 타당성을 갖는 이유를 설명하고 좀더 일반적인 상황에서도 이 명제가 타당성을 갖는지 논하시오.

(2) 여러 가지의 상품 중 하나를 골라 물품세를 부과했는데 그 상품에 대한 수요량은 변하지 않는 것으로 관찰되었다. 이 물품세의 부과가 초과부담을 일으켰다고 보아야 하는지의 여부를 답하고, 그 근거를 밝히시오.

04 다음은 상품에 세금을 부과할 때 발생하는 초과부담(excess burden)에 대한 문제이다. (2006년 행정고시 기출문제)

(1) 초과부담의 개념을 수식이나 그래프를 사용하지 않고 글로만 설명하시오. 그리고 정부사업에 대한 비용 · 편익 분석에서 초과부담의 존재가 가지는 의미를 설명하시오.

(2) 초과부담의 크기에 영향을 주는 요인들을 '넓은 세원, 낮은 세율'이라는 원칙과 연결하여 구체적으로 논하시오.

05 일반균형과 부분균형에 있어서의 초과부담을 논하시오. (입법 7약)

06 자동차산업의 공급곡선은 수평선이며, 자동차에 대한 (보상)수요의 가격탄력성은 2.0이라고 하자. 어느 시점에서 자동차에 대해 세율 t의 물품세가 부과되었다고 한다. 다음 물음에 답하시오. (1996년 입법 약)

(1) $t = 100\%$로 정해 조세를 부과했더니 자동차의 수요량은 0으로 떨어졌다. 이를 보고 어떤 사람이 "조세수입이 0일 것이므로 초과부담도 0일 것이다"라고 평가했다. 이 평가의 타당성을 논의하시오.

(2) "일반적으로 t는 1보다 작을 때가 많다. 따라서 세율은 초과부담의 크기에 별로 영향을 주지 않는다"라고 주장하는 사람이 있다. 이 주장의 타당성을 논하시오.

07 최고소득층의 한계세율이 0이어야만 한다는 주장을 논평하시오.

08 조세에 있어 최선(1st best)의 상황과 차선(2nd best)의 상황을 설명하고, 각각의 경우에 어떤 조세가 가장 바람직한가에 대해 설명하시오.

09 다음의 기술에 대해 논하시오.

"최적과세란 사중손실이 최소화되어 효율이 달성되게끔 조세를 부과함을 말한다."

10 시장에서 민간경제활동의 결과로 나타나는 상대가격을 가장 적게 변화시키는 조세가 가장 바람직한 조세라는 주장이 있다. 이에 대해 논하시오.

11 물품세를 부과할 때 초과부담이 야기되는 이유를 설명하시오.
초과부담을 최소화하기 위해 램지가 제시한 최적물품세를 설명하시오. (2003 입법)

12 멀리즈의 최적소득세 이론에 의하면 누진소득세는 사회후생을 극대화하는 효과적인 방법이 아닐 수도 있다. 그 논거를 제시하시오. (행 46논)

13 우리나라의 경우 저출산·고령화 사회로의 급속한 이행, 사회보장제도의 확충, 자주국방의 실현 등을 위해 향후 재정지출이 꾸준히 증가할 것으로 전망된다. 그럼에도 불구하고 정부는 최근 소득세율 1%p 인하, 법인세율 2%p 인하, 특별소비세 인하, 근로소득특별공제 확대 등 감세정책을 추진하였다. (2006년 입법고시 기출문제)

(1) 이러한 감세정책을 취한 논거를 제시하시오.
(2) 소득세율 인하를 '최적소득세'의 관점에서 평가하시오.
(3) 만약 이러한 조세개혁이 '재정적자 확대'를 초래할 경우 재정수입을 증대시킬 수 있는 보완방안에 대해 논하시오.

14 상품에 조세를 부과하는 경우 초과부담이 발생하게 되어 국민경제에 자원배분의 비효율을 가져온다는 것이 일반적 이론이다. 이러한 상품세(commodity tax) 부과에 대한 다음 물음에 답하시오. (행 44논)

(1) 어떤 특정 상품에만 상품세를 부과하는 경우 존재하는 초과부담의 규모는 어떤 요인에 의해 결정되는지 설명하시오.

(2) "모든 상품가격의 일정 비율로 상품세를 부과하는 경우 초과부담의 문제는 발생하지 않는다"는 주장에 대하여 논평하시오.

(3) "어떤 특정 상품은 소비를 권장하기 위한 필요가 있기 때문에 상품세 대신 보조금을 지급하는 경우가 있는데 이런 경우 소비증가로 인해 후생수준이 높아진다"를 논평하시오.

15 아래와 같은 선형누진세를 사용하여 다음 물음에 답하시오. (2007년 행정고시 기출문제)

$$T = -a + tY$$

(단, T는 세액, a는 양의 상수, t는 세율, Y는 소득)

(1) 선형누진세가 누진세임을 한계와 평균의 개념을 사용하여 설명하시오.

(2) 위 형태의 소득세는 부의 소득세(negative income tax)라고 불린다. 그 이유를 설명하시오.

(3) 다음 앳킨슨(A. B. Atkinson)의 사회후생함수를 이용하여 최적 소득세율인 t^*가 어떻게 변화되는지 설명하시오.

$$SWF = \frac{1}{1-v}\int_{\underline{w}}^{\infty} U^{1-v} f(w)\,dw$$

16 저소득자의 효용함수는 $U(x, y) = xy$이고, x재의 가격은 10, y재의 가격은 5, 그리고 소득은 100이다. 이 경우 x재의 소비에 대해 50% 비율로 보조해 주는 정률보조와 그와 동일한 금액을 정액으로 보조해 주는 정액보조가 있다고 하자. (2011년 행정고시 기출문제)

(1) x재 소비에 대해 50%의 비율로 정률보조를 할 때의 효용과 이때 지급되는 금액과 같은 금액을 정액으로 보조할 때의 효용을 구하고, 이 결과를 효율성 측면에서 평가하시오.

(2) 위 (1)의 결과를 이용하여, x재 소비에 50%의 종가세를 부과하는 경우와 그때 얻는 조세와 동일한 조세금액을 소득세로 부과하는 경우 중 어느 경우에 효용이 더 높을 것인지 답하시오.

(3) 위 (2)에서 얻은 결과를 이용하여 "소득세는 효율적이고 상품세는 비효율적이다"

라고 주장하였다. 이 주장에 대해 평가하시오.

17 상품과세(commodity taxation)가 시장왜곡을 초래하지 않으려면 여가를 포함한 모든 상품들에 동일한 세율로 조세를 부과해야 한다는 주장이 있다. 다음 물음에 답하시오. (2014년 행정고시 기출문제)

(1) 소비자의 과세 전 예산제약을 $p_x X + p_y Y = wL$이라고 표현할 때, 위 주장이 현실적으로 실현가능성이 없음을 논증하시오. (단, 여기서 X와 Y는 두 소비재, L은 노동공급, p_x와 p_y는 각 소비재의 세전 가격, 그리고 w는 세전 임금률이다.)

(2) (1)의 논증을 바탕으로 현실에서 선택 가능한 상품세의 과세방안을 논의하시오.

조세의 전가와 귀착

Public Finance
ch. seventeen

17

1. 귀착의 기초 개념

1.1 전가의 제유형

우리는 앞 장에서 조세의 주된 평가기준인 공평과 효율의 개념, 그리고 이들의 적절한 조화를 실현하는 방안들에 관한 이론적 · 현실적 고찰을 하였다. 또한 이를 기초로 한 사회의 후생을 극대화하는 각종 세목과 이의 최적세율을 중심으로 하는 최적과세론에 관하여도 살펴보았다. 이상의 이론적 기반 하에 법제화된 조세체계나 제도에서는 법에 명시된 조세부담자(납세자)와 실제의 부담자가 일치하지 않는 경우가 허다하다.[1] 예를 들면 기업에 부과하는 법인세의 경우 그 법적인 부담자는 기업이나 혹은 이를 소유한 주주들임에는 틀림없다. 그러나 법인세의 부과가 상품가격의 인상으로 연결된다면 이는 부담의 일부가 소비자에게로 전가되었음을 의미한다. 이를 전전(前轉, forward shifting)이라고 한다. 법인세는 가격인상에만 머무르는 것이 아니라 가격인상은 다시 수요를 줄어들게 해 생산량의 감소가 나타난다. 생산량의 감소는 기업으로 하여금 생산요소의 수요를 감소시켜 결국 임금이나 기타 요소가격의 하락을 초래할 수도 있다. 이 경우 조세부담은 노동자나 기타 생산요소 소유자에게도 전가된다. 이를 후전(後轉, backward shifting)이라고 한다.

뿐만 아니라 과다한 법인세가 법인부문의 투자수익률을 하락시킬 경우 법인부문 투자감소는 물론 법인부문의 자본을 비법인부문으로 유출시키기도 한다. 이러한 비법인부문으로의 자본유입은 자본의 한계생산성을 하락시켜 법인세의 부담이 법인부문 자본가뿐만 아니라 비법인부문의 자본가에게까지 확산되어 자본가 전체에 귀착될 수 있다.

한편 이와 같은 자본수익률의 하락은 장기적으로 경제 전반의 투자를 위축시켜 자본형성을 저해할 수도 있다. 이는 곧 노동의 한계생산성의 저하를 초래하게 되므로 법인세의 부과가 장기적으로는 노동자에게까지 그 부담이 전가될 수

1. 귀착에는 법적 귀착과 경제적 귀착이 있다. 전자는 세법에서 의도되고 명시된 귀착을 말하고, 후자는 실제로 일어나는 귀착을 말한다.

도 있다.

위의 단편적인 예에서와 같이 조세는 한 경제의 각종 재화나 용역의 상대가격을 변경시켜 그 부담을 전가시킬 뿐만 아니라 자원배분과 소득분배의 변화를 초래하여 사회후생 전반의 변화를 유발한다. 전가의 정도에 따라서 조세제도상에 반영된 공평과 효율의 수준은 실제와 상이하게 된다. 따라서 귀착이론은 이상의 괴리를 체계적으로 해명하여 보다 현실적으로 응용될 수 있기 때문에 조세이론뿐만 아니라 조세정책 수립에 있어서 큰 몫을 차지하고 있다. 이번 장에서는 조세로 인한 경제적 부담이 민간경제주체 사이에 어떻게 분포되는가를 중심으로 조세의 전가와 귀착에 대하여 논의하기로 한다.

1.2 귀착의 제개념

조세의 최종적인 부담을 누가 지느냐를 체계적으로 규명하는 귀착이론은 그 범위의 설정에 따라 여러 가지로 분류될 수 있으므로 정확하게 한마디로 정의하기는 어렵다. 그 대표적인 예로 조세수입의 지출 측면 포함 여부나 과세가 장기적으로 경기변동이나 거시경제변수들에 영향을 미쳐서 상대가격 변화나 소득변화를 유발할 경우를 들 수 있다. 조세의 최종적인 부담은 이들의 고려 여부 등에 크게 좌우되기 때문에 상당히 복잡한 과정을 거쳐 분석하게 된다. 특히 조세수입이 어떻게 지출되어지는가에 따라 귀착 정도가 상이하게 나타날 수 있으므로 이의 고려 여부는 매우 중요하다.

과세로 인한 상대가격 변화나 이에 의한 소득분배효과뿐만 아니라 조세수입의 지출에 따른 분배효과까지도 종합적으로 고려하는 경우 이를 균형예산귀착(balanced-budget incidence) 혹은 지출귀착(expenditure incidence)이라 한다. 균형예산귀착분석은 이론적으로 가장 합리적이나 대부분의 정부지출이 각종 세수의 통합으로 나타나는 일반조세수입에서 할당되고 있는 실정을 감안한다면 현실적으로 실현가능성이 희박하다. 다만 교육세나 방위세의 경우처럼 특정 지출을 위한 목적세의 경우에는 실현 가능하다. 가계소득의 분포가 과세와 지출의 혼합효과의 특성을 상당 수준 내포하고 있을 경우 시도될 수 있을 것이다.

이상과 같이 정부지출의 분배효과를 동시에 계측하기는 현실적으로 어려우므로 이를 고려하지 않고(즉, 정부지출을 고정시켜 두고) 특정 조세가 부과되었을 경우 경제의 거시적 측면까지도 포함한 분배효과를 분석하는 것을 절대적 귀착(absolute incidence) 혹은 특정 귀착(specific incidence)이라 한다. 얼핏 보기에는 절대적 귀착이 실현가능성이 높을 것 같으나 실제로는 그렇지 못하다. 과세에 따른 유효수요의 변화, 이로 인한 물가변동이나 고용수준의 변화가 소득분배에 어떠한 영향을 미칠 것인가의 문제는 질적인 설명이 가능할지라도 양적인 정확한 계측은 어렵다.

이상의 난점들을 극복할 수 있는 분석방법이 상계귀착(differential incidence)으로, 특정한 조세의 귀착이 아니라 두 개의 상이한 조세를 고정된 총수입과 총지출 하에서 서로 대체했을 경우 분배효과의 차이를 분석한다. 예를 들면 소득세의 면세점 인상으로 100억에 해당하는 소득세의 감소분을 재산세의 증세로 대체하였을 경우 공공지출 총액은 변함이 없지만 이로 인해 소득분배의 변화를 낳게 된다. 상계귀착은 이의 종합적 분석을 목적으로 한다. 즉, 면세소득 수준의 인상은 저소득층에게는 실질소득의 증대를, 그리고 재산세의 인상은 고소득층이나 부동산 소유자에게는 실질소득의 감소를 초래한다. 뿐만 아니라 면세점 인상은 노동공급의 증가나 고용확대로 연결될 수 있으며, 재산세의 인상은 부동산에 대한 수요감소를 초래하여 부동산 가격을 하락시킨다. 이상의 각종 분배효과를 종합적으로 분석하는 것이 상계귀착의 중심과제이다. 상계귀착분석은 이상과 같이 이론적 분석이 용이할 뿐만 아니라 조세정책의 상당 부분이 특정액의 지출을 위한 세목의 선정에 연관되어 있으므로 현실에서 유용하게 이용되고 있다. 앞으로 논의하게 될 대부분의 귀착이론은 상계귀착분석에 그 기초를 두고 있다.

1.3 귀착의 제측정방법

이상의 귀착 개념에 기초하여 이를 실제적으로 계측하는 방법에는 크게 세 가지가 있다. 첫째, 소득세의 귀착 측정에 통상적으로 채택되고 있는 방법으로 소득계층별 납세비중을 산정하여 이를 공평과세의 중심지표로 간주하는 방법이다.[2]

---

2. 이에 관한 대부분의 연구는 소득세를 정액세로 간주하여 분석하고 있으며, 대표적인 저서로는 다음을 들 수 있다.
Pechman, J. A. and Okner, B. A., *Who Bears Tax Burden?*, The Brookings Institution, Washington, D. C., 1974.

둘째, 앞서 언급한 바와 같이 과세로 인한 상품가격이나 요소가격의 상대적 변화를 측정하는 방법으로, 하버거(A. Harberger)[3]에 의해서 1962년 최초로 시도된 이후 대부분의 학자들이 이 방법을 선호하고 있다. 여기에서 가장 흔히 채택되고 있는 상대가격은 임금과 이자(혹은 자본의 한계생산성)의 비율로, 과세로 인한 노동자와 자본가의 소득변화를 가장 손쉽게 계측할 수 있어 널리 사용되고 있다. 이 접근방법은 주로 일반균형 모형에 의거하여 조세로 인한 상대가격 변화뿐만 아니라 부문별 요소(노동, 자본)들의 고용수준 변화로 인한 가격변화까지 고찰할 수 있기 때문에 많이 이용되는 일반적인 측정방법이다. 그러므로 상대가격의 종합적인 변화가 귀착분석의 중심지표로 간주되고 납세액 그 자체는 직접적인 측정대상이 되지 않는다. 셋째, 귀착을 후생변화에까지 연결시켜 분석하는 가장 포괄적인 방법으로 과세로 인한 개인이나 계층별 후생(효용)변화까지 계측함을 최종목표로 한다.[4] 따라서 앞의 상대적 가격변화 측정은 이의 중간과정으로 간주한다.

이상에서 언급한 귀착의 제개념이나 상이한 측정방법도 과세된 상품이나 산업에만 국한시키느냐 그렇지 않느냐에 따라 부분균형분석과 일반균형분석으로 구분되며, 분석대상 기간의 장 · 단에 따라서 정태분석과 동태분석으로 구분된다. 이들에 관하여 살펴보기로 하자.

2. 부분균형분석

Public Finance, ch. seventeen

2.1 완전경쟁시장 하의 귀착

부분균형 모형에 입각한 귀착분석은 과세된 물품이나 시장 혹은 산업에만 국한시켜 조세로 인한 소득분배효과를 고찰한다. 따라서 이 분석은 과세된 재화

3. Harberger, A. C., "The incidence of the corporation income tax," *Journal of Political Economy*, June, 1962.

4. Shoren, J., "The incidence and efficiency effects of taxes on income from capital," *Journal of Political Economy*, December, 1976.

그림 17-1

종량세의 귀착
(수요 측면 분석)

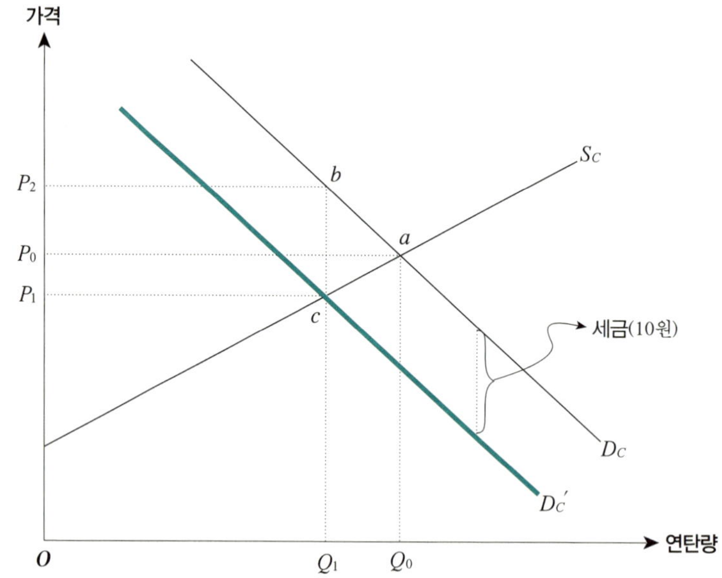

나 용역이 경제 전반에 미치는 영향이 미세한 경우에만 유효하다. 그러나 현실적으로는 하나의 재화 혹은 하나의 시장, 하나의 산업군에 대한 과세는 기타 상품의 수요변화와 그로 인한 가격변화를 초래하는 경우가 대부분이므로 부분균형분석은 제한적인 분석방법이다. 부분균형분석은 이론적으로나 현실적으로 제한적이기는 하지만 귀착이론 전개의 출발점으로, 보다 일반화된 이론을 이해하는 데 있어 그 기초가 되어야 한다는 점에서 의의를 찾을 수 있으며, 직관적인 이해를 돕는다는 데 그 의의가 있다. 우선 완전경쟁시장 하의 재화나 요소 등에 대해 종가세(從價稅, ad valorem tax)나 종량세(從量稅, quantity tax)가 부과되었을 경우의 귀착을 살펴보기로 한다.

2.1.1 종량세의 귀착

종량세는 상품 단위당 일정액의 세금을 부과하는 정액세로, 과세로 인한 초과부담은 과세상품의 수요나 공급의 가격탄력도에 의하여 결정된다.

다음의 예를 살펴보자. 연탄의 경우 1개당 10원의 세금이 부과되었다고 가정한다. [그림 17-1]에서와 같이 과세 전 연탄의 균형가격과 수요량은 각각의 수요곡선과 공급곡선이 교차하는 P_0, Q_0이다. 이제 개당 10원의 종량세가 부과되었다고 하자. 그러면 소비자들이 지불하는 가격과 공급자들이 받는 가격은 세금만큼 차이가 나게 된다. 이에 따른 조세부담을 판별하는 방법으로는 [그림 17-1]과 같이 조세가 수요 측면에 부과되었을 경우 수요곡선에 영향을 주어 나타난 새로운 균형점을 통해 고찰하는 것과, [그림 17-2]와 같이 조세가 공급 측면에 부과되어 공급곡선의 변화를 통해 나타난 새로운 균형점을 통해 고찰하는 두 가지의 경우가 있다.

우선 수요 측면에 과세되었을 경우를 살펴보면 다음과 같다. 한 개당 10원의 과세는 소비자의 연탄에 대한 한계효용(혹은 연탄의 가치)에는 아무런 영향을 미치지 않으므로 이를 대변하는 수요곡선 D_C는 변함이 없다. 그러나 생산자의 입장에서 보면 그들은 소비자가 지불하는 금액보다 10원만큼 적은 액수를 실제로 받게 된다. 즉, 생산자가 직면하는 수요곡선은 상이한 연탄수요량에 따라 소비자가 기꺼이 지불하려고 하는 액수에서 세금을 제한 금액에 해당하는 D_C'이다. 따라서 과세로 인한 새로운 균형은 S_C와 D_C'이 만나는 점에서 결정되는 가격 P_1, Q_1에 해당한다.

위에서 언급한 바와 같이 과세로 인한 새로운 균형점에서는 생산자가 실제로 받는 가격 P_1과 소비자가 지불하는 가격 P_2 두 개의 가격이 존재하며, 이의 차이는 곧 세금($t = P_2 - P_1$)이 된다. 새로운 균형점에는 소비자의 입장에서 보면 과세 전의 가격(P_0)보다 높은 가격을 지불함으로써 후생의 하락을 초래하며, 생산자의 입장에서 보면 과세 전의 가격보다 낮은 가격(P_1)을 받음으로써 후생이 감소된다. 따라서 10원의 종량세가 수요측(소비자측)에 부과되었지만 조세부담은 소비자, 생산자 공동으로 부담하게 된다. 제16장에서 논의한 바와 같이 소비자잉여 개념을 통해 과세로 인한 소비자와 생산자의 후생손실을 계측해 보자. 소비자는 과세 전에 P_0의 가격 하에서 Q_0의 연탄을 소비하였으나, 과세 후에는 P_2의 가격 하에서 Q_1의 연탄을 소비함으로써 이에 따른 후생손실은 P_2baP_0로 표시된다. 마찬가지로 생산자의 후생손실은 P_0acP_1으로 나타난다. 따라서 수요측에 연탄 1개당 10원씩 부과한 조세는 소비자나 생산자에게 그 부담이 분산되며, 그 정도는 수요곡선이나 공급곡선의 가격탄력도에 의존한다. 이는 앞서 제16장에서 논의한 바 있다.

그림 17-2

종량세의 귀착
(공급 측면 분석)

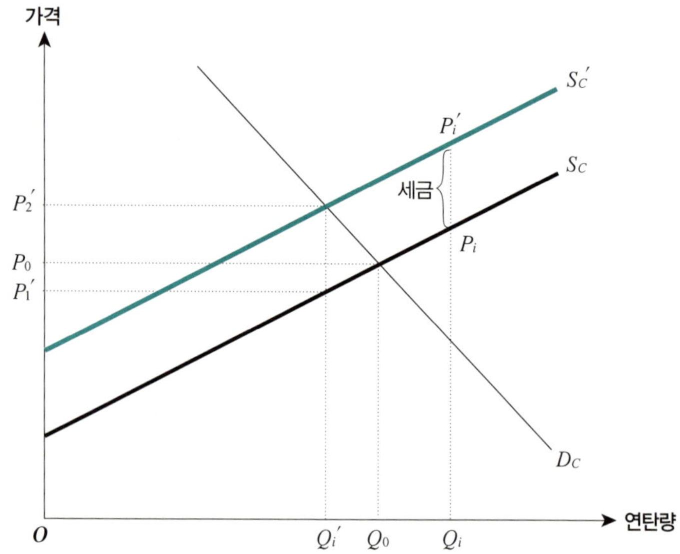

그러나 사회 전반적으로 볼 때 앞에서 언급한 두 면적의 합이 곧 과세로 인한 손실이라고 할 수는 없다. 왜냐하면 이 두 면적 중 P_2bcP_1에 해당하는 금액은 정부가 조세수입으로 징수했기 때문이다. 이러한 조세수입이 공공부문에 이전된다면 순수한 사회적 손실은 삼각형으로 나타나는 abc의 면적이며, 이는 앞 장에서 논의한 초과부담에 해당하는 부분이다.

이상과 같이 소비자에게 부과된 조세의 귀착 결과는 동액의 조세가 생산자에게 부과되더라도 마찬가지로 나타난다. 이를 [그림 17-2]를 통하여 살펴보자.

공급곡선 S_C는 생산자가 상이한 생산수준에 따라 지불받아야만 하는 가격(한계비용)을 뜻한다. 즉, 공급곡선 상의 한 점 P_i는 생산자가 Q_i의 산출량을 공급하는 데 있어서 매 단위당 보상받아야만 하는 가격을 뜻한다. 만약 공급 측면(생산자)에 종량세 10원이 부과된다면 이제 Q_i의 생산량을 위해서는 P_i보다 10원 높은 가격인 P_i'을 받아야만 공급이 가능해진다. 따라서 이는 과세로 인해 소비자가 새로운 공급곡선인 S_C'에 직면하는 것을 의미한다.

따라서 과세 후 새로운 균형은 D_C와 S_C'이 교차하는 가격 P_2'과 생산량 Q_1'이 되고, 이는 [그림 17-1]의 경우 P_2와 Q_1과 각각 일치한다. 그러므로 종량세의

그림 17-3

완전비탄력적 공급곡선과 완전탄력적 공급곡선

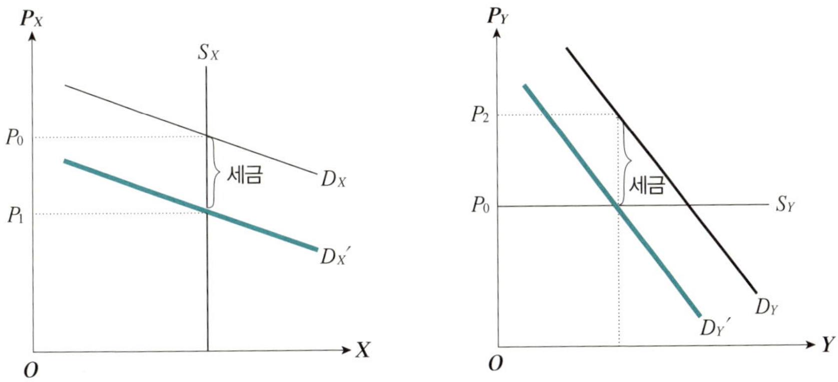

(a) 완전비탄력적 공급곡선 (b) 완전탄력적 공급곡선

경우 동액의 조세가 수요측이나 공급측 어느 편에 부과되더라도 귀착의 결과는 동일함을 알 수 있다. 즉, 세법상에 나타나는 조세부담인 법적 귀착과 실제로 나타나는 경제적 귀착 사이에는 괴리가 있음을 말해 주는 단적인 예로서 충분한 것이다. 좀더 설명하면 종량세의 귀착은 조세가 수요측이나 공급측 어디에 부과되는가에 의존하지 않고 수요나 공급의 가격탄력도에 의존하게 된다. 일반적으로 다른 경제변수가 일정한 경우(ceteris paribus) 수요곡선이 탄력적일수록 소비자의 조세부담이 적어지며, 공급곡선이 탄력적일수록 생산자의 부담이 줄어들게 된다. 왜냐하면 탄력도 그 자체가 조세부담을 회피할 수 있는 정도를 설명하기 때문이다. 예를 들어 수요가 가격에 탄력적이라면 소비자는 과세되지 않은 다른 상품으로 소비의 전환이 용이하기 때문에 생산자에게 부담을 쉽게 전가할 수 있다.

공급곡선의 경우에도 마찬가지로 탄력도가 공급자의 조세부담 수준을 좌우한다. [그림 17-3] (a)와 (b)의 극단적인 예를 통해 탄력도와 조세부담 수준에 대해 직관적으로 이해할 수 있다. [그림 17-3]의 (a)와 같이 공급곡선이 완전비탄력적인 수직인 경우 소비자에 대한 종량세의 부과는 수요곡선을 D_X'으로 세금액수만큼 하방으로 이동시킨다. 이것이 생산자가 직면하는 수요곡선이 된다.

따라서 생산자가 받는 가격은 S_X와 D_X'이 교차하는 P_1 수준으로 과세 전의 가격 P_0보다 세액만큼 적어진다. 따라서 소비자의 지불가격은 P_1에다 세액을 더

그림 17-4

종가세의 귀착

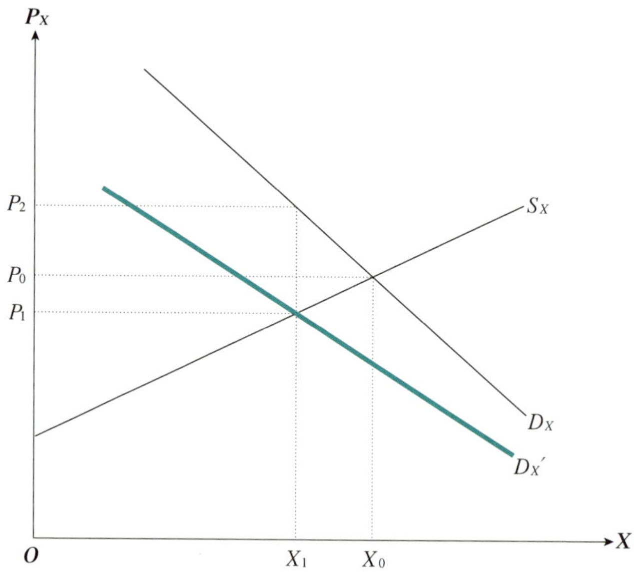

한 값으로 이는 P_0이며, 과세 전 가격과 동일하다. 따라서 조세부담은 모두 생산자가 지게 된다.

공급곡선이 완전탄력적인 수평인 경우에는 과세로 인한 수요곡선의 하방이동(D_Y')으로 인해 생산자가격은 과세 전과 동일한 데 반하여 소비자가격은 세액만큼 증가한 P_2 수준으로 나타나 모든 부담을 소비자가 지게 된다.

2.1.2 종가세의 귀착

종가세는 상품가격에 일정률로 과세하는 정률세로서 앞에서 논의한 종량세의 귀착분석과 유사하다. 다만 과세로 인한 수요곡선의 이동이 종량세처럼 세금액수만큼 수직이동하는 것이 아니라 가격이 높을수록 일정 비율의 절대값이 증가하게 되므로 수요곡선의 이동이 [그림 17-4]와 같이 평행이동하지 않는다는 것이 차이점이다. 상품 X에 10%의 종가세를 부과한다면 수요곡선은 각각의 가격수준에서 10% 하향이동을 하게 된다. 10%란 세율은 모든 가격수준에서 일정하지만 그 세액의 절대적 크기는 가격에 비례하기 때문에 수요곡선이 종량세의 경우처럼 모든 가격수준에서 같은 규모로 이동하지는 않는다.

종가세의 귀착의 경우에도 종량세의 분석과 마찬가지로 세법상 수요측이나 공급측 어느 편에 과세하더라도 경제적 귀착은 수요곡선과 공급곡선의 가격에 대한 탄력도에 의존한다.

이상의 종량세와 종가세에 관한 귀착분석은 현실의 각종 조세의 귀착을 파악하는 데 그 기본이 되는 경우가 많다. 예를 들면 한국의 경우나 기타 다른 나라에서 채택하고 있는 국민연금제도(혹은 사회보장세, social security tax)는 법적으로는 고용주와 노동자가 반씩 부담하지만 실제로는 그 부담이 노동의 수요와 공급의 임금탄력도에 의존한다. 경험적으로 대부분의 경우 수요의 탄력도가 공급의 임금탄력도보다 훨씬 크기 때문에 국민연금제도의 실제적 부담의 상당 부분은 노동자에게 귀착된다.

2.2 독점시장 하의 귀착

얼핏 생각하면 독점일 경우에 조세가 부과되면 독점자가 조세를 모두 소비자에게 전가시킬 것으로 생각하기 쉽다. 그러나 앞으로 살펴볼 것이지만 독점자는 조세를 회피하는 것이 최우선이 아니라 자신의 이익을 극대화하는 것이 그 목적이기 때문에 다른 조건들을 고려하여 행동하므로 일반적으로 조세가 모두 소비자에게 전가되지는 않는다. 또한 독점시장에서는 완전경쟁시장과는 달리 종량세와 종가세가 미치는 효과가 상이하게 나타난다. 먼저 종량세의 경우를 분석해 보기로 한다.

2.2.1 종량세의 귀착

이제까지 완전경쟁시장 하에서의 종량세와 종가세의 귀착을 살펴보았다. 이번 항에서는 독점시장 하에서 이들의 결과가 어떻게 상이한가를 살펴볼 것이다. 우선 공급자가 하나인 독점시장에서의 종량세의 귀착을 논의해 보면 다음과 같다.

[그림 17-5]의 (I)은 이윤극대화를 추구하는 독점기업의 균형생산량 Q_0와 판매가격 P_0는 한계수익(MR)과 한계비용(MC)이 일치하는 점에서 결정된다. 이

그림 17-5

독점시장 하의 귀착

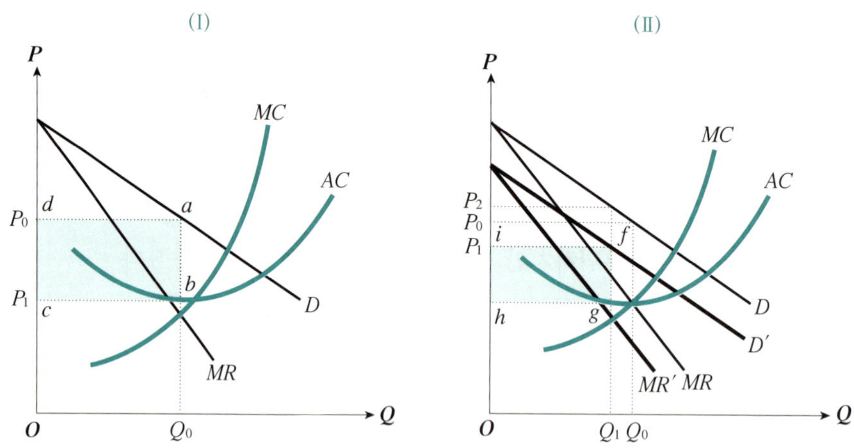

생산량에서의 총이윤은 사각형 *abcd*로서 표시된다. 이제 단위당 α의 종량세를 부과한다면 완전경쟁시장에서의 분석과 마찬가지로 독점기업이 직면하는 수요곡선이 모든 가격수준에서 α만큼 하향이동하게 된다. 따라서 [그림 17-5]의 (Ⅱ)와 같이 균형생산량은 Q_1으로 감소하게 되고 독점기업이 실제로 받는 가격은 P_1으로, 그리고 소비자가 지불하는 가격은 P_1보다 α만큼 높은 가격인 P_2로 나타난다. 독점기업이 실제로 받는 가격 P_1은 과세 전의 균형가격 P_0보다 낮고 소비자의 지불가격 P_2는 P_0보다 크므로 조세부담이 생산자와 소비자에게 분산됨을 알 수 있다. 독점기업은 시장지배력을 충분히 갖고 있음에도 불구하고 과세로 인하여 종전보다 낮은 가격과 낮은 총이윤(사각형 *fghi*의 면적)을 받게 된다. 따라서 독점시장 하의 종량세의 귀착 역시 시장수요곡선의 가격에 대한 탄력도에 좌우됨을 알 수 있다.

완전경쟁시장 구조 하에서 공급측에 부과한 조세(공급곡선의 상향이동)와 수요측에 부과한 조세(수요곡선의 하향이동)의 귀착이 동일하게 나타났듯이 독점시장에서도 이상의 귀착분석은 과세에 의한 한계비용곡선의 상향이동으로 동일한 결과를 얻을 수 있었다.

그러나 완전경쟁시장 구조와는 달리 독점 하에서는 한계비용곡선의 기울기와 수요곡선의 형태에 따라 귀착결과가 좌우되기도 한다. 예를 들면 한계비용곡

그림 17-6

독점시장 하의 귀착 : 상이한 수요곡선에 대한 귀착

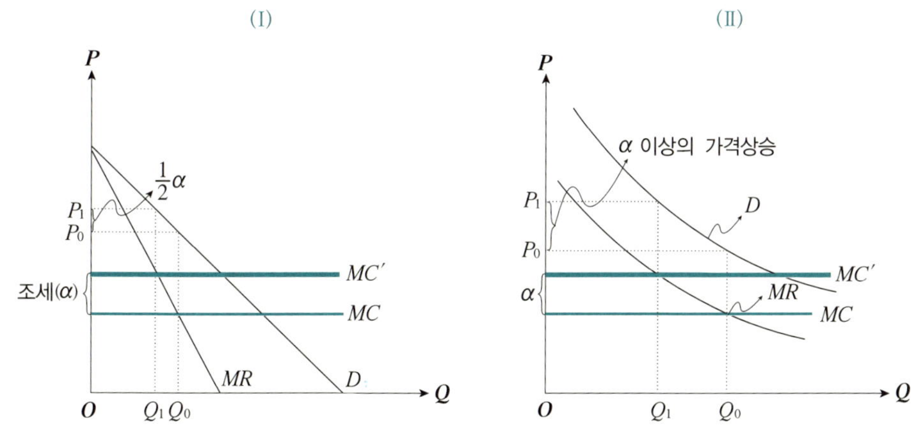

선이 수평인 경우 완전경쟁시장 하에서는 조세부담이 전액 소비자에게 귀착되었으나 독점 하에서는 수요곡선의 형태에 따라 귀착이 상이하게 나타난다.[5]

[그림 17-6]은 선형의 수요곡선과 비선형의 수요곡선의 경우처럼 탄력도가 일정한 수요곡선의 두 경우의 귀착에 대해 나타내고 있다.

[그림 17-6]의 (I)에서와 같이 수요곡선이 직선인 경우에는 생산량이 증가함에 따라 한계수입과 가격의 비율이 줄어들게 되며, 조세 부과로 인한 한계비용곡선의 상향이동은 가격을 상승시킨다. 이 경우 가격상승의 크기는 세액의 반에 해당한다. 즉, 한계비용곡선이 수평이고 수요곡선이 선형일 경우 조세부담은 소비자와 생산자가 반씩 분담한다. 그러나 [그림 17-6]의 (II)에서와 같이 수요곡선이 비선형의 형태를 가지고, 수요곡선 상의 모든 점에서 가격탄력도가 동일할 경우에는 한계수입과 가격의 비율도 모든 생산량에서 일정하게 나타난다. 그러므로 α 수준의 정액세 부과로 인한 한계수입의 증가는 α 이상의 가격상승으로 나타난다. 그렇지 않으면 일정률의 한계수입과 가격비가 성립되지 않기 때문이다. 따라서 한계비용곡선이 수평이고 수요곡선이 비선형일 경우에는 세액 이상으로 소비자 부담이 증가한다.

---

5. 또 다른 극단적인 경우인 한계비용곡선이 수직인 경우에는 조세 부과로 인한 균형생산량과 가격에 아무런 변동이 없으므로 완전경쟁의 경우처럼 생산자에게 모든 부담이 귀착된다.

그림 17-7

독점시장 구조 하의 종가세의 귀착

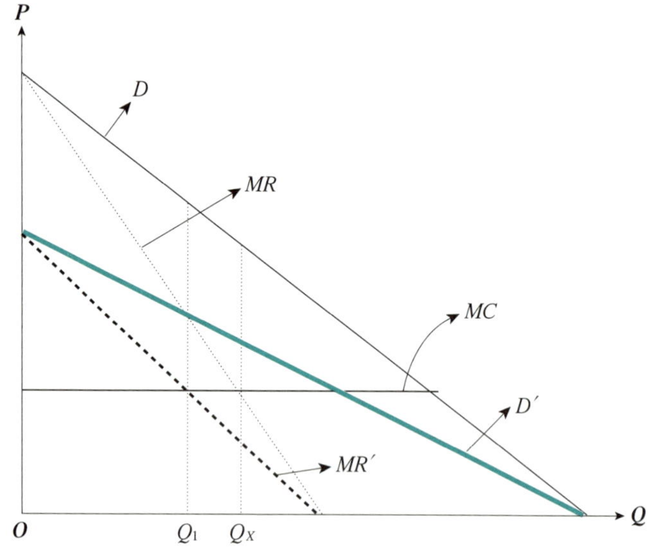

2.2.2 종가세의 귀착

앞에서 논의한 바와 같이 시장구조가 완전경쟁인 경우에는 매 산출량마다 일정액의 세액을 부과하는 종량세나 상품가격의 일정 비율을 부과하는 종가세 모두 소비자가 지불하는 가격과 생산자가 받는 가격의 차이로 표시된다는 점에서 유사하다. 그러나 독점시장에서는 종량세와 종가세의 효과가 상이하다. 앞 항에서 설명한 종량세의 경우 과세로 인한 귀착분석은 수요곡선의 평행적인 하방이동이나 혹은 한계비용곡선의 상방이동으로 동일한 결과를 얻을 수 있었다.

반면에 종가세는 총세액이 시장가격의 함수이므로 과세효과는 종량세의 경우와는 달리 [그림 17-7]과 같이 수요곡선이 생산량 축을 중심으로 시계바늘 반대방향으로 움직인다. 따라서 한계수입곡선도 같은 방향으로 움직인다. 만약 종가세의 세율을 t라고 하고 소비자가 지불하는 가격을 P라고 한다면 생산자가 지불받는 가격은 $P(1-t)$가 되어 정부의 세수는 tP가 된다. 그러나 과세로 인한 생산자의 한계수입곡선은 $(1-t)MR$이다. 따라서 한계수입의 감소액은 tMR로서 세액보다 적게 나타난다. 그러므로 독과점의 시장형태에서는 동일한 생산량 하의 종가세가 보다 많은 세수를 얻을 수 있는 세목이다. 환언하면 주어진 동일한 세수를 얻기 위하여 종가세와 종량세 중 택일한다면 종가세가 보다 높은 산출량을 보장한다. 완전경쟁시장 구조 하에서는 이상의 두 세목의 상이한 효과를 얻을 수 없다.

3. 일반균형분석

Public Finance, ch. seventeen

3.1 서언

이제까지 우리는 조세의 귀착분석을 하나의 상품시장이나 혹은 하나의 요소시장에만 국한시킨 부분균형분석 하에서 논의하였다. 부분균형분석은 이론적으로 간단하며 직관적으로 받아들일 수 있다는 장점이 있다. 그러나 현실에서의 과세는 여러 시장의 가격과 판매량의 변화 등의 상호 연관효과를 고려하기 때문에 조세의 귀착을 완전하게 파악하지 못하는 단점도 있다. 예를 들어 정부당국에서 법인부문의 자본에만 과세하는 경우를 가상해 보자. 이 경우 부분균형분석은 법인부문 자본의 수요 · 공급곡선으로 귀착을 설명할 것이다. 그러나 법인부문에만 한정된 분석으로는 귀착의 실상을 정확하게 묘사하기 어렵다. 왜냐하면 이제까지 법인부문에 투자하던 자본가들은 과세 이후 비법인부문으로 자본을 이전시키게 될 것이고, 이는 비법인부문의 자본수익률(자본의 한계생산성)을 하락하게 하므로 법인부문의 자본에 대한 과세는 부분적으로 비법인 부문의 자본가에게로 전가되어 결국은 자본가 전체의 부담으로 나타날 것이기 때문이다.

따라서 일반균형분석은 이와 같이 상호 연관된 여러 시장을 동시에 고찰함으로써 세법상에 명시된 조세부담과 실제 부담의 차이를 보다 정확하게 파악할 수 있도록 한다. 이를 위해서 우리는 두 부문의 일반균형 모형을 설정하여 분석하기로 한다.

3.2 일반균형분석

조세귀착의 일반균형분석은 1962년 하버거(A. Harberger)에 의하여 최초로 행해진 이후 여러 학자들에 의해 보다 세분화되고 세련화되어 발전해 오고 있다. 본 항에서는 하버거 모형을 중심으로 논의를 전개하고자 한다.[6] 그의 모형의 중요한 가정을 열거하면 다음과 같다.

① **상품·요소 시장 구조** : 자본(K)과 노동(L) 두 개의 생산요소를 투입하여 두 개의 재화(X, Y)가 생산되는 경제를 가정하며, 상품·요소시장은 완전경쟁시장으로서 자본과 노동은 각각의 한계생산물가치에 해당하는 보수를 지급받으며 완전고용 상태이다.

② **생산기술** : 각 상품의 생산기술은 규모에 대한 수익불변(constant return to scale ; CRS)임을 가정한다. 즉, 생산함수는 1차 동차 함수이다. 따라서 각각의 투입물의 n배 증가는 동일 배의 산출물 증가를 의미한다.

③ **요소부존** : 자본과 노동의 부존량은 일정하며, 두 부문 간에 자유로운 이동이 가능하다. 따라서 과세 후 요소의 한계수익은 두 부문 간에 일치하게 된다.

④ **요소집약도** : 주어진 임금(w), 이자율(r) 간의 비율인 $\frac{w}{r}$ 하에서 자본노동의 비율($\frac{K}{L}$)이 높은 상품(혹은 산업)을 자본집약적이라 하고 반대의 경우를 노동집약적이라고 한다. 이 모형에서는 X재가 자본집약적인 산업에서 산출되는 재화이며, Y재를 노동집약적인 경우라고 가정한다.

⑤ **소비자의 선호** : 모든 소비자는 동일한 선호를 갖고 있다고 가정한다. 이는 조세로 인한 귀착분석을 소득원천에 한정시키기 위함이다. 즉, 소득을 어떻게 사용하는가에 따른 분배문제를 고려하지 않기 위해 분석의 편의상 이 가정을 첨가한다. 선호가 다를 경우를 가정하면 과세된 상품을 선호하는 자는 비과세된 상품을 선호하는 자에 비하여 더 많은 조세부담을 지게 된다.

---

6. Harberger, A. C., "The incidence of the corporation income tax," *Journal of Political Economy*, 70, June, 1962, pp.215~240.

⑥ **귀착분석 방향** : 제1절에서 논의한 상계귀착분석에 의하여 조세부담을 살펴보기로 한다.

이상의 가정에 입각한 두 부문 일반균형 모형에서 생각할 수 있는 과세는 일반소득세(t), 물품세(t_X, t_Y), 일반요소과세(t_K, t_L), 그리고 한 부문의 요소에만 과세하는 부분요소과세(t_{KX}, t_{KY}, t_{LX}, t_{LY})의 총 아홉 가지에 이른다. 이들 세목 중 주요한 몇 개의 귀착을 고찰해 보고 이를 토대로 아홉 개 세목의 상호관계를 논의해 보기로 하자.

3.2.1 물품세(부분물품세)의 귀착[7]

X재에 물품세(t_X)를 부과하면 X상품의 가격상승을 초래할 것이다. 가격의 인상 정도는 앞서 부분균형분석에서 논의한 바와 같이 X재의 수요곡선과 공급곡선의 가격탄력도에 의존한다.

과세로 인한 X재의 가격상승은 X재의 수요하락과 Y재의 수요상승으로 나타나 X재의 생산감소와 Y재의 생산증대를 유발하게 된다. X재의 산출량 감소는 이 산업에 고용된 요소(노동과 자본)들의 해고를 초래한다. 우리는 X재(산업)를 자본집약적이라고 가정하였으므로 노동량에 비해 상대적으로 많은 자본의 해고를 가져오게 될 것이다. 이 모형에서 완전경쟁과 완전고용의 요소시장을 가정하였으므로 이들 해고된 요소들은 노동집약적인 Y산업에 고용되어야 하는데 이를 위해 자본의 상대가격($\frac{r}{w}$)이 종전보다 하락해야 함을 알 수 있다.[8] 따라서 자본소유자는 상대적으로 보다 높은 조세부담을 안게 된다. 이와 똑같은 논리로 노동집약적인 Y재에 부과한 물품세는 자본의 상대가격($\frac{r}{w}$)을 인상시켜(노동의 상대가격을 하락시켜) 노동자에게 보다 높은 부담을 주게 된다. 결론적으로 어떤 재화에 부과한 물품세는 그 산업에 집약적으로 고용되어 있는 요소의 상대가격을 하락시켜 그러한 요소의 소유자에게 보다 높은 조세부담을 안겨주게 된다.

---

7. 부분물품세는 우리나라의 경우 특별소비세와 같이 특정 품목에 대한 과세로서, 이는 모든 상품의 구매지출에 부과되는 일반물품세(소비세)와는 구분된다.
8. 완전경쟁시장 구조 하에서 자본의 상대가격은 X산업이나 Y산업에 있어 같아야 하므로 결국 자본집약적 산업 X에 부과한 물품세는 자본의 상대가격 전체를 하락시킨다.

상대가격의 변화 정도에 따른 조세부담 수준은 일반적으로 두 산업의 요소집약도, X재의 수요탄력도, 그리고 X재, Y재의 요소의 대체탄력도(the elasticity of factor substitution)에 의존한다. 다시 말하면,

1) 두 산업 간 요소집약도($\frac{K}{L}$)의 차이가 크면 클수록 과세로 인한 요소들의 이동이 크다. 요소가격의 상대적 비율($\frac{r}{w}$)의 변동폭도 커진다. 만약 두 산업 간의 요소집약도가 동일하다면 $\frac{r}{w}$의 변화도 없을 것이다.
2) X재의 수요탄력도(혹은 X재와 Y재의 교차탄력성)가 크면 클수록 과세로 인한 Y재로의 수요변동폭은 크게 나타나 $\frac{r}{w}$의 변동폭도 커진다. 만약 수요탄력도가 0이면 $\frac{r}{w}$의 변화는 없을 것이다.[9]
3) 두 산업에서 요소 간의 대체탄력도가 작으면 작을수록 등량곡선의 기울기가 크게 나타나 $\frac{K}{L}$의 변동에 따른 $\frac{r}{w}$의 변화는 더욱 크게 나타날 것이다.

이상의 분석으로부터 X재에 대한 물품세는 소득의 원천 면에서 생각해 볼 때 자본소유자(자본가)에게 세금부담의 상당 부분이 귀착되어 후생하락을 초래하게 됨을 알 수 있다. 즉, 물품세를 부과한 산업(X산업)에서 집약적으로 사용하는 요소(자본)의 제공으로 소득의 주요 원천을 삼고 있는 사람(자본가)에게는 상대적으로 불리해진 반면, 세금을 부과하지 않은 산업(Y산업)에서 집약적으로 사용하는 요소(노동)의 제공으로 소득의 주요 원천을 삼고 있는 사람(노동자)에게는 상대적으로 유리하게 된다. 이러한 결론은 모든 사람의 선호가 동일하다는 가정에 입각한 것이다.

만약 이러한 가정을 완화시켜 X재와 Y재에 대한 소비자들의 상이한 선호를 가정하면 소득의 지출 면에서 상대적으로 X재의 소비에 더 많은 지출을 하는 사람이 더 높은 조세부담을 안게 됨을 직관적으로 알 수 있다. 그러므로 부분적인 물품세의 최종 귀착은 소득의 원천과 지출 양측의 동시적 결과에 의존하게 된다. 예를 들면 X재를 상대적으로 많이 소비하는 자본가는 소득의 지출, 원천 양 측면에서 후생하락을 경험하게 된다. 반면에 X재를 선호하는 노동자의 경우에는 소득의 원천 측면에서는 후생상승을, 지출 측면에서는 하락을 체험하게 될

9. 만약 X재와 Y재의 교차탄력성이 영이라면 X재에서 Y재로의 수요변동이 일어나지 않으므로 요소가격의 상대적 비율 역시 동일하게 된다.

것이다.[10]

3.2.2 일반물품세의 귀착

특정 물품에만 한정되는 부분물품세와는 달리 일반물품세는 모든 상품의 구매지출에 부과되는 세목으로, 우리나라의 경우 부가가치세가 여기에 해당한다. 그러면 X재와 Y재 모두에 부과되는 일반물품세의 귀착을 살펴보자. 요소의 부존량이 일정한 경제에서 일반물품세는 소득세와 동일하다. 왜냐하면 모든 재화에 대한 동일률의 물품세는 정액소득세의 경우처럼 소득제약곡선의 평행적인 이동을 뜻하기 때문이다.[11] 따라서 일반물품세의 귀착은 각 개인의 소득이나 혹은 소비가 전체 경제에서 차지하는 비중에 비례하여 결정된다. 요소의 부존이나 공급이 주어진 경우에는 정액소득세와 비례소득세는 똑같이 소득제약곡선의 평행적인 이동을 뜻하므로 일반물품세는 비례소득세와도 대등한 귀착결과를 낳게 된다. 또한 일반물품세는 과세 후에도 파레토 효율 조건이 유지된다. 왜냐하면 가격체계에 왜곡을 가져오지 않기 때문인데, 이는 상대가격이 동일하기 때문이다.[12]

그러나 요소부존이 일정하다는 가정을 완화시켜 요소공급이 요소소득의 함수로서 가변적일 경우 정액소득세와 물품세의 대등한 관계나 비례소득세와 물품세의 대등한 관계는 더 이상 유지될 수 없다. 왜냐하면 조세는 요소소득을 하락시켜 요소공급의 변화를 초래하기 때문이다. 예를 들어 노동공급이 임금의 정의 함수라 하고 자본량은 일정하다고 가정하면 소득세는 노동공급을 감소시킬 것이다. 따라서 $\frac{r}{w}$을 하락시켜(노동의 공급감소로 인한 w의 상승) 조세부담의 일부를 자

10. Y재에 대한 물품세 분석에 있어서도 똑같은 논리로 생각할 수 있다. 이 경우에는 소득의 원천 면에서는 노동자가, 지출 측면에서는 Y재를 더 소비하는 사람이 더 많은 후생하락을 겪게 된다. 결국 Y재를 선호하는 노동자가 가장 큰 후생손실을 입게 되는 것이다.

11. 소비자의 예산제약식을 생각해 보면 이와 같은 사실은 좀더 명확해진다. 소비자 A의 예산제약을 $I_A = P_X X_A + P_Y Y_A$라 하자. 일반물품세율 t를 가정하면 예산제약식은 다음과 같이 변한다. $I_{dA} = (1-t)P_X X_A + (1-t)P_Y Y_A = (1-t)(P_X X_A + P_Y Y_A) = (1-t)I_A$가 된다. 이는 예산제약식의 평행이동임을 알 수 있다.(단, I_{dA}는 A의 가처분소득)

12. 파레토 효율이 깨지는 이유는 상대가격의 변화 때문이다. 일반물품세는 상대가격을 변화시키지 않으므로 당연히 파레토 효율이 달성된다. 과세 전의 파레토 효율 조건이 $MRS_{XY} = \frac{P_X}{P_Y}$라면, 과세 후의 파레토 효율 조건 역시 $MRS_{XY} = \frac{(1-t)P_X}{(1-t)P_Y} = \frac{P_X}{P_Y}$이다.

본가에게 전가시키게 된다. 만약 자본공급량만 가변적이라고 한다면 이와 똑같은 논리로 반대의 경우가 초래될 것이다.

3.2.3 일반요소과세의 귀착

앞서 논의한 물품세가 소득의 지출 측면에 관한 과세라면 요소과세는 소득의 원천에 부과되는 조세이다.

일반요소과세(general factor tax)는 요소가 사용되는 부문과 상관없이 상품의 생산에 소요되는 요소이면 모든 부문에 과세되는 반면, 부분요소과세(partial factor tax)는 모든 부문이나 산업에 적용되지 않고 몇몇 산업에 투입 · 사용되고 있는 요소에 대한 과세의 경우를 말한다. 근로소득에 대한 사회보장세(우리나라의 경우 연금에 해당함)나 임금세(payroll tax)는 일반요소과세에 해당하며, 법인부문에서 발생한 자본소득에 대한 과세인 법인세는 부분요소과세에 해당한다.

요소부존량이나 공급이 일정한 경제에서의 일반요소과세는 요소의 부문 간 이동을 야기하지 않으므로 상대가격의 변화를 초래하지 않는다. 따라서 각 요소에 부과된 일반요소과세는 그 요소에 전부 귀착되기 마련이다.[13]

그러나 요소의 공급이 가변적인 경우에는 전가가 유발된다. 예컨대 노동공급이 임금(순임금)에 대한 정의 함수라고 가정하자. 그렇다면 조세로 인한 순임금의 하락은 노동공급을 줄여 경제 전반의 노동 · 자본비율($\frac{L}{K}$)을 감소시킬 것이고, 이는 요소의 상대가격($\frac{w}{r}$)을 인상시켜 조세부담의 일부를 자본가에게 전가시키게 된다.

소득의 지출 측면을 살펴보면 노동소득에 대한 과세는 노동집약적 생산품의 가격을 인상시켜 이들 상품을 선호하는 소비자에게 상대적으로 높은 부담을 안겨주게 된다. 따라서 노동소득에 부과한 일반요소과세는 노동공급량을 줄여 조세부담의 일부를 자본가에게 전가시킴은 물론 노동을 상대적으로 많이 사용하는 상품의 가격을 인상시켜 이들 상품을 선호하는 소비자에게도 조세부담을 전가하게 된다.

---

13. 모든 부분에 걸쳐 노동에 과세되었다면 노동이 어떤 산업으로도 이동하지 못한다. 즉, 과세를 피할 수 있는 방법이 없는 셈이 된다. 따라서 노동의 가격만 떨어지고 결국 노동자에게 모든 조세부담이 귀착된다.

결론적으로 요소공급이 가변적인 경우 일반요소과세의 귀착은 이론적으로 노동의 공급탄력도, 두 상품(X, Y)의 대체탄력도, 그리고 노동집약적 상품의 수요탄력도에 의존한다. 이를 정리하면,

1) 노동의 공급탄력도가 크면 클수록 전가가 많이 일어나며,
2) X, Y재의 요소의 대체탄력도가 작으면 작을수록 과세로 인한 노동공급이나 혹은 요소비율($\frac{L}{K}$)의 변화에 따른 상대가격($\frac{w}{r}$) 변화는 더욱 커져 보다 많은 전가가 일어나며,
3) 노동집약적 상품의 수요탄력도가 작으면 작을수록 이들 상품을 선호하는 소비자에게 보다 많은 전가가 발생하게 된다.

3.2.4 부분요소과세의 귀착

특정 부문의 요소에만 과세하는 부분요소과세는 귀착분석이 다른 세목에 비하여 상대적으로 복잡하다. 예를 들어 자본집약적인 X부문(혹은 법인부문으로 가정해도 무방하다)의 자본에만 과세할 경우(t_{KX})의 귀착을 살펴보자. t_{KX}의 부과로 나타나는 효과는 첫째, X재의 가격인상으로 X재의 수요가 감소하는 효과와, 둘째, 과세로 의한 자본가격의 상승으로 X재 생산자로 하여금 자본 대신 노동을 상대적으로 더 많이 사용하도록 하는 효과로 대별할 수 있다. 미스콥스키(P. Mieszkowski)[14]는 전자를 산출효과(output effect)로 후자를 요소대체효과(factor substitution effect)로 명명했다.

과세로 인한 상품가격의 인상으로 수요감소와 그로 인한 생산량 감소로 나타나는 산출효과는 과세된 부문이 자본집약적이냐 아니면 노동집약적이냐에 따라 그 효과가 좌우된다. 자본집약적인 X부문의 자본에 대한 과세는 X재 생산감소로 상대적으로 많은 양의 자본을 해고하게 된다. 따라서 노동집약적인 Y부문에서 이들 해고된 자본을 고용하기 위해서는 자본의 상대가격이 하락해야 한다. 그러나 만약 X부문이 노동집약적이라면 상대적으로 많은 양의 노동이 해고되므로 오히려 자본의 상대가격은 상승하게 된다.

---

14. Mieszkowski, P. M., "On the theory of tax incidence," *Journal of Political Economy*, June, 1967, pp.250~262.

그림 17-8

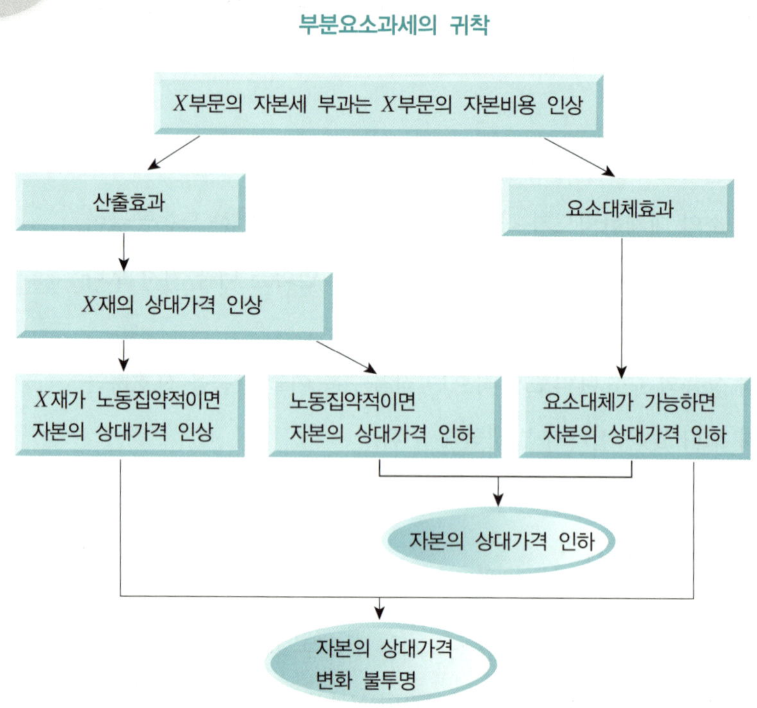

그러나 요소대체효과는 두 부문의 요소집약도에 관계없이 과세로 인하여 상대적으로 요소의 가격이 상승한 자본의 수요를 줄이고 노동으로 대체함으로써 자본의 상대가격 하락을 초래하게 된다. 이를 요약한 것이 [그림 17-8]이다. [그림 17-8]의 왼편은 산출효과를, 오른편은 요소대체효과를 묘사하고 있다. 두 효과를 종합하면 X부문이 자본집약적이면 두 효과 모두 자본의 상대가격을 하락시켜 자본의 소유자에게 조세부담을 안겨줌을 알 수 있다. 그러나 X부문이 노동집약적이라면 두 효과는 상반되어 종합적인 결과는 각 효과의 상대적 크기에 따라 좌우됨을 알 수 있다. 즉, 자본에 부과한 과세일지라도 노동의 상대가격을 인하시켜 노동자에게 전가할 수 있음을 알 수 있다.

이상의 결과는 앞 절에서 논의한 부분균형분석으로는 얻을 수 없다. 따라서 요소의 부문 간 이동에 제약이 없는 현실경제를 파악하기 위해서는 일반균형분석을 통해야 하는 것이다.

요약하면 부분요소과세의 귀착을 대변하는 요소의 상대가격($\frac{r}{w}$) 변화는 X재의 수요탄력성 등 수요측 요인과 두 재화의 대체탄력도 등 생산의 기술요인에 의해서 좌우된다.

1) X재의 수요탄력도가 크면 클수록 산출효과는 크게 나타나며,
2) 두 산업 간 요소집약도($\frac{K}{L}$)의 차이가 크면 클수록 산출효과는 더욱 크게 나타나며,
3) X재의 생산비에 자본비용이 차지하는 몫이 크면 클수록 X재의 상대가격 인상폭을 크게 하여 산출효과가 더욱 크게 나타나며,
4) X재, Y재의 요소의 대체탄력도가 작으면 작을수록 요소집약도의 변화에 따른 요소의 상대가격 변화가 더욱 커져 산출효과는 한층 크게 나타나며,
5) X재의 요소의 대체탄력도가 크면 클수록 요소대체효과는 더욱 크게 나타난다.

이상의 결과는 소득원천 측면에서의 분석이다. 여기에다가 소득의 사용 측면을 첨가해야만 비로소 종합적인 귀착분석이 이루어진다. 우리는 모든 소비자의 선호가 동일하다고 가정하였으므로 사용 측면의 귀착분석을 제외시켜도 무방하다. 그러나 이 가정을 버린다면 X재화를 선호하는 소비자는 상대적으로 높은 조세부담을 안게 될 것이다.

요소의 공급이 가변적인 경우에는 앞서 논의한 바와 마찬가지로 요소의 상대가격($\frac{r}{w}$) 변화가 줄어들게 된다. 예를 들어 노동공급이 가변적일 경우 X산업의 자본에 부과한 조세(t_{KX})가 $\frac{r}{w}$을 하락시키면 노동공급이 증가하게 될 것이다. 이는 $\frac{r}{w}$의 하락 정도를 줄어들게 할 것이다. 따라서 자본가의 조세부담 또한 감소하게 된다. 자본공급이 가변적인 경우라면 $\frac{r}{w}$의 하락은 자본공급을 줄여 이 또한 $\frac{r}{w}$의 하락 정도를 완화시키게 될 것이다.

4. 동태적 귀착 분석

Public Finance, ch. seventeen

이제까지의 귀착 논의는 모든 요소의 공급이 일정하다는 가정 하에서 행해졌으므로 조세가 저축 또는 성장에 미치는 효과에 대한 분석은 무시되었다. 자본소득에 대한 조세의 장기적 효과를 분석하기 위해서는 조세가 어떻게 자본형성에 영향을 미치느냐를 고찰함으로써 자본이 일정하다는 가정 하의 단기적 분석과는 상이한 결론을 얻을 수 있다. 아직까지 조세의 장기동태적 귀착 연구에 관해서는 정립된 분석방법이 없으며, 학자들에 따라 i) 장기적으로 국민소득에서 차지하는 각 요소소득의 비율을 과세 전 · 후로 나누어 비교하는가 하면 ii) 장기균형에 있어서의 임금수준 혹은 자본수익률을 그 기준으로 삼기도 한다. 전자의 접근방법은 도서(D. Dosser), 바인(A. Bain), 프레스트(A. Prest) 등에 의해서 시작되었으며, 후자의 방법은 조세의 자본형성에 미치는 영향 분석과 아울러 본격적으로 크지자니악(M. Krzyzaniak), 다이아몬드(P. Diamond), 사토와 호프만(R. Sato & R. Hoffman), 그리고 펠드스타인(M. Feldstein) 등에 의해서 이루어졌고 최근에 와서 급격한 발전을 이룩하고 있다.[15]

여기서는 펠드스타인의 두 논문을 중심으로 장기동태분석을 간략하게 고찰해 보기로 한다. 그는 이들 논문에서 조세가 저축과 요소공급에 미치는 영향을

15. Dosser, D., "Tax incidence and growth," *Economic Journal*, 71, 1961, pp.572～591; Dosser, D., "Incidence and growth further considered," *Economic Journal*, 73, 1963, pp.547～553; Bain, A. D., "Tax incidence and growth: A comment," *Economic Journal*, 73, 1963, pp.533～535; Prest, A. R., "Observations on dynamic incidence," *Economic Journal*, 73, 1963, pp.535～546; Krzyzaniak, M., "Effects of profits taxes: deduced from neoclassical growth models," in *Effects of Corporation Income Tax*, ed. by Krzyzaniak, Detroit 1996; Krzyzaniak, M., "Long-run burden of a general tax on profits in a neoclassical world," *Public Finance*, 22, 1967, pp.473～491; Krzyzaniak, M., "The burden of a differential tax on profits in a neoclassical world," *Public Finance*, 23, 1968, pp.447～473; Diamond, P. A., "Incidence of an interest income tax," *Journal of Economic Theory*, 2, 1970, pp.211～224; Sato, R. & Hoffman, R. F., "Tax incidence in a growing economy," in *Public Finance and Stabilization Policy*, W. L. Smith and J. M. Culberston(eds.), North-Holland, Amsterdam 1974; Feldstein, M. S., "Tax incidence in a growing economy with variable factor supply," *Quarterly Journal of Economics*, 88, 1974(a), pp.551～573; Feldstein, M. S., "Incidence of a capital income tax in a growing economy with variable savings rate," *Review of Economic Studies*, 1974(b), pp.505～513.

각각 장기적 자본형성에 연관시켜 조세의 귀착을 분석함으로써 종래의 총자본이 일정하다는 가정과 수요 · 공급이 일정하다는 가정을 무너뜨렸다고 할 수 있다. 자본이 일정하다는 가정 하에서는 법인세의 귀착은 대부분 자본소유자에게 돌아갔으나 이들 가정을 버림으로써 조세의 상당 부분이 노동자에게 전가됨을 보여주고 있다. 이러한 분석을 바탕으로 펠드스타인은 자본이 일정하다는 가정 하의 분석결과가 자칫하면 세정을 오도할 위험을 내포하고 있다고 경고했다. 그는 자본의 수익률에 의존하는 저축함수와 일부문 성장모형에 기초를 두고서 조세로 인한 요소소득의 상대적 변화를 중심으로 귀착분석을 행하고 있으며, 간단히 수치적인 예를 덧붙여 설득력을 더하고 있다.[16] 이 모형에 현실적으로 가능한 변수치를 대입한 결과 대부분의 경우 자본소득에 대한 과세는 노동에 각기 상이한 수준으로 전가됨을 나타내고 있다. 이러한 결과는 정부가 세수로 투자지출을 하지 않고 소비지출만 한다는 가정 하에 균형예산귀착분석을 행하기 때문인데, 조세는 순전히 민간부문으로부터 정부부문으로의 자본이동을 통하여 국민저축을 감퇴시키고 이에 따른 자본심화(자본축적, capital intensification)를 저해하는 요인

16. 종종 조세의 귀착을 총자본소득이나 노동소득의 변화에 의존한다고 보고 총자본소득의 변화를 다음과 같이 나타내기도 한다.

$$\frac{d(r,\ k)}{dt} = k\frac{dr}{dt} + r\frac{dk}{dt}$$

즉, 총자본소득의 변화는 과세 전 자본스톡에 대한 조세로 인한 수익률 변화분($k\frac{dr}{dt}$)과 자본스톡 변화에 따른 소득의 변화분($r\frac{dk}{dt}$)의 합으로 나타난다고 한다. 그러나 펠드스타인은 후자의 자본스톡의 변화에 따른 소득변화는 단지 소비시기의 변화를 의미할 뿐 실질적인 효용의 변화를 의미하지 않으므로 조세귀착의 분석은 전자의 $k\frac{dr}{dt}$에 기반을 두어야 한다고 주장한다. 따라서 귀착수준을 다음과 같이 일반요소의 총소득에 대한 상대적 변화율로써 표시하고 있다.

$$\frac{kdr}{kdr + dw} = \frac{1}{1 + J}$$

여기서, $J = \dfrac{(1+t)\alpha E_L + (1-\alpha)\dfrac{S_K}{S_L}(1 + E_K)}{\alpha + \sigma - 1}$

$J > 0$(가능수치들을 각 변수들에 대입하면)

σ : 생산함수의 대체탄력성(elasticity of substitution)

S_K, S_L : 자본가, 노동자들의 저축률

α : 임금이 총소득에서 차지하는 비율

J가 상승함에 따라 자본의 조세부담은 줄게 된다. J는 저축의 이자탄력도, 자본가와 노동자의 상대적 저축률(S_K, S_L), 기본세율(t) 등의 증가함수이다. 즉, 자본이 감소함에 따른 자본의 한계생산성 향상으로 저축의 증가폭이 크면 클수록, 자본가들의 저축률이 높으면 높을수록 자본소유자의 조세부담이 상대적으로 감소되는 경향이 있다.

으로 작용하고 있다. 따라서 이는 노동의 한계생산성 저하를 초래함과 동시에 자본의 한계생산성을 높이므로 조세부담의 노동으로의 전가를 의미한다. 또한 균형예산귀착뿐만 아니라 상계귀착분석(여기에서는 임금소득세가 법인세로 대체되었을 경우의 귀착분석)의 경우에도 균형예산귀착의 경우보다 정도는 낮아도 법인세의 상당 부분이 노동으로 전가됨을 보여주고 있다.

결론적으로 자본소득에 대한 과세의 전가는 조세가 어느 정도 저축에 영향을 미치느냐에 달려 있다고 하겠다. 조세가 저축화될 자본소득에 중과되면 중과될수록 자본축적을 저해하고 노동의 한계생산성 저하를 유발함으로써 조세부담을 노동에 전가시킬 것이다. 그리고 이들 조세의 저축 저해 정도는 각 계층(예를 들면 자본가 혹은 노동자)의 저축률과 이들 저축률의 자본수익탄력도에 크게 의존할 것이다. 이상의 장기귀착분석이 단기분석과 다른 점은 이러한 조세의 자본형성효과를 고려하고 있다는 점이라고 말할 수 있다.

또 다른 논문에서(1974a) 펠드스타인은 비교정태분석과 성장경제의 장기균형(a long-run steady state equilibrium) 분석이 상호 연관된 일반균형적 귀착분석의 특징을 규명하고, 요소공급에 대한 가정을 달리할 경우의 두 분석방법의 차이를 다음과 같이 설명하고 있다. 비교정태적 일반균형분석은 조세귀착과 요소공급탄력도의 상호관계를 명확히 설명하고 있다. 즉, 노동의 공급이 일정하다는 가정 하에서는 노동소득에 부과된 조세부담은 노동자에게 100% 귀착되며, 만약 노동공급이 수익률에 따라서 늘어난다고 하면 다른 요소에게도 조세부담이 그 탄력도에 따라 전가되게 된다. 또한 자본소득에 관한 과세의 경우에도 똑같은 논리가 적용될 수 있다. 이러한 비교정태적 분석은 노동공급과 자본형성의 상호관계를 고려하고 있지 않다는 점에서 장기동태분석과는 그 결과가 다르다고 하겠다. 장기동태분석에서는 노동·자본공급의 특성을 다음과 같이 규명하고 있다. 자본스톡은 과거의 요소소득으로부터의 저축에 의해서 결정되나 노동은 이러한 과거소득과 무관한 고유의 요소(a primary factor)이므로 현존의 자본스톡은 과거 노동공급과 다음의 두 가지 면에서 크게 연관되어 있다. 첫째, 직접적으로는 노동자의 저축수준에 밀접하게 관련되어 있으며, 둘째, 간접적으로는 과거의 노동공급이 자본의 수익률에 영향을 미침으로써 자본가의 저축수준에 관련되어 있다. 따라서 이러한 노동공급과 자본형성의 상호관계는 장기동태귀착분석에 있어서 아주 중요한 요인으로 작용하므로 비교정학분석 결과와는 달리 장기동태귀착은 노동의 공급탄력도에는 조금도 의존하지 않고 저축의 이자율 탄력도, 생산함수의 형태, 과거 세율 등에 크게 의존한다고 결론맺고 있다. 그러나 이러한 노동에 관한 장기동태분석은 자본소득에 관한 과세에는 그대로 적용되지 않는다는 것을 펠드스타인은 지적하고 있다.

결론적으로 요소공급이 일정한 경우 각 요소소득에 대한 과세는 전적으로 그 요소에 귀착되는 것이 단기분석의 결과였으며, 요소공급이 그들의 수익률에 따라서 변하는 경우 단기에는 타요소로의 전가가 어렵지만 시간이 지나면서 요소의 공급탄력도에 따라 전가가 일어난다는 것이 비교정태적 일반균형분석의 결과였다. 그러나 장기균형에 이르렀을 때 노동의 공급탄력도는 조세귀착에 아무런 영향을 미치지 못한다.

이러한 장기균형에 도달하는 데 걸리는 기간을 일률적으로 단정하기는 어렵지만 정책수립을 위해 현실적으로 채택되는 시간제약에 비해서는 훨씬 장기간일 것이다. 그러므로 앞에서 논의한 상이한 가정에 기초를 둔 상이한 분석결과들은 세정수립이나 적정 세정개혁을 위한 이론적 기반으로서 고려되어야 할 것이다.

연습문제

ch. seventeen Exercise

01 주어진 세수를 얻기 위하여 독과점시장에 조세를 부과할 경우 종량세와 종가세 중 어느 것이 우월한가?

02 전가와 귀착에 대한 분석의 중요성을 설명하고, 두 부문 일반균형 모형에서 자본집약적인 X산업의 노동에만 과세했을 경우 부분물품 · 요소과세의 귀착을 설명하시오.

03 두 부문 일반균형 모형에서 부분물품 · 요소과세 귀착의 결정요인을 설명하고, 여기에서 요소의 공급이 가변적인 경우와 생산기술이 고정계수 생산함수일 경우 귀착의 결과가 어떻게 변화하는가를 설명하시오.

04 법인소득세의 귀착을 설명하시오. (행 29약)

05 완전경쟁시장에서 조세의 귀착과 전가에 대한 부분균형분석의 주요 결론은 어떤 것

이 있는가?

06 공급독점의 시장에서 조세의 귀착과 전가에 대한 부분균형분석의 주요 결론은 어떤 것이 있는가?

07 현재 우리나라의 고용보험제도에서는 근로자가 월보수액(Y)의 일정 비율(t)을 보험료로 납부하게 되어 있다. 이를 노동공급에 대한 과세로 간주할 때에 그 세액(tY)은 누구에게 귀착되는가? 단, 노동시장은 완전경쟁시장이며 노동의 공급곡선은 우상향한다고 가정하시오.

08 현재 우리나라에서는 담배의 공급이 독점으로 이루어지고 있으므로 담배소비세는 완전히 소비자에게 귀착된다는 주장이 있다. 이에 대해 논하시오.

09 다음과 같은 가정 하에서 설정되는 일반균형 모형을 생각하자.

> ① 자본(K)과 노동(L)을 투입하여 상품 X재 및 Y재를 생산한다. 두 재화의 생산에 있어서 자본과 노동은 어느 정도 대체적으로 사용된다. 각 산업의 생산기술은 규모에 대한 수입불변(CRS)을 보이고 있으며, X재는 자본집약적, Y재는 노동집약적으로 생산된다.
> ② 노동과 자본은 산업 간 이동이 완전히 자유로우며 이들 생산요소의 총공급량은 고정되어 있고 두 산업에 완전고용된다.
> ③ 생산요소시장과 생산물시장은 완전경쟁적, 완전신축적이다. 기업은 이윤극대화를 목표로 한다.

이제 정부가

(1) X재에 대해서만 개별 상품세를 부과할 경우와

(2) X재에 투입되는 자본에 대해서만 부분요소세를 부과할 경우에 각각 그 조세부담이 전가되는 과정을 설명하시오.

10 조세의 전가와 귀착과 관련된 아래의 질문에 답하시오. (2008년 입법고시 기출문제)

(1) 조세의 전가와 귀착에 영향을 주는 요소를 주요 요인별로 구분하여 설명하시오.

(2) 국제유가의 급등에도 불구하고 우리나라의 자동차 통행량은 크게 변화가 없다고 한다. 최근 휘발유와 경유에 대해 부과되는 세금의 인하와 관련된 상황을 조세의

전가와 귀착의 관점에서 설명하시오.

11 어떤 상품에 대한 시장수요함수(Q_d)와 기업의 (단기) 총비용함수(C)가 아래와 같은 식으로 표시된다고 가정하자. (2009년 입법고시 기출문제)

- 시장수요함수 : $Q_d = 50 - P$
- (단기) 총비용함수 : $C = 10Q_s$

(Q_d는 수요량, Q_s는 생산량, P는 가격)

정부가 이 상품의 판매에 대하여 10%의 부가가치세를 부과하는 경우를 가정하자. 이 상품의 시장이 완전경쟁인 경우와 독점인 경우로 나누어 다음 질문에 답하시오.

(1) 두 시장의 세후 소비자가격을 비교하시오.
(2) 두 시장의 조세(부가가치세) 수입액을 비교하시오.
(3) 두 시장의 생산자와 소비자 간의 조세부담의 귀착상황을 비교하시오.
(4) 두 시장의 조세부과로 인한 초과부담의 크기를 구하고, 그래프를 이용하여 비교하시오.

조세의 경제적 효과

Public Finance
ch. eighteen

18

1. 서언

인간이 국가를 형성한 이래 그 존립과 유지를 위한 재정의 뒷받침은 대부분 조세에 의존해 왔다. 현대국가는 그 수입의 원천을 조세로 하기 때문에 조세국가로 불릴 정도로 조세의 기능과 역할이 방대하고 그에 따른 경제적 효과도 복잡하고 다양하다.

우리는 이미 정부의 기능과 역할의 이론적 기초를 시장실패의 치유에서 찾았으며, 이것이 바로 재정학의 중심과제임을 설명하였다. 그리고 제15장에서 살펴보았듯이 조세의 주요한 기능과 역할을 정부의 시장실패의 치유수단에서 찾았다. 다시 말하면 시장의 가격이 효율적 자원배분을 위한 신호 역할이나 공정한 소득분배와 안정적 성장을 위한 기능을 제대로 수행하지 못할 때 이를 중심으로 조세의 기능과 역할을 비교적 폭넓게 논의하였다.

거시적 시장실패를 치유하기 위해서(안정적 성장을 위한) 조세는 전통적으로 총수요관리에 역점을 두는 재정정책의 주된 수단으로서 유효수요와 고용창출을 위해 이용되어 왔다. 1970년대에 만연했던 스태그플레이션(물가상승과 경기침체가 동시에 일어나는 상태) 하에서 전통적인 총수요관리정책이 어느 정도 그 설득력을 상실하자 총체적 공급을 늘림으로써 물가를 안정시키고 고용과 생산의 확대를 시도하는 총공급관리정책(supply side management policy)이 선·후진국을 막론하고 싹터 왔다. 이 정책의 주무기 역시 조세의 생산력제고효과와 자본형성효과에 역점을 두고 있으므로 조세는 현대 자본주의국가들의 안정적 성장정책—총수요공급관리정책—의 최우선 수단임을 입증하고 있다.[1]

국가경제를 총괄하여 논의하는 이상의 거시적 측면에서와 마찬가지로 조세는 개별 경제주체들의 경제행위에도 지대한 영향을 미치고 있다. 조세는 우리가 일을 할 것인가, 여가를 즐길 것인가의 노동공급에 영향을 미치기도 하며, 현재소비를 향유할 것인가 아니면 미래소비를 위하여 저축을 늘릴 것인가의 소비나 저축에도 커다란 영향을 미치기도 한다. 또한 소비를 하는 데 있어서도 어떠한

1. 재정정책을 중심으로 하는 거시적 시장실패를 치유하는 조세의 기능과 역할은 재정학에서 취급하지 않고 거시경제학의 논의로 미루는 최근의 조류에 따라 본서에서도 취급하지 않기로 한다.

물품을 소비할 것인가, 어떤 종류의 집에서 거주할 것인가 등 우리의 일상적인 의사결정에 직 · 간접적으로 영향을 미치고 있다. 뿐만 아니라 어떤 사업을 어디에서 할 것인지, 어떤 자금을 이용하여 투자활동을 할 것인지에 대한 기업의 활동에도 영향을 미친다. 이러한 미시적 측면에서의 조세의 경제적 효과에 대해 본 장은 그 초점을 맞춘다.

앞서 논의한 조세의 귀착이론이 소득분배나 공평과세의 입장에 치중하여 세제나 조세정책 등을 검토 · 분석하는 데 중요한 이론적 기초가 된다면, 미시적 측면에서의 조세의 제경제적 효과에 관한 논의는 효율이란 관점에서 이들을 연구 · 검토하는 데 있어 이론적 기초가 된다는 점에서 매우 중요하다고 할 수 있다. 본 장에서는 조세의 각종 경제적 효과 중에서도 그 중요성이 높은 노동공급, 저축과 자본형성, 위험자산 선택행위, 그리고 기업의 투자활동 등을 중심으로 살펴보기로 한다.

2. 조세가 노동공급에 미치는 효과

노동소득에 대한 과세는 실질임금(가처분소득)을 저하시킬 뿐만 아니라 각 개인의 노동공급에 관한 의사결정에 영향을 미친다. 조세의 노동공급에 미치는 효과는 부과되는 세목에 따라 상이하므로 일률적으로 설명할 수 없다. 따라서 본 절에서는 비례소득세, 정액세, 선형누진세, 그리고 부의 소득세(negative income tax ; NIT)를 중심으로 그 효과를 논의해 보기로 한다.

2.1 비례소득세와 정액세

분석상의 편의를 위해 여가(N)와 소득(Y)만이 존재하는 단순경제를 가정하고 개개인은 여가를 희생하여 노동을 공급함으로써 소득을 얻을 수 있다고 가정하자. [그림 18-1]에서 무차별곡선은 대표적 개인의 노동과 여가에 대한 선호를 표시하며, 주어진 임금 하에서 이들에 대한 선택 문제를 해결해 준다. 과세 전의 예산제약선은 Y^0N으로서 그 기울기는 단위당 임금수준(w)을 표시한다. N은 최

그림 18-1

비례세와 정액세의 노동공급효과

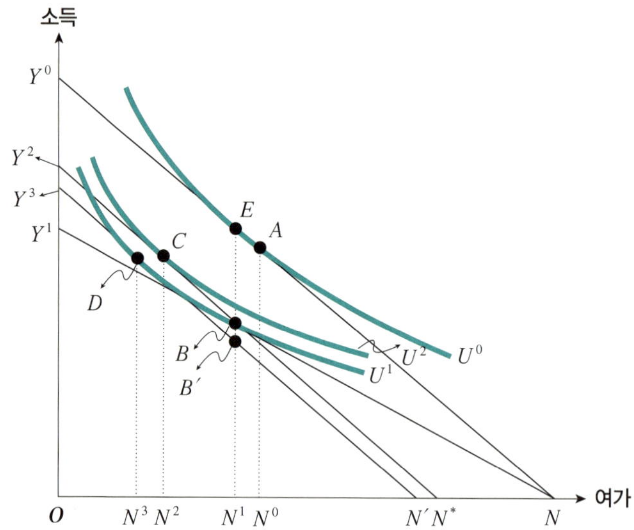

대 여가량으로 영의 노동공급을, 반대로 O는 영의 여가와 최대 노동량 ON을 뜻한다. 과세 전의 소비자균형은 A점이고 ON^0의 여가와 N^0N의 노동을 공급하고 있다.

만약 노동소득에 세율 t의 비례세가 부과되었다고 하면 예산선은 Y^1N으로 변하며, 그 기울기는 과세 후 단위당 임금수준 $w(1-t)$로 표시된다.[2] 이때 소비자 선택은 B점에서 이루어지며 N^1N 수준으로의 노동공급 증가로 나타난다. 이 때 유의할 점은 노동공급의 증가가 결코 일반적인 현상은 아니라는 점이다.

과세가 노동공급을 증가시킬 것인가 아니면 감소시킬 것인가는 대체효과와 소득효과의 크기에 의해 결정된다. 우선 납세 후 소득의 저하로 인해 이를 보충

2. 과세 전 무차별곡선의 기울기는 다음과 같다.

$$Y = w(L - N)$$

단, L은 가능한 최대의 노동시간 소득에 대해 비례소득세가 t로 부과되었다고 하자. 그러면 새로운 예산선은 다음과 같다.

$$(1 - t)Y = (1 - t)w(L - N)$$

소득에 대한 과세는 여가에 대해서는 과세하지 못하므로 상대가격의 변화를 초래하고 이는 왜곡을 초래하여 초과부담을 가져올 것임은 이전에 분석한 바 있다.

하기 위해 노동공급을 늘리려고 하는 소득효과가 발생한다. 또한 소득의 저하(실질임금의 하락)는 여가의 기회비용이 줄어들었다는 의미이므로 상대적으로 싸진 여가를 늘리려는 대체효과가 발생하게 된다. 즉, 소득효과에 의해서는 노동공급이 늘어나며 대체효과에 의해서는 노동공급이 줄어들기 때문에 과세가 노동공급의 방향에 어떠한 영향을 미치는지는 두 효과의 상대적 크기에 따라 달라진다. 만약 대체효과가 소득효과보다 크다면 노동공급은 줄어들 것이며, 대체효과보다 소득효과가 크다면 노동공급은 늘어날 것이다.[3] 따라서 조세가 노동공급에 미치는 효과는 이론적으로는 명확하지 않으므로 주로 경험적 분석에 의존하게 된다. 이에 대해서는 뒤에서 언급하기로 한다.

이러한 소득세는 여가에 대해서는 과세하지 않았으므로 당연히 상대가격의 변화를 가져와 초과부담을 가져올 것이다. 만약 비례소득세와 동액의 세수(BE)를 얻을 수 있는 비왜곡적인 정액세(lump-sum tax)를 부과하면, 이는 B점을 통과하며 Y^0N과 동일한 기울기를 갖는 Y^2N^*의 예산선으로 표시된다.

한편 비례세에 의한 세수는 균형점 B에 있어서의 예산선과 과세 전 예산선의 수직거리 BE이다. 따라서 여가와 노동의 상대가격을 변화시키지 않는 정액세로 동액의 세수입을 얻으려면 Y^0N과 동일한 기울기를 가지면서 B점을 지나는 예산선에 직면하게 된다. 정액세 하의 균형점은 C로서 ON^2의 여가와 N^2N의 노동을 공급하며, 동액의 비례세를 부과할 경우보다 많은 노동시간을 제공할 뿐만 아니라 보다 높은 효용수준인 U^2를 달성하도록 한다. 따라서 정액세 하에서는 동액의 세금을 납부하고도 비례세의 경우보다 높은 효용수준을 유지한다. 이 두 효용수준의 차이는 비례세의 초과부담(U^2와 U^1의 차이)이 된다.[4] 다시 말하면 정액세의 경우에는 비례세의 경우와 똑같은 효용수준(U^1)을 유지하면서도 BB'의 세금을 더 납부할 수 있으므로 이 금액이 비례세 부과 하의 초과부담이 되는 것이라 할 수 있다.

---

3. 위의 결과는 여가가 정상재라는 가정에서 나온 것이다. 여가가 정상재라면 소득의 감소는 여가의 소비량 역시 감소시키므로 이를 만회하기 위해 노동공급을 늘리는 소득효과가 나타나지만, 여가가 열등재(inferior good)라면 소득의 감소가 여가의 수요량을 늘리기 때문에 소득효과 역시 노동공급을 줄이게 된다.
4. 이를 화폐액으로 표시한 것이 Y^2Y^3로서 힉스의 소비자잉여 개념 중 하나인 보상변화(compensating variation)에 해당한다. 보다 깊은 논의는 본서 제16장의 [부록]이나 『후생경제학』(이만우 저) 제6장을 참조하라.

그림 18-2

선형누진세의 노동공급효과

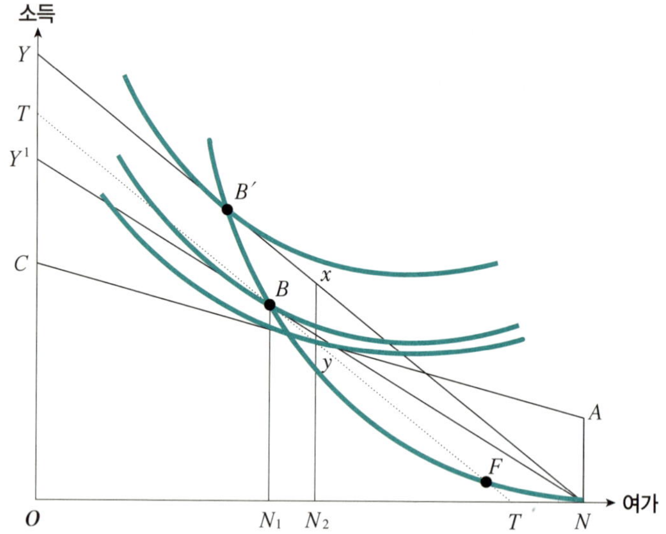

2.2 선형소득세

비례소득세와 동액의 세수를 얻을 수 있는 선형누진세(linear progressive tax)의 노동공급효과를 [그림 18-2]를 통해 살펴보자.

선형누진세란 한계세율은 일정하나 소득이 증가함에 따라 평균세율은 증가하는 세율구조를 갖고 있는 소득세로서 식 (18-1)과 같이 나타난다.

$$T = t(Y - E) \qquad (18-1)$$

단, T : 납세액, t : 한계세율,
Y : 과세 전 소득, E : 면세소득

식 (18-1)의 양변을 Y로 나누면 평균납세액이 산출되며 식 (18-2)로 표시된다.

$$\frac{T}{Y} = t\left(1 - \frac{E}{Y}\right) \qquad (18-2)$$

식 (18-2)로부터 Y의 증가에 따라 $\frac{T}{Y}$도 증가함을 알 수 있다.[5]

[그림 18-2]에서 과세 전 예산선은 YN이며, 비례세 부과 후 예산선은 Y^1N, 그리고 선형누진세 하의 그것은 CAN으로 나타난다. 비례세 하의 소비자균형점은 B로서 N_1N의 노동을 공급하는 반면 선형누진세 하의 소비자균형점은 y점으로서 N_2N의 노동을 공급한다. 그리고 $B'BN$은 상이한 비례소득세 하에서 이루어지는 균형소득 · 여가의 궤적이다.

선형누진세 하의 세액 xy와 동액의 세금을 징수할 수 있는 비례세 하의 균형점은 F, B이다. 여기에서는 B점의 효용수준이 높으므로 이 점을 비례세 하의 현실적인 균형상태로 간주할 수 있다. 따라서 동일한 세수 하의 비례세와 선형누진세의 노동공급효과를 비교하면 비례세 하의 공급이 더 큼을 알 수 있다.

이상의 개인에 대한 두 가지 대표적 세목의 노동공급효과는 항시 모든 개인에게 적용될 수는 없다. 왜냐하면 누진세는 고소득자에게는 높은 평균세율이, 그리고 저소득자에게는 보다 낮은 평균세율이 부과되기 때문이다. 그러므로 누진세의 노동공급에 관한 비례소득세와의 비교 · 분석은 소득계층별 분석의 기초 위에서 전체적인 효과를 논의해야 한다.[6]

2.3 비선형소득세

비선형소득세[7]의 경우에는 한계세율이 소득증대에 비례하여 증가하기 때문에 세부담감이 선형소득세의 경우보다 높게 나타난다. 또한 이러한 세부담은 예산집합을 보다 작게 만들게 되므로 낮은 수준의 후생수준과 노동효과 면에서 더욱 부정적이다.

이를 [그림 18-3]을 통해 비례소득세의 경우와 비교해 보면 예산선의 이동으로 인해 노동공급이 줄어들고 후생수준이 떨어졌음을 알 수 있다. 분석의 논리는 비례소득세의 경우와 일치한다. 또한 비선형소득세의 경우 예산집합은 소득

---

5. 식 (18-1)에서 Y의 증가는 T를 증가시킨다. 또한 식 (18-2)의 우변을 보면 Y의 증가는 $t\left(1-\frac{E}{Y}\right)$를 증가시킨다. 그러므로 $\frac{T}{Y}$도 증가됨을 알 수 있다.
6. 이에 관한 폭넓은 논의는 다음 문헌을 참조 바람.
   Boadway, R. & Wildasin, D., *Public Sector Economics*, Little Brown Co., 1984, pp.288~301.
7. 한계세율과 평균세율이 소득의 증가에 대해 모두 상승하는 형태의 누진세를 뜻한다.

그림 18-3

비선형소득세와 노동공급(비례소득세와 비교)

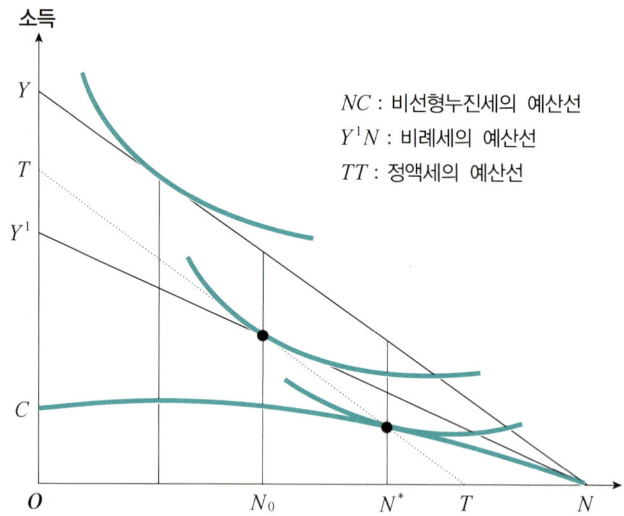

증가와 함께 세부담이 늘어나기 때문에 선형소득세(보조금이 없는 경우)와 비교할 때 더 작아진다.

예산집합이 더 작아짐은 더 낮은 후생을 달성할 것임을 의미한다. 또한 그림에 나타나는 것처럼 노동공급 역시 더 많이 줄어든다.[8] 따라서 우리는 공평과세의 측면에서는 비선형소득세가 더 적합하지만 효율성의 측면에서는 선형소득세가 더 우월하다는 최적소득세에 관한 논의의 결론을 다시 한 번 그림으로 확인할 수 있다.

2.4 부의 소득세

비례세 하의 노동공급은 대체효과와 소득효과의 상대적 크기에 의해 좌우되기 때문에 여가가 보통재인 한 그 크기를 쉽게 판별하기 어렵다. 그러나 부의 소득세(negative income tax ; NIT) 하에서는 여가를 보통재로 가정하면 노동공급은 줄게 된다. **부의 소득세**란 소득수준이 면세점(과세최저소득 수준) 이하인 경우

8. 무차별곡선이 볼록하고 평행하다면 비례소득세와 비교할 때 소득이 늘어날수록 예산선이 더 많이 내려가는 형태에서의 접점은 결코 더 많은 노동공급을 가져올 수 없다.

그림 18-4

부의 소득세와 노동공급

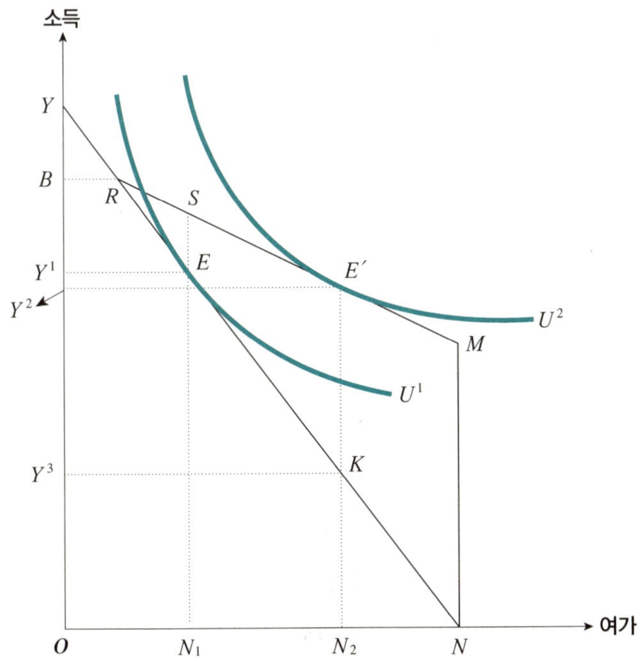

에는 그 차액에 대해 일정률의 보조금(부의 소득세)을 부과하는 제도로서 [그림 18-4]와 같이 표시된다.

과세 전 예산선은 YN으로서 소비자균형은 E점으로 표시되며, 이때의 노동공급은 N_1N, 화폐소득은 OY^1으로 나타난다. 부의 소득세의 부과는 예산선을 $YRMN$으로 이동시키며, 과세최저소득은 OB로서 이 이하의 소득수준에서는 그 차액에 대해서 일정률의 보조금을 지급받게 된다. 그리고 소득이 영인 경우에도 MN에 해당하는 소득을 보장받게 된다.

부의 소득세 도입으로 새로운 예산선 $YRMN$ 하에서 대표적 소비자의 균형은 E'점으로 옮겨와 N_2N으로의 노동시간 감소로 OY^3의 노동소득과 KE'의 보조금을 지급받게 된다. 비록 총소득수준(OY^3)은 감소했지만 보다 많은 여가활동으로 인해 효용수준은 증가하게 되었다. 과세 후 소득수준은 과세 전에 비해 증가할 수도, 감소할 수도 있으나 후자의 경우를 선택하는 소비자가 대다수일 것이다. 이는 부의 소득세로 인한 노동공급 감소가 앞서 설명한 세목의 경우와는 달리 대체효과와 소득효과의 동시적인 결과이기 때문이다.

부의 소득세로 인한 소득효과와 대체효과를 살펴보면 소득효과는 보조금 지급으로 인한 소득향상이 여가를 포함한 보통재의 소비를 늘게 하는 것을 말한다. 여가의 증대는 곧 노동의 감소를 의미하며 그 정도는 보조금 지급수준에 의존한다.

한편 대체효과를 살펴보면 보조금 지급은 여가에 비하여 노동의 대가인 실질임금의 상대적 하락을 의미하므로, 즉 여가의 기회비용이 감소함을 뜻하므로 여가를 더욱 선호하고 노동공급을 줄이게 되는 효과를 의미한다. 예를 들면 보조금 지급 이전에 시간당 2천원의 임금을 받는 노동자의 경우 노동의 포기로 인하여 이제는 1천원의 보조금을 지급받을 수 있다고 하면 1시간의 노동공급으로 인한 실질소득의 증가는 1천원으로 하락함을 의미한다. 이는 곧 여가의 기회비용 역시 1천원으로 감소했음을 뜻한다. 따라서 [그림 18-4]의 경우처럼 부의 소득세로 총소득이 감소하더라도 E'의 균형점을 선택할 가능성이 높음을 알 수 있다.

이상과 같이 부의 소득세는 소득효과와 대체효과가 노동공급을 줄여 다른 세목에 비해 노동공급효과가 더욱 크게 나타난다. 따라서 부의 소득세는 공정한 소득분배란 관점에서는 바람직할지라도 노동공급의 감소라는 사회적 비용이 수반되기 때문에 제도화하는 데 어려움이 있다.

2.5 경험적 연구

과세가 노동공급에 미치는 효과는 대체효과의 크기와 소득효과의 크기에 따라 다르게 나타나므로 일반적인 방향을 일률적으로 말할 수 없다. 따라서 과세가 노동공급을 감소시키는지 증가시키는지에 대해서는 경험적 방법론에 의존하는 경우가 많다.

최초의 설문조사는 브레이크(G. Break)에 의해 1957년에 수행되었는데 조사대상자의 65~80%는 소득과세로 인한 노동효과가 전무한 것으로 나타났다.[9] 1969년 홀란드(Holland)의 연구에서는 미국의 고소득층을 대상으로 한 경우 65~80%는 소득과세로부터 영향을 받지 않는다고 답했다.

9. Break, G., "Income taxes and incentives to work : An empirical study," *American Economic Review*, Vol 47, 1957.

1973년 케인과 와츠(G. Cain & W. Watts)의 연구에서는 계량적인 실증분석 결과 과세로 인한 노동공급의 반응은 아주 작은 것으로 나타났고, 남자 근로자들의 노동공급의 임금률에 대한 탄력성 값은 −0.1∼−0.2로서 매우 미미하였으며, 후방굴절곡선의 형태임을 보였다.[10]

종래의 대다수의 결론은 남성의 경우 과세가 노동공급의 영향에 미치는 영향은 매우 미미하나, 여성의 경우에는 탄력성 값이 크게 나온다는 것으로 일치하는 경향이 있었다. 그러나 하우스만(J. Hausman)은 남성의 경우에도 소득수준이 높은 계층으로 갈수록 노동의 보상된 대체효과가 현저하게 크다는 것을 밝혀냈다. 여성의 경우는 종래의 결과와 비슷하나, 남편이 없는 가장으로서의 여성은 덜 탄력적임을 보였다.[11]

이와 같은 결과가 나타나는 이유는 여러 가지로 생각할 수 있겠지만, 노동공급이 임금률 하나의 변수만으로 설명되지 않기 때문이라고 할 수 있다. 또한 실제로 납세자는 노동시간을 임의로 단축한다는 것이 쉽지 않은 것도 하나의 이유이다. 고정소득자인 피고용노동자는 고용주와의 노동계약 하에 있기 때문이다.[12]

3. 조세가 저축에 미치는 효과

Public Finance, ch. eighteen

저축은 경제성장의 원동력인 자본형성의 근간이라는 점에서 조세 부과로 인한 저축에 대한 영향은 그 중요성이 지대하다. 저축에 관한 대부분의 이론적 · 경험적 분석은 생애주기 모형(life-cycle model)에 의거하여 이루어지고 있다. 본 절의 나머지 부분에서도 생애주기 모형에 의거한 두 기간 모델을 분석함으로써 시사점을 모색하기로 한다.

---

10. Cain, G. & Watts, W., *Income maintenance and labor supply*, Chicago, 1973.
11. Hausman, J., "Labor supply," *How taxes affect economic behavior*, Aaron and Pechman(ed), The Brookings Institution, 1981.
12. 이와 같이 노동공급이 경직적(공급곡선이 수직)인 것은 단기에는 계약의 변화가 힘들기 때문에 나타나는 것으로, 장기로 갈수록 완화될 수 있는 것이라고 받아들일 수도 있다.

그림 18-5

두 기간 소비선호

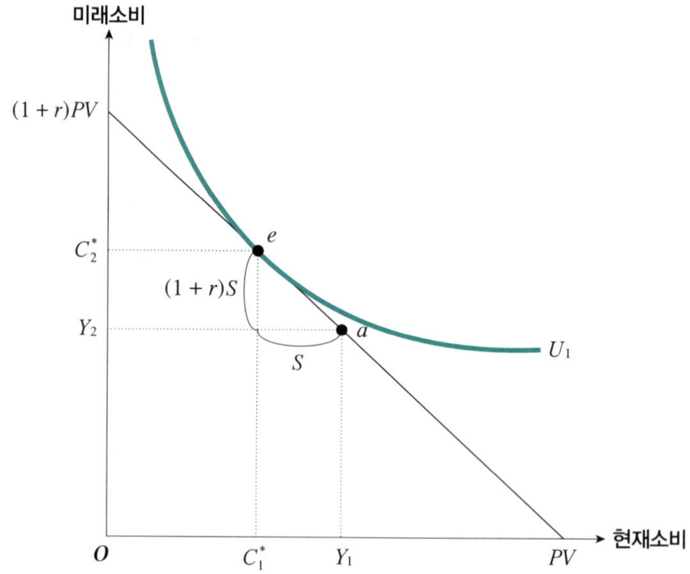

3.1 저축과 자본형성효과

조세의 저축효과를 분석하기 위해 현재(1기)와 미래(2기)만이 존재하는(두 기간으로 구성된) 생애주기 모형을 설정하기로 한다. 대표적 개인의 1기와 2기의 소득과 소비는 Y_1, Y_2, C_1, C_2라고 하자. 그는 저축을 결정함에 있어 현재소득뿐만 아니라 미래의 예상소득까지도 고려한다고 가정한다.[13]

이를 [그림 18-5]로 설명하면 횡축은 현재소비(C_1), 종축은 미래소비(C_2)를 가리키며 a점은 저축이 전혀 존재하지 않는 현시점의 소득과 예상되는 미래소득을 표시하는 재원의 부존점이다. 즉, 저축이 전혀 없이 매기의 소비를 그때의 소득으로 충당한다면 균형점은 a로 표시될 것이다. 그리고 현재소득, 미래소득 전부를 현재의 소비에 지출한다면 균형점은 PV로서 총지출액은 현재소득 Y_1과 미래소득의 현재가치인 $\frac{Y_2}{1+r}$의 합이다. 반대로 현재소득을 모두 저축하여 미래소

13. 분석의 편의를 위해 2기에는 소득이 없는 경우를 가정하는 것이 일반적이다. 그러나 논리에는 아무런 영향을 미치지 못한다.

그림 18-6

조세가 저축에 미치는 영향

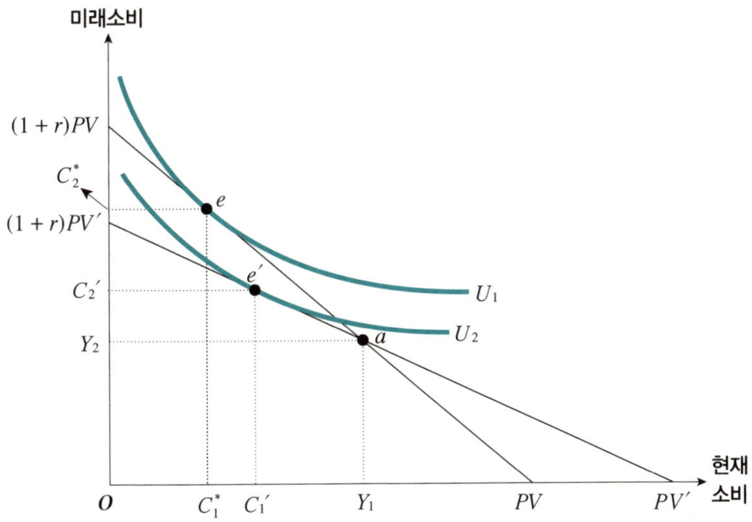

비에 충당한다면 균형점은 $(1+r)PV$로서 이를 연결한 직선이 개인이 직면하는 예산선, 즉 2기간의 소비가능영역이다.[14]

소비자의 효용극대화 균형점이 e라고 하면 개인은 현재소비를 C_1^*, 저축을 $(Y_1 - C_1^*)$로 결정하게 된다. 따라서 미래소비는 C_2^*로서 이는 미래소득 Y_2와 저축과 이자의 합 $(1+r)S$로 구성된다.

이제 이자소득에 대하여 비례세 t가 부과될 경우의 저축효과를 살펴보자. 이자소득세의 부과는 이자소득을 $(1-t)[(Y_1 - C_1^*)r]$로 감소시키며 예산선의 기울기를 [그림 18-6]과 같이 $-(1+r)$에서 $-[1+(1-t)r]$로 변화시킨다. 따라서 새로운 균형점은 e'으로 이동하여 현재소비와 미래소비는 C_1', C_2'으로 나타나 조세부과는 $(C_1' - C_1^*)$의 저축감소를 유발한다.[15]

조세 부과는 첫째, 이자소득을 감소시킴으로써 현재소비에 대한 기회비용을

14. 이를 두 기간에 걸친 소비자선택 모형으로 수식화하면 효용함수는 $U(C_1, C_2)$, 예산선은 $C_1 + \frac{C_2}{1+r} = PV = Y_1 + \frac{Y_2}{1+r}$로 나타난다. 예산선을 C_2에 대해 재표현하면, $C_2 = -(1+r)C_1 + (1+r)PV$가 된다. 따라서 예산선의 기울기는 $(1+r)$로서 그 위치는 이자율과 PV값에 의존함을 알 수 있다.

15. 여기에서는 조세 부과가 저축감소를 유발하는 경우만을 설명하고 있으나 그 효과는 노동공급의 경우처럼 소득효과와 대체효과에 의해서 좌우되기 때문에 저축증대를 가져오는 경우도 가능하다.

하락시켜 현재소비를 늘리고 저축을 줄이는 대체효과를 유발하며, 둘째, 이자소득의 감소는 미래소득의 하락을 의미하므로 이를 보전하기 위해 저축을 더욱 늘리려는 소득효과를 가져온다. 따라서 조세로 인한 개인의 저축은 그의 선호를 반영하는 대체효과와 소득효과의 상대적 크기에 좌우됨을 알 수 있다.[16]

3.2 경험적 연구

조세가 저축에 미치는 효과는 대체효과와 소득효과의 상대적 크기에 따라 달라지므로 이론적으로 판별하기가 곤란하다. 따라서 이자소득에 대한 과세가 저축에 미치는 영향에 대한 분석은 경험적인 분석에 의존해 왔다. 이러한 연구들은, 이자소득에 대한 과세가 저축의 수익률을 하락시키므로 대체로 저축이 이자율이나 수익률의 크기에 얼마나 민감한가의 탄력성 추정을 중심으로 진행되고 있다.

근래까지는 저축의 공급이 수익률에 비탄력적이라는 연구결과가 다수였다. 1963년 앤도–모딜리아니(Ando–Modigliani)의 연구에서는 저축의 이자소득세에 대한 탄력성 값이 0.2에 불과한 것으로 나타나 그 반응도가 비교적 둔감한 것으로 볼 수 있었다. 블라인더(A. Blinder)의 연구(1945~1972)에서는 이보다 훨씬 작은 값을 찾아냄으로써 저축과 이자율이 거의 관계가 없는 것으로 나타났다.

그러나 보스킨(M. Boskin)은 저축의 이자소득세에 대한 탄력성이 0.3~0.6(1929~1966)으로 나타난다고 주장했다. 이는 기존의 연구를 부인할 정도로

---

16. 두 기간 모형에 의한 조세가 저축에 미치는 영향에 대한 분석은 다음의 현실적인 고려를 무시하고 있다는 점에서 그 취약점이 있다. 따라서 보다 일반적인 분석은 이들을 고려해야 한다.

첫째, 이자소득을 실질이자소득으로 간주하기 위하여는 물가수준을 고려해야 한다. 즉, 실질이자율과 명목이자율의 괴리를 분석대상에 넣어야 한다.

둘째, 저축수단으로, 현실적으로 다양한 수익률을 가진 여러 가지 자산이 존재하며 이들에 대한 세율 또한 상이하므로 이들 역시 고려해야 한다.

셋째, 정부저축도 동시에 고려되어야만 정확한 자본형성효과를 파악할 수 있다. 조세는 비록 개인저축을 감소시킬지라도 정부저축의 증대를 의미할 수 있기 때문이다.

넷째, 대표적 개인이 미래소비를 위해 저축하는지 아니면 후손들에게 유산을 물려주기 위해 저축하는지에 따라 조세의 저축효과는 달리 나타나기 때문에 일반적 분석을 위해서는 이 또한 고려되어야 한다. 미래에 있을 위험을 위한 예비적 동기도 이와 비슷한 의미에서 고려할 수 있다.

다섯째, 만약 개인이 현재소비를 더 선호한다면 미래소득을 차입해야 하는데 무조건적인 차입은 현실과는 상이하다. 따라서 차입장벽도 고려해야 하는 경우가 있을 수 있다.

큰 값이었다. 한편 퍼스텐버그(G. von Furstenburg, 1981)는 이자율과 저축과의 관계가 불분명하다고 주장했다.[17] 그러나 최근의 추세는 이자율에 대한 저축의 탄력성이 매우 탄력적이라는 결론을 내리고 있고 다수의 전문가들 역시 이에 공감하는 입장이어서 조세가 저축에, 나아가서는 자본형성에 상당한 영향을 미친다고 간주된다.[18]

4. 조세가 자산 선택과 투자에 미치는 효과

Public Finance, ch. eighteen

4.1 조세와 자산 선택

이자소득을 비롯한 자본소득에의 과세는 민간의 저축수준뿐만 아니라 어떠한 형태로 저축하는가의 자산보유 형태에도 영향을 미친다. 민간의 자산보유는 자산의 수익률과 위험(risk)수준에 따라 좌우되며, 이는 곧 모험이 수반하는 생산적 투자의 증감 내지는 경제성장에도 영향을 미친다. 따라서 조세가 위험자산 선택에 미치는 영향에 관한 연구의 중요성은 자명한 것이다.[19]

위험을 기피하는 대부분의 합리적 투자가는 자산의 수익률이 높을수록, 그리고 자산의 위험도가 낮을수록 그 자산을 선호한다. 따라서 합리적인 투자가는 위험자산의 기대수익이 안전한 자산의 수익률에 위험프리미엄(risk-premium)을 더한 값보다 커야만 위험자산을 선택하게 될 것이다. 따라서 정부가 위험이 수반되는 각종 투자활동을 촉진시켜 지속적인 성장을 추구하려고 한다면 조세가 그

17. Ando, A. & Modigliani, F., "The life cycle hypothesis of saving : Aggregate implications and tests," *American Economic Review*, Vol. 53, 1963 ; Boskin, M., "Taxation, savings and the rate of interest," *Journal of Political Economy*, Vol. 86, April, 1978 ; G. M. von Furstenberg, "Saving" in "How taxes affect economic behavior," H. Aaron and J. Pechman(ed.), The Brookings Institution, 1981.

18. 이와 관련한 자세한 논의는 다음의 문헌을 참조하라.
Boskin, M., "Taxation, savings and the rate of interest," *Journal of Political Economy*, Vol. 86, April, 1978 ; Summers, L. H., *Tax policy, the rate of return, and savings*, National Bureau of Economic Research Working Paper, No. 995, 1982.

19. 이와 관련한 분석기법이 Mean-Variance Analysis(평균-분산 분석)이다.

촉진수단 중의 하나가 될 수 있느냐의 과제에 직면하게 되며, 이는 조세가 어느 정도 위험부담을 상쇄시켜 줄 수 있느냐에 달려 있다.

위험부담이 높은 자산에 대한 투자(보유)가 성공적이면 그 수익률은 안전한 자산보다 높을 것이나 실패할 경우에는 상대적으로 훨씬 낮은 수익을 얻거나 손해를 입을 수도 있다. 이의 정도를 반영하는 값이 위험프리미엄으로, 그 값이 높을수록 위험자산을 덜 선호한다. 따라서 위험자본의 축적이 어렵게 될 것이다.

이를 타개하기 위해 조세제도가 위험자산 보유로 인한 손실을 과세소득에서 공제해 주는 **완전손실차감**(full-loss offset)제도를 도입할 경우 위험부담을 어느 정도 완화시켜 위험자산 수요를 과세 전보다 늘릴 수 있다.[20]

예를 들면 어느 가계가 위험부담이 높은 자산(예를 들어 증권)에 투자하여 10만원의 손해를 보았다고 하자. 투자수익이나 손실에 일률적으로 25%의 비례소득세가 부과된다고 하면 이는 10만원의 손실이 과세소득에서 제외되어 2만 5천원의 보조금을 지급받는 것과 마찬가지다. 위험자산 보유로 수익이 발생했을 경우에는 안전자산 수익과 같이 25%의 세금을 부담해야 하지만 손해가 발생했을 경우 완전손실차감제도는 이 중 25%를 정부에 부담시켜 위험부담을 그만큼 줄어들게 한다. 즉, 정부는 위험부담을 안고 있는 투자에 대해 실질적으로 공동투자자로서의 기능을 담당함으로써 위험이 수반하는 자산에의 투자를 권장하는 효과를 가져온다. 이 경우 모든 투자자에게 과세되는 것이므로 통계적으로 생각할 때 샘플이 많아지면 분산이 작아지는 것과 같은 원리로 정부의 위험은 개인투자자에 비해 엄청나게 작아진다.

이상과 같이 조세는 그 제도적인 장치에 따라 위험자산 선택에 커다란 영향을 미쳐 국민경제의 지속적 성장에 기여한다.

4.2 조세와 기업의 투자활동

조세는 기업의 의사결정에 폭넓게 영향을 미친다. 특히 기업의 중심세목인 법인세는 i) 기계와 설비 등의 실물투자의 크기, ii) 실물투자의 형태, 그리고

20. 한편 손실의 일부만을 공제해 주는 부분손실차감(partial-loss offset)제도 하에서는 그 효과가 분명치 않아 조세의 위험자산 선택에 미치는 효과를 단정적으로 말할 수 없다. 이에 관한 폭넓은 논의는 Boadway & Wildasin, *Public Sector Economics*, pp.314~321을 참조 바람.

iii) 실물투자를 위한 재원조달방법 등을 비롯한 다양한 의사결정에 영향을 미치고 있다. 본 항에서는 학부 교과과정에서 요구되는 실물투자에 국한하여 조세의 효과를 살펴보기로 한다.

기업이 투자활동을 할 때 가장 중요한 기준은 자본의 기회비용에 해당하는 사용자비용(user cost of capital)이다. 조세제도나 정책이 사용자비용을 얼마나 경감시켜 주느냐가 기업의 투자활동에 영향을 미치게 된다. 따라서 조세가 실물투자에 미치는 영향은 첫째, 조세제도가 어느 정도 사용자비용을 경감시킬 수 있는가의 문제와, 둘째, 사용자비용의 변화가 어느 정도 투자증대를 유발할 수 있는가의 문제로 집약될 수 있다.

이러한 문제를 분석하기 위하여 우선 사용자비용을 설명해 보기로 한다. 분석상의 편의를 위하여 물가변동을 무시한다면 기계, 설비 등의 한 단위 자본재 구입가격 q원에 대한 사용자비용(C)은 이자비용(qr)과 감가상각비용($q\delta$)으로 구성된다.

$$C = q(r + \delta) \tag{18-3}$$

기업의 투자는 한 단위 자본의 추가적 투자에 의한 수익(한계생산물가치)이 사용자비용과 일치할 때까지 이루어진다.[21]

$$P \cdot MP_K = q(r + \delta) \tag{18-4}$$

여기에서 법인세를 도입했을 경우 균형조건 식 (18-4)가 어떻게 변하는가를 살펴보면 조세가 투자에 미치는 효과를 파악할 수 있다. 법인세가 부과되는 과세소득은 총소득을 벌어들이는 과정에서 발생한 비용(임금, 이자, 감가상각)을 공제한 이후의 소득이므로 여기에서도 이자, 감가상각 등의 비용을 공제해야만 한다. 세율 t인 법인세가 부과되면 과세 후 한계수익은 $(1-t)P \cdot MP_K$로 변함과

21. 이와 같은 투자에 대한 의사결정은 신고전학파 모형에 입각한 결과이며, 이에 관한 대표적 논문으로는 다음을 들 수 있다.
Jorgenson, D. W., "Capital theory and investment behavior," *American Economic Review*, 53, May, 1963, pp.247~259.

동시에 이자비용과 감가상각비용의 과세소득에서의 공제로 사용자비용도 줄어들게 된다. 이자비용의 공제는 사용자비용을 $q \cdot r$에서 $q \cdot (1-t)r$로 줄어들게 하여 과세 전의 균형조건은 식 (18-5)로 변하게 된다.[22]

$$(1-t)P \cdot MP_K = q[(1-t)r + \delta] \quad (18-5)$$

한편 감가상각비용의 과세소득에서의 공제는 q원의 자본재 구입에 따른 비용을 $q(1-\alpha)$로 줄게 하는 효과를 낳는다. 왜냐하면 1원에 해당하는 자본재의 감가상각비용의 현재가치를 α라고 한다면 감가상각비용의 과세소득공제는 자본재 구입비용을 $(1-\alpha)$로 줄어들게 하기 때문이다.[23]

$$(1-t)P \cdot MP_K = [(1-t)r + \delta]q(1-\alpha) \quad (18-6)$$

식 (18-6)의 양변을 $(1-t)$로 나누면 법인세 부과에서 이자비용, 감가상각비용의 과세소득에서의 공제를 고려한 최종균형조건은 식 (18-7)로 표시된다.

$$P \cdot MP_K = [(1-t)r + \delta]\frac{q}{(1-t)}(1-\alpha) \quad (18-7)$$

이상과 같이 이자비용, 감가상각비용 등 각종 비용을 과세소득에서 공제해주는 법인세의 제도적 장치는 사용자비용을 줄여서 투자를 촉진시키는 역할을 한다. 이상의 공제제도도 전액 공제를 해주느냐 아니면 부분적으로 공제를 해주느냐에 따라 사용자비용이 상이하게 되며, 감가상각을 어떠한 방법으로 하느냐

22. 법인의 이자소득에도 법인세가 과세되므로 당연히 유효이자율(자본의 기회비용)은 세액만큼 떨어질 것이다.

23. 1원에 해당하는 값어치의 자본재가 감가상각하는 비용을 첫 해에서 T년까지 각각 $D(1), \cdots, D(T)$라고 하고 이를 과세소득에서 공제해 주지 않을 경우 여기에다 세율을 곱한 액수만큼 세금을 납부해야 한다. 그러나 공제를 해준다면 납부할 세액만큼 이득을 보게 되며, 1원의 자본재의 감가상각공제로부터 얻을 수 있는 이득 총액의 현재가치를 α라고 하면 이는 곧 다음과 같이 정의된다. 따라서 구입비용 1원을 $(1-\alpha)$로 줄어들게 한다.

$$\alpha = t \cdot \frac{D(1)}{1+i} + t \cdot \frac{D(2)}{(1+i)^2} + \cdots\cdots + t \cdot \frac{D(T)}{(1+i)^T}$$

에 따라서도 그 비용이 달라진다. 법인세율 t의 조정, 각종 비용의 다양한 공제뿐만 아니라 **투자세액공제**(investment tax credit)란 방법을 사용하여 사용자비용을 낮추어 투자를 촉진시키기도 한다. 투자세액공제가 k율로 추가적으로 이루어진 경우의 최종균형조건은 식 (18-8)과 같이 표시된다.

$$P \cdot MP_K = [(1-t)r + \delta]\frac{q}{(1-t)}(1-\alpha)(1-k) \qquad (18-8)$$

최종의 식 (18-8)에서 우리는 다음과 같은 사실을 알 수 있다. 정부가 사용자비용을 경감시킴으로써 투자를 촉진하기 위해서는 법인세 세율(t)을 경감하거나 감가상각공제(α), 투자세액공제(k)를 높여주면 된다.[24]

4.3 경험적 분석

지금까지 우리는 신고전학파의 모델을 중심으로 과세가 투자에 미치는 영향을 살펴보았다. 이 모델이 현실적으로 어느 정도 정당화될 수 있을지를 파악하는 것은 매우 중요하다. 이러한 작업은 대체로 실증적 분석을 통해서 수행된다. 요르겐슨(D. Jorgenson)이 제시한 앞의 모델을 적용한 분석에서 크링코(R. Chirinko)와 아이스너(R. Eisner)는 기업행동이 자본비용의 변동에 매우 민감해 이러한 세제혜택이 없었을 경우 1977년 미국의 경우 투자는 약 40%가 감소되었을 것이라 주장한다.[25]

그러나 이러한 주장에 대해서는 많은 반론들이 제시되고 있다. 그의 접근방법에 대한 비난 중 가장 중요한 것은 기업가의 장래에 대한 기대가 투자행동에 미치는 요인을 간과했다는 것이다. 만일 기업가의 미래예측이 비관적일 때는 정부가 어떠한 세제혜택을 주더라도 투자행동이 촉진될 수 없기 때문이다. 그러나 기업가의 예측을 모델화하는 것은 현실적으로 쉬운 일이 아니라는 점에서 이러한 비난에는 한계가 있는 것으로 받아들일 수 있다.

---

24. 결국 기업의 한계생산가치와 사용자비용이 일치하는 점에서 최적생산이 이루어질 것이므로 $P \cdot MP_K$를 낮추는 것을 사용자비용을 경감시켜주는 것으로 파악할 수 있음은 설명을 요하지 않을 것이다.

25. Chirinko, R. & Eisner, R., "Tax policy and Investment in Major U. S. Macroeconometric Models," *Journal of Public Economics*, Vol. 20, No. 2, March 1983.

일반적으로 투자세액공제 등의 세제혜택이 자본비용을 감소시킨다는 사실은 분명하지만, 자본비용의 감소가 기업의 투자확대로 이어지는지에 대해서는 불분명하다고 할 수 있다. 그러나 그후의 경험적 분석들은 대체로 세제혜택이 투자 촉진에 미치는 효과가 크다고 받아들이고 있는 실정이다.[26]

이상과 같이 법인세는 기업의 투자량에 영향을 미칠 뿐만 아니라 내구연한이 긴 자본재를 선택하느냐, 짧은 것을 선택하느냐 등의 자본재의 종류나 혹은 투자형태에도 영향을 준다. 또한 차입자금에 대한 이자비용 공제는 투자자금 조달을 주식 발행 등의 직접금융에 의존하느냐 아니면 차입 등의 간접금융에 의존하느냐의 재원조달방법에도 영향을 미친다.[27]

연습문제

ch. eighteen Exercise

01 조세가 저축 및 투자에 미치는 경제적 효과를 논하시오. (행 34약)

02 개인소득세의 노동공급효과를 논하시오. (행 28약)

03 부의 소득세의 경제적 효과를 논하시오. (행 31약)

04 노동이 유일한 생산요소인 도시 근로자들에게 소득은 곧 임금률(w)에 노동시간(L)을 곱한 임금소득(wL)을 뜻한다. 임금소득에 대한 조세가 부과됨에 따라 노동공급량에 어떤 변화가 오겠는가?

(1) 임금소득 1원당 t에 해당하는 비례소득세($T = twL$)가 부과된다고 가정하고 위의 물음에 답하시오.

(2) 노동시간 및 임금소득의 크기에 관계없이 모든 도시 근로자들에게 10만원씩의 정액소득세(혹은 주민세)가 부과된다고 가정하고 위의 물음에 답하시오.

---

26. Hendershott and Sheng-Cheng Hu, Investment in Producer's Equilibrium, in H. Aaron and J. Pechman(ed.), in : *How taxes affect economic behavior*, The Brookings Institution, 1981, p.86, pp.115~117.

27. 법인세를 비롯한 자본소득 과세가 투자에 미친 한국의 경험적 분석과 폭넓은 이론적 배경은 다음 문헌을 참조 바람.
곽태원, 『감가상각제도와 자본소득과세』, 한국개발연구원, 1985.

(3) 선형누진소득세[$T = t(wL - E)$]가 부과된다고 가정하고 위의 물음에 답하시오.

05 다음은 근로소득세가 노동공급에 미치는 효과에 관한 문제들이다. (단, 여가는 정상재라고 가정한다.) (2011년 행정고시 기출문제)

(1) 단일세율의 근로소득세 부과가 노동공급에 미치는 효과를 분석하시오.

(2) 단일세율의 근로소득세를 면세점이 있는 선형누진소득세로 전환하였을 때 노동공급에 미치는 효과는 어떻게 달라지는지 분석하시오.

06 근로장려세제는 일은 하지만 소득이 적어 생활이 어려운 근로자 가구에 대하여 근로소득에 따라 산정된 근로장려금을 지급함으로써 근로유인을 제고하고 실질소득을 지원하기 위한 근로-연계형 소득지원제도이다. 지원내용은 아래와 같다고 하자. (2013년 행정고시 기출문제)

> 전년도 부부합산 연간 총소득이 1,700만원 미만인 근로자 가구에게 전년도 근로소득을 기준으로 연간 최대 120만원까지 지급한다.
>
> - 800만원 이하 소득구간에서는 지원금액이 120만원까지 점증
> - 800만원에서 1,200만원 이하 소득구간에서는 지원금액이 120만원으로 평탄
> - 1,200만원부터 1,700만원 이하 소득구간에서는 지원금액이 점감하여 소득이 1,700만원에 이르면 없어짐

다음 물음에 답하시오.

(1) 근로장려세제 하에서 소득과 지원금액 사이의 관계를 그래프로 제시하고, 이 제도의 세율(혹은 보조율)구조에 대해 논하시오.

(2) 근로장려세제 하에서 여가-소득 평면의 예산선은 어떻게 될지 제시하시오.

분석의 편의를 위해 구체적으로 1주일의 근로-여가 선택 가능시간을 100시간으로 하여 연간 5,200시간이 가용시간으로 주어져 있고, 임금은 시간당 5,000원으로 주어져 있는 상황을 가정한다.

(3) 근로장려세제가 노동공급에 미치는 영향을 근로에 참여하지 않던 가구와 이미 참여하고 있던 가구로 나눠서 분석하시오.

07 전통적인 소득-여가 선택모형의 틀 속에서 정상적인 무차별곡선을 이용하여 소득재분배 수단들인 최저소득보장제도(guaranteed minimum income program), 부의 소득세(negative income tax)제도 및 임금보조금(wage subsidy)제도의 경제적 효과를

① 노동공급, ② 소득, ③ 효용수준에 대한 효과로 구분하여 원래 상태와 세 가지 제도의 효과의 크기를 상호 비교 · 분석하시오. (단, 주어진 총 여가시간은 L^0, 시간당 임금률은 w, 임금소득세율은 t, 최저보장소득은 M^0, 부의 조세(보조금)는 TS, 부의 소득세를 실시할 때와 같은 비용이 드는 임금보조율은 s(소문자)라고 가정하자.) (2014년 입법고시 기출문제)

(1) 노동공급에 대한 경제적 효과의 크기를 비교 · 분석하시오.
(2) 소득에 대한 경제적 효과의 크기를 비교 · 분석하시오.
(3) 효용수준에 대한 경제적 효과의 크기를 비교 · 분석하시오.

08 모든 개인이 스키장비(x), 식료품(y), 그리고 여가(z)의 세 재화만으로 효용을 얻는 경제가 있다. 소비자의 효용이 모두에게 알려져 있는 것은 아니지만 세 재화에 대한 수요함수를 추정한 결과는 다음과 같다. (2010년 행정고시 기출문제)

$$\Delta \log x = -2.5\Delta \log p_x + 0.5\Delta \log p_y - 1.5\Delta \log p_z + 2.0\Delta \log M$$
$$\Delta \log y = 0.5\Delta \log p_x - 0.8\Delta \log p_y + 1.0\Delta \log p_z + 0.5\Delta \log M$$
$$\Delta \log z = -1.5\Delta \log p_x + 1.0\Delta \log p_y - 1.0\Delta \log p_z - 0.8\Delta \log M$$

(단, p_x, p_y, p_z는 각 재화의 가격, M은 근로소득을 나타낸다).

(1) 근로소득세를 부과하는 경우 노동공급에 미치는 영향을 설명하시오.
(2) 일정한 세수를 확보하기 위한 최적물품세 징수방안에 대해 설명하시오.

09 이자소득에 대해서 20%의 분리과세 세율을 적용하고 있다고 하자. 만약 이 세율이 10%로 낮아진다면 저축의 크기에 어떤 영향을 줄 것인지에 대해 설명하시오. 단, 현재소비는 정상재(normal good)라고 가정함.

10 차입금에 대한 이자비용에 소득공제의 혜택이 주어지지만 소득세에서는 이러한 혜택이 없다고 가정하자. 만약 소득세에서도 이자비용이 소득공제된다면 우리나라 가계저축에는 어떤 변화가 초래될 것인지에 대해 설명하시오. 단, 현재소비는 정상재라고 가정함.

11 조세는 개인의 자산구성(portfolio)에도 영향을 줄 수 있다. 현재 A, B 두 자산이 있다. 자산 A는 무위험자산으로 수익률은 0이며, 자산 B는 위험자산으로 수익률이 −10%일 확률이 $\frac{1}{2}$이고 수익률이 20%가 될 확률도 $\frac{1}{2}$이다. 한 개인이 현재 위험자

산에 $\frac{1}{3}$, 무위험자산에 $\frac{2}{3}$를 투자하고 있다. (2012년 행정고시 기출문제)

(1) 이제 정부가 소득세를 도입하여 소득의 50%를 징수하고 손실이 날 경우는 정부가 손실의 50%를 보상해 준다. 이때 위험자산과 무위험자산의 선택비율은 어떻게 변할지 그래프와 수식을 이용하여 설명하시오.

(2) 만약 투자로부터 얻은 손실에 대해서는 정부가 보상해 주지 않고 수익에만 과세한다면 (1)의 답은 어떻게 바뀌는지 그래프를 이용하여 설명하시오.

(3) (1)과 (2)를 통해 우리나라가 상장주식 양도차익에 대한 과세제도를 도입한 경우를 상정하여 바람직한 손실보상 방안에 대해 논하시오.

12 위험손실에 대한 소득공제가 허용되지 않는 경우에 소득세로 인해 위험자산에 대한 수요가 감소함으로써 비효율이 초래될 수 있음을 보이시오.

13 갑은 소형 승용차로 음식점에 야채를 배달하면서 생계를 꾸려가는 저소득층이다. 그런데 IMF 경제 위기가 닥치자 정부는 휘발유 소비를 억제할 목적으로 교통세를 대폭 인상하였다. 그 결과 갑은 한 달에 20만원씩 휘발유 값을 더 부담하게 되었다. 휘발유 값 인상으로 갑이 생계의 위협을 받게 되자 정부는 갑의 소득세 소득공제액을 매달 20만원씩 확대해 주어 소득수준을 그대로 유지하게 해주는 이른바 Rebate Policy를 실시할 경우를 가상하자.

(1) 갑의 만족수준 역시 변화가 없겠는가? 가로축에는 갑의 휘발유 소비량, 세로축에는 화폐소득으로 표시한 무차별곡선을 이용하여 설명하시오.

(2) 휘발유 추가지출액만큼의 소득공제를 받은 뒤 갑의 휘발유 소비량은 교통세 부과 전과 어떻게 달라지겠는가? (1)의 그래프를 이용하여 설명하시오. (행 45논)

14 일본이 2014년 4월 1일에 소비세를 5%에서 8%로 인상하였다. 17년만의 소비세 인상으로 오랫동안 찬반 논란이 있었다. 그 외 유럽 일부 국가들도 재정수요가 증가하는 경우 재원조달을 위해 소비세인 부가가치세 세율을 인상하는 경우가 있다. 이와 관련하여 다음 질문에 답하시오. (2014년 입법고시 기출문제)

(1) 사회간접자본 투자, 복지 지출의 확대 등 여러 가지 이유로 인해 정부가 공공재원을 조달해야 할 필요가 있을 때, 국채를 발행하여 자금을 차입할 수도 있으며 세금을 증가시켜 재원을 조달할 수도 있다. 경제성장에 미치는 영향과 소득재분배 효과로 구분하여 이 방법들의 장·단점을 비교하고 어떤 경우에 어떤 방법이 적절한지 논하시오.

(2) 세금을 증가시켜 재원을 조달하는 경우 소득세와 법인세를 증가시킬 수도 있는데, 일본은 소비세를 증가시켰다. 조세가 갖추어야 할 바람직한 성질을 설명하고, 그 성질에 비추어서 소득세를 증가시키는 방법과 법인세를 증가시키는 방법, 소비세를 증가시키는 방법을 비교하시오. (소득세는 개인소득에 대해 누진세율로 세금을 부과하는 것이며, 법인세는 법인의 이익에 부과하는 세금이고, 소비세는 부가가치세로서 모든 소비에 대해 일정한 세율로 세금을 부과하는 것을 말한다.)

한국의 조세제도

Public Finance
ch. nineteen

19

1. 우리나라 조세제도 개관[1]

Public Finance, ch. nineteen

한 나라의 조세제도를 평가하여 그 문제점을 제기하고 그에 따른 개선방안을 논하기란 쉬운 일이 아니다. 이론적인 측면에서 조세제도는 조세가 시장실패의 치유수단으로 적절하게 활용될 수 있도록 하는 공평과 효율의 합리적인 조화를 반영해야 하고 이를 뒷받침하기 위한 세정의 민주화와 과학화가 수반되어야 한다. 또한 이상의 원론적인 평가기준 이외에도 그 나라의 문화토양과 국민의 의식구조도 동시에 평가기준으로 고려되어야 한다.

우리나라의 현행 조세체계는 1977년 부가가치세 도입 이후 주요 골격이 갖추어져 〈표 19-1〉에 나타난 바와 같이 이루어져 있다. 조세는 우선 과세 주체에 따라 **국세**와 **지방세**로 나뉘며, 국세는 다시 **내국세**와 **관세**, 그리고 **목적세**인 교통·에너지·환경세, 교육세, 농어촌특별세로 나뉜다. 현재 우리나라의 조세는 국세가 14개, 지방세가 11개로 총 25개의 세목으로 구분된다.

내국세는 **직접세**와 **간접세**로 구분되는데 직접세는 소득세·법인세·상속세·증여세의 4개의 세목이 있으며, 간접세는 부가가치세·특별소비세·주세 등 5개의 세목이 있다.

〈표 19-2〉는 국민소득에 대한 조세부담률 및 국민부담률이다. **조세부담률**이란 국민소득에서 조세부담이 차지하는 비율이고, **국민부담률**은 조세부담에 각종 **사회보장부담률**(국민연금 및 건강보험)을 합한 비율이다. 이러한 조세부담률은 사회의 경제규모가 커질수록, 사회보장부담률은 국가의 사회보장 수준이 높아질수록 커지는 경향이 있다.

〈표 19-2〉는 다른 나라들과 비교한 우리나라의 조세부담률 및 국민부담률이다. 국민부담률이 다른 선진국들에 비해 낮은 이유는 유럽권 국가들이 대체로 높은 사회보장 수준에 있고, 우리의 사회보장제도가 시행된 지 얼마 되지 않았기 때문이다. 따라서 앞으로도 국민부담률은 점점 올라갈 것으로 전망된다. 실제로 우리나라의 조세부담률 및 국민부담률은 IMF 이후 계속하여 상승했다. 조세부담률은 1998년 19.1%에서 2002년 22.7%까지 상승하였고, 이후 다시 하

1. 이 절의 내용에 대한 자세한 자료는 기획재정부, 『조세개요』(2013)를 참조 바람.

표 19-1 **현행조세체계**(2013)

- 조세 (25개)
  - 국 세 (14개)
    - 내국세
      - 직접세 (4)
        - 소득세 – 소득세법
        - 법인세 – 법인세법
        - 상속세, 증여세 – 상속세 및 증여세법
      - 간접세 (5)
        - 일반소비세 – 부가가치세 – 부가가치세법
        - 개별소비세
          - 특별소비세 – 특별소비세법
          - 주 세 – 주세법
        - 유통세
          - 인지세 – 인지세법
          - 증권거래세 – 증권거래세법
    - 관 세 – 관세법
    - 교통 · 에너지 · 환경세 – 교통 · 에너지 · 환경세법
    - 교육세 – 교육세법
    - 농어촌특별세 – 농어촌특별세법(1994. 7월 시행)
    - 종합부동산세 – 종합부동산세법
  - 지방세 (11개) – 지방세법
    - 도 세
      - 보통세 (4)
        - 취득세
        - 등록면허세
        - 레저세
        - 지방소비세
      - 목적세 (2)
        - 지역자원시설세
        - 지방교육세
    - 시 · 군세 — 보통세 (5)
      - 주민세
      - 재산세
      - 지방소득세
      - 자동차세
      - 담배소비세

자료 : 기획재정부, 『조세개요』, 2013.

주요 변동사항 :
* 특별(광역)시세 : 취득세, 레저세, 담배소비세, 지방소비세, 주민세, 지방소득세, 자동차세, 지역자원시설세, 지방교육세.
* 자치구세 : 등록면허세, 재산세.
* 토지초과이득세는 1998. 12. 28 폐지, 자산재평가세는 2000. 12. 31 폐지, 전화세는 2001. 9. 1 폐지.
* 2001. 1월부터 지방세분 교육세(국세)가 지방교육세(지방세)로 전환.
* 2005. 1. 1 종합토지세 폐지, 2007. 7. 19 부당이득세 폐지.
* 2010. 1. 1 농업소득세 폐지, 부가가치세의 일부를 지방세로 전환하여 지방소비세 신설, 소득할 주민세와 종업원할 사업소세를 통합하여 지방소득세 신설, 균등할 주민세와 재산할 사업소세를 통합하여 주민세로 개정.
* 2011년 새지방세법이 개정되면서 16개 세목이 11개 세목으로 변경되었음.

락하여 2011년에 19.8%를 기록하였다. 국민부담률은 22.9%이던 것이 2011년에 25.9%까지 늘어났다.[2]

표 19-2 OECD 주요국의 조세부담률 및 국민부담률(2010년 기준, %)

구분	한국	일본	미국	영국	독일	프랑스	이탈리아	OECD 평균
조세부담률	19.3	16.3	18.5	28.2	22.0	26.3	29.5	24.6
국민부담률	25.1	27.6	24.8	34.9	36.1	42.9	42.9	33.8

자료 : 기획재정부, 『조세개요』, 2013.

전체 조세수입 중 2012년 실적을 기준으로 볼 때 국세가 79.0%에 달하고 있어 조세수입체계가 국세 중심으로 되어 있음을 알 수 있다.

세수 비중이 높은 세목은 부가가치세 27.4%, 법인세 22.6%, 소득세 22.5%, 교통 · 에너지 · 환경세 6.8%, 관세 4.8% 등으로 5개의 세목이 국세의 84.1%를 점하고 있다.

표 19-3 우리나라의 직 · 간접세 비율

구분	1990	1995	2000	2005	2006	2007
직접세	49.5	54.7	51.2	55.2	57.3	58.7
간접세	50.5	45.3	48.8	44.8	42.7	41.3

자료 : 기획재정부, 『조세개요』, 2008. 7.

세수 비중이 가장 높은 부가가치세는 간접세의 대표적 세목이며, 소득세와 법인세는 직접세의 대표적 세목이다. 1970년대 중반 부가가치세의 신설 이후 우리나라의 조세체계는 간접세 위주의 조세체계로 발전하였으나, 1990년도 이후에는 직 · 간접세 비율이 상당히 개선되어 2007년 기준으로 대략 60 대 40 정도의 비율을 나타내고 있다.

이 장의 나머지 부분에서 우리는 세수 비중이 높은 소득세, 법인세, 부가가치세에 대해 간략히 알아보고, 현행 세제가 가진 문제점에 대해서도 살펴보기로 한다.

2. 물론 국민부담률이 증가하는 것은 예견 가능한 추세라고 할 수 있다. 그러나 부담률의 상승만큼 반대급부, 즉 복지의 상승이 뒤따르고 있는지의 문제가 발생할 수 있다. 또한 자영업자의 소득 파악이 되지 않는 현실에서 국민부담률이 상승한다면, 이는 임금노동자의 부담 증가로 이어지며 사회의 형평성을 저해할 수 있다.

2. 소득세제도

Public Finance, ch. nineteen

소득세는 개인의 소득을 과세대상으로 하는 조세이다.[3] 1799년에 영국에서 가장 먼저 도입된 이래 1913년에 미국, 1914년에 프랑스에서 전국 규모로 시행되기 시작하였다. 우리나라에서는 일본 강점 하의 1934년에 소득세가 도입된 이래 정부수립 후 1949년에 소득세법이 새롭게 제정되었으며, 그후 수차례의 개정을 통해 오늘에 이르고 있다. 소득세는 국세의 세목 중에서도 직접세의 대표적인 세목으로 2012년에 국세의 22.5%에 이르고 있다. 소득세는 사회의 형평성[4] 제고에 가장 큰 역할을 담당하는 조세로서, 많은 국가에서 재원조달의 주(主)수입원으로 활용되고 있다.

2.1 소득의 정의

소득을 하나의 과세대상으로 삼는 이유는 소득이 개개인의 능력(담세력)을 가장 잘 표현한다고 생각하기 때문이다. 소득의 정의는 전통적으로 소득원천설과 순자산증가설로 나뉘어지는데, 전자는 소득을 노동, 사업, 재산 등과 같은 특정의 소득으로 분류한 후 주기적 · 반복적으로 유입되는 수입이라고 정의하는 것이며, 후자는 기말의 재산에서 기초의 재산을 공제한 부분을 소득으로 생각하는 것이다. 이러한 후자의 견해는 헤이그-사이먼스의 포괄적 소득(comprehensive income)이라 불리기도 한다. 소득원천에 따른 정의에 있어서는, 경제환경의 변화에 따라 나날이 새로운 소득의 원천이 생겨날 수 있음에도 불구하고 세법이 이에 따라 계속 변화해 나가는 것은 불가능하기 때문에 계속적이며 경상적인 소득만을 포함하고 일시적이며 임시적인 소득은 포함하지 못하게 될 가능성이 크다는 단점이 있다. 순자산증가설에 대해서는, 미실현 자본이득이나 비현금 소득 등의 시장가치를 계산하기 어렵고 소득을 발생시키기 위한 지출과 순수한 소비적

3. 개인소득은 소득세, 법인소득은 법인세의 과세대상이다. 이런 점에서는 소득세를 개인소득세(individual income tax), 법인세를 법인소득세(corporation income tax)로 부르는 것이 더욱 타당할 것이다.

4. 형평의 개념은 공평의 개념과 같은 것으로 이해할 수 있다.

지출을 구분하기 어렵다는 단점이 있다. 현재 대부분의 국가들은 양 설을 절충하여 활용하고 있다.

우리나라의 소득세제는 과세대상이 되는 소득을 소득세법에 일일이 열거하는 열거주의를 택하고 있다. 따라서 외형상으로 볼 때는 소득원천설에 입각해 있다고 할 수 있다. 즉, 이자소득 · 배당소득 · 부동산임대소득 · 사업소득 · 근로소득 · 연금소득 · 일시재산소득 · 기타 소득 · 퇴직소득 · 양도소득 · 산림소득 등이 소득세법에 의해 소득으로 정의되고 있는 점으로 미루어 볼 때 외형상으로 소득원천설에 입각해 있다. 그러나 현실적으로는 순자산 증가설과의 절충형을 택하고 있다.[5]

2.2 공제제도

동일한 종류의 소득을 동일하게 얻는 두 개인을 생각해 보자. 만약 이 두 개인에게 동일한 액수의 소득세를 부과한다면 이는 과연 수평적 공평을 만족시킬 수 있는가? 대답은 일반적으로 아니다가 옳을 것이다. 왜냐하면 어떤 개인은 그 소득을 얻기 위해 다른 개인에 비해 많은 비용을 지불하였을지도 모르기 때문이다. 이 같은 비용을 제외한 나머지 소득에 대해 소득세를 부과하는 것이 응능원칙에 더 부합된다. 이와 같이 비용을 제해 주는 것이 **소득공제제도**라고 할 수 있다. 소득공제의 객관적 근거를 마련하기 위해 인적 공제나 세액공제 등이 이용되는데, **인적 공제**(personal exemption)는 가족 구성원의 특징이나 수에 따른 모든 소득으로부터의 공제를 말한다. 인적 공제의 내용으로는 부양가족공제 · 장애자공제 · 경로우대공제 등이 있다. **세액공제**(tax credit)는 소득수준에 관계없이 해당 지출에 대해 일정한 비율이나 금액을 공제해 주는 것으로 근로소득공제 등이 이에 해당한다.

그러나 이러한 소득공제는 경제적으로 왜곡을 가져올 수 있다. 의료서비스와 나머지 하나의 복합재로 이루어진 두 개의 재화를 소비하여 효용을 극대화하는 개인을 생각해 보자. 만약 의료서비스에 대해 25%의 세액공제를 시행한다면

---

5. 기타 소득(예를 들면 복권당첨)이나 서화, 골동품 등의 일시적인 소득은 반복적인 소득이 아니므로 소득원천설에서는 과세하지 않았다. 따라서 이에 대한 과세는 우리나라도 두 가지 설의 절충안을 활용하고 있음을 보여준다.

이와 같은 공제제도는 의료와 복합재 간의 상대가격을 변화시키게 된다. 상대가격의 변화가 경제적 왜곡을 발생시키는 것은 자명하다. 이러한 왜곡은 상대가격의 변화가 크면 클수록, 즉 공제수준이 크면 클수록 더 많이 일어난다. 여기에서도 우리는 형평성과 효율성의 상충관계를 볼 수 있다.

열거된 소득의 총합으로부터 이러한 각종 공제를 제거한 부분을 과세표준이라고 한다. 소득세는 소득의 총액이 아닌 과세표준에 대해 이루어지고 있다.

2.3 과세방식과 세율

우리나라의 소득세는 과세방법에 따라 분류소득세제와 종합소득세제로 나눌 수 있다. 전자는 소득을 몇 개의 발생 원천으로 구분한 뒤 원천별로 단일비례세율 혹은 복수세율을 적용하는 것으로 대부분 원천징수의 방법으로 이루어진다. 이와 같은 소득에는 퇴직소득, 양도소득, 산림소득이 있다. 후자는 각종의 소득을 모두 합한 후 누진세율을 적용하는 방식이다. 분류소득세제는 담세력(擔稅力)을 고려한 조정이 이루어져 있지 않아 형평성의 측면에서 문제가 있으나 징수가 편하다는 장점이 있고, 종합소득세제는 절차가 복잡하고 탈세를 통제하기 힘들다는 단점이 있으나 누진세율로 인해 형평성 제고가 가능하여 소득재분배 기능을 담당할 수 있다는 장점이 있다. 추후의 소득세제는 완전한 종합소득세제로 이행되어야 한다는 것이 많은 사람들의 공통된 의견이다.

앞서 말했듯이 과세는 소득 전체가 아닌 과세표준에 대해 이루어진다. 우리나라의 현행 종합소득세율은 다음 표와 같다.

표 19-4 소득세율(2013)

과세표준	세율	누진공제액
1천 2백만원 이하	6%	0
1천 2백만원 초과~4천 6백만원 이하	15%	108만원
4천 6백만원 초과~8천 8백만원 이하	24%	522만원
8천 8백만원 초과~3억원 이하	35%	1,490만원
3억원 초과	38%	2,390만원

주 : 과세표준(종합소득금액 − 소득공제) × 기본세율 = 산출세액

자료 : 기획재정부, 『조세개요』, 2013.

2.4 현행 소득세제도의 문제점

우리나라 소득세의 문제점을 들면 다음과 같다. 첫째, 개인소득세 기능의 약화이다. 2012년 소득세가 국세에서 차지하는 비중은 22.5%이고 총조세 대비 비율은 15.0%로 이는 OECD 평균 24.1%(2011년)에 크게 못미친다. 이는 소득세가 응능원칙이나 형평성의 원칙에 근거한 본래의 재분배기능을 충분히 수행하고 있지 못함을 의미한다.

둘째, 소득종류 간의 불균형이 발생한다. 소득종류 간 차등과세는 조세부담의 형평성을 크게 저하시키고 자원배분 간의 왜곡을 초래한다. 즉, 근로소득과 자산소득 간의 차이 혹은 자산소득에 있어 자산의 보유형태에 따른 차등과세는 형평성을 크게 저해한다.

셋째, 명목세율과 실효세율의 괴리로 인해 탈세의 여지가 있다. 높은 명목세율은 납세자로 하여금 인적 공제 인상요구를 유발하게 하고 각종의 특례적인 조항이나 감면조치를 요구하게 한다. 그 결과 세제가 복잡해진다. 또한 지나치게 높은 세율구조는 저축·투자 및 근로의욕에 좋지 않은 영향을 주며 조세회피의 원인으로도 작용할 수 있다. 따라서 명목세율을 실효세율 정도로 인하하는 것이 요구된다.

넷째, 징세 및 납세상에 문제점이 있다. 이는 현행 소득세법이 매우 복잡하기 때문에 행정적·경제적 비효율을 발생시키는 것을 말한다. 따라서 간편하고 명확한 조세제도가 이루어지도록 세제개선과 동시에 조세행정의 개선이 요망된다.

다섯째, 현행 소득단계가 4단계로 이루어져 있어 단계별 세부담의 불공평이 크게 존재한다. 하지만 단계별 세부담의 문제는 선형누진세와 비선형누진세의 논의에서도 보았듯이 어떠한 명확한 결론을 내리기 어렵다. 그러나 세부담의 불공평성이 사회의 후생수준에 악영향을 미치리라는 것은 자명하다.

3. 법인세제도

Public Finance, ch. nineteen

법인세는 소득세와 같이 직접세의 대표적 세목이다. 그러나 소득세가 자연인에 부과되는 데 반해 법인세는 법인에 부과된다는 사실이 다르다. 2012년 기준으로 법인세 수입은 국세 수입의 22.6%를 차지하고 있다. 법인세의 납부의무자는 소득이 있는 법인이다. 단, 국가와 지방자치단체 등은 법인이기는 하나 법인세의 납부의무는 지지 않는다. 영리를 목적으로 하는 영리법인뿐만 아니라 학술, 종교, 자선, 사교 등과 같이 영리가 아닌 사업을 목적으로 하는 비영리법인도 법인세 납세의무를 진다.

법인세와 관련한 중요한 논의는 배당소득의 이중과세에 대한 논의이다. 배당소득의 이중과세가 기업의 자본조달에 있어서 선택의 왜곡이나 소득의 종류에 따른 개인 간의 납부액의 차별로 인한 형평성의 왜곡을 가져올 수 있느냐가 관련된 매우 중요한 이슈라고 할 수 있다.

3.1 법인세 개요

법인세의 과세대상은 법인의 연간소득, 즉 사업연도 소득이다. 이는 기업회계상의 당기순이익에 해당하며, 각 사업연도에 속한 익금(益金)의 총액에서 그 사업연도에 속한 손금(損金)의 총액을 공제한 금액이다.[6] 익금이란 경제학에서의 총수입(*TR*), 손금이란 총비용(*TC*)과 비슷한 개념이다. 기업은 비용이 늘어날수록 이윤이 적어지므로 비용의 크기를 증대시키려는 유인이 있다. 따라서 이를 위해 세법은 필요경비를 규정하는 것이 일반적이다. 필요경비 외에도 각종 정책적 목표의 달성을 위해 증자소득공제나 해외사업소득공제와 같은 소득공제가 일어난다.

사업연도 소득의 총액에서 필요경비와 각종 소득공제를 제한 금액이 과세표

6. 우리나라 법인세의 과세표준은 순자산증가설에 의존하고 있다. 법인의 모든 거래에서 발생한 순자산의 증감을 소득으로 계산하여 이것에 각종 공제를 제외한 후 적용한다. 다시 말하면 이윤에 대해 세율을 적용한다는 것이다.

준이 된다. 법인세 역시 과세표준에 대해 적용되는데, 우리나라의 현행 법인세율은 중소기업의 부담을 완화하기 위해 복수세율을 사용하고 있다. 또한 법인의 목적에 따라서도 세율이 다르다. 〈표 19-5〉는 우리나라의 현행 법인세의 적용범위 및 세율을 나타낸 것이다.

표 19-5 **법인세의 적용범위 및 세율**(2013)

<table>
<tr><th colspan="2">구분</th><th>각 사업연도 소득</th><th>세율</th></tr>
<tr><td rowspan="2">내국법인</td><td>영리법인</td><td>국내외 모든 소득에 과세</td><td rowspan="4">2억원 이하 : 10%
2억원 초과~200억원 이하분 : 20%
200억원 초과분 : 22%
조합법인 : 9%</td></tr>
<tr><td>비영리법인</td><td>국내외 수익사업 소득에만 과세</td></tr>
<tr><td rowspan="2">외국법인</td><td>영리법인</td><td>국내원천 소득만 과세</td></tr>
<tr><td>비영리법인</td><td>국내원천 수익사업 소득만 과세</td></tr>
<tr><td colspan="2">국가 · 지방자치단체</td><td colspan="2">비과세</td></tr>
</table>

자료 : 기획재정부, 『조세개요』, 2013.

3.2 현행 법인세제도의 문제 : 배당소득 이중과세의 문제

법인세의 경우 경제학적 논의의 대상이 되는 것은 크게 법인세가 투자에 미치는 효과와 배당소득 이중과세의 문제점이다. 우리는 제18장에서 법인세가 투자에 미치는 효과에 대해서 논의한 바 있으므로 여기에서는 배당소득의 이중과세 문제에 대해서 살펴보기로 한다.

법인세의 과세표준은 법인의 이윤인데, 법인은 이러한 세후 이윤을 배당으로 지급하거나 혹은 사내유보로 적립한다. 만약 과세와 관계없이 법인이 배당률을 일정하게 유지한다면, 법인세가 없는 경우 주주들은 더 큰 금액의 배당을 받았을 것이며 사내유보의 금액도 더 컸을 것이다. 개인은 이미 법인세율에 의해 과세가 된 이윤을 배당으로 받았음에도 불구하고 배당소득에 대해 다시 개인소득세에 의해 과세된다는 것이 이중과세에 대한 논란의 골자이다.

이러한 이중과세는 여타 소득자에 비해서 배당소득자의 세부담이 증가함으로써 동일 소득계층 내에서 수평적 공평이 저해된다. 또한 법인부문에서 비법인부문으로 금융자본을 이동시킬 수 있는 가능성이 존재하기 때문에 경제적인 왜곡이 발생한다. 또한 기업이 재원을 조달하는 데 있어서 유상증자와 차입 간의 선택에도 영향을 미친다. 차입의 이자는 손금에 포함되기 때문에 비과세되지만 유상증자의 배당에는 법인세가 중복과세되기 때문에 기업의 입장에서는 차입을 선호하게 되고, 이에 따라 효율이 저해될 수 있다.[7] 이러한 문제점을 해결하기 위한 가장 좋은 이론적 방법은 완전통합방법이다. 완전통합방법은 법인소득을 그해에 모든 주주에 귀속되는 소득으로 간주하고 개인소득세로 과세하는 것을 뜻하는데, 이는 근로자의 소득세를 기업이 대신 원천징수하여 납부하는 것과 다를 것이 없다. 이 방법은 이중과세가 일어나지 않고, 배당과 사내유보와 관계없이 이들 모두를 소득으로 본다는 점에서 기업의 경제적 선택을 왜곡하지 않는다는 장점이 있으나, 법인세를 개인들에게 과세함으로써 법인세율의 일률적 적용을 요구한다는 단점이 있다. 현실 세제 하에서는 법인에 대해 여러 형태의 세제혜택이 있으므로 이를 모두 고려하여 완전통합방법으로 징세하는 것은 불가능하다. 따라서 많은 국가에서는 부분적으로 배당소득의 세부담을 낮춰주기 위해 노력하는데, 그와 같은 맥락에서 우리나라의 경우 15%의 법인세율을 기준으로 배당금액의 19%를 주주의 배당소득세에서 공제토록 하고 있다. 즉, 주주가 배당받은 금액을 법인세가 없었을 때 배당받을 수 있는 금액으로 환산하여 소득세를 계산하고 법인단계에서 부담한 세액을 소득세에서 공제해 준다. 완전한 형태의 통합과세가 이루어질 수 없다면 어떠한 방법으로 어느 정도까지 배당소득에 대한 세부담을 덜어줄 것인가는 정책입안자의 판단에 의해 결정될 것이다. 이중과세 문제의 해결을 위한 보다 폭넓은 이론적 접근은 본 장 [부록]을 통하여 소개하고 있다.

4. 부가가치세제도

부가가치세는 부가가치에 대한 세금이다. 부가가치세는 1977년 우리나라에 도입된 후 현재 가장 많은 세수 비중을 차지하고 있는 세목이다. 2012년의 부가가치세가 전체 국세에서 차지하는 비중은 27.4%에 달한다. 소득세와 법인세의 합계가 약 45.1%에 달하는 것을 감안할 때 이러한 부가가치세의 비중은 상당히

7. 단, 법인세 부과 이전 시장균형에서 존재했던 유상증자와 차입 간 자금조달의 구성은 효율을 이루었다고 가정한다.

높다고 할 수 있다. 이러한 부가가치세는 간접세일 뿐만 아니라 소비세의 특징을 지닌다. 이와 같은 특성은 자칫하면 역진적(regressive)인 세구조를 가져올 수 있다는 문제점이 있지만 조세저항 없이 세수를 안정적으로 유지할 수 있다는 장점도 가진다. 이와 같은 장 · 단점은 간접세, 소비세로서의 특징이라고 할 수 있다.

4.1 부가가치세 개요

부가가치세(value added tax)는 소비과세의 한 형태로서 각 생산단계에서 추가되는 부가가치를 대상으로 한다. 부가가치란 각 생산단계의 매출액과 매입액의 차이를 합한 것, 최종생산물의 시장가치 또는 인건비 · 이자 · 이윤 · 감가상각비 등 생산요소에 대한 보상의 총합계 등으로 정의될 수 있다. 이러한 부가가치에 과세하는 부가가치세는 현재 미국과 호주 등을 제외한 대부분의 국가에서 채택하고 있다.

부가가치세[8]는 생산단계에 적용되므로 법적인 납세의무자는 법인이나 기업 등의 생산자이지만 담세자는 재화나 용역의 최종소비자가 된다. 이러한 점 때문에 부가가치세는 소비세의 한 유형으로 취급된다.[9]

부가가치세의 계산방식은 크게 합산방식과 공제방식이 있다. 합산방식이란 부가가치가 임금 · 이자 · 지대 · 이윤으로 구성된다는 점에 착안하여 각 기업이 지급한 요소소득을 모두 더해 부가가치를 계산하는 방식으로 생산주체가 일정 기간 동안 생산활동을 통해 창출한 경제적 가치의 합이므로 국내총생산(GDP)의 개념과 같다고 할 수 있다. 이 같은 방식은 일정 기간이 경과하기 전에는 거래단계별 세액을 정확하게 파악하기가 어려우며, 행정적으로 복잡하다는 단점 때문에 시행에 어려움이 있다.

---

8. 부가가치세(V.A.T)는 통상 부가세라고도 한다.

9. 제조단계에서의 매입액을 0이라고 가정하자. 제조단계에서 500원의 매출이 있었다면 부가가치는 500원이 되고 현행 10%의 부가가치세율이 적용될 때 부가가치세는 50원이다. 이에 대해 도매업자가 500원의 재화를 매입하여 800원에 매출한다고 하자. 이때 부가가치는 300원이며 부가가치세는 30원이 된다. 마지막 단계에서 소매업자가 800원의 재화를 매입 1,000원에 파는 경우 부가가치는 200원이고 부가세는 20원이 된다. 이러한 부가가치세의 총합은 100원으로 최종재화를 1,000원에 구매하는 소비자가 10%인 100원을 모두 부담하게 된다. 따라서 각 단계의 생산자가 지불한 부가세는 최종소비자로부터 받은 금액을 정부에 이전시키는 역할만 하는 것이라고 생각할 수 있다.

공제방식은 일정 기간 동안의 총판매액에서 중간투입에 사용된 상품의 총매입액을 빼서 부가가치를 계산하는 방식으로, 전단계 거래액공제방식과 전단계 세액공제방식이 있다. 전단계 거래액공제방식이란 매출가액에서 거래 전단계로부터의 매입가액을 공제, 차액을 부가가치세율에 적용하는 방식인데, 기장이 정확하지 않을 경우 조세회피 가능성이 있으며, 복수세율이나 면세제도를 둘 경우 중간거래단계에서 그 효과가 상쇄되어 세부담의 전가가 불확실해진다는 단점이 있다.

우리나라에서 사용하는 방식은 전단계 세액공제방식으로 매출가액에 부가가치세율을 적용하여 산출한 매출세액에서 거래징수당한 매입세액을 공제하여 계산하는 방식이다. 즉, (매출가액) × 세율 − 매입세액으로 부가세를 계산하는 방식을 말한다. 이와 같은 전단계 세액공제방식은 거래 시 품목별 · 용역별로 계산하기 때문에 세액을 정확하게 파악할 수 있고 면세제도나 다수 세율을 설정하는 데 편리하며, 세금계산서를 통해 매입세액을 공제하므로 근거과세제도를 확립할 수 있다는 장점이 있어 많은 국가들이 이 방식을 사용하고 있다.

우리나라의 부가세 세율은 10%의 단일세율이 적용되나, 생활필수품의 성격을 가진 재화나 수출품 등에 대해 예외적으로 낮은 세율을 적용해 주고 있다. 이러한 제도에는 면세율제도와 영세율제도가 있는데, 면세율제도란 특정 업체나 업종에 대하여 부가가치세의 과세를 면세해 주는 것으로 최종단계에서만 부가가치세가 부과되지 않는 것이다. 이 제도는 부가가치세의 역진성을 완화하기 위한 것으로, 예를 들면 버스운송 서비스가 면세율 적용을 받는다고 하면 버스 구입에 포함되어 있는 부가가치세의 환급을 해주지 않는다는 뜻이다. 반면 영세율은 그 이전 단계에서 낸 부가가치까지 면세되는 것을 말한다. 이것은 주로 이중과세를 방지하기 위한 수출품 등에 대해 적용된다.[10]

그러나 면세율이나 영세율의 적용은 자칫하면 비과세 재화의 상대가격을 낮춰주므로 소비자의 의사결정을 왜곡하게 된다.

10. 우리나라의 면세율 적용범위는 미가공 식료품과 기초필수품, 의료 · 보건, 교육, 도서, 신문, 전문인적 용역 등을 포함하며, 영세율 적용대상은 수출품, 외국에서 제공하는 용역, 비거주 외국법인에게 재화나 용역을 공급하고 외화를 획득하는 경우, 배합사료 및 농 · 축산 · 임 · 어업용 기자재 등이다.

4.2 현행 부가가치세제도의 문제점

부가가치세는 대표적인 간접세의 세목으로서 세율에 있어 역진성이 나타난다. 왜냐하면 누구에게나 같은 세율이 적용되어 상대적으로 고소득층에게 유리하기 때문이다. 그러나 대부분의 경험적 연구는 부가가치세가 일반소비세에 비해 그 역진성이 상당히 완화되었다고 결론짓고 있는데 이는 현행 부가가치세가 광범위한 면제제도를 채택하고 있기 때문이다. 그러나 아직도 저소득계층의 소비성향이 높은 재화와 서비스에 대한 면제범위가 확대될 수 있는 것으로 간주되기 때문에 신중한 연구·검토가 요망된다.

또 다른 문제점은 과세특례제도로서 이는 부가가치세제 개선의 초점이 되고 있다. 현행 부가가치세는 소규모 사업자의 납세절차를 간소화하고 조세행정의 효율성을 제고하기 위한 방안의 하나로 연매출액 4,800만원 미만인 개인사업자에 대해 간이과세자의 범위로 특혜를 주고 있으며, 연매출액이 1,200만원 미만인 경우에는 부가가치세의 납부가 면제된다. 따라서 개인사업자들은 매출을 축소신고하여 특례를 적용받으려 하는 경향이 있다. 이러한 연유에서 소득이 완전히 노출된 근로소득자와 개인사업자 간의 불평등 과세가 이루어지고 있다는 주장이 계속하여 제기되고 있다. 또한 과세특례대상이 되는 사업자의 납세인원이 너무 많아 전체 조세행정의 성과에 많은 악영향을 미친다는 점에서 이와 같은 제도개선은 꼭 필요한 것이다.

또 다른 문제점으로 우리나라의 부가세가 전단계 세액공제방식을 채택함으로서 근거과세의 장점이 있다고 말했으나 이는 증빙서류를 남기지 않는 거래에 대해서는 원칙적으로 과세할 수 없다는 단점이 있어 세원의 탈루가 일어나기도 한다. 따라서 정부는 이와 같은 무자료거래를 막을 수 있도록 해야 한다. 이를 위한 하나의 방편이 카드거래에 대해 세제혜택을 주는 것이라 할 수 있는데, 카드거래는 영수증이 남고 매출이나 매입의 합계를 산정하기가 매우 편하므로 하나의 대안으로 활용되고 있다.

부록

이중과세 조정에 대한 이론

지금까지 제시된 이중과세 조정방법은 첫째, 법인소득세 자체의 폐지를 통한 근본적 이중과세 제거방법, 둘째, 기존의 법인소득세제도를 유지하면서 개인의 과세과정에서 이중과세를 제거하는 장치를 통해 완전히 조정하는 방법, 셋째, 법인단계와 개인주주단계에서 이중과세를 부분적으로 조정하는 방법으로 분류할 수 있다. 본 절에서는 이상의 방법들을 세부적으로 분류하여 상호 비교 · 검토하고자 한다.

1. 완전통합 조정방법

법인기업의 이윤 가운데서 주주에게 귀속되는 배당분과 사내유보분 모두를 개인소득세에 통합하여 이중과세를 조정함으로써 양자 간의 조세부담의 공평성을 유지하는 방법이다. 여기에는 조합과세방법(partnership method)과 자본이득의 완전과세방법, Carter 방법 등이 있다.

1.1 조합과세방법

법인유보이윤을 포함한 총이윤을 개별 주주에게 그 지분에 따라 귀속 할당시켜 개인소득세를 부가하는 방식이다. 즉, 법인세를 폐지하고 개인소득세로 통합하는 형식이다.

이러한 방식 하에서는 법인이윤 중 배당분에 대한 이중과세와 사내유보분에 대한 과소 또는 과도한 과세부담이 해소되어 법인원천소득에 대한 개인 간 조세부담의 수직적 · 수평적 공평이 실현되며, 법인과 비법인 간 또는 상이한 소득원천 간에 조세부담의 불공평도 해소된다. 또한 법인원천소득과 비법인원천소득 간에 조세부담의 공평성이 실현되기 때문에 법인세 부과 시 나타나는 법인과 비법인부문 간 자원배분의 왜곡효과도 소멸되며, 법인세가 폐지되기 때문에 법인의 자금조달방식에 있어서의 자기자본과 타인자본에 대한 차별 역시 소멸된다. 이에 따라 기업의 타인자본 의존 경향이 해소되어 자본구성의 건전화가 이루어지는 동시에 차입자본부문으로 자원배분이 집중되는 현상도 조정된다.

그리고 법인원천소득 중 배당분과 사내유보분 사이에 동일한 조세부담이 주어지므로 법인세 하에서 발생하던 배당소득에 비해 사내유보를 선호하게 하는 압력이 해소되고 배당이 촉진된다. 배당이 촉진되면 민간의 저축을 감소시키고 자본축적을 저하시킬 수 있다. 동일한 금액의 법인원천소득이 사내유보 될 때는 투자자금으로 활용되지만 개인에게 배당되면 그중 일부는 소비되기 때문이다. 또한 주주는 내부유보되는 법인소득에 대해서도 개인소득세를 지불해야 하므로 지불배당의 비율이 작고 법인단계의 원천징수율이 충분히 높지 않은 경우에는 소득세 지불에 필요한 유동성을 확보하기 위하여 소유주식을 매각할 수도 있다. 이러한 사태를 피하기 위하여 배당증가 압력이 발생하고 그 결과 기업저축은 감소된다. 이는 배당정책에 대해 비중립적인 영향을 미치는 것이다. 만약 주어진 소득세율 하에서 이러한 현상을 피하려면 법인단계의 원천징수율을 높여야 하는데, 이 경우에는 다시 내부유보가 감소되어 민간저축과 자본축적이 저해된다. 이와 함께 법인세가 폐지되어 법인원천소득에 대한 조세부담이 경감되면 저축에 대한 납세 후 수익률이 상승하게 되고 이때 저축의 이자탄력성 정도에 따라 저축성향도 변화될 수 있다.

1.2 자본이득과세방법

법인세를 폐지하고 배당소득에 대해서는 개별 주주단계에서 개인소득세를 부가하는 한편, 사내유보분에 대해서는 사내유보가 주가상승에 반영될 것이기 때문에 직접 과세하지 않고 여기서 발생하는 장기자본이득에 대하여 전액 개인단계에서 소득세를 부과하는 방법이다.

이 방법 하에서 법인세와 개인소득세가 완전히 통합되기 위해서는 자본이득 발생단계에서 과세해야 한다. 누진소득세제 하에서 자본이득이 실현될 때 과세하면 매각을 연기하는 행위를 하여 다른 원천소득보다 낮은 실효세율을 발생시킬 뿐만 아니라 주식 동결효과(lock-in effect)가 발생하여, 원활한 자본시장에서 거래되는 주식은 그 평가가 가능하지만 비상장 주식의 경우는 그 자본이득 자체를 평가하기가 어렵다. 또한 공개법인이라 하더라도 주식의 시장가격은 축적된 유보이윤과 그 법인이 속한 산업의 장래성, 정치 · 경제적 정세의 변화 등 다양한 요인에 의해 영향을 받으므로 유보이윤과 자본이득이 1 대 1로 대응된다고 할 수 없어 자본이득에 대한 전액 과세와 자본손실에 대한 전액 공제를 하더라도 법인의 내부유보분에 대한 공평한 과세는 실현되지 않는다. 또한 이 방식 하에서도 조합과세방법과 마찬가지로 주주의 소득세 납세에 수반되는 유동성 부족의 문제가 발생할 수 있다. 왜냐하면 지불배당의 비중이 낮은 경우 발생되는 자본이득이 커서 주주의 조세부담은 큰 반면 수취하는 배당액은 작기 때문이다.

1.3 Carter 방법

K. L. Carter가 왕립세제위원회(Royal Commission on Taxation) 보고서(1966)에서 제시한 것으로, 법인소득에 대한 법인단계의 과세를 개인소득세의 원천과세로 보아 개인소득세의 최고세율(50%)로 과세하는 방식(Carter method)이다. 납세 후 법인이윤 중 내부유보분 역시 주주의 보유지분에 비례하여 배분한 후 그 배분액에 대해 이미 법인단계에서 지불된 세액을 산출세액으로부터 공제한다. 그러나 사내유보분을 주주에게 배분 계산할 것인가의 여부를 법인이 선택할 수 있으므로 주주에게 배분 계산되지 않는 경우에는 세액공제 혜택을 부여하지 않는다. 이는 개인이 아닌 법인이 주주인 경우에는 동일하게 적용할 수 있다.

이때 법인소득 중 사내유보분은 배분 여부와 상관없이 장기자본이득을 발생시키므로 주식매각, 유산상속 등에 의해 소유자의 변경이 발생하는 시점에서 실현된 자본이득에 전액 과세한다. 사내유보이윤이 주주에게 배분 계산되지 않는 경우에도 거기에 귀속되는 현실자본이득은 전액 개인의 과세소득에 산입된다. 이처럼 미분배이윤은 주주에게 배분 계산되어 경상적으로 과세되고, 주식매각이 이루어질 때 실현된 자본이득에 대한 과세소득 산정에 있어서는 당해 주식의 실현된 자본이득으로부터 그것에 배분되는 내부유보이윤을 공제하기 때문에 실현된 자본이득 모두가 과세소득에 산입되는 경우와 달리 주주에 대한 동결효과가 형성된다.

Carter 방법 하에서는 개인 간 수평적 · 수직적 공평성뿐만 아니라 법인과 비법인의 원천소득 간 조세부담의 공평성도 실현된다. 이 방식의 장점으로 자원배분이 개선되는 점, 법인소득의 사내유보 촉진 압력이 없어 법인의 배당정책에 중립적인 점, 법인유보가 증가하더라도 주주의 납세에 필요한 유동성의 부족이 발생하지 않는 점, 법인의 자금조달방법의 선택에서 채무 발행을 선호하는 경향이 작게 되는 점 등이 주장되었다.

2. 부분통합 조정방법

조세부담의 공평화를 위해 법인원천소득 가운데서 주주에게 분배되는 부분에 대해서만 법인세와 개인소득세의 이중과세를 조정하는 방법이다. 여기에는 수취배당세액공제법(dividends-received credit method), 귀속(Imputation) 혹은 gross-up 방법, 배당세액공제법(dividend-paid credit method), 지불배당세액공제법(dividend-exclusion method) 등이 있다.

2.1 수취배당세액공제방법

법인소득에서 배당된 금액이 주주 개인의 과세소득에 합산되어 있을 경우, 주주의 소득세액에서 '배당세액공제율(과세소득에 합산된 배당액에 일정률)을 곱하여 산출된 금액'을 세액공제하는 방법이다.

$$\text{납부소득세액} = (\text{배당액} + \text{다른 종합소득}) \times \text{개인소득세율} - (\text{배당액} \times \text{배당세액공제율})$$

이 경우 법인원천의 소득은 법인단계에서 과세하며, 납세 후 소득 중 배당분에 대해서는 개인단계에서 기타 소득과 합산하여 과세한다. 다만 개인이 수취한 배당분에 대해서는 일정 비율을 세액공제하기 때문에 주주단계에서 배당분에 대한 이중과세가 조정된다.

그러나 이 방법 하에서는 법인원천소득 중 사내유보분에 대해서는 여전히 조세부담의 불공평이 존재하며, 주주의 배당분과 기타 원천소득과의 조세부담의 불공평성 역시 계속된다. 그리고 수취배당세액공제율이 주주의 한계소득세율보다 높을 경우에는 수취한 배당을 신고하는 것이 유리하지만, 그 반대인 경우에는 주주가 비합법적으로 조세부담을 회피하기 위해 받은 배당을 신고하지 않을 유인이 생긴다. 이를 방지하기 위해 공제율을 높이면 조세회피는 감소되겠지만 조세수입이 감소하는 문제가 발생한다.

2.2 귀속방법

이 방법에서는 먼저 법인단계에서 법인소득에 대해 법인소득세를 과세한 후 세후 법인소득 중 실제로 배당이 이루어지면 그 배당금을 주주의 소득으로 보아 과세한다. 이때 개인 소득세는 수취당한 배당과 그 배당에 대해 법인단계에서 부과된 법인세액을 합산하여 부과한 후, 이 산출액으로부터 법인단계에서 그 배당분에 대해 지불한 귀속세액을 세액공제한다. 이 귀속법인세액을 gross-up 금액이라고 하며, 개인주주단계에서 이중과세를 조정한다는 점에서 수취배당세액공제방식과 같다.

$$\text{gross-up 금액} = \text{배당소득(원천징수세액 포함)} \times \frac{1}{1-\text{법인세율}} \times \text{법인세율}$$

이러한 방식은 법인원천소득 중 개인에게 분배되는 부분에 대해서는 수직적 · 수평적 공평이 보장되지만, 미분배이윤에 대해서는 조세부담의 불공평을 배제할 수 없다.

한편 이중과세의 조정이 개인단계에서 이루어지기 때문에 수취배당신고를 줄여 조세를 회피하는 현상을 방지하는 동시에 조세수입의 감소도 줄일 수 있지만, 법인세율보다도 높은 한계소득세율이 적용되는 주주의 경우에는 수취배당의 신고를 하지 않는 것에 의한 조세부담회피의 유인이 생긴다. 이러한 현상을 방지하기 위해서는 Carter 방식처럼 법인세율과 개인소득세의 최고세율을 균등하게 하는 방안이 고려될 수 있다. 이렇게 하면 신고에 의해 조세부담이 경감되는 주주는 있어도 조세부담이 증가하는 주주는 없게 되기 때문에 신고의 유인이 강화된다.

배당에 대해 법인세율과 개인소득세의 최고세율을 동일하게 부과할 경우 개인주주는 배당과 사내유보에 대해 무차별하게 된다. 그러나 배당에 대해 최고소득세율 이하의 세율이 적용되는 개인주주의 경우에는 사내유보에 대해 상대적으로 큰 조세부담을 져야 하기 때문에 배당을 선호하게 된다. 그러므로 전체적으로 이 제도 하에서는 배당촉진효과가 발생하며 법인원천소득에 대한 소득세 부담의 공평화가 실현된다.

2.3 지불배당세액공제방법

법인세 과세소득에서 주주에게 지불할 배당분을 공제하고 이를 개인단계에서 기타 원천소득과 합산하는 방법이다. 따라서 이중과세는 법인단계에서 조정되며, 배당과 사내유보 중 배당분에 영(0)의 세율을 적용하는 것이다.

이 방법 하에서는 법인원천소득 중 배당분에 대해서는 조세부담의 수평적·수직적 공평성이 확보되지만, 사내유보분에 대해서는 조세부담이 과대 또는 과소해지기 때문에 전체적인 법인원천소득의 조세부담 공평성은 보장되지 않는다.

다만, 법인 입장에서는 배당 촉진의 유인이 발생하기 때문에 사내유보분의 조세부담 불공평성의 발생은 배당합산방식에 비해 작은 것으로 알려지고 있다. 또한 배당합산방식과는 달리 법인단계에서 이중과세가 조정되기 때문에 주주가 수취배당을 신고하지 않고 조세를 회피하려는 유인은 제도 자체 내에서는 생기지 않는다. 따라서 비합법적 과세회피에 의한 조세부담의 불공평성이 보다 커지게 될 우려가 있다. 이와 함께 법인원천소득 중 외국인 주주에 대한 지불배당분은 국내에서는 비과세되기 때문에 외국인 주주에 대한 배당의 비중이 클수록 세수 감소의 정도가 크다.

2.4 배당세액공제방법

이 방법은 법인소득에서 배당된 금액이 주주의 개인소득세 과세소득에 포함되는 경우 주주의 과세소득 계산에서 수입배당금 전액을 제외(수입배당 불산입)시키거나 수입배당액의 일부를 공제(수입배당 소득공제)하는 방법이다. 배당소득의 일정액을 세액공제하는 방법과 유사하며 소득단계에 따른 법인세의 추가부담의 불공평 문제를 해결하는 데는 별 도움이 되지 못하고 있다.

귀속법인세액의 일부를 배당소득 계산에 가산하면서 세액공제한도액이 있고 산출세액이 귀속법인세액보다 적을 때에도 환급하지 않는 것이 특징이다.

연습문제

ch. nineteen Exercise

01 종합소득세에 대해 논하시오. (행 18약)

02 다음의 기술에 대해 논하시오.

> "연간 일정액 이상의 금융소득에 대한 종합과세는 1996~1997년의 기간 동안 시행되었다가 1998년부터 무기한 보류되었다. 만약 아무 제한 없이 모든 금융소득이 완전히 종합과세된다면 저소득층에게 많은 혜택이 돌아갈 것이다."

03 가족을 과세단위로 하는 경우에 소위 결혼벌금(marriage penalty) 혹은 결혼세(marriage tax)라 부르는 현상이 발생할 수 있음을 보이시오. 아울러 이로 인해 수평적 공평이 저해될 수 있음을 보이시오.

04 종합소득의 과세표준금액이 8,500만원일 때 종합소득에 대한 산출세액을 구해 보시오. 참고로 각 과세표준계급에 대한 기본세율은 다음의 4단계로 이루어져 있다.

> 1천만원까지는 9%, 1~4천만원에서는 18%, 4~8천만원에서는 27%, 8천만원 초과금액에는 36%.

05 우리나라 가계부채 규모는 현재 900조원을 넘었다고 한다. 이에 정부는 가계부채 문제가 서민경제에 상당한 부담으로 작용할 것으로 판단하여 2011년 4월 14일 "서민금융 기반강화 종합대책", 2011년 6월 29일 "가계부채 연착륙 종합대책"을 발표한데 이어 2012년 2월 27일 "제2금융권 가계대출 보완대책"을 발표하였다. 이와 관련하여 아래 질문에 답하시오. (2012년 입법고시 기출문제)

(1) 정부가 발표한 대책 중에 "가계부채 증가로 인한 가처분소득 감소를 완화하기 위해 원리금 상환액에 대해 소득세법상 공제한도를 상향조정"한다는 방안이 포함되어 있다고 하자. 이와 같은 정책이 국민경제에 미치는 효과를 보이시오.

(2) 이제 가계부채를 전부 근로소득자가 보유하고 있고, 근로소득자의 40%가 근로소득세를 전혀 내지 않는다고 가정할 때 상기 정책을 소득분배의 공평성 측면에서 논의하시오.

(3) 위와는 별도로 일부에서는 자본소득세도 경감하자는 주장이 있는데 자본소득세 경감 주장에 대해서 그 논리적 근거와 타당성을 설명하시오.

06 법인세의 투자세액공제 및 기술 · 인력개발비 세액공제는 상대가격을 변화시킴으로써 효율을 저해한다는 주장이 있다. 이에 대해 논하시오.

07 법인소득세는 이론적으로 경제적 이윤에 대한 과세의 성격을 갖고 있어서 기업의 행위에 영향을 미치지 않는다고 생각되지만, 현실에서는 완전한 이윤과세가 되지 못하기 때문에 법인기업에 투하된 자본에 대한 과세로서의 성격을 갖게 된다. (2005년 입법고시 기출문제)

(1) 법인소득세가 경제적 이윤에 대한 과세가 되지 못하는 이유를 설명하시오.

(2) 법인소득세가 자본의 사용자 비용에 영향을 주어 기업의 투자활동에 미치는 효과를 설명하시오.

(3) 최근 침체된 경제를 활성화시키기 위해서 기업의 투자활동을 촉진시킬 필요가 있다. 이를 위한 조세정책의 대안들을 설명하시오.

08 현행 우리나라 소득세의 배당세액공제로 인해 법인세의 이중과세(중복과세)는 완전히 제거되었다는 주장이 있다. 이에 대해 논하시오.

09 (2011년 입법고시 기출문제)

(1) 주요국에서 개인소득세를 소비세로 전환하자는 논의는 오랫동안 지속되어 왔다. 한국의 개인소득세를 소비세의 한 유형인 개인지출세(personal expenditure tax)로 전환하자는 주장의 타당성, 근거와 문제점을 이론적 · 실무적 관점을 모두 고려하여 분석 · 평가해 보시오.

(2) 법인이윤에 대한 법인세와 개인주주에 대한 배당소득세의 이중과세를 해결하기 위해 제안된 방법 중 완전통합방식(full integration method)이란 무엇이며, 이 방식을 실현하기 위한 구체적인 방법에는 어떤 것들이 있고 그 내용은 무엇인지 설명해 보시오.

10 부가가치세의 문제점과 그 개선방안을 논하시오.

11 일반적으로 간접세는 소득에 대하여 역진적이라는 주장이 있다. 이러한 주장이 정당화되기 위한 조건은 무엇인가? 또 우리나라 내국세 수입 가운데 간접세 수입이 직접세 수입보다 크다면 이를 근거로 우리나라 조세체계가 역진적이라고 주장할 수 있겠는가? 이에 대하여 심도 있게 논하시오. (2002 입법)

12 금융소득 종합과세가 도입되었다. 현재까지는 정책목적을 위해 유보되고 있다.

(1) 이자소득세가 저축에 미치는 효과를 현재소비를 위한 기회비용이라는 관점에서 설명하시오.

(2) 분리과세제도는 종합과세에 비하여 이자소득세를 감면하고 있다. 분리과세정책의 경제적 효과를 설명하시오. (행 43논)

지방재정 · 사회보장 · 국공채

V

Public Finance
part five

1. 지방정부의 기능과 역할

1.1 효율적 자원배분

1.2 공정한 소득분배

1.3 티부 가설(Tiebout Hypothesis)

1.4 재정 연방주의

2. 지원금이론

2.1 지원금의 목적

2.2 지원금의 종류별 특성과 경제적 효과

3. 우리나라 지방재정

3.1 우리나라 지방재정의 구조

3.2 중앙과 지방재정의 관계와 역할

3.3 우리나라의 지원금제도

3.4 지방재정 규모

3.5 우리나라 지방세제

3.6 우리나라 지방재정의 문제점 및 개선 방향

지방재정

Public Finance
ch. twenty

20

이제까지 우리는 정부의 기능과 역할을 시장실패의 치유라는 이론적 기초에 입각하여 논의하였다. 정부는 일반적으로 중앙정부와 지방정부로 구분된다. 본 장에서는 정부의 다양한 시장실패의 치유기능을 어떠한 이론적 기반 위에서 적절히 배분하며, 이를 뒷받침하는 바람직한 재정은 어떻게 이루어져야 하는가에 관하여 살펴보기로 한다.

1. 지방정부의 기능과 역할

1.1 효율적 자원배분

시장실패의 치유를 위한 다양한 정부의 개입 중 공공재의 원활한 공급을 비롯한 효율적 자원배분 기능의 많은 분야를 지방정부가 담당함으로써 사회후생을 더욱 증진시킬 수 있다.

앞에서 논의한 바와 같이 공공재나 공공서비스 중에는 국방, 치안, 법률, 국토보전, 자원개발 및 과학기술의 진흥과 같이 그 편익이 국민 전체에 미치는 순수공공재와 지방도로, 공원, 저수지, 소방, 가로등과 같이 한정된 지역 주민에게만 그 편익이 귀속되는 **지역공공재**(local public good)가 있다. 지역공공재를 효율적으로 공급하는 데 가장 중시되는 요건은 그 지역의 특수성이나 지역 주민의 선호이다. 따라서 이들을 효과적으로 반영하기 위해서는 지방정부가 지역공공재를 비롯한 그 지역 주민에 한정된 편익을 제공하는 공공서비스를 공급하는 것이 바람직하다. 즉, 중앙정부에 의한 공공재의 획일적 공급은 각 지역 주민의 선호나 그 지역의 특수성을 반영하기 어려우므로 비효율을 초래하게 된다.

[그림 20-1]은 중앙정부에 의한 지역공공재의 공급으로 인한 비효율을 나타내고 있다. 분석상의 편의를 위하여 K, J 두 지역으로 구성되어 있는 한 경제를 상정하고, 각 지역의 지역공공재 G^K, G^J 각각의 공공재로부터 지역 주민들이 얻는 편익의 합을 ΣMRS^k와 ΣMRS^j로 명명하자. k는 K지역 주민을, j는 J지역 주민을 나타내는 첨자이다. 그리고 각 공공재의 공급에 따르는 한계비용(MRT)은 동일하며 공공재의 생산량에 관계없이 불변이라고 가정한다.

그림 20-1

중앙정부의 비효율적인 지역공공재 공급

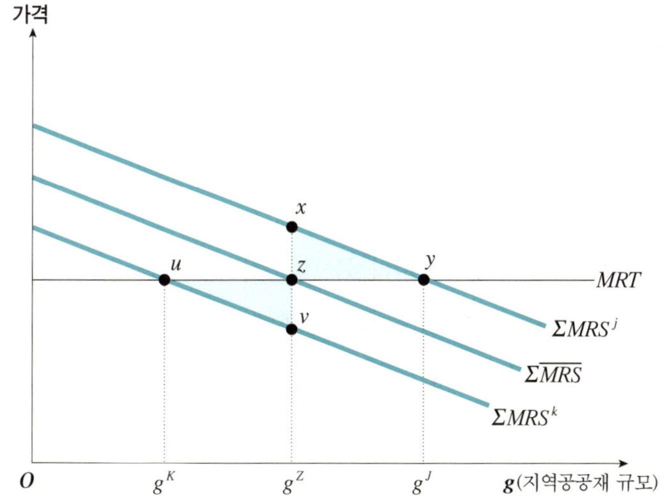

이때 G^K의 최적규모는 ΣMRS^k와 MRT가 일치하는 g^K, G^J의 최적규모는 ΣMRS^j와 MRT가 일치하는 g^J가 된다. 만약 이들 공공재가 지방정부에 의해 공급된다면 당연히 최적규모인 g^K 및 g^J가 공급될 것이다. 그러나 만약 이들 공공재가 중앙정부에 의해 공급된다면 두 지역의 최적규모를 평균한 크기의 규모 g^Z를 공급하게 될 것이다.[1] 중앙정부가 공공재를 공급하게 됨에 따라 K지역 주민들은 $\triangle uvz$, J지역 주민들은 $\triangle xzy$에 해당하는 효용의 손실을 입게 된다.

이와 같이 지역공공재가 지방정부에 의해 공급되는 경우에는 지역 주민들의 선호를 적절하게 잘 반영함으로써 정보비용을 감소시킨다. 중앙정부에 의해 공급되는 경우에 비해 요소비용은 다소 높아지겠지만, 정보비용의 감소가 이를 상쇄할 정도로 크기 때문에 전체적으로는 공급비용이 낮아질 것이다. 이와 더불어 경비지출에 대한 책임소재를 분명히 함으로써 재원관리의 능률과 공공서비스의 질적 향상을 꾀할 수 있다는 장점도 있다. 또한 지방정부 간의 경쟁을 유발하여 공급비용의 절감을 촉진하며, 지방정부 간 경험의 교류를 통하여 지역공공재의 공급 및 관리 · 유지에 관련한 노-하우(know-how)를 축적해 나갈 수 있다는 점도 그 장점의 하나라 하겠다.

---

1. g^Z는 ΣMRS^k와 ΣMRS^j의 평균치(ΣMRS^Z)가 MRT와 일치하는 수준의 규모를 뜻한다.

그런데 어떤 지역공공재의 경우에는 지방정부에 의한 지역공공재 공급이라는 원칙에 몇 가지 문제점이 나타날 수도 있다. 즉, ① 규모경제가 특별히 강하게 나타나는 경우, ② 재원조달 과정에서 새로운 비효율이 초래되는 경우, ③ 지역 간 외부성(inter-regional externalities)이 나타나는 경우가 그것이다. 이제 이들 경우에 대해 차례로 고찰해 보자.

① 첫째, 지역공공서비스에 따라서는 이용하는 사람의 수가 늘어남에 따라 1인당 부담수준이 줄어드는 규모경제의 특성을 보유하기도 한다. 이런 경우에는 그러한 지역공공재를 중앙정부가 공급하게 하거나, 복수의 지방정부가 하나의 협의체(consortium)를 구성하여 연합으로 이를 공급함으로써 저렴한 서비스를 제공할 수 있을 것이다.

② 둘째, 재원조달 과정의 비효율이다. 어떤 지역공공재의 재원조달을 위해서는 어떤 특정 형태의 지방세 징수가 불가피하다고 하자. 만약 이러한 형태의 지방세 징수로 인해 불가피하게 새로운 비효율이 초래된다면 지방정부에 의한 지역공공재 공급이라는 원칙에 문제가 발생한다. 예를 들어 K지역에 공원을 공급하기 위해 K지역의 인삼밭에 재산세를 부과해야 한다고 하자. 만약 이로 인해 인삼 가격이 오르고 인삼 생산량이 줄어든다면 이로 인해 새로운 사중손실이 발생하게 되고 사회후생이 감소할 수 있을 것이다.

이의 해결책으로는 그러한 지역공공재를 중앙정부가 공급하거나 이를 지방정부가 공급하되 중앙정부가 지방정부의 재원조달 과정에 개입하여 조정역할을 담당하거나 문제가 되는 지방세에의 의존을 줄이고 그 부족분을 중앙정부의 지원금(grants-in-aid)으로써 메우는 방법이 있다.

③ 셋째, 지역 간 외부성(inter-regional externalities)이다. 예를 들어 K지역의 공원이라는 지역공공재가 J지역의 주민들에게도 효용을 주는데 이에 대한 보상은 이루어지지 않는다고 가정하자. 즉, K지역의 공원으로부터의 편익이 J지역의 주민들에게 누출(spillouts)된다는 것이다. 만약 공원이 K지방정부에 의해 공급된다면 [$\Sigma MRS^k = MRT$]의 요건이 충족될 만큼의 공원이 공급될 것이다. 그러나 경제 전체의 효율을 이루기 위해서는 J지역의 주민들의 효용까지 감안하여 [$\Sigma MRS^k + \Sigma MRS^j = MRT$]의

요건이 충족될 만큼의 공원이 공급되어야만 한다.[2] 그러므로 K지방정부(혹은 J지방정부)가 선택하는 공원의 양이 너무 적어서 효율 달성에 실패하게 된다. 이런 경우에는 지방정부에 의한 지역공공재 공급이라는 원칙에 문제가 발생한다.

이의 해결책은 i) 그러한 지역공공재를 중앙정부가 공급함으로써 $[\Sigma MRS^k + \Sigma MRS^j = MRT]$의 요건을 충족시키거나, ii) K지방정부가 공원을 공급하게 하되 중앙정부가 K지방정부에게 보조금을 지급하는 것이다. 만약 ΣMRS^j에 해당하는 만큼의 보조금을 중앙정부 또는 J지방정부가 K지방정부에게 지급한다면, K지방정부는 스스로 $[\Sigma MRS^k + \Sigma MRS^j = MRT]$의 요건을 충족시킬 만한 양의 공원을 공급하게 될 것이다.

1.2 공정한 소득분배

앞에서 우리는 미시적 시장실패를 치유하는 지방정부의 역할에 관하여 논의하였다. 여기서는 공정한 소득분배나 안정적 성장을 위한, 즉 거시적 시장실패의 치유를 위한 지방정부의 역할을 살펴보기로 하자.

물가안정이나 고용증대, 국제수지 개선 등 안정적 성장을 위한 정부의 역할은 그 효과가 대부분 국민경제 전반에 걸쳐 나타나므로 중앙정부가 담당하는 것이 바람직하며, 이에 대해서는 이론(異論)이 없다.

그러나 공정한 소득분배에 있어서는 효율적 자원배분의 경우처럼 중앙정부와 지방정부의 역할이 분담되는 것이 바람직하다.

소득세나 재산 관련 세제의 누진구조 등 세입 측면에서 세제를 통한 분배정책이나 사회보장제도를 비롯한 세출 측면에서의 분배정책은 주로 중앙정부에 의해 이루어진다. 반면 지방세제의 누진구조 등은 지방정부의 관할 하에 있으나 지역별로 그 지역의 특수성이나 주민의 선호를 반영하지 않고 획일적으로 법제화되어 있어 지방분권적 의사결정에 의한 제도라고는 간주하기 어렵다.

소득재분배를 위해 제도화되어 있는 국가적 장치는 중앙정부에 의하여 주도되는 경우가 많지만 그렇지 않은 대다수의 지출은 지방정부가 담당하는 것이 효

2. ΣMRS^k는 K지역, ΣMRS^j는 J지역 주민들의 MRS 합계를 뜻한다.

과적이다. 왜냐하면 소득재분배를 위한 지방정부의 지출은 지역공공재의 성격을 갖고 있기 때문이다. 환언하면 어떤 지역의 저소득계층의 생활이 향상된다면 나머지 주민들의 후생도 증진될 것이다. 또한 다른 지역의 저소득층이 윤택해지는 경우보다 자기가 살고 있는 고장의 저소득계층의 소득이 향상되는 것이 보다 높은 후생을 안겨준다는 점에서 소득재분배로 인한 편익은 지역공공재적 성격을 가진다. 뿐만 아니라 지방정부에 의한 소득재분배정책은 그 지역 주민들의 선호를 쉽게 반영할 수 있는 상대적 장점을 가진다. 이를 구체적으로 논의하기 위해 폴리(Pauly)의 논문을 소개해 보자.[3]

K 및 J의 두 지역으로 구성되는 한 경제를 가상하자. 각 지역의 주민은 납세자(고소득계층)와 면세자(저소득계층)로 구성된다. 각 지역에서 저소득계층에 속하는 주민의 숫자는 각각 P^K, P^J 명이며 납세자들의 세후 소득은 각각 Y^K, Y^J라 하자. 조세수입 중 일부를 정부가 저소득계층에게 보조금의 형태로 지급함으로써 재분배가 이루어진다고 하자. 저소득계층에 대한 보조금의 규모, 즉 저소득계층의 소득증대폭을 각각 D^K, D^J라 하자.

납세자 i의 효용함수는 식 (20-1)로 표시할 수 있다. U^i는 Y^i, D^K, D^J의 증가함수이고 P^K, P^J의 감소함수이다. 즉, 가계 i의 세후 소득이 클수록, 양 지역 저소득계층의 소득증대폭(D^K, D^J)이 클수록 U^i가 높아지며, 양 지역 저소득계층 주민의 숫자(P^K, P^J)가 많을수록 U^i가 낮아진다는 것이다.

$$U^i = U^i(Y^i, D^K, P^K, D^J, P^J) \qquad (20-1)$$

이제 추가적으로 다음의 세 가지를 가정하자.

① 조세 및 보조금의 수준에 상관없이 모든 주민(납세자와 저소득계층)은 원래의 지역에 계속 거주하며 다른 지역으로 이주하지 않는다.

② K지역 저소득계층의 소득증가로 인해 K지역 납세자의 효용은 증가하지만 J지역 납세자의 효용은 증가하지 않는다. 즉, 재분배의 외부효과는 존재하지 않는다.

3. M. Pauly, "Cores and clubs," *Public choice*, 9, 1970, pp.53~65.

③ 모든 소득재분배는 파레토 효율적이며 집단적 의사결정 또한 효율적으로 이루어진다.

이상의 가정 하에서 식 (20-1)의 효용함수 U^i는 지역별로 U^k 및 U^j로 각각 상이하게 나타난다. k는 K지역 납세자를, j는 J지역 납세자를 나타내는 첨자이다. 이때 최적보조금을 위한 균형조건은 각각 식 (20-4) 및 식 (20-5)와 같이 표시된다.[4]

$$U^k = U^k(Y^k, D^K, P^K) \qquad (20-2)$$

$$U^j = U^j(Y^j, D^j, P^j) \qquad (20-3)$$

$$\Sigma MB_D^k = P^K \qquad (20-4)$$

$$\Sigma MB_D^j = P^J \qquad (20-5)$$

여기에서 ΣMB_D^k는 K지역 저소득층의 소득증대액 D^K가 1원 증가함에 따라 K지역 납세자들이 얻는 한계편익을 뜻한다. P^K는 K지역 저소득층의 소득을 1원 증대시키는 데에 소요되는 사회적 한계비용에 해당한다. P^K명에게 각각 1인당 1원을 보조하기 위해서는 P^K원이 소요될 것이기 때문이다.[5] 최적보조금은 보조금 1원에서 납세자들이 얻는 한계편익이 이를 위해 소요되는 한계비용과 일치하는 수준의 소득재분배라는 것이다.

식 (20-4) 및 (20-5)에서 도출되는 최적보조금 D^K 및 D^J는 그 수준이 서로 일치하지 않는다. 그 까닭은 다음과 같다.

① 재분배에 관한 두 지역 주민들의 선호가 서로 다르며, 따라서 MB_D^k가 MB_D^j와 일치하지 않는다.

---

4. 이들 조건은 앞에서 본 공공재의 파레토 효율 조건의 도출과 동일하며, 그 경제적 의미도 공공재의 경우와 유사하다. 독자 여러분의 자습을 바란다.

5. 단, 단순화를 위해 행정비용은 무시하기로 한다.

② 두 지역 주민들의 선호가 동일하다 하더라도 소득수준이 상이한 경우에는 MB_D^k가 MB_D^j와 일치하지 않는다. 소득수준이 높은 지역일수록 보다 큰 폭의 재분배를 원할 것으로 예상된다. 즉, 재분배에 대한 사회적 수요의 소득탄력성이 0보다 크다.

③ MB_D^k가 MB_D^j와 일치한다 하더라도, P^K가 P^J와 일치하지 않는 경우에는 D^K가 D^J와 일치하지 않을 수 있다.

이와 같이 K지역 및 J지역에서의 최적보조금 수준이 상이하다는 사실에 근거하여 폴리는 재분배가 중앙정부보다 각각의 지방정부에 의해 시행되는 것이 바람직하다는 결론을 도출한다. 만약 재분배가 중앙정부에 의해 시행된다면 사회후생의 감소가 초래될 것이다. 중앙정부에 의해 선택되는 보조금의 수준을 편의상 D^Z라 부를 때, D^Z가 D^K와 D^J의 중간수준에서 결정될 것이기 때문이다.

그러나 폴리의 연구에는 다음과 같은 몇 가지 문제점이 있다.

① 그가 설정한 가정이 다소 비현실적이다. 첫째, 실제로는 주민들의 지역간 이동성이 상당 정도 존재한다. 둘째, 한 국가의 국민으로서 갖는 정체성, 동질성, 응집성을 고려한다면 특정 지역 내의 재분배가 타지역 주민에게 끼치는 외부효과가 상당히 클 수도 있다.

② 만약 바람직한 재분배에 대한 주민들의 선호가 지역에 따라 비슷한 경우라면 D^K와 D^J의 차이가 상당히 작을 수도 있다. 특히 우리나라와 같은 좁은 면적의 단일형 국가에서는 미국, 캐나다, 러시아 등과 같은 넓은 면적의 연방형 국가보다도 주민들의 선호가 비슷하게 나타날 가능성이 더 크다.

③ 지방정부가 재분배를 시행할 때에는 요소비용과 관련한 규모의 비경제가 나타나는 것을 피하기 어렵다.

폴리에 의한 연구의 초점은 결국 지방정부가 재분배를 시행함으로써 정보비용(특히 정보반영비용)을 감소시킬 수 있다는 점을 입증하는 데에 있다. 그러나 이것만으로 지방정부가 더 우세하다는 결론을 내리는 것은 다소 성급한 것으로 보인다.

1.3 티부 가설(Tiebout Hypothesis)

공공재가 존재할 때 시장은 효율 달성에 실패한다. 공공재의 생산 · 소비를 시장에 맡기는 경우에는 [$\Sigma MRS = MRT$]라는 효율요건이 충족되지 않기 때문이다. 이 문제를 해결하기 위한 방법의 하나가 정부가 직접 공공재를 공급하는 것이다. 그런데 사무엘슨(P. Samuelson)은 그의 1954년 논문에서 이와 관련하여 매우 비관적인 견해를 피력한다. 즉, 이 방안을 통해서도 효율 달성에 실패할 가능성이 크다는 것이다. 이는 사람들이 정직하게 자기의 선호를 공개할 이유가 없고, 따라서 정부가 ΣMRS의 크기를 파악할 수 없기 때문이다. 따라서 공공재를 어느 정도 공급해야 효율이 달성되는지를 알 길이 없다는 것이다.[6]

그러나 티부(C. Tiebout, 1956)는 지역공공재의 경우에는 사람들의 진실한 선호를 공개하게 만들 수 있는 메카니즘이 존재하며, 이 메카니즘에 힘입어 시장에서 자연스럽게 공공재의 효율이 달성될 수 있다고 주장하였다.[7] 만약 각 지방정부가 상이한 종류 · 양 · 질의 지역공공재를 공급하고 이를 위해 상이한 체계의 조세를 부과한다면, 주민들은 각자 자기의 선호에 가장 부합하는 지역으로 이주하려는 유인을 갖게 된다. 이 과정에서 주민들은 자동적으로 자기의 진실한 선호를 공개(노출)하게 된다는 것이다.

주민들은 자기의 선호에 가장 잘 부합하는 지역공공재와 조세체계를 표방하는 지방정부를 선택하고 이 선택의 결과를 발로 걸어서(이주를 통해서) 표현한다. 이런 의미에서 이주는 "발에 의한 투표(voting by feet)"의 기능을 수행한다. 발에 의한 투표를 통해 시장수요는 자연스럽게 ΣMRS의 크기를 반영하게 되고, 지방정부에 의한 지역공공재의 공급을 통해 [$\Sigma MRS = MRT$]의 효율성 요건이 충족된다는 것이다.[8]

---

6. 선호를 진실하게 공개하도록 만드는 유인으로 클라크-그로브즈 조세가 고안되기도 했다. 이론적으로는 매우 흥미로운 결과를 제공하고 있지만 이를 현실적으로 시행하는 것은 거의 불가능한 것으로 나타나고 있다. 선호를 진실하게 공개하도록 만들려는 작업을 포기하고 비용 · 편익 분석을 이용하여 ΣMRS 및 MRT를 추계하거나 투표제도를 이용하여 사람들의 선호를 파악하는 방법도 있다.
7. Tiebout, C., "A pure theory of local expenditures," *Journal of Political Economy*, 64, 1956, pp.416～424.
8. 사용재의 경우에 개별 경제주체 간 자유경쟁을 통해 효율이 이루어지는 것과 같은 이치로, 지역공공재의 경우에는 지방정부 간 자유경쟁을 통해 효율이 이루어지는 셈이다.

티부 가설이 지방정부의 존재 의미에 대해 갖는 함의는 간단하면서도 강력하다. 지방정부가 없으면 "발에 의한 투표"도 없고, 지방정부에 의한 지역공공재의 공급을 통해 [$\Sigma MRS = MRT$]의 효율요건이 충족될 수도 없다. 공공재의 효율을 회복하기 위해서는 중앙정부만으로는 부족하며 지방정부의 존재가 필수적으로 요구된다는 것이다.[9] 그러나 준시장적 조정과정(quasi-market process)을 통해 지역공공재 공급의 효율이 이루어진다는 티부의 결론은 다음과 같은 일곱 가지의 조건이 충족되는 경우에만 성립한다는 사실이 다수의 학자들에 의해 입증되었다.[10]

① 지방정부가 공급하는 공공재의 소비에 지역 간 외부성이 존재하지 않아야 한다.

② 주민들이 자기의 선호에 가장 잘 맞는 공공재 및 가격(조세)을 표방하는 지방정부를 선택하여 거주를 이동함에 있어 아무런 비용이 들지 않고 아무런 장애도 존재하지 않아야 한다. 즉, 완벽한 이동성(mobility)이 보장되어야 한다.

③ 주민들은 어느 지방정부가 어떤 공공재를 공급하며 어떤 가격(조세)을 요구하는가에 대한 충분한 정보를 보유해야 하며, 그 정보를 얻는 데 아무런 비용이 들지 않아야 한다.

④ 다양한 공공재와 다수의 지방정부가 존재해야 한다. 시장에서 다수의 수요자 및 다수의 공급자가 존재해야 사용재의 효율이 이루어지듯이 준시장적 조정과정에서도 다수의 수요자(각 지역의 주민) 및 다수의 공급자(각

발에 의한 투표의 결과로 초래되는 지역공공재의 생산량과 지방정부 간 기능분화를 티부는 "사람들의 선호와 부존자원의 제약조건 하에서 이룰 수 있는 최선의 선택"이라 부르고 있다.
"… best that can be obtained given preferences and resource endowments," Tiebout(1956, p.68).

9. 이는 제1절에서 본 지방정부의 존재 의미, 즉 "지방정부의 존재로 인해 지역공공재의 공급비용이 감소한다"는 명제에 상응한다.

10. Hamilton, B., "Property taxes and the Tiebout Hypothesis : some empirical evidence, in fiscal zoning and land use controls," *The Economic Issues*, ed. Mills, E. & Oates, W., Lexington, Mass. : Lexington Books, 1975, pp.13~30 ; Bewley, T. F., "A Critique of Tiebout's theory of local public expenditure," *Econometrica*, 49, 1981, pp.713~739 ; Zodrow, G. ed, *Local Provision of Public Services : The Tiebout Model after Twenty-Five Years*, New York : Academic Press, 1983.

지역의 지방정부)가 존재해야 공공재의 효율이 이루어지기 때문이다.

⑤ 공공재의 공급에 있어 규모경제가 작용하지 않아야 한다.

⑥ 지역공공재의 공급을 위한 재원은 비례적(proportional)인 재산세에 의하여 충당되어야 한다. 다만, 세율이 지역별로 동일할 필요는 없다.

⑦ 지역별로 주택규모를 제한하는 등의 도시계획 규제(zoning)가 엄격히 시행되어야 한다.

티부 가설의 문제점은 바로 앞의 7가지 조건이 상당히 비현실적이며 충족되기 어렵다는 점에 있다. 지역공공재의 종류에 따라 ①의 외부성이 존재하는 경우(예컨대 *A*지역의 공원 건설이 *B*지역의 주민들에게 외부효과를 유발하는 등과 같은 경우)가 많이 있다. 직장문제 등으로 인해 ②의 완벽한 이동성은 사실상 보장되기 어렵다. 정보를 구하는 데에도 시간적 · 금전적으로 상당한 비용이 들기 때문에 ③의 값싸고 충분한 정보를 보유하기가 쉽지 않다. 지방정부의 숫자와 종류가 상당히 제한적이기 때문에 ④의 다수의 지방정부라는 조건도 충족되기 어렵다. 실제에 있어서는 규모경제가 나타나는 경우가 많으므로 ⑤의 조건 역시 충족되기 어렵다. 현실적으로는 ⑥의 비례적 재산세뿐만 아니라 소득세 및 소비세 등도 지방재정의 상당 부분을 차지하고 있다. 정치적 고려로 인해 ⑦의 도시계획 규제 등은 엄격히 시행되기 어렵다.[11]

가정의 비현실성에도 불구하고 티부의 논문은 아마도 지금까지 지방재정 분

11. 만약 가정 ⑦이 성립하지 않으면 티부 가설에서 형성되는 균형은 안정적이지 못하게 된다. 고소득 지역의 지방정부는 대체로 양질의 공공재를 공급하게 된다. 고소득층일수록 양질의 공공재에 대한 수요가 높으므로 이들은 고소득 지역으로 이주하게 된다. 이에 따라 고소득층은 고소득 지역으로, 저소득층은 저소득 지역으로 몰리는 양극화 현상이 일어난다.

그런데 고소득층 지역에서는 재산의 시장가격이 높게 형성되기 때문에 세율을 낮게 책정하여도 공공재의 재원조달이 쉽게 이루어진다. 반대로 저소득층 지역에서는 재산의 시장가격이 낮게 형성되기 때문에 세율을 높게 책정하지 않으면 공공재의 재원조달이 어렵다. 이에 따라 저소득층은 고소득층 지역으로 이주하여 시장가격이 낮은 소규모 · 저질의 주택을 건립하게 된다. 이들은 세금을 적게 내면서도 양질의 공공재를 소비할 수 있게 된다.

그러나 이러한 이주가 계속 진행되는 경우에는 기존 고소득층 주민들의 조세부담이 상승하게 된다. 이에 따라 기존의 고소득층을 새로운 고소득층 지역으로 다시 이주하게 만드는 불안정성이 초래된다.

만약 고소득층 지역에서는 50평 미만의 주택은 허가하지 않는 등의 도시계획 규제가 엄격히 시행된다면 이러한 불안정성이 제거될 수 있다. 저소득층이 고소득층으로 이주할 수 없게 되어 저소득층이 세금을 적게 내면서 양질의 공공재를 소비할 수 없게 되기 때문이다.

야에서 나타난 가장 영향력 있는 논문일 것이라는 평가에 이견(異見)이 거의 없을 것이다. 그 까닭은 다음과 같다.

1) "선호의 거짓공개로 인해 정부개입에도 불구하고 공공재의 효율 회복이 불가능하다"는 사무엘슨의 비관적 견해를 극복함에 있어 "발에 의한 투표"의 개념은 재정학의 전 분야에 걸쳐 매우 중요한 이론적 공헌이다.
2) 지방정부의 존재 의미를 확립함으로써 특히 지방재정 분야에서 이론적으로 큰 공헌을 했다.
3) 이 논문의 아이디어는 놀랄 정도로 간단하지만, 이 아이디어가 중앙정부에서 지방정부로의 지원금, 지역공공재로 인한 편익의 지역 간 누출(spillout), 도시계획 규제(zoning) 등과 같은 다양한 분야의 수많은 연구를 촉진하는 촉매의 역할을 수행하였다.
4) 가정의 일반적 비현실성에도 불구하고 지역에 따라서는 티부 가설의 결론이 현실과 상당히 잘 부합된다는 경험적 연구결과도 적지 않다.

1.4 재정 연방주의

오츠(Wallace E. Oates, 1972)[12]는 티부의 모형을 재정 연방주의(Fiscal Federalism)로 발전시켰다.

티부가 가정하고 있는 바와 같이 소득과 기호가 동일한 사람들로 구성되는 수많은 지역이 형성되고 그 지역 내에서 공공재를 공급하는 데 있어 규모의 경제가 달성된다면 그 지역에서는 공공재 공급이 효율적으로 이루어질 수 있다. 이 경우 해당 지역의 자치정부에서 공공재를 공급하는 것이 바람직하다. 왜냐하면 각 지역마다 주민이 선호하는 정도가 다른 지방공공재를 중앙정부에서 일률적으로 공급한다면 앞서 언급한 혼합 클럽의 경우와 같이 비효율적인 결과를 가져오기 때문이다.

그러나 지방정부의 공공재 공급이 언제나 효율적인 것은 아니다. 규모의 경제가 달성되지 못할 정도의 적은 인구로 구성된 특정 지역의 경우 최저평균비용

12. Oates, Wallace E., *Fiscal Federalism*, New York : Harcourt Brace Jovanovich, 1972.

으로 공공재를 공급한다는 티부의 가정이 성립되지 않으므로 비효율적이다. 또한 한 지역의 공공재 공급이 다른 지역 주민에게 영향을 주는 경우, 즉 외부효과가 있는 경우에도 외부효과를 고려하지 않은 각 지역의 공공재 공급은 비효율적이 될 수밖에 없다. 이와 같은 경우에는 규모의 경제를 달성할 수 있는 최소의 범위 또는 외부효과를 내재화할 수 있는 최소의 범위로 클럽을 형성해 공공재를 공급하는 것이 효율적이다. 물론 전 국민에게 고루 영향을 미치는 순수공공재는 국가에서 공급하는 것이 바람직하다.

오츠의 **재정 연방주의론**에 의하면 연방을 형성하여 각 단계의 정부가 적절한 기능을 수행하는 것이 바람직한데, 파급범위가 전 국민에게 이르는 순수공공재인 국방, 거시경제정책, 외교정책 등은 중앙정부에서 담당하고, 지역의 주민에게만 영향을 주는 지방공공재는 가장 좁은 범위를 포괄하는 지방정부에서 공급하는 것이 효율적이다.

'국방은 중앙정부'와 같이 특정한 공공서비스를 특정한 정부에 배정하는 방식에서 한 걸음 더 나아가 공공재 공급을 업무의 특성에 따라 정책입안 · 표준 설정 · 감독, 공급/행정, 생산/보급의 세 가지로 나누고 각 업무별로 담당하는 기관이 달라져야 한다는 주장도 있다.[13] 예를 들어 교육서비스의 경우를 보면 국민들이 이수해야 할 최소한의(또는 평균적인) 교육수준과 기본적인 교과과정 등 교육정책을 정하고 교육의 성과를 평가하여 적절한 대응방안을 모색하는 것은 중앙정부에서 담당하고, 교육서비스 공급, 즉 실제 교육을 수행하기 위한 구체적인 시행방안을 마련하고 필요한 재원을 조달하는 것은 주/도 또는 그 산하의 지방정부에서 담당하며, 현장에서의 실제 교육은 지방정부나 민간기관이 담당하는 것이 효율적일 수 있다는 것이다. 이와 같은 업무의 구분은 각 업무의 파급효과의 범위, 규모의 경제성 등을 고려하여 나온 결과로서 기본적으로 오츠의 업무배분 방식과 맥을 같이한다고 할 수 있다.

---

13. Shah, Anwar, "Balance, Accountability, and Responsiveness : Lessons about Decentralization," *Working Paper*, Washington, D. C. : The World Bank, 1998.

2. 지원금이론

지방정부가 지역공공재를 공급하는 구체적 형태는 지방정부의 지출, 즉 세출(歲出)로, 그리고 이를 위한 재원조달의 구체적 형태는 지방정부의 수입, 즉 세입(歲入)으로 나타난다. 지방정부의 수입은 주로 지방세 및 지원금으로 구성된다. 지방정부의 지출 및 수입의 구체적 형태에 대한 논의에 앞서 본 절에서는 우선 지원금에 대해 설명하고자 한다.

정부와 민간 사이의 자원이전(resource transfer)은 조세 및 보조금이라 불린다. 복수정부 체제 하에서 중앙정부와 지방정부 사이의 자원이전은 **지원금**이라 불린다.[14] 정부서비스 공급을 위한 재원(財源)이 중앙정부에서 지방정부로 이전된다는 의미에서 지원금을 이전재원이라 부르기도 한다. 지원금을 통해 중앙정부가 지방재정의 규모와 구성을 조정할 수 있다는 의미에서 중앙정부가 지원금을 제공하는 행위를 지방재정조정이라고 부른다. 지방정부 스스로의 재원조달능력에 의하지 않고 중앙정부에 의존하여 수령되는 재원이라는 의미에서 지원금을 의존재원으로 부르는 경우도 있다.[15]

2.1 지원금의 목적

지원금의 목적은 크게 효율의 달성과 공평의 달성으로 나눌 수 있다. 이에 대해 본 항에서 더 상세히 알아보기로 하자.

---

14. 지원금은 중앙정부가 지방정부에 지급하는 보조금에 해당한다. 중앙정부가 지방정부로부터 징수하는 조세에 해당하는 개념은 현실적으로 존재하지 않는다.

15. 지원금은 영어로는 "grants-in-aid" 에 해당한다. 우리나라에서는 이를 보통 "보조금" 혹은 "정부 간 보조금" 으로 번역하는 경우가 많다. 그러나 "보조금" 은 "조세 및 보조금" 이라고 할 때의 일반적인 보조금, 즉 "subsidy" 와 혼동되기 쉽다는 점에서 바람직한 번역이 아니다. 특히 우리나라에서는 지원금의 한 종류로서 "국고보조금" 이 있으므로 더욱 그러하다. "grants" 는 원래 선물이나 상으로 주는 돈을 뜻하고, "in-aid" 는 도움 및 지원 등을 뜻하므로 지원금이 영어의 개념에도 더 가까울 것으로 판단된다.

2.1.1 효율의 달성

효율 달성을 목적으로 하는 지원금은 다음의 네 가지로 대별된다.

① 중앙정부와 지방정부 간 재원조달능력 차이의 교정을 위한 지원금이다. 효율 달성을 위해서는 지역공공재가 지방정부에 의해 공급되는 것이 바람직하다 함은 앞서 본 바와 같다. 그러나 지방정부의 수입이 충분하지 못하면 지역공공재의 공급에 차질이 빚어져 효율 달성에 실패할 수 있다. 이는 중앙정부에 비해 지방정부의 재원조달능력이 상대적으로 제한되어 있기 때문이다. 이러한 문제점을 "지출과 수입 간의 부정합(不整合)"이라 부르기도 한다. 이런 경우에는 중앙정부의 세수 중에서 일정 부분을 지원금의 형태로 지방정부에 넘겨줌으로써 그 부정합을 해소할 수 있다.

② 지방정부가 지방세의 징수를 포기하는 대가로 제공하는 지원금이다. 어떤 지역공공재의 재원조달을 위해 특정 형태의 지방세 징수가 불가피하지만 이의 징수가 새로운 비효율을 초래하는 경우가 있다. 지역공공재를 공급하는 것은 효율을 증진시키지만 이를 위한 재원조달은 효율을 감소시킨다는 딜레마에 빠지게 된다. 이때에는 중앙정부의 세수 중 일부를 지원금의 형태로 지원함으로써 지방정부가 특정 지방세를 징수하지 않게 설득할 수 있다.

③ 지역 간 외부성(inter-regional externalities)의 교정을 위한 지원금이다. A지역의 지역공공재로 인한 효용이 B지역 주민들에게 누출(spillouts)되는 경우에는 A지방정부가 이러한 외부효과까지 감안하여 지역공공재의 규모를 결정할 때에 효율이 달성된다. 만약 중앙정부가 외부효과에 상응하는 지원금을 A지방정부에게 제공하면 A지방정부는 자동적으로 지역공공재의 규모를 결정할 때에 외부효과를 감안하게 될 것이다.

④ 지방정부로 하여금 특정 지역공공재를 공급하도록 유도하기 위해 제공하는 지원금이다. 중앙정부는 효율 달성을 위해 A지역에 X라는 지역공공재가 공급되기를 바라지만 A지방정부가 이를 충분히 공급하지 않는다고 하자.[16] 만약 A지방정부에 의한 X 공급이 증가할 때마다 중앙정부가

지원금을 제공한다면 A지방정부가 X를 더 많이 공급하게 될 것이다.

2.1.2 공평의 달성

공평의 달성을 목적으로 하는 지원금은 다음의 네 가지로 대별된다.

① 지방정부와 중앙정부가 동시에 개인 간 재분배를 담당하는 경우에 지방정부로 하여금 특정 형태의 재분배를 시행하도록 유도하기 위해 제공하는 지원금이다. 중앙정부에 의한 재분배를 보완하기 위해 중앙정부는 A지역 갑 계층의 소득이 증가되기를 바라지만 A지방정부가 이런 소득재분배를 원하지 않는 경우가 있을 것이다. 만약 A지방정부가 갑 계층의 소득을 증가시킬 때마다 중앙정부가 지원금을 제공한다면 A지방정부는 갑 계층의 소득을 증가시키는 일에 더 적극적인 태도를 갖게 될 것이다.

② 지방정부만이 개인 간 재분배를 담당하는 경우에 지방정부에 의한 재분배가 중앙정부가 원하는 방향으로 이루어지게 만들기 위해 제공하는 지원금이다. 이런 경우에는 지원금에 의하지 않고서는 공평 달성이 불가능하다. 중앙정부는 전혀 독자적인 개인 간 재분배를 하지 않는다고 가정되고 있기 때문이다.

③ 고소득층 거주지역과 저소득층 거주지역으로 나누어져서 지역 간 소득격차가 일률적이고 확연하게 드러나는 경우에 저소득층 지역의 지방정부에 제공되는 지원금이다. 저소득층 지역의 지방정부가 지원금을 사용하여 지역공공재를 더 많이 공급함에 따라 이 지역 주민의 효용이 증가한다.

④ 정부정책의 시행으로 인해 특정 지역에 보상을 해주어야 할 상황이 발생하는 경우에 제공되는 지원금이다. 예를 들어 경제성장 과정에서 불가피하게 A지역을 희생시키는 지역 간 불균형성장의 전략이 선택되었다면, A지역 주민의 소득상실에 대한 보상의 뜻으로 A지방정부에 지원금을 제공할 수 있다. 우리나라의 영 · 호남 간 소득격차나 도시 · 농촌지역 간 소득격차도 이러한 예에 해당할 수 있을 것이다. 해당 지역의 지방정부가

16. X는 휴양림 등과 같은 가치재일 수도 있고, 혹은 중앙정부가 여러 가지 정책적 판단에 의해 증가시키고 싶은 여타의 지역공공재일 수도 있다.

지원금을 사용하여 지역공공재를 더 많이 공급함에 따라 이 지역 주민의 효용이 증가한다.

2.2 지원금의 종류별 특성과 경제적 효과

지원금은 크게 **조건부 지원금**(conditional grant)과 **무조건부 지원금**(unconditional grant)으로 구분된다. 전자는 용도와 목적이 지정되는 지원금이며, 후자는 용도의 제약이 없이 자유로이 사용될 수 있는 지원금이다.[17] 지원금의 종류를 요약하면 다음과 같다.

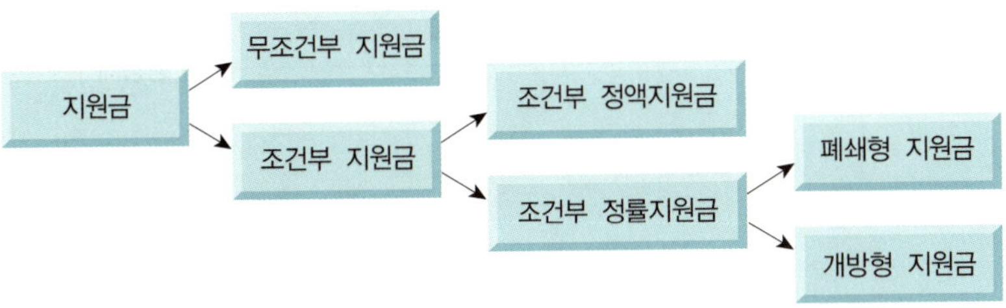

조건부 지원금은 그 지급방법에 따라 조건부 **정률지원금**(matching grant)과 조건부 **정액지원금**(non-matching grant)으로 구분된다.[18] 정률지원금에서는 지원금의 일정 비율에 해당하는 금액만을 중앙정부가 지원하고 나머지는 지방정부가 충당한다.[19] 정액지원금에서는 이러한 제한이 없이 전액을 중앙정부가 지원한다. 정률지원금은 또 지원금 금액의 최고한도가 정해져 있는 **폐쇄형**(closed-end)과 최고한도가 정해져 있지 않은 **개방형**(open-end)으로 분류된다. 이제 주요 지원금의 특성과 그 경제적 효과에 대해 구체적으로 살펴보기로 하자.

---

17. 무조건부 지원금을 세입분여(revenue sharing)라고 부르기도 한다. 그리고 조건부 지원금을 사업별 지원금(categorical grant)이라고 부르기도 한다. 조건부 지원금 중에서도 사용목적이나 용도를 구체적으로 지정하지 않고 교육, 보건 등 그 범위를 기능별로 포괄적으로 지정하는 지원금은 포괄지원금(block grant)으로서 조건부 지원금과 구분짓기도 한다. 예를 들면 교육비 명목으로 받은 포괄지원금의 경우 지방정부는 초등교육, 중등교육, 고등교육 등 자기 지역의 필요성에 따라서 쓸 수 있다. 또한 교사 봉급, 교육용 기자재 도입 등 필요성의 우선순위에 따라 쓸 수 있는 보다 폭넓은 재량을 갖게 된다.
18. 표기의 단순화를 위해 이하에서는 "조건부"라는 수식어를 생략하고 정률지원금 및 정액지원금으로 부르는 경우도 있을 것이다.
19. 예를 들어 60%의 정률지원금이란 지방정부가 10억원을 지출하면 중앙정부가 6억원을 지원하고 지방정부가 나머지 4억원을 충당해야 함을 의미한다.

그림 20-2

무조건부 지원금의 효과

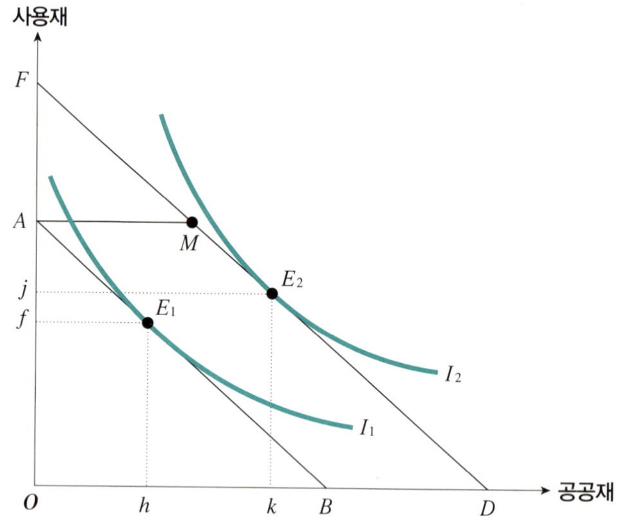

2.2.1 무조건부 지원금

[그림 20-2]에서 *OA*는 사용재로 표시한 소득 총액을 나타낸다. 그리고 *AB*는 사용재와 공공재에 대한 소비가능영역을 표시하는 예산선을 의미한다. 이는 지원금이 지급되기 이전의 상태를 나타낸다. 지역 주민의 무차별곡선이 예산선과 접하는 균형점은 E_1이며, 사용재와 공공재의 균형소비량은 각각 *Of*와 *Oh*로 표시된다. *Oh*의 공공재를 소비하기 위하여 지역 주민이 기꺼이 포기하려 하는 사용재의 크기는 *Af*에 해당한다.

만약 중앙정부로부터 *AF*만큼의 무조건부 지원금이 지급된다면 지역 주민의 예산선은 *FD*로 이동하며, 새로운 균형은 E_2점에서 이루어진다. 이에 따라 지역 주민은 *Ok*에 상당하는 공공재와 *Oj*에 상당하는 사용재를 소비하게 된다. 지원금에 의해 지역 주민의 효용은 E_1에서 E_2로 증가한다. 이와 같이 무조건부 지원금은 지역 주민의 소득이 *OA*로부터 *OF*로 증가하는 것과 동일한 경제적 효과를 갖는다. 무조건부 지원금은 특정 지역 주민들의 효용을 증가시킴으로써 지역 간의 경제력 격차를 해소하려는 재분배의 목적으로 빈번하게 이용되고 있다.

그림 20-3

조건부 정액지원금의 효과

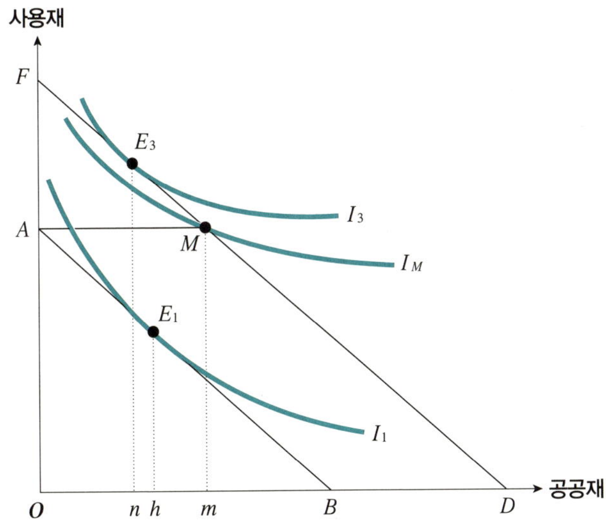

2.2.2 조건부 지원금

조건부 지원금은 특정 용도에 사용된다는 조건 하에 제공되며 정액지원금과 정률지원금으로 대별된다. 이제 이들의 개별적인 특성을 차례로 살펴보고 그 경제적 효과를 비교해 보자.

(1) 조건부 정액지원금

정액지원금은 특정의 공공재 공급에 사용한다는 조건 하에 중앙정부가 지방정부에게 제공하는 일정액의 지원금을 말한다. *AM*단위의 공공재 구매에 상응하는 금액, 즉 *AF*에 해당하는 정액지원금이 제공된다고 하자.[20] 지방정부는 이 금액을 공공재 구매 외의 용도로는 사용할 수 없다. 따라서 [그림 20-2] 및 [그림 20-3]에서와 같이 예산선은 *AB*로부터 *AMD*로 이동한다.

만약 새로운 예산선 하에서 효용극대화 균형이 *M*점의 오른쪽에 위치하게 된

20. 설명의 편의를 위하여 정액지원금과 앞서 본 무조건부 지원금의 규모는 동일하다고 가정되고 있다.

다면 정액지원금은 앞서 논의한 무조건부 지원금과 동일한 효과를 갖는다. 따라서 조건부 정액지원금에서 설정되는 "조건"이 실제적인 효력을 발생하지 못한다. 이런 경우에는 무조건부 지원금인지, 조건부 정액지원금인지에 관계없이, 즉 예산선이 *FD*인지 *AMD*인지에 관계없이 새로운 균형점 E_2의 위치는 동일하다. 이는 [그림 20-2]에서 보는 바와 같다.

그러나 만약 새로운 예산선 하에서 효용극대화 균형이 *M*점의 왼쪽에 위치하게 된다면 상황이 달라진다. [그림 20-3]에서 보는 바와 같이 무조건부 지원금 하의 균형점 E_3는 정액지원금 하의 균형점 *M*과 일치하지 않는다. 지역 주민의 효용은 E_3에서 극대화된다. 그러나 정액지원금에서는 예산선이 E_3점을 포함하지 않으므로 이를 포기할 수밖에 없다. 이런 경우에는 조건부 지원금의 "조건"이 실제적인 효력을 발생한다.

이제 동일 규모의 지원금을 ① 무조건부 지원금으로 제공하는 경우와 ② 정액지원금으로 제공하는 경우에 지역 주민의 효용수준 및 공공재 소비량이 어떻게 달라지는가에 대해 살펴보자. 첫째, 무차별곡선이 [그림 20-2]와 같이 나타난다고 하자. 이 경우 ① 및 ②에서 동일한 결과를 초래한다. 즉, 새로운 균형에서의 효용은 I_2, 공공재 소비량은 *Ok*로 나타난다. 둘째, 무차별곡선이 [그림 20-3]과 같이 나타난다고 하자. 새로운 균형에서의 효용은 ①의 I_3에 비해 ②의 I_M이 더 낮다. 공공재 소비량은 ①의 *On*에 비해 ②의 *Om*이 더 크다. 결론적으로 중앙정부가 ①이 아닌 ②를 제공함으로써 지역 주민의 효용증가폭이 다소 작아지는 대신에 공공재 소비의 증가라는 목적에는 더 잘 부합하게 된다.

(2) 조건부 정률지원금

정률지원금과 정액지원금은 특정 공공재의 공급에 사용한다는 조건 하에 제공된다는 점에서 동일하다. 그런데 정률지원금에는 또 하나의 조건이 추가된다. 즉, 지원금의 일정 비율에 해당하는 금액을 지방정부의 자체 재원으로 충당해야 한다는 것이다. 환언하면 지방정부가 특정 공공재의 공급을 위해 자체 재원으로 일정 금액을 사용하는 경우에만 그에 상응하는(matching) 지원금(grant)을 제공하는 것과 같다.

예를 들어 10억원이 소요되는 특정 공공재의 공급을 위해 지방정부가 4억원을 부담할 때에 중앙정부가 6억원의 정률지원금을 제공하게 된다면 이때의 지원

그림 20-4

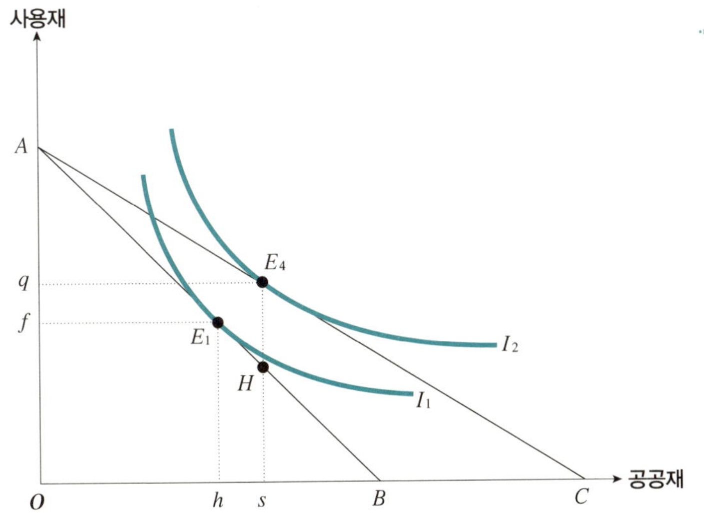

조건부 정률지원금의 효과

율은 60%이다. 정률지원금은 특정 공공재의 상대가격을 떨어뜨리는 효과를 갖는다. [그림 20-4]에서 보는 바와 같이 정률지원금으로 인해 예산선이 *AB*에서 *AC*로 이동한다. 예산선의 기울기가 변하는 것이다. 이는 [그림 20-2] 및 [그림 20-3]에서 상대가격의 변화를 초래하지 않으면서 예산선이 평행이동하는 것과 대조적이다.

[그림 20-4]에서와 같이 사용재를 전혀 소비하지 않을 때에 소비할 수 있는 공공재의 소비량은 *OB*에서 *OC*로 증가한다. *OB*는 지방정부의 자체 재원을 통한 공공재 공급량, *BC*는 정률지원금으로 인한 공공재 공급 증가량이다.

정률지원금은 지방정부의 공공재 공급이 지역 간 외부성을 나타낼 때에 이를 보상하는 수단으로서 자주 사용된다.[21] 예를 들어 *A*지역 주민에 의한 *X*재의 소비가 *A*지역 주민뿐만 아니라 *B*지역 주민에게도 효용을 준다고 하자. 중앙정부의 개입이 없는 상태에서는 *A*에 의한 *X* 소비가 너무 적어서 효율이 달성되지 않을 것이다. 그러나 만약 중앙정부가 *A*지역 주민의 *X* 소비에 대해 지원금을 지급한다면 *X*의 상대가격이 낮아지고 *A*의 *X* 소비량이 증가하게 된다. 이를 위해서

21. 이는 외부효과를 발생시키는 경제주체에게 보조금을 지급함으로써 외부성을 내부화하는 것과 같은 논리이다.

는 X 소비량에 관계없이 제공되는 정액지원금보다는 X 소비량 1단위당 얼마라는 식의 정률지원금이 더 바람직할 것이다.

정률지원금에서는 E_4점에서 새로운 균형이 형성되며 주민은 I_2의 효용을 갖게 된다. 정액지원금에서는 소득효과만 발생하지만 정률지원금에서는 소득효과 및 대체효과가 발생한다. 그러므로 대체효과와 소득효과의 상대적 크기에 따라 공공재의 소비수준이 결정될 것이다.

균형점 E_4에서 정부의 지원금을 사용재로 환산하면 E_4H로 표시된다. E_4H의 크기는 E_4가 오른쪽에 위치할수록 증가한다. 지원금의 규모를 예측하기 어렵기 때문에 중앙정부의 예산편성의 안정성이 감소한다는 점은 정률지원금이 갖는 단점의 하나라 할 수 있다. 이러한 단점을 방지하기 위하여 지원금의 최고한도액을 설정하기도 한다. 이를 **폐쇄형 정률지원금**(closed-end matching grant)이라 한다. 그리고 지원금의 최고한도액이 설정되지 않은 경우에 이를 **개방형 정률지원금**(open-end matching grant)이라 부른다. 앞서 본 [그림 20-4]는 개방형 정률지원금의 경우를 나타낸다.

폐쇄형 정률지원금에 대해서는 [그림 20-5]를 이용하여 설명하기로 한다. 사용재로 환산된 금액 gH가 폐쇄형 정률지원금의 최고한도액이라 하자. 이를 공공재로 환산하면 횡축의 BD에 해당한다. BD의 간격을 두고 AB에 평행한 선을 따라 올라가면 R에서 AC와 교차한다. 지원금으로 인해 공공재 소비가능량이 BD만큼 증가한 것이다. 이때의 예산선은 ARD로 나타나며, 새로운 균형은 E_5점에서 이루어진다.

[그림 20-5]에서 E_4와 E_5는 서로 다른 예산선 상에 위치한다. 만약 개방형 정률지원금이었다면 지원금의 규모가 E_4H이었을 것이다. 폐쇄형 정률지원금의 최고한도액 gH가 E_4H보다 작으므로 이런 경우에는 최고한도액의 존재가 실제적인 효력을 발생하게 된다.

그러나 언제나 최고한도액의 존재가 실제적인 효력을 발생하는 것은 아니다. 그 까닭은 다음과 같다. 만약 무차별곡선의 기울기가 아주 완만하다면 [그림 20-4]에서 E_4가 훨씬 더 왼쪽에 위치했을 것이다.[22] 이때 E_4의 위치가 예컨대

22. 공공재에 대한 주민들의 선호가 낮을수록 무차별곡선의 기울기가 완만해져 공공재의 한계대체율도 낮게 나타날 것이다.

그림 20-5

폐쇄형 정률지원금

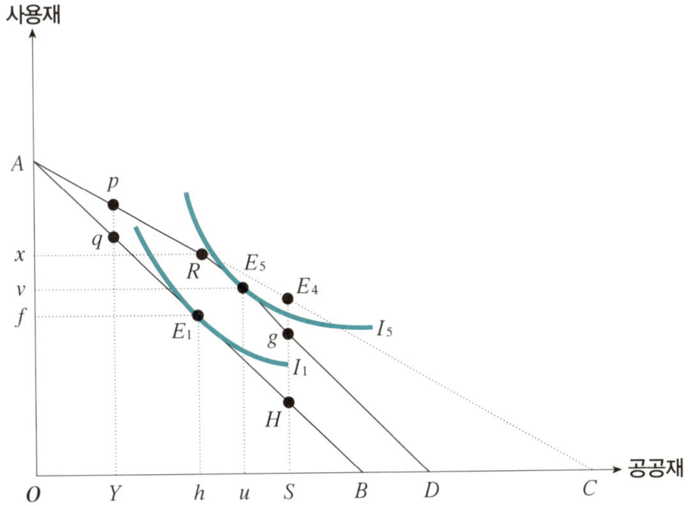

[그림 20-5]의 p와 일치한다고 하자. 이런 경우에는 예산선이 AC인지 ARD인지에 관계없이 p에서 균형이 이루어진다. 개방형인지 폐쇄형인지에 관계없이 지원금의 규모는 pq로 나타날 것이며, 이는 폐쇄형의 최고한도액 gH보다 작다. 따라서 폐쇄형으로 인한 최고한도액의 존재가 실제적인 효력을 발생하지 않는 것이다.

이제 정률지원금을 ① 개방형으로 제공하는 경우와 ② 폐쇄형으로 제공하는 경우에 지원금의 규모 및 공공재 소비량, 그리고 지역 주민의 효용이 어떻게 변화하는가에 대해 요약해 보자. 먼저 E_5가 RD선 상에 위치한다고 하자. 지원금의 규모는 ①의 E_4H에 비해 ②의 gH가 더 작다. 그러나 공공재 소비량은 ①의 Os에 비해 ②의 Ou가 더 작다. 그리고 효용수준은 ①의 I_4에 비해 ②의 I_5가 더 낮다. 다음으로 E_5가 E_4와 일치하면서 AR선 상에 위치한다고 하자. 이런 경우에는 지원금의 규모, 공공재 소비량, 효용수준에 있어 ① 및 ②의 차이가 전혀 없다.

결론적으로, ①이 아닌 ②가 제공됨으로써 지원금의 규모가 고정된다는 점에서 중앙정부 예산편성의 안정성이 증가한다. 그러나 특정 공공재의 소비량 증가라는 중앙정부의 정책목표가 어느 정도 희생됨과 동시에 지역 주민의 효용도 어느 정도 더 낮아지게 된다. 어느 쪽이 더 바람직한가에 대해 선험적으로 결론

그림 20-6

정액지원금과 정률지원금의 비교

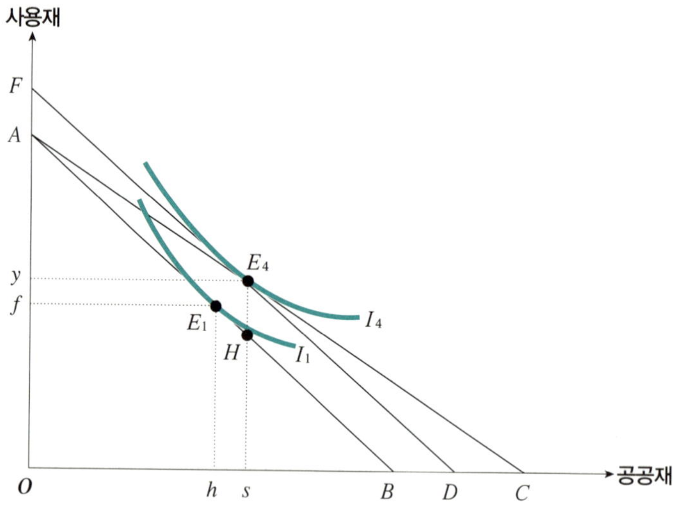

을 내릴 수는 없다. 정부의 정책 우선순위와 경제상황에 따라 정책적 판단을 할 수밖에 없을 것이다.

(3) 정액지원금과 정률지원금의 비교

앞의 (1) 및 (2)에서는 정액지원금 및 정률지원금에 대해 각각 살펴보았다. 이제 이 둘의 경제적 효과를 서로 비교해 보기로 하자. 단, 논의의 단순화를 위해 다음의 두 가지를 가정하자. 첫째, [그림 20-2]에서와 같이 정액지원금의 균형점 E_2가 점 M의 오른쪽에 위치한다고 가정한다.[23] 둘째, 정률지원금 중에서 폐쇄형의 경우를 생략하고 개방형의 경우만 다루기로 한다.[24]

지원금이 없을 때에 지역 주민의 예산선은 AB이며 E_1에서 균형이 이루어진다. 정률지원금이 제공되면 예산선은 AB에서 AC로 이동하고 균형점은 E_1에서 E_4로 이동한다. 공공재 소비는 Oh에서 Os로 증가하며 지원금의 규모는 E_4H에

---

23. 이때에는 예산선이 CD이든 AMD이든 아무 차이가 생기지 않는다. 따라서 조건부 정액지원금은 무조건부 지원금과 일치하게 된다.

24. (3)의 제목은 "정액지원금과 정률지원금의 비교" 이지만 엄밀히 말하면 "정액지원금(무조건부 지원금)과 개방형 정률지원금의 비교" 에 해당한다.

그림 20-7

정액지원금과 정률지원금의 비교(확대 변형)

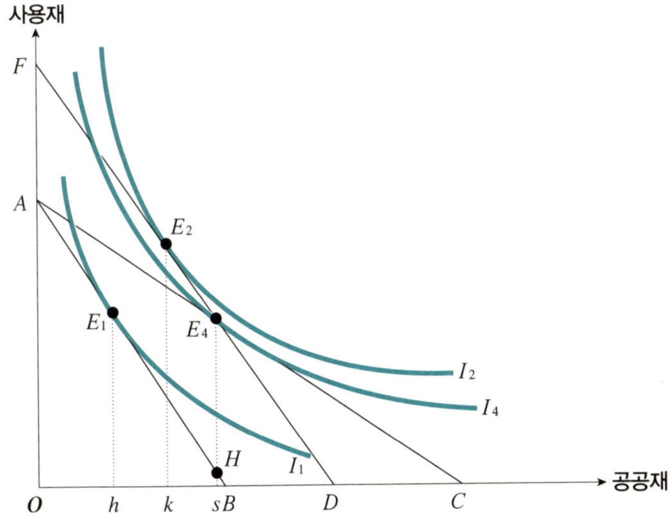

해당한다.

만약 동일한 지원금 E_4H가 정액지원금의 형태로 제공된다면 예산선은 AB에 평행하면서 E_4를 지나는 FD로 이동한다. 이때 FD선 상의 소비자균형 E_2는 E_4의 왼쪽에 위치한다. 위의 설명을 좀더 명확하게 하기 위해 [그림 20-7]을 살펴보자. 이는 [그림 20-6]의 E_4점 부근을 더 잘 나타내기 위하여 다소 변형한 것이다.

동일 규모의 지원금 E_4H를 ① 정률지원금으로 제공하는 경우와 ② 정액지원금으로 제공하는 경우에 공공재 소비량 및 지역 주민의 효용이 어떻게 달라지는지 살펴보자. 지원금의 규모는 동일하지만 공공재 소비량은 ①의 Os에 비해 ②의 Ok가 더 적다. 그리고 지역 주민의 효용수준은 ①의 I_4에 비해 ②의 I_2가 더 높다.[25] ① 정률지원금이 아닌 ② 정액지원금을 제공함으로써 특정 공공재의 소비량 증가라는 목표는 어느 정도 희생되지만, 그 대신 지역 주민의 효용은 더

25. 이는 부분물품세가 초과부담을 야기하는 것과 마찬가지이다. 즉, 부분물품세가 상대가격의 변화를 초래하여 소비자들의 선호를 왜곡시키고 초과부담을 발생시키는 것과 마찬가지로 정률지원금은 공공재와 사용재의 상대가격을 변화시킨다. 이에 따라 정률지원금의 효용증가폭이 정액지원금에 비해 더 작은 것이다.

크게 증가시킬 수 있다.

어느 쪽이 더 바람직한가에 대해 선험적으로 결론을 내릴 수는 없다. 중앙정부의 정책 우선순위와 경제상황에 따라 정책적 판단을 할 수밖에 없을 것이다. 정책 우선순위가 특정 공공재의 소비를 증가시키는 데에 있다면 정률지원금이 더 바람직하다.[26] 그러나 정책 우선순위가 지방정부의 재정수입 증대, 지역 간의 경제력 평준화, 지역 간 소득재분배 등에 있는 경우라면 정액지원금 혹은 무조건부 지원금이 더 바람직할 것이다.[27]

3. 우리나라 지방재정

Public Finance, ch. twenty

3.1 우리나라 지방재정의 구조

지방재정은 지방자치단체의 재정을 총칭하는데 우리나라의 지방자치단체는 광역단체인 특별시 · 광역시 · 도와 기초단체인 시 · 군 · 구로 이원화되어 있다.

이러한 지방자치단체의 기능으로는 지방자치법 제9조에 예시된 바와 같이 주민의 복지 증진, 지역 내 농 · 임 · 상공업의 진흥, 지역개발 및 주민 생활환경 시설의 설치 및 관리, 교육 · 학예 · 문화예술의 진흥, 지역 민방위와 소방 등 국민의 일상적인 기초생활과 매우 밀접하게 관련된 분야가 대부분이다. 다만, 우리나라는 지방자치제도가 1995년에야 본격적으로 도입되어 그 역사가 짧은 탓에 국가(중앙정부)와 지방자치단체(지방정부) 간의 기능분화가 아직은 미흡한 실정이다.

26. 정률지원금은 또한 지방정부로 하여금 징세 노력을 유발하는 효과를 갖고 있다. 중앙정부로부터 정률지원금을 제공받기 위해서는 이에 상응하는 일정 비율의 재원을 지방정부 스스로가 마련해야만 한다. 따라서 지방정부는 더 큰 징세 노력을 기울이게 된다는 것이다. 정액지원금의 경우에는 이러한 효과가 나타나지 않는다.

27. 특별한 정책목표가 없이 단지 지방정부를 대신하여 조세를 징수하는 수고를 담당하고 그 조세수입을 지방정부에 전달하는 것을 목적으로 하는 지원금도 있다. 예컨대 지방정부에 의한 지방세 징수가 특정 분야의 효율을 저해할 우려가 있거나 혹은 그 징세비용이 중앙정부에 비해 너무 높은 경우 등이다. 이때에는 단순히 일정 금액의 조세수입을 전달하는 것으로 지원금의 기능이 끝나기 때문에 조건부 정률지원금 및 조건부 정액지원금보다 무조건부 지원금이 더 바람직할 것이다.

표 20-1 **지방통합재정의 구조**

- 지방통합재정
  - 지방재정
    - 일반정부 부문
      - 일반회계
      - 기타특별회계
      - 기금회계
    - 비금융공기업
      - 직영공기업
  - 지방교육재정
    - 교육비특별회계

자료 : 안전행정부, 『2014년도 지방자치단체 통합재정개요』, 2014.

우리나라의 지방통합재정은 〈표 20-1〉에서 보는 바와 같이 지방재정과 교육·학예와 관련된 기능을 수행하는 특별자치단체의 재정인 지방교육재정으로 구분된다. 지방재정은 일반정부 부문과 비금융공기업 부문으로 나누어지며, 일반정부 부문은 일반회계, 기타특별회계, 그리고 기금회계로 분류된다. 지방교육재정은 교육·학예와 관련된 기능을 수행하며, 구체적으로는 광역단체별 교육비특별회계의 형태로 운영되고 있다.[28]

3.2 중앙과 지방재정의 관계와 역할

중앙과 지방재정의 관계는 서로 독립된 기능과 역할을 수행하고 있지만 서로 불가분의 관계를 유지하면서 궁극적으로는 국민의 복지실현이라는 거시적 관점에서 상호 협력하는 것이 바람직하다. 따라서 중앙과 지방재정의 관계는 단순히 제도화된 수입과 지출행위로서의 의미보다는 효율적인 자원배분, 국민생활 안정 등 정책의 다양한 목표를 추구하는 주요 수단이자 기능으로서 이해되어야 할 것이다.

본래 지방재정의 목표는 완전한 지방자치의 실현이다. 즉, 원칙적으로는 담당 사무를 수행하는 데 필요한 재원을 스스로 조달할 책임을 갖는 자주재정권을 기초로 한다. 그러나 현실에서는 지역별로 상당한 경제력의 격차가 존재하기 때

28. 교육비특별회계는 교육자치를 강화한다는 취지에서 특별관리를 요하기 때문에 특별회계의 형태로 운영되고 있다.

문에 모든 지방자치단체가 필요한 재원을 자주적으로 충당할 수 있는 조세제도의 마련은 사실상 불가능하므로 부득이 세원의 일부를 국세로 징수해서 이것을 일정한 기준에 따라 지방자치단체에 배분하는 지방재정조정제도(교부세 + 양여금 + 보조금 등)를 통해 중앙과 지방재정은 상호 긴밀히 연결되고 있다.

따라서 중앙정부는 지방재정조정제도를 통해 중앙과 지방재정 간의 수직적 재원조정과 함께 자치단체 상호 간의 수평적 재원조정을 동시에 꾀함으로써 지방자치의 틀 속에서 이른바 기본적 생활수요의 충족에 소요되는 재원을 확실히 보장하여 국가적 차원에서 국민생활의 평균화 또는 균질화를 추구하고 있다.

3.3 우리나라의 지원금제도

우리나라에서도 지방재정조정제도의 일환으로 지원금이 운용되고 있다. 지방재정의 조정이란 지방정부의 수입 및 지출의 내용을 변화시키려는 목적으로 중앙정부에 의해 이루어지는 정책적 조정을 말한다. 우리나라의 지원금은 주로 교부금, 양여금, 국고보조금으로 이루어진다.[29]

3.3.1 교부금

교부금(무조건부 지원금)은 자체 수입이 부족한 지방자치단체가 최소한의 행정수준을 유지하는 데 필요한 재원을 확보하고 지역 간의 재정력 격차를 해소하기 위한 것으로, 내국세의 일정 비율을 포괄적으로 지방에 지원하되 그 용도의 제한이 없으므로 지방자치단체의 일반재원으로 활용된다. 다시 말하면 교부금의 사용 용도에는 제한이 없으므로 이는 무조건부 지원금에 해당한다. 또한 지원금 액수가 지방정부의 수입 및 지출에 연계되지 않으므로 정률지원금이 아닌 정액지원금에 해당한다.

2014년 현재 우리나라의 교부금은 지방교부세(중앙정부가 징수하는 내국세의

29. 교부금의 법적 용어는 지방교부세이지만 본서에서는 관례에 따라 교부금으로 부르기로 한다. 엄밀히 말하면 지방재정조정제도는 이 외에도 상위단계 지방정부가 하위단계 지방정부에게 제공하는 "조정교부금" 및 "보조금"을 포함한다. 그러나 그 중요성은 크지 않으므로 여기서는 다루지 않는다.

19.24%)와 지방교육재정교부금(내국세의 20.27%와 의무교육기관 교원봉급 교부금)으로 구성되며, 1990년 세제개편 이후 세입예산에서 내국세의 비중이 증가됨에 따라 2006년 20조 4,414억원에서부터 꾸준한 증가추세에 있다. 2014년 지방교부세는 34조 5,590억원으로 2013년의 34조 4,409억원과 대동소이하다.

3.3.2 양여금

지방정부의 재정수입을 증대시키는 동시에 특정 범주의 정부서비스가 공급되게 하려는 목적으로 지난 1991년부터 국세 및 지방세 등의 조정에 관한 법률에 따라 지방재정에 대해 특정한 용도의 사업재원을 양여하고 있는데, 이를 양여금(조건부 정액지원금)이라 한다. 양여금은 일정한 재원을 교부한다는 점에서 교부금과 유사하지만 용도가 법률로 정해진다는 점에서 교부금과 다르다.

양여금의 용도가 세부적으로 지정되지는 않는다. 그러나 용도에 대한 제한이 없는 것은 아니다.[30] 그러므로 양여금은 조건부 지원금에 해당한다. 양여금의 금액은 지방정부의 수입 및 지출에 연계되지 않고 정해진다. 따라서 양여금은 조건부 정률지원금이 아닌 조건부 정액지원금에 해당하며 중앙정부가 징수하는 교통세, 주세, 농어촌특별세가 양여금의 재원이 된다.

2003년 지방양여금 규모는 2002년의 4조 3,496억원에서 5,539억원(12.7%) 증가한 4조 9,035억원이며, 양여금은 도로정비사업, 수질오염방지사업, 농어촌 하수도정비, 농어촌지역개발사업, 청소년육성사업, 지역개발사업 등에 사용한다. 지방양여금제도는 2004년 1월 29일 지방양여금법이 폐지되면서 2005년부터 소멸되었다.

3.3.3 국고보조금

교부금 및 양여금과는 별도로 국가와 지방자치단체 간의 연계를 보다 강화하고 국가의 정책적 필요에 따른 지방자치단체사업의 지원 또는 국가위임사무의

---

30. 비교적 넓은 범위 내에서 그 세부적 용도를 지방정부가 정할 수 있다는 점에서 이런 지원금을 권역지원금(block grant-in-aid)이라 부르기도 한다. 조건부 지원금과 무조건부 지원금의 중간 형태에 해당한다는 뜻에서 붙은 명칭이다.

수행 등을 위하여 사업비의 일부 또는 전부를 지방자치단체에 대한 **국고보조금**(개방형 조건부 정률지원금)으로 지원하고 있다. 즉, 국고보조금은 특정 정부서비스가 공급되게 하려는 목적으로 지방정부의 비용분담을 조건으로 제공된다. 그 용도가 구체적으로 지정된다는 점에서 조건부 지원금에 해당한다. 또한 지방정부의 지출에 연계된다는 점에서 조건부 정률지원금에 해당한다. 그리고 최고한도액이 설정되어 있지 않다는 점에서 개방형 조건부 정률지원금에 해당한다.

국고보조금의 대상사업은 영세민 의료보호, 전염병 예방, 농공지구 배수개선, 직업안정, 재해복구사업 등과 같이 국가시책에 따라 장려할 필요가 있는 사업에 국한된다.[31] 2003년도에는 총 11조 3,832억원을 지방자치단체에 대한 국고보조금으로 지원하였으며, 이후 빠른 증가세를 보여 2013년에는 31조 3천억원 가량을 지원하기에 이르렀다.

3.4 지방재정 규모

2014년 우리나라 지방자치단체의 재정규모는 예산순계 기준 163조 5,793억원으로 2013년도의 176조 9,920억원 대비 7.6%가 감소하였으며, 지방교육예산은 52조 9,028억원으로 2013년도의 511조 4,496억원에 비해 2.8% 증가하였다.

표 20-2 **지방이전 재원 규모** (단위 : 조원, %)

	2005	2006	2007	2008	2009	2010	2011	2012	2013	2014
지방이전재원	59.5	65.6	73.3	84.8	90.8	89.6	95.9	103.5	112.6	114.9
-교부금	43.8	46.1	52.1	59.7	58.9	59.7	65.5	71.4	78.3	77.7
-양여금	–	–	–	–	–	–	–	–	–	–
-국고보조금	11.3	14.8	15.6	19.0	24.9	23.6	24.2	26.1	28.0	31.3
-광특회계	4.4	4.7	5.6	6.1	7.0	6.3	6.2	6.0	6.3	5.9
지방가용재원	95.5	106.9	116.8	130.3	136.0	138.8	148.3	157.4	165.3	169.4
(총 조세 대비 비율)	58.8	59.6	57.0	61.2	64.9	61.2	60.5	61.0	62.0	62.5

원자료 : 기획재정부(연도별 예산서).
자료 : e-나라지표(www.index.go.kr).

31. 이러한 사업을 통해 공급되는 정부서비스는 가치재의 의미를 갖는다고 볼 수 있다.

그림 20-8

우리나라 지방세제

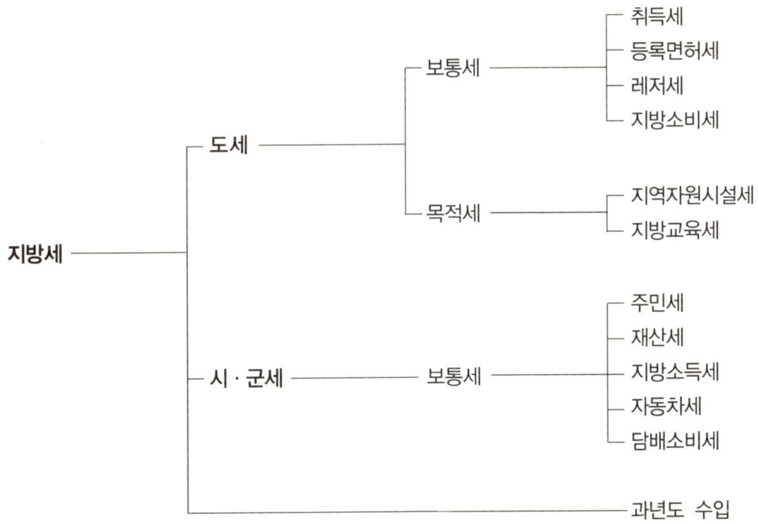

자료 : 기획재정부, 『조세개요』, 2013.

3.5 우리나라 지방세제

3.5.1 세목의 구조

우리나라의 지방세는 11개의 세목으로 구성되어 있다. [그림 20-8]에 나타나 있는 바와 같이 지방세는 크게 도세와 시 · 군세로 나눌 수 있다. 또한 특별시 · 광역시세와 구세로 구분할 수도 있다. 도세에는 보통세인 취득세와 등록면허세, 레저세, 지방소비세와 목적세인 지역자원시설세, 그리고 지방교육세가 있다. 시 · 군세에는 보통세인 주민세, 재산세, 지방소득세, 자동차세, 담배소비세가 있다.

지방교육세는 종전 국세와 지방세의 다양한 세목에 부가세 방식으로 부과되었던 교육세가 지방세분 부가세에 한하여 지방교육세로 전환된 것이다. 2012년 지방교육세는 5조 2,551억원으로 전체 지방세 53조 9,381억원의 9.7%를 차지하고 있고, 향후에도 지방교육세는 지방세에서 큰 비중을 차지할 것으로 예상된다. 그러나 지방교육세는 외형적으로 지방세의 규모를 크게 할 뿐 지방자치단체가 자율적으로 가용할 수 있는 재원이 아니기 때문에 국세-지방세 비중을 계산할 때 2001년을 기점으로 이러한 지방교육세의 특성을 감안하는 것이 필요하다. 외형적으로 2013년 조세수입에서 지방세가 차지하는 비중은 21.0%이고 2007년부터 21%대를 유지하고 있다.

3.5.2 지방세의 세수 추이

지방세의 세목별 현황이 〈표 20-3〉에 나타나 있는데, 지방세에서 가장 큰 비중을 차지하는 세목은 취득세로 2014년 기준 약 13조 1천억원의 세수를 보였다. 이는 전체 지방세에서 약 24%의 비중을 차지하는 것이다. 취득세 다음으로 지방세에서 큰 비중을 차지하는 세목은 지방소득세이다. 2014년 세수 약 10조 1천억원으로 전체 지방세의 약 18.5%를 차지하고 있다. 취득세와 지방소득세가 지방세에서 차지하는 비중은 약 43%로 가장 중요한 세원이다. 그 밖에 재산세, 자동차세, 지방교육세 및 지방소비세를 포함한 상위 여섯 세목의 합이 지방세에서 차지하는 비중은 약 86.7%로 이들이 지방세에서 실질적인 몫을 차지하고 있다고 해도 과언이 아니다.

표 20-3 **지방세 세목별 추이와 규모**

(단위 : 억원)

연도	합계	취득세	등록 면허세	주민세	재산세	자동차세	레저세	담배 소비세	지방 소비세	지방 소득세	지역지 원시설세	지방 교육세	지난 연도 수입
2005	359,774	66,490	–	55,003	25,874	19,021	6,919	24,479	–	–	–	38,407	6,332
2006	412,937	76,675	–	62,148	31,090	21,338	6,878	27,027	–	–	–	43,381	6,686
2007	435,243	72,615	–	74,115	37,551	23,699	8,643	27,610	–	–	–	45,139	6,724
2008	454,797	69,161	–	81,630	44,113	26,109	9,890	29,204	–	–	–	48,644	5,923
2009	451,678	66,439	–	75,519	44,233	28,340	10,023	30,107	–	–	–	47,944	5,996
2010	491,598	68,249	–	2,234	48,173	31,195	10,674	28,749	26,789	81,454	–	487,101	6,547
2011	523,001	138,765	12,422	2,617	76,167	64,896	10,722	27,850	29,606	94,775	81,309	496,664	7,281
2012	532,582	138,024	12,460	2,965	80,492	65,925	11,293	28,812	30,335	102,602	88,303	508,144	6,799
2013	537,470	138,202	12,169	3,250	79,374	65,6115	11,361	27,393	31,689	101,060	9.042	50,994	7,322
2014	544,751	130,983	12,968	3,396	81,410	67,280	10,554	27,564	41,656	100,876	9,857	50,150	7,956

원자료 : 행정자치부, 『지방세통계』.
자료 : 국가통계포털(www.kosis.kr).

3.5.3 국세와 지방세의 비중

지방세는 2006년 41조 3천억원에서 2013년 53조 8천억원으로 약 1.3배 신장했다. 특히 2000년과 2001년 사이에 큰 폭의 세수 상승률을 보였다. 이 기간 동안 큰 폭으로 지방세가 증가한 이유는 2001년에 도입된 지방교육세 때문이다.

전체 조세수입에서 지방세가 차지하는 비중은 2006년 23%를 정점으로 2007년부터 현재까지 21%대를 안정적으로 유지하고 있다.

표 20-4 국세와 지방세 추이 (단위 : 조원, %)

연도	국세(A)	지방세(B)	A/(A+B)
2006	138	41.3	23.0
2007	161.5	43.5	21.2
2008	167.3	45.5	21.4
2009	164.5	45.2	21.6
2010	177.7	49.2	21.7
2011	192.4	52.3	21.4
2012	203	53.9	21.0
2013	202	53.8	21.0

자료 : 국세청, 『국세통계연보』, 각 연도. 행정자치부, 『지방세정연감』.

3.6 우리나라 지방재정의 문제점 및 개선 방향

3.6.1 재정자립도 격차

우리나라 지방재정에서의 최근 자립도 현황을 보면 2014년 44.8%로 2013년 51.1%에서 급감하였다. 문제는 이러한 감소추세가 최근의 일이 아니라는 것이다. 2005년 56.2%였던 자립도는 2013년까지 완만하지만 대체적으로 꾸준히 감소하였다.

더구나 단체별로 보면 그 격차는 너무나 심하게 나타나고 있다. 2014년 기준 광역시의 재정자립도는 61.5%로 평균을 상회하는 반면 도(29.0%), 시(31.7%), 군(11.4%) 및 자치구(27.2%) 모두 평균에 한참 미치지 못하는 낮은 수치를 나타냈다. 이렇게 낮은 수준의 단체에서는 지방자치가 주민참여 면에서 명목에 그치

표 20-5 지방자치단체 재정자립도 통계표

(단위 : %)

	2005	2006	2007	2008	2009	2010	2011	2012	2013	2014
전국 평균(순계규모)	56.2	54.4	53.6	53.9	53.6	52.2	51.9	52.3	51.1	44.8
특 · 광역시(총계규모)	80.3	78.5	73.9	73.8	72.7	68.3	68.6	69.1	66.8	61.5
도(총계규모)	36.6	36.1	34.9	39.5	33.3	31.6	33.0	34.8	34.1	29.0
시(총계규모)	40.6	39.4	39.5	40.7	40.7	40.0	38.0	37.1	36.8	31.7
군(총계규모)	16.5	16.1	16.6	17.2	17.8	18.0	17.1	16.4	16.1	11.4
자치구(총계규모)	44.3	40.5	37.5	37.1	37.3	35.4	36.6	36.0	33.9	27.2

자료 : 안전행정부, 『지방자치단체 통합재정개요』.

고 자치가 불안정한 기반에서 이루어질 수밖에 없다.

또한 최근 지방의 재원부족에 대한 지원대책이 지방세수 확충보다 지방교부세의 증대 방향이어서 지방의 재정자립도는 오히려 저하되고 있음을 보게 된다. 따라서 지방세원의 확충이 있어야 하며 소득이나 소비 과세에서의 국세 중 일부가 우선 지방으로 이양되어야 할 것이다. 그리고 자체 노력에 의한 세원 발굴과 징수가 가능하도록 제도적인 뒷받침이 있어야 할 것이다.

3.6.2 재정지원제도의 개혁

지방분권화시대를 맞아 국가와 지자체 간 역할 재정립이 필요하고 민간에 대한 지원 역시 지원기준을 명확하게 할 필요가 있다. 즉, 지자체에 대한 지원에 있어서 국고보조금 중 포괄화할 수 있는 국고보조금은 포괄보조금으로 전환하고 출자, 출연, 보조, 융자 등 국고지원의 기본 원칙은 공공성과 시장기능에 대한 보완성이므로 지방정부 스스로 할 수 있거나, 시장에서 할 수 있는 사업에 대한 지원을 축소해야 한다. 보조 역시 지방자치단체 스스로 해야 하는 사업에 대한 지원은 축소하고 지방정부 간 누출효과가 있는 사업에 대한 지원은 강화할 필요가 있다.

국고보조금 대상 사업은 원칙적으로 누출효과사업, 지역사업, 개인보조사업으로 구분할 수 있다. 이 중 국고보조금의 취지를 가장 잘 반영하는 것이 누출효과사업이다. 따라서 지역사업과 개인보조사업보다는 누출효과사업에 대한 보조비율을 높이는 것이 바람직하다. 또한 국고보조금 지원에 있어 대상 사무를 자치사무, 기관위임사무, 단체위임사무로 구분하여 지원의 객관적 기준을 확립하고 장기적으로는 기관위임사무는 폐지하는 것이 바람직하다. 또한 국고지원 사업 중 도로사업 등 수혜자가 뚜렷하게 구분될 수 있고, 공공성보다는 효율성이 중요한 사업에 대하여 수익자(원인자)부담원칙을 강화해야 한다.

3.6.3 재산세의 과표 현실화

현행 부동산 세제는 보유 시의 세부담(재산세, 종합토지세)이 낮아서 공평과세에 어긋나고, 투기를 목적으로 다수 주택을 보유하는 경우에도 세금이 부담요인으로 작용하지 않고 있다. 이에 따라 부동산 편중 소유와 주기적인 가격상승으로 서민들의 내집 마련에 어려움이 가중되고 있으며, 빈부격차가 더욱 확대되는 결과를 초래하고 있다. 따라서 보유 관련 세의 세부담을 지속적으로 상향 조정함과 동시에 거래 관련 세의 세부담을 경감하여 지방공공재에 대한 수혜자부담원칙에 부합되도록 해야 한다.

연습문제

ch. twenty Exercise

01 지방자치제도의 의의와 성격을 논하고, 그것에 기초하여 중앙정부와 지방정부의 역할 분담에 대하여 논하시오. (행 35논)

02 어떤 공공재는 소비의 혜택이 전국에 걸쳐 나타나지 않고 일부 지역에 한정되어 나타나며, 중앙정부보다 지방정부에 의해 생산될 때에 그 생산비용이 더 낮다. 이러한 공공재를 지역공공재라 한다. 그런데 어떤 경우에는 지역공공재임에도 불구하고 중앙정부에 의해 생산되는 것이 더 바람직할 수도 있다. 이에 대해 논하시오.

03 소득재분배를 위한 지방정부와 중앙정부의 역할분담을 논의하고 개선방안을 제시하시오.

04 소득재분배는 지방정부보다 중앙정부에 의해 행해지는 것이 바람직하다는 주장이 있다. 이에 대해 논하시오.

05 공공재가 존재할 때에는 시장이 효율 달성에 실패하나 정부개입을 통해 효율을 회복할 수도 있다. 그런데 지방정부가 없이 중앙정부만으로는 정부개입을 통한 효율 회복이 불가능해질 수도 있다. 티부 가설을 이용하여 이에 대해 논하시오.

06 지방공공재의 공급과 관련하여 티부 모형(Tiebout Model)을 설명하고, 그 함축적 의미를 순수공공재의 공급과 관련된 사무엘슨(Samuelson) 조건과 비교하시오. (2005년 행정고시 기출문제)

07 다음 질문에 답하시오. (2012년 입법고시 기출문제)

(1) Tiebout 모형에서 지방자치단체가 어떻게 형성되고 어떤 특징을 갖게 되는지를 설명하고, 그 결과의 문제점은 무엇인지 논의하시오.

(2) 사회복지제도 중 일부는 중앙정부가 그 재원의 상당 부분을 지원하고 지방자치단체도 일부를 분담하는 방식(matching)으로 운용되고 있다. 이러한 재정지원제도의 장 · 단점에 대하여 설명하시오.

08 불완전경쟁의 규제 혹은 소득재분배를 위한 정부서비스는 거의 대부분이 중앙정부에 의해 공급되지만 공공재 생산을 위한 정부서비스는 중앙정부 및 지방정부에 의해 분담되고 있다. 이와 같이 지방정부의 역할이 특히 공공재 생산을 위한 정부서비스에서 두드러지게 나타나는 까닭은 무엇인가?

09 재정에 있어서 지방정부가 중앙정부에 비하여 우월함을 논하시오. (행 39논)

10 경제의 안정 및 성장이라는 거시경제적 목적을 위한 정부정책은 지방정부보다는 주로 중앙정부에 의해 이루어진다. 그 까닭은 무엇인가?

11 뷰캐넌(Buchanan)의 클럽이론(club theory)을 이용하면 X라는 공공재가 중앙정부, 상위 지방정부, 하위 지방정부 중의 어느 것에 의해 생산되는 것이 가장 효율적인가의 문제에 대한 답을 얻을 수 있다고 한다. 이에 대해 논하시오.

12 정액지원금과 정률지원금의 특성과 경제적 효과를 비교 · 설명하시오.

13 정률지원금제도(matching grant)에 대하여 논하시오. (외 24약)

14 중앙정부로부터 지방정부로 재원 이전이 일어날 때 지원(grant-in-aid)은 어떠한 경로로 효율 및 공평의 달성에 기여하게 되는가?

15 지방재정 확대를 위한 지방재정 조정방안에 대하여 논하시오. (외 24약)

16 우리나라 지방재정조정제도에 있어서 지방교부세와 국고보조금의 특성을 서술하시오. (행 39약)

17 지방재정의 능률과 건전성을 확보하기 위한 중앙정부의 규제에는 어떤 것들이 있는가?

18 우리나라 지방재정의 지방세 수입을 증대하기 위해서는 새로운 지방세원을 발굴하여 세목을 신설하거나 기존 지방세의 세율을 인상하는 방안이 시급히 요구된다는 주장이 있다. 이에 대해 논하시오.

19 우리나라 지방재정의 지방세 수입을 증대하기 위한 방안의 하나로 일부 국세 세목의 지방세 이양이 고려되고 있다. 이러한 이양을 위해 가장 적합한 세목은 어떤 것이며, 그 까닭은 무엇인가?

20 현재 우리나라의 국세와 지방세 비율은 80:20 수준에 머무르고 있고, 지방재정교부금을 포함하더라도 그 비율은 70:30에 그치고 있다. 그 결과 재정자립도가 취약한 일부 지방자치단체의 경우 자체수입으로는 공무원의 보수도 충당하지 못하는 경우도 많은 실정이다. 또한 최근 정부의 감세정책과 종합부동산세제 개편으로 지방교부금 규모가 축소되어 지방자치단체의 재정사정이 더욱 열악해질 것이라는 전망도 제기되고 있다. 따라서 지방재정자립도를 개선하기 위해 조세제도의 개편이 검토되고 있다. 지방소득세 및 지방소비세 도입의 필요성과 동 제도의 도입이 지방재정력 균등화에 미치는 효과에 대하여 설명하시오. (2009년 행정고시 기출문제)

21 지방재정자립도란 무엇이며, 주요 외국과 비교할 때 우리나라의 지방재정자립도는 어떤 수준에 있는가에 대해 설명하시오.

22 우리나라 지방재정의 재정자립도가 너무 낮으므로 지방재정의 발전을 위해서는 지방재정자립도를 증가시키는 것이 시급히 요구된다는 주장이 있다. 이에 대해 논하시오.

사회보장

Public Finance
ch. twenty-one

21

경제의 궁극적 목표는 사회후생의 극대화에 있다. 이를 위해서는 효율 및 공평이 달성되어야 한다. 경제개발의 초기단계에는 효율의 측면에 치중하여 양적 성장을 추구함으로써 개개인의 삶의 질과 관련된 공평의 측면에 소홀해지는 경우가 많다. 그러나 경제성장이 어느 단계에 도달하게 되면 공평에 대한 욕구가 강하게 표출되기 시작하고 경제정책의 우선순위도 상당 정도 이 방향으로 선회할 수밖에 없다.

우리나라에서도 1960년대 이래의 급속한 경제성장 과정에서 수출 위주의 선성장 · 후분배의 정책을 펴 왔으며, 이에 따라 성장의 과실이 계층 간, 지역 간, 산업 간에 골고루 분배되지 못했던 것이 주지의 사실이다. 공평 달성의 실패는 곧 계층 간 위화감을 조성하고 노사갈등을 격화시키는 등 사회불안을 야기하며, 결국에는 지속적 성장 그 자체를 위협하는 거대한 저항으로 표출될 수 있다.

도시화의 진전과 함께 고도산업사회로 이행해 가는 과정에서 도시 빈곤계층, 결손가정, 주택문제, 산업재해 등 각종 분야에서 사회복지제도에 대한 수요가 증가하고 있다. 평균수명의 연장에 따른 노령인구의 증가, 핵가족화의 진전, 여성 취업률의 증가 등으로 인해 노령인구의 부양에 대해서도 사회적 책임이 증가하고 있다. 사회복지제도에 대한 사회적 수요는 점점 다양화 · 특성화되고 있으며, 이에 따라 사회복지 수혜자에 대한 개별적이며 전문적인 서비스의 필요성도 점점 높아지고 있다.

이제 본 장에서는 사회복지 향상을 위한 중심적인 제도적 장치인 주요 사회보장제도의 특성과 이들의 제반 경제적 효과를 논의하고 우리나라의 현황을 살펴보고자 한다.

1. 공평 증진을 위한 정부개입의 정책수단

공평의 증진을 위한 정부개입의 정책수단은 통상 조세의 징수, 보조금의 지급, 정부서비스의 공급으로 크게 나누어진다. 조세는 소득재분배의 정책수단으로, 정부서비스는 소비재분배의 정책수단으로 각각 사용된다. 이에 반해 보조금은 소득재분배 및 소비재분배의 정책수단으로 사용된다.

조세의 징수를 통한 공평 증진의 장치는 통상적 누진구조 및 부(負)의 소득세로 크게 나누어진다. 보조금의 지급을 통한 공평 증진의 장치는 취약계층을 위한 사회복지서비스와 극빈계층을 위한 공공부조(公共扶助)로 구성된다.[1] 정부서비스의 공급을 통한 공평 증진의 장치는 주로 사회보험의 공급 및 계층공공재의 공급으로 구성된다. 사회보험은 고용보험, 건강보험, 연금보험, 산업재해보상보험으로 구성된다. 계층공공재는 취약계층 공공재 및 저소득계층 공공재로 구성된다. 취약계층 공공재는 사회복지서비스[시설]로도 불린다.[2]

1.1 조세를 통한 소득재분배

조세는 소득재분배의 정책수단으로 사용된다. 이는 구체적으로 ① 통상적 누진구조 및 ② 부의 소득세를 말한다.

① 조세는 통상적 누진구조를 통하여 소득계층 간 세후 소득의 조합을 변경시킨다. 통상적 누진구조가 특정 소득계층의 소득을 더 증가시킬 수는 없다. 그러나 어느 소득계층의 소득이 상대적으로 더 많이 감소하는가에는 결정적 영향을 미치며, 이에 따라 세후 소득조합을 변경시키게 된다.

② 조세는 또한 극빈계층에게 부의 소득세를 시행함으로써 세후 소득조합을 변경시킬 수도 있다. 통상적 누진구조와는 달리 부의 소득세는 특정 소득계층의 소득을 실제로 증가시키기도 한다.[3]

1.2 보조금을 통한 소득재분배 및 소비재분배

보조금은 취약계층에 대한 사회복지서비스와 극빈계층에 대한 공공부조(公共扶助)를 말한다. 보조금을 이전지출(transfer)이라 부르기도 한다. 보조금에는 현금보조와 현물보조가 있다. 현금보조는 소득재분배의 정책수단으로, 현물보조

1. 취약계층이라 함은 노인, 부녀자, 아동, 심신장애자, 부랑인(浮浪人) 등의 계층을 말한다.
2. 사회복지서비스는 부조 부문과 시설 부문으로 크게 나누어진다. 전자는 취약계층이 필요로 하는 각종 경비의 부조를, 후자는 수용시설 등의 제공을 담당한다.
3. 부의 소득세는 이런 점에서 공공부조(公共扶助)와 비슷하다.

는 소비재분배의 정책수단으로 사용된다. 전자는 취약계층 및 극빈계층의 소득을 증가시킴으로써 소득조합을 변경시키며, 후자는 이들 계층의 소비를 증가시킴으로써 소비조합을 변경시킨다.

1.3 정부서비스를 통한 소비재분배

정부서비스는 주로 소비재분배의 정책수단으로 사용된다. 이는 크게 사회보험의 공급 및 계층공공재의 공급으로 나누어진다. 사회보험 및 계층공공재는 둘 다 효용을 증가시키는 재화와 용역의 일종이다. 민간기업이 이들을 공급하는 것이 불가능하지는 않지만 현실적으로 민간기업이 이들을 공급하는 데에는 문제가 많다. 사회보험은 위험 및 불확실성의 존재로 인해, 계층공공재는 공공성의 존재로 인해 이런 현상이 빚어진다. 이에 따라 사회보험 및 계층공공재의 공급을 위해서는 정부개입이 필요하게 되는 것이다.[4]

일반적으로 정부서비스 공급의 주된 목적은 ① 불완전경쟁, ② 외부성, ③ 위험 및 불확실성, ④ 공공성 등의 요인으로 인한 비효율의 교정에 있다. 이 중에서 ① 및 ②는 주로 효율에만 관련되고 공평과의 연관은 상대적으로 적다. 그러나 ③ 및 ④는 효율뿐만 아니라 공평과도 밀접한 관련을 갖는다. ③과 관련한 위험 및 불확실성의 교정은 사회보험의 공급을 통해, ④와 관련한 공공성의 교정은 계층공공재의 공급을 통해 각각 이루어진다. 이제 사회보험 및 계층공공재의 공급이 어떻게 하여 소비재분배를 가져오게 되는지에 대해 살펴보자.

1.3.1 사회보험의 공급을 통한 소비재분배

우리나라의 사회보험은 고용보험, 건강보험, 연금보험, 산업재해보상보험(산재보험)으로 구성된다. 이들 사회보험의 민간공급이 불가능하지는 않지만 현실적으로는 위험 및 불확실성의 존재로 인해 민간공급이 상당히 제한되고 있다.

만약 이들이 민간에 의해 공급된다면 시장논리에 의해 저소득계층에 대한 배려가 배제될 가능성이 크다. 그러나 정부에 의해 공급되는 경우에는 보험료 및

4. 사회보험 중에서 연금보험은 민간기업에 의해서 공급되는 경우도 많이 있다. 단, 전 국민을 대상으로 하는 연금보험은 정부개입 없이는 공급되기 어렵다.

보험금의 산정 등 분야에 있어 저소득계층에 대한 배려가 반영되는 경우가 많다. 특히 고용보험 및 산재보험의 경우에는 이런 보험의 공급 자체가 저소득계층에 대한 배려라 할 수 있다. 사회보험의 주된 수혜자는 근로자(특히 산업체 근로자)인데, 이들 근로자들은 대체로 저소득계층에 속하기 때문이다. 요컨대 사회보험이라는 재화 · 용역이 저소득계층에 더 값싸게 더 많이 공급됨으로써 소비재분배가 일어난다는 것이다.[5]

1.3.2 계층공공재의 공급을 통한 소비재분배

일반적으로 공공재는 국방서비스 및 경찰서비스 등과 같이 모든 지역과 모든 계층의 전 국민을 수혜자로 한다. 그러나 수혜자가 일부 지역 및 계층의 국민에 한정되는 경우도 적지 않다. 일부 지역에 한정되는 경우 이를 지역공공재라 부른다.[6] 일부 계층에 한정되는 경우 아직 일정한 명칭이 없으나 여기서는 이를 계층공공재로 부르기로 하자.

계층공공재는 취약계층 공공재와 저소득계층 공공재로 나누어진다. 전자는 사회복지서비스[시설]에 해당한다. 취약계층 공공재라 함은 취약계층을 위한 각종 수용시설의 건설 및 운영을 뜻한다.[7] 그리고 저소득계층 공공재는 영구임대아파트 등과 같이 주로 저소득계층을 주된 수혜자로 하는 공공재를 가리킨다. 요컨대 계층공공재라는 재화와 용역이 취약계층 혹은 저소득계층에게 값싸게 더 많이 공급됨으로써 소비재분배가 일어난다는 것이다.[8]

1.4 사회보장제도

통상적 누진구조 및 저소득계층 공공재를 제외한 나머지 정책수단들을 통한

5. 사회보험은 용역의 일종이다. 사회보험서비스를 소비함으로써 효용을 얻는 것은 백화점에 의한 유통서비스를 소비함으로써 효용을 얻는 것과 본질적으로 동일하다.
6. 지역공공재의 공급은 지방정부의 가장 주된 기능이며, 지방정부의 가장 강력한 존재이유가 되기도 한다. 그 예로는 근린공원, 가로등, 하수도시설 등이 있다.
7. 취약계층이라 함은 노인, 부녀자, 아동, 심신장애자, 부랑인(浮浪人) 등의 계층을 말한다.
8. 수용시설 및 영구임대아파트 등은 용역의 일종이다. 이들 용역을 소비함으로써 효용을 얻는 것은 사회보험서비스 혹은 백화점에 의한 유통서비스를 소비함으로써 효용을 얻는 것과 본질적으로 동일하다.

정부개입을 통틀어 **사회보장제도**(social security system)라 한다. 부의 소득세, 공공부조, 사회보험, 사회복지서비스가 이에 속한다.[9] 조세 중에서는 극빈계층을 수혜자로 하는 부의 소득세만, 정부서비스의 계층공공재 중에서는 취약계층을 수혜자로 하는 사회복지서비스만 포함되고 일반적인 저소득계층을 수혜자로 하는 통상적인 누진구조 및 저소득계층 공공재는 사회보장제도의 범주에서 제외된다.

이제 부의 소득세, 공공부조 및 사회복지서비스, 사회보험, 사회복지서비스[시설]의 순으로 각각의 현황, 정부개입의 당위성, 그리고 경제적 효과에 대하여 논의하기로 하자.

2. 부의 소득세

Public Finance, ch. twenty-one

2.1 부의 소득세의 의의

부(負)의 소득세(Negative Income Tax ; **NIT**)라 함은 면세소득(E)보다 높은 소득층에 대해서는 세율구조에 따라 정(正)의 소득세를 과세하되 면세소득보다 낮은 소득층에 대해서는 동일한 세율구조에 따라 부(負)의 소득세를 과세하는(즉, 보조금을 지급하는) 형태의 소득세를 말한다. 엄밀히 말하면 이를 정부의 소득세(Positive and Negative Income Tax)로 불러야 할 것이다. 여기서 세율구조라 함은 선형 세율구조일 수도 있고 비선형 세율구조일 수도 있으나 설명의 편의를 위해 선형 세율구조를 가정하기로 하자.

앞서 설명된 바와 같이 NIT는 면세소득 이상의 가계에 대한 선형 누진소득세와 면세소득 미만의 가계에 대한 선형 누진보조금의 조합으로 간주된다. 그러나 본 장에서는 NIT를 공평 증진을 위한 정책수단의 하나로 논의하고 있기 때문에 면세소득 미만의 가계에 대한 선형 누진보조금의 측면에 논의의 초점을 맞출 필요가 있다.

우리나라에서는 아직 NIT가 시행되지 않고 있다. 미국에서 1975년부터 시

9. 단, 부의 소득세는 우리나라에서는 아직 시행되지 않고 있으므로 현실적으로는 이를 제외한 나머지 셋을 사회보장제도라 부르기도 한다.

행되고 있는 노업(勞業)소득 세액공제(earned income tax credit ; EITC)는 NIT의 일종으로 볼 수 있다.[10] 노업소득이 면세소득(E) 수준에 미달하는 경우에는 그 미달액의 일정 비율(t)에 해당하는 보조금이 실제로 가계에 지급된다. 만약 노업소득뿐만 아니라 여타의 소득과 연금소득을 포함하는 총소득에 적용된다면 EITC는 완전한 형태의 NIT가 될 것이다.[11]

2.2 부의 소득세가 노동공급에 미치는 영향

NIT는 **소득보조제도**(income maintenance program)의 일종이다. 소득보조제도에는 NIT 외에도 공공부조(公共扶助)의 일부분인 **최저소득보장제도**(guaranteed minimum income program ; GMI)가 있다. 소득보조제도는 가계의 노동공급 및 사업의욕을 감소시킬 수 있으며, 이는 소득보조제도의 가장 큰 문제점으로 지적된다. 노동공급 및 사업의욕이 감소하면 다음의 두 가지 측면에서 경제에 악영향을 미치게 된다.

첫째, 소득보조제도를 통하여 손쉽게 최저생계비를 확보할 수 있게 됨에 따라 가계들이 자구노력을 포기하고 소득보조제도에 중독될 수 있다. 이에 따라 장기적으로는 소득보조제도가 수혜 가계의 후생을 감소시키는 결과를 초래한다.

둘째, 노동공급 및 사업의욕의 감소가 전체 경제의 총공급 감소로 이어짐에 따라 소득보조제도가 경제 전체의 사회후생을 감소시키게 된다.

이제 NIT가 수혜 가계의 노동공급 및 사업의욕을 감소시키는 메카니즘에 대해 알아보기로 하자. 이에 대해서는 앞에서 이미 어느 정도 설명된 바 있으므로 가능한 대로 이를 이용하여 설명을 진행하기로 한다. 여기서의 설명은 노동공급과 사업의욕에 공히 적용될 수 있다. 이는 부존시간($\hat{N}$)에서 여가(N)를 뺀 값 L을 어떻게 해석하는가에 따라 달라진다.

노동공급에 초점을 맞추는 경우에는 L이 노동의 공급을 뜻하게 된다. 이때 L의 가격 w는 노동공급의 시간당 임금을 의미한다. 그러나 사업의욕에 초점을

10. 여기서 노업소득은 "earned income"의 번역으로 근로자의 근로소득 및 사업자의 사업소득을 총칭한다. 이자소득 및 배당소득은 근로 혹은 사업의 노력 없이 벌어들인 소득이라 하여 비노업소득, 즉 "unearned income"으로 분류된다.

11. 전에는 EITC의 수혜자격이 부양자녀가 있는 가계에게만 주어졌지만 현재는 부양가족이 없는 독신자에게도 주어지고 있다.

그림 21-1

부의 소득세와 노동공급

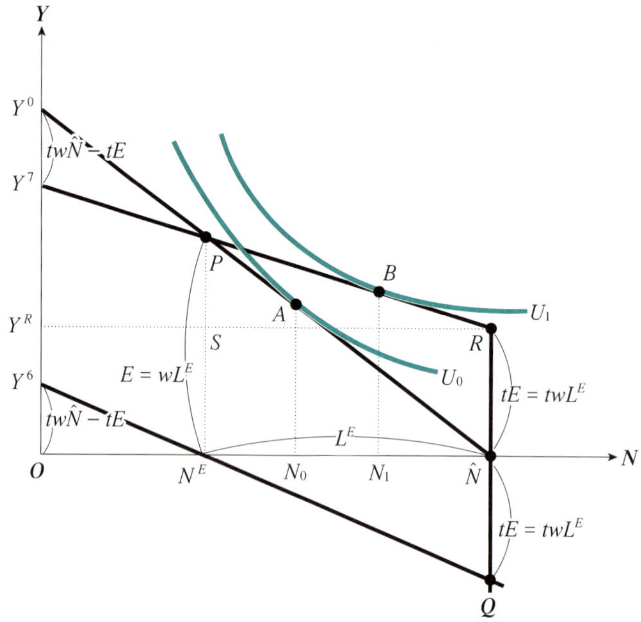

맞춘다면 L이 사업노력의 공급을 뜻하게 된다. 이때 L의 가격 w는 사업노력 공급의 시간당 이윤을 의미한다. 설명의 단순화를 위해 여기서는 L을 노동의 공급으로 간주하기로 한다.

[그림 21-1]에서 보는 바와 같이 NIT는 가계가 전혀 노동공급을 하지 않을 때에도 보조금을 통해 최저소득(tE)을 보장한다. 자구노력의 증가에 따라, 즉 노동공급의 증가에 따라 근로소득이 발생하면 보조금이 감액된다. 보조 전 소득은 선분 $\hat{N}P$의 한 점에서 횡축에 이르는 수직거리로 나타난다.[12] 보조 후 소득은 선분 RP의 한 점에서 횡축에 이르는 수직거리로 나타나며,[13] N이 $\hat{N}$의 왼쪽에 위치한다는 전제 하에서 보조 후 소득은 항상 tE보다 더 크다. 보조금의 크기는 선분 QN^E와 선분 $\hat{N}N^E$의 수직거리로 표현된다.[14] [그림 21-1]에서 보는 바와 같이 여가소비가 작아져서 소득이 커질수록 보조금은 점점 작아진다. 마침내 여가소

12. 예컨대 PN^E, AN_0 등과 같다.

13. 예컨대 PN^E, BN_1 등과 같다.

14. 이는 또 선분 RP와 선분 $\hat{N}P$의 수직거리와도 일치한다.

비가 N^E에 이르고 L의 공급이 L^E에 달함으로써 소득이 E(즉, wL^E)까지 증가하면 보조금은 0이 된다.

이제 NIT가 L의 공급에 어떤 영향을 미치는가에 대해 요약해 보자. NIT에 의해 예산선은 $P\hat{N}$에서 PR로 변화하며 소비자균형은 A점에서 B점으로 이동한다. [그림 21-1]에서는 여가수요가 N_0에서 N_1으로 늘어나고 L 공급은 $\hat{N}N_0$에서 $\hat{N}N_1$으로 N_0N_1만큼 줄어든다. 예산선이 오른쪽으로 확대 이동함에 따라 소득이 증가한 것과 같은 효과가 나타난다. 여가가 보통재라고 가정할 때 이로 인한 소득효과는 여가수요를 증가시킨다. 예산선이 더 평평해짐에 따라 여가의 상대가격이 하락한 것과 같은 효과가 나타나고 이로 인한 대체효과는 여가수요를 증가시킨다. 즉, NIT에 의해 L 공급이 감소한다는 것이다.

표 21-1 **NIT로 인한 노동공급의 변화**

여가의 특성	대체효과	소득효과	가격효과(NIT의 효과)
보통재	L 공급 감소	L 공급 감소	① L 공급 감소
열등재	L 공급 감소	L 공급 증가	② 대체효과가 크면 L 공급 감소 ③ 소득효과가 크면 L 공급 증가

〈표 21-1〉에 요약된 바와 같이 여가가 우등재이면 대체효과와 소득효과가 같은 방향을 갖는다. 따라서 NIT는 노동공급을 감소시킨다. 그러나 만약 여가가 열등재라면 소득효과에 의해 여가수요가 감소하고 L 공급이 증가한다. 대체효과와 소득효과는 반대의 방향을 가지며 NIT에 의해 L 공급이 감소할 수도 증가할 수도 있다. 대체효과가 더 크면 L 공급이 감소하고, 소득효과가 더 크면 L 공급이 증가한다. 그런데 앞으로 NIT가 L 공급에 미치는 영향을 GMI와 비교·분석하는 과정에서 일일이 이와 같은 표를 사용해야 한다면 너무 복잡하게 될 것이다. 설명의 편의를 위하여 본 장에서는 여가가 보통재라는 가정을 계속 유지하기로 하자.

2.3 근로소득에 대한 암묵적 세율

제2항에서 설명된 바와 같이 여가가 보통재라는 가정 하에서 NIT는 L 공급을 감소시킨다. 이는 소득효과에 의해 L 공급이 감소할 뿐만 아니라 대체효과에

의해서도 L 공급이 감소하기 때문이다. 본 항에서는 대체효과에 의해 L 공급이 감소하는 메카니즘을 암묵적 세율(implicit tax rate)의 개념을 이용하여 더 상세히 설명하려 한다.

만약 근로자가 모든 시간을 여가로 사용한다면 L 공급과 근로소득 모두 0일 것이다. 이때 보조금은 소득미달액(E)에 보조금비율(t)을 곱한 금액 tE원이며, 보조 후 소득은 근로소득 0원과 보조금 tE원을 합한 금액 tE원이다. 이는 [그림 21-1]의 선분 $R\hat{N}$의 수직거리로 나타난다.

이제 근로자가 어느 정도의 L 공급을 통해 wL원의 근로소득을 얻는다고 하자. 이때 보조금은 소득미달액($E-wL$)에 보조금비율(t)을 곱한 금액 $t(E-wL)$이며,[15] 보조 후 소득은 근로소득(wL)과 보조금의 합계인 $\{wL+t(E-wL)\}$이다. 이를 풀어 쓰면 $\{tE+(1-t)wL\}$과 같다. [그림 21-1]에서 이는 선분 RP의 각 점과 횡축과의 수직거리로 나타난다.[16] L이 1단위 증가할 때마다 근로자는 $(1-t)w$원의 보조 후 소득을 추가적으로 얻게 된다. L 공급으로부터 얻는 보조 후 임금률이 w원에서 $(1-t)w$원으로 떨어진 셈이다. 이는 흡사 정부가 근로소득(wL) 1원당 t원을 조세로 징수하는 것과 같은 효과를 나타낸다. 이런 뜻에서 t를 암묵적 세율이라 부른다.

보조 후 임금률이 w원에서 $(1-t)w$원으로 떨어진다는 것은, 즉 여가의 상대가격(여가를 1시간 즐기기 위해 근로자가 포기해야 하는 금액)이 w원에서 $(1-t)w$원으로 떨어진다는 것을 의미한다. 이에 따라 여가수요가 증가하고 노동공급이 감소하게 된다. NIT로 인해 암묵적 세율이 높아짐에 따라 여가의 상대가격이 낮아진다. 그리고 이에 따라 노동공급이 감소한다.

NIT의 세율(t)이 높을수록 암묵적 세율도 더 높고, 여가의 상대가격도 더 큰 폭으로 낮아진다. 이에 따라 노동공급의 감소폭도 더 커질 것이다. 그런데 제3절에서 곧 살펴보게 되는 바와 같이 공공부조(公共扶助)의 일부인 최저소득보장제도(guaranteed minimum income ; GMI)의 경우에는 암묵적 세율이 100%로 나타난다. 이에 따라 여가의 상대가격이 0으로 되며, 여가수요는 무한대로 증가하고 노동공급은 0이 될 때까지 감소한다. NIT에서도 L 공급이 감소하기는 하

---

15. 근로자의 보조금 $t(E-wL)$, 즉 $\{tE-twL\}$을 다음과 같이 해석할 수도 있다. 즉, 보조금의 상한액은 tE원인데 근로소득이 1원 증가할 때마다 보조금이 t원만큼 감소한다는 것이다.
16. 선분 RP와 수평선 RS의 수직거리를 α라 한다면, 이를 $\{tE+\alpha\}$로 표현할 수도 있다.

지만 0으로 떨어지지는 않는다. 이것이 GMI와 비교했을 때에 NIT의 가장 큰 장점이다.

3. 공공부조 및 사회복지서비스

Public Finance, ch. twenty-one

보조금을 통한 사회보장제도는 극빈계층을 위한 공공부조와 취약계층을 위한 사회복지서비스로 구성된다. 극빈계층이란 소득 및 재산을 기준으로 인구를 계층화할 때에 가장 낮은 지위를 갖는 계층을 말한다. 취약계층이란 소득 및 재산뿐만 아니라 이보다 더 본질적인 연령, 건강상태, 정신상태, 가족구성 등의 관점에서 정상적인 사회활동을 영위하기 어렵다고 판단되는 계층을 말한다.[17]

3.1 공공부조

3.1.1 공공부조와 사회보험, 사회복지서비스

공공부조는 사회보장제도의 하나이다. 사회보장프로그램은 나라에 따라 매우 다양하게 나타나며 학자들에 따라 다양하게 분류되고 있다. 예컨대 사회보장의 접근방법에 따라 사회보험, 사회부조, 공적서비스로 구별하기도 하고, 사회보험제도, 사회부조제도, 보편적 급여제도, 강제적 고용계획, 보조적 임의보험으로 구별하기도 한다. ILO는 사회보험, 공공부조의 두 가지 형태로 나눈다.

우리나라의 경우 사회보장제도는 일반적으로 ① 사회보험, ② 공공부조, ③ 사회복지서비스로 나눌 수 있다. 이것을 중심으로 사회보장제도의 특징을 보면 〈표 21-2〉와 같다.

사회보장을 구성하는 세 가지 제도는 〈표 21-2〉에서 볼 수 있는 바와 같이 주체, 객체, 기능 및 재원에 있어서 각각 상이한 특징을 지니고 있다. 이 세 가지 중에서 노동능력이 있는 사람을 위한 사회보험제도가 가장 늦게 발달하였지만

17. 예컨대 노인, 아동, 심신장애인, 부랑인(浮浪人) 등의 계층을 말한다.

표 21-2 사회보장제도의 특성

구성	사회보험	공공부조	사회복지서비스
주체	중앙정부	중앙정부, 지방정부	사회복지법인
객체	국민	빈민	요보호자
기능	연금 건강보험 산재보험 실업보험 가족수당	생계보호 의료보호 교육보호 주택보호 고용보호	수용보호 아동복지 노인보호 장애자복지 모자복지
재원	기여금	조세	재정보조금 · 헌금

이것은 주로 예방사업을 목적으로 하고 있어서 매우 중요하다. 사회보장 초기일수록 노동능력이 없는 사람을 보호하기 위한 공공부조와 사회복지서비스가 발달하였다. 이것은 구빈사업이기 때문에 매우 치료적이고 소비적인 것이라고 비판을 받았다. 그러나 개인과 가족 및 직장이 스스로 빈곤과 욕구를 해결하지 못하였기 때문에 사회복지서비스, 공공부조, 사회보험의 순으로 사회보장제도가 발달하였다.

사회보험이나 사회복지서비스보다는 공공부조의 경우에 대립적인 형태를 보인다. 사회보험은 기여에 대한 보장이라는 기본 원칙에 근거를 두고 있어 적어도 보장을 받게 되는 대상이 일정 조건에 의해서 현금으로 기여를 해야 하는 만큼 자율을 주장하는 입장에서 거부감이 적을 수 있으며, 분배를 주장하는 입장에서도 사회보험의 보조기능을 수행한다는 점에서 중요한 영역으로 여기게 된다. 사회복지서비스의 경우는 대상이 노인, 장애인 등 구체적이고, 급여의 형태도 서비스이며, 수준도 높지 않다는 점에서 양측의 차이는 극단적이지 않은 경향을 보이고 있다. 그러나 공공부조의 경우 사회보험과는 달리 가입을 전제로 하고 있지 않으며, 급여대상이 사회복지서비스처럼 특정한 취약계층이 아닌 모든 국민 중 결과적으로 빈곤으로 추락한 계층에게 현금급여를 중심으로 지급하도록 하고 있다.

3.1.2 공공부조제도의 개념 및 유형

공공부조제도란 모든 국민이 인간다운 생활을 영위하도록 하기 위해 국가 및 지방자치단체의 책임 하에 생활유지능력이 없거나 생활이 어려운 국민의 최저생활을 보장하고 자립을 지원하는 제도를 말한다.

공공부조제도는 공공부조의 행정적 책임과 재정 책임을 중앙정부와 지방정부 중 누가 담당하는가에 따라 세 가지 유형, 즉 중앙형 공공부조, 지방분담형 공공부조, 지방형 공공부조로 구분할 수 있다.

(1) 중앙형 공공부조

중앙형 공공부조의 대표적 예는 영국의 Income Support 제도이다. 영국의 공공부조의 원형은 1948년 국민부조법(The National Assistance Act)으로부터 시작된다. 국민부조법은 생활수단을 상실하였거나 부족한 국민들의 생존권 요구에 대한 사회적 책임을 규정함으로써 350여 년간 지속해 온 구빈법을 대체하였으며, 공공부조에 필요한 재원을 지방세가 아닌 국세로 전환하여 조달하도록 규정하였다. 영국의 공공부조제도는 자산조사를 거쳐 실시되며, 종류로는 Income Support, Family Credit, Housing Benefit, Community Charge Benefit, Social Fund 등이 있다. 이 중에서 Income Support와 Social Fund는 상시 고용이 아닌(주 16시간 미만) 사람에게 지급되고, Family Credit은 상시 고용인 사람에게만 지급되며, Housing Benefit와 Community Benefit은 고용상태와 상관없이 지급된다.

(2) 지방부담형 공공부조

지방부담형 공공부조 시행의 행정적 책임은 지방정부가 지고 재정적 책임은 중앙정부와 지방정부가 분담하는 유형으로 미국, 캐나다, 일본, 그리고 덴마크와 핀란드가 여기에 속한다. 지방부담형 공공부조의 대표적 제도는 미국의 아동부양가족부조제도인 AFDC(Aid to Families with Dependent Children)제도이다.

AFDC는 1935년 사회보장법에서 유래한다. 사회보장법이 규정하는 공공부조 가운데 가장 핵심적이고 규모가 큰 프로그램은 아동이 있는 어머니에게 제공되던 모연금제도의 발전된 형태인 ADC(Aid to Dependent Children)였다. ADC

에 의해 제공되는 서비스는 시설 보호나 현물이 아닌 현금이었다. AFDC는 이러한 ADC에서 발전된 제도이다. AFDC 수급자격은 사회보장법의 규정에 근거하여 결정된다. 수급아동은 부모의 심신질환, 장기 무주택, 사망 등으로 부모가 양육할 기회를 상실하였거나 빈곤상태에 있어야 하며, 반드시 부모의 집에서 생활하여야 한다. 또한 수급아동은 반드시 18세 미만이어야 한다.

AFDC 수급자 선정을 위한 재산 및 소득기준은 주별, 대상자별로 다를 수 있으나 연방정부가 규정하는 원칙적 선정기준은 가구 총소득이 주가 결정한 표준욕구 수준의 185% 이하 가구이다.

(3) 지방형 공공부조

공공부조의 행정적 책임과 재정적 책임을 지방정부가 전담하는 유형인 지방형 공공부조는 전형적 지방형인 독일을 중심으로 독일로부터 영향을 받은 오스트리아, 이탈리아, 스페인, 스웨덴, 노르웨이 등이 이에 속한다.

독일의 공공부조(Sozialhilfe)는 현금지원에 의한 재정지원뿐만 아니라 현물급여 및 서비스 제공을 통한 종합적 접근에 초점을 두고 있다. Sozialhilfe는 크게 두 가지로 나누어진다. 첫 번째는 생계부조로, 일반적 빈곤계층에 대한 사회적 최적생계를 보장하는 부조이다. 생계부조는 다시 거택부조와 시설부조로 분류된다.

특별부조는 특수한 생활여건에 처해 있는 대상에 대하여 보호 또는 지원을 하는 제도로서 자활부조를 비롯하여 의료부조, 장애인부조 등 13가지 종류로 구분하고 있으며, 담당기관의 판단에 따라 급여의 지급 여부를 결정하도록 하고 있다.

3.1.3 공공부조제도의 목적과 기본 원리

(1) 공공부조제도의 목적

우리나라의 공공부조법인 국민기초생활보장법은 공공부조의 목적에 대한 헌법상 국민의 생존권 보장 이념에 그 근거를 두며, 생활유지와 능력이 없거나 생활이 어려운 자에게 필요한 급여를 행하여 이들의 최저생활을 보장하고 자활을 조성하는 것을 목적으로 한다(국민기초생활보장법 제1조)고 규정하고 있다. 법규정에서 볼 수 있는 것처럼 공공부조제도는 두 가지 측면의 목적을 지니고 있다. 즉, 생활이 곤란한 자에 대한 '최저생활 보장'과 생활이 곤란한 자의 '자활을 조성하는 것'이 그것이다.

가) 최저생활 보장의 목적

공공부조제도는 생활이 곤란한 자의 최후의 안전망으로서 '최저생활'을 보장하는 데 일차적인 목적이 있다. 여기서 '최저생활'이란 헌법 제34조의 '인간다운 생활', 국민기초생활보장법 제4조의 '건강하고 문화적인' 최저생활을 의미한다.

'최저생활'의 보장은 보건복지부장관이 정하는 보장기준에 따라서 특정한 보장대상자의 수요를 기초로 하여 본인이나 부양의무자의 자조 노력에 의하여도 보장이 되지 않는 부족분을 급여하는 것을 원칙으로 한다(국민기초생활보장법 제3조). '필요한 급여'는 주로 현금급여를 원칙으로 하며, 경우에 따라서 현물급여를 제공한다(국민기초생활보장법 제9조). 현금급여의 원칙이 채택된 것은 비록 피보호자의 생활이라 할지라도 기본적으로는 본인의 자주적 판단에 맡긴다는 것이 법의 취지에 가깝기 때문이다.

나) 자활 조성의 목적

공공부조제도는 단지 최저생활을 보장하는 것만이 아니라 궁극적으로 생활이 어려운 자의 자립을 조장하는 것을 목적으로 한다.

이러한 자활 조성의 목적은 국민기초생활보장법 제1조에 명시되어 있다. 자활 조성을 한다는 것은 정부의 보호를 받지 아니하고 자력으로 정상생활을 할 수 있게 원조하는 것을 의미한다. 기초생활보장제도의 급여 중 자활급여가 자활 조성을 위한 것이다(국민기초생활보장법 제15조). 자활급여의 내용은 자활에 필요한 금품의 지급 또는 대여, 자활에 필요한 기능 습득의 지원, 취업 알선 등 정보제공, 공공근로 등 자활을 위한 근로기회의 제공, 자활에 필요한 시설 및 장비의 대여 등이다.

(2) 공공부조의 기본 원리

가) 생존권 보장의 원리

국민기초생활보장법 제1조에는 "이 법은 생활유지의 능력이 없거나 생활이 어려운 자에게 필요한 보호를 행하여 이들의 최저생활을 보장하고 자활을 조성하는 것을 목적으로 한다"고 규정하고 있다. 이 규정 전체가 생존권 보장의 원리를 나타내며, 기초생활보장제도는 국민의 생존권을 보장하기 위한 제도로서의 의의 내지 역할을 지니고 있다는 취지의 원리를 나타낸다.

나) 평등 보장의 원리

우리나라 헌법에서는 "모든 국민은 행복을 추구할 권리를 가진다"(제10조), "모든 국민은 법 앞에서 평등하다"(제11조)라고 규정하고 있다. 또한 국민기초생활보장법에서는 본 법의 수급권자의 범위를 규정하고 있다(제5조). 그러므로 본 법의 요건을 충족하는 한 본 법상의 보호는 평등하게 행해져야 한다는 원리인 것이다.

다) 최저생활 보장의 원리

최저생활 보장의 원리는 생존권 보장을 그 제도가 보장하고 있는 생활내용면에서 본 원리이다. 이 제도에 의하여 급여를 받는 자는 최저한도의 수요가 충족될 수 있는 정도의 생활을 모든 국민에게 한결같이 보장하는 것이다. 즉, 국민 각자는 소득의 고저, 직업의 차이, 가족의 대소 등 차이가 있겠지만 모든 국민은 최저한도의 생활이 객관적으로 보장될 수 있도록, 그리고 이러한 보장을 위협하는 원인을 배제하는 조치를 취하는 원리이다.

라) 보충성의 원리

보충성의 원리란 본 법의 급여를 받으려고 하는 사람은 그 전제조건으로 개인적으로 가능한 모든 지원을 동원하여 생활유지에 최대한 노력해야 하고, 그렇게 노력해도 부족할 경우에 그 부족한 부분을 본 법의 제도를 통해 급여한다는 원리이다.

이 원리는 생활의 개인책임 내지 자기책임을 기초로 한 자본주의사회의 최종적 또는 포괄적인 생활보장수단으로서의 공공부조의 본질을 가장 잘 나타낸 것이다.

3.1.4 공공부조제도의 특성

공공부조제도는 사회보험, 사회복지서비스와 더불어 대표적 사회보장제도의 하나이다. 공공부조제도는 최후의 사회적 안전망 역할을 하는 것으로, 일반조세를 재원으로 하며 일정 소득(자산) 이하의 사람들에게만 최저수준의 급여를 제공한다.

(1) 공공부조제도의 장점

사회보장제도에서 소득재분배효과는 조세를 재원으로 하는 공공부조제도에서 가장 전형적으로 나타난다. 왜냐하면 공공부조제도는 누진세를 기초한 조세를 기본 재원으로 하고, 가장 소득이 낮은 계층을 대상으로 집중적으로 급여를 제공하기 때문이다. 공공부조제도는 제한된 예산을 저소득층에게 집중적으로 사용할 수 있다는 점에서 비용효율성의 장점을 가진다. 따라서 소득재분배와 결과의 평등을 가장 효율적으로 달성할 수 있다.

(2) 공공부조제도의 단점

첫째, 공공부조제도는 수급자격을 결정하는 데 있어 소득 · 자산 조사를 실시하기 때문에 이를 위한 행정비용이 많이 소요되는 단점이 있다. 둘째, 공공부조제도는 수급자의 근로의욕을 크게 저하시킨다는 비판이 있다. 셋째, 공공부조 프로그램은 사회보험과 달리 과거의 기여금을 돌려받는 것이 아니므로 수급의 '권리' 라는 측면에서 취약점이 있고 사회수당처럼 인구학적 특성을 기준으로 하는 것이 아니라 저소득을 수급의 기준으로 하기 때문에 수급자의 수치심을 유발할 가능성이 크다. 넷째, 공공부조제도는 사회보험이나 사회수당에 비해 정치적 지지를 적게 받는 경향이 있다.

3.2 우리나라 공공부조제도의 운영 현황

3.2.1 우리나라 공공부조제도의 역사

우리나라는 1961년 생활보호법을 제정하여 시행하였고 1974년부터 생활보호사업의 일환으로 취로사업을 실시하고 있다. 한편 1982년부터 종전의 영세민, 준영세민의 구분에서 자활보호의 개념을 도입하여 거택보호자, 시설보호자, 자활보호자로 구분하였다. 이때부터 생활보호자의 자립과 자활을 지원하기 위해 무상훈련 및 훈련비 지원을 내용으로 직업훈련사업을 실시하고 있다. 한편 1993년부터 각 부처에서 행하던 직업훈련을 노동부가 일괄적으로 담당하기 시작했다. 또한 1996년 차등급여제를 처음 도입하였다. 특히 1999년 약 40년간 시행해 오던 생활보호법을 대처하는 국민기초생활보장법을 제정하였다. 그리하여 '생산적 복지'라는 이름 아래 2000년 10월부터 국민기초생활보장제도를 시행하고 있다.

3.2.2 국민기초생활보장제도

지난 40여 년간 노인, 장애인 등 근로 무능력자에 대한 단순 생계지원 중심의 생활보호제도가 실시됨에 따라 생활보호법이 갖고 있는 자체 문제에 대해 개선의 필요성이 강하게 제기되었다. 그러나 1997년 이후 외환위기 하에서 시행된 경제구조 및 기업의 구조조정에서 사회안전망의 정비가 선결과제로 제시되었으며, 이때 무엇보다도 최종적인 사회안전망이라고 할 수 있는 공공부조법의 개혁이 요구되었다. 즉, 1997년 외환위기 이후에 구조조정과 경기침체에 따른 대량실업으로 근로능력이 있는 빈곤인구가 급증하고 자살, 노숙자의 증가, 가정해체 등의 사회문제가 확대되었다.

그러나 기존의 생활보호제도는 근로능력자에게는 생계비를 지급하지 않는 것이 원칙이었으므로 최후의 사회안전망으로서 한계가 있었다. 따라서 우리 사회 구성의 가장 기본 단위인 가족을 보호하고 건강하게 유지하기 위한 제도적 장치가 필요하게 되었다.

이에 따라 기존의 생활보호법상의 단순 생계지원이 아닌 수급자의 자립 · 자활을 촉진하는 생산적 복지를 지향하는 종합적 빈곤대책의 필요성이 제기되었다. 따라서 근로능력에 관계없이 최저생계비 이하의 저소득층의 기초생활을 국가가 보장할 필요성이 대두되었으며, 이를 반영하여 기존 생활보호법의 문제점을 상당 부분 개선하는 내용으로 국민기초생활보장법이 제정되었다.

국민기초생활보장제도의 가장 큰 변화는 생활보호제도에서는 노동능력이 있는 사람들은 생계보호의 대상이 아니었지만 국민기초생활보장제도에서는 이들의 생계도 보장해 주는 것이다. 즉, 근로능력의 유무에 관계없이 최저생활비 이하의 모든 국민들의 기초생활을 보장하는 것인데, 이는 국민기초생활보장제도의 장점이자 동시에 단점이 되고 있다.

이것은 과거 생활보호법상의 국가의 재량에 의한 자선적 생활보호급여에서 법적인 보장을 받는 권리성 급여로 전환함을 의미하며, 가난의 책임은 그 개인뿐만 아니라 사회에도 있다는 빈곤관의 일대 전환에 따른 국가에 의한 절대빈곤의 해소를 의미한다. 다만 근로능력이 있는 빈곤층에 대해서는 스스로 빈곤에서 탈출하도록 체계적인 자활서비스를 제공하여 생산적 복지를 구현하고자 하는 것이다.

표 21-3 국민기초생활보장법과 생활보호법의 주요 내용 비교

구분	생활보호법	국민기초생활보장법
법적 용어	-국가에 의한 보호적 성격 ■보호대상자, 보호기관	-저소득층에 권리적 성격 ■수급권자, 보장기관, 생계급여 등
대상자 구분	-연구학적 기준에 의한 대상자 구분 ■거택보호자 : 18세 미만 아동, 65세 이상 등 ■자활보호자 : 인구학적으로 경제활동 가능한 근로능력자	-대상자 구분 폐지 ■근로무능력자는 조건 없이 급여 ■근로능력자는 자활사업 참가 조건부 급여 *연령기준 외에 신체적·정신적 능력과 부양, 간병, 양육 등 가구 여건 감안 가능
대상자 선정기준	-보건복지부장관이 정하는 소득과 재산 기준 이하인 자 *1999년 : 월 소득이 23만원/인 월 재산이 2,900만원/가구	-소득인정액이 최저생계비 이하인 자 *소득인정액 : 개별 가구의 소득평가액과 재산의 소득환산액을 합산한 금액
급여수준	-생계보호 ■거택보호자에게만 지급 -건강보험 ■거택보호 : 의료비 전액 지원 ■자활보호 : 의료비의 80% -교육보호 : 중·고생 자녀 학비 전액 지원 -해산보호 -장제보호, 자활보호 등	-생계급여 ■모든 대상자에게 지급하되 근로능력자는 자활 관련 사업에 연계하는 조건부로 지급 -주거 급여 신설 ■임대료, 유지수선비 등 주거안정을 위한 수급품 -긴급급여 신설 ■긴급 필요 시에 우선 급여를 실시. 의료, 교육, 해산, 정제보호 등은 현행과 동일
자활지원 계획	신설	- 근로능력자 가구별 자활지원계획 수립을 통한 체계적 자활지원 ■근로능력, 가구특성, 자활욕구 등을 토대로 자활방향, 자활에 필요한 서비스, 생계급여의 조건 등을 계획 ■자활에 필요한 서비스를 체계적으로 제공하여 수급권자의 궁극적인 자활을 촉진

(1) 생활보호법과 국민기초생활보장법의 차이

생활보호법은 그 자체의 용어가 의미하듯이 국가에 의한 보호적 성격을 띤 반면 국민기초생활보장법은 국가의 보호가 국민의 권리적 성격을 띠고 있다. 대상자 구분에서도 기존의 생활보호법에서는 연령 등 인구학적 기준에 의하여 대상자를 구분하였지만 국민기초생활보장법에서는 대상자 구분을 폐지하였다. 대상자 선정기준에서도 생활보호법상에는 보건복지부장관이 정하는 소득과 재산기준 이하인 자로 하였으나 국민기초생활보장법에서는 소득인정액이 최저생계비 이하인 자로 바뀌었다.

급여수준에서도 국민기초생활보장법에서는 생활보호법에서 제공하는 6개의 급여 이외에 추가로 주거급여와 긴급급여를 신설하였다. 가장 큰 차이는 국민기초생활보장법에서는 근로능력이 있는 저소득층에게 자활에 필요한 서비스를 체계적으로 제공하여 수급권자의 궁극적인 자활을 촉진하고자 하는 것이다. 이것이 바로 생산적 복지체계 구축의 가장 중요한 요소인 것이다.

(2) 수급기준

국민기초생활보장법의 수급자로 선정되기 위해서는 소득기준, 재산기준(금액 기준, 주택 · 농지 면적 기준, 승용차 기준), 부양의무자기준을 동시에 충족시켜야 한다. 즉, 소득인정액이 최저생계비에 미달해야 하며, 부양의무자가 없거나 부양의무자가 있어도 부양능력이 없거나 부양을 받을 수 없어야 한다. 부양의무자 요건에 해당하지 않거나 재산기준을 초과하는 가구는 가구소득이 최저생계비 이하일지라도 수급권자에서 제외된다. '소득인정액'이란 개별 가구의 소득평가액과 재산의 소득환산액을 합산한 금액을 말한다. 여기서 '개별 가구의 소득평가액'은 개별 가구의 실제 소득에도 불구하고 보장기관이 급여의 결정 및 실시 등에 사용하기 위하여 산출한 금액을, '재산의 소득환산액'은 보장기관이 급여의 결정 및 실시 등에 사용하기 위하여 개별 가구의 재산가액에 소득환산율을 곱하여 산출한 금액을 말한다.

생활보호법과 기초법을 비교하면 최저생계비에 대한 정의는 동일하나 결정방식 및 활용에서 차이가 있다. 생활보호법에서는 최저생계비의 결정이 중앙생활보호위원회의 심의사항이지만 기초법에서는 심의 및 의결사항이다. 또한 최저생계비 활용의 경우 생활보호법에서는 소득기준과 급여기준으로 사용되지만 기초법에서는 소득인정액과 비교하여 수급자를 선정하고 급여를 지급하는 기준이 되고 있다.

(3) 급여 종류

급여는 생계급여, 주거급여, 의료급여, 교육급여, 해산급여, 장제급여, 자활급여의 7종이 있다. 급여 제공은 생계급여를 기본으로 하고, 필요에 따라 다른 급여를 병합해 시행하고 있으며, 급여의 수준은 급여와 수급자의 소득인정액을 포함한 금액이 최저생계비 이상이 되도록 하고 있다.

(4) 제도 현황

국민기초생활보장제도의 도입 이후 추진 현황을 살펴보면 국가의 보호가 필요한 수급자는 2000년 10월 69만 가구 149만 명으로 출발하여 경제위기가 있었던 2009년 88만 가구 157만 명을 정점으로 2013년 12월 기준 81만 가구 135만 명으로 감소하였다. 과거의 생활보호제도 하에서는 근로능력이 있는 자가 한 사람이라도 있는 경우에는 현금지원인 생계급여를 지급하지 않았다. 예컨대 1999년 생활보호대상자는 192만 명이며, 이 가운데 생계급여를 지급받은 대상자는 약 28.1%인 54만 명이었다. 그러나 국민기초생활보장제도에서는 일반수급자 이외에 근로능력이 있는 저소득실직자에 대해 자활사업 참여를 조건으로 모든 수급자에게 생계급여를 지급함에 따라 전체 수급자 수와 생계급여 수급자 수가 동일하게 나타나고 있다.

표 21-4 국민기초생활보장 수급자 현황 (단위 : 가구, 명, %)

기준	계		일반수급자		시설수급자	수급률
	가구	인원	가구	인원	인원	
2006. 12	831,692	1,535,352	831,692	1,450,234	85,118	3.2
2007. 12	852,420	1,549,848	852,420	1,463,140	86,708	3.2
2008. 12	854,205	1,529,939	854,205	1,444,010	85,929	3.2
2009. 12	882,925	1,568,533	882,925	1,482,719	85,814	3.2
2010. 12	878,799	1,549,820	878,799	1,458,198	91,622	3.1
2011. 12	850,689	1,469,254	850,689	1,379,865	89,389	2.9
2012. 12	821,879	1,394,042	821,879	1,300,499	93,543	2.7
2013. 12	810,544	1,350,891	810,544	1,258,582	92,309	2.6

자료 : 보건복지부, 『보건복지백서』, e-나라지표(www.index.go.kr).

그림 21-2

기초생활보장제도 : (근로소득공제 없는 경우)에서의 예산선

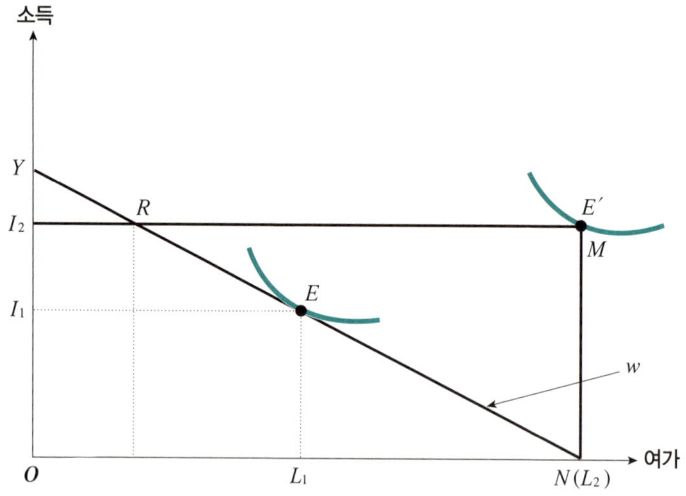

(5) 국민기초생활보장제도의 특징

보충성의 원리를 기초로 하는 국민기초생활보장제도는 별도의 근로유인기제가 함께 시행되지 않는 경우 최저보장액을 한도로 100%의 급여감소율이 적용되는 최저소득보장제도의 성격과 동일하게 된다. 따라서 급여감소율 100%의 기초생활보장제도는 전 국민의 최저생활을 보장한다는 장점이 있는 대신 근로와 관련하여 심각한 도덕적 해이를 유발할 수 있다. 예를 들어 4인 가구의 경우 수급권자의 소득이 60만원이라고 가정해 보자. 그러면 그는 4인 가구의 최저생계비에 해당하는 163만원에서 자신의 소득 60만원을 뺀 103만원을 받게 된다. 물론 이 금액에서 의료급여나 교육급여, 그리고 다른 법령에 의해 지원받는 금액(교육세, 주민세, TV 수신료 등)은 빼고 지급받는다. 그러나 어떤 방법으로 지급받든 수급자는 103만원을 지급받는 셈이다. 한편 4인 가구가 70만원을 벌었다면 최저생계비에 해당하는 163만원에서 70만원을 뺀 93만원을 지급받는다. 즉, 수급권자가 근로에 의한 소득 유무에 관계없이 수급권자의 가처분소득은 163만원으로 일정하기 때문에 개인이 직면하는 예산선은 [그림 21-2]와 같이 나타난다.

여기서 *YN*선은 기초생활보장제도가 존재하지 않는 상태에서의 개인의 예산선이며, 이 선의 기울기가 시장임금률(w)을 의미할 때 아무런 정부보조가 없는 상태에서 개인의 균형점은 *E*점에서 이루어지게 되며 소득은 I_1이다. 이제 기초

생활보장제도($r=1$)가 시행되면 예산선은 YRM으로 이동하게 되고, 총가처분소득에 변화가 일어나지 않으면서 새로운 균형점은 E'점에서 결정된다. 따라서 저소득자는 근로를 전혀 제공하지 않으려 한다. 결국 어떠한 근로유인기제도 가미되지 않은 기초생활보장제도($r=1$)의 도입은 최초 소득이 최저생계비에 미치지 못하는 사람에게는 [그림 21-2]에서 보듯이 노동공급 유인이 전혀 없을 뿐만 아니라 저소득가구의 경우 빈곤상태에서 벗어남으로 인해 받게 될 여러 가지 불이익을 우려하여 빈곤의 범주 안에 머무르고자 한다. 또한 차상위계층의 경우에는 근로의욕의 저하는 물론 빈곤선 안으로 들어오려는 유인이 작용하여 이른바 **빈곤의 함정**(poverty trap)에 빠질 수 있다.

결국 이러한 점들을 고려하여 국민기초생활보장제도에서는 근로유인장치인 근로소득공제제도를 둠으로써 근로능력이 있는 수급자들에게 생계급여를 지급하는 동시에 근로소득의 일정 비율을 공제해 주고 있다.

3.3 사회복지서비스

우리나라의 사회복지서비스는 취약계층을 주 대상으로 하고 있다. 취약계층이란 소득 및 재산뿐만 아니라 이보다 더 본질적인 연령, 건강상태, 정신상태, 가족구성 등의 관점에서 정상적인 사회활동을 영위하기 어렵다고 판단되는 계층을 말한다. 이에는 노인, 아동, 심신장애인, 부랑인 등의 계층이 포함된다.

2013년 기존의 사회복지서비스를 그 대상과 기능의 측면에서 확장하는 "사회보장기본법"의 개정(2013. 1. 27 시행)이 이루어졌다. 개정된 법은 '사회서비스'의 개념을 "국가, 지방자치단체 및 민간부문의 도움이 필요한 모든 국민에게 복지, 보건의료, 교육, 고용, 주거, 문화, 환경 등의 분야에서 인간다운 생활을 보장하고 상담, 재활, 돌봄, 정보의 제공, 관련 시설의 이용, 역량 개발, 사회참여 지원 등을 통하여 국민의 삶의 질이 향상되도록 지원하는 제도"라고 정의하고 있다. 사회서비스는 생애주기별로 필요한 다양한 서비스를 제공하여 취약계층에 대한 사회적 보호수준을 제고하는 역할을 하고 있다. 이뿐만 아니라 아동에게는 공정한 기회를 제공하고, 여성, 중고령자 등 근로취약계층에게 고용시장 참여 기회를 확대하는 역할을 하고 있다.

4. 고용보험

Public Finance, ch. twenty-one

고용보험은 전통적 의미의 실업보험(unemployment insurance)보다 더 광범위한 개념으로서 실업급여, 고용안정사업, 직업능력개발사업으로 구성된다. 실업급여는 전통적 의미의 실업보험에 해당하며, 실업 근로자에게 소정의 급여를 지급함으로써 실업자의 생계를 지원함을 목적으로 한다. 고용안정사업 및 직업능력개발사업은 실업을 예방하고 실업 시에는 재취업을 촉진하며 직업능력을 개발함을 목적으로 한다. 실업급여가 사후적 · 소극적인 개념인 데에 반해 고용안정사업 및 직업능력개발사업은 사전적 · 적극적인 개념이라 할 수 있다.

우리나라의 고용보험(employment insurance)은 1993년에 제정된 고용보험법에 따라 1995년 7월 1일부터 시행되어 오고 있다.[18] 1997년 이후의 경기퇴조와 IMF 외환위기에 의해 촉발되기 시작한 대량실업으로 인해 고용보험에 대한 관심이 더욱 높아져 왔다.

실업은 그 발생원인에 따라 계절적 실업, 경기적 실업, 구조적 실업, 마찰적 실업 등으로 나누어진다.

계절적 실업은 건설업 · 농업 등과 같이 노동시장의 수요 및 공급이 계절적으로 순환함에 따라 발생한다. 실업의 확률이 어느 정도 알려져 있고 위험 및 불확실성의 요소가 비교적 적기 때문에 고용보험에서 다루어지기 어려운 점이 많다.

경기적 실업은 경기순환에 따라 총수요의 부족과 노동수요의 감소로 인해 발생한다. 경기적 실업의 발생시기를 정확하게 알기는 어렵지만, 그 발생 확률은 어느 정도 알려져 있다. 자본주의 경제의 경기순환은 예외라기보다는 원칙에 가깝기 때문이다. 경기적 실업은 특히 장기화 · 대량화하는 경우가 많으므로 이 역시 고용보험에서 다루어지기 어려운 점이 많다.

구조적 실업은 생산기술 및 산업구조의 변화에 따라 산업별 · 직종별로 노동시장의 수요 · 공급이 불일치함으로써 발생한다. 장기화되는 경우가 많지만 경기

18. 구미 선진국에서는 실업보험이 이미 오래 전부터 실시되어 오고 있다. 예를 들어 프랑스는 1905년, 영국은 1911년, 독일은 1927년, 미국은 1930년대, 일본은 1947년에 각각 실업보험제도가 도입되었다.

적 실업만큼 경제 전반에 걸쳐 대량으로 발생하지는 않으므로 비교적 고용보험의 효과를 기대할 수 있는 편이다. 실업급여는 지급기간이 한정되어 있어 구조적 실업자의 생활안정을 장기적으로 보장하기는 어려우나 고용안정사업 및 직업능력개발사업은 구조적 실업의 해소에 상당한 공헌을 할 수 있을 것이다.

마찰적 실업은 더 좋은 직장을 구하기 위한 탐색활동(search activities)의 과정에서 노동의 수요와 공급이 바로 연결되지 못함으로써 발생하는 단기적 성격의 실업이다. 실업급여는 단기적 생활안정에 큰 효과를 낼 수 있으며 고용안정사업 및 직업능력개발사업 역시 노동시장의 정보를 제공함으로써 "마찰"의 기간을 단축하는 데에 크게 공헌할 수 있다.

고용보험의 효과가 가장 크게 드러나는 종류의 실업은 마찰적 실업이며 그 다음이 구조적 실업이라 할 수 있다. 경기적 실업 및 계절적 실업에서는 고용보험의 효과가 비교적 적게 나타난다. 고용보험이 갖는 이와 같은 근본적 한계점을 올바로 인식해야 할 것이다. 경기적 실업에 대하여는 거시경제적 총수요관리정책을, 계절적 실업에 대하여는 경영기술 및 생산기술의 향상을 통하여 근본적으로 대처하도록 할 필요가 있다.

4.1 우리나라 고용보험의 현황

고용보험의 적용대상은 1997년까지는 종업원 30인 이상의 사업장으로 되어 있으나 고용보험법의 부칙에 규정된 대로 1998년부터는 1인 이상의 사업장으로 확대되어 시행된다. 고용보험의 보험료는 〈표 21-5〉에서 보는 바와 같이 근로자 및 사업자로부터 갹출된다. 정부는 고용보험의 운영을 관장할 뿐 실제로 보험료를 분담하거나 자금을 지원하지는 않는다. 근로자는 급여 총액의 0.65%를 실업급여의 보험료로 납부한다. 사업주는 급여 총액의 0.65%를 실업급여의 보험료로 납부하며, 사업체의 크기에 따라 급여 총액의 0.25~0.85%를 고용안정 및 직업능력개발 사업을 위한 보험료로 납부한다. 이를 합계하면 고용보험의 보험료는 급여 총액의 1.55~2.15%에 달하는데 이 중에서 근로자가 0.65%, 사업주가 0.9~1.5%를 부담한다.

표 21-5 **고용보험료율** (단위 : 급여 총액의 백분율)

구분		노동자	사업주
실업급여	-	0.65%	0.65%
고용안정, 직업능력개발 사업	150인 미만 기업	-	0.25%
	150인 이상 기업(우선지원대상 기업)	-	0.45%
	150인 이상~1,000인 미만 기업(우선지원대상 기업 제외)	-	0.65%
	1,000인 이상 기업 및 국가, 지방자치단체가 직접 행하는 사업	-	0.85%

자료 : 고용보험(www.ei.go.kr).

실업급여는 기본 급여와 취직촉진수당으로 구성된다. 기본 급여의 수급(受給)자격은 실직일 이전 18개월간의 기간 동안 통산 12개월 이상 고용보험의 피보험자로 근무하다가 실직한 근로자에게 부여된다. 다만, 근로의사 및 근로능력이 있음에도 불구하고 새 일자리를 찾지 못하는 경우에 한한다. 실업급여액은 실직 전 임금의 50%이며, 연령 및 가입기간에 따라 1~7개월의 기간에 걸쳐 지급된다.

취직촉진수당은 조속한 재취업을 촉진하려는 목적으로 지급되며 조기(早期)재취직수당, 직업능력개발수당, 광역(廣域)구직활동비, 이주비로 구성된다.

4.2 고용보험 가입의 경제적 동기

근로자가 고용보험에 가입하고자 하는 경제적 동기는 위험 및 불확실성의 축소에 있다. Y^0원의 근로소득을 얻고 있는 근로자가 실업에 직면할 확률을 p라 하자. 취업소득은 Y^0이지만 실업이 발생할 경우에는 소득이 X원만큼 감소하여 $\{Y^0 - X\}$원이 된다. 고용보험이 없는 경우에 그의 확률소득(probablistic income ; PY)은 식 (21-1)과 같이 표현된다. 이때 그의 기대소득(expected income ; EY^0)은 식 (21-2)와 같다.

$$PY = \begin{cases} Y^0 - X, & \text{실업 시 : 확률 } p \\ Y^0, & \text{취업 시 : 확률 } (1-p) \end{cases} \tag{21-1}$$

$$EY^0 = p(Y^0 - X) + (1-p)Y^0 \tag{21-2}$$

만약 근로자가 보험료 α를 지불하는 대가로 실업 시에 보험금(실업급여) X를 지급받는 조건의 고용보험에 가입한다면 그의 기대소득(EY^1)은 식 (21-3)과 같아진다.[19] 그 까닭은 다음과 같다. 보험료를 내기 전의 실업소득 및 취업소득은 각각 $\{Y^0-X\}$ 및 $\{Y^0\}$와 같다. 실업 여부에 무관하게 보험료는 내야 하므로 보험료를 내고 난 뒤의 실업소득 및 취업소득은 각각 $\{Y^0-\alpha-X\}$ 및 $\{Y^0-\alpha\}$로 변한다. 그런데 실업 시에는 X만큼의 보험금을 지급받으므로, 보험료와 보험금을 동시에 고려할 때 실업소득 및 취업소득은 각각 $\{Y^0-\alpha\}$ 및 $\{Y^0-\alpha\}$로 변한다. 즉, 실업 여부에 관계없이 소득은 $\{Y^0-\alpha\}$로 확정되는 것이다.

$$\begin{aligned} EY^1 &= p(Y^0-\alpha)+(1-p)(Y^0-\alpha) \\ &= Y^0-\alpha \end{aligned} \qquad (21-3)$$

만약 PY의 기대효용보다 EY^1에서의 효용이 더 크다면 근로자는 기꺼이 고용보험에 가입하려 할 것이다. 전자 및 후자를 각각 $EU(PY)$ 및 $U(EY^1)$으로 표기할 때, 이는 각각 식 (21-4) 및 (21-5)와 같다. 식 (21-4)는 식 (21-2)에 기인한다.[20] 그리고 식 (21-5)는 식 (21-4)에 기인한다.

$$EU(PY) = pU(Y^0-X)+(1-p)U(Y^0) \qquad (21-4)$$

$$U(EY^1) = U(Y^0-\alpha) \qquad (21-5)$$

앞에서의 논의를 [그림 21-3]을 이용하여 설명해 보자. 근로자의 효용곡선은 원점으로부터 오목하게 나타난다고 가정하자. 이는 근로자가 위험기피자라고 가정하는 것과 같다. 위험을 선호하는 근로자의 효용곡선은 원점으로부터 볼록하게 나타날 것이며, 위험에 중립적인 근로자의 효용곡선은 원점을 통과하는 직선으로 나타날 것이다.[21] 이에 대해서는 논의의 진행에 따라 좀더 상세히 설명될 것이다.

---

19. 현실에 있어서는 보험금이 X보다는 적다. 고용보험은 실업으로 인한 소득감소(X)의 50%만을 실업급여로 지급하고 있다. X의 일정 비율만을 보험금으로 지급하고 나머지는 피보험자가 부담하게 함으로써 근로자의 도덕적 해이(解弛), 즉 "moral hazard" 로 인한 비효율을 감소시키는 데에도 기여하게 된다. 이에 대해서는 앞으로 곧 설명하게 될 것이다.

20. 즉, 소득이 (Y^0-X)일 확률 및 Y^0일 확률이 각각 p 및 $(1-p)$이기 때문에 효용이 $U(Y^0-X)$일 확률 및 $U(Y^0)$일 확률이 각각 p 및 $(1-p)$라는 것이다.

그림 21-3

위험기피 근로자의 고용보험 가입

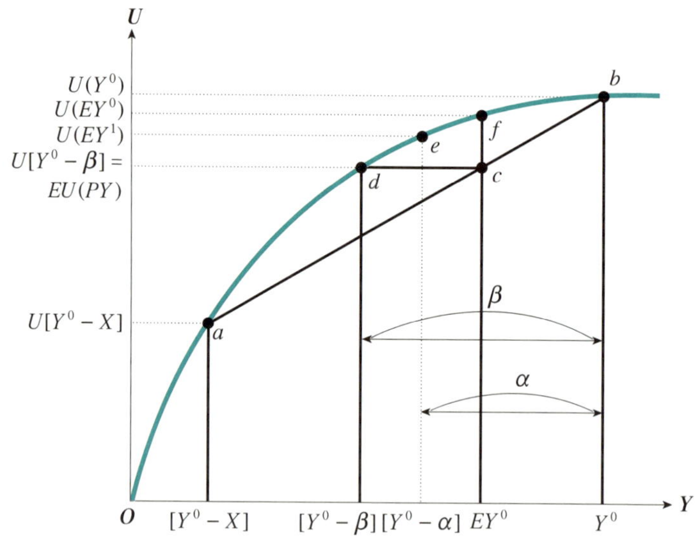

a점과 b점을 연결하는 직선은 기대효용 $EU(PY)$의 궤적이며, 여기서는 c점에서 기대효용이 결정되는 것으로 나타난다. c점은 확률 p가 1에 가까울수록 왼쪽으로 이동하여 a점에 가까워지고, 확률 p가 0에 가까울수록 오른쪽으로 이동하여 b점에 가까워진다. 이것은 기대소득(EY^0)도 마찬가지이다. EY^0는 확률 p가 1에 가까울수록 왼쪽으로 이동하여 $\{Y^0 - X\}$에 가까워지고, 확률 p가 0에 가까울수록 오른쪽으로 이동하여 Y^0에 가까워진다. 기대소득과 기대효용이 모두 동일한 확률 p에 기초하고 있으므로 c점은 언제나 EY^0와 동일한 수직선 상에 위치한다.

만약 소득이 식 (21-3)에서와 같이 확률소득으로 나타나지 않고 EY^0의 확정소득이라면 근로자의 효용은 $EU(PY)$가 아니라 $U(EY^0)$로 나타날 것이다. [그림 21-3]에서 이는 f점이 c점보다 위쪽에 위치함을 가리킨다. 이러한 현상이 일어나는 것은 근로자가 위험기피자이기 때문이다.[22] 그렇다면 EY^0보다 낮은 어떤

21. 효용곡선이 원점으로부터 오목하면 소득이 증가함에 따라 추가적인 소득금액 1원의 한계효용이 체감한다. 그 반대의 경우에는 소득의 한계효용이 체증한다. 그리고 효용곡선이 원점을 통과하는 직선인 경우에는 소득의 한계효용이 불변임을 뜻한다.

22. 위험기피자의 경우에는 동일한 수직선 상의 동일한 소득수준이라 하더라도 확률소득일 때의 효용이 확정소득일 때의 효용보다 낮다. 만약 위험선호자라면 동일한 수직선 상의 동일한 소득수준이

확정소득(편의상 이를 Y^K라 부르자)의 효용이 확률소득 EY^0의 효용과 동일하게 될 수 있을 것이다. 그림에서는 Y^K가 $\{Y^0-\beta\}$와 일치한다. 즉, EY^0보다 β만큼 낮은 확정소득 $\{Y^0-\beta\}$의 효용이 확률소득 EY^0의 효용과 동일하다는 것이다. 이는 cd선 상에서 $U(Y^0-\beta)$가 $EU(PY)$와 동일함을 뜻한다.

만약 실업의 위험이 전혀 없었더라면 확정소득 Y^0를 얻고 b점에서 $U(Y^0)$의 효용을 가졌을 것이다. 그러나 실업의 위험이 존재함에 따라 효용이 dc선 상의 $EU(PY)$ 수준으로 떨어졌다. 앞서 본 바와 같이, 이와 같은 효용의 감소는 확정소득이 Y^0에서 $\{Y^0-\beta\}$로 감소한 것과 같은 효과를 갖는다. 여기서 β는 위험의 존재로 인한 소득감소에 해당하므로 이를 위험비용이라 부르기로 하자.

만약 보험료(α)가 위험비용(β)보다 크다면 횡축에서 $\{Y^0-\alpha\}$가 $\{Y^0-\beta\}$의 왼쪽에 위치한다. 따라서 $U(EY^0)$가 cd선 상의 $U(Y^0-\beta)$ 및 $EU(PY)$보다 낮아진다. 이런 경우에는 보험료가 너무 비싸기 때문에 근로자가 고용보험에 가입하려는 경제적 동기를 갖지 않을 것이다. 만약 보험료(α)가 위험비용(β)보다 작다면 횡축에서 $\{Y^0-\alpha\}$가 $\{Y^0-\beta\}$의 오른쪽에 위치한다. 따라서 $U(EY^1)$이 cd선 상의 $U(Y^0-\beta)$ 및 $EU(PY)$보다 높아진다. 이런 경우에는 보험료가 위험비용보다는 낮기 때문에 근로자는 고용보험에 가입하려는 경제적 동기를 갖는다. 보험료를 내고 보험에 가입하는 것이 보험료를 내지 않고 보험의 혜택을 못 받는 것보다 더 높은 효용을 가져오기 때문이다.[23]

4.3 고용보험을 위한 정부개입의 당위성

실업은 크게 다음의 두 가지 측면에서 사회후생을 감소시킨다. 첫째는 사회 전체의 관점에서 본 생산력의 손실이다. 생산 여력이 있었으나 생산하지 못하고 포기해야 했던 재화나 용역에 해당하는 생산가치의 상실이 그것이다.[24] 둘째는

라 하더라도 확률소득일 때의 효용이 확정소득일 때의 효용보다 높다. 이런 경우에는 f점이 c점보다 아래쪽에 위치하게 된다. 만약 위험중립자라면 확정소득과 확률소득의 효용이 동일해 f점과 c점이 서로 일치하게 된다.

23. $EU(PY) < U(EY^1)$
$\Rightarrow U(Y^0-\beta) < U(Y^0-\alpha)$
$\Rightarrow (Y^0-\beta) < (Y^0-\alpha)$
$\Rightarrow \beta > \alpha$

24. 이는 벌 수 있었으나 벌지 못하고 포기해야 했던 요소소득의 상실과 일치한다.

실업자의 관점에서 본 복지의 손실이다. 즉, 가계소득의 감소로 인한 생활수준의 저하 및 정신적 고통으로 인한 효용의 감소를 말한다.

고용보험은 이와 같은 실업의 사회적 비용을 축소시킴으로써 실업으로 인한 사회후생 감소의 폭을 축소시킬 것으로 기대된다. 만약 근로자가 고용보험에 가입하기를 원하고 민간보험회사가 이를 공급할 수 있다면 정부가 직접 고용보험을 공급할 필요가 없을 것이다. 그런데 정부개입이 없이 민간시장에만 이를 맡겨두면 고용보험의 공급량이 너무 적거나 혹은 아예 공급이 중단되는 현상이 발생할 수 있다. 이런 경우에 정부는 사회후생의 증진을 위해 직접 고용보험을 공급하게 된다.[25]

이제 고용보험의 시장이 실패하는 까닭을 사회적 위험으로 인한 파산(破産)의 위험, 과다한 생산비용, 역선택(逆選擇, adverse selection)으로 나누어 고찰해 보자.

4.3.1 사회적 위험으로 인한 파산의 위험

화재보험이나 자동차보험 등의 경우에는 사고의 위험이 상호 독립적으로 발생하는 사적(私的) 위험을 대상으로 하며 가입자 간 연대부담(pooling)을 통하여 위험이 제거된다. 그러나 실업의 위험은 사회구성원 전체 혹은 다수인이 동시적으로 직면하는 사회적 위험에 해당하는 측면이 많으므로 연대부담을 통한 위험제거가 어려워진다.[26] 그러므로 보험회사가 파산의 위험에 직면하게 될 위험이 상당히 크다.

정부가 고용보험을 공급한다고 해서 이러한 문제가 근본적으로 완전히 해결되는 것은 물론 아니다. 그러나 정부는 파산의 위험은 안지 않아도 된다는 장점을 지니고 있다. 고용보험의 적자가 발생할 때에 정부는 화폐 발행, 국공채 발행,

---

25. 우리나라뿐만 아니라 거의 대부분의 국가에서 정부가 고용보험을 공급하고 있다. 그 목적은 ① 사회 전체의 관점에서 본 생산력의 손실 및 ② 실업자의 관점에서 본 복지의 손실을 경감시키고자 함에 있다. 여기서 실업자의 관점에서 본 복지의 손실에 정부가 관심을 갖는 것은 실업자가 향유하는 최소한의 복지를 하나의 사회적 가치재(merit goods)로 인식하는 것이라고 풀이할 수도 있을 것이다.

26. 경기적 실업의 경우에 특히 그러하다. 물론 실업급여 지급기간의 상한선이 정해져 있기는 하나 몇 개월 동안 그 많은 실업자들에게 동시적으로 실업급여를 지급해야 하는 것은 간단한 일이 아니다.

조세징수, 해외차입 등의 방법을 통해 비교적 용이하게 파산을 피할 수 있기 때문이다.

4.3.2 과다한 생산비용

방대한 조직을 필요로 하는 고용보험사업은 막대한 운영경비를 필요로 한다. 이에 따라 기업이 요구하는 보험료(α)가 근로자가 느끼는 위험비용(β)보다 높을 때에는 근로자가 고용보험에 가입하려 하지 않을 것이다. 이는 민간기업의 생산비용이 너무 높아서 보험료(α)를 종축으로 하고 보험서비스의 양을 횡축으로 하는 좌표에서 보험의 공급량과 수요량을 일치시키는 균형보험료가 존재하지 않는 경우에 해당한다. 전 구간에 걸쳐 보험서비스의 공급곡선이 수요곡선보다 높은 곳에 위치하는 경우이다.

그런데 정부는 전국을 대상으로 하는 대규모의 고용보험 공급을 통해 규모경제를 실현함으로써 생산비용을 대폭 낮출 수 있다. 이를 통해 공급곡선을 하향 이동시킴으로써 수요곡선과 공급곡선이 교차하는 곳에서 균형보험료가 존재하게 만들 수 있다. 이런 경우에는 정부가 요구하는 보험료(α)가 근로자가 느끼는 위험비용(β)보다 더 작아질 수 있다.

4.3.3 역선택

실업 확률이 낮은 근로자일수록 스스로 느끼는 위험비용(β)이 상대적으로 작으며, 보험료(α)가 위험비용보다 더 크다고 느끼게 될 것이다. 따라서 이들은 보험료가 상당히 낮아지지 않으면 보험 가입을 기피하게 된다. 반대로 실업 확률이 높은 근로자일수록 보험료가 위험비용보다 더 작게 느껴진다. 따라서 보험 가입을 원하게 될 가능성이 많다.

보험회사는 근로자의 실업 확률에 대해 근로자만큼 잘 알지는 못하며, 알 수 있다 하더라도 그 정보비용이 상당히 클 수 있다. 그러므로 실업 확률에 관계없이 보험료율이 동일하게 된다. 이에 따라 고확률 근로자는 대부분 실업보험에 가입하고 저확률 근로자는 대부분 가입하지 않는 현상이 일어날 수 있다. 이에 따라 보험서비스의 생산비용이 높아져서 공급곡선이 상향이동하게 되고, 보험의 공급량과 수요량을 일치시키는 균형보험료가 존재하지 않게 된다. 이는 결국 보험시장의 실패를 초래한다. 보험회사가 기피하는 고확률 근로자들만 보험에 가입하고 보험회사가 선호하는 저확률 근로자들은 보험에 가입하지 않게 되는 이러한 현상을 **역선택**(逆選擇)이라 부른다.

정부는 민간기업과는 달리 모든 근로자에게 보험 가입을 의무화함으로써 역선택을 무효화할 수 있다. 이리하여 정부에 의한 보험서비스의 생산비용을 하향 이동시킴으로써 보험시장을 성립시킬 수 있게 되는 것이다. 현재 우리나라의 고용보험에서도 보험 가입이 법에 의해 의무화되어 있다.

4.4 고용보험의 소득재분배효과

정부가 공급하는 고용보험으로 인해 저소득계층의 효용이 높아지고 고소득계층의 효용은 상대적으로 낮아지는 소득재분배(효용조합의 변경)가 일어난다. 고용보험이라는 수단을 이용하여 사회가 요구하고 기대하는 방향으로 소득재분배가 일어난다는 부수적 효과를 얻게 되는 것이다. 보험급여(실업급여)의 측면과 보험료의 측면으로 나누어 고찰해 보자.

첫째, 보험급여는 대체로 실업의 확률이 높은 저소득계층에게 집중된다. 고용보험으로 인한 혜택이 고용상태가 상대적으로 불안정한 저소득계층에 집중된다는 것이다.

둘째, 고소득계층에 비해 저소득계층의 보험료 부담이 상대적으로 적다. 보험회사의 경우에는 가능한 대로 실업 확률이 높은 근로자에게 더 높은 보험료를 요구하고자 하는 경향을 갖게 된다. 그러나 정부는 강제적으로 모든 근로자에게 급여 총액의 일정 비율에 해당하는 보험료를 부과하거나 혹은 고소득계층에게 오히려 더 높은 비율의 보험료를 부과함으로써 저소득계층의 보험료를 상대적으로 감소시킬 수 있다.

4.5 고용보험으로 인한 노동공급의 감소

고용보험의 부작용으로 가장 중요한 것은 고용보험, 특히 실업급여가 노동공급을 감소시킬 수 있다는 가능성이다. 이를 설명하는 이론적 모형으로 가장 널리 알려진 것이 직장탐색이론(job search theory)이다. 이 모형에서 실업상태에 있는 탐색자는 자기의 심중임금(心中賃金, reservation wage)보다 더 낮은 임금제의(wage offer)에 대해서는 반응하지 않고 심중임금보다 더 높은 임금제의에 대해서는 이를 받아들여 그 직장을 선택한다.[27]

심중임금이란 마음속에 지니고 있는 임금수준이다. 심중임금이 높을수록 실업상태에서의 직장탐색 기간이 길어지고 노동공급은 줄어들게 된다. 그런데 실업급여는 심중임금의 수준에 영향을 미치는 중요한 요인의 하나가 된다. 실업급여가 높을수록 실업상태의 괴로움이 줄어들어 심중임금이 높아진다. 새 직장을 얻지 않고 버틸 수 있는 여유가 커지기 때문에 상당히 높은 임금을 제의받지 않는 한 실업상태를 유지하고자 할 것이기 때문이다. 결론적으로 실업급여는 심중임금을 높임으로써 노동공급을 감소시키게 된다.

단, 이와 같은 결론에는 다음과 같은 문제점이 있다는 점에 유의할 필요가 있다. ① 실업급여로 인한 노동공급의 감소가 일어난다 하더라도 그 규모는 미미할 가능성이 있다. 실업급여의 수급기간이 한정되어 있다는 점을 고려한다면 실업급여의 존재가 심중임금에 중대한 영향을 미치지는 못할 가능성이 있기 때문이다. 실업기간의 초기에는 실업급여로 인해 심중임금이 상승하더라도 실업기간이 길어지면 다시 낮아질 수도 있다. ② 실업급여가 단기적으로 노동공급을 감소시키더라도 장기적으로는 오히려 노동공급을 증가시키는 측면도 고려해야 한다.[28] ③ 실업급여로 인해 노동공급이 감소한다고 해서 반드시 나쁜 것만은 아니다. 노동공급의 감소로 인한 사회후생 감소보다 실직 중의 생활안정으로 인한 사회후생의 증가가 더 클 수도 있다.

27. 심중임금(reservation wage)이라 함은 드러내지 않고 마음속에 숨기고 있는 임금수준을 뜻한다. 원래 영어로 "reservation"은 예약, 예비, 보류, 은닉 등을 의미하는데, 여기서는 마음속에 "은닉"한다는 표현이 원래의 뜻에 가장 가깝다.

28. 조급한 마음으로 새 직장을 구했다가 얼마 안 가서 다시 실직상태에 들어서는 경우에는 장기적인 관점에서 노동공급이 감소할 것이다. 실업급여의 존재로 인해 차분한 마음으로 자신의 능력에 맞는 새 직장을 합리적으로 선택할 수 있는 여유를 갖게 된다면 실업급여가 장기적으로는 오히려 노동공급을 증가시킬 수도 있다는 것이다.

4.6 도덕적 해이로 인한 노동공급의 감소

제5항에서는 고용보험으로 인한 심중임금의 상승이 노동공급을 감소시키는 요인이 될 수 있다는 점에 대해 논의하였다. 그런데 고용보험과 관련한 도덕적 해이(moral hazard)도 노동공급을 감소시키는 요인의 하나가 될 수 있다. 이와 같은 도덕적 해이는 취업기간 중에 나타나는 부분과 실업기간 중에 나타나는 부분으로 나누어 고찰할 수 있다. 첫째, 취업기간 중의 도덕적 해이란 실업급여의 존재로 인해 근로자가 자기의 최선을 다하지 않고 태만하게 근무에 임하거나 손쉽게 이직(離職)을 택하게 되는 심리적 경향을 말한다. 둘째, 실업기간 중의 도덕적 해이란 실업급여의 존재로 인해 근로자가 최선을 다하여 새 직장을 구하지 않게 되는 심리적 경향을 말한다.[29]

이와 같은 도덕적 해이로 인해 노동공급이 감소하고 실업급여의 과다한 수요가 초래될 것이다. 이는 다음의 두 가지 측면에서 경제에 나쁜 영향을 끼치게 된다. 첫째, 노동공급이 감소함으로써 자원배분의 효율을 저해한다. 둘째, 실업급여의 과다한 수요로 인해 고용보험의 존속 자체가 위협받게 된다. 과다한 실업급여의 청구로 인해 보험금의 지급이 대폭 증가하여 고용보험의 수지(收支) 균형이 깨지기 때문이다.

도덕적 해이를 방지하기 위한 장치로는 부분보험(partial insurance)제도가 널리 사용되고 있다. 이는 실업으로 인한 소득감소(X)의 일부는 보험자(국가)가, 나머지 일부는 피보험자(근로자)가 부담하는 위험분담(risk sharing)에 해당한다. 고용보험에서 최종급여(X) 수준의 50%가 실업급여로 지급되는 것이 이러한 부분보험의 한 형태로 볼 수 있다. X 중에서 피보험자가 스스로 부담해야 하는 부분을 "자기부담분"이라 부른다.[30] 자기부담분의 존재로 인해 실직을 당했을 때 실직 전의 생활수준을 완전히 회복할 수 없게 된다. 따라서 근로자는 자기부담분이 전혀 없을 때에 비해 취업기간 중에 더 진지한 태도로 근무에 임하며, 실업기간 중에는 더 열심히 새 일자리를 구하게 된다.

29. 이는 앞에서 본 직장탐색이론과도 관련된다. 즉, 도덕적 해이로 인해 근로자가 느긋한 마음으로 심중임금을 올려잡게 되고 이에 따라 실직상태가 장기화된다는 것이다.

30. 자기부담분을 영어로는 "deductible"이라 부른다. 자동차보험과 같은 손해보험에서는 이러한 형태의 부분보험이 더 널리 행해지고 있다.

5. 건강보험

Public Finance, ch. twenty-one

5.1 우리나라 건강보험의 현황

5.1.1 개요

1976년의 개정 의료보험법에 따라 1977년부터 직장의료보험이 시작되었으며 1979년부터는 공무원 의료보험 및 사립학교 교직원 의료보험이 실시되었다. 1988년부터 농어촌지역 의료보험이, 1989년부터는 도시지역 의료보험이 시작됨에 따라 전 국민 의료보험시대가 개막되었다.

우리나라의 의료보험 적용체계는 최근까지는 보험료 부담과 급여의 형평을 기하기 위하여 소득의 형태, 소득 파악의 용이, 의료이용 정도 등이 유사한 집단별로 보험자(조합, 공단)를 구성하고 각 보험자별 독립채산방식에 의하여 자치운영하도록 하고 있었으나 관리운영의 효율화와 보험료 부담의 형평을 제고하기 위하여 1998년 10월에 지역의료보험과 공무원 · 교직원 의료보험을 통합하였으며, 2000년 7월에 1차 통합체인 국민의료보험관리공단과 직장의료보험을 통합함으로써 의료보험은 단일조직으로 완전 통합됨과 동시에 국민건강보험으로 출범하게 되었다.

우리나라의 건강보험은 사회보험방식에 의하여 재원을 조달함을 원칙으로 하고 있다. 보험료 부과체계에 있어 임금 근로자를 대상으로 하는 공무원 · 교직원 가입자와 직장가입자의 경우에는 소득비례정률제가 적용되고 있으며, 농 · 어민과 도시 자영자의 경우에는 대상이 광범위하고, 소득의 형태가 다양하여 정확한 소득 파악에 어려움이 있어 소득비례정률제 대신 등급별정액제(소득, 재산 등에 따른 7~50등급)를 실시하고 있다.

보험급여의 종류는 가입자 및 피부양자의 질병, 부상 등의 보험사고에 대하여 급여하는 요양급여, 요양비, 분만급여, 분만비, 장제비, 본인부담액보상금, 장애인보호장구 구입비보상금 등이 있다.

가입자 또는 피부양자가 요양급여나 분만급여를 받을 때에는 그 진료비용의 일부를 본인이 부담해야 하며, 그 내용은 입원의 경우 진료비 총액의 100분의 20이고, 외래의 경우에는 요양기관 종별에 따라 30～50%를 차등적용하고 있다.

5.1.2 적용인구 현황

1977년 사업장 근로자를 대상으로 의료보험이 최초로 실시되고 뒤이어 1979년 1월부터 공무원과 사립학교 교직원을 대상으로 한 의료보험도 실시하게 되었으며, 공 · 교 의료보험의 관리운영은 공 · 교 의료보험관리공단이라는 단일 조직이 담당하였다. 공 · 교 의료보험 출범 당시 적용인구는 3,044천 명이었으나, 2013년 현재 적용인구는 4,998만 명으로 사실상 국민 전체에 적용되고 있다.

1981년 직장 근로자의 대다수가 의료보험을 적용받게 되자 일반 자영자에 대한 제도 적용의 필요성이 대두되어 1981년과 1982년 2차에 걸쳐 강원도 홍천군 등 전국 6개 시 · 군을 대상으로 시범사업을 실시하였고, 1988년 1월에는 농어촌지역을 대상으로, 1989년 7월에는 도시지역까지 의료보험 적용대상을 확대함으로써 명실상부한 전 국민 의료보험을 달성하게 되었다. 1989년 최초로 전 국민 의료보험을 시행할 당시에는 지역가입자 수는 1,894만 명이었으나, 2000년 2,349만 명을 정점으로 감소추세로 돌아선 후 2013년 1,498만 명으로 줄어들었다.

5.2 건강보험 가입의 경제적 동기

가계가 건강보험에 가입하고자 하는 경제적 동기는 고용보험에서와 마찬가지로 위험 및 불확실성의 축소에 있다. Y^0원의 소득을 얻고 있는 가계가 발병에 직면할 확률을 p라 하자. 건강 시의 소득은 Y^0원이지만 발병 시에는 소득이 X원만큼 감소하여 $\{Y^0-X\}$원이 된다. 건강보험이 없는 경우에 그의 확률소득(probablistic income ; PY)은 식 (21-6)과 같이 표현된다. 이때 그의 기대소득(expected income ; EY^0)은 $\{p(Y^0-X)+(1-p)Y^0\}$로 표현된다.

$$PY=\begin{cases} Y^0-X, & \text{발병 시 : 확률 } p \\ Y^0, & \text{건강 시 : 확률 } (1-p) \end{cases} \tag{21-6}$$

만약 가계가 보험료 α를 지불하는 대가로 발병 시에 보험금(보험급여) X를 지급받는 조건의 건강보험에 가입한다면 그의 기대소득(EY^1)은 $\{Y^0-\alpha\}$와 같아진다.[31] 그 까닭은 다음과 같다. 보험료를 내기 전의 발병 시 소득 및 건강 시 소득은 각각 $\{Y^0-X\}$ 및 $\{Y^0\}$와 같다. 발병 여부에 무관하게 보험료는 내야 하므로 보험료를 내고 난 뒤의 발병 시 소득 및 건강 시 소득은 각각 $\{Y^0-\alpha-X\}$ 및 $\{Y^0-\alpha\}$로 변한다. 그런데 발병 시에는 X만큼의 보험금을 지급받으므로 보험료와 보험금을 동시에 고려할 때에 발병 시 소득 및 건강 시 소득은 각각 $\{Y^0-\alpha\}$ 및 $\{Y^0-\alpha\}$로 변한다. 즉, 발병 여부에 관계없이 소득은 $\{Y^0-\alpha\}$로 확정되는 것이다.

만약 PY의 기대효용보다 EY^1에서의 효용이 더 크다면 가계는 기꺼이 건강보험에 가입하려 할 것이다. 전자 및 후자를 각각 $EU(PY)$ 및 $U(EY^1)$으로 표기할 때, 이는 각각 $\{pU(Y^0-X)+(1-p)U(Y^0)\}$ 및 $\{U(Y^0-\alpha)\}$와 같다.[32] 앞서 본 [그림 21-3]을 그대로 이용하기로 하자. 만약 발병의 위험이 전혀 없었더라면 확정소득 Y^0를 얻고 b점에서 $U(Y^0)$의 효용을 가졌을 것이다. 그러나 발병의 위험이 존재함에 따라 효용이 $EU(PY)$ 수준으로 떨어졌다. 만약 보험료(α)가 위험비용(β)보다 작다면 $U(EY^1)$이 $U(Y^0-\beta)$ 및 $EU(PY)$보다 높아진다. 이런 경우에는 보험료가 위험비용보다 낮기 때문에 가계는 건강보험에 가입하려는 경제적 동기를 갖는다. 보험료를 내고 보험에 가입하는 것이 보험료를 내지 않고 보험의 혜택을 못 받는 것보다 더 높은 효용을 가져오기 때문이다.

5.3 건강보험을 위한 정부개입의 당위성

발병은 크게 다음의 두 가지 측면에서 사회후생을 감소시킨다. 첫째는 사회 전체의 관점에서 본 생산력의 손실이다. 이는 벌 수 있으나 발병으로 인하여 벌지 못하고 포기해야 하는 요소소득의 상실을 말한다. 둘째는 발병자의 관점에서 본 복지의 손실이다. 즉, 발병기간 중 가계소득의 감소로 인한 생활수준의 저하 및 육체적 고통으로 인한 효용의 감소를 말한다.

31. 현실에 있어서는 보험금이 X보다 적다. 건강보험은 발병으로 인한 소득감소(X)의 일정 비율에 해당하는 금액만을 조합 부담으로 지급하고 있다. 그 나머지를 피보험자가 부담하도록 함으로써 근로자의 도덕적 해이(解弛)로 인한 비효율을 감소시키는 데에도 도움이 된다.

32. 이는 고용보험에서 본 식 (21-4) 및 (21-5)와 같다.

건강보험은 이와 같은 발병의 사회적 비용을 축소시킴으로써 발병으로 인한 사회후생 감소의 폭을 축소시킬 것으로 기대된다. 만약 가계가 건강보험에 가입하기를 원하고, 민간보험회사가 이를 공급할 수 있다면 정부가 직접 건강보험을 공급할 필요가 없을 것이다. 그런데 정부개입이 없이 민간시장에만 맡겨두면 건강보험의 공급량이 너무 적거나 아예 공급이 중단되는 현상이 발생할 수 있다. 이런 경우에 정부는 사회후생의 증진을 위해 직접 건강보험을 공급하게 된다.[33]

이제 건강보험 시장이 실패하는 까닭을 과다한 생산비용 및 역선택(逆選擇, adverse selection)의 두 가지 측면으로 나누어 고찰해 보자. 단, 이 부분은 앞서 고용보험에서 설명된 바와 매우 흡사하므로 간단한 요약으로 대신하고자 한다.

첫째, 과다한 생산비의 문제이다. 건강보험사업에 필요한 방대한 조직과 운영비용으로 인해 보험료(α)가 위험비용(β)보다 더 커져 가계가 가입을 기피하게 될 수 있다. 그런데 정부는 전국을 대상으로 하는 대규모의 건강보험 공급을 통해 규모경제를 실현함으로써 생산비용을 대폭 낮출 수 있다. 이런 경우에는 정부가 요구하는 보험료(α)가 근로자가 느끼는 위험비용(β)보다 더 작아질 수 있다.

둘째, 역선택의 문제이다. 발병 확률이 높은 가계일수록 보험 가입을 더 원하고 발병 확률이 낮은 가계는 보험 가입을 기피하게 될 가능성이 많다. 이에 따라 보험서비스의 생산비용이 높아져서 보험시장의 실패가 초래될 수 있다. 정부는 민간보험사와는 달리 모든 가계의 보험 가입을 의무화함으로써 역선택을 무효화할 수 있다. 현재 우리나라의 건강보험에서도 보험 가입이 법에 의해 의무화되어 있다.

5.4 건강보험의 소득재분배효과

정부가 공급하는 건강보험으로 인해 저소득계층의 효용이 높아지고 고소득계층의 효용은 상대적으로 낮아지는 소득재분배(효용조합의 변경)가 일어난다. 건강보험이라는 수단을 이용하여 사회가 요구하고 기대하는 방향으로 소득재분배

33. 우리나라뿐 아니라 많은 나라에서 정부가 직접 건강보험을 공급하고 있다. 민간보험회사가 공급하는 부분이 없지는 않으나 이는 대체로 정부가 공급하는 건강보험의 보완적 역할 정도에 그치고 있다. 여기서 발병자의 관점에서 본 복지의 손실에 정부가 관심을 갖는 것은 발병자도 최소한의 복지를 향유할 수 있어야 한다는 관점에서 이를 하나의 사회적 가치재(merit goods)로 인식하는 것이라고 풀이할 수도 있을 것이다.

가 일어난다는 부수적 효과를 얻게 되는 것이다. 이를 보험금(보험급여)의 측면과 보험료의 측면으로 나누어 고찰해 보자.

첫째, 보험급여의 혜택을 가장 절실히 필요로 하는 계층은 저소득계층이라 할 수 있다. 저소득계층일수록 평소의 건강관리를 위한 시간과 경제력이 모자라 건강상태가 좋지 못한 경우가 많다. 따라서 보험급여의 혜택은 고소득계층보다 저소득계층이 더 많이 입는다고 말할 수 있다.

둘째, 고소득계층에 비해 저소득계층의 보험료 부담이 상대적으로 적다. 보험회사의 경우에는 가능한 대로 발병 확률이 높은 가계에게 더 높은 보험료를 요구하고자 하는 경향을 갖게 된다. 그러나 정부는 강제적으로 모든 가계에게 소득액의 일정 비율에 해당하는 보험료를 부과하거나 고소득계층에게 오히려 더 높은 비율의 보험료를 부과함으로써 저소득계층의 보험료를 상대적으로 감소시킬 수 있다.

현재 우리나라에서는 건강보험의 재분배효과를 촉진하기 위해 다음과 같은 제도적 장치가 마련되어 있다.

① 직장의보 및 공 · 교 의보에서는 소득이 높을수록 더 높은 비율의 보험료를 부담하는 누진보험료율 체계를 갖는다.
② 직장의보 및 공 · 교 의보와 달리 지역의보의 경우에는 등급별 정액보험료를 부과하고 있다. 이는 도시 자영업자 및 농어촌가계로 이루어지는 지역의보의 대상 가계가 대체로 저소득계층에 속한다는 점에 착안하여 이들의 보험료 부담을 낮추어 주기 위함이다.
③ 지역의보에서는 소득 · 재산 · 가구원 수에 따른 등급별로 정액보험료를 납부하며, 경제적 수준이 높을수록 더 높은 정액보험료를 부담해야 한다.

5.5 도덕적 해이로 인한 의료수요의 증가

건강보험으로 인한 부작용으로서 가장 중요한 것은 피보험자의 도덕적 해이(moral hazard)로 인해 과다한 의료수요가 발생할 수 있다는 가능성이다. 이러한 도덕적 해이는 건강기간과 발병기간 모두에 나타날 수 있는데, 이를 요약하면 다음과 같다.

첫째, 건강기간 중에 가계가 질병의 예방에 최선을 다하지 않고 태만하게 임하게 될 가능성이 있다. 치료비 및 입원비 등의 의료비용이 보험급여에 의해 완전히 지급된다면 가계들이 발병을 두려워하고 예방하려는 마음이 줄어들 수 있다.[34] 이에 따라 건강보험이 없었을 때에 비해 건강에 대한 유의가 줄어들고 발병의 빈도가 더 높아질 수 있다. 이에 따라 의료수요가 증가하게 될 것이다.

둘째, 발병기간 중에는 필요 이상으로 많은 양의 의료서비스가 수요될 수 있다. 또 고가의 장비에 의한 의료서비스와 대형 종합병원이나 명의(名醫)에 의한 의료서비스에 대한 수요가 과다하게 발생할 수도 있다. 이는 치료비 및 입원비 등 의료비용의 상당 부분이 보험급여에 의해 지급되기 때문이다.

도덕적 해이로 인한 의료수요의 증가는 다음의 두 가지 측면에서 경제에 나쁜 영향을 미치게 된다. 첫째, 의료수요의 과다한 증가는 초과부담을 초래하고 자원배분의 효율을 저해한다. 둘째, 의료수요의 과다한 수요로 인해 건강보험의 존속 자체가 위협받게 된다. 과다한 보험급여의 청구로 인해 보험금의 지급이 대폭 증가하여 건강보험의 수지 균형이 깨지기 때문이다.

도덕적 해이를 방지하기 위한 장치로서는 부분보험(partial insurance)제도가 널리 사용되고 있다. 건강보험에서 의료비용의 일정 비율만 보험급여로 지급하고 나머지는 자기부담분으로 하는 제도가 바로 이러한 부분보험에 해당한다. 보험가입자들은 자기부담분이 전혀 없는 경우에 비해 건강기간 중에 더 진지하게 건강에 유의하고 발병기간 중에는 의료서비스에 대한 수요를 자제하게 된다.

6. 연금보험

Public Finance, ch. twenty-one

연금보험은 노령, 장애 또는 사망으로 인한 소득상실의 경우에 연금급여를 제공함으로써 사회적 위험을 분산하고 피보험자의 노후생활 안정을 도모하는 기능을 갖는다.[35] 우리나라의 연금보험은 민간보험회사에 의해 공급되는 개인연금

34. 의료비용에 추가하여 발병기간 중의 노동력 감소로 인한 소득도 보험급여로 지급된다면 도덕적 해이가 더 크게 나타날 것이다. 그러나 민간시장의 암보험 및 건강보험 등과는 달리 정부에서 공급하는 건강보험의 보험급여는 의료비용에 국한된다.

과 정부에 의해 직접 공급되거나 예산지원이 이루어지는 공적(公的)연금으로 나누어진다. 우리나라의 공적연금은 일반 국민을 대상으로 하는 국민연금과 특정 직종의 종사자를 대상으로 하는 공무원연금, 군인연금, 사립학교 교직원연금(私學연금)으로 나누어진다. 공무원연금은 1960년, 군인연금은 1963년, 사학연금은 1975년에 각각 도입되었으나 국민연금은 비교적 최근인 1988년에 도입되었다. 이제 이 중에서 가장 중요성이 높은 국민연금을 중심으로 고찰해 보기로 하자.

6.1 국민연금의 현황

국민의 안정적인 노후생활 보장을 위한 중요한 사회보장제도 중 하나인 **국민연금제도**는 1973년 '국민복지연금법'으로 제정되었으나 그 시행이 미루어져 오다가 1986년 '국민연금법'으로 개정되면서 1988년부터 실시되었다. 국민연금의 당연 적용대상은 도입 당시에는 10인 이상 사업장 근로자로 국한되었으나 1992년 5인 이상 사업장으로 확대되었다. 1999년에는 모든 지역에 대한 연금 확대 적용이 완료되어 전국민 연금시대를 열었으며, 2006년에는 근로자 1인 이상인 모든 사업장으로 적용범위가 확대되었다.

이러한 국민연금제도는 비교적 짧은 역사에도 불구하고 국민건강보험, 고용보험, 산재보험 등과 함께 사회보장체계의 중추적인 역할을 담당하고 있으며 향후에도 전 국민의 노후소득보장체계에서 가장 중요한 역할을 담당할 것으로 예상되고 있다.

국민연금의 급여는 공적연금제도를 운용하는 대부분의 나라에서 설정하고 있는 가입자의 노령으로 인한 소득상실과 불의의 사고로 인한 장애, 사망 등의 경우에 대해 일정 지급요건을 충족하면 지급하는 노령연금, 장애연금, 유족연금이 있고, 여기에 더하여 반환일시금, 사망일시금이 있다. 반환일시금제도는 불가피하게 연금제도에서 이탈하여 연금급여를 받을 수 없는 자에게 청산적인 의미로 지급하는 급여이고, 사망일시금은 유족연금을 수급할 유족이 없는 경우 일정 한도에서 지급하는 장제비 성격의 급여이다.

---

35. 연금보험 외에도 퇴직금제도가 있어 실업기간 및 노후의 생계 유지에 상당한 역할을 하고 있다. 그러나 이는 일시불로 지급되고 그 금액도 지속적으로 노후소득을 제공할 만한 크기는 되지 못하고 있다.

6.2 연금재원의 조달방법

연금 지급에 충당하기 위한 연금재원의 조달에는 적립방식(funded system) 및 부과방식(pay-as-you-go system)이 있다. 적립방식이란 가입자들의 갹출금을 적립하여 기금(基金, fund)을 조성하고 이의 원금 및 운용수익을 이용하여 훗날 자신들의 은퇴기간에 연금재원으로 활용하는 방식이다. 부과방식이란 현재 노동연령에 있는 가입자들의 보험료(갹출료)를 현재 은퇴연령에 있는 가입자들의 연금재원으로 바로 지출하는 식으로, 지속적으로 현재의 노동인구가 현재의 노령인구를 부양하는 방식이다.

우리나라는 적립방식을 채택하고 있다. 미국은 1935년에 우리나라의 국민연금에 해당하는 소위 사회보장제도가 처음 도입된 후 약 4년간은 적립방식을 택하였으나 그후에는 부과방식으로 선회하였다. 그러나 차츰 연금재원이 고갈되고 베이비 붐(baby boom) 세대의 은퇴시기가 다가옴에 따라 크게 위기의식을 느끼게 되었으며 1983년에는 다시 부분적으로 적립방식을 받아들이게 되었다.

우리나라 국민연금의 재원조달방식은 기본적으로 기여원칙에 따른 적립방식으로 납부된 보험료 수입이 연금으로 지급되기까지 기금으로 유지 · 운용되는 정부저축의 형태를 띠고 있다. 연금보험료의 부담은 원칙적으로 가입자가 모든 비용을 부담하는 기여원칙을 따르고 있으며, 사업장 가입자의 경우 사용자와 근로자가 분담하는 것으로 되어 있다. 그러나 이론적으로 볼 때 사용자의 부담분은 그 수준에 관계없이 총노동비용에 포함되며, 결과적으로 근로비용으로 받아들여지고 있다. 현행 사업장 가입자의 연금보험료율은 소득월액의 9%이고 본인과 사업장의 사용자가 각각 4.5%씩 부담한다. 지역 및 임의가입자 역시 9%의 보험료율을 적용받지만 이는 전액 본인부담이다.

우리나라의 국민연금은 제도 도입 시기(1988년)와 완전노령연금 수급의 기준요건(20년 가입)을 고려할 때 노령연금의 본격적 수급이 발생하기 시작한 단계이다. 적립기금은 2013년 말 현재 426조원 9천억원에 이르고, 향후 계속 증가하여 2023년을 정점으로 하향세로 돌아설 전망이다. 현재와 같은 체제를 유지할 경우 2052년 무렵이면 소진될 것으로 예상되고 있다(국회예산처, "2014～2060년 장기재정전망", 2013년, p.28 참고).

6.3 연금보험 가입의 경제적 동기

가계가 연금보험에 가입하고자 하는 경제적 동기는 고용보험 및 건강보험에서와 마찬가지로 위험 및 불확실성의 축소에 있다. Y^0원의 소득을 얻고 있는 가계가 노령, 장애 또는 사망으로 인한 소득상실에 직면할 확률을 p라 하자. 소득유지 시의 소득은 Y^0원이지만 소득상실 시에는 소득이 X원만큼 감소하여 $\{Y^0 - X\}$원이 된다. 연금보험이 없는 경우에 그의 확률소득(probablistic income ; PY)은 식 (21-7)과 같이 표현된다. 이때 그의 기대소득(expected income ; EY^0)은 $\{p(Y^0 - X) + (1-p)Y^0\}$로 표현된다.

$$PY = \begin{cases} Y^0 - X, & \text{소득상실 시 : 확률 } p \\ Y^0, & \text{소득유지 시 : 확률 } (1-p) \end{cases} \tag{21-7}$$

만약 가계가 보험료 α를 지불하는 대가로 소득상실 시에 보험금(연금급여) X를 지급받는 조건의 연금보험에 가입한다면 그의 기대소득(EY^1)은 $\{Y^0 - \alpha\}$와 같아진다.[36] 그 까닭은 다음과 같다. 보험료를 내기 전의 소득상실 시 소득 및 소득유지 시 소득은 각각 $\{Y^0 - X\}$ 및 $\{Y^0\}$와 같다. 소득상실 여부와 무관하게 보험료는 내야 하므로 보험료를 내고 난 뒤의 소득상실 시 소득 및 소득유지 시 소득은 각각 $\{Y^0 - \alpha - X\}$ 및 $\{Y^0 - \alpha\}$로 변한다. 그런데 소득상실 시에는 X만큼의 보험금을 지급받으므로 보험료와 보험금을 동시에 고려할 때 소득상실 시 소득 및 소득유지 시 소득은 각각 $\{Y^0 - \alpha\}$ 및 $\{Y^0 - \alpha\}$로 변한다. 즉, 소득상실 여부에 관계없이 소득은 $\{Y^0 - \alpha\}$로 확정되는 것이다.

만약 PY의 기대효용보다 EY^1에서의 효용이 더 크다면 가계는 기꺼이 연금보험에 가입하려 할 것이다. 전자 및 후자를 각각 $EU(PY)$ 및 $U(EY^1)$으로 표기할 때, 이는 각각 $\{pU(Y^0 - X) + (1-p)U(Y^0)\}$ 및 $\{U(Y^0 - \alpha)\}$와 같다.[37] 앞서 본 [그림 21-3]을 그대로 이용하기로 하자. 만약 소득상실의 위험이 전혀 없었

36. 현실에 있어서는 보험금이 X보다는 적다. 연금보험은 소득상실로 인한 소득감소(X)의 일정 비율에 해당하는 금액만을 조합 부담으로 지급하고 있다. 그 나머지를 피보험자가 부담하도록 함으로써 근로자의 도덕적 해이(解弛)로 인한 비효율을 감소시키는 데에도 도움이 된다.

37. 이는 고용보험에서 본 식 (21-4) 및 (21-5)와 같다.

더라면 확정소득 Y^0를 얻고 b점에서 $U(Y^0)$의 효용을 가졌을 것이다. 그러나 소득상실의 위험이 존재함에 따라 효용이 $EU(PY)$ 수준으로 떨어졌다. 만약 보험료(α)가 위험비용(β)보다 작다면 $U(EY^1)$이 $U(Y^0 - \beta)$ 및 $EU(PY)$보다 높아진다. 이런 경우에는 보험료가 위험비용보다는 낮기 때문에 가계는 연금보험에 가입하려는 경제적 동기를 갖는다. 보험료를 내고 보험에 가입하는 것이 보험료를 내지 않고 보험의 혜택을 못 받는 것보다 더 높은 효용을 가져오기 때문이다.

6.4 연금보험을 위한 정부개입의 당위성

노령 및 장애로 인한 소득상실은 가입자의 생활수준의 저하를, 사망으로 인한 소득상실은 유족의 생활수준의 저하를 초래한다. 연금보험은 이와 같은 소득상실의 사회적 비용을 축소시킴으로써 소득상실로 인한 사회후생 감소의 폭을 축소시킬 것으로 기대된다. 만약 가계가 연금보험에 가입하기를 원하고 민간보험회사가 이를 공급할 수 있다면 정부가 직접 연금보험을 공급할 필요가 없을 것이다. 그런데 정부개입이 없이 민간시장에만 이를 맡겨두면 연금보험의 공급량이 너무 적거나 아예 공급이 중단되는 현상이 발생할 수 있다. 이런 경우에 정부는 사회후생의 증진을 위하여 직접 연금보험을 공급하게 된다.[38]

이제 연금보험 시장이 실패하는 까닭을 사회적 위험으로 인한 파산의 위험, 과다한 생산비용, 그리고 역선택(逆選擇)의 세 가지 측면으로 나누어 고찰해 보자. 단, 이는 대체로 앞서 다른 두 종류의 사회보험에서 설명된 바와 매우 흡사하므로 간단히 요약하는 것으로 그치기로 한다.

첫째, 노령 및 사망의 위험은 특정 세대의 사회구성원 다수인이 거의 동시에 직면하며 그 확률이 거의 완전히 노출되어 있는 사회적 위험에 해당한다. 따라서 연대부담을 통한 위험제거가 어려워지며 보험회사가 파산의 위험에 직면하게 될 위험이 상당히 크다. 이러한 문제는 정부가 이를 공급한다고 해서 근본적으로 달라지는 것은 아니다. 그러나 정부는 파산의 위험은 안지 않아도 된다는 장점을 지니고 있다. 연금보험의 적자가 발생할 때에도 정부는 화폐 발행, 국공

38. 우리나라뿐만 아니라 많은 나라에서 특정 직종의 종사자가 아니라 전 국민을 대상으로 하는 연금보험은 정부에 의해 공급되고 있다. 민간보험회사가 공급하는 부분이 없지는 않으나 대체로 이는 정부가 공급하는 연금보험의 보완적 역할 정도에 그치고 있다.

채 발행, 조세징수, 해외차입 등의 방법을 통해 비교적 용이하게 파산을 피할 수 있기 때문이다.

둘째, 과다한 생산비의 문제이다. 연금보험사업에 필요한 방대한 조직과 운영비용으로 인해 보험료(α)가 위험비용(β)보다 더 커져 가계가 민간연금보험 가입을 기피하게 될 수 있다. 그런데 정부는 전국을 대상으로 하는 대규모의 연금보험 공급을 통해 규모경제를 실현함으로써 생산비용을 대폭 낮출 수 있다. 이런 경우에는 정부가 요구하는 보험료(α)가 근로자가 느끼는 위험비용(β)보다 더 작아질 수 있다.

셋째, 역선택의 문제이다. 소득상실 확률이 높은 가계일수록 보험 가입을 더 원하고 소득상실 확률이 낮은 가계는 보험 가입을 기피하게 될 가능성이 많다. 이에 따라 보험서비스의 생산비용이 높아져서 보험시장의 실패가 초래될 수 있다. 그러나 정부는 민간보험사와는 달리 모든 가계의 보험 가입을 의무화함으로써 역선택을 무효화할 수 있다. 현재 우리나라의 연금보험에서도 보험 가입이 법에 의해 의무화되어 있다.

6.5 연금보험의 소득재분배효과

정부가 공급하는 연금보험으로 인해 각 세대의 소득계층 간에 소득재분배가 일어날 뿐만 아니라 세대 간에도 소득재분배가 일어난다. 제1목 및 제2목에서 이에 대해 각각 논의하기로 하자. 전자의 경우는 연금재원의 조달방법과는 무관하지만 후자의 경우는 연금재원의 조달방법에 따라 그 결론이 크게 달라진다.

6.5.1 세대 내 소득재분배효과

정부가 공급하는 연금보험으로 인해 동일 세대 내에서 저소득계층의 효용이 높아지고 고소득계층의 효용은 상대적으로 낮아지는 효용조합의 변경이 일어난다. 연금보험이라는 수단을 이용하여 사회가 요구하고 기대하는 방향으로 소득재분배가 일어나는 부수적 효과를 얻게 되는 것이다.

이와 같은 효용조합의 변경이 일어나는 까닭은 다음과 같다. 첫째, 저소득계층일수록 갹출료에 대한 연금급여액의 비율이 더 높게 책정되는 경우가 많다. 우리나라의 국민연금에서도 그러하다. 둘째, 은퇴시기의 연금수혜자가 계속해서 보수가 있는 업무에 종사할 때에는 연금급여액이 하향조정된다. 은퇴시기에도 계속해서 그러한 업무에 종사할 확률은 고소득층일수록 더 높다. 이들에 대한 연금급여액이 하향조정됨으로써 더 많은 금액이 저소득층의 연금수혜자에게 돌아갈 수 있게 된다. 이를 통해 소득재분배효과가 발생한다.

6.5.2 세대 간 소득재분배효과

연금보험에 의해 세대 간 효용조합이 어떻게 변경되는지는 연금재원의 조달방법에 따라 달라진다. 적립방식 하에서는 세대 간 효용조합이 변경되지 않는다. 원칙적으로 한 세대가 스스로의 노동연령 중에 적립한 기금을 은퇴 후에 스스로 찾아가는 방식이기 때문이다. 그러나 부과방식 하에서는 노동세대와 은퇴세대 사이에 세대 간 효용조합의 변경이 일어날 가능성이 크다. 현재의 어린이들을 A세대, 현재의 노동세대를 B세대, 현재의 은퇴세대를 C세대라 할 때 다음의 경우에는 A세대보다 B세대에, 그리고 B세대보다 C세대에 유리한 방향으로 효용조합이 변경된다. 즉, 젊은 세대로부터 늙은 세대로 소득재분배가 일어난다는 것이다.

① 시간의 경과에 따라 인구증가율이 점점 높아지는 경우 :

이런 경우에는 C세대보다 B세대의 인구가 더 많고 B세대보다 A세대의 인구가 더 많게 될 것이다. 그러므로 부양하는 세대의 인구가 부양받는 세대의 인구보다 점점 더 많아질 것이다. 현재의 늙은 세대일수록 옛날에 더 적은 인구를 부양했지만 앞으로 더 많은 인구에 의해 부양받게 될 것이다. 따라서 젊은 세대로부터 늙은 세대로 소득재분배가 일어난다.[39]

② 시간의 경과에 따라 1인당 국민소득의 증가율이 점점 높아지는 경우 :

갹출료가 소득에 비례한다고 할 때 B세대는 C세대보다, A세대는 B세대보다 더 많은 갹출료를 부담하게 된다. C세대는 갹출료를 가장 적게 내고 연금급여를 가장 많이 받게 된다. 따라서 젊은 세대로부터 늙은 세대로 소득재분배가

39. 인구증가는 출산에 의한 자연증가만을 뜻하는 것은 아니다. 시간의 경과에 따라 전체 인구 중 경제참여율과 은퇴연령이 높아질수록(예를 들어 60세에서 80세로) 노동세대의 범위가 넓어져 노동세대의 인구증가율도 높아진다.

일어난다.

③ 시간의 경과에 따라 소득 중 갹출료의 비율이 점점 커지는 경우 :

이런 경우에는 각 세대의 1인당 소득이 동일하다 하더라도 *B*세대는 *C*세대보다, *A*세대는 *B*세대보다 더 많은 갹출료를 부담하게 된다. *C*세대는 갹출료를 가장 적게 내고 연금급여는 가장 많이 받게 된다. 따라서 젊은 세대로부터 늙은 세대로 소득재분배가 일어난다.

재원조달이 부과방식으로 이루어지고 앞의 ①～③이 성립하는 경우에는 연금보험에 의해 젊은 세대로부터 늙은 세대로 소득재분배가 일어날 가능성이 크다. 그러나 우리나라의 경우에는 적립방식을 채택하고 있으므로 일단 이러한 형태의 소득재분배가 일어날 가능성이 크지 않다. 부과방식을 채택하는 나라라 하더라도 세대 간 효용조합 변경에 대해 명확한 결론을 내리기는 쉽지 않다. 이는 주로 앞의 ①～③이 서로 상충되는 방향으로 나타날 수도 있다는 사실에서 기인한다.[40]

6.6 도덕적 해이로 인한 조기은퇴

연금보험으로 인한 부작용으로 가장 많이 논의되는 것 중의 하나는 피보험자의 도덕적 해이로 인한 조기은퇴(早期隱退)의 가능성이다.[41] 연금보험이 없었더라면 노동공급을 계속했을 노령 근로자가 연금급여를 일찍 받고 싶은 마음에서 은퇴시기를 앞당길 수 있다는 의미에서 이를 도덕적 해이의 결과로 볼 수 있는 것이다.

연금급여는 노령, 장애 또는 사망의 요인으로 인한 소득상실의 경우에 제공된다. 연금급여를 얻으려는 목적으로 장애 및 사망을 앞당기려 하는 경우는 물론 없을 것이다. 그러나 연금급여를 얻으려는 목적으로 은퇴시기를 앞당길 가능성은 상당 정도 존재한다. 연금급여를 얻기 위해 노령을 앞당기는 것은 생물학적으로 불가능하다. 그러나 노령에 접어든 근로자가 계속 일할 수 있는 기회를 포기

40. 예컨대 많은 선진국에서 보는 바와 같이 인구증가율은 점차 낮아지고 국민소득 증가율은 점점 높아짐으로써 ①과 ②의 효과가 상쇄될 수 있을 것이다.

41. 조기(早期)은퇴를 조기퇴직이라 부르기도 한다.

하고 연금급여를 얻기 위해 은퇴시기를 앞당기는 것은 충분히 가능하다. 조기은퇴는 바로 이러한 현상을 가리키는 것이다.

현재 국민연금에서 노령의 기준은 60세이다. 60세가 되기 전에는 노령연금을 받을 자격이 없다는 것이다. 60세가 넘으면 노령연금이 지급되는데, 그 금액은 은퇴 여부에 따라 달라진다. 즉, 60세가 넘은 사람으로서 은퇴하여 무직자인 경우에는 무직자 노령연금이 지급되며, 60세가 넘은 사람으로서 아직 은퇴하지 않은 재직자인 경우에는 재직자 노령연금이 지급된다.

재직자 노령연금의 경우에는 무직자 노령연금에 비해 더 적은 금액이 지급된다. 무직자 노령연금 금액으로부터 재직소득의 일정 비율을 삭감한 나머지 금액만이 지급되는 것이다. 연금삭감률(t)은 노령 재직자의 연령에 따라 달라진다. 60세이면 50%, 61세이면 40%, 62세이면 30%, 63세이면 20%, 64세이면 10%가 삭감된다. 단, 65세 이상의 경우에는 전혀 삭감되지 않는다. 따라서 재직자 노령연금의 금액이 무직자 노령연금의 금액과 동일하다.[42] 노령연금이 A원이고 재직소득이 wL원일 때 노령 재직자의 연금액은 $\{A - twL\}$로 표현된다. 재직소득(wL) 1원당 t원만큼 연금액이 줄어드는 셈이다. 예를 들어 61세의 노령 재직자라면 삭감률이 40%이므로 연금액이 $\{A - 0.4twL\}$이다.

조기은퇴가 일어나는 원인은 노령연금이 재직소득에 따라 삭감되지 않는 경우와 삭감되는 경우에 각각 다소 상이하게 나타난다. 다음의 (1)에서는 노령연금에 의한 예산선의 변화에 대해 설명한다. (2) 및 (3)에서는 노령연금이 재직소득에 따라 삭감되지 않는 경우와 삭감되는 경우의 조기은퇴가 일어나는 메카니즘에 대해 각각 논의하기로 하자.

(1) 노령연금으로 인한 예산선의 변화

[그림 21-4]에서 N 및 Y는 각각 여가 및 소득을 나타낸다. $\hat{N}$은 부존시간량이며, $\hat{N}$에서 N을 뺀 것이 노동공급(L)이다. 노령연금이 없는 경우 노령 근로자의 예산선이 $c\hat{N}$이며 노령연금이 A, 즉 $P\hat{N}$만큼 주어진다고 하자. 만약 노령연금이 재직소득에 따라 삭감되지 않는다면 노령연금의 지급은 노령 근로자의 예산

42. 연금에는 기본연금과 가급연금이 있는데 가급연금은 가족수당의 형태로 지급된다. 여기서 말하는 연금 금액은 기본연금을 가리킨다. 가급연금은 노령 무직자에게만 지급되고 노령 재직자에게는 전혀 지급되지 않는다.

그림 21-4

재직자 노령연금으로 인한 예산선의 변화

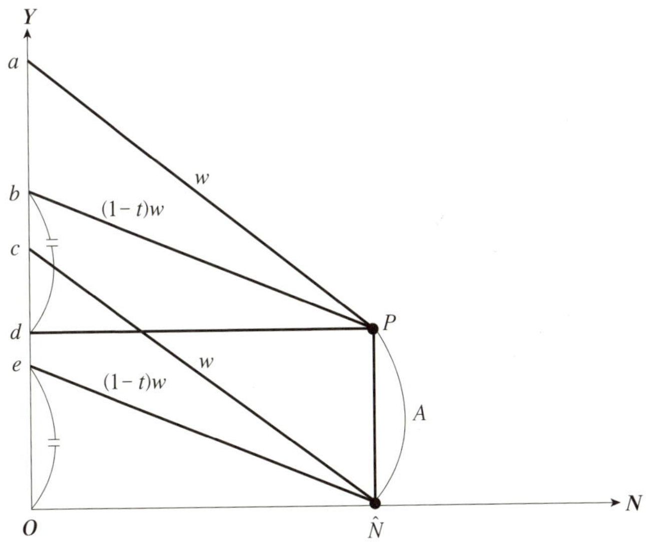

선을 $c\hat{N}$에서 aP로 평행이동시킬 것이다.[43] 그런데 만약 재직소득에 따라 노령연금이 삭감된다면 노령연금의 지급은 예산선을 aP에서 bP로 이동시키게 된다.[44]

(2) 재직소득에 따른 삭감이 없는 경우의 조기은퇴

재직소득에 따른 삭감이 없는 경우 효용극대화를 위한 균형은 G에서 J로 이동하며, 여가수요는 Og에서 Oj로 증가한다. 노동공급이 gj만큼 감소하는 것이다. 예산선의 기울기가 불변이므로 이는 모두 소득효과에 해당한다. 여가가 보통재라는 가정 하에서 노령연금으로 인한 소득증가가 여가수요를 증가시킨 것이다.

gj만큼의 노동공급 감소가 노령연금에 의한 조기은퇴효과이다. 여기서 은퇴라 함은 노동시장에서 완전히 이탈하는 경우뿐만 아니라 노동공급을 감소시키는 경우도 포함하고 있다는 사실에 유의할 필요가 있다. 효용곡선의 형태에 따라 J가 P와 일치할 수도 있는데, 이는 노동공급에서 완전히 이탈하는 형태의 명실상부한 '은퇴'의 경우에 해당한다. 이와 같은 모서리해의 경우에는 $g\hat{N}$만큼의 노동공급 감소가 일어나며, 노동공급이 완전히 중단된다.

43. 이때 삼각형 adP는 삼각형 $cO\hat{N}$과 닮은꼴이다.
44. 이때 삼각형 bdP는 삼각형 $eO\hat{N}$과 닮은꼴이다.

그림 21-5

재직자 노령연금으로 인한 조기은퇴

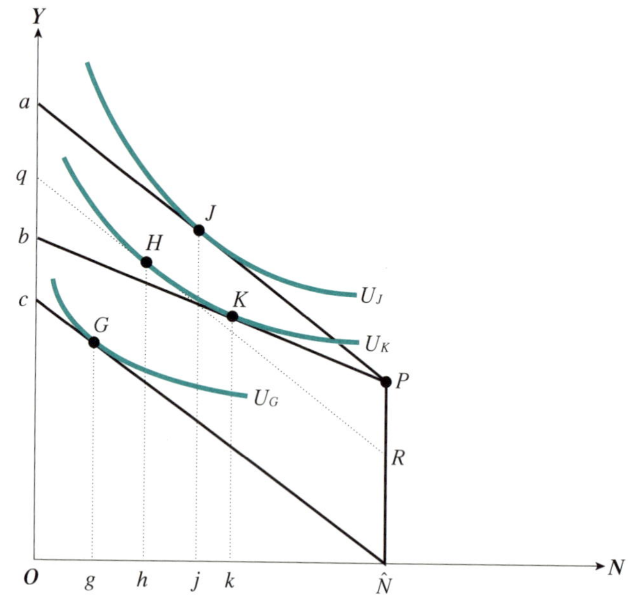

(3) 재직소득에 따라 노령연금이 삭감되는 경우의 조기은퇴

재직소득에 따라 노령연금이 삭감되는 경우 효용극대화를 위한 균형은 G에서 K로 이동하며, 여가수요는 Og에서 Ok로 증가한다. 노동공급이 gk만큼 감소하는 것이다. 이때 예산선의 기울기, 즉 시간당 임금은 연금삭감률(t)을 감안하여 w에서 $(1-t)w$로 떨어진다.[45] 노령연금으로 인한 노동공급의 변화는 소득효과 gh 및 대체효과 hk로 구성된다. 점선 qR은 예산선 $c\hat{N}$과 기울기가 같으며 점 H에서 효용곡선 U_K와 접한다.[46]

소득효과(gh)는 노령연금의 수령으로 인해 더 부유하게 느끼게 됨에 따른 여가수요의 증가, 즉 노동공급의 감소를 말한다. 이는 예산선이 $c\hat{N}$에서 qR로 평행이동했다고 간주할 때 일어나는 여가수요의 변화와 같다. 노령연금으로 노후대

45. 이는 흡사 정부가 근로소득(wL) 1원당 t원을 조세로 징수하는 것과 같은 효과를 나타낸다. 이때 연금삭감률(t)은 재직소득에 대한 암묵적 세율에 해당한다. w원을 임금으로 받을 때마다 노령연금이 tw원만큼 감소하므로, 이는 w원을 임금으로 받을 때마다 tw원을 조세로 내는 것이나 마찬가지라는 것이다.

46. 소득효과 및 대체효과로 인한 노동공급의 변화는 본 장에서 負의 소득세(NIT)와 관련하여 설명된 바와 거의 동일하다.

그림 21-6

재직자 노령연금으로 인한 조기은퇴

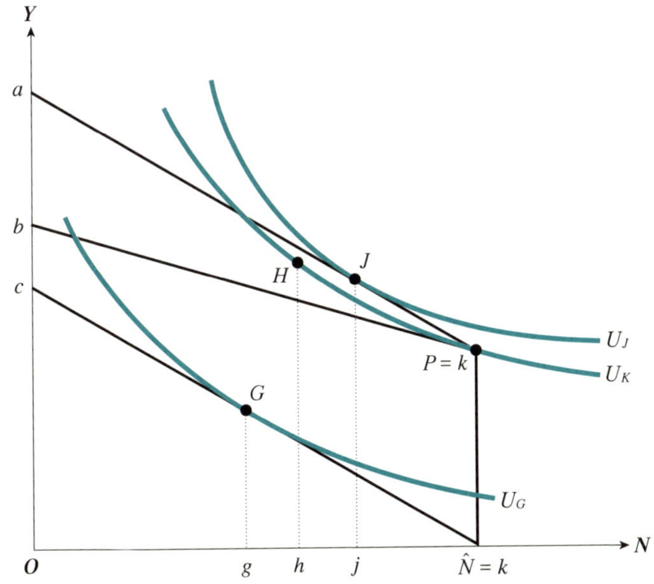

책이 충분히 되는데 편안하게 여가를 즐기지 무엇 하러 힘들여 노동을 많이 하겠느냐는 것이다. 단, 여가는 보통재라고 가정한다.[47]

대체효과(hk)는 노령연금으로 인해 여가의 상대가격이 낮아짐에 따른 여가수요의 증가, 즉 노동공급의 감소를 말한다. 이는 예산선이 qR에서 bP로 이동했다고 간주할 때 일어나는 여가수요의 변화와 같다. 소득(따라서 효용)에는 변화가 없지만 전에 비해 더 낮은 가격으로 여가를 즐길 수 있게 되었으니 그만큼 여가수요를 증가시키게 되는 것이다. 만약 시간당 w원을 벌 수 있다면 Oh만큼의 여가를 수요하겠지만 시간당 $\{1-t\}w$원밖에 벌지 못하므로 여가수요를 Ok의 수준으로 증가시킨다는 것이다.

보통의 경우에는 소득효과(gh)와 대체효과(hk)를 합친 gk만큼의 노동공급 감소가 노령연금에 의한 조기은퇴효과이다. 한편 효용곡선의 형태에 따라 K가 P와 일치할 수도 있는데, 이는 노동공급에서 완전히 이탈하는 형태의 명실상부한 '은퇴'의 경우에 해당한다. 이와 같은 모서리해의 경우에는 $g\hat{N}$만큼의 노동공급 감

47. 만약 여가가 열등재라면 소득효과로 인해 여가수요가 감소하고 노동공급이 증가할 것이다. 이때 소득효과가 대체효과를 상쇄한다면 K점이 G점보다 왼쪽에 위치할 수도 있었을 것이다.

소가 일어나며 노동공급이 완전히 중단된다.

[그림 21-6]은 이와 같이 노령연금으로 인해 노동공급이 완전히 중단되는 현상을 나타내고 있다.[48] 여기서는 노령연금 하의 균형점 K가 꼭지점 P와 일치한다. 균형이 G에서 $P(=K)$로 이동하며 여가수요는 Og에서 $O\hat{N}$으로 증가한다. 노동공급이 $g\hat{N}$만큼 감소하는 것이다. 이는 소득효과 gh 및 대체효과 $h\hat{N}$(즉, hk)으로 구성된다.

6.7 조기은퇴의 경제적 효과

도덕적 해이로 인한 조기은퇴가 어느 정도의 규모로 현실경제에서 일어나고 있는지에 대해서는 실증적 연구를 통해 그 답을 찾을 수밖에 없다. 그러나 이에 대한 결론은 아직 나와 있지 않다. 도덕적 해이로 인한 조기은퇴의 규모는 국민연금이 갖는 부분보험의 특성으로 인해 상당 정도 완화될 것으로 기대된다. 여기서 부분보험이라 함은 소득상실액의 전액이 아니라 약 70%에 해당하는 금액 정도만이 무직자 노령연금으로 지급됨을 이르는 말이다.[49]

조기은퇴로 인한 경제적 영향은 대략 ① 연금급여 수요의 증가로 인한 연금재정의 불안정화, ② 노동공급의 감소, ③ 개인저축의 부분적 증가로 요약될 수 있다. ①은 긴 설명이 필요 없는 자명한 영향이다. 즉, 조기은퇴로 인해 노령연금의 청구가 늘어남에 따라 연금재정의 수지(收支)균형이 깨진다는 것이다. 이에 따라 연금보험의 존속 자체를 위협받을 가능성도 없지 않다.[50] ② 및 ③에 대해서는 제8항 및 제9항에서 각각 다시 언급할 것이다.

---

48. [그림 21-6]은 [그림 21-5]와 동일한 구조지만 그림 설명을 명확하게 하기 위해 각 예산선의 기울기가 더 낮게 그려져 있다. 그리고 점선 qR은 생략하였다.

49. 나머지 30%의 부분은 자기부담분이다. 여기서 자기부담분이라 함은 은퇴 후의 생활수준을 그만큼 낮추어야 함을 의미한다. 부분보험의 특성을 갖는 것은 무직자 노령연금이다. 노령자의 재직소득의 일정 비율을 노령연금액으로부터 삭감하는 재직자 노령연금이 부분보험의 특성을 갖는다고 오해하지 않도록 유의할 필요가 있다.

50. 수입의 증대를 위해서는 보험료(α)를 높여야 하는데 그렇게 되면 가계가 보험 가입을 기피하게 된다. 국가가 강제적으로 가계들의 보험 가입 상태를 유지시킬 수는 있겠지만 그렇게 되면 사회후생의 증진을 위해 시작한 연금보험이 오히려 사회후생을 감소시키는 결과를 빚게 된다.

6.8 연금보험이 노동시장에 미치는 효과

연금보험은 대체로 균형노동량을 감소시킴으로써 경제성장에 불리한 영향을 미칠 수 있는 것으로 분석되고 있다. 이는 다음과 같이 ① 조기은퇴로 인한 노령 근로자의 노동공급 감소, ② 갹출료 부담으로 인한 일반 근로자의 노동공급 감소와 기업의 노동수요 감소로 나누어 고찰된다. ① 및 ②의 각 경우가 공히 연금보험에 의한 균형노동량의 감소를 초래한다.

① 제6항 및 제7항에서 본 바와 같이 조기은퇴로 인해 노령 근로자의 노동공급이 감소한다. 따라서 균형노동량이 감소한다.

② 갹출료 부담으로 인해 일반 근로자의 노동공급 및 노동수요가 동시에 감소하고, 따라서 노동시장에서의 균형노동량이 감소하게 된다. 그 까닭은 다음과 같다. 근로자는 임금의 일정 비율을 갹출료로 부담해야 하는데, 이는 노동공급에 대한 조세의 성격을 갖는다. 노동공급 1단위당 실제로 수령하는 금액이 낮아지므로 노동공급곡선이 좌측으로 이동하게 된다.[51] 사업자 역시 임금의 일정 비율을 갹출료로 부담해야 하는데, 이는 노동수요에 대한 조세의 성격을 갖는다. 노동공급 1단위당 실제로 지출해야 하는 금액이 높아지므로 노동수요곡선이 좌측으로 이동하게 된다.[52] 이와 같이 일반 근로자의 노동에 대한 수요와 공급이 각각 감소하므로 당연히

---

51. 이는 각 임금수준에서 노동공급량이 감소함으로써 기업이 직면하는 노동공급곡선이 좌측으로 이동함을 뜻한다. 노동 1단위의 공급에 따르는 근로자의 한계비효용은 변함이 없으므로 근로자의 갹출료만큼 임금을 올려주어야만 근로자를 고용할 수 있게 되는 것이다. 그런데 이에는 다음의 두 가지 예외를 고려할 수 있다.
첫째, 만약 근로자가 갹출료를 노동공급에 대한 조세로 받아들이지 않고 미래를 위한 강제저축으로 간주한다면 노동공급이 불변일 수도 있다. 여기에는 물론 근로자의 자발적 저축수요가 갹출료보다 높은 수준에 있으며 근로자의 효용함수가 근시안적(近視眼的, myopic)이지 않다는 가정이 필요하다.
둘째, 만약 연금급여가 갹출료에 비례하며, 연금보험의 수익률이 보통의 금융자산의 수익률보다 월등히 높다면 노동공급이 오히려 증가할 수도 있다.
그런데 위와 같은 가정들이 실제로는 잘 성립하지 않는다. 따라서 연금보험이 대체로 노동공급을 감소시킨다는 결론을 유지할 수 있게 되는 것이다.
52. 즉, 근로자가 직면하는 노동수요곡선이 좌측으로 이동한다는 것이다. 노동 1단위의 수요가 생산에 공헌하는 한계생산물에는 변함이 없으므로 근로자에게 돌아오는 금액은 노동의 한계생산물가치(*VMPL*)에서 사업자의 갹출료를 차감한 금액이다.

균형노동량이 감소하게 된다.

6.9 연금보험이 총저축에 미치는 영향

국민경제의 총저축이 줄어들면 경제성장의 속도가 늦춰질 수 있으므로 연금보험이 총저축에 미치는 영향은 매우 중대한 의미를 갖는다. 특히 미국의 경우에는 연금보험에 의한 총저축의 감소가 미국의 경제성장을 저해하는 중요한 요인이 되었다는 분석이 상당한 지지를 얻고 있다.[53] 우리나라에서는 아직 연금보험에 의한 총저축의 감소가 뚜렷이 나타나지 않고 있으나 연금보험 운영의 결과에 따라 총저축이 감소할 가능성이 존재한다.

경제 전체의 총저축이 정부에 의한 공적(公的) 저축 및 개인에 의한 사적(私的) 저축으로 구성된다고 할 때 연금보험은 공적 저축 및 사적 저축에 각각 영향을 미친다. 연금보험이 총저축에 미치는 영향은 이 두 영향을 합계한 것이어야 한다. 먼저 연금보험이 공적 저축에 미치는 영향은 연금보험이 적립방식인지, 부과방식인지에 따라 다르게 나타난다. 연금보험은 적립방식 하에서는 공적 저축을 증가시키고 부과방식 하에서는 공적 저축에 아무런 영향을 미치지 않는다. 적립방식 하에서 공적 저축이 증가하는 것을 "적립효과(funded effect)" 라 부른다. 다음으로 연금보험이 사적 저축에 미치는 영향은 "자산대체효과(asset substitution effect)" 및 "조기은퇴효과" 로 구성된다. 전자는 사적 저축의 감소로, 후자는 사적 저축의 증가로 나타난다. 제1목 및 제2목에서는 연금보험이 공적 저축 및 사적 저축에 미치는 영향을 각각 설명하고 제3목에서는 이를 요약하여 연금보험이 총저축에 미치는 영향에 대한 결론을 맺도록 하자.

---

53. 연방정부가 관리하는 미국의 연금보험은 사회보장제도(social security system)라 불리며, 그 갹출료는 사회보장세(social security tax)라 불린다. 사회보장제도로 인한 총저축의 감소에 있어서는 특히 다음의 연구가 유명하다.
Feldstein, M. S., "Social Security, Induced Retirement and Aggregate Capital Accumulation," *Journal of Political Economy* 82, 1974, pp.905～926 ; "Social Security and Private Saving : Reply," *Journal of Political Economy* 90, 1982, pp.630～642.

6.9.1 연금보험이 공적 저축에 미치는 효과

공적 저축은 정부에 의한 저축을 뜻하는 거시변수이다. 연금보험은 적립방식 하에서는 공적 저축을 증가시키며, 부과방식 하에서는 공적 저축에 영향을 미치지 않는다. 적립방식 하에서는 갹출료(f)가 바로 은퇴세대의 연금급여로 지출되지 않고 근로자의 은퇴 시까지 계속 적립된다. 경제 내에 N명의 근로자가 있다 할 때 당해연도의 공적 저축은 $N \cdot f$에 해당한다. 이와 같이 적립방식의 연금보험 하에서 갹출료의 적립으로 인해 공적 저축이 증가하는 것을 '적립효과(funded effect)'라 부른다. 반면에 부과방식 하에서는 근로세대로부터 징수한 갹출료가 적립되지 않고 은퇴세대의 연금급여를 위해 바로 지급된다. 따라서 이 경우의 공적 저축은 0이다.[54]

6.9.2 연금보험이 사적 저축에 미치는 효과

사적 저축은 민간부문에 의한 저축을 뜻하는 거시변수이며, 개인저축의 개인 간 합계를 말한다. 연금보험이 사적 저축에 미치는 영향을 분석하기 위해서는 다음의 두 단계를 밟을 필요가 있다. 첫째, 연금보험으로 인한 개인저축의 변화를 분석해야 한다. 이는 자산대체효과 및 조기은퇴효과를 포함한다. 둘째, 개인저축의 변화를 개인 간 합계함으로써 사적 저축의 변화를 도출한다. 다음의 (1) 및 (2)에서 먼저 자산대체효과 및 조기은퇴효과에 대해 각각 고찰한 다음, (3)에서는 이 두 효과를 개인 간 합계함으로써 연금보험이 사적 저축에 미치는 영향을 종합하여 요약한다.

(1) 자산대체로 인한 개인저축의 감소

평생주기 모형(life-cycle model)을 이용하여 연금보험이 개인저축에 미치는 영향에 대해 분석해 보자.[55] 단순화를 위하여 개인의 평생을 노동기간과 은퇴기

54. 연금보험제도가 없었더라면 갹출료도 없었을 것이다. 따라서 공적 저축도 당연히 0이 될 것이다. 그러므로 연금보험으로 인한 공적 저축의 증가나 감소는 없는 셈이다.

55. 평생주기(周期) 모형에서는 우선 개인의 평생을 몇 개의 기간 단위로 나눈 다음 개인의 소비 및 소득을 기간별로 어떻게 배분하는 것이 개인의 효용을 극대화할 수 있는지를 분석한다.

간의 두 기간으로 나누기로 하자.[56] 개인은 노동기간 소득의 일부를 저축하여 이로부터 나오는 원리금을 은퇴기간 중의 소득원으로 삼고자 할 것이다. 이는 물론 은퇴기간의 소득이 상당히 낮아지거나 아주 없어질 것을 예상하기 때문이다. 만약 은퇴기간의 소득이 상당 정도로 보장된다면 굳이 노동기간의 소비를 줄여가면서 저축을 하지 않아도 될 것이다.

효용극대화를 위하여 개인은 노동기간 중의 소비를 줄이고 매년 s^*만큼 저축하여 은퇴 시까지 S^*만큼의 자산을 축적하고자 하는 목표를 세운다고 하자. 자산의 원리금으로부터 얻어지는 연간 rS^*만큼의 자산소득이 은퇴기간 중의 소득원이 되는 것이다. 여기서 r은 가칭 원리율(元利率)로 불리며, 이자율(수익률)과는 다소 다른 개념이다. 이자율의 경우에는 은퇴기간 동안 자산소득을 얻고 나서 사망할 때에는 자산의 원금은 그대로 남아 있을 것이다. 그러나 r의 경우에는 은퇴기간 동안 자산소득을 얻고, 사망할 때에는 자산의 원금도 0이 되는 것이다.

노동기간 중 개인저축의 실적을 s라 하고, 이를 통해 은퇴 시까지 축적되는 개인자산의 실적을 S라 하자. 그러면 S의 원리금(元利金)으로부터 은퇴기간 중 매년 rS만큼의 개인소득이 얻어질 것이다. 노동기간 중의 연금저축, 즉 갹출료를 f라 하고 은퇴 시까지 축적되는 갹출료의 총액을 F라 하자.[57] 그리고 은퇴기간 중 매년 dF만큼의 연금소득(연금급여)이 지급된다고 하자. d는 연금보험의 급부율로서 자산수익률 r에 대응하는 개념이다.

개인의 관점에서는 은퇴기간의 소득으로 rS^*만큼의 소득을 확보하는 것이 중요할 뿐, 이것이 rS로부터 얻어지는지, dF로부터 얻어지는지에는 상관하지 않는다. 〈표 21-6〉을 보자.

표 21-6 자산대체로 인한 개인저축의 감소

구분	목표치	연금	개인	대체관계	
저축	목표저축 s^*	연금저축 f	개인저축 $s = s^* - f$	저축대체	자산대체
자산	목표자산 S^*	연금자산 F	개인자산 $S = S^* - F$	자산대체	
소득	목표소득 rS^*	연금소득 dF	개인소득 $rS = rS^* - dF$	소득대체	

56. 여기서는 연금보험 중에서 가장 대표적인 노령연금에 초점을 맞추어 분석하고 있다. 이는 단지 설명의 편의를 위함이며, 여기서의 분석은 장애연금 및 사망연금에도 거의 그대로 적용될 수 있다. 노동기간 및 은퇴기간 대신에 장애연금의 경우에는 건강기간 및 장애기간, 사망연금의 경우에는 생존기간 및 사망기간을 대입하면 된다.

57. F는 개인별 갹출료의 총액을 나타낸다. 경제 내에 N명의 개인이 있으며 각 개인의 갹출료가 동

연금보험이 없을 때에는 개인소득(rS)이 목표소득(rS^*)을 충당할 수 있는 유일한 방법이다. 즉, rS가 rS^*와 일치해야 한다. 같은 이유로 개인자산(S)이 목표자산(S^*), 개인저축(s)이 목표저축(s^*)과 일치해야 한다.

연금보험 하에서는 연금소득(dF)이 존재하므로 개인소득(rS)은 rS^*에서 dF를 뺀 $\{rS^* - dF\}$만을 충당하면 된다. 같은 이유로 S는 $\{S^* - F\}$와, s는 $\{s - f\}$와 일치하게 된다. dF가 클수록 rS가 작아지고, F가 클수록 S가 작아지며, f가 클수록 s가 작아진다.

dF와 rS, F와 S, 그리고 f와 s 사이에는 이러한 대체관계가 존재한다. 이러한 대체관계를 총칭하여 자산대체(asset substitution)라 부른다. 그리고 특히 연금저축(f)이 증가함에 따라 개인저축(s)이 감소하는 현상을 가리켜 자산대체효과(asset substitution effect)라 부르기도 한다.

(2) 조기은퇴로 인한 개인저축의 증가

조기은퇴하는 경우에는 노후를 위한 자산소득의 목표치는 변함이 없어도 저축 및 자산의 목표치는 증가하게 된다. 조기은퇴를 하지 않고 계속 재직하는 경우 65세에 은퇴하고 85세까지 생존할 기대 하에 목표소득(rS^*)은 매년 1,000만원, 이를 위한 목표자산(S^*)은 2억원으로 계획한다고 하자. 또 rS^* 중에서 400만원은 연금소득(dF)으로, 나머지 600만원은 개인소득(rS)으로 충당하기로 계획한다고 하자. 은퇴 후 20년간 매년 600만원을 얻기 위해 필요한 개인자산(S)은 1억원인데 이를 축적하기 위해 필요한 연간 개인저축(s)은 500만원이었다고 가정하자.

이제 계획을 변경하여 60세에 조기은퇴하기로 결정한다고 하면 은퇴기간은 원래의 20년으로부터 5년 늘어난 25년이 된다. 추가적인 5년간 연금소득(dF)은 계속해서 400만원씩 지급받게 될 것이다. 목표소득(rS) 1,000만원을 충당하기 위해서는 매년 600만원씩의 개인소득(rS)이 5년간 더 필요하다. 이를 위해서는 목표자산(S^*)을 증가시켜야 하며, 목표자산을 증가시키기 위해서는 목표저축(s^*)을 증가시켜야 한다.

〈표 21-7〉에 요약된 바와 같이, 목표자산의 추가액을 $\{\alpha \cdot S^*\}$라고 하면

일하다고 가정한다면, 이 둘을 곱하여 얻는 $N \cdot F$는 국민연금의 연금자산 총액을 가리키게 된다.

표 21-7 조기은퇴로 인한 개인저축의 증가

구분	목표치	연금	개인		
			계속 재직 시	조기은퇴 시	증가분
저축	$(1+\alpha)\cdot s^*$	f	$s=s^*-f$	$s=(1+\alpha)\cdot s^*-f$	$\alpha\cdot s^*$
자산	$(1+\alpha)\cdot S^*$	F	$S=S^*-F$	$S=(1+\alpha)\cdot S^*-F$	$\alpha\cdot S^*$
소득	rS^*	dF	$rS=rS^*-dF$	$rS=rS^*-dF$	0

새로운 목표자산은 $\{(1+\alpha)\cdot S^*\}$로 표기된다. 그리고 목표저축의 추가액은 $\{\alpha\cdot s^*\}$, 새로운 목표저축은 $\{(1+\alpha)\cdot s^*\}$로 표기된다. 조기은퇴로 인해 저축의 목표치가 s^*로부터 $\{(1+\alpha)\cdot s^*\}$로 증가하고, 개인저축은 $\{s-f\}$로부터 $\{(1+\alpha)\cdot s-f\}$로 증가하며, 그 증가분은 $\{\alpha\cdot s\}$에 해당한다.

(3) 연금저축이 사적 저축에 미치는 영향

앞의 (1) 및 (2)에서 본 바와 같이, 미시변수인 개인저축은 자산대체로 인해 f만큼 감소하는 반면 조기은퇴로 인해 $\{\alpha\cdot s\}$만큼 증가한다. 경제 내에 N명의 개인이 있다고 할 때 거시변수인 사적 저축은 자산대체로 인해 $\{N\cdot f\}$만큼 감소하고, 조기은퇴로 인해 $\{N\cdot\alpha\cdot s\}$만큼 증가한다. 이를 종합하면 연금보험으로 인해 사적 저축이 $N\cdot\{f-\alpha\cdot s\}$만큼 감소한다. $N\cdot\{f-\alpha\cdot s\}$가 양수인지, 음수인지, 그리고 그 크기가 얼마나 되는지에 대해 선험적 결론을 내리기는 어렵다. 그 결론은 한 국가가 처해 있는 경제상황, 국민의 저축률과 연금보험의 경영능률 등 변수에 따라 달라진다.

6.9.3 연금보험이 총저축에 미치는 효과

이제 〈표 21-8〉을 이용하여 연금보험이 총저축에 미치는 영향에 대해 요약해 보자. 학자에 따라서는 자산대체효과(B)만을 사적 저축으로 간주하는 경우도 있고, 자산대체효과(B) 및 조기은퇴효과(C)를 합쳐서 사적 저축으로 간주하는 경우도 있다. 연금보험이 총저축에 미치는 영향은 전자의 경우에는 적립효과(A) 및 자산대체효과(B)의 합계지만 후자의 경우에는 적립효과(A) 및 자산대체효과(B)와 조기은퇴효과(C)의 합계이다. 〈표 21-8〉의 총저축열에서 전자는 $\{A\cdot B\}$로, 후자는 $\{A\cdot D\}$로 나타나 있다.

표 21-8 연금보험이 총저축에 미치는 영향

구분	공적 저축	사적 저축			총저축	
	적립 효과(A)	자산대체 효과(B)	조기은퇴 효과(C)	자산 · 은퇴 효과(D)	$\{A \cdot B\}$	$\{A \cdot D\}$
적립방식	$+N \cdot f$	$-N \cdot f$	$+N \cdot \alpha \cdot s^*$	$-N \cdot [f - \alpha \cdot s^*]$	① 0	③ $+N \cdot \alpha \cdot s^*$
부과방식	0	$-N \cdot f$	$+N \cdot \alpha \cdot s^*$	$-N \cdot [f - \alpha \cdot s^*]$	② $-N \cdot f$	④ $-N \cdot [f - \alpha \cdot s^*]$

먼저 $\{A \cdot B\}$의 경우, 즉 조기은퇴효과를 감안하지 않는 경우에 연금보험이 총저축에 미치는 영향은 다음과 같이 요약된다. ① 적립방식 하에서는 공적저축은 $N \cdot f$ 만큼 증가하는 대신에 사적 저축은 $N \cdot f$ 만큼 감소함으로써 총저축에는 전혀 변화가 없다. ② 부과방식 하에서는 공적 저축은 변하지 않는데 사적 저축은 $N \cdot f$ 만큼 감소함으로써 총저축도 $N \cdot f$ 만큼 감소하는 것으로 나타난다.

다음으로 $\{A \cdot D\}$의 경우, 즉 사적 저축에 있어 자산대체효과 및 조기은퇴효과를 함께 고려하는 경우에 연금보험이 총저축에 미치는 영향은 다음과 같이 요약된다. ③ 적립방식 하에서는 공적 저축이 $N \cdot f$ 만큼 증가하는 대신에 사적 저축이 $N \cdot \{f - \alpha \cdot s^*\}$만큼 감소함으로써 총저축은 $\{N \cdot \alpha \cdot s^*\}$만큼 증가한다. ④ 부과방식 하에서는 공적 저축은 변화가 없는데 사적 저축이 $N \cdot \{f - \alpha \cdot s^*\}$만큼 감소함으로써 총저축도 $N \cdot \{f - \alpha \cdot s^*\}$만큼 감소하는 것으로 나타난다. 그런데 이 경우 $\{f - \alpha \cdot s^*\}$가 양수인지, 음수인지 알 수 없기 때문에 총저축이 감소하는지, 증가하는지 알 수 없다.

①~④의 어떤 상황을 상정하는가에 따라 연금보험이 총저축에 미치는 효과는 ① {영향이 없다}로부터 ② {감소한다}, ③ {증가한다}, ④ {모른다}에 이르기까지 다양한 결론이 가능하다. 어떤 상황을 상정하는지에 대한 명확한 언급이 없이 일률적으로 연금보험이 총저축에 미치는 영향에 대한 결론을 내리지 않도록 유의해야 할 것이다.

지금까지는 연금제도가 가입자들의 소득 흐름을 변화시킴으로써 가계저축에 영향을 미치는 측면을 고찰하였다.

케이건(P. Cagan)과 카토나(G. Katona)는 더 나아가 연금제도가 근로자들의 의식에도 영향을 미친다고 주장한다.

케이건에 의하면 연금제도의 도입은 사회구성원들에게 노후복지에 대한 관심을 제고시켜 근로자들이 저소득과 질병에 대하여 준비하도록 자극한다.[58] 즉,

연금가입자들은 종전처럼 그들의 노후를 막연히 후손에게 의지하려는 경향에서 벗어나 스스로 미래의 생활안정에 대한 대비를 해야 함을 깨닫게 된다. 특히 핵가족화가 진행되는 사회에 있어서는 연금제도의 홍보효과가 국민들의 잠재적인 저축 욕구를 현실화하는 데에 크게 이바지할 수 있다. 케이건은 연금제도의 이와 같은 범국민적인 교육효과를 인식효과라고 부른다. 우리나라의 연금제도 실시에 즈음한 저축효과에 관한 경험적 연구에서는 이상의 인식효과가 크게 작용하여 저축증대를 유도할 수 있다는 결과가 나오고 있다.

한편 카토나는 목표실현효과를 주장한다.[59] 사람들은 특정 목적을 위한 저축목표가 달성될 수 있다고 여겨지면 그 목표를 성취하기 위해 더욱 많은 저축을 하려는 심리적 경향을 갖고 있다는 것이다. 과거에는 대부분의 가계가 자력으로는 노후생활 안정을 위해 저축할 여력이 없다고 생각하였으나 연금제도 이후에는 국가에서 지원해 주는 연금에 자신들의 저축을 합하면 노후의 안정적 소비생활의 목표를 성취할 수 있다고 믿기 때문에 저축을 증가시킨다는 것이다.

이상과 같이 연금제도는 가계의 자발적 저축에 긍정적 혹은 부정적 영향을 끼치는 여러 가지 요인들을 복합적으로 지니고 있으므로 총체적 파급효과를 이론적으로 규명하기는 어렵다. 이들 이론을 기초로 실증분석이 뒷받침 될 때 비로소 설득력 있는 효과분석이 이루어질 것이다.

연습문제

ch. twenty-one Exercise

01 재분배를 위한 재정수단을 열거하고, 그 한계를 논하시오. (행 30논)

02 재정의 소득재분배 기능을 논하시오. (행 31논)

03 국민연금제도의 제반 경제적 효과를 요약하고, 현행 우리나라 연금제도의 개선방안을 제시하시오.

---

58. Cagan, P., "The Effect of Pension Plans on Aggregate Saving," *NBER*, New York, 1985.
59. Katona, G., *Private Pension and Individual Saving*, Survey Research Center, University of Michigan, 1985.

04 고용보험제도의 이론적 기초를 소개하고, 이 제도의 경제적 효과를 설명하시오.

05 건강보험제도의 경제적 효과를 논의하고, 현행 건강보험제도의 개선방안에 관하여 논술하시오.

06 현금이전지출과 특정상품이전지출의 특성을 비교 · 설명하시오.

07 가계 간 소득조합의 변화, 즉 소득재분배는 사회보장과 공평 등의 논의에서 가장 중심적인 개념이 된다. 효용재분배 혹은 소비재분배가 아닌 소득재분배가 그러한 중심적인 역할을 하게 되는 까닭은 무엇인가?

08 우리나라의 사회보장제도를 구성하는 정책수단에는 어떤 것들이 있는가? 조세, 보조금, 정부서비스로 나누어 설명하시오.

09 우리나라의 사회보장제도를 구성하는 일부로서 사회보험의 체계에 대해 설명하시오.

10 우리나라의 소득분배 상태를 변화시킴으로써 공평성을 증진하고, 이를 통하여 사회후생을 높이고자 한다. 이를 위하여 어떠한 형태의 정부개입, 즉 어떠한 경제정책이 사용될 수 있는지에 대해 구체적으로 설명하시오.

11 월소득이 전혀 없는 A가계, 월소득 10만원의 B가계, 월소득 20만원의 C가계가 있으며 나머지 가계는 모두 20만원 이상의 월소득을 올리고 있다. 소득은 모두 근로소득이며 자본소득은 없다. 시간당 임금은 2,000원이며 이는 모든 가계에 동일하다. 빈곤층으로 분류되는 A가계 및 B가계의 가처분소득을 증가시키기 위한 보조금정책으로 다음 ① 및 ②의 두 가지 방법이 고려되고 있다.

> ① A가계에게는 15.5만원, B가계에게는 5.5만원을 지급함으로써 두 가계의 가처분소득이 각각 15.5만원이 되도록 한다.
>
> ② A가계에게는 14만원, B가계에게는 7만원을 지급함으로써 두 가계의 가처분소득이 각각 14만원 및 17만원이 되도록 한다.

(1) 보조 후 소득을 종축으로 하고 근로시간(혹은 보조 전 소득)을 횡축으로 하는 좌표에 ① 및 ②의 정책을 그림으로 나타내어 보시오.

(2) ① 및 ②의 정책의 특징은 무엇인가?

(3) ① 및 ②의 정책에서 소득에 대한 암묵적 세율(implicit tax rate)은 각각 얼마인가?

(4) ① 및 ②의 정책이 노동공급에 미치는 영향은 각각 무엇인가?

12 우리나라의 공공부조는 어떤 계층을 대상으로 하는 어떤 사업으로 구성되는가?

13 우리나라의 공공부조(公共扶助)에는 현물보조와 현금보조가 있는데, 현금보조는 또 정액현금보조와 정률현금보조로 나누어진다. 정부의 지출액이 동일하다면 현물보조, 정액현금보조, 정률현금보조 중에서 어떤 방법이 수혜자의 효용을 가장 많이 증가시키는가?

14 공공부조(公共扶助)는 최저생활보장사업을 포함한다. 최저생활보장제도의 일부인 생활보호사업은 미국의 AFDC(Aid for Families with Dependent Children)와 그 성격이 비슷하며, 소위 최저소득보장(guaranteed minimum income ; GMI)제도에 해당한다. 負의 소득세와 비교할 때 GMI의 가장 큰 부작용은 무엇인가?

15 협의의 사회안전망이라고 불리는 공공부조제도에 대하여 다음 물음에 답하시오. (2012년 행정고시 기출문제)

(1) 공공부조제도와 사회보험제도의 기본적인 차이점을 설명하시오.

(2) 우리나라에서 공공부조제도에 해당하는 것을 나열하고, 그 경제적 효과를 설명하시오.

(3) 공공부조제도의 문제점을 극복하기 위한 제도들을 설명하시오.

16 정부에서 저소득층에게 소득을 지원하는 정책에는 여러 가지가 있다. 대표적으로 국민기초생활보장제도, 음의 소득세제(negative income tax), 미국의 EITC(earned income tax credit)와 유사한 근로장려세제가 있다. 이 제도들이 수혜계층의 노동공급에 주는 경제적 효과를 중심으로 다음 물음에 답하시오. (2008년 행정고시 기출문제)

(1) 국민기초생활보장제도를 간단히 서술하고, 경제적 관점에서 어떠한 문제점들이 있는지 설명하시오.

(2) 음의 소득세제(negative income tax)의 구조를 간단히 서술하고, 국민기초생활보장제도와 비교할 때 경제적 효과의 차이점을 설명하시오.

(3) 저소득 근로자의 소득 크기에 따라 차별적으로 지원하는 근로장려세제를 간단히

서술하고 경제적 효과를 설명하시오.

17 이전지출의 방식에는 현물보조, 소득보조, 가격보조 등이 있다. 정책의 주안점이 수급자 개인의 후생수준을 향상시키는 데 있을 경우, 이 세 방법이 주는 후생수준을 서로 비교하여 설명하시오. (2006년 입법고시 기출문제)

18 실업을 그 발생원인에 따라 경기적 실업, 구조적 실업, 마찰적 실업, 계절적 실업 등으로 나눈다면 고용보험이 가장 중점적으로 다루고 있는 것은 이 중의 어느 것에 해당하는가?

19 정부개입이 없는 민간시장에서는 고용보험의 균형량이 너무 작아서 효율 달성에 실패할 수 있다. 이런 경우에는 정부가 시장에 개입하여 직접 고용보험의 공급을 담당하게 된다. 이와 같은 시장실패가 일어나는 까닭을 사회적 위험, 과다한 생산비용, 역선택으로 나누어 설명해 보시오.

20 고용보험에 따르는 부작용의 하나로 노동공급의 감소를 들 수 있다. 직장탐색이론(job search theory)을 이용하여 이에 대해 설명해 보시오.

21 고용보험에 따르는 부작용의 하나로 노동공급의 감소를 들 수 있다. 도덕적 해이(moral hazard)의 개념을 이용하여 이에 대해 설명해 보시오. 또 실제의 고용보험에서는 도덕적 해이로 인한 노동공급의 감소를 방지하기 위해 어떠한 제도적 장치를 마련하고 있는지에 대해서도 아는 바를 쓰시오.

22 고용보험을 정부가 공급하는 경우에는 민간기업이 이를 공급하는 경우에 비해 상당한 소득재분배효과를 얻을 수 있다고 한다. 이에 대해 아는 바를 쓰시오.

23 최근 경제위기로 인해 일자리를 잃은 사람들의 실업급여 신청이 크게 늘고 있다. 이에 정부는 취업이 불가능하거나 형편이 특히 어려운 사람에게 현행 제도상 최대 240일까지 가능한 실업급여 기간을 2개월간 연장하도록 했다. 이와 관련하여 다음 물음에 답하시오. (2009년 입법고시 기출문제)

(1) 실업보험제도는 상기와 같은 기간연장과 무관하게 실업기간을 늘리는 유인을 가진다. 그 논리를 수요법칙에 근거하여 설명하시오.

(2) 이제 실업급여 수령액을 추가로 인상한다고 하자. 실업급여 수령액 인상이 가격

보조적 성격을 가짐을 보이고, 그것이 실업기간을 더욱 연장시킬 수 있다는 논리를 제시하시오.

(3) 경기가 급격히 침체되고 있다는 전제 하에서 실업급여 수령액 인상이 자동안정화 장치(automatic stabilizer)로서 기능할 수 있음을 보이시오.

24 정부개입이 없는 민간시장에서는 건강보험의 균형량이 너무 작아서 효율 달성에 실패할 수 있다. 이런 경우에는 정부가 시장에 개입하여 직접 건강보험의 공급을 담당하게 된다. 이와 같은 시장실패가 일어나는 까닭을 과다한 생산비용 및 역선택으로 나누어 설명해 보시오.

25 건강보험을 정부가 공급하는 경우에는 민간기업이 공급하는 경우보다 상당한 소득재분배효과를 얻을 수 있다고 한다. 이에 대해 아는 바를 쓰시오.

26 건강보험에서는 의료비용의 일정 비율만이 보험급여로 지급되고 나머지는 자기부담분으로서 환자가 직접 부담해야 한다. 좀더 완전한 형태의 건강보험이라면 의료비용 전액을 보험급여로 지급하고 자기부담분은 없애도록 발전시켜야 한다는 주장이 있다. 이에 대해 논하시오.

27 연금 지급에 충당하기 위한 연금재원의 조달에는 크게 적립방식(funded system) 및 부과방식(pay-as-you-go system)이 있다. 이에 대해 설명하고 우리나라 국민연금에서는 어떤 방식을 채택하고 있는지에 대해 아는 바를 쓰시오.

28 가계가 자발적으로 연금보험에 가입하기를 원한다면 그 경제적 동기는 어떤 것인가?

29 우리나라의 사회보험은 크게 연금보험과 건강보험, 그리고 고용보험 및 산재보험으로 구성되어 있다. 연금재원의 조달방식은 크게 부과방식과 적립방식이 있다. 현행 우리나라의 국민연금제도는 부담과 급여의 수준이 일정 기간 불완전 균형을 이루는 '부분적립방식'으로 운용되고 있지만, 궁극적으로 부과방식으로 전환될 것으로 예상된다. (2010년 행정고시 기출문제)

(1) 우리나라 국민연금제도가 부과방식으로 전환되어 운영된다는 전제 하에서 국민연금이 총저축률에 미치는 효과에 대해 설명하시오.

(2) 우리나라의 국민건강보험제도의 유형과 특성에 대해 설명하고, 동 제도가 민간저축을 구축할 수 있음을 설명하시오.

30 정부개입이 없는 민간시장에서는 연금보험의 균형량이 너무 작아서 효율 달성에 실패할 수 있다. 이런 경우에는 정부가 시장에 개입하여 직접 연금보험의 공급을 담당하게 된다. 이와 같은 시장실패가 일어나는 까닭을 사회적 위험, 과다한 생산비용, 역선택으로 나누어 설명해 보시오.

31 정부가 연금보험을 공급함에 따라 동일 세대(世代) 내에서 소득계층 간 소득재분배가 일어날 수 있다. 이에 대해 아는 바를 쓰시오.

32 정부가 연금보험을 공급함에 따라 현재세대와 미래세대 사이에 세대 간 소득재분배가 일어날 수 있다. 미래세대에 더 불리하게 세대 간 소득재분배가 일어나는 것은 어떤 경우인가? 이는 바람직한 방향으로의 소득재분배라 할 수 있는가? 그 반대방향의 소득재분배가 일어나게끔, 즉 현재세대에 더 불리하고 미래세대에 더 유리한 방향으로의 소득재분배가 일어나게끔 연금보험제도를 개정할 수 있다면 그렇게 하는 것이 바람직한가?

33 연금보험으로 인해 조기은퇴(early retirement)가 일어날 수 있다. 효용극대화를 추구하는 가입자가 어떤 경로로 조기은퇴를 선택하게 되는지에 대해 설명하시오.

34 연금보험으로 인한 조기은퇴가 경제에 어떤 영향을 미치는지에 대해 설명하시오.

35 국민연금이 노동시장에 미치는 영향을 논하되, 노령 근로자 및 일반 근로자의 노동시장으로 나누어 설명하시오.

36 우리나라의 국민연금제도가 사적 저축에 미치는 영향에 대해 논하되, 자산대체효과 및 조기은퇴효과로 나누어 설명하시오.

37 연금보험제도가 총저축에 미치는 영향에 대해 논하시오.

38 국민연금 기여금의 법적 부담은 고용주(기업주)와 근로자가 각각 50%씩 부담하도록 되어 있다. 노동수요보다 노동공급이 비탄력적이라고 할 때 국민연금 중 고용주 부담분의 경제적 귀착효과에 대하여 설명하시오. (2010년 입법고시 기출문제)

국공채

Public Finance
ch. twenty-two

22

현대사회에서 조세는 시장실패의 치유수단으로서뿐만 아니라 정부활동의 원활한 수행을 위한 중심 재원으로서 그 역할이 지속적으로 확대되어 왔다. 그러나 국가의 재정활동이 점점 확대되면서 조세의 규모가 크게 증가함에 따라 조세저항이 일어나는 등 부작용이 나타나고 있다. 이에 따라 국공채는 조세를 대체하는 재정수입의 보완수단으로서 그 기능이 새롭게 부각되고 있다. 국공채는 말 그대로 국가나 지방자치단체 등이 발행하는 채권을 의미한다. 정부가 채권 발행의 주체가 되어 자금을 조달하게 되며, 이렇게 조달된 자금은 만기일이 되면 갚아야 하는 정부의 빚이 된다.

나라살림은 본래 국민의 세금으로 꾸려나가는 것이 원칙이나 세금만으로 재정을 꾸려나가기가 충분치 않을 때에는 국공채를 발행하게 된다. 국공채는 조세와 함께 중요한 재원조달 수단으로 이용되고 있으며, 특히 주요 선진국의 경우 국공채가 주요한 재정수입원으로 활용되고 있다.

국공채는 세입의 보완수단에 그치는 것이 아니라 자원의 재배분과 통화량의 조정 및 경기조절에 이르기까지 광범위하게 영향을 미치는 새로운 경제정책 수단으로 적극 활용되고 있다. 즉, 국공채는 재정수입의 원천이면서 금융시장에 기준금리를 제공한다.

또한 국채는 시장에서 유통되는 채권의 하나로서 금융시장에 기준금리를 제공하는 기능을 갖고 있다. 시장에서 유통되는 채권에는 국가가 발행하는 국공채, 공기업이 발행하는 공사채, 민간회사에서 발행하는 회사채가 있다. 이 중 국공채는 대표적인 무위험자산이므로 국공채금리는 무위험자산에 대한 시장수익률의 대표적인 지표금리로 통용되고 있다.

미국 · 일본을 비롯한 주요 선진국에서는 제1 · 2차 세계대전 중의 전비 조달과 전후의 적극적인 재정정책 실시에 따른 재정적자를 주로 시장실세금리에 의한 국채 발행을 통해 보전함으로써 국채시장이 규모나 효율성 면에서 가장 발달된 증권시장으로 성장해 왔으며, 국채가 중앙은행 공개시장조작의 주요 대상 증권으로 활용되고 있는 등 직접금융시장인 채권시장의 발전에 크게 기여해 왔다.

우리나라는 그동안 국공채시장이 활성화되지 못하였고, 기업의 리스크가 금융시장에 제대로 반영되지 못하여 회사채 위주로 채권시장 금리가 형성되어 왔으나 점차 국공채 발행규모가 커지고, 금융상품별로 위험도를 고려하는 투자관행이 형성되면서 국공채시장이 채권시장에서 점차 중요한 역할을 담당하고 있다.

본 장에서는 국공채의 의의, 국공채의 경제적 기능 및 경제적 효과, 국공채 부담의 귀착, 그리고 우리나라 국공채시장의 현황 등을 중심으로 살펴보고자 한다.

1. 국공채의 의의

Public Finance, ch. twenty-two

개별 소비자들이 각기 예산의 제약 하에 효용극대화를 위한 소비행위를 하는 것과 마찬가지로 국가 역시 정부예산의 제약 하에 그 활동을 수행한다. 즉, 매년 국가의 총지출은 조세수입과 세외 수입의 합으로 구성되는 총수입의 범위 내에서 이루어진다. 이러한 예산제약식을 간략하게 식 (22-1)로 표시할 수 있다. 여기에서 G는 정부지출, T는 조세수입을 뜻하며, D는 국공채 등 정부 채무를 중심으로 한 세외 수입을 뜻한다.[1]

$$G = T + \Delta D \tag{22-1}$$

조세수입(T)으로 각종 정부지출 수요(G)를 충당할 수 없을 경우 정부는 **국공채**(government securities 혹은 public debt)를 발행하여 민간부문으로부터 자금을 차입하게 된다. 여기서 말하는 국공채란 세출의 재원을 마련하기 위해, 혹은 일시적인 자금부족을 메우기 위해 국가나 지방공공단체가 부담하는 채무를 총칭한다. 다시 말해 유가증권 발행에 의한 협의의 국공채뿐만 아니라 정부의 직접적인 차입금도 포함된다는 것이다.

조세와 국공채는 다 같이 국가 수입이지만 각기 상이한 특성을 지니고 있다. 조세는 국가 재정수입의 가장 보편적이고 중심적인 원천인 동시에 납세자의 입장에서 보면 공공서비스에 대한 일종의 반대급부로서 강제성을 띠고 있다. 이와

---

1. 국공채를 중앙은행에 매각할 경우 이는 통화증발로 나타나며, 이를 독립적인 항목으로 구분하여 식 (22-1)의 예산제약식을 다음과 같이 나타내기도 한다. H는 통화 발행액을 뜻한다.

$$G = T + \Delta D + \Delta H \tag{22-1A}$$

한편 세외 수입은 국공채수입과 공기업수입, 국유재산수입, 행정수입(수수료 및 공공요금)으로 구성된다. 본 절에서는 이 중에서 가장 대표적인 국공채수입만을 분석의 대상으로 삼고 있다.

같은 강제적인 조세부담은 납세자에게 실질소득의 하락을 초래한다.

그러나 국공채의 경우는 원칙적으로 강제성보다는 자발적 교환원리가 적용된다. 국공채는 현재의 수입부족을 메우기 위한 대체적인 수입조달 방법이므로 채무자인 정부는 채권자에게 미래의 기일에 원금을 상환하며, 그때까지의 이자를 지불하는 의무를 부담한다. 따라서 국공채의 경우 조세와는 달리 국공채 구입자의 실질소득이 반드시 감소한다고는 볼 수 없다.

국공채는 정부의 채무인 까닭에 민간채권과는 여러 측면에서 상이하다. 예컨대 국공채는 국가의 신용을 기초로 발행되며 채무부담 및 상환의 조건 등도 국가의 일방적 의사에 의하여 결정된다. 국공채의 소화방법에 있어서는 자발적 교환원리가 적용되는 것이 일반적이지만 때에 따라서는 강제적으로 매각되어 비자발적 교환원리가 적용되기도 한다.[2]

국공채는 또한 공개시장조작을 통한 총수요관리의 수단으로서 경기조정과 경제 안정 및 성장에도 큰 영향을 미치고 있다. 또한 국공채가 민간보유 금융자산의 일부라는 점에서 국공채의 발행은 금융시장과 경제 전반에 파급효과를 유발한다. 이와 같은 국공채의 광범위한 영향과 파급효과로 인하여 국공채 관리정책은 독자적인 경제정책 수단의 하나로서 그 정책적 의의가 새롭게 부각되고 있다.

2. 국공채의 경제적 기능

Public Finance, ch. twenty-two

고전적 경제이론에 의하면 시장의 가격메카니즘이 자원배분을 원활히 수행할 때, 즉 '보이지 않는 손'에 의해 경제활동이 이루어지고 정부의 적극적인 시장개입이 억제될 때 경제적 효율과 국민경제의 균형적 발전을 이루게 된다. 이러한 고전적 경제이론이 지배하던 19세기까지는 재정정책의 중요성이 크게 인식되지 않아 국공채의 역할이 미미했다.

2. 우리나라의 경우 민간의 특정한 행위에 대한 정부의 인 · 허가 및 면허에 특정 공채를 구입하도록 규정하고 있다. 예를 들어 주택을 구입하여 등기를 할 경우 국민주택채권을 구입해야 하고, 전화설치나 자동차등록 시에 지하철공채 등을 매입해야 하는 경우가 이에 해당한다.

국공채 관리를 포함한 적극적인 재정정책이 각광을 받기 시작한 것은 1930년대의 경제공황에 대처하는 수단으로서 케인즈의 유효수요이론에 근거한 재정정책의 경기조절기능이 강조되면서부터이다. 한편 1950년대 이후부터 금융정책의 역할이 중시되고, 특히 최근에는 물가안정에 관한 각국의 관심이 고조됨에 따라 통화공급관리를 통해 물가를 안정시키는 금융정책의 보완수단으로서 국공채의 역할이 재조명되고 있다.

국공채의 기능으로서 가장 중요한 것은 재정적자 보전 기능과 공개시장조작 지원의 기능을 들 수 있다.

2.1 국공채의 재정적 효과 : 재정정책 수단으로서의 국공채 기능

정부의 예산제약을 나타내는 식 (22-1)이나 주 1.의 식 (22-1A)를 살펴보면 국공채 발행에 따른 경제적 효과는 우선 예산제약식의 변화를 통하여 나타난다. 식 (22-1A)를 식 (22-2)와 같이 나타내면 조세수입을 초과하는 정부지출, 즉 재정적자 $\{G-T\}$는 국공채 발행액의 증가(ΔD) 혹은 통화 발행액의 증가(ΔH)에 의해 충당됨을 알 수 있다.

$$G-T=\Delta D+\Delta H \qquad (22-2)$$

따라서 G의 변화는 필연적으로 T, ΔD 또는 ΔH의 변화를 수반한다. 식 (22-2)의 예산제약식에 나타나 있는 4가지 항목 중 3가지에 대해서는 정부가 정책적으로 그것들의 규모를 결정할 수 있으나, 나머지 하나는 식 (22-2)에 따라 내생적으로 결정되어야 한다.

4가지 항목 중 3가지를 독립적으로 선정하는 방법이 4종류, 그리고 4가지 항목 중 2가지를 독립적으로 선정하는 방법이 6종류가 되기 때문에 식 (22-2)를 전제로 할 때, 이론적으로 가능한 정책조합(policy mix)은 모두 10종류이다. 이 중에서 특히 다음의 4가지가 국공채와 관련한 정책조합으로서 많은 논의의 대상이 되어 오고 있다.[3]

① ΔH와 T가 불변인 상태에서 G와 ΔD를 같은 규모, 같은 방향으로 변화시키는 경우이다. 이는 국공채수입의 증감에 따라 정부지출을 증감시키는 경우로 국공채를 통한 재정정책(fiscal policy)의 한 유형이 된다. 이 경우 국공채 발행의 증가는 바로 정부지출의 증가로 연결됨으로써 강력한 재정적 효과를 초래한다.

② G와 ΔH가 불변인 상태에서 ΔD와 T를 같은 규모, 반대방향으로 변화시키는 경우이다. 조세수입을 줄이면서 그 금액만큼의 국공채를 발행하여 보충하거나 조세수입을 늘리면서 그 금액만큼의 국공채를 민간으로부터 매입한다는 것이다. 이 역시 국공채를 통한 재정정책의 한 유형이 된다. 이 경우 국공채 발행의 증가는 바로 조세의 감소로 연결됨으로써 강력한 재정적 효과를 발생시킨다.

③ G와 T는 불변인 상태에서 ΔH와 ΔD를 같은 규모, 반대방향으로 변화시키는 경우이다. 이는 국공채 발행의 증감을 통화 발행의 증감과 반대방향으로 연계시키는 경우로 국공채를 통한 통화정책의 한 유형이 된다.[4] 이 경우 국공채 발행의 증가는 바로 통화량 감소와 연결됨으로써 강력한 통화환수효과를 발생시킨다.[5]

④ ΔH와 ΔD는 불변인 상태에서 G와 T를 같은 규모, 같은 방향으로 변화시키는 경우이다. 이는 정부지출과 조세를 동시에 같은 방향으로 변화시키는 균형재정에 해당한다. 이 경우는 사실상 ① 및 ②가 동시에 시행된 것으로 볼 수 있다. 이때 국공채의 규모에는 변화가 없다는 점에 유의하기 바란다.

경기불황을 벗어나기 위해 재정적자정책을 채택하는 경우 ①과 ② 중에서

3. 이 4종류는 위의 10종류 중 마지막 4종류에 해당한다. 이에 대해서는 다음 서적을 참조하기 바람. 이천표, 『거시경제학이론』, 박영사, 1986, pp.84~85.

4. G와 ΔH가 같은 규모, 같은 방향으로 변동한 경우에는 통화정책과 재정정책이 동시에 시행되는 셈이다. 예컨대 정부지출 G를 증대시키기 위해 국공채를 발행한 다음에 통화량을 늘려 국공채를 다시 매입하는 경우이다. 혹은 단순히 통화증발을 통한 정부지출 증가의 경우로 보아도 좋다.

5. 중앙은행에 의한 국공채의 매매는 통화량 조절을 위한 공개시장조작에 해당한다. 통화량 조절을 위한 수단은 법정지준율 조정, 재할인율 조정, 금리정책, 공개시장조작, 그리고 발권력에 의한 통화증발 등으로 대별된다. 이 중 경제에 대한 충격이 가장 적은 것이 공개시장조작이고 충격이 가장 큰 것이 통화증발이다.

어느 방법이 더 바람직한지의 문제는 많은 논란의 대상이 되어 왔다. ①과 같이 국공채 발행(ΔD)으로 정부지출(G)을 증가시킬 수도 있고, ②와 같이 국공채 발행(ΔD)만큼 조세(T)를 감소시킴으로써 민간소비지출(C)이나 투자지출(I)을 증가시킬 수도 있다는 것이다. 이에 대한 논의는 주로 민간부문의 위축 및 경기부양효과를 중심으로 진행된다.

민간부문의 위축은 ②보다 ①에서 더 크게 나타난다. ①의 경우에는 국공채가 시중에서 소화됨에 따라 이자율을 상승시키고 민간투자를 감소시키며, 결과적으로 민간부문의 비중이 감소한다.[6] 이와 반대로 ②의 경우에는 민간부문의 비중이 증가한다. 예컨대 소득세의 감세는 개인의 가처분소득을 증가시켜 소비를 자극하며, 법인세의 감세는 투자를 활성화시킨다.

경기부양효과는 ① 및 ②에서 공히 나타난다. 그러나 각 방법의 승수효과가 다르기 때문에 어느 쪽의 경기부양효과가 더 큰지에 대해 단정하기는 쉽지 않다. ①에서의 정부지출이 공공투자사업에 사용되는 경우에는 직접적으로 유효수요를 창출함으로써 완전한 승수효과가 나타난다. 그러나 정부지출이 사회복지사업에 사용되는 경우에는 승수효과가 불완전하게 나타난다. 이는 수혜자의 소비성향이 1보다 낮기 때문이다.

②에서의 감세로 인한 승수효과도 불완전하게 나타나기는 마찬가지이다. 이는 소비성향 및 투자성향이 1보다 낮기 때문이다. ①에서의 정부지출이 공공투자사업에 사용되는 비중이 클수록 ①의 경기부양효과가 ②보다 더 크다. ①에서의 정부지출이 사회복지사업에 사용되는 비중이 큰 경우에는 어느 쪽의 경기부양효과가 더 큰지 선험적으로 판단하는 것이 불가능하다.

2.2 공개시장조작정책의 지원 : 금융정책 수단으로서의 국공채 기능

공개시장조작은 중앙은행에 의한 통화정책 수단의 하나이다. 금융시장에서 민간투자가를 대상으로 국공채를 매매함으로써 지급준비금을 증감시키고 이를 통하여 통화정책의 중간목표인 통화량이나 금리를 조절하는 정책수단이다. 공개

---

6. 이와 같이 공공경제활동의 증가에 의해 민간경제활동이 감소하는 현상을 구축효과(驅逐效果 : crowding-out effect)라고 부른다.

시장조작은 정책 시행의 시기 및 규모를 신축적으로 결정할 수 있을 뿐만 아니라 금융시장에 미치는 충격이 비교적 작고, 그 정책효과는 크다는 장점을 갖는다.

그런데 공개시장조작정책이 통화신용정책의 주된 수단으로서의 기능을 원활히 수행하기 위해서는 합리적 금리의 만기구조와 적정 규모의 자본시장의 존재라는 요건이 선행되어야 한다. 국공채시장의 활성화는 합리적 금리의 만기구조를 조성하고 적정 규모의 자본시장을 육성하는 데에 공헌함으로써 공개시장조작정책을 지원하는 결과를 가져오게 된다. 이와 같은 국공채시장의 기능에 대해 차례로 살펴보기로 하자.[7]

합리적인 금리의 만기 구조

금리는 크게 정책당국이 책정하는 규제금리와 자금의 수요와 공급이 일치하는 점에서 형성되는 시장금리로 분류된다. 자본시장의 발달에 따라 규제금리의 중요성은 줄어들고, 자금의 배분과 통화량 결정에 영향을 미치는 시장금리의 중요성은 점점 증가한다.[8] 시장에서 형성되는 시장금리의 종류는 매우 다양하다. 이러한 시장금리를 포괄적으로 반영해 장 · 단기 금리의 연결성과 변동 추이를 나타내는 합리적인 금리의 만기 구조를 확립하는 것은 공개시장조작의 성공을 위하여 가장 중요한 선행요건이라 할 수 있다.

국공채시장의 적정 규모

공개시장조작의 성공을 위해서는 국공채 유통시장의 규모가 상당 수준에 달하지 않으면 안 된다. 반면, 국공채의 발행은 구축효과를 통해 민간투자를 위축시키며 통화증발을 통하여 통화신용정책 전반에 걸쳐 제약조건으로 작용할 수 있다. 이에 따라 어느 정도의 국공채 발행이 가장 적정한 규모인가의 문제는 경제학에서 많은 관심의 대상이 되고 있다. 국공채 발행의 규모 및 구성은 재정정책뿐만 아니라 통화정책에도 영향을 미치는 중요한 문제이다.

국공채 발행은 장기금리의 변동을 초래해 민간투자에 영향을 주게 된다.[9] 최

---

7. 통화신용정책은 통화공급이 단기적인 통화수요의 변화에 부응하면서도 장기적인 통화량 목표에 접근할 수 있도록 수행되어야 한다. 이를 위해서는 공개시장조작이 가장 효과적인 정책수단이라 하겠다. 공개시장조작은 금리와 통화수요의 변동에 직접적으로 영향을 미치면서도 이로 인한 충격은 비교적 작다는 장점이 있다.
8. 단기금융시장, 주식시장 및 채권시장 등으로 구성된 직접금융시장을 자본시장이라 부른다.

근의 실증분석에서 밝혀진 바와 같이 국공채 발행규모와 장기 명목금리는 정의 관계를 갖는다.[10] 투자는 금리의 함수이기 때문에 국공채 발행은 금리에의 영향을 통하여 중요한 투자결정요인의 하나로 작용하게 되는 것이다.

만약 재정적자가 발생할 때마다 세율을 높여서 이를 보전할 수 있다면 국공채를 발행하지 않고서도 재정적자를 보전할 수 있을 것이다. 그러나 세율의 빈번한 변동은 경제에 불필요한 비용을 초래하고 불확실성과 조세저항 등의 문제를 야기하므로 일단 세율을 책정한 후에는 이를 자주 변화시키지 않도록 노력할 필요가 있다.[11]

국공채 발행은 빈번한 세율변동을 피할 수 있다는 장점을 갖는 반면에 구축효과와 통화증발 등의 경제적 비용을 발생시킨다. 국공채 발행의 적정 규모란 세율변동으로 인한 효율비용과 국공채 발행으로 인한 경제적 비용의 합계를 최소화시키는 규모를 뜻한다. 현재의 세율이 적정 세율이라고 가정한다면 국공채 발행의 적정 규모란 정부의 지출, 경제성장 및 물가상승 등이 종전과 같은 증가율을 유지하게 만드는 국공채의 발행규모를 말한다.[12]

---

9. 앞에서 국공채 발행이 경제 전반에 어떠한 영향을 미치는가에 관한 이론을 소개한 바 있으나 여기에서는 케인즈학파의 견해를 가정하여 논리를 전개하기로 한다.

10. 이에 관한 실증적 분석의 결과는 일치된 결과를 나타내지 못하고 있다. 그러나 다음의 두 논문은 명백한 정의 관계를 보여주고 있다.
Tanzi, V., "Fiscal deficit and interest rates in the United States : an empirical analysis 1960～1984," *IMF Staff papers*, Dec., 1985, pp.551～576 ; Hoelscher, G., "New evidence on deficit and interest rates," *Journal of Money*, Credit and Banking, Feb., 1986, pp.1～27.

11. 이에 관한 자세한 논의는 제16장의 최적과세론을 참조하기 바람.

12. 적정 규모의 국공채에 대한 상세한 논의는 다음의 두 논문을 참조하기 바람.
Horrigan, B., "Sizing up the deficit : an efficient tax perspectives, the FRB of Philadelphia," *Business Review*, May/June, 1984, pp.15～25.
Barro, R. J., "On the determination of the public debt," *Journal of Political Economy*, 87, 1979, pp.940～971.

3. 국공채의 경제적 효과

앞에서와 같은 경제적 기능을 수행하는 과정에서 국공채는 이러한 소비 및 투자에 영향을 미침으로써 광범위한 경제적 효과를 발생시킨다. 이에 대해 논의하기로 하자.

3.1 소비증가효과(자산효과)

국공채의 발행은 민간보유 국공채의 잔액을 증가시키며, 만기일이 경과한 국공채의 상환은 국공채의 잔액을 감소시킨다. 국공채의 잔액이 증가함에 따라 민간의 소비지출이 증가하는 현상을 **국공채의 자산효과**(wealth effect) 혹은 **러너효과**(Lerner effect)라고 한다.[13] 국공채 발행이 민간보유 금융자산의 잔액을 증가시킴에 따라 자산보유자는 부유하게 되었다는 심리적 효과를 갖게 되고 이에 따라 소비지출을 증가시키게 된다는 것이다.

비크리(W. Vickrey)는 국공채가 소비지출에 미치는 자산효과를 국공채 착각(public debt illusion)이란 개념을 통하여 설명하고 있다. 국공채 착각이란 민간이 국공채를 인수할 때에 이로 인한 미래의 조세부담을 전혀 예상하지 않기 때문에 국공채의 구입을 금융자산 증가와 동일시하는 현상을 말한다.[14] 뷰캐넌(J. Buchanan), 퍼거슨(J. Ferguson), 헤드(J. Head) 및 숍(C. Shoup) 등의 학자들은 미래조세의 부담을 전혀 예상하지 않은 경우뿐만 아니라 이를 불완전하게 혹은 부정확하게 예상한 경우까지 포함시켜 비크리의 주장을 옹호하였다.[15] 그러

13. Lerner, A. P., "The burden of debt," *Review of Economics and Statistics*, May, 1961.
14. Vickrey, W., "The burden of the public debt : comment," *American Economic Review*, March, 1961.
15. Buchanan, J. M., "Public debt, cost theory and the fiscal illusion," in Ferguson (1964), Public Finance in Democratic Process, Chapel Hill, North Carolina, University of North Carolina Press, 1967 ; Ferguson, J. M.(ed.), *Public Debt and Future Generations*, Chapel Hill, University of North Carolina Press, 1964 ; Head, J. G., "The theory of debt incidence," *Finanze Revista di Dirritto Finanziario & Scienza delle Finanze*, June, 1967 ; Shoup, C. S., Public Finance, London, Weidenfeld and Nicholson, 1969.

나 톰슨(E. Thompson), 베일리(M. Bailey), 그리고 배로(R. Barro)를 비롯한 합리적 기대론자들은 이에 동의하지 않는다.[16] 이들은 경제주체들이 합리적이고 완벽한 예측력(perfect foresight)을 보유하고 있기 때문에 국공채 구입과 동시에 미래의 조세부담을 완전히 예측하게 된다고 주장한다. 국공채의 구입자는 미래의 조세부담으로 인한 소득감소에 대비하여 현재의 저축을 증가시키게 되며, 이에 따라 국공채의 자산효과는 존재하지 않는다고 말한다.

그러나 만약 국공채의 부담이 국공채를 인수한 현재세대에 머무르지 않고 다음 세대로 전가된다고 가정한다면 미래조세의 부담을 완전히 예측한다 하더라도 자산효과는 여전히 존재하게 될 것이다. 그렇다면 국공채 보유가 소비에 미치는 영향의 크기는 어느 정도 국공채 착각이 존재하며, 얼마만큼 국공채 부담의 세대 간 전가가 일어나는지에 따라 달라질 것이다.

3.2 투자감소효과(구축효과)

국공채 잔액의 증가는 통화수요의 증대와 금리의 상승을 통하여 민간투자를 위축시킬 수 있다. 이를 **구축효과**(驅逐效果, crowding-out effect)라고 부른다. 앞서 논의한 바와 같이 케인즈학파는 완전고용 및 안정적 경제성장을 위해 경기순환에 대응하는 적극적 재정정책을 수행해야 한다고 주장하면서 유효수요 증대를 위한 국공채 발행의 역할을 긍정적으로 평가한다.

그러나 미국에서 등장한 신보수주의의 흐름을 이어받은 경제학자들은 이러한 케인즈적 재정정책이 무효할 뿐만 아니라 경제에 해로운 영향을 끼친다고 규정한다. 이들 학자들은 프리드먼(M. Friedman)을 중심으로 하는 통화론자, 그리

16. 이들은 소비자의 합리적 소비행태를 가정하면서 이에 의거하여 국공채 중립성을 제창하였다. 즉, 현재의 국공채 발행은 미래의 조세를 의미하므로 미래의 조세로 인한 소득감소에 대비하기 위해 소비자는 현재저축을 증대시키고 현재소비를 감소시킨다는 것이다. 이들은 이와 같이 국공채 발행과 저축에 1 대 1의 대응관계가 성립하므로 국공채 발행으로 인해 소비증가가 유발되지 않는다고 주장한다.
Thompson, E. A., "Debt instruments in both macroeconomic theory and capital theory," *American Economic Review*, Dec., 1967 ; Bailey, M. J., *National Income and the Price Level*, New York : McGraw-Hill, 1971 ; Barro, R. J., "Are government bonds net wealth," *Journal of Political Economy*, Nov./Dec., 1974 ; Barro, R. J., "On the determination of the public debt," *Journal of Political Economy*, 87, 1979, pp.940～971.

그림 22-1

구축효과

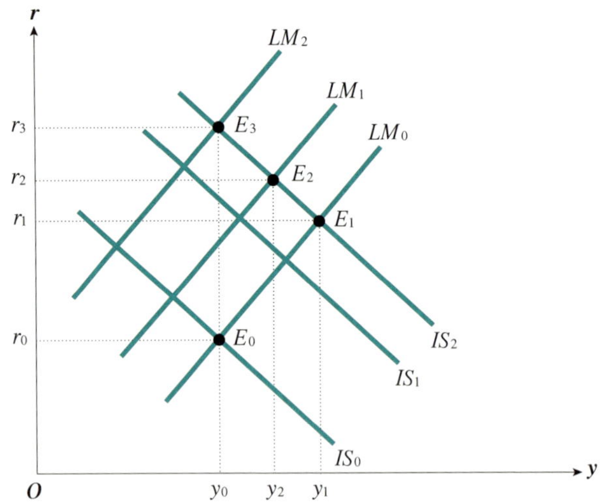

고 루카스(R. Lucas), 사전트(T. Sargent), 월러스(N. Wallace) 등의 합리적 기대론자들이다. 여기서는 이들의 견해를 중심으로 국공채 발행이 민간투자에 미치는 영향에 대해 살펴보기로 한다.[17]

이들은 화폐공급의 증가를 수반하지 않는 재정정책의 효과는 일시적인 효과에 그치며, 그 일시적 효과의 크기도 케인지안들이 주장하고 있는 정도로 크지 않다고 주장한다. 국공채 발행이 통화수요의 증가와 이자율의 상승을 초래하여 민간투자를 위축시키는 구축효과(crowding-out effect)를 낳는다는 것이다.[18] 이들은 또한 이러한 구축효과를 피하기 위해서는 균형재정을 추구하면서 가능한 대로 국공채 발행을 억제해야 한다고 주장하고 있다.

[그림 22-1]을 통하여 이들의 주장에 대해 설명해 보자. 실물시장의 균형을 나타내는 *IS*곡선과 화폐시장의 균형을 나타내는 *LM*곡선이 *E*점에서 교차하며,

17. 이들에 관한 논의는 다음 문헌에 그 기초를 두고 있다.
이형순, 『신거시경제학』, 법문사, 1983, pp.263~270 ; Buiter, W. H., "Crowding out and the effectiveness of fiscal policy," *Journal of Political Economy*, 1977, pp.309~328.

18. 프리드먼의 신화폐수량설에 의하면 화폐수요는 이자율이나 소득뿐만 아니라 자산(부)에 의존한다. 자산이 많을수록 사람들은 이에 상응하는 화폐를 보유하려고 하기 때문에 자산의 일부인 국공채가 증가하면 화폐에 대한 수요도 증가한다는 것이다.

균형 실질국민소득이 y라고 가정하자. 정부지출을 늘리기 위해 국공채를 발행할 때에 국민소득이 과연 어느 정도 증가하느냐가 논의의 초점이다.

① 국공채 발행에 의하여 정부지출이 증가하면 우선 승수효과를 통하여 IS 곡선이 IS에서 IS_1으로 이동한다. 국공채의 자산효과에 의하여 소비지출이 증가함에 따라 IS_1은 다시 IS_2로 이동하게 된다. 새로운 균형이 E_1에서 이루어질 때 이자율은 r_1으로, 실질국민소득은 y_1으로 증가한다. 이것이 케인즈학파가 주장하는 바이다.

② 그런데 프리드먼을 중심으로 한 통화론자들이나 다수의 신고전학파 학자들의 견해는 이와 다르다. 이들은 국공채의 발행으로 인해 화폐수요가 증가함에 따라 LM곡선이 좌상방으로 이동하게 된다고 한다. 이에 따라 이자율이 상승하고 투자지출의 감소로 인해 실질국민소득은 감소한다. LM 곡선이 어느 정도 이동하느냐에 대하여는 선험적으로 말하기 어렵다. 만약 LM_1까지 이동한다면 새로운 균형은 E_2에서 이루어진다. 만약 LM_2까지 이동하게 되면 새로운 균형은 E_3에서 이루어진다. 이때 이자율은 r_3로 상승하고 실질국민소득은 y_0로 환원된다. 정부지출의 증가가 민간투자의 감소에 의해 완전히 상쇄됨으로써 완전한 구축효과를 초래하게 되는 것이다.

4. 국공채 부담의 귀착

Public Finance, ch. twenty-two

자본주의의 발전단계에 따라 정부의 기능과 역할에 대한 평가도 지속적으로 변화해 왔으며, 이와 관련하여 국공채의 기능 및 경제적 효과에 대한 평가 역시 다양한 견해를 나타내고 있다. 이와 같은 평가에 대한 다양성의 상당 부분은 국공채로 인한 경제적 부담이 최종적으로 누구에게 귀착되는지에 대한 판단의 차이에 기인한다. 이것이 바로 이 절에서 논의하게 될 내용이다.

제1항 및 제2항에서는 고전학파 경제학자들의 이론 및 이를 비판하는 신정통파의 이론에 대해 설명한다. 제3항에서는 신정통파 이론에 대한 반론을 소개

하고 제4항에서는 최근에 집약되고 있는 다수 학자들의 견해를 소개하면서 국공채 부담의 귀착에 대한 제이론을 요약한다.

4.1 고전학파 이론

국공채 발행에 관한 고전학파의 견해는 당연히 부정적이었다. 이들은 '보이지 않는 손'에 의해 시장에서 효율이 달성된다고 믿었으며, 정부에 의한 국공채 발행은 민간부문이 생산적으로 사용할 수 있는 자본을 감소시키고 경제적 효율을 저해하는 것으로 이해하였다. 국공채 발행에 의한 정부수입이 비생산적인 소비지출에 충당됨에 따라 자본축적이 저해된다는 것이다.

이와 같은 논리의 연장선상에서 흄(D. Hume), 스미스(A. Smith) 및 밀(J. Mill) 등으로 대표되는 고전학파 경제학자들은 국공채가 결과적으로 미래세대의 조세부담을 가중시킬 것으로 판단하였다.[19] 그리고 국가가 일단 국공채를 발행하기 시작하면 계속적으로 이에 의존하게 되어 결국 상환능력의 상실로 인한 국가파탄을 초래할 것으로 우려하였다. 이는 단순한 경제적 부담보다 더 본질적인 의미에서의 국공채 부담이 미래세대에 전가됨을 뜻한다.

4.2 현세대 부담설 : 신정통파 이론

영국을 중심으로 한 고전학파의 반국공채 논리에 대응하여 독일을 중심으로 하는 정통파(Orthodoxy)의 친국공채 논리가 제기되었다.[20] 케인즈는 독일 정통파의 이론을 보완 · 발전시켰으며, 이에 근거하여 고전학파의 논리를 본격적으로 비판하면서 국공채 발행에 의한 적자재정정책을 옹호했다. 케인즈의 견해는 그 후 한센(A. Hansen), 러너(A. Lerner) 등의 학자들에 의해서 뒷받침되면서 지배

19. 이들은 공채 발행이 자본축적을 저해하여 미래세대의 소득을 저하시킨다는 점과 함께 소득계층 간의 분배상태가 악화될 수 있다는 문제점도 지적하고 있다. 즉, 장기간에 걸친 원리금 상환의 공채부담은 저소득층의 생산적 계급에 귀착되고 원리금 수령자는 비생산적인 부유계층이기 때문에 생산적 계급의 희생 위에 비생산적 계층의 낭비적 경비를 조장한다는 것이다. 환언하면 국공채 발행으로 인해 생산적 자금이 비생산적 자금으로 전환된다는 것이다.

20. 고전학파의 견해는 영국의 산업자본 확립이라는 역사적 조건을 배경으로 산업자본가의 입장을 대변한다고 말할 수 있다. 이에 반해 독일의 디첼(C. Dietzel), 바그너(A. Wagner) 및 쉬플(A. Schffle) 등 정통파 학자들은 국가생산설에 의거해서 국공채 발행을 지지하였다.

적인 이론으로 부각되었다. 1930년대 이후 케인즈의 유효수요이론에 근거한 재정정책의 경기대응적 기능이 강조되면서 국공채 발행은 재정정책의 중심적 정책수단으로 인식되기 시작했다. 이에 따라 케인즈학파의 견해가 지배적으로 받아들여졌으며, 이는 신정통파(New Orthodoxy) 이론으로 알려져 있다.

신정통파 이론에서는 경제공황을 타개하고 지속적 성장을 가능케 한다는 점에서 국공채 발행에 의한 적자재정을 옹호하고 있다. 따라서 국공채 발행을 통하여 장기적으로는 국공채 잔액이 전체 경제규모에서 차지하는 비율을 오히려 감소시킬 수 있다는 견해를 갖는다. 이들은 정통파와 같이 정부의 활동을 생산적으로 간주함으로써 고전학파와 대조적인 입장을 취한다. 또한 과잉자본이 존재하는 성숙한 자본주의사회에서는 국공채 발행이 민간의 유휴자금을 활성화하여 유효수요를 창출함으로써 지속적인 성장을 유지하는 동인이 될 수도 있다고 보고 있다.

이러한 케인지안들의 견해는 국공채 부담의 세대 간 귀착에 있어서도 고전학파와 현격한 차이를 나타낸다. 이들은 국공채 부담이 미래세대에 전가되지 않는다고 본다. 국공채의 원리금 상환을 위해서는 미래세대의 누군가가 조세를 부담해야 하겠지만, 상환되는 원리금을 수령하는 사람 역시 미래세대의 누군가일 것이다. 그렇다면 이는 세대 간 부담의 전가가 아니라 미래세대 구성원 간 구매력의 이전에 불과하다는 것이다.

신정통파 이론의 대표적인 예로서 러너의 주장을 간략하게 소개해 보자.[21] 국공채 발행으로 인해 민간부문의 가용자원이 감소하여 민간소비 및 민간투자가 감소할 수밖에 없다. 러너는 이러한 민간소비 및 민간투자의 감소가 바로 국공채 부담의 진정한 의미라고 보았다.

국공채 발행은 현재세대 민간부문의 가용자원을 감소시키며, 그만큼 국공채 부담이 현재세대에 귀착된다는 것이다. 그런데 현재세대 민간부문의 가용자원을 감소시킨다는 점에서는 완전고용 하에서의 조세 역시 마찬가지이다. 이에 따라 러너는 현재세대에 대한 국공채의 부담이 현재세대에 대한 조세의 부담과 다를 바 없다고 주장한다. 국공채든, 조세든 실질부담은 적자재정의 정부지출이 이루

21. Lerner, A. P., "Functional finance and the federal debt," *Social Research*, Feb., 1943 ; Lerner, A. P., "The burden of the National Debt," in *Income, Employment, and Public Policy*, W. W. Norton, New York, 1948, pp.255~275.

어지는 현재의 시점에서 발생한다. 따라서 그 부담이 현재세대에 귀착될 뿐 미래세대에 전가되지는 않는다는 것이다.[22]

결론적으로 신정통파는 국공채 부담을 국공채 발행에 의한 민간부문의 가용자원 감소로 정의하며, 현재세대의 저축이 감소되지 않는 한 국공채 부담이 현재세대에 귀착된다고 주장한다.[23] 이들은 묵시적으로 완전고용을 가정하며, 개개인의 입장이 아닌 경제 전체의 거시적 입장에서 국공채 부담을 파악하고 있는 것이다.

4.3 미래세대 부담설

뷰캐넌(J. Buchanan)은 국공채 부담을 개개인의 입장에서 고찰함으로써 경제 전반의 입장에서 거시적으로 이를 고찰한 신정통파의 견해를 부정한다.[24] 뷰캐넌에 의하면 국공채의 구입은 미래의 원리금 수령을 예상하면서 미래소비를 위하여 현재소비를 희생하는 것에 해당한다. 따라서 국공채의 구입은 효용극대화를 위한 미래소비와 현재소비의 자발적 대체에 불과하며 현재세대에 대한 실제적 "부담"은 전혀 존재하지 않는다는 것이다. 또한 국공채의 상환시점에서는 미래세대가 조세부담을 안게 되며, 국공채의 진정한 부담은 미래세대가 지게 된다는 것이다.[25]

22. 이러한 견해는 일찍이 리카도(D. Ricardo), 피구(A. Pigou) 등에 의해서 주창되어 왔으며, 러너(Lerner)는 케인지안의 입장에서 이를 계승 · 발전시켰다고 볼 수 있다. 사무엘슨(P. Samuelson)도 같은 입장을 취하고 있다. 리카도는 정부지출이 국공채 발행으로 조달되든, 조세징수로 조달되든 현재세대 소비자의 시기별(intertemporal) 소비계획에 미치는 영향은 동일하다고(equivalence) 본다. 따라서 현재세대의 효용에 미치는 영향도 동일하게 된다. 그렇다면 조세부담이 미래세대에 전가되지 않는 것과 같은 논리로 국공채 부담도 미래세대에 전가되지 않는다는 결론이 나온다. 이를 리카도의 등가원리(Ricardian equivalence)라고 한다. 소비자들이 유산동기를 보유하고 있는 한 국공채에 의한 세대 간 부담의 전가는 발생하지 않는다는 배로(R. Barro)의 견해도 리카도의 견해와 유사한 함의를 갖는다.

23. 만약 국공채를 구입한 현재세대가 국공채 구입비용으로 말미암아 그의 저축률을 감소시키게 된다면 결국 축소된 규모의 자본재를 미래세대에 물려주게 된다. 이로 인해 미래세대의 실질소득이 낮아지며, 그만큼 국공채 부담이 미래세대로 전가된다고 볼 수 있다. 신정통파 이론에서도 이와 같은 저축률 감소로 초래되는 미래세대의 부담은 존재하는 것으로 인정하고 있다.

24. Buchanan, J. M., *Public Principles of Public Debt*, Richard D. Irwin Co., Homewood, Illinois, 1958.

25. 이러한 뷰캐넌의 주장은 국공채 발행에 의한 정부지출의 증가가 공공재의 공급을 통해 미래세대에 편익을 제공함으로써 조세로 인한 미래세대의 부담을 상쇄할 수도 있다는 사실은 전혀 고려하

보엔(W. Bowen), 데이비스(R. Davis) 및 코프(D. Kopf) 역시 뷰캐넌과 같이 국공채의 부담이 미래세대에게 전가된다고 주장한다.[26] 그러나 이들의 주장은 뷰캐넌과는 약간 다른 관점에서 출발한다. 앞서 본 바와 같이 신정통파 이론에서는 국공채로 인해 현재세대의 저축이 감소하지 않는다는 가정 하에서 국공채 부담이 항상 현재세대에 귀착된다고 주장하고 있다. 보엔 등은 바로 이 점에 초점을 맞추어 현재세대의 저축이 감소하든, 감소하지 않든 국공채 부담이 항상 미래세대에 귀착된다는 사실을 증명하려 노력하였다.

이들은 국공채 구입과 은행예금이 완전대체재(perfect substitute)이며, 은퇴 후에는 은행예금을 찾거나 국공채를 미래세대에 판매함으로써 은퇴 후 소비를 위한 소득원으로 삼는다고 보았다. 따라서 현재세대에 있어서 국공채 구입과 은행예금을 합한 저축의 저축률은 국공채 발행에 의해 낮아지지 않는다. 그런데 국공채가 발행되면 원리금 상환을 위해 미래세대가 조세를 부담해야 한다는 사실에는 변함이 없다. 따라서 현재세대의 저축률이 낮아지지 않는 경우에도 국공채 부담이 미래세대에게 귀착된다는 사실이 입증되는 것이다.

모딜리아니(F. Modigliani)와 머스그레이브(R. Musgrave)도 국공채 부담이 현재세대에서 미래세대로 전가된다고 주장한다.[27] 이들은 조세는 개인의 소비를 감소시키는 반면 국공채 발행은 기업의 투자를 감소시키는 경향이 크다고 보고, 이에 따라 국공채 발행은 자본형성을 저해시켜 성장을 둔화시킨다는 견해를 펴고 있다. 자본형성의 저해로 인해 미래세대는 보다 적은 자본을 물려받게 되어 보다 낮은 수준의 소득을 얻게 되므로 국공채 부담은 결국 미래세대에게 귀착된다는 것이다.

고 있지 않다는 비판을 받기도 한다.

Mishan, E. J., "How to make a burden of the public debt," *Journal of Political Economy*, Dec., 1963, pp.537~542.

26. Bowen, W., Davis, R., Kopf, D., "The public debt, a burden of future generation," *American Economic Review*, Sept., 1960.

27. Modigliani, F., "Long-run implication of alternative fiscal policies and the burden of the national debt," *Economic Journal*, Dec., 1961 ; Musgrave, R. A., "A review of public debt and future generations," *American Economic Review*, Dec., 1965.

4.4 리카도의 등가정리

배로(R. Barro)는 현재세대가 의사결정을 할 때는 자신의 후손인 미래세대의 후생수준도 동시에 고려해서 의사결정을 내리는 것이 일반적이라고 주장했다. 즉, 배로는 소비와 저축의 의사결정을 내리는 단위를 생명이 유한한 개인이 아니라 영원히 지속되는 가족으로 보고 있다. 배로에 따르면 현시점에서 30년 만기의 국공채가 발행되면 현재세대는 미래세대의 조세부담 증가를 예상해서 더 많은 유산을 미래세대에게 물려주기 때문에 미래세대가 상환해야 할 공채 부담이 상쇄된다고 한다. 따라서 **리카도의 등가정리**에 의하면 국공채가 발행되더라도 그 부담은 미래세대로 전가되지 않으며 전부 현재세대가 부담한다. 그러나 현실에 있어서 리카도의 등가정리가 성립하는지의 여부는 여러 가지 의문이 제기되고 있다.

4.5 국공채 부담의 귀착에 대한 요약

신정통파에 대한 앞에서와 같은 반론은 시간이 지날수록 그 설득력을 점점 상실해 가고 있는 것으로 판단된다. 최근에는 국공채 부담의 대부분이 현재세대에 귀착된다는 견해가 더 우세한 것으로 나타나고 있다. 현재세대에 귀착되는 부담의 비중은 정부지출의 생산성, 미래 조세부담의 예상으로 인한 국공채 시장가격의 변화폭, 유산동기의 유무 등에 따라 달라질 것이다.[28]

정부지출이 비생산적인 경우에는 국공채 발행에 의한 정부지출로 인해 민간부문의 가용자원이 위축되고 자본형성이 저해됨으로써 국공채 부담의 일부가 미래세대에 전가될 수 있다. 그러나 정부지출이 생산적인 경우에는 미래세대의 소득이 증가되고 미래세대가 공공재 소비의 혜택을 향유할 수 있게 됨으로써 오히

28. 뿐만 아니라 국공채 착각(public debt illusion)의 유무도 이에 영향을 미친다. 카바코-실바(Cavaco-Silva)는 국공채 착각의 개념을 일반화하였다. 그의 논문은 국공채 착각의 유형에 따라서 미래의 상환에 따른 조세부담이 현재의 국공채 시장가격에 어떠한 영향을 미치며, 국공채 상환이 어떠한 세목(稅目)의 과세에 의존하느냐 등에 따라서 부담의 전가 정도가 결정됨을 체계적으로 설명하고 있다.
Cavaco-Silva, A. A., *Economic Effects of Public Debt*, Martin Robertson Co. Ltd., London, 1977.

려 미래세대의 편익이 증가하는 측면도 없지 않다.

미래 조세부담의 예상은 자본시장이 효율적이라는 가정 하에서 자본환원(capitalization)을 통해 국공채의 현재가격을 하락시킨다. 미래 조세부담의 크기만큼 국공채의 현재가격이 하락함으로써 미래 조세부담을 현재세대가 지게 된다는 것이다.[29]

유산동기가 존재하는 경우에는 미래세대에 전가될 것으로 예상되는 국공채 부담만큼의 유산공여가 추가적으로 이루어질 수 있다. 이런 경우에는 국공채 부담을 미래세대가 아닌 현재세대가 지게 된다.

5. 우리나라 국공채 현황 · 문제점 · 개선방안

5.1 우리나라 국공채시장의 현황

5.1.1 국채

우리나라의 국채시장은 외환위기 이후 급속히 성장하는 추세를 보이고 있다. 외환위기 이후 금융구조조정과 경제회복에 소요되는 재정자금 등을 확보하기 위해 국채 발행량이 크게 증가하여 〈표 22-1〉에서와 같이 국채 발행액은 2008년 62조 8천억원에서 2013년 136조 7천억원으로 크게 증가하였으며, GDP 대비 국채 발행 잔액 비중도 2008년 5.7%에서 2013년 9.6%로 증가하였고, 전체 채권발행액에서 국채가 차지하는 비중도 같은 기간 15.5%에서 24.3%로 증가하였다.

---

29. 먼델(Mundell)이나 존슨(Johnson) 등의 경제학자들은 국공채가 공개시장조작 등의 방법으로 매각되고 원리금 상환이 미래의 조세에 의해 이루어진다면 조세부담분만큼 국공채의 시장가격이 하락하는 자본환원(capitalization)이 일어난다고 보았다.
Mundell, R. A., "The public debt, corporate income taxes and the rate of interest," *Journal of Political Economy*, Dec., 1960 ; Johnson, M. G., "Monetary theory and policy," *American Economic Review*, June, 1962.

표 22-1 국채 발행액 추이 및 국가채무 현황 (단위 : 조원, %)

구분	2008	2009	2010	2011	2012	2013
발행액	62.8	96.6	88.6	103.0	111.8	136.7
GDP 대비 비중	5.7	8.4	7.0	7.7	8.1	9.6
총채권발행액 대비 비중	15.5	13.8	15.5	18.6	19.8	24.3

자료 : 기획재정부, 『국채시장 통계』

5.1.2 차입금

국채와 함께 국가가 채무자가 되어 금전적 채무를 지는 것에는 차입금과 국고채무부담행위가 있다.

차입금은 한국은행 등 국내 금융기관, 민간기금 등으로부터 차입하는 국내 차입금과 국제기구, 외국 정부 및 외국 금융기관으로부터 차입하는 해외 차입금으로 구별된다.

국내 차입금 중 한국은행 차입금은 국고 출납 시 일시적으로 발생하는 부족자금을 충당하기 위한 상환기간 1년 미만의 일시 차입금과 상환기간이 1년 이상인 장기 차입금으로 나누어진다. 일시 차입금은 한도액을 매년 예산총칙에 규정하여 국회의 의결을 얻어 시행하고 있으며, 장기 차입금의 경우 재산형성저축장려기금에서만 차입이 이루어지고 있다. 이 외에 재정융자특별회계와 공공자금관리기금에서 국민체육진흥기금, 산업은행 등 민간기금과 금융기관으로부터 차입하고 있다.

해외 차입금은 정부가 국제기구, 외국 정부 및 외국 금융기관으로부터 도입하는 재정차관으로 국내법인, 지방자치단체 등의 차관 도입에 대해 정부가 지급을 보증하는 보증차관과는 구별된다. 재정차관의 도입은 예산총칙에 그 차입 한도를 정하고 있으며 차입선으로는 IBRD 등 국제기구와 미국, 일본 등이 있다.

5.1.3 우리나라 국가채무 규모

앞에서 설명한 국채, 차입금, 국고채무부담행위 등 중앙정부 채무에 지방정부의 채무를 합친 것이 국가채무이다. 1997년 IMF 외환위기 이후 금융구조조정

지원, 실업대책 추진 및 중소기업 지원, 중산층 지원, 외환보유고 확충 등을 위한 재정의 적극적인 경기대응 과정에서 국가채무가 대폭 늘어났다. 정부기준에 따른 중앙정부 채무 추이를 보면 GDP 대비 채무의 비중이 1975년 22.9%에서 1996년 8.8%까지 낮아졌으나, 이후 꾸준히 증가하여 2013년에는 34.3%가 되었다.

표 22-2 국가채무 현황 (단위 : 조원)

구분		2008	2009	2010	2011	2012	2013
국가채무(1+2)		309	359.6	392.2	420.5	443.1	489.8
[GDP 대비 %]		28	31.2	31	31.6	32.2	34.3
중앙정부	계(1)	297.9	346.1	373.8	402.8	425.1	464
	국채	289.4	337.5	367.2	397.1	420	459.5
	차입금	5.3	5.4	3.5	2.5	2.3	1.9
	국고채무부담행위	3.2	3.2	3.1	3.3	2.8	2.7
지방정부 순채무	계(2)	11	13.5	18.4	17.6	18	25.7
적자성 채무	계(1)	132.6	168.7	193.3	206.9	220	253.1
	일반회계	63	97	119.7	135.3	148.6	172.9
	공적자금	49.2	49.5	47	45.7	45.7	46.9
	기타	20.4	22.2	26.6	25.9	25.7	33.3
금융성 채무	계(2)	176.4	190.9	199	213.6	223.1	236.7
	외평기금	94	104.9	120.6	136.7	153	171
	주택기금	45.2	48.5	49.3	48.9	49.6	51.3
	기타	37.3	37.4	29.1	28	20.5	14.4

원자료 : 기획재정부.
자료 : e-나라지표(www.index.go.kr).

표 22-3 국가채무의 국제비교 (단위 : GDP 대비 %)

한국	미국	일본	독일	프랑스	영국	OECD 평균
34.3	109.2	224.2	81.4	110.4	93.3	110.9

자료 : 해외 : OECD, *Economic Outlook*(2014. 11), 한국 : 정부 통계.

1999년 이후 우리 경제가 정상화되면서 재정여건이 빠르게 개선되고 있고, 〈표 22-3〉의 OECD 평균치 110.9%와 비교할 때 우리의 국가채무 수준이 낮은 점 등을 감안할 때 우리의 국가채무는 우리 경제가 충분히 감당할 수 있는 수준이라는 견해도 있으나 선진국의 경험에서도 볼 수 있듯이 한 번 늘어난 국가채무는 줄이기가 어려운 속성을 지니고 있다. 예를 들어 미국은 지난 1969년 시작된 재정적자를 30년만인 1998년에야 흑자로 전환시킬 수 있었고, 일본은 1970년 시작된 재정적자가 오히려 확대되고 있다.

또한 우리의 경우 국민기초생활보장 등 복지지출, 정보화 등 미래에 대비한 지출소요, 금융구조조정 자금의 이자부담 등 재정의 지출소요가 늘어나고 있어 재정여건이 쉽지만은 않은 상황이다.

따라서 정부는 앞으로 국가채무를 줄여나가기 위해 솔선하여 재정을 알뜰하게 운영하는 등 재정건전화 노력을 가속화해 나가야 할 것이다.

이를 위해 우선 재정의 원칙과 규율을 확립하여 재정운영의 효율성을 제고해 나가는 한편, 세출분야별 우선순위를 재점검하고 공공부문의 지속적인 비용절감과 경영혁신을 추진하는 등 과감한 세출 구조조정 노력을 기울여야 한다. 또한 음성탈루소득에 대한 엄정과세, 투명하고 공평한 세정관리 등 세입기반 확충 노력도 강화해 나가야 한다. 그리고 현재 임의규정으로 되어 있는 '중기재정계획' 수립을 의무화하여 재정수지와 국가채무를 체계적으로 관리해 나갈 필요가 있다.

국가채무에 대해서는 지나친 낙관도, 지나친 비관도 바람직하지 않으나 혹시 있을지도 모르는 외부의 충격에 대비하고, 우리 후손에게 무거운 짐을 남겨주지 않기 위해 정부는 건전재정을 확보하고 국가채무를 줄여나가는 일에 최선의 노력을 다해야 할 것이다.

〈참고〉

국가채무는 재정적자가 누적되어 발생한 국가의 부채이다. 국가채무를 정의하는 데는 여러 가지 기준이 있으며, 어느 기준을 선택하는가에 따라 그 규모가 크게 달라진다.

1) IMF 기준

정부(통합재정 일반정부 기준)가 정부 이외(민간, 해외)에 진 채무의 총계에서 정부내부거래 등 중복부채, 화폐 발행 및 금융당국의 부채를 차감하여 계산한다.

2) 국내기준

예산회계법에 따라 중앙정부의 채무만을 국가채무로 계산하고 있다. 현재 중앙정부의 채무통계에는 일반회계 및 특별회계의 국채, 차입금, 공공차관이 포함된다.

5.2 우리나라 국공채 관리의 문제점

국공채 관리정책이 재정자금의 원활한 조달과 경기조절이라는 재정기능과 경기조정을 효과적으로 달성하기 위해서는 금융시장의 발달 등 제도적인 여건이 성숙되어야 함은 물론 경제동향의 정확한 판단과 그에 대응하는 적절한 시책의 탄력적인 운용이 무엇보다도 필요하다. 그렇지 못할 경우 국공채 관리정책은 도리어 재정기능의 경직화를 촉진시키고 인플레를 유발하게 된다.

우리나라의 국공채 관리의 특징과 문제점을 살펴보면 다음과 같다.

첫째, 국공채 발행수준이 선진국에 비하여 미약하여 경기대응적인 기능을 수행하기가 어려울 뿐만 아니라 국공채 발행의 대부분이 특정 사업의 재원조달이나 재정적자의 보전을 위해서 발행되었기 때문에 경기조정에 역기능적 결과를 초래하기도 하였다. 또한 국공채 발행의 규모, 방법, 시기 등 국공채 관리정책에 있어서 신축성과 기민성이 결여되어 금융시장의 유동성이 매우 핍박하고, 경기가 침체된 때 자금경색을 더욱 가중시키거나 또는 인플레 시기에 유동성을 증대하여 경기변동폭을 확대시키기도 하였다.

둘째, 재정자금의 저리(低利) 조달이라는 재정부담의 최소목적 때문에 시장의 실세금리와의 격차가 커 국공채의 시중소화원칙이 확립되어 있지 못하여 공개시장조작 등을 비롯한 국공채의 금융적 기능을 발휘하지 못하고 있다.

최근 단기재정증권의 경쟁입찰방식에 의한 발행 등으로 발행금리가 실세금리에 상당히 접근하였으나 아직도 대부분의 국공채가 금융기관 인수나 강제첨가방법으로 소화되고 있어 금융비용을 증가시키고 금리체계를 왜곡시키고 있는 실정이다.

셋째, 국공채의 종류와 만기 구성이 선진국과 달리 다양하지 못하여 금융자산으로서의 선택 여지가 별로 없으며, 공개시장조작정책 수단으로서의 경제적 기능을 제대로 발휘하지 못하고 있다.

넷째, 국채의 상당 부분을 중앙은행의 직접 인수에 의하여 발행하여 인플레의 요인으로 작용하기도 하였으며, 금융기관의 국공채 보유비중이 너무 높아 국공채 보유의 안정화가 이루어지지 못하고 있다.

다섯째, 국공채의 효율적 관리를 위한 관련 기관 간의 종합적인 조정기능이 제도화되어 있지 못하다는 점이다. 예컨대 지방정부가 고유의 지방재정수요에 충당하기 위한 자금을 조달할 목적으로 지방채를 발행하거나, 중앙은행이 통화안정증권을 발행하거나, 재경부가 국채를 발행하는 경우 발행규모, 조건, 시기 등에 관하여 사전에 종합 검토하고 조정하는 기능이 제도적으로 구체화되어 있지 못하기 때문에 정책효과가 반감되는 우려를 낳고 있다.

5.3 국채시장의 향후 정책방향

향후 우리나라 국채 발행량과 거래량은 지속적으로 증가할 것으로 보이며, 국채 발행의 증가는 유동성 증가에 기여함으로써 국채 거래의 투명화 · 선진화 등 유통시장의 발달을 촉진할 전망이다. 따라서 국채 거래의 투명성을 높이고 공정한 시장금리를 형성하기 위하여 장내시장을 적극 육성해야 하며, 이를 위해 시장참가자의 수요에 맞도록 장내거래시스템을 지속적으로 개선하고, 국채 장내거래 현황을 면밀히 검토하여 시장참가자의 편의성과 참여를 높일 수 있는 방안을 강구하여 장기 금융시장을 육성하고, 연기금 및 보험사 등 장기 자산운용기관의 장기채 수요를 충족하기 위하여 장기 국고채의 발행을 확대할 필요가 있다.

연습문제

ch. twenty-two Exercise

01 국공채 발행이 국민경제에 미치는 영향을 논하시오. (행 17논)

02 국공채의 금융적 효과를 요약하고, 이 효과를 최대화하기 위한 우리나라 국공채 관리정책의 개선방안을 제시하시오.

03 공개시장조작의 대상증권으로서 통화안정증권 및 국채가 갖는 장 · 단점은 무엇인가?

04 국공채시장에 대한 A와 B의 다음 대화를 듣고 나서 이에 대한 자신의 의견을 제시해 보시오.

> A : 중앙은행의 공개시장조작을 위해 국채 및 공채의 시장이 더욱 확대되어야 한다.

B : 공채의 하나인 통화안정증권이 이미 훌륭하게 그 역할을 수행하고 있으며 국공채로 인한 거시경제적 구축효과의 우려도 없지 않으므로 굳이 국공채의 발행을 증가시킬 필요는 없지 않을까?

05 법인세 감면에 따른 영향과 재정적자를 보전하기 위한 국공채 발행의 효과를 논하시오. (외 17논)

06 정부는 재정적자 문제를 해소하기 위해 내년에 1조원의 자금을 채권시장에서 더 차입하기로 결정하였다. 여기서 GDP(국내총생산) Y, 소비 C, 투자 I, 정부구입 G, 조세 T, 국민저축 S라고 표시하자. 단, 폐쇄경제로 가정한다. (2013년 입법고시 기출문제)

(1) 국민저축, 민간저축, 그리고 정부저축은 각각 무엇이고, 세 변수 사이의 관계를 수식으로 표현하여 설명하시오. 또한 재정적자와 정부저축의 관계를 설명하시오.

(2) 대부자금 시장에서 수요와 공급곡선을 그림으로 나타내고, 재정적자가 투자, 민간저축, 정부저축, 국민저축에 미치는 효과를 분석하시오. 또한 이들 변수에 미치는 변화량의 크기를 정부에 의한 추가 차입액 1조원과 비교하시오.

(3) 대부자금 시장에서 대부자금 수요곡선이 비탄력적일수록 문제 (2)의 그림에 표시된 횡축과 종축 변수의 변화량은 어떻게 변하는가를 설명하시오.

(4) 올해부터 정부가 정부차입을 증가시키기로 결정했다고 하자. 이 경우 앞으로 국가채무 상환을 위해 세금을 인상할 가능성이 있다. 사람들이 이런 가능성을 예상하게 되면 올해의 민간저축과 대부자금의 공급은 어떻게 변하는가를 설명하시오. 또한 민간저축 증가분과 정부차입 증가분이 정확하게 일치되는 경우를 무엇이라고 하며, 투자와 국민저축에 미치는 영향을 설명하시오.

07 국공채 부담에 관한 상이한 이론을 소개하고, 자신의 견해를 종합적으로 논술하시오.

08 국공채의 적정 규모에 대하여 논의하시오.

09 최근 경제위기 극복과정에서 재정지출의 증가와 재정적자 확대로 국가채무가 중요한 문제로 등장함에 따라 아래와 같은 주장들이 제기되고 있다. (2009년 행정고시 기출문제)

> 갑 : 정부가 국채 발행을 통해 지출을 증가시키게 되면 재화와 용역에 대한 수요를 증가시켜 생산과 고용의 증가로 이어지게 될 것이다. 물론 이 과정에서 이자율이 상승하여 민간투자가 위축될 수도 있지만 전체적으로 현세대는 소비와 고용이 늘어나 혜택을 받게 될 것이다. 그러나 이 부채를 갚아야 될 미래세대는 그 부담을 짊어지게 될 것이다.
>
> 을 : 만일 정부가 빚을 내어 지출을 늘려 경기를 부양시킨다면, 단기적으로 국민들의 소득과 민간소비가 늘어난다고 생각하겠지만 그것은 오산이다.
> 국민들은 소득이 일시적으로 늘어나더라도 언젠가는 정부가 부채를 갚기 위해 세금을 증가시킬 것을 알고 있기 때문에 그에 대비하여 소비를 늘리지 않을 것이다. 즉, 정부는 미래의 소득을 일시적으로 현재로 끌어당긴 것에 불과하므로 이를 알고 있는 국민들이 소비를 늘리지 않을 것이기 때문에 적자재정의 경기부양 효과는 거의 없다.

(1) 국가채무가 개인저축, 국민저축, 실질금리에 미치는 파급효과를 설명하시오.

(2) 국채 발행으로 인한 부담이 미래세대로 전가된다는 세대 간 형평성 문제가 제기된다. 이를 중첩세대모형(OG모형)과 리카도의 등가정리로 설명하시오.

(3) 국가채무의 효율적 관리방안에 대하여 설명하시오.

10 최근 우리나라 국가채무는 지속적으로 증가하고 있으며 이에 대한 우려의 목소리가 높다. 현재까지는 국가채무가 국내총생산(GDP)에서 차지하는 비율이 낮으나, 이러한 국가채무는 미래세대에 부담이 될 수 있다는 지적이 있다. 아울러 국가채무의 증대가 거시경제변수에 미치는 영향도 크다고 한다. 다음 물음에 답하시오. (2013년 행정고시 기출문제)

(1) 현재의 국가채무가 미래세대에 부담이 된다는 지적에 대한 서로 다른 3가지 견해들을 제시하시오.

(2) 국민연금과 건강보험 등 사회보험 정책으로 발생하게 될 잠재적 채무가 미래세대에 미치는 부담에 대하여 설명하시오.

(3) 공공기관과 공기업에 대한 보증채무는 현재 이미 발생한 국가채무가 아니나 미래에 발생할 가능성이 있는 국가채무라는 점에서 국가채무에 포함시키는 것이 옳은지, 만약 보증채무를 국가채무에 포함시켜야 한다면 어떠한 점을 고려해야 하는지 논하시오.

(4) 국채 발행을 통한 재정적자가 장기적 경제성장에 미치는 효과를 분석하시오.

11 우리나라 국공채 관리의 문제점과 개선방안을 논술하시오.

12 우리나라의 국채는 주로 2% 내외의 낮은 금리로 발행되며, 90% 이상이 첨가소화라는 방식으로 강제로 배정된다는 점에서 많은 문제점을 안고 있다는 주장이 있다. 이에 대해 논하시오.

13 우리나라 국공채의 시장규모는 주요 외국에 비해 매우 미미한 편이다. 그 까닭은 무엇인지에 대해 아는 바를 쓰시오.

찾아보기(사항)

Public Finance

fourth edition Index

나

다

라

마

사

아

자

차

카

타

파

하

찾아보기(인명)

Public Finance
fourth edition Index

지은이에 대하여

이만우(李萬雨)

고려대학교 경제학과 졸업

위스콘신대학교 대학원 경제학석사

미네소타대학교 대학원 경제학박사

스탠퍼드대학교 객원교수

한국경제학회 회장

고려대학교 정경대학장, 정책대학원장

고려대학교 정경대학 경제학과 교수

주요 저서 및 논문

『후생경제학』, 태진출판사(1985년)

『경제학원론』, 태진출판사(1995년)

『미시경제학』, 태진출판사(1998년)

"The Effects of Social welfare Policy on Poverty and Distribution in Korea with Special Reference to the Social Benefit System," *Social Issues in Korea: Korean and American Perspectives*, Korea Development Institute, 1993. 외 다수.

주병기(朱丙起)

서울대학교 경제학과 졸업

서울대학교 대학원 경제학석사

로체스터대학교 대학원 경제학박사

켄사스대학교 경제학과 교수

고려대학교 경제학과 교수

現 서울대학교 경제학부 교수

現 서울대학교 분배정의연구센터 대표

現 국제학술지 *Journal of Institutional and Theoretical Economics* 편집장

주요 저서 및 논문

공공경제학, 사회선택이론, 미시경제이론 분야의 다수 논문을 *Journal of Economic Theory*, *Games and Economic Behavior*, *Social Choice and Welfare* 등에 게재함.

제4판 재정학

초 판 1쇄 발행 1997년 2월 15일
개정판 1쇄 발행 1998년 8월 31일
개정증보판 1쇄 발행 2004년 6월 20일
제4판 1쇄 발행 2015년 2월 16일

지은이 이만우 · 주병기

펴낸이 박기남
펴낸곳 **율곡출판사**
153-797 서울시 금천구 가산디지털1로 84, 803호
전화 (代) 02) 718-9872/3
팩스 02) 718-9874
home-page www.yulgokbooks.co.kr
e-mail yulgokbook@naver.com
등록 1989.11.10. 제2014-000031호
ISBN 978-89-97428-57-1 93320

정가 36,000원